前　言

　　《管理运筹学：基础、技术及 Excel 建模实践》是上海市 2015 年本科生重点课程建设的成果和 2021 年上海财经大学本科线上一流课程建设的成果。

　　运筹学是经济管理类专业一门非常重要的专业基础课，是介绍一系列整体优化思想和定量分析的科学。在当今人才及资源有限的经济背景下，如何对人才、资源进行统筹安排，为决策者提供有依据的方案，以实现最有效的管理显得格外重要。基于此，各高等院校都十分重视运筹学这门课程的建设，市面上也出现了很多运筹学的相关书籍。作为上海财经大学信息管理与工程学院的一名教师，我一直在思考如何写一本针对财经类院校学生的运筹学教材，将理论模型、实际案例与信息技术有机结合。经过多年不断的教学探索和经验总结，终于整理出一条主线：运筹学基本概念、基本模型和基本方法的介绍→Excel 电子表格的建模和求解→实践案例。较之其他同类教材，本书具有以下特色和价值：

　　(1) 针对财经类院校的教学特点，增加了运筹学的应用和案例教学的内容，使教材更适合财经类院校学生使用。在教学过程中，我发现现有的教材大都注重基本理论、基本模型和建本方法的介绍，对相关软件和案例的介绍比较少；而财经类院校学生迫切需要掌握的是运筹学的应用，对理论模型的研究需求较少。因此，本书重点加强对软件使用和案例分析的介绍。

　　(2) 将运筹学的基本理论与 Excel 有机结合起来。本书在介绍运筹学基本理论和方法(线性规划及其单纯形法、对偶理论与灵敏度分析、运输问题、目标规划、整数规划、图论、网络计划、存储论、决策论、动态规划)的基础上，合理运用现代信息技术等手段，将运筹学模型与 Excel 软件有机地结合起来，并将 Excel 电子表格的应用贯穿于每一章。通过运用 Excel 电子表格对所建立的数学模型进行求解，一方面，使学生理解每一章的重点和难点，掌握分析问题的方法和建立运筹学模型的技巧；另一方面，通过对求解结果的分析，辅助决策者在管理实践中作出正确决策。

　　(3) 将运筹学的基本理论与实际案例有机地结合起来。案例是帮助学生学习和掌握课程内容的重要手段，案例不仅要和理论相结合，而且要和实际问题相结合。本书每一章的章末都是讲述如何运用运筹学的模型解决经济管理中遇到的实际问题的，包括案例背景的介绍、变量的设置、模型的建立及运用 Excel 求解。学生在吸收基本理论的前提下，通过案例的学习和讨论，深入理解运筹学的基本概念和基本理论，掌握运筹学的基本模型和基本方法，并在实践中灵活运用。

（4）案例的选取密切结合实际问题。2020 年 9 月 22 日，国家主席习近平在第七十五届联合国大会上宣布，中国力争于 2030 年前使二氧化碳排放达到峰值，努力争取 2060 年前实现碳中和，并且在多种场合指出"绿水青山就是金山银山"。为此，我们在教学中引出"环保问题"等案例，在运用运筹学的思想分析案例之后，引导学生对案例做进一步的思考，使学生明白环境问题是全世界面临的主要问题，节能减排势在必行；中国也必须大力发展低碳经济，倡导绿色发展理念。

运筹学是高等院校经济管理类本科生的核心课程，在国内外均受到广泛的重视。《管理运筹学：基础、技术及 Excel 建模实践》自第一版出版以来，得到了部分学者、专家及广大读者的欢迎与厚爱，也收到了许多师生和读者的意见和建议。据此借获得 2021 年上海财经大学本科线上一流课程建设和智慧树线上课程完成之机，在第二版的基础上，第三版对教学内容进行了适当的调整（增加了目标规划和网络计划两章、删除了排队论一章），增加了部分案例，各章都增加了一定数量的习题。这些调整的目的都是使本书的结构更加合理，方便读者对运筹学的理解和掌握。此外，本书对第二版存在的一些错漏之处也做了改正。

本书不仅可以启发财经类院校和非财经类院校信息管理相关专业的学生将运筹学的理论模型与信息技术有机结合，引导他们了解运筹学在实际中的应用，更有助于帮助非信息管理相关专业的学生掌握求解运筹学问题的软件和建模技巧，提高他们分析和解决实际问题的能力，还可为管理人员解决实际问题提供参考。

本书由刘春梅编著，在写作过程中得到很多朋友的帮助，在此一并表示感谢。同时本书的出版也得到了格致出版社的大力支持。在编写的过程中参考了大量已有的资料。谨在此表示谢意。

由于编者水平和时间有限，书中不妥之处在所难免，恳请广大师生读者批评指正，以便进一步改进。对一直关心支持和使用本书的广大师生和读者朋友，作者再一次表示衷心感谢。

刘春梅

2023 年 6 月

管理运筹学

基础、技术
及Excel建模实践

（第三版） 刘春梅 编著

格致出版社 上海人民出版社

内容简介

运筹学是经济管理类专业一门非常重要的专业基础课，是介绍一系列整体优化思想和定量分析的科学。本书共 10 章，系统介绍运筹学的基本概念、基本模型和基本方法。本书通过实例介绍 Excel 电子表格的建模和求解过程，并将理论和软件有机地结合，力求做到概念阐述简单明了，软件操作容易、实用性强，案例选择紧密结合实际。每章配有一定数量的习题帮助读者消化课本知识，并展开进一步的深入学习。

作者简介

刘春梅

博士，上海财经大学信息管理与工程学院副教授，博士生导师。主要研究方向：低碳经济和产业投资结构优化。主讲课程：高级运筹学（上海财经大学研究生精品课程）、管理中的模型与方法、运筹学（上海市本科重点课程、上海财经大学本科精品课程）、财经管理中的计算机应用、管理信息系统、电子商务。主持完成省部级课题两项，在研省部级课题一项，主要参与完成国家及省部级课题六项。

目　录

第1章 线性规划及其单纯形法

线性规划是运筹学的重要分支,自从 1947 年美国运筹学家丹捷格(G.B.Dantzig)提出求解线性规划的方法——单纯形算法以后,线性规划得到了迅猛发展,现在已经在工业、农业、国防和科技等领域得到了广泛应用。本章主要介绍线性规划的基本概念、基本理论、求解方法和应用,电子表格的建模和求解,以及案例分析。

1.1 线性规划问题及其数学模型

1.1.1 线性规划问题的提出

［例 1.1］ 设某厂计划生产 A、B 两种产品,分别需要由机器、人工和原材料三种资源共同完成。相关数据如表 1.1 所示。

表 1.1 相关数据

资　　源	产品 A	产品 B	资源限制
机器(机时)	5	2	120
人工(工时)	2	3	90
原材料(千克)	4	2	100
产品利润(元)	12	8	

要求:在不超过资源总量限制的情况下安排 A、B 两种产品的产量,使该工厂获得的利润最大。

解:设 A、B 两种产品的生产数量分别为 x_1,x_2 件,产品总利润为 z 元。

由于该工厂可以提供的机时最大限制是 120,因此生产 A、B 两种产品的机时一定不能超过 120,即有 $5x_1 + 2x_2 \leqslant 120$。

同样,生产 A、B 两种产品所需要的人工工时和消耗的原材料也一定不能超过该工厂可以提供的人工工时和原材料的数量,则有:

$$\begin{cases} 2x_1 + 3x_2 \leqslant 90 \\ 4x_1 + 2x_2 \leqslant 100 \end{cases}$$

由于销售一件产品 A 可以获得 12 元的利润，销售一件产品 B 可以获得 8 元的利润，因此可以获得的总利润为 $z = 12x_1 + 8x_2$。

另外，A、B 两种产品生产数量不能是负数，所以必须有 $x_1, x_2 \geqslant 0$。

这样，该问题的数学模型就可以描述为：

$$\max z = 12x_1 + 8x_2$$

$$\text{s.t.} \begin{cases} 5x_1 + 2x_2 \leqslant 120 \\ 2x_1 + 3x_2 \leqslant 90 \\ 4x_1 + 2x_2 \leqslant 100 \\ x_1, x_2 \geqslant 0 \end{cases}$$

[例 1.2]　某旅行社为了迎接旅游黄金周的到来，经过统计分析，对"一日游"导游人员的需求如表 1.2 所示。为了保证导游有充分的休息，导游每周工作 5 天，休息 2 天，并要求休息的 2 天是连续的。

问：应该如何安排导游人员的作息，既满足工作需要，又使配备的导游人数最少？

表 1.2　旅游公司每日所需导游人数

时　间	所需导游人数
星期日	40
星期一	34
星期二	32
星期三	35
星期四	28
星期五	46
星期六	42

解：设星期日、星期一、星期二、星期三、星期四、星期五、星期六开始工作的导游人数分别为 $x_1, x_2, x_3, x_4, x_5, x_6, x_7$，所需总导游人数为 z。

由于星期日正在工作的人数是由星期三、星期四、星期五、星期六、星期日开始工作的导游人数组成的，而星期日所需的导游人数为 40，则星期日工作的导游人数一定不能少于星期日所需的导游人数，则有：$x_4 + x_5 + x_6 + x_7 + x_1 \geqslant 40$。

同理，有

$$\begin{cases} x_5 + x_6 + x_7 + x_1 + x_2 \geqslant 34 \\ x_6 + x_7 + x_1 + x_2 + x_3 \geqslant 32 \\ x_7 + x_1 + x_2 + x_3 + x_4 \geqslant 35 \\ x_1 + x_2 + x_3 + x_4 + x_5 \geqslant 28 \\ x_2 + x_3 + x_4 + x_5 + x_6 \geqslant 46 \\ x_3 + x_4 + x_5 + x_6 + x_7 \geqslant 42 \end{cases}$$

该公司所需总的导游人数为 $z = x_1 + x_2 + x_3 + x_4 + x_5 + x_6 + x_7$。

另外,每天开始工作的导游人数不能是负数且不能是分数,所以必然有 x_1, x_2, x_3, x_4, x_5, x_6, $x_7 \geqslant 0$ 且为整数。

这样该问题的数学模型就可以描述为:

$$\min z = x_1 + x_2 + x_3 + x_4 + x_5 + x_6 + x_7$$

$$\text{s.t.} \begin{cases} x_4 + x_5 + x_6 + x_7 + x_1 \geqslant 40 \\ x_5 + x_6 + x_7 + x_1 + x_2 \geqslant 34 \\ x_6 + x_7 + x_1 + x_2 + x_3 \geqslant 32 \\ x_7 + x_1 + x_2 + x_3 + x_4 \geqslant 35 \\ x_1 + x_2 + x_3 + x_4 + x_5 \geqslant 28 \\ x_2 + x_3 + x_4 + x_5 + x_6 \geqslant 46 \\ x_3 + x_4 + x_5 + x_6 + x_7 \geqslant 42 \\ x_1, x_2, x_3, x_4, x_5, x_6, x_7 \geqslant 0 \text{ 且为整数} \end{cases}$$

[**例 1.3**]　某种营养配方是由 n 种配料组成的。要求这种营养配方必须含有 m 种不同的营养成分,而且要求每单位营养配方中第 i 种营养成分的含量不能低于 b_i($i = 1, 2, \cdots, m$)。已知第 i 种营养成分在每单位第 j 种配料中的含量为 a_{ij}($j = 1, 2, \cdots, n$),每单位第 j 种配料的价格为 c_j,有关数据如表 1.3 所示。现在要求在保证营养条件的前提下,应采用何种配方,使营养配方的总成本最小?

表 1.3　相关数据

营养成分＼配料	B_1	B_2	$\cdots$	B_n	含　量
A_1	a_{11}	a_{12}	$\cdots$	a_{1n}	b_1
A_2	a_{21}	a_{22}	$\cdots$	a_{2n}	b_2
$\vdots$	$\vdots$	$\vdots$		$\vdots$	$\vdots$
A_m	a_{m1}	a_{m2}	$\cdots$	a_{mn}	b_m
单　价	c_1	c_2	$\cdots$	c_n	

解:设 x_j 表示在单位营养配方中,第 j 种配料的含量($j = 1, 2, \cdots, n$),该种营养配方的总成本为 z。

对于第 1 种营养成分而言,n 种混合配料中第 1 种营养成分的含量一定不能低于对第 1 种营养成分的要求 b_1,则有 $a_{11}x_1 + a_{12}x_2 + \cdots + a_{1n}x_n \geqslant b_1$。

同样地,n 种混合配料中第 2, 3, $\cdots$, n 种营养成分的含量一定不能低于对第 2, 3, $\cdots$, n 种营养成分的要求 b_2, b_3, $\cdots$, b_m,则有:

$$\begin{cases} a_{21}x_1 + a_{22}x_2 + \cdots + a_{2n}x_n \geqslant b_2 \\ a_{31}x_1 + a_{32}x_2 + \cdots + a_{3n}x_n \geqslant b_3 \\ \vdots \\ a_{m1}x_1 + a_{m2}x_2 + \cdots + a_{mn}x_n \geqslant b_m \end{cases}$$

n 种配料的含量之和为 1，即 $x_1 + x_2 + \cdots + x_n = 1$。

购买 n 种配料所需要的总成本为 $z = c_1 x_1 + c_2 x_2 + \cdots + c_n x_n$。

另外，每一种配料的含量不能是负数，则有 $x_1 \geqslant 0,\ x_2 \geqslant 0,\ \cdots,\ x_n \geqslant 0$。

这样该问题的数学模型就可以描述为：

$$\min z = c_1 x_1 + c_2 x_2 + \cdots + c_n x_n$$

$$\text{s.t.} \begin{cases} a_{11}x_1 + a_{12}x_2 + \cdots + a_{1n}x_n \geqslant b_1 \\ a_{21}x_1 + a_{22}x_2 + \cdots + a_{2n}x_n \geqslant b_2 \\ \qquad\qquad\vdots \\ a_{m1}x_1 + a_{m2}x_2 + \cdots + a_{mn}x_n \geqslant b_m \\ x_1 + x_2 + \cdots + x_n = 1 \\ x_1,\ x_2,\ \cdots,\ x_n \geqslant 0 \end{cases}$$

1.1.2　线性规划问题的数学模型

不难看出，上述三个例子都具有以下三个共同的特点：

（1）每个问题都存在一组决策变量（decision variable）$x_1,\ x_2,\ \cdots,\ x_n$；一组决策变量的值表示一个具体的方案，通常要求这些决策变量的取值是非负的。

（2）都存在一定的约束条件（constraint），这些约束条件可以是等式，也可以是不等式，不论是等式还是不等式，一定是决策变量的线性函数。

（3）都有一个要求达到的目标函数（objective function），这个目标函数可以是求极大值也可以是求极小值，无论目标函数是求极大值还是求极小值，目标函数一定是决策变量的线性函数。

满足以上三个条件的数学模型称为线性规划问题。其一般形式为：

$$\max(\min) z = c_1 x_1 + c_2 x_2 + \cdots + c_n x_n$$

$$\text{s.t.} \begin{cases} a_{11}x_1 + a_{12}x_2 + \cdots + a_{1n}x_n \geqslant (=, \leqslant)b_1 \\ a_{21}x_1 + a_{22}x_2 + \cdots + a_{2n}x_n \geqslant (=, \leqslant)b_2 \\ \qquad\qquad\vdots \\ a_{m1}x_1 + a_{m2}x_2 + \cdots + a_{mn}x_n \geqslant (=, \leqslant)b_m \\ x_1,\ x_2,\ \cdots,\ x_n \geqslant (\leqslant)0 \end{cases} \tag{1.1}$$

1.1.3　线性规划问题的标准形式

线性规划问题的数学模型有各种不同的形式，如目标函数有求极大值或求极小值；约束条件有"$\leqslant$""$\geqslant$"和"$=$"三种情况；决策变量有的有非负性要求，有的则没有。为了

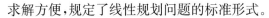

求解方便,规定了线性规划问题的标准形式。

1. 标准形式的定义

线性规划的标准形式必须满足以下四点要求:

(1)目标函数为求极大值,即 $\max z = c_1 x_1 + c_2 x_2 + \cdots + c_n x_n$。

(2)约束条件为等式,即:

$$\begin{cases} a_{11} x_1 + a_{12} x_2 + \cdots + a_{1n} x_n = b_1 \\ a_{21} x_1 + a_{22} x_2 + \cdots + a_{2n} x_n = b_2 \\ \qquad\qquad\qquad \vdots \\ a_{m1} x_1 + a_{m2} x_2 + \cdots + a_{mn} x_n = b_m \end{cases}$$

(3)约束条件右端项非负,即 $b_i \geqslant 0$,$i = 1, 2, \cdots, m$。

(4)决策变量非负,即 $x_1, x_2, \cdots, x_n \geqslant 0$。

2. 标准形式的表达方式

(1)代数式:

$$\max z = c_1 x_1 + c_2 x_2 + \cdots + c_n x_n$$

$$\text{s.t.} \begin{cases} a_{11} x_1 + a_{12} x_2 + \cdots + a_{1n} x_n = b_1 \\ a_{21} x_1 + a_{22} x_2 + \cdots + a_{2n} x_n = b_2 \\ \qquad\qquad\qquad \vdots \\ a_{m1} x_1 + a_{m2} x_2 + \cdots + a_{mn} x_n = b_m \\ x_1, x_2, \cdots, x_n \geqslant 0 \end{cases} \tag{1.2}$$

简记为:

$$\max z = \sum_{j=1}^{n} c_j x_j$$

$$\text{s.t.} \begin{cases} \sum_{j=1}^{n} a_{ij} x_j = b_i \quad (i = 1, 2, \cdots, m) \\ x_j \geqslant 0 \; (j = 1, 2, \cdots, n) \end{cases} \tag{1.3}$$

(2)矩阵式:

用矩阵描述如下:

$$\max z = \boldsymbol{CX}$$

$$\text{s.t.} \begin{cases} \boldsymbol{AX} = b \\ \boldsymbol{X} \geqslant 0 \end{cases} \tag{1.4}$$

其中:

$$决策向量 \ \boldsymbol{X} = \begin{bmatrix} x_1 \\ x_2 \\ \vdots \\ x_n \end{bmatrix} \qquad 价值向量 \ \boldsymbol{C} = (c_1, c_2, \cdots, c_n)$$

$$资源向量\ \boldsymbol{b} = \begin{bmatrix} b_1 \\ b_2 \\ \vdots \\ b_m \end{bmatrix} \qquad 技术系数矩阵\ \boldsymbol{A} = \begin{bmatrix} a_{11} & a_{12} & \cdots & a_{1n} \\ a_{21} & a_{22} & \cdots & a_{2n} \\ \vdots & \vdots & & \vdots \\ a_{m1} & a_{m2} & \cdots & a_{mn} \end{bmatrix}$$

3. 非标准形式向标准形式转化

对于一个给定的线性规划问题，按照标准形式的四点要求进行一一对照，不满足标准形式要求的主要有以下几个方面：

（1）若目标函数是求极小值 $\min z = \boldsymbol{CX}$。需要将等式两端同时乘以 -1，则将求极小值问题转变为求极大值问题。因为 $\min z = -\max(-z) = \boldsymbol{CX}$，令 $z' = -z$，则 $\max z' = -\boldsymbol{CX}$。

（2）若约束条件右端常数项非正，则需要将等式的两端同时乘以 -1，这样约束条件的右端常数项就变为非负。

（3）若约束条件为不等式，分两种情况进行讨论：第一种，当约束条件为"$\leqslant$"不等式时，约束条件的左端加入一个非负的松弛变量，就把不等式变成了等式。如 $4x_1 + 2x_2 \leqslant 60$，在不等式的左端加入一个非负松弛变量 x_3，则有 $4x_1 + 2x_2 + x_3 = 60$。第二种，当约束条件为"$\geqslant$"不等式时，约束条件的左端减去一个非负的剩余变量（也称松弛变量），就把不等式变成了等式。如 $4x_1 + 2x_2 \geqslant 60$，在不等式的左端减去一个非负松弛变量 x_3，则有 $4x_1 + 2x_2 - x_3 = 60$。

（4）若决策变量 x_k 不满足非负性，分两种情况讨论：第一种，如果 $x_k \leqslant 0$，令 $x_k = -x_k'$，其中 $x_k' \geqslant 0$，用 x_k' 取代模型中的 x_k；第二种，如果决策变量 x_k 为无约束变量，令 $x_k = x_k' - x_k''$，其中 x_k'，$x_k'' \geqslant 0$，用 x_k'，x_k'' 取代模型中的 x_k。

［例 1.4］ 将下列线性规划问题化成标准形式：

$$\max z = 12x_1 + 8x_2$$
$$\text{s.t.} \begin{cases} 5x_1 + 2x_2 \leqslant 120 \\ 2x_1 + 3x_2 \leqslant 90 \\ 4x_1 + 2x_2 \leqslant 100 \\ x_1,\ x_2 \geqslant 0 \end{cases}$$

解：依据标准形式的定义，该线性规划问题的目标函数、约束条件的右端项、变量的非负性都满足标准形式的要求，只有约束条件不满足等式要求。这三个约束条件都是"$\leqslant$"不等式，所以将变量 x_3，x_4，x_5 分别引进第一、二、三个约束条件中，则该问题的标准形式如下：

$$\max z = 12x_1 + 8x_2 + 0x_3 + 0x_4 + 0x_5$$
$$\text{s.t.} \begin{cases} 5x_1 + 2x_2 + x_3 = 120 \\ 2x_1 + 3x_2 + x_4 = 90 \\ 4x_1 + 2x_2 + x_5 = 100 \\ x_1,\ x_2,\ x_3,\ x_4,\ x_5 \geqslant 0 \end{cases}$$

[例 1.5]　将下列线性规划问题化成标准形式：

$$\min z = x_1 + 3x_2 - 4x_3$$

$$\text{s.t.} \begin{cases} x_1 + 2x_2 - x_3 \leqslant 5 \\ 2x_1 + 3x_2 - x_3 \geqslant 6 \\ -x_1 - x_2 - x_3 \geqslant -2 \\ x_1 \geqslant 0, x_3 \leqslant 0 \end{cases}$$

解：令 $z' = -z$，$x_3 = -x_3'$，$x_2 = x_2' - x_2''$，x_2'，x_2''，$x_3' \geqslant 0$。

将第三个约束条件的两端同时乘以 -1。引进变量 x_4，x_5，x_6，分别在第一个约束条件左端加上非负松弛变量 x_4、第二个约束条件左端减去非负松弛变量 x_5、第三个约束条件左端加上非负松弛变量 x_6，则该问题的标准形式如下：

$$\max z' = -x_1 - 3(x_2' - x_2'') - 4x_3' + 0x_4 + 0x_5 + 0x_6$$

$$\text{s.t.} \begin{cases} x_1 + 2(x_2' - x_2'') + x_3' + x_4 = 5 \\ 2x_1 + 3(x_2' - x_2'') + x_3' - x_5 = 6 \\ x_1 + (x_2' - x_2'') - x_3' + x_6 = 2 \\ x_1, x_2', x_2'', x_3', x_4, x_5, x_6 \geqslant 0 \end{cases}$$

1.1.4　线性规划问题解的概念

在学习线性规划问题的求解之前，先要了解线性规划问题有关解的概念。由前面讨论可知线性规划问题的标准形式为：

$$\max z = \sum_{j=1}^{n} c_j x_j \tag{1.5}$$

$$\text{s.t.} \begin{cases} \sum_{j=1}^{n} a_{ij} x_j = b_i \quad (i = 1, 2, \cdots, m) \tag{1.6} \\[2mm] x_j \geqslant 0 \quad (j = 1, 2, \cdots, n) \tag{1.7} \end{cases}$$

求解线性规划问题就是从满足约束条件式(1.6)、式(1.7)的方程组中找出一个解，使目标函数式(1.5)达到最大值。线性规划问题有关解的基本概念如下。

1. 可行解与非可行解

满足约束条件式(1.6)和非负条件式(1.7)的解 X 称为可行解(feasible solution)；满足约束条件式(1.6)但不满足非负条件式(1.7)的解 X 称为非可行解(infeasible solution)。

2. 可行域

可行解组成的集合叫做可行域(feasible region)。

3. 最优解

使目标函数式(1.5)达到最大值的解称为最优解(optimal solution)。

4. 基

线性规划问题的系数矩阵中任意 m 个线性无关的列所构成的一个矩阵称为线性规划的一个基。若系数矩阵 $A=(P_1, P_2, \cdots, P_n)$，设 A 的秩为 m，当 $R(A)=m<n$，A 中必有线性独立的 m 列，构成该标准形式的一个基，即 $B=(P_1, P_2, \cdots, P_m)$，$|B|\neq 0$，称 $P_1, P_2, \cdots, P_m$ 为基向量。

5. 基变量与非基变量

与基相对应的变量称为基变量，记为 $X_B=(x_1, x_2, \cdots, x_m)^{\mathrm{T}}$；不是基变量的变量称为非基变量，记为 $X_N=(x_{m+1}, x_{m+2}, \cdots, x_n)^{\mathrm{T}}$。则有：

$$X=\begin{pmatrix} X_B \\ X_N \end{pmatrix}$$

6. 基本解

基变量在目标函数中的系数构成的行向量为 C_B，即 $C_B=(c_1, c_2, \cdots, c_m)$；非基变量在目标函数中的系数构成的行向量为 C_N，即 $C_N=(c_{m+1}, c_{m+2}, \cdots, c_n)$，则 $C=(C_B, C_N)$。于是式(1.6)可以表示为：

$$AX=(B, N)(X_B, X_N)^{\mathrm{T}}=b$$

将约束条件展开得：

$$BX_B+NX_N=b$$

两端同时左乘以 B^{-1}，则有：$X_B=B^{-1}b-B^{-1}NX_N$。

令非基变量 $X_N=0$，求得基变量 X_B 的值为：$X_B=B^{-1}b=b'$，也就是：

$$X=(b_1', b_2', \cdots, b_m', 0, 0, \cdots, 0)^{\mathrm{T}}$$

称 $X=(b_1', b_2', \cdots, b_m', 0, 0, \cdots, 0)^{\mathrm{T}}$ 为对应于基 B 的基本解。

7. 基本可行解

基本解 X_B 的非零分量都大于等于零时，称为基本可行解。

8. 可行基

对应于基本可行解的基，称为可行基。

上述线性规划问题有关解的关系可以用图 1.1 表示。

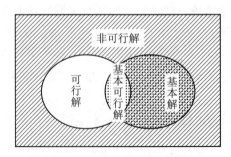

图 1.1　线性规划问题解之间的关系

[**例 1.6**]　写出下列线性规划问题的一个基、基变量、非基变量、基本解、基本可行解、可行基。

$$\max z = 12x_1 + 8x_2$$

$$\text{s.t.} \begin{cases} 5x_1 + 2x_2 \leqslant 120 \\ 2x_1 + 3x_2 \leqslant 90 \\ 4x_1 + 2x_2 \leqslant 100 \\ x_1, x_2 \geqslant 0 \end{cases}$$

解：上述线性规划问题的标准形式如下：

$$\max z = 12x_1 + 8x_2 + 0x_3 + 0x_4 + 0x_5$$

$$\text{s.t.} \begin{cases} 5x_1 + 2x_2 + x_3 = 120 \\ 2x_1 + 3x_2 + x_4 = 90 \\ 4x_1 + 2x_2 + x_5 = 100 \\ x_1, x_2, x_3, x_4, x_5 \geqslant 0 \end{cases}$$

其系数矩阵的增广矩阵为：

$$\begin{array}{ccccc} x_1 & x_2 & x_3 & x_4 & x_5 \end{array}$$

$$\tilde{A} = \begin{bmatrix} 5 & 2 & 1 & 0 & 0 & \bigg| & 120 \\ 2 & 3 & 0 & 1 & 0 & \bigg| & 90 \\ 4 & 2 & 0 & 0 & 1 & \bigg| & 100 \end{bmatrix}$$

从上述矩阵不难看出，变量 x_3，x_4，x_5 的系数列向量是线性无关的，所以 x_3，x_4，x_5 的系数列向量构成的一个矩阵就是一个基，即：

$$B = \begin{bmatrix} 1 & 0 & 0 \\ 0 & 1 & 0 \\ 0 & 0 & 1 \end{bmatrix}$$

与基 B 相对应的变量 x_3，x_4，x_5 就是基变量，而 x_1，x_2 就是非基变量。将基变量用非基变量线性表出，则有：

$$\max z = 12x_1 + 8x_2 + 0x_3 + 0x_4 + 0x_5$$

$$\text{s.t.} \begin{cases} x_3 = 120 - 5x_1 - 2x_2 \\ x_4 = 90 - 2x_1 - 3x_2 \\ x_5 = 100 - 4x_1 - 2x_2 \end{cases}$$

令非基变量 $x_1 = x_2 = 0$，得到 $x_3 = 120$，$x_4 = 90$，$x_5 = 100$，即 $X^{(0)} = (0, 0, 120, 90, 100)^{\mathrm{T}}$ 为对应于基 B 的基本解。由于基本解中所有的分量都是大于等于零，所以此

解也是基本可行解。与此解对应的基就是可行基,即 B 就是可行基。

1.2 线性规划问题的求解

对于线性规划问题的求解,目前有三种方法:图解法、单纯形法及计算机软件求解。下面对这三种方法一一加以介绍。

1.2.1 图解法

对于简单的线性规划问题(只有两个决策变量的线性规划问题),可以通过图解法对它进行求解。

图解法即是用图示的方法来求解线性规划问题。图解法简单直观,有助于了解线性规划问题求解的基本原理。

二维的线性规划问题可以在平面图上求解,三维的线性规划就要在立体图上求解,而维数更高的线性规划问题就不能用图解法了。

1. 图解法求解线性规划的基本步骤

(1)建立直角坐标系。以变量 x_1 为横坐标轴,x_2 为纵坐标轴,建立直角坐标系,并适当选取单位坐标长度。

(2)确定可行域。约束条件所构成的区域就是可行域。由变量的非负约束条件可知,满足该约束条件的解均在第一象限。

(3)图示目标函数。由于 z 值是一个要优化的目标函数,它代表的是斜率相同的一组平行线,随着平行线不断地向右上方移动,z 值不断地增加。

(4)最优解的确定。因最优解是可行域中使目标函数值达到最大值的点,当代表目标函数的那条直线由原点开始向右上方移动时,z 值逐渐增大,一直移动到代表目标函数的直线与约束条件包围成的凸多边形相切时为止,切点就是代表最大值的点。因为再继续向右上方移动,虽然 z 值可以继续增大,但在代表目标函数的直线上找不出一点位于可行域的边界上。

[**例 1.7**] 用图解法求解下列线性规划问题:

$$\max z = 12x_1 + 8x_2$$

$$\text{s.t.} \begin{cases} 5x_1 + 2x_2 \leqslant 120 \\ 2x_1 + 3x_2 \leqslant 90 \\ 4x_1 + 2x_2 \leqslant 100 \\ x_1, x_2 \geqslant 0 \end{cases}$$

解:(1)建立直角坐标系。以变量 x_1 为横坐标,x_2 为纵坐标,建立直角坐标系。

(2)确定可行域。约束条件 $5x_1+2x_2\leqslant120$ 所代表的不等式在直线 $5x_1+2x_2=120$ 的左下方,同样 $2x_1+3x_2\leqslant90$,$4x_1+2x_2\leqslant100$ 所代表的不等式在直线 $2x_1+3x_2=90$,$4x_1+2x_2=100$ 的左下方,另外由于 x_1,$x_2\geqslant0$,表明满足该约束条件的解均在第一象限。五边形 $OABCD$ 边界及其内部所代表的区域(阴影部分)即为该问题的可行域。

(3)图示目标函数。确定 x_1,x_2,使目标函数 $\max z=12x_1+8x_2$ 达到最大,图形中 $\max z=12x_1+8x_2$ 代表以 z 为参数、斜率为 $-\dfrac{3}{2}$ 的一组平行线,即等值线。随着代表目标函数的直线不断地向右上方移动,目标函数值不断地增加。

(4)最优解的确定。当代表目标函数的直线不断地向右上方移动时,与可行域的最后一个交点 C 点就是线性规划问题的最优解,如图 1.2 所示。

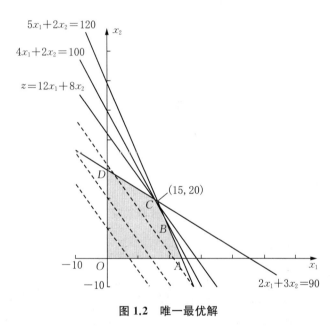

图 1.2　唯一最优解

2.解的几种可能性

(1)唯一最优解:只有一个最优点;如例 1.7 的最优解为 $(15,20)$。

(2)多重最优解:无穷多个最优解。若线性规划在两个顶点同时得到最优解,则以这两个顶点为端点的线段上所有的点都是最优解。例如,将例 1.7 中的目标函数改变为 $\max z=12x_1+6x_2$,则目标函数所代表的一组平行线恰好与直线 $4x_1+2x_2=100$ 是平行的。当目标函数所代表的这组平行线向右上方逐渐移动时,与可行域最后的交点不是一个点,而是一条线段。这时线段上所有点都是使目标函数 z 值达到最大值的点,并且线性规划有无穷多解,或称为有多重最优解。如例 1.7 的数学模型变为:

$$\max z = 12x_1 + 6x_2$$

$$\text{s.t.} \begin{cases} 5x_1 + 2x_2 \leqslant 120 \\ 2x_1 + 3x_2 \leqslant 90 \\ 4x_1 + 2x_2 \leqslant 100 \\ x_1, \ x_2 \geqslant 0 \end{cases}$$

五边形 $OABCD$ 边界及其内部所代表的区域(阴影部分)即为该问题的可行域。线段 BC 上所有的点都是线性规划的最优解,如图 1.3 所示。

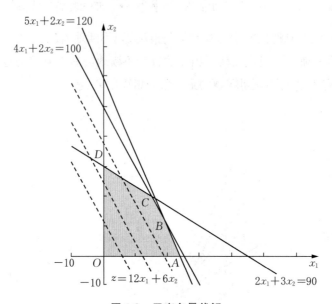

图 1.3 无穷多最优解

(3)无界解:线性规划问题的可行域无界,目标函数可以无限增大而无界。如果例 1.7 中的所有约束条件由小于等于不等式变为大于等于不等式,这时可行域可以无限向右上方延伸,即变量 x_1,x_2 的取值可以无限增大,不受限制,由此目标函数也可以增大至无穷。在这种情况下的解称为无界解。其产生的原因是由于在建立实际问题的数学模型时遗漏了某些必要的资源约束条件(缺乏必要的约束条件)。例 1.7 的数学模型变为:

$$\max z = 12x_1 + 8x_2$$

$$\text{s.t.} \begin{cases} 5x_1 + 2x_2 \geqslant 120 \\ 2x_1 + 3x_2 \geqslant 90 \\ 4x_1 + 2x_2 \geqslant 100 \\ x_1, \ x_2 \geqslant 0 \end{cases}$$

如图 1.4 所示,阴影部分即为该问题的可行域,该问题的目标函数可以达到无穷大。

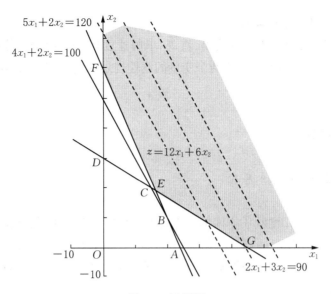

图 1.4　无界解

（4）无可行解：若约束条件相互矛盾，则可行域为空集，说明问题无可行解。若例 1.7 的数学模型变为：

$$\max z = 12x_1 + 8x_2$$

$$\text{s.t.} \begin{cases} 5x_1 + 2x_2 \geqslant 140 \\ 2x_1 + 3x_2 \leqslant 90 \\ 4x_1 + 2x_2 \leqslant 100 \\ x_1, x_2 \geqslant 0 \end{cases}$$

该问题的可行域为空集，所以该线性规划问题无可行解，如图 1.5 所示。

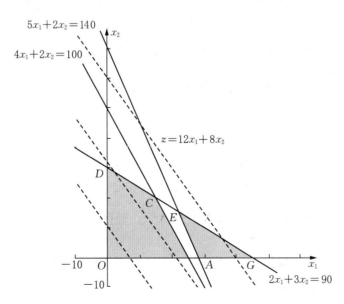

图 1.5　无可行解

3. 图解法求解的优点与不足

图解法求解的优点在于求解简单、直观、求解速度快；不足在于只限于求解只有两个变量的线性规划问题，对于多于两个变量的线性规划问题，图解法无效。

1.2.2　单纯形法[①]

1. 单纯形法求解的基本原理

（1）基本概念。

凸集：假设 K 是 n 维欧氏空间的一个点集，若对于 K 中的任意两点 $X^{(1)}$，$X^{(2)}$，其连线上的所有点 $\alpha X^{(1)} + (1-\alpha)X^{(2)}$ $(0 \leqslant \alpha \leqslant 1)$ 都在集合 K 中，即 $\alpha X^{(1)} + (1-\alpha)X^{(2)} \in K(0 \leqslant \alpha \leqslant 1)$，则称 K 为凸集。例如，图 1.6(a)、图 1.6(b)都是凸集，而图 1.6(c)不是凸集。

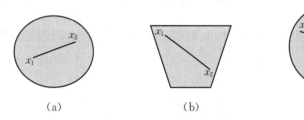

图 1.6　凸集与非凸集

顶点：假设 K 是凸集，$X \in K$，若 X 不能用不同的两个点 $X^{(1)}$，$X^{(2)} \in K$ 的线性组合表示：$X = \alpha X^{(1)} + (1-\alpha)X^{(2)}$，$(0 < \alpha < 1)$，则称 X 为凸集 K 的一个顶点（或称为极点）。在图 1.6(a)中，圆周上所有的点都是顶点，而图 1.6(b)中的顶点只有 4 个。

（2）基本定理。

定理 1.1　若线性规划问题存在可行域，则其可行域：

$$D = \{X \mid \sum_{j=1}^{n} P_j x_j = b, \ x_j \geqslant 0\}$$

是凸集。

证明：设：

$$X^{(1)} = (x_1^{(1)}, x_2^{(1)}, \cdots, x_n^{(1)})^{\mathrm{T}}$$
$$X^{(2)} = (x_1^{(2)}, x_2^{(2)}, \cdots, x_n^{(2)})^{\mathrm{T}}$$

是线性规划问题的任意两个可行解；$X^{(1)} \neq X^{(2)}$。则有：

$$\sum_{j=1}^{n} P_j x_j^{(1)} = b, \ x_j^{(1)} \geqslant 0, \ j = 1, 2, \cdots, n$$

[①]　注：本部分定理推导主要参考了运筹学教材编写组编：《运筹学》（第 3 版），清华大学出版社 2005 年版。

$$\sum_{j=1}^{n} P_j x_j^{(2)} = b, \ x_j^{(2)} \geqslant 0, \ j = 1, 2, \cdots, n$$

令 $X = (x_1, x_2, \cdots, x_n)^{\mathrm{T}}$ 为 $X^{(1)}$，$X^{(2)}$ 连线上的任意一点，即：

$$X = \alpha X^{(1)} + (1 - \alpha) X^{(2)}, \ 0 \leqslant \alpha \leqslant 1$$

X 的每一个分量是 $x_j = \alpha x_j^{(1)} + (1 - \alpha) x_j^{(2)}$，$j = 1, 2, \cdots, n$，将它带入约束条件，得到：

$$
\begin{aligned}
\sum_{j=1}^{n} P_j x_j &= \sum_{j=1}^{n} P_j \big[\alpha x_j^{(1)} + (1 - \alpha) x_j^{(2)} \big] \\
&= \alpha \sum_{j=1}^{n} P_j x_j^{(1)} + \sum_{j=1}^{n} P_j x_j^{(2)} - \alpha \sum_{j=1}^{n} P_j x_j^{(2)} \\
&= \alpha b + b - \alpha b = b
\end{aligned}
$$

又因 $x_j^{(1)}$，$x_j^{(2)} \geqslant 0$，$\alpha \geqslant 0$，$1 - \alpha \geqslant 0$，所以 $x_j \geqslant 0$，$j = 1, 2, \cdots, n$。即 D 中任意两点连线上的点必然在 D 内，即 $X \in D$，即 D 是凸集。

引理 1.1　线性规划问题的可行解 $X = (x_1, x_2, \cdots, x_n)^{\mathrm{T}}$ 为基本可行解的充要条件是 X 的正分量所对应的系数列向量是线性独立的。

证明：(1) 必要性。由线性规划问题基本可行解的概念可知 X 的正分量所对应的系数列向量是线性独立的。

(2) 充分性。若向量 P_1，P_2，$\cdots$，P_k 线性独立，则必有 $k \leqslant m$；当 $k = m$ 时，它们恰好构成线性规划问题的一个基，则对应于此基的解 $X = (x_1, x_2, \cdots, x_k, 0, 0, \cdots, 0)^{\mathrm{T}}$ 为基本可行解。当 $k < m$ 时，则一定可以从其余的列向量中取出 $m - k$ 个与 P_1，P_2，$\cdots$，P_k 构成最大的线性独立向量组，则其对应的解恰为 X，所以根据定义，它是基本可行解。

定理 1.2　线性规划问题的基本可行解 X 对应于可行域 D 的顶点。

证明：为了具有一般性，假设基本可行解 X 的前 m 个分量为正。则有：

$$\sum_{j=1}^{m} P_j x_j = b \tag{1.8}$$

现在用反证法分两步来进行讨论。

(1) 若 X 不是基本可行解，则它一定不是可行域 D 的顶点。

根据引理 1.1，若 X 不是基本可行解，则其正分量所对应的系数列向量 P_1，P_2，$\cdots$，P_m 线性相关，即存在一组不全为零的数 α_i，$i = 1, 2, \cdots, m$，使得：

$$\alpha_1 P_1 + \alpha_2 P_2 + \cdots + \alpha_m P_m = 0 \tag{1.9}$$

用一个 $\mu > 0$ 的数乘以式(1.9)再分别与式(1.8)相加和相减，这样得到：

$$(x_1 - \mu \alpha_1) P_1 + (x_2 - \mu \alpha_2) P_2 + \cdots + (x_m - \mu \alpha_m) P_m = b$$
$$(x_1 + \mu \alpha_1) P_1 + (x_2 + \mu \alpha_2) P_2 + \cdots + (x_m + \mu \alpha_m) P_m = b$$

现取：

$$\boldsymbol{X}^{(1)} = \left[(x_1 - \mu\alpha_1),\ (x_2 - \mu\alpha_2),\ \cdots,\ (x_m - \mu\alpha_m),\ 0,\ 0,\ \cdots,\ 0\right]^{\mathrm{T}}$$

$$\boldsymbol{X}^{(2)} = \left[(x_1 + \mu\alpha_1),\ (x_2 + \mu\alpha_2),\ \cdots,\ (x_m + \mu\alpha_m),\ 0,\ 0,\ \cdots,\ 0\right]^{\mathrm{T}}$$

由 $\boldsymbol{X}^{(1)}$、$\boldsymbol{X}^{(2)}$ 可以得到 $\boldsymbol{X} = \dfrac{1}{2}\boldsymbol{X}^{(1)} + \dfrac{1}{2}\boldsymbol{X}^{(2)}$，即 $\boldsymbol{X}$ 是 $\boldsymbol{X}^{(1)}$、$\boldsymbol{X}^{(2)}$ 连线的中点。

另一方面，当 μ 充分小时，可保证：

$$x_i \pm \mu\alpha_i \geqslant 0,\ i = 1,\ 2,\ \cdots,\ m$$

即 $\boldsymbol{X}^{(1)}$、$\boldsymbol{X}^{(2)}$ 是可行解。这证明了 $\boldsymbol{X}$ 不是可行域 D 的顶点。

（2）若 $\boldsymbol{X}$ 不是可行域 D 的顶点，则它一定不是基本可行解。

因为 $\boldsymbol{X}$ 不是可行域 D 的顶点，故在可行域 D 中可找到两个不同的点：

$$\boldsymbol{X}^{(1)} = (x_1^{(1)},\ x_2^{(1)},\ \cdots,\ x_n^{(1)})^{\mathrm{T}}$$

$$\boldsymbol{X}^{(2)} = (x_1^{(2)},\ x_2^{(2)},\ \cdots,\ x_n^{(2)})^{\mathrm{T}}$$

使

$$\boldsymbol{X} = \alpha\boldsymbol{X}^{(1)} + (1-\alpha)\boldsymbol{X}^{(2)},\ 0 < \alpha < 1$$

假设 $\boldsymbol{X}$ 是基本可行解，由引理 1.1 得，对应于基本可行解的向量组 P_1, P_2, $\cdots$, P_m 线性独立。当 $j > m$ 时，有 $x_j = x_j^{(1)} = x_j^{(2)} = 0$。由于 $\boldsymbol{X}^{(1)}$、$\boldsymbol{X}^{(2)}$ 是可行域中的两点，应满足：

$$\sum_{j=1}^{m} P_j x_j^{(1)} = b$$

$$\sum_{j=1}^{m} P_j x_j^{(2)} = b$$

将两式相减，即得：

$$\sum_{j=1}^{m} P_j (x_j^{(1)} - x_j^{(2)}) = 0$$

因 $\boldsymbol{X}^{(1)} \neq \boldsymbol{X}^{(2)}$，所以上式系数 $(x_j^{(1)} - x_j^{(2)})$ 不全为零，故向量组 P_1, P_2, $\cdots$, P_m 线性相关，与假设相矛盾。这证明 $\boldsymbol{X}$ 不是基本可行解。

引理 1.2 若 K 是有界凸集，则任何一点可表示为 K 的顶点的凸组合。

本引理的证明从略，下面用例题加以说明。

［例 1.8］ 如图 1.7 所示，设 $\boldsymbol{X}$ 是三角形中任意一点，$\boldsymbol{X}^{(1)}$、$\boldsymbol{X}^{(2)}$ 和 $\boldsymbol{X}^{(3)}$ 是三角形的三个顶点。试用三个顶点的坐标表示 $\boldsymbol{X}$。

解：任选一顶点 $\boldsymbol{X}^{(2)}$，做一条连线 $\boldsymbol{X}\boldsymbol{X}^{(2)}$；并延长交于 $\boldsymbol{X}^{(1)}$、$\boldsymbol{X}^{(3)}$ 连线上的一点 $\boldsymbol{X}'$。

因为 $\boldsymbol{X}'$ 是 $\boldsymbol{X}^{(1)}$、$\boldsymbol{X}^{(3)}$ 连线上的一点，故可将 $\boldsymbol{X}'$ 用 $\boldsymbol{X}^{(1)}$、$\boldsymbol{X}^{(3)}$ 线性组合来表示：

$$\boldsymbol{X}' = \alpha\boldsymbol{X}^{(1)} + (1-\alpha)\boldsymbol{X}^{(3)},\ 0 < \alpha < 1 \tag{1.10}$$

又因为 $\boldsymbol{X}$ 是 $\boldsymbol{X}'$ 与 $\boldsymbol{X}^{(2)}$ 连线上一个点，故：

$$\boldsymbol{X} = \lambda\boldsymbol{X}' + (1-\lambda)\boldsymbol{X}^{(2)},\ 0 < \lambda < 1 \tag{1.11}$$

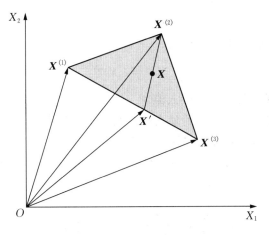

图 1.7　例 1.8 图示

将式(1.10)代入式(1.11)得到：

$$\boldsymbol{X} = \lambda\left[\alpha\boldsymbol{X}^{(1)} + (1-\alpha)\boldsymbol{X}^{(3)}\right] + (1-\lambda)\boldsymbol{X}^{(2)}$$
$$= \lambda\alpha\boldsymbol{X}^{(1)} + \lambda(1-\alpha)\boldsymbol{X}^{(3)} + (1-\lambda)\boldsymbol{X}^{(2)}$$

令

$$\mu_1 = \alpha\lambda,\ \mu_2 = (1-\lambda),\ \mu_3 = \lambda(1-\alpha)$$

这就得到：

$$\boldsymbol{X} = \mu_1\boldsymbol{X}^{(1)} + \mu_2\boldsymbol{X}^{(2)} + \mu_3\boldsymbol{X}^{(3)}$$
$$\sum_i \mu_i = 1,\ 0 < \mu_i < 1$$

定理 1.3　若可行域有界,线性规划问题的目标函数一定可以在其可行域的顶点上达到最优。

证明：设 $\boldsymbol{X}^{(1)}$, $\boldsymbol{X}^{(2)}$, $\cdots$, $\boldsymbol{X}^{(k)}$ 是可行域的顶点,若 $\boldsymbol{X}^{(0)}$ 不是顶点,且目标函数在 $\boldsymbol{X}^{(0)}$ 处达到最优,即 $z^* = C\boldsymbol{X}^{(0)}$（标准形式是 $z^* = \max z$）。

因 $\boldsymbol{X}^{(0)}$ 不是顶点,所以它可以用 D 的顶点线性表示为：

$$\boldsymbol{X}^{(0)} = \sum_{i=1}^{k} \alpha_i\boldsymbol{X}^{(i)},\ \alpha_i > 0,\ \sum_{i=1}^{k}\alpha_i = 1$$

因此.

$$C\boldsymbol{X}^{(0)} = C\sum_{i=1}^{k}\alpha_i\boldsymbol{X}^{(i)} = \sum_{i=1}^{k}\alpha_i C\boldsymbol{X}^{(i)} \tag{1.12}$$

在所有的顶点中必然能找到某一个顶点 $\boldsymbol{X}^{(m)}$,使 $C\boldsymbol{X}^{(m)}$ 是所有 $C\boldsymbol{X}^{(i)}$ 中最大者。并且将 $\boldsymbol{X}^{(m)}$ 代替式(1.12)中的所有 $\boldsymbol{X}^{(i)}$,这就得到：

$$\sum_{i=1}^{k}\alpha_i C\boldsymbol{X}^{(i)} \leqslant \sum_{i=1}^{k}\alpha_i C\boldsymbol{X}^{(m)} = C\boldsymbol{X}^{(m)}$$

由此得到：

$$CX^{(0)} \leqslant CX^{(m)}$$

根据假设 $CX^{(0)}$ 是最大值,所以只能有:

$$CX^{(0)} = CX^{(m)}$$

即目标函数在顶点 $X^{(m)}$ 处也达到最大值。

若目标函数在多个顶点处达到最大值。则在这些顶点的凸组合上也达到最大值。则这种线性规划问题有无穷多个最优解。

假设 $X^{(1)}$,$X^{(2)}$,$\cdots$,$X^{(k)}$ 是目标函数达到最大值的顶点,若 $\hat{X}$ 是这些顶点的凸组合,即:

$$\hat{X} = \sum_{i=1}^{k} \alpha_i \hat{X}^{(i)}, \ \alpha_i > 0, \ \sum_{i=1}^{k} \alpha_i = 1$$

于是,有:

$$C\hat{X} = C\sum_{i=1}^{k} \alpha_i \hat{X}^{(i)} = \sum_{i=1}^{k} \alpha_i C\hat{X}^{(i)}$$

设:

$$C\hat{X}^{(i)} = m, \ i = 1, 2, \cdots, k$$

于是,有:

$$C\hat{X} = \sum_{i=1}^{k} \alpha_i m = m$$

综合定理 1.2 和定理 1.3 不难得出:若线性规划问题存在最优解,则最优解一定存在于基本可行解之中。

2. 单纯形法求解的基本思路及其流程

线性规划问题可以有无数个可行解,而有限个顶点对应的是基本可行解。线性规划问题若存在最优解,则最优解一定存在于基本可行解之中。基于此,单纯形法求解线性规划问题的基本思路是:从线性规划问题的一个基本可行解开始,如果不是最优解,则转换到另一个使目标函数值增大的基本可行解。反复迭代,直到目标函数值达到最大为止,这就得到了最优解。其解题流程如图 1.8 所示。

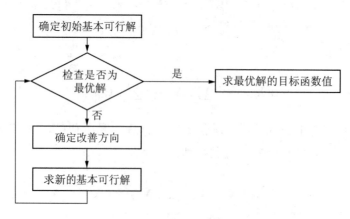

图 1.8　单纯形法的解题流程

3. 单纯形法的解题工具——单纯形表格及其格式

用单纯形法求解线性规划的整个过程都是在单纯形表上完成的，下面就来介绍一下单纯形表格及其形式。

线性规划的标准形式如下：

$$\max z = c_1 x_1 + c_2 x_2 + \cdots + c_n x_n \tag{1.13}$$

$$\text{s.t.} \begin{cases} a_{11} x_1 + a_{12} x_2 + \cdots + a_{1n} x_n = b_1 \\ a_{21} x_1 + a_{22} x_2 + \cdots + a_{2n} x_n = b_2 \\ \quad\quad\quad\quad\vdots \\ a_{m1} x_1 + a_{m2} x_2 + \cdots + a_{mn} x_n = b_m \\ x_1, x_2, \cdots, x_n \geqslant 0 \end{cases} \tag{1.14}$$

在此线性规划中，若系数矩阵中的前 m 列是线性无关的，可以取 $x_1, x_2, \cdots, x_m$ 对应的系数列向量作为该线性规划的一个基，即：

$$\boldsymbol{B} = \begin{bmatrix} a_{11} & a_{12} & \cdots & a_{1m} \\ a_{21} & a_{22} & \cdots & a_{2m} \\ \vdots & \vdots & \vdots & \vdots \\ a_{m1} & a_{m2} & \cdots & a_{mm} \end{bmatrix}$$

那么 $x_1, x_2, \cdots, x_m$ 就是一组基变量。由于 $\boldsymbol{B}$ 是由 m 个线性无关的列组成的，因此可进行初等变换将 $\boldsymbol{B}$ 变换为单位矩阵 $\boldsymbol{B}'$，即：

$$\boldsymbol{B}' = \begin{bmatrix} 1 & 0 & \cdots & 0 \\ 0 & 1 & \cdots & 0 \\ \vdots & \vdots & \vdots & \vdots \\ 0 & 0 & \cdots & 1 \end{bmatrix}$$

这时，线性规划的约束条件就可写成：

$$\text{s.t.} \begin{cases} x_1 + a'_{1m+1} x_{m+1} + \cdots + a'_{1n} x_n = b'_1 \\ x_2 + a'_{2m+1} x_{m+1} + \cdots + a'_{2n} x_n = b'_2 \\ \quad\quad\quad\quad\vdots \\ x_m + a'_{mm+1} x_{m+1} + \cdots + a'_{mn} x_n = b'_m \end{cases} \tag{1.15}$$

将 $x_1, x_2, \cdots, x_m$ 用 $x_{m+1}, x_{m+2}, \cdots, x_n$ 线性表出，则有：

$$\text{s.t.} \begin{cases} x_1 = b'_1 - a'_{1m+1} x_{m+1} - \cdots - a'_{1n} x_n \\ x_2 = b'_2 - a'_{2m+1} x_{m+1} - \cdots - a'_{2n} x_n \\ \quad\quad\quad\quad\vdots \\ x_m = b'_m - a'_{mm+1} x_{m+1} - \cdots - a'_{mn} x_n \end{cases}$$

将上式进行整理后得：

$$x_i = b'_i - \sum_{j=m+1}^{n} a'_{ij} x_j, \quad i = 1, 2, \cdots, m \tag{1.16}$$

将式(1.16)代入目标函数，则有：

$$z = c_1 x_1 + c_2 x_2 + \cdots + c_n x_n$$

$$= \sum_{j=1}^{n} c_j x_j$$

$$= \sum_{i=1}^{m} c_i x_i + \sum_{j=m+1}^{n} c_j x_j$$

$$= \sum_{i=1}^{m} c_i \left(b_i' - \sum_{j=m+1}^{n} a_{ij}' x_j \right) + \sum_{j=m+1}^{n} c_j x_j$$

$$= \sum_{i=1}^{m} c_i b_i' + \sum_{j=m+1}^{n} \left(c_j - \sum_{i=1}^{m} c_i a_{ij}' \right) x_j \tag{1.17}$$

令

$$z_0 = \sum_{i=1}^{m} c_i b_i', \quad z_j = \sum_{i=1}^{m} c_i a_{ij}', \quad j = m+1, \cdots, n \tag{1.18}$$

于是，有：

$$z = z_0 + \sum_{j=m+1}^{n} (c_j - z_j) x_j \tag{1.19}$$

再令：

$$\sigma_j = c_j - z_j, \quad j = m+1, \cdots, n$$

则

$$z = z_0 + \sum_{j=m+1}^{n} \sigma_j x_j \tag{1.20}$$

称 σ_j 为变量 x_j 的检验数。

若设价值向量 $\boldsymbol{C}_B = (c_1, c_2, \cdots, c_m)$，变换后 x_j 的系数列向量为 $\boldsymbol{P}_j' = (a_{1j}', a_{2j}', \cdots, a_{mj}')^{\mathrm{T}}$，则有：

$$z = z_0 + \sum_{j=m+1}^{n} (c_j - \boldsymbol{C}_B \boldsymbol{P}_j') x_j \tag{1.21}$$

于是 σ_j 可以表示成：

$$\sigma_j = c_j - \boldsymbol{C}_B \boldsymbol{P}_j' \tag{1.22}$$

将上述过程用表 1.4 加以表示，称该表为单纯形表。

表 1.4 单纯形表

c_j		c_1	$\cdots$	c_m	c_{m+1}	$\cdots$	c_n	b	比值
$\boldsymbol{C}_B$	$\boldsymbol{X}_B$	x_1	$\cdots$	x_m	x_{m+1}	$\cdots$	x_n		
c_1	x_1	1	$\cdots$	0	$a_{1\,m+1}'$	$\cdots$	a_{1n}'	b_1'	θ_1
c_2	x_2	0	$\cdots$	0	$a_{2\,m+1}'$	$\cdots$	a_{2n}'	b_2'	θ_2
$\vdots$	$\vdots$	$\vdots$	$\vdots$	$\vdots$	$\vdots$	$\vdots$	$\vdots$	$\vdots$	$\vdots$
c_m	x_m	0	$\cdots$	1	$a_{m\,m+1}'$	$\cdots$	a_{mn}'	b_m'	θ_m
检验数 σ_j		0	$\cdots$	0	σ_{m+1}	$\cdots$	σ_n	$-z_0$	

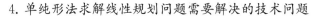

4. 单纯形法求解线性规划问题需要解决的技术问题

按照单纯形法求解线性规划问题的思路,需要解决三个技术问题:第一,给出一个初始基本可行解;第二,检验一个基本可行解是否是最优解;第三,从一个基本可行解过渡到另外一个基本可行解。下面就对这三个问题一一加以解决。

(1) 初始基本可行解的确定。

把线性规划问题化成标准形式后,观察是否每个约束方程中都有独有的、系数为 1 的变量。如果是,则取这些变量作为基变量,便得到一个初始的基本可行解;否则,就给没有这种变量的约束条件添加一个人工变量,同时修改目标函数,后一种情况将在单纯形法的进一步讨论中进行讲解。

[**例 1.9**]　确定下述线性规划问题的初始基本可行解:

$$\max z = 12x_1 + 8x_2$$

$$\text{s.t.} \begin{cases} 5x_1 + 2x_2 \leqslant 120 \\ 2x_1 + 3x_2 \leqslant 90 \\ 4x_1 + 2x_2 \leqslant 100 \\ x_1, \ x_2 \geqslant 0 \end{cases}$$

解:上述线性规划的标准形式如下:

$$\max z = 12x_1 + 8x_2 + 0x_3 + 0x_4 + 0x_5$$

$$\text{s.t.} \begin{cases} 5x_1 + 2x_2 + x_3 = 120 \\ 2x_1 + 3x_2 + x_4 = 90 \\ 4x_1 + 2x_2 + x_5 = 100 \\ x_1, \ x_2, \ x_3, \ x_4, \ x_5 \geqslant 0 \end{cases}$$

从标准形式不难看出,变量 x_3, x_4, x_5 分别是第一个、第二个、第三个约束方程中独有的、系数为 1 的变量,所以取 x_3, x_4, x_5 作为基变量,那么 x_1, x_2 就是非基变量。将基变量用非基变量线性表出,则有:

$$\max z = 12x_1 + 8x_2 + 0x_3 + 0x_4 + 0x_5$$

$$\text{s.t.} \begin{cases} x_3 = 120 - 5x_1 - 2x_2 \\ x_4 = 90 - 2x_1 - 3x_2 \\ x_5 = 100 - 4x_1 - 2x_2 \end{cases}$$

令非基变量 $x_1 = x_2 = 0$,得到 $x_3 = 100$,$x_4 = 90$,$x_5 = 100$,即 $X^{(0)} = (0, \ 0, \ 120, \ 90, \ 100)^{\mathrm{T}}$ 为初始基本可行解。该过程用初始单纯形表表示,如表 1.5 所示。

(2) 最优性的判别。

经过初始基本可行解的确定,得到的一个基本可行解是不是最优解呢? 这就需要对解的最优性进行判别。如果经过最优性的判别,基本可行解不是最优解,那就要判别是否是无界解或无可行解。下面就对这几种情况分别加以讨论,并给出相应的判别准则。

表 1.5　初始单纯形表

c_j		12	8	0	0	0	b	θ_i
C_B	X_B	x_1	x_2	x_3	x_4	x_5		
0	x_3	5	2	1	0	0	120	24
0	x_4	2	3	0	1	0	90	45
0	x_5	4	2	0	0	1	100	25
检验数 σ_j		12	8	0	0	0	0	

第一,最优解判别定理。

若 $X^{(0)} = (b_1', b_2', \cdots, b_m', 0, 0, \cdots, 0)^{\mathrm{T}}$ 为对应于基 B 的一个基本可行解,且对于一切 $j = m+1, \cdots, n$,有 $\sigma_j \leqslant 0$,则 $X^{(0)}$ 为最优解。

从式(1.20)不难看出:只有当所有的检验数 σ_j 都满足小于等于零时,目标函数才取得最大值,最大值就是 z_0。

第二,无穷多最优解判别定理。

若 $X^{(0)} = (b_1', b_2', \cdots, b_m', 0, 0, \cdots, 0)^{\mathrm{T}}$ 为对应于基 B 的一个基本可行解,对于一切 $j = m+1, \cdots, n$,有 $\sigma_j \leqslant 0$,又存在某个非基变量的检验数 $\sigma_{m+k} = 0$,则线性规划问题存在无穷多最优解。

证明:将非基变量 x_{m+k} 作为换入变量,找到一个新的基本可行解 $X^{(1)}$。因 $\sigma_{m+k} = 0$,由式(1.20)可知 $z = z_0$,故 $X^{(1)}$ 也是最优解。由凸集的概念可知:$X^{(0)}$,$X^{(1)}$ 线段上所有的点都是最优解。

第三,无界解判别定理。

若 $X^{(0)} = (b_1', b_2', \cdots, b_m', 0, 0, \cdots, 0)^{\mathrm{T}}$ 为对应于基 B 的一个基本可行解,有一个 $\sigma_{m+k} > 0$,并且对 $i = 1, 2, \cdots, m$,有 $a_{i, m+k}' \leqslant 0$,那么该线性规划问题具有无界解。

证明:构造一个新的解 $X^{(1)}$,它的分量为:

$$x_i^{(1)} = b_i' - \lambda a_{i, m+k}' (\lambda > 0), i = 1, 2, \cdots, m$$
$$x_{m+k}^{(1)} = \lambda$$
$$x_j^{(1)} = 0, j = m+1, \cdots, n, \text{ 且 } j \neq m+k$$

因 $a_{i, m+k}' \leqslant 0$,所以对任意的 $\lambda > 0$ 都是可行解,把 $x^{(1)}$ 代入目标函数得:

$$z = z_0 + \lambda \sigma_{m+k}$$

因 $\sigma_{m+k} > 0$,故当 $\lambda \rightarrow +\infty$ 时,$z \rightarrow +\infty$,故该线性规划问题目标函数无界。

以上讨论都是针对标准形式而言的,即目标函数是极大值的情况。当目标函数是求极小值时,一种处理方式是将其化为标准形式。如果不化为标准形式,最优性的判别就需要在上述最优解的判别定理和无穷多最优解判别定理中把 $\sigma_j \leqslant 0$ 改为 $\sigma_j \geqslant 0$,无界解判别定理中将 $\sigma_{m+k} > 0$ 改写为 $\sigma_{m+k} < 0$ 即可。

上述三个定理表明:如果单纯形表最后一行中的检验数 σ_j 都满足 $\sigma_j \leqslant 0$,则对应的基本可行解就是最优解;否则就不是最优解。若所有的检验数都严格小于零,则有唯一最优解,否则就有无穷多最优解。若在大于 0 的检验数中,如果存在某个 σ_k 所对应的系数列向量 $P'_k \leqslant 0$,则线性规划问题是无界解。

(3) 从一个基本可行解过渡到另外一个基本可行解。

经过最优性的判别,若初始基本可行解既不是最优解也不是无界解,就需要从当前的基本可行解过渡到另外一个基本可行解。从一个基本可行解过渡到另外一个基本可行解就是要从一个可行基过渡到另外一个可行基,即进行基的变换。从几何意义上讲,就是从可行域的一个顶点转向另一个顶点,即从当前可行基中换一个列向量(当然要保证线性无关),得到一个新的可行基。为了换基,先要确定换入变量,再确定换出变量,让它们相应的系数列向量进行兑换,这样就得到一个新的基本可行解。具体步骤如下:

第一,确定换入变量。当某些 $\sigma_j > 0$ 时,x_j 增加则目标函数还可以增大,这时要将某个非基变量 x_j 换到基变量中去(换入变量)。如何来选择换入变量呢? 通常的做法是:为了使目标函数值增加得快,在大于 0 的检验数中找最大的 σ_k,即 $\sigma_k = \max\{\sigma_j \mid \sigma_j > 0\}$,与最大的 σ_k 对应的变量 x_k 为换入变量。在例 1.9 中,由于 $\sigma_1 = \max\{\sigma_1 = 12, \sigma_2 = 8\}$,则选择 σ_1 所对应的变量 x_1 作为换入变量。

第二,确定换出变量。取 $\theta = \min\left\{\dfrac{b_i}{a'_{ik}} \middle| a'_{ik} > 0\right\} = \dfrac{b_l}{a_{lk}}$,与第 l 行对应的基变量作为换出变量。

继续讨论例 1.9。经过最优性的判别,该线性规划的初始基本可行解 $\boldsymbol{X}^{(0)} = (0, 0, 120, 90, 100)^{\mathrm{T}}$ 不是最优解,按照换入变量的确定准则,选择 x_1 作为换入变量,那么应该选择哪个变量作为换出变量呢?

根据式:

$$\begin{cases} x_3 = 120 - 5x_1 - 2x_2 \\ x_4 = 90 - 2x_1 - 3x_2 \\ x_5 = 100 - 4x_1 - 2x_2 \end{cases}$$

由于已经选择 x_1 作为换入变量,则 x_2 仍然是非基变量,可以令 $x_2 = 0$,那么 x_3、x_4、x_5 这三个变量中应该哪一个变量由基变量变为非基变量呢? 不管怎样变换,要保证 x_3、x_4、x_5 都是非负的,于是 x_1 应该满足 $x_1 = \min(24, 45, 25)$,这样就有 $x_3 = 0$,于是 x_3 就变成了非基变量。上述确定换出变量的过程用数学语言描述就是:

$\theta = \min\left\{\dfrac{120}{5}, \dfrac{90}{2}, \dfrac{100}{4}\right\} = \dfrac{120}{5} = 24$,与 24 对应的变量是 x_3,则变量 x_3 即为换出变量。

对于一般的模型,则有 $\theta = \min\left\{\dfrac{b_i}{a'_{ik}} \middle| a'_{ik} > 0\right\} = \dfrac{b_l}{a_{lk}}$,与第 l 行对应的基变量作为换出变量。

第三,旋转运算。换入变量所在的列与换出变量所在的行交叉位置上的元素称为中心元素或主元。用高斯消去法把中心元素化成 1,同列的其他元素化成 0,得到一个新的单纯形表，令非基变量等于零，就得到一个新的基本可行解。

为了保证换入变量 x_1 是基变量，就必须要使 x_1、x_4、x_5 这三个变量所对应的系数列向量是线性无关的，这就需要进行旋转运算。即表 1.5 中的"5"（x_1 所在的列与 x_3 所在的行交叉位置上的元素）为中心元素，将第一个约束条件两端同时除以 5，对变换以后的第一个约束条件两端同时乘以 -2 和 -4，再分别加到第二个约束条件和第三个约束条件上。经过这样的变换，就保证了 x_1 与 x_4、x_5 的系数列向量是线性无关的，于是得到表 1.6 这个新的单纯形表。

表 1.6 变换后的单纯形表

c_j		12	8	0	0	0	b	θ_i
C_B	X_B	x_1	x_2	x_3	x_4	x_5		
12	x_1	1	$\dfrac{2}{5}$	$\dfrac{1}{5}$	0	0	24	60
0	x_4	0	$\dfrac{11}{5}$	$-\dfrac{2}{5}$	1	0	42	$\dfrac{210}{11}$
0	x_5	0	$\dfrac{2}{5}$	$-\dfrac{4}{5}$	0	1	4	10
σ_j		0	$\dfrac{16}{5}$	$-\dfrac{12}{5}$	0	0	-288	

这样就得到一个新的基本可行解 $\boldsymbol{X}^{(1)} = (24, 0, 0, 42, 4)^{\mathrm{T}}$。

下面从理论上对(2)和(3)加以证明。

证明：设 P_1，P_2，$\cdots$，P_m 是线性规划问题一组线性无关的向量组，则取 P_1，P_2，$\cdots$，P_m 构成的矩阵为线性规划的一个基，与该基相对应的基本可行解是 $\boldsymbol{X}^{(0)}$。将它代入约束方程组式(1.14)得到：

$$\sum_{i=1}^{m} x_i^{(0)} P_i = b \tag{1.23}$$

这样，向量 $\boldsymbol{P}_{m+1}$，$\boldsymbol{P}_{m+2}$，$\cdots$，$\boldsymbol{P}_{m+t}$，$\cdots$，$\boldsymbol{P}_n$ 就都可以用 P_1，P_2，$\cdots$，$\boldsymbol{P}_m$ 线性表出。若确定非基变量 $\boldsymbol{P}_{m+t}$，必然可以找到一组不全为 0 的数 $\beta_{i,\,m+t}(i=1,2,\cdots,m)$ 使得：

$$\boldsymbol{P}_{m+t} = \sum_{i=1}^{m} \beta_{i,\,m+t} \boldsymbol{P}_i$$

或

$$\boldsymbol{P}_{m+t} - \sum_{i=1}^{m} \beta_{i,\,m+t} \boldsymbol{P}_i = 0 \tag{1.24}$$

在式(1.24)两边同乘一个正数 θ，然后与式(1.23)进行相加，则有：

$$\sum_{i=1}^{m} x_i^{(0)} \boldsymbol{P}_i + \theta \left(\boldsymbol{P}_{m+t} - \sum_{i=1}^{m} \beta_{i,\,m+t} \boldsymbol{P}_i \right) = b$$

或

$$\sum_{i=1}^{m}(x_i^{(0)}-\theta\beta_{i,\,m+t})\boldsymbol{P}_i+\theta\boldsymbol{P}_{m+t}=b \tag{1.25}$$

当 θ 取值适当时，就能得到满足约束条件的一个可行解（即非零分量的数目不大于 m 个）。这样就必须使 $(x_i^{(0)}-\theta\beta_{i,\,m+t})(i=1,\,2,\,\cdots,\,m)$ 中的某一个变量为零，并保证其余的向量为非负。为此可采用以下方法实现：比较各比值 $\dfrac{x_i^{(0)}}{\beta_{i,\,m+t}}(i=1,\,2,\,\cdots,\,m)$。因为 θ 必须是正数，所以只能选择 $\left(\dfrac{x_i^{(0)}}{\beta_{i,\,m+t}}\right)>0(i=1,\,2,\,\cdots,\,m)$ 中比值最小的等于 θ。以上描述用数学式子可以表示成：

$$\theta=\min_{i}\left(\frac{x_i^{(0)}}{\beta_{i,\,m+t}}\,\Big|\,\beta_{i,\,m+t}>0\right)=\frac{x_l^{(0)}}{\beta_{l,\,m+t}}$$

与 $\dfrac{x_l^{(0)}}{\beta_{l,\,m+t}}$ 比值相对应的变量 x_l 作为换出变量，按照上述方法确定的值 θ，称为最小比值准则（也称为"θ 准则"）。将 $\theta=\dfrac{x_l^{(0)}}{\beta_{l,\,m+t}}$ 代入 $\boldsymbol{X}$ 中，便得到一个新的基本可行解 $\boldsymbol{X}^{(1)}$：

$$\boldsymbol{X}^{(1)}=\left(x_1^{(0)}-\frac{x_l^{(0)}}{\beta_{l,\,m+t}}\cdot\beta_{1,\,m+t},\,\cdots,\,0,\,\cdots,\,x_m^{(0)}-\frac{x_l^{(0)}}{\beta_{l,\,m+t}}\cdot\beta_{m,\,m+t},\,0,\,\cdots,\,\frac{x_l^{(0)}}{\beta_{l,\,m+t}},\,\cdots,\,0\right)$$

$$\uparrow\qquad\qquad\qquad\qquad\uparrow$$
$$\text{第 } l \text{ 分量}\qquad\qquad\qquad \text{第 } m+t \text{ 分量}$$

由 $\boldsymbol{X}^{(0)}$ 转换到 $\boldsymbol{X}^{(1)}$ 的每个分量的转换公式如下：

$$x_i^{(1)}=\begin{cases} x_i^{(0)}-\dfrac{x_l^{(0)}}{\beta_{l,\,m+t}}\cdot\beta_{i,\,m+t},\,i\neq l \\[3mm] \dfrac{x_l^{(0)}}{\beta_{l,\,m+t}},\,i=m+t \end{cases}$$

这里 $x_i^{(0)}$ 是原基本可行解 $\boldsymbol{X}^{(0)}$ 的各分量；$x_i^{(1)}$ 是新基本可行解 $\boldsymbol{X}^{(1)}$ 的各分量；$\beta_{i,\,m+t}$ 是换入向量 $\boldsymbol{P}_{m+t}$ 对应的原来一组基向量的系数。

接下来证明新得到的基本可行解 $\boldsymbol{X}^{(1)}$ 的 m 个非零分量对应的系数列向量是线性独立的。事实上，因 $\boldsymbol{X}^{(0)}$ 的第 l 个分量对应于 $\boldsymbol{X}^{(1)}$ 的相应分量是零，即：

$$x_l^{(0)}-\theta\beta_{l,\,m+t}=0$$

其中，$x_l^{(0)}$，$\beta_{l,\,m+t}$ 均不为零，根据 θ 准则（最小比值准则），$\theta\neq0$。$\boldsymbol{X}^{(1)}$ 中的 m 个非零分量对应的 m 个列向量是 $\boldsymbol{P}_j(j=1,\,2,\,\cdots,\,m,\,j\neq l)$ 和 $\boldsymbol{P}_{m+t}$。若这组向量不是线性独立，则一定可以找到不全为零的数 α_j，使：

$$\boldsymbol{P}_{m+t}=\sum_{j=1}^{m}\alpha_j\boldsymbol{P}_j,\,j\neq l \tag{1.26}$$

成立。又因:

$$\boldsymbol{P}_{m+t} = \sum_{j=1}^{m} \beta_{j,\,m+t} \boldsymbol{P}_j \tag{1.27}$$

将式(1.27)减式(1.26)得到:

$$\sum_{\substack{j=1 \\ j \neq l}}^{m} (\beta_{j,\,m+t} - \alpha_j) \boldsymbol{P}_j + \beta_{l,\,m+t} \boldsymbol{P}_l = 0$$

由于上式中至少有 $\beta_{l,\,m+t} \neq 0$,因此表明上式 P_1,P_2,$\cdots$,P_m 是线性相关的,这与假设相矛盾。

由此可见,$\boldsymbol{X}^{(1)}$ 的 m 个非零分量对应的列向量 $\boldsymbol{P}_j(j=1,2,\cdots,m,j \neq l)$ 与 $\boldsymbol{P}_{m+t}$ 是线性无关的,即经过基变换得到的解是基本可行解。

[例 1.10] 求解线性规划问题:

$$\max z = 12x_1 + 8x_2$$

$$\text{s.t.} \begin{cases} 5x_1 + 2x_2 \leqslant 120 \\ 2x_1 + 3x_2 \leqslant 90 \\ 4x_1 + 2x_2 \leqslant 100 \\ x_1,\ x_2 \geqslant 0 \end{cases}$$

解:将上述线性规划问题化成标准形式如下:

$$\max z = 12x_1 + 8x_2 + 0x_3 + 0x_4 + 0x_5$$

$$\text{s.t.} \begin{cases} 5x_1 + 2x_2 + x_3 = 120 \\ 2x_1 + 3x_2 + x_4 = 90 \\ 4x_1 + 2x_2 + x_5 = 100 \\ x_1,\ x_2,\ x_3,\ x_4,\ x_5 \geqslant 0 \end{cases}$$

从上述约束条件不难看出,变量 x_3,x_4,x_5 分别是第一个、第二个、第三个约束方程中独有的、系数为 1 的变量,所以取 x_3,x_4,x_5 作为基变量,而 x_1,x_2 就是非基变量。列出初始的单纯形表如表 1.7 所示。

表 1.7 初始单纯形表

| C_B | X_B | c_j | | | | | b | θ_i |
		12	8	0	0	0		
		x_1	x_2	x_3	x_4	x_5		
0	x_3	(5)	2	1	0	0	120	24
0	x_4	2	3	0	1	0	90	45
0	x_5	4	2	0	0	1	100	25
σ_j		12	8	0	0	0	0	

初始单纯形表中所有变量的检验数不满足全部小于等于零，所以初始基本可行解 $X^{(0)} = (0, 0, 120, 90, 100)^{\mathrm{T}}$ 不是最优解，而且该问题也不是无界解。那就需要进行可行基的变换，因为 $\sigma_1 = \max\{\sigma_1, \sigma_2\} = \max\{12, 8\} = 12$，所以取与 σ_1 对应的变量 x_1 作为换入变量。按照 θ 准则确定换出变量，因为 $\theta = \min\left\{\dfrac{b_i}{a_{ik}} \,\middle|\, a_{ik} > 0\right\} = \min\left(\dfrac{120}{5}, \dfrac{90}{2}, \dfrac{100}{4}\right) = 24$，与比值 24 相对应的变量 x_3 作为换出变量，这样变量 x_1 所在的列与变量 x_3 所在行的交叉位置上的元素 5 就是中心元素，然后进行旋转运算，进入下一步迭代，得到新的单纯形表如表 1.8 所示。

表 1.8　单纯形表

C_B	X_B	c_j 12 x_1	8 x_2	0 x_3	0 x_4	0 x_5	b	θ_i
12	x_1	1	$\dfrac{2}{5}$	$\dfrac{1}{5}$	0	0	24	60
0	x_4	0	$\dfrac{11}{5}$	$-\dfrac{2}{5}$	1	0	42	$\dfrac{210}{11}$
0	x_5	0	$\left(\dfrac{2}{5}\right)$	$-\dfrac{4}{5}$	0	1	4	10
	σ_j	0	$\dfrac{16}{5}$	$-\dfrac{12}{5}$	0	0	-288	

单纯形表 1.8 中所有变量的检验数不满足全部小于等于零，所以得到的新的基本可行解 $X^{(1)} = (24, 0, 0, 42, 4)^{\mathrm{T}}$ 也不是最优解，而且该问题也不是无界解。那就需要进行可行基的变换，按照同样的步骤再进行下一步的迭代，得到新的单纯形表如表 1.9 所示。

表 1.9　单纯形表（续）

C_B	X_B	c_j 12 x_1	8 x_2	0 x_3	0 x_4	0 x_5	b	θ_i
12	x_1	1	0	1	0	-1	20	20
0	x_4	0	0	(4)	1	$-\dfrac{11}{2}$	20	5
8	x_2	0	1	-2	0	$\dfrac{5}{2}$	10	—
	σ_j	0	0	4	0	-8	-320	
12	x_1	1	0	0	$-\dfrac{1}{4}$	$\dfrac{3}{8}$	15	
0	x_3	0	0	1	$\dfrac{1}{4}$	$-\dfrac{11}{8}$	5	
8	x_2	0	1	0	$\dfrac{1}{2}$	$-\dfrac{1}{4}$	20	
	σ_j	0	0	0	-1	$-\dfrac{5}{2}$	-340	

这时所有变量的检验数全部满足小于等于零,所以当前的基本可行解就是最优解,最优解是 $\boldsymbol{X}^* = (15, 20, 5, 0, 0)^{\mathrm{T}}$,最优目标函数值是 $z^* = 340$。

5. 单纯形法的计算步骤

(1) 将线性规划问题化成标准形式。

(2) 找出或构造一个 m 阶单位矩阵作为初始可行基,令非基变量等于零,得到一个初始的基本可行解,建立初始单纯形表。

(3) 计算各非基变量 x_j 的检验数 $\sigma_j = C_j - \boldsymbol{C}_B \boldsymbol{P}'_j$,若所有的 $\sigma_j \leqslant 0$,则线性规划问题已得到最优解,停止计算;否则转入下一步。

(4) 在大于 0 的检验数中,若存在某个 σ_k 所对应的系数列向量 $\boldsymbol{P}'_k \leqslant 0$,则此线性规划问题是无界解,停止计算,否则转入下一步。

(5) 根据 $\max\{\sigma_j \mid \sigma_j > 0\} = \sigma_k$ 原则,确定 x_k 为换入变量(基变量),再根据 θ 准则 $\theta = \min\left\{\dfrac{b'_i}{a'_{ik}} \,\middle|\, a'_{ik} > 0\right\} = \dfrac{b'_l}{a'_{lk}}$,确定 x_l 为换出变量。建立新的单纯形表,此时基变量 x_k 取代了 x_l 的位置。

(6) 以 a'_{lk} 为中心元素进行旋转运算,把 x_k 所对应的系数列向量变为单位列向量,即 a'_{lk} 变为 1,同列中其他元素变为 0,转步骤(3)。

用单纯形法求解线性规划问题后,应回答出下面几个问题:

(1) 是否解无界?上面的求解步骤已作出回答。

(2) 是否无可行解?求解后,若人工变量都已取 0,则有可行解;否则,无可行解。

(3) 唯一最优解还是无穷多最优解?在最终的单纯形表中,若所有非基变量的检验数都严格小于 0,则为唯一最优解;若存在某个非基变量的检验数等于 0,则有无穷多最优解。

1.2.3 单纯形法的进一步讨论

用单纯形法求解线性规划问题时,如果各个约束条件都是"≤"不等式,可以取加入的松弛变量作为基变量,这样就找到一个初始可行基。如果约束条件不全是"≤"不等式,既存在"≥"或"="型的约束条件,就没有现成的单位矩阵作为初始可行基,这时就需要采用人为构造基变量的方法,给"≥"或"="型的约束条件人为添加一个基变量,这样的变量称为人工变量,由此构造出的单位矩阵称为人为单位矩阵。对于添加了人工变量的线性规划问题有两种求解问题的方法:大 M 法和两阶段法。下面分别来进行介绍。

1. 大 M 法

对于添加了人工变量的线性规划问题,为保证人工变量在最终单纯形表中为非基变量,即人工变量的取值为 0,就要令人工变量在目标函数中的系数为 $-M$(M 为无限大的正数)。M 实际上是一个惩罚项,倘若人工变量在最终单纯形表中不为零,则目标函数就永远达不到最大值,所以必须将人工变量逐步从基变量中替换出去。如果在最终单纯形表中人工变量仍没有置换出去,即人工变量仍然是基变量,那么这个线性规划问题就没有可行解,当然亦无最优解。

[例 1.11]　用大 M 法求解下列线性规划问题:

$$\min z = -5x_1 + x_2 + x_3$$

$$\text{s.t.} \begin{cases} x_1 - 2x_2 + x_3 \leqslant 12 \\ -4x_1 + x_2 + 2x_3 = 10 \\ -2x_1 + x_3 = 4 \\ x_1, x_2, x_3 \geqslant 0 \end{cases}$$

解:令 $z' = -z$,将目标函数变为求极大值,约束条件都变成等式,同时在约束条件 2 和约束条件 3 中分别加入人工变量,人工变量在目标函数中的系数为 $-M$,上述线性规划问题化成标准形式如下:

$$\max z' = 5x_1 - x_2 - x_3 + 0x_4 - Mx_5 - Mx_6$$

$$\text{s.t.} \begin{cases} x_1 - 2x_2 + x_3 + x_4 = 12 \\ -4x_1 + x_2 + 2x_3 + x_5 = 10 \\ -2x_1 + x_3 + x_6 = 4 \\ x_1, x_2, x_3, x_4, x_5, x_6 \geqslant 0 \end{cases}$$

取 x_4, x_5, x_6 作为基变量,令非基变量 $x_1 = x_2 = x_3 = 0$,得到初始的基本可行解,列出初始单纯形表并一步一步进行迭代,如表 1.10 所示。

表 1.10　单纯形表及其迭代过程

c_j		5	-1	-1	0	$-M$	$-M$	b	θ_i
C_B	X_B	x_1	x_2	x_3	x_4	x_5	x_6		
0	x_4	1	-2	1	1	0	0	12	12
$-M$	x_5	-4	1	2	0	1	0	10	5
$-M$	x_6	-2	0	(1)	0	0	1	4	4
σ_j		$5-6M$	$-1+M$	$-1+3M$	0	0	0	$14M$	
0	x_4	3	-2	0	1	0	-1	8	—
$-M$	x_5	0	(1)	0	0	1	-2	2	2
-1	x_3	-2	0	1	0	0	1	4	—
σ_j		3	$-1+M$	0	0	0	$1-3M$	$4+2M$	
0	x_4	(3)	0	0	1	2	-5	12	4
-1	x_2	0	1	0	0	1	-2	2	—
-1	x_3	-2	0	1	0	0	1	4	—
σ_j		3	0	0	0	$1-M$	$-1-M$	6	

（续表）

c_j		5	-1	-1	0	$-M$	$-M$	b	θ_i
C_B	X_B	x_1	x_2	x_3	x_4	x_5	x_6		
5	x_1	1	0	0	$\dfrac{1}{3}$	$\dfrac{2}{3}$	$-\dfrac{5}{3}$	4	
-1	x_2	0	1	0	0	1	-2	2	
-1	x_3	0	0	1	$\dfrac{2}{3}$	$\dfrac{4}{3}$	$-\dfrac{7}{3}$	12	
σ_j		0	0	0	-1	$-1-M$	$4-M$	-6	

从上述最终单纯形表不难看出，所有变量的检验数都满足 $\sigma_j \leqslant 0$，则该线性规划问题已取得最优解，最优解为 $\boldsymbol{X}^* = (4,2,12,0,0,0)^{\mathrm{T}}$，最优目标函数值 $z^* = -6$。

2. 两阶段法

对于添加了人工变量的线性规划问题，可以将其求解分为两个阶段进行。

第一阶段是先求出要求解问题的基本可行解（或判断出原线性规划问题无解）。具体的过程是：构造一个新的线性规划问题，即原问题加入的人工变量相反数的和作为目标函数，原问题的约束条件作为约束条件。对新的线性规划问题进行求解，如果新的线性规划问题的最优目标函数值为 0，即在最终单纯形表中人工变量的取值为 0，也就是人工变量由基变量变为非基变量，这时新的线性规划问题的最优解就是原问题的基本可行解，转入第二阶段。否则，原问题无可行解。

第二阶段是利用第一阶段已求出的初始基本可行解来求最优解。将第一阶段的人工变量所在的列取消，并将目标函数系数换成原问题的目标函数系数，重新计算检验数行，应用单纯形算法求出最优解。

[例 1.12]　用二阶段法求解下列线性规划问题：

$$\min z = -5x_1 + x_2 + x_3$$

$$\text{s.t.} \begin{cases} x_1 - 2x_2 + x_3 \leqslant 12 \\ -4x_1 + x_2 + 2x_3 = 10 \\ -2x_1 + x_3 = 4 \\ x_1, x_2, x_3 \geqslant 0 \end{cases}$$

解：令 $z' = -z$，将目标函数变为求极大值，约束条件都变成等式，同时在约束条件 2 和约束条件 3 中分别加入人工变量，人工变量在目标函数中的系数为 $-M$，上述线性规划问题化成标准形式如下：

$$\max z' = 5x_1 - x_2 - x_3 + 0x_4 - Mx_5 - Mx_6$$

$$\text{s.t.} \begin{cases} x_1 - 2x_2 + x_3 + x_4 = 12 \\ -4x_1 + x_2 + 2x_3 + x_5 = 10 \\ -2x_1 + x_3 + x_6 = 4 \\ x_1, x_2, x_3, x_4, x_5, x_6 \geqslant 0 \end{cases}$$

第一阶段:构建新的线性规划问题,并对新的线性规划问题进行求解。

$$\max w = -x_5 - x_6$$

$$\text{s.t.} \begin{cases} x_1 - 2x_2 + x_3 + x_4 = 12 \\ -4x_1 + x_2 + 2x_3 + x_5 = 10 \\ -2x_1 + x_3 + x_6 = 4 \\ x_1, x_2, x_3, x_4, x_5, x_6 \geqslant 0 \end{cases}$$

取 x_4, x_5, x_6 作为基变量,令非基变量 $x_1 = x_2 = x_3 = 0$,得到初始的基本可行解,列出初始的单纯形表并一步一步进行迭代,如表 1.11 所示。

表 1.11　新线性规划问题的单纯形表及其迭代过程

c_j		0	0	0	0	−1	−1	b	θ_i
C_B	X_B	x_1	x_2	x_3	x_4	x_5	x_6		
0	x_4	1	−2	1	1	0	0	12	12
−1	x_5	−4	1	2	0	1	0	10	5
−1	x_6	−2	0	(1)	0	0	1	4	4
σ_j		−6	1	3	0	0	0	14	
0	x_4	3	−2	0	1	0	−1	8	—
−1	x_5	0	(1)	0	0	1	−2	2	2
0	x_3	−2	0	1	0	0	1	4	—
σ_j		0	1	0	0	0	3	2	
0	x_4	3	0	0	1	2	−5	12	
0	x_2	0	1	0	0	1	−2	2	
0	x_3	−2	0	1	0	0	1	4	
σ_j		0	0	0	0	−1	−1	0	

从上述最终单纯形表不难看出,所有变量的检验数都满足 $\sigma_j \leqslant 0$,则新线性规划问题已取得最优解 $X^* = (0, 2, 4, 12, 0, 0)^{\mathrm{T}}$,这时转入第二阶段。

第二阶段:将第一阶段得到的最终单纯形表中的目标函数换成原问题的目标函数,人工变量所在的列取消,并将目标函数系数换成原问题的目标函数系数,重新计算检验数行,应用单纯形算法求解得到最终单纯形表,如表 1.12 所示。

表 1.12　原线性规划问题的单纯形表及其迭代过程

c_j		5	−1	−1	0	b	θ_i
C_B	X_B	x_1	x_2	x_3	x_4		
0	x_4	(3)	0	0	1	12	4
−1	x_2	0	1	0	0	2	—
−1	x_3	−2	0	1	0	4	—
σ_j		3	0	0	0	6	

（续表）

c_j		5	-1	-1	0	b	θ_i
$\boldsymbol{C}_B$	$\boldsymbol{X}_B$	x_1	x_2	x_3	x_4		
5	x_1	1	0	0	$\dfrac{1}{3}$	4	
-1	x_2	0	1	0	0	2	
-1	x_3	0	0	1	$\dfrac{2}{3}$	12	
σ_j		0	0	0	-1	-6	

从上述最终单纯形表不难看出，所有变量的检验数都满足 $\sigma_j \leqslant 0$，则该线性规划问题已取得最优解，最优解为 $\boldsymbol{X}^* = (4，2，12，0)^{\mathrm{T}}$，最优目标函数值为 $z^* = -6$。

1.2.4 单纯形法补遗

下面对单纯形法求解过程中遇到的几个问题加以补充。

（1）换入变量相持的情况。在单纯形法运算过程中，如果同时出现多个相同的 σ_j 最大，选取哪一个变量作为换入变量呢？通常，在符合要求的 σ_j（目标为 max：$\sigma_j > 0$；min：$\sigma_j < 0$）中，选取下标最小的非基变量作为换入变量。

（2）换出变量相持的情况。在单纯形法运算过程中，如果同时出现多个相同的 $\theta \left(\theta = \min \left\{ \dfrac{b_i{}'}{a'_{ik}} \middle| a'_{ik} > 0 \right\} = \dfrac{b_l}{a_{lk}} \right)$ 最小，选取哪一个变量作为换出变量呢？通常，在符合要求的 θ 值中，选取下标最大的基变量作为换出变量。

（3）多重最优解的确定。在最终单纯形表中，若存在某个非基变量的检验数 $\sigma_j = 0$，那么该线性规划问题有无穷多最优解。如何从一个最优解过渡到另外一个最优解呢？让这个检验数等于零的非基变量作为换入变量，按照 θ 准则确定换出变量，然后继续迭代，就可得到另一个最优解。

（4）无界解的确定。在最终单纯形表中，如果存在某一个非基变量的检验数 $\sigma_k > 0$，而它所对应的系数列向量满足 $\boldsymbol{P}'_k \leqslant 0$，则该线性规划问题为无界解。

（5）无可行解的确定。在最终单纯形表中，如果人工变量仍然是基变量，那么该线性规划问题为无可行解。

[例 1.13] 求解下列线性规划问题：

$$\max z = 12x_1 + 6x_2$$

$$\text{s.t.} \begin{cases} 5x_1 + 2x_2 \leqslant 120 \\ 2x_1 + 3x_2 \leqslant 90 \\ 4x_1 + 2x_2 \leqslant 100 \\ x_1，x_2 \geqslant 0 \end{cases}$$

解：将上述线性规划问题化成标准形式如下：

$$\max z = 12x_1 + 6x_2 + 0x_3 + 0x_4 + 0x_5$$

$$\text{s.t.} \begin{cases} 5x_1 + 2x_2 + x_3 = 120 \\ 2x_1 + 3x_2 + x_4 = 90 \\ 4x_1 + 2x_2 + x_5 = 100 \\ x_1, x_2, x_3, x_4, x_5 \geqslant 0 \end{cases}$$

取 x_3，x_4，x_5 作为基变量，令非基变量 $x_1 = x_2 = 0$，得到初始的基本可行解，列出初始的单纯形表并一步一步进行迭代，如表 1.13 所示。

表 1.13　单纯形表及其迭代过程

c_j		12	6	0	0	0	b	θ_i
C_B	X_B	x_1	x_2	x_3	x_4	x_5		
0	x_3	(5)	2	1	0	0	120	24
0	x_4	2	3	0	1	0	90	45
0	x_5	4	2	0	0	1	100	25
σ_j		12	6	0	0	0	0	
12	x_1	1	$\frac{2}{5}$	$\frac{1}{5}$	0	0	24	60
0	x_4	0	$\frac{11}{5}$	$-\frac{2}{5}$	1	0	42	$\frac{210}{11}$
0	x_5	0	$\left(\frac{2}{5}\right)$	$-\frac{4}{5}$	0	1	4	10
σ_j		0	$\frac{6}{5}$	$-\frac{12}{5}$	0	0	-288	
12	x_1	1	0	1	0	-1	20	
0	x_4	0	0	4	1	$-\frac{11}{2}$	20	
6	x_2	0	1	-2	0	$\frac{5}{2}$	10	
σ_j		0	0	0	0	-3	-300	

从上述最终单纯形表不难看出，所有变量的检验数都满足 $\sigma_j \leqslant 0$，则该线性规划问题已取得最优解，最优解为 $\boldsymbol{X}^{(1)} = (20, 10, 0, 20, 0)^{\mathrm{T}}$，最优目标函数值为 $z^* = 300$。因为存在非基变量 x_3 的检验数 $\sigma_3 = 0$，所以该线性规划问题有无穷多最优解。那么怎么得到另外一个最优解呢？取检验数为 0 的非基变量作为基变量，按照 θ 准则确定换出变量，继续进行迭代得到另外一个最优解，具体过程如表 1.14 所示。

表 1.14 确定另外一个最优解的迭代过程

c_j		12	6	0	0	0	b	θ_i
C_B	X_B	x_1	x_2	x_3	x_4	x_5		
12	x_1	1	0	0	$-\dfrac{1}{4}$	$\dfrac{3}{8}$	15	
0	x_3	0	0	1	$\dfrac{1}{4}$	$-\dfrac{11}{8}$	5	
6	x_2	0	1	0	$\dfrac{1}{2}$	$-\dfrac{1}{4}$	20	
σ_j		0	0	0	0	-3	-300	

从上述最终单纯形表不难看出，所有变量的检验数都满足 $\sigma_j \leqslant 0$，得到该线性规划问题另外一个最优解 $\boldsymbol{X}^{(2)} = (15, 20, 5, 0, 0)^{\mathrm{T}}$，最优目标函数值为 $z^* = 300$。

[**例 1.14**] 求解下列线性规划问题：

$$\max z = 4x_1 + 3x_2$$

$$\text{s.t.} \begin{cases} 2x_1 - 3x_2 \leqslant 6 \\ -4x_1 + x_2 \leqslant 4 \\ x_1, x_2 \geqslant 0 \end{cases}$$

解：将该线性规划问题化成标准形式如下：

$$\max z = 4x_1 + 3x_2 + 0x_3 + 0x_4$$

$$\text{s.t.} \begin{cases} 2x_1 - 3x_2 + x_3 = 6 \\ -4x_1 + x_2 + x_4 = 4 \\ x_1, x_2, x_3, x_4 \geqslant 0 \end{cases}$$

取 x_3，x_4 作为基变量，令非基变量 $x_1 = x_2 = 0$，得到初始的基本可行解，列出初始的单纯形表并一步一步进行迭代，如表 1.15 所示。

表 1.15 单纯形表及其迭代过程

c_j		4	3	0	0	b	θ_i
C_B	X_B	x_1	x_2	x_3	x_4		
0	x_3	(2)	-3	1	0	6	3
0	x_4	-4	1	0	1	4	—
σ_j		4	3	0	0	0	
4	x_1	1	$-\dfrac{3}{2}$	$\dfrac{1}{2}$	0	3	
0	x_4	0	-5	2	1	16	
σ_j		0	9	-2	0	-12	

从上述单纯形表不难看出，x_2 的检验数大于零，但是该变量所对应的系数列向量都小于等于零，所以该线性规划问题为无界解。

[**例 1.15**] 求解下列线性规划问题：

$$\max z = 4x_1 + 3x_2$$

$$\text{s.t.} \begin{cases} 2x_1 - 3x_2 = 6 \\ -4x_1 + x_2 = 4 \\ x_1, x_2 \geqslant 0 \end{cases}$$

解：在约束条件 1 和约束条件 2 中分别加入人工变量，上述线性规划问题化成标准形式如下：

$$\max z = 4x_1 + 3x_2 - Mx_3 - Mx_4$$

$$\text{s.t.} \begin{cases} 2x_1 - 3x_2 + x_3 = 6 \\ -4x_1 + x_2 + x_4 = 4 \\ x_1, x_2, x_3, x_4 \geqslant 0 \end{cases}$$

取 x_3，x_4 作为基变量，令非基变量 $x_1 = x_2 = 0$，得到初始的基本可行解，列出初始的单纯形表如表 1.16 所示。

表 1.16　单纯形表

c_j		4	3	$-M$	$-M$	b
$\boldsymbol{C}_B$	$\boldsymbol{X}_B$	x_1	x_2	x_3	x_4	
$-M$	x_3	2	-3	1	0	6
$-M$	x_4	-4	1	0	1	4
σ_j		$4-2M$	$3-2M$	0	0	

从上述单纯形表中不难看出，所有变量的检验数都满足 $\sigma_j \leqslant 0$，但人工变量仍然是基变量，所以该线性规划问题无可行解。

1.2.5　计算机软件求解

关于线性规划问题的求解，有许多好的专业软件和商务软件，通过计算机可十分方便地完成求解过程。最简便易行的求解软件就是 Excel。那么在 Excel 中如何添加规划求解呢？首先打开 Microsoft Excel 2016 文件，在文件中选中"选项"→"加载项"→"Excel 加载项"，单击"转到"，然后选中"规划求解加载项"（见图 1.9），在数据选项卡中就有了规划求解。下面介绍如何在 Excel 中使用规划求解。

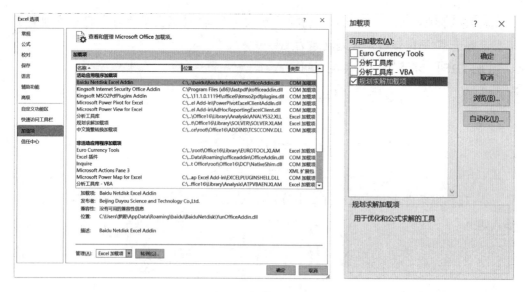

图 1.9　加载规划求解

（1）建立 Excel 工作表,将要求解模型中的每个组成部分放在电子表格中。用一组单元格表示变量,作为可变单元格(空);用几组单元格分别表示各约束条件和目标函数的系数;用一些单元格输入公式表示各组系数和变量的关系。例 1.1 的线性规划模型在电子表格上可表示为:在图 1.10 中用单元格 B11：C11 表示变量 x_1 和 x_2,用单元格 B3：C3 表示变量 x_1 和 x_2 在目标函数中的系数,用单元格 B6：C8 表示变量 x_1 和 x_2 在约束条件中的系数,用单元格 D6：D8 分别表示三个约束条件的左端项,用单元格 F6：F8 分别表示三个约束条件的右端项,用单元格 F11 表示目标函数。

	A	B	C	D	E	F
1	生产计划的安排					
2		产品A	产品B			
3	单位利润	12	8			
4				资源		资源
5		生产每单位产品消耗的资源		使用的数量		可利用数量
6	机器（机时）	5	2		≤	120
7	人工	2	3		≤	90
8	材料（公斤）	4	2		≤	100
9						
10		产品A	产品B			总利润
11	生产产品的数量					

图 1.10　模型中每个组成部分在电子表格中的设置

对于第一个约束条件的左端项 $5x_1+2x_2$,其在单元格中的表示是:在 D6 的位置上输入"＝sumproduct(B6：C6，B11：C11)",如图 1.11 所示。按照同样的方式可以在 D7、D8 位置上输入所代表的约束条件 $2x_1+3x_2\leqslant 90$、$4x_1+2x_2\leqslant 100$ 的左端项,在 F11 的位置上输入目标函数 $12x_1+8x_2$。如果 D6 表示的是几个变量的求和,则在 D6 的位置上输入"＝sum"函数。如果在 D6 的位置上输入"＝sum(B6，C6)",它表示的是对变量 B6 和 C6 进行求和。

	A	B	C	D	E	F
1	生产计划安排					
2		产品A	产品B			
3	单位利润	12	8			
4				资源		资源
5		生产每单位产品消耗的资源		使用的数量		可用的数量
6	机器（机时）	5	=SUMPRODUCT(B6:C6,B11:C11)			120
7	人工	2	3		<=	90
8	材料（公斤）	4	2		<=	100
9						
10		产品A	产品B			总利润
11	生产产品的数量					

图 1.11　sumproduct 函数和 sum 函数

（2）打开数据栏中的"规划求解参数"对话框,指定存有目标函数的单元格为目标单元格,指定表示变量的单元格为可变单元格,建立约束条件。在图 1.12 中指定单元格 F11 为目标单元格,既然目标是极大化目标单元格,还必须选中"最大值";指定 B11：C11 为可变单元格,然后点击"添加"按钮,就会弹出图 1.13 的对话框。在该对话框中,左端输入的是约束条件的左端项,即输入的范围是 D6：D8 所代表的单元格,右端输入的是约束条件的右端项,即 F6：F8 所代表的单元格,对于两边中间的符号,有个菜单可以选择"≤""＝""≥",这样约束条件就具体化了。如果还需要添加更多的约束条件,就点击"添加"按钮,然后弹出一个新的约束对话框。如果没有其他的约束条件需要添加,只要点击"确定"按钮就回到"规划求解参数"对话框。然后,在"使无约束变量为非负数"前打对号,并且在选择求解方法时选择"单纯线性规划",选项选取默认值,然后点击"求解"按钮,图 1.12 描述了在电子表格中建模的过程。

图 1.12　电子表格参数的设置

图 1.13 "添加约束"条件对话框

（3）在"规划求解参数"对话框中按下"求解"按钮，即可求出最优解和最优值。在一般情况下，都会出现像图 1.14 所示的"规划求解结果"对话框，它显示已经找到了最优解。如果模型无可行解或无最优解，对话框会显示"找不到可行解"或"设定的单元格值未收敛"。对话框还会生成三个报告：运算结果报告、敏感性报告和极限值报告，这三个报告，尤其是敏感性报告将在第 2 章详细讨论。例 1.1 的求解结果如图 1.15 所示。

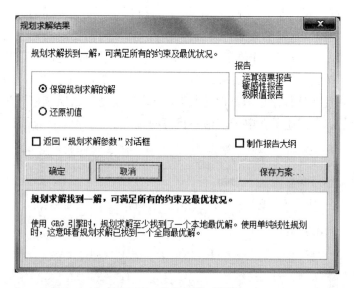

图 1.14 求解结果对话框

	A	B	C	D	E	F
1	生产计划安排					
2		产品A	产品B			
3	单位利润	12	8			
4				资源		资源
5		生产每单位产品消耗的资源		使用的数量		可用的数量
6	机器（机时）	5	2	115	<=	120
7	人工	2	3	90	<=	90
8	材料（公斤）	4	2	100	<=	100
9						
10		产品A	产品B			总利润
11	生产产品的数量	15	20			340

图 1.15 例 1.1 电子表格的求解结果

1.3 线性规划问题的建模与应用

1.3.1 生产计划安排

[**例 1.16**] 某公司正准备利用它下设的三家工厂(记为 1、2、3)生产一种新产品。据调查,三家工厂都能生产该产品,该产品分为大、中、小三个型号,其单位净收益分别为 420 元、360 元和 300 元。而工厂 1、2 和 3 每天拥有的生产能力分别为 750 件、900 件和 450 件(不管何种型号或各种型号的组合),工厂 1、2 和 3 每天可以为该产品提供 13 000 平方米、12 000 平方米和 5 000 平方米加工过程的存储空间,每单位的大、中、小型的产品所需要的存储空间分别为 20 平方米、15 平方米和 12 平方米。来自销售部门的数据表明:每天估计可销售大、中、小型的产品分别为 600 件、600 件和 750 件。

管理层希望知道每家工厂能生产的各种型号的产品数量,使得公司利润达到最大化。

解:设工厂 1 生产大、中、小型产品的数量分别为 x_1,x_2,x_3 件;工厂 2 生产大、中、小型产品的数量分别为 x_4,x_5,x_6 件;工厂 3 生产大、中、小型产品的数量分别为 x_7,x_8,x_9 件;总利润为 z。

根据题意,三家工厂生产三种产品所带来的总利润为:

$$z = 420(x_1 + x_4 + x_7) + 360(x_2 + x_5 + x_8) + 300(x_3 + x_6 + x_9)$$

受生产能力的约束,每家工厂生产三种产品的数量不能超过每家工厂的生产能力,则有:

$$\begin{cases} x_1 + x_2 + x_3 \leqslant 750 \\ x_4 + x_5 + x_6 \leqslant 900 \\ x_7 + x_8 + x_9 \leqslant 450 \end{cases}$$

受生产存储空间的约束,每家工厂生产三种产品所需要的存储空间不能超过每家工厂可以提供的存储空间,则有:

$$\begin{cases} 20x_1 + 15x_2 + 12x_3 \leqslant 13\ 000 \\ 20x_4 + 15x_5 + 12x_6 \leqslant 12\ 000 \\ 20x_7 + 15x_8 + 12x_9 \leqslant 5\ 000 \end{cases}$$

受销售能力的约束,每家工厂生产三种产品的数量不能低于每种产品的销售预测量,则有:

$$\begin{cases} x_1 + x_4 + x_7 \geqslant 600 \\ x_2 + x_5 + x_8 \geqslant 600 \\ x_3 + x_6 + x_9 \geqslant 750 \end{cases}$$

另外，每种产品的生产数量不能是负数，则有：

$$x_1, x_2, x_3, x_4, x_5, x_6, x_7, x_8, x_9 \geqslant 0$$

所以，该问题的数学模型为：

$$\max z = 420(x_1 + x_4 + x_7) + 360(x_2 + x_5 + x_8) + 300(x_3 + x_6 + x_9)$$

$$\text{s.t.} \begin{cases} x_1 + x_2 + x_3 \leqslant 750 \\ x_4 + x_5 + x_6 \leqslant 900 \\ x_7 + x_8 + x_9 \leqslant 450 \\ 20x_1 + 15x_2 + 12x_3 \leqslant 13\,000 \\ 20x_4 + 15x_5 + 12x_6 \leqslant 12\,000 \\ 20x_7 + 15x_8 + 12x_9 \leqslant 5\,000 \\ x_1 + x_4 + x_7 \geqslant 600 \\ x_2 + x_5 + x_8 \geqslant 600 \\ x_3 + x_6 + x_9 \geqslant 750 \\ x_1, x_2, x_3, x_4, x_5, x_6, x_7, x_8, x_9 \geqslant 0 \end{cases}$$

对该线性规划问题进行求解得：$x_1 = 350$ 件，$x_2 = 400$ 件，$x_4 = 150$ 件，$x_6 = 750$ 件，$x_7 = 100$ 件，$x_8 = 200$ 件，$x_3 = x_5 = x_9 = 0$；或 $x_1 = 350$ 件，$x_2 = 400$ 件，$x_4 = 75$ 件，$x_5 = 200$ 件，$x_6 = 625$ 件，$x_7 = 175$ 件，$x_9 = 125$ 件，$x_3 = x_8 = 0$，总利润 $z = 693\,000$ 元。

1.3.2　网络配送问题

[例 1.17]　某公司下设两个工厂，这两个工厂生产同一种产品，生产的产品将被运送到两个仓库。两个工厂生产的产品既可以直接运送到仓库，也可以通过配送中心运送到仓库。如果从工厂直接运送到仓库，则工厂 1 的产品只能运送到仓库 1，产品数量不限；而工厂 2 的产品只能运送到仓库 2，同样，产品数量也不限。如果选择由配送中心运送到仓库，则每一个配送中心可将多达 50 个单位的产品由工厂运到一个配送中心，再从配送中心以最多 50 个单位的载货量运到各个仓库。每个工厂的产量、每个仓库的需求量及每一条路线的单位运货成本如表 1.17 所示。如何以最小的成本来运送所需的货物？

表 1.17　相关数据

从 \ 至	单位运输成本			生产量
	配送中心(DC)	仓库 1(W_1)	仓库 2(W_2)	
工厂 1(F_1)	300 美元	700 美元	—	80 单位
工厂 2(F_2)	400 美元	—	900 美元	70 单位
配送中心		200 美元	400 美元	—
需求量	—	60 单位	90 单位	

解：设工厂 1 运送到仓库 1、配送中心的产品数量分别为 x_1、x_2 单位，工厂 2 运送到仓库 2、配送中心的产品数量分别为 x_3、x_4 单位，从配送中心运送到仓库 1、仓库 2 的运量分别为 x_5、x_6 单位，总的运输成本为 z，两个工厂、配送中心、仓库运量之间的关系及每条线路的运费如图 1.16 所示。

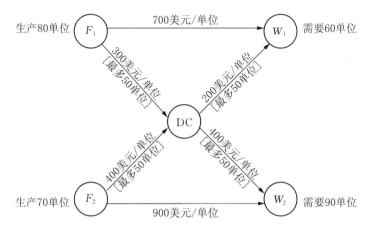

图 1.16　配送网络图

对于每个产地来讲，从这个产地运送到各个仓库和配送中心的运量等于该产地的产量：

$$\begin{cases} x_1 + x_2 = 80 \\ x_3 + x_4 = 70 \end{cases}$$

对于每个仓库来讲，从各个产地和配送中心运送到各个仓库的运量之和等于各个仓库的需求量：

$$\begin{cases} x_1 + x_5 = 60 \\ x_3 + x_6 = 90 \end{cases}$$

对于配送中心来讲，从两个工厂运送到配送中心的运量之和等于从配送中心运送到两个仓库的运量之和，即 $x_2 + x_4 = x_5 + x_6$。

由于受从工厂到配送中心的运量以及从配送中心到仓库运量的限制，则有 $x_2 \leqslant 50$，$x_4 \leqslant 50$，$x_5 \leqslant 50$，$x_6 \leqslant 50$。

另外，从工厂运送到仓库、配送中心的运量，从配送中心运送到仓库的运量不能是负数，所以有 x_1，x_2，x_3，x_4，x_5，$x_6 \geqslant 0$。

总的运输成本为：

$$z = 700x_1 + 300x_2 + 900x_3 + 400x_4 + 200x_5 + 400x_6$$

于是该问题的数学模型为：

$$\min z = 700x_1 + 300x_2 + 900x_3 + 400x_4 + 200x_5 + 400x_6$$

$$\text{s.t.} \begin{cases} x_1 + x_2 = 80 \\ x_3 + x_4 = 70 \\ x_1 + x_5 = 60 \\ x_3 + x_6 = 90 \\ x_2 + x_4 = x_5 + x_6 \\ x_2 \leqslant 50, \ x_4 \leqslant 50, \ x_5 \leqslant 50, \ x_6 \leqslant 50 \\ x_1, \ x_2, \ x_3, \ x_4, \ x_5, \ x_6 \geqslant 0 \end{cases}$$

对该线性规划问题进行求解得：$x_1 = 30$，$x_2 = 50$，$x_3 = 40$，$x_4 = 30$，$x_5 = 30$，$x_6 = 50$，最小总成本 $z = 110\,000$ 美元。

1.3.3 投资组合问题

[**例 1.18**] 某人现有资金 6 万元，他打算将这些资金用于投资。考虑的投资期限为五年，可供选择的投资项目有四项，分别用 A、B、C、D 加以表示。

A 项目：每年年初可以购买，每 1 元年初的投资在两年后将收回 1.40 元（收益 0.40）；并来得及再投资。

B 项目，每年年初可以购买，每 1 元年初的投资在三年后将收回 1.70 元（收益 0.70）。

C 项目，第二年年初可以购买，每 1 元投资在四年后将收回 1.90 元（收益 0.90）。

D 项目，第五年年初购买，年末将收回 1.30 元（收益 0.30）。

他希望能够知道，怎样的投资组合使他在第六年年初拥有的资金最多。

解：设 A_t，B_t，C_t，D_t 分别表示在第 t 年投入项目 A、B、C、D 中的资金数，R_t 表示在第 t 年没有投入各个项目的资金数，$t = 1, 2, \cdots, 5$，第六年年初拥有的资金总量为 z，则有：

五年后即第六年年初拥有的资金总量为：

$$z = 60\,000 + 0.4(A_1 + A_2 + A_3 + A_4) + 0.7(B_1 + B_2 + B_3) + 0.9C_2 + 0.3D_5$$

对于第一年，投入 A、B 两个项目的资金数 $A_1 + B_1$、没有投入各个项目的资金数 R_1 之和一定等于第一年年初手中拥有的资金数，即 $A_1 + B_1 + R_1 = 60\,000$。

同理，第二年有：$A_2 + B_2 + C_2 + R_2 = R_1$。

第三年有：$A_3 + B_3 + R_3 = 1.4A_1 + R_2$。

第四年有：$A_4 + R_4 = 1.4A_2 + 1.7B_1 + R_3$。

第五年有：$D_5 + R_5 = 1.4A_3 + 1.7B_2 + R_4$。

另外，每一年投入各个项目的资金数和没有投入各个项目的资金数一定不能是负数，则有 A_1，A_2，A_3，A_4，B_1，B_2，B_3，C_2，D_5，R_1，R_2，R_3，R_4，$R_5 \geqslant 0$。

因此，该问题的数学模型为：

$$\max z = 60\,000 + 0.4(A_1 + A_2 + A_3 + A_4) + 0.7(B_1 + B_2 + B_3) + 0.9C_2 + 0.3D_5$$

$$\text{s.t.} \begin{cases} A_1 + B_1 + R_1 = 60\,000 \\ A_2 + B_2 + C_2 + R_2 = R_1 \\ A_3 + B_3 + R_3 = 1.4A_1 + R_2 \\ A_4 + R_4 = 1.4A_2 + 1.7B_1 + R_3 \\ D_5 + R_5 = 1.4A_3 + 1.7B_2 + R_4 \\ A_1, A_2, A_3, A_4, B_1, B_2, B_3, C_2, D_5, R_1, R_2, R_3, R_4, R_5 \geqslant 0 \end{cases}$$

对该线性规划问题进行求解得：$A_1 = 60\,000$，$A_3 = 84\,000$，$D_5 = 117\,600$，$z = 152\,880$，即第一年把全部的资金 60\,000 元用于 A 项目的投资；在第三年将 84\,000 元用于 A 项目的投资；在第五年将 117\,600 元用于 D 项目的投资；第二年和第四年不进行任何项目的投资，这样在第六年年初拥有的资金总量最多，为 152\,880 元。

1.3.4 采购和存储问题

[例 1.19] 一个木材储运公司有很大的仓库用以储运出售木材。由于木材季度价格的变化，该公司于每季度初购进木材，一部分于本季度内出售，一部分储存起来供以后出售。已知该公司仓库的最大木材储存量为 150 万立方米，储存费用每季度为 8 万元/万立方米。已知每季度的买进卖出价及预计的最大销售量如表 1.18 所示。

表 1.18　相关数据

季度	买进价(万元/万立方米)	卖出价(万元/万立方米)	预计最大销售量(万立方米)
冬	400	425	100
春	430	440	140
夏	440	465	200
秋	431	455	160

由于木材不宜长期储存，因此所有库存木材应于每年秋末售完。问该公司如何制订四个季度的采购与销售计划，使该公司全年利润最大。

解：设第 i 季度购进木材 x_i 万立方米，第 i 季度销售木材 y_i 万立方米，第 i 季度末的木材存储量为 s_i 万立方米，$i = 1, 2, 3, 4$ 分别代表冬季、春季、夏季、秋季，该公司全年的总利润为 z。

根据题意，该公司全年的总利润为：

$$z = 425y_1 + 440y_2 + 465y_3 + 455y_4 - 400x_1 - 430x_2$$
$$- 440x_3 - 431x_4 - 8(s_1 + s_2 + s_3 + s_4)$$

对于冬季（$i = 1$），该季度末木材的存储量[也就是春季（$i = 2$）初的木材存储量]一定等于秋季末（上一年秋季末的库存为 0）的木材存储量加上冬季的采购量减去该季的销售量，即 $s_1 = 0 + x_1 - y_1$，又题中要求该公司仓库的最大木材存储量为 150 万立方米，所以有：$s_1 = 0 + x_1 - y_1 \leqslant 150$。

对于春季 $(i = 2)$，该季度末木材的存储量[也就是夏季 $(i = 3)$ 初的木材存储量]一定等于冬季末的木材存储量加上春季的采购量减去春季的销售量，即 $s_2 = s_1 + x_2 - y_2$，又题中要求该公司仓库的最大木材存储量为 150 万立方米，所以有：$s_2 = s_1 + x_2 - y_2 \leqslant 150$。

同理，对于夏季，有：$s_3 = s_2 + x_3 - y_3 \leqslant 150$。

对于秋季，由于秋季末要求库存为零，所以有：$s_4 = s_3 + x_4 - y_4 = 0$。

因此，该问题的数学模型为：

$$\max z = 425y_1 + 440y_2 + 465y_3 + 455y_4 - 400x_1 - 430x_2 - 440x_3$$
$$- 431x_4 - 8(s_1 + s_2 + s_3 + s_4)$$

$$\text{s.t.} \begin{cases} s_1 = 0 + x_1 - y_1 \leqslant 150 \\ s_2 = s_1 + x_2 - y_2 \leqslant 150 \\ s_3 = s_2 + x_3 - y_3 \leqslant 150 \\ s_4 = s_3 + x_4 - y_4 = 0 \\ y_1 \leqslant 100 \\ y_2 \leqslant 140 \\ y_3 \leqslant 200 \\ y_4 \leqslant 160 \\ x_i, y_i, s_i \geqslant 0 (i = 1, 2, 3, 4) \end{cases}$$

对该线性规划问题进行求解得：$x_1 = 250$，$y_1 = 100$，$x_2 = 140$，$y_2 = 140$，$x_3 = 50$，$y_3 = 200$，$x_4 = 160$，$y_4 = 160$，总利润为 16 340 万元。

1.3.5　人员配备问题

[例 1.20]　某公司有三个项目需要分别招聘工程师和技术员来完成。每个项目均由两种不同的方式共同完成。第一个项目中第一种方式由一个工程师单独完成，第二种方式由一个工程师和两个技术员共同完成；第二个项目中第一种方式由一个工程师单独完成，第二种方式由一个技术员单独完成；第三个项目中第一种方式由五个技术员共同完成，第二种方式由一个工程师和三个技术员共同完成。已知工程师和技术员每周工资分别为 1 000 元和 800 元，每个工程师和技术员每周实际的有效工作时间分别为 42 小时和 36 小时。为完成这三个项目，该公司需要每周总有效工作时间为：第一个项目 1 000 小时，第二个项目 2 000 小时，第三个项目 3 000 小时。要招聘的工程师不超过 40 人，技术员不超过 150 人。请帮助公司确定工程师和技术员各应招聘多少人，使公司每周总的工资支出最少？

解：设 x_{ij} 为按第 $j(j = 1, 2)$ 种方式完成第 $i(i = 1, 2, 3)$ 个项目时招聘的项目组数（第一个项目用第一种方式完成时，每个项目组内含工程师 1 人；如用第二种方式完成时,每个项目组含工程师 1 人、技术员 2 人),公司每周总的工资支出为 z。

该公司实际招聘的工程师为 $(x_{11} + x_{12} + x_{21} + x_{32})$ 人,技术员为 $(2x_{12} + x_{22} + 5x_{31} + 3x_{32})$ 人。这样,该公司总的支出为:

$$z = 1\,000(x_{11} + x_{12} + x_{21} + x_{32}) + 800(2x_{12} + x_{22} + 5x_{31} + 3x_{32})$$

对于第一个项目,每周投入总的工作时间包括两部分:一部分是按照第一种方式投入的工作时间为 $42x_{11}$,另一部分是按照第二种方式投入的工作时间为 $(42 + 2 \times 36)x_{12}$,这两部分的和一定不能低于第一个项目要求的有效工作时间 1 000 小时,即 $42x_{11} + (42 + 2 \times 36)x_{12} \geqslant 1\,000$。

同理,对于第二个项目有:$42x_{21} + 36x_{22} \geqslant 2\,000$。

对于第三个项目有:$(5 \times 36)x_{31} + (42 + 3 \times 36)x_{32} \geqslant 3\,000$。

投入到三个项目中的工程师人数一定不能超过允许招聘的总人数,即 $x_{11} + x_{12} + x_{21} + x_{32} \leqslant 40$。

同理,投入三个项目中的技术员人数一定不能超过允许招聘的总人数,即 $2x_{12} + x_{22} + 5x_{31} + 3x_{32} \leqslant 150$。

另外,按照第 $j(j = 1, 2)$ 种方式完成第 $i(i = 1, 2, 3)$ 个项目时招聘的项目组数不能是负数且不能为小数,于是有 $x_{ij} \geqslant 0$ 且为整数 $(i = 1, 2, 3; j = 1, 2)$。

因此,该问题的数学模型为:

$$\min z = 1\,000(x_{11} + x_{12} + x_{21} + x_{32}) + 800(2x_{12} + x_{22} + 5x_{31} + 3_{32})$$

$$\text{s.t.} \begin{cases} 42x_{11} + 114x_{12} \geqslant 1\,000 \\ 42x_{21} + 36x_{22} \geqslant 2\,000 \\ 180x_{31} + 150x_{32} \geqslant 3\,000 \\ x_{11} + x_{12} + x_{21} + x_{32} \leqslant 40 \\ 2x_{12} + x_{22} + 5x_{31} + 3x_{32} \leqslant 150 \\ x_{ij} \geqslant 0 \text{ 且为整数} (i = 1, 2, 3; j = 1, 2) \end{cases}$$

对该线性规划问题进行求解得:$x_{11} = 5$,$x_{12} = 7$,$x_{21} = 4$,$x_{22} = 51$,$x_{31} = 15$,$x_{32} = 2$,公司每周总的工资支出为 134 800 元。

1.3.6 抽样调查问题

[例1.21] 为了了解 A 金融咨询公司提供服务满意度的信息,B 公司选取 2 000 名投资商进行调查。调查对象被分成四类:第一类:A 公司服务的大投资商;第二类:A 公司服务的小投资商;第三类:其他公司服务的大投资商;第四类:其他公司服务的小投资商。可以采用电话联系和登门拜访两类方式进行调查。由于不同分类所需的调查时间不同,因此调查成本依赖于投资商所属分类及调查方式。具体数据如表 1.19 所示。

表 1.19　相关数据

分　类	调查成本（美元）	
	电话调查	登门拜访
第一类	15	35
第二类	12	30
第三类	20	50
第四类	18	40

在以下约束条件下,确定每一类中以每种方式调查的人数,使得 B 公司支出的总成本最小。

（1）至少一半的调查对象在 A 公司接受服务。

（2）至少 25% 的调查对象采用登门拜访的调查方式。

（3）在被调查的 A 公司服务的大投资商中,至少有一半采用登门拜访的调查方式。

（4）小投资商占总调查数量的比例不能超过 40%。

（5）每一类的调查数量占总调查数量的比例应当在 10%—50% 之间。

（6）登门拜访的小投资商占调查的小投资商总数的比例不能超过 25%。

解:设 x_{ij} 表示第 $i(i = 1, 2, 3, 4)$ 类投资者中采用 $j(j = 1, 2)$ 种方式[电话调查 $(j = 1)$,登门拜访 $(j = 2)$]进行调查的人数,相对应的调查成本为 c_{ij},总的调查成本为 z 美元。

根据题意,该公司总的调查成本为:

$$\min z = \sum_{i=1}^{4} \sum_{j=1}^{2} c_{ij} x_{ij}$$

对于约束 1,在 A 公司接受服务的调查对象数量为 $\sum_{i=1}^{2} \sum_{j=1}^{2} x_{ij}$,总的调查对象数量为 $\sum_{i=1}^{4} \sum_{j=1}^{2} x_{ij}$,要求至少一半的调查对象在 A 公司接受服务,则有 $\sum_{i=1}^{2} \sum_{j=1}^{2} x_{ij} \geqslant \frac{1}{2} \sum_{i=1}^{4} \sum_{j=1}^{2} x_{ij}$。

对于约束 2,四类调查对象中接受登门拜访的调查数量为 $\sum_{i=1}^{4} x_{i2}$,总的调查对象数量为 $\sum_{i=1}^{4} \sum_{j=1}^{2} x_{ij}$,要求至少 25% 的调查对象采用登门拜访的调查方式,则有 $\sum_{i=1}^{4} x_{i2} \geqslant \frac{1}{4} \sum_{i=1}^{4} \sum_{j=1}^{2} x_{ij}$。

对于约束 3,对在 A 公司接受服务的大投资商采用登门拜访的方式进行调研的数量为 x_{12},而 A 公司服务的大投资商总共有 $(x_{11} + x_{12})$,要求在被调查的 A 公司服务的大投资商中,至少有一半采用登门拜访的调查方式,则有 $x_{12} \geqslant \frac{1}{2}(x_{11} + x_{12})$。

对于约束 4,需要调查的小投资商的数量为 $\sum_{i=2,4} \sum_{j=1}^{2} x_{ij}$,总的调查对象数量为 $\sum_{i=1}^{4} \sum_{j=1}^{2} x_{ij}$,要求小投资商占总调查数量的比例不能超过 40%,则有 $\sum_{i=2,4} \sum_{j=1}^{2} x_{ij} \leqslant \frac{2}{5} \sum_{i=1}^{4} \sum_{j=1}^{2} x_{ij}$。

对于约束 5,第一类调查对象的调查数量为 $\sum_{j=1}^{2} x_{1j}$,总的调查对象数量为 $\sum_{i=1}^{4} \sum_{j=1}^{2} x_{ij}$,

要求第一类调查数量占总调查数量的比例应当在 10%—50% 之间,则有 $\dfrac{1}{2}\sum\limits_{i=1}^{4}\sum\limits_{j=1}^{2}x_{ij}\geqslant$

$\sum\limits_{j=1}^{2}x_{1j}\geqslant\dfrac{1}{10}\sum\limits_{i=1}^{4}\sum\limits_{j=1}^{2}x_{ij}$。 同样,对于第二类、第三类和第四类调查对象分别满足

$\dfrac{1}{2}\sum\limits_{i=1}^{4}\sum\limits_{j=1}^{2}x_{ij}\geqslant\sum\limits_{j=1}^{2}x_{2j}\geqslant\dfrac{1}{10}\sum\limits_{i=1}^{4}\sum\limits_{j=1}^{2}x_{ij}$, $\dfrac{1}{2}\sum\limits_{i=1}^{4}\sum\limits_{j=1}^{2}x_{ij}\geqslant\sum\limits_{j=1}^{2}x_{3j}\geqslant\dfrac{1}{10}\sum\limits_{i=1}^{4}\sum\limits_{j=1}^{2}x_{ij}$,

$\dfrac{1}{2}\sum\limits_{i=1}^{4}\sum\limits_{j=1}^{2}x_{ij}\geqslant\sum\limits_{j=1}^{2}x_{4j}\geqslant\dfrac{1}{10}\sum\limits_{i=1}^{4}\sum\limits_{j=1}^{2}x_{ij}$。

对于约束 6,需要登门拜访的小投资商的数量为 $x_{22}+x_{42}$,总的需要调查的小投资

商的数量为 $\sum\limits_{i=2,4}\sum\limits_{j=1}^{2}x_{ij}$,要求登门拜访的小投资商占调查的小投资商总数的比例不能

超过 25%,则有 $x_{22}+x_{42}\leqslant\dfrac{1}{4}\sum\limits_{i=2,4}\sum\limits_{j=1}^{2}x_{ij}$。

另外,总的调查对象数量为 2 000 个,则有 $\sum\limits_{i=1}^{4}\sum\limits_{j=1}^{2}x_{ij}=2\,000$。 在每一类中采用电

话调查和登门拜访的数量不能是负数和小数,则有 $x_{ij}\geqslant0$ 且为整数。

因此,该问题的数学模型为:

$$\min z=\sum_{i=1}^{4}\sum_{j=1}^{2}c_{ij}x_{ij}$$

$$\text{s.t.}\begin{cases}\sum\limits_{i=1}^{2}\sum\limits_{j=1}^{2}x_{ij}\geqslant\dfrac{1}{2}\sum\limits_{i=1}^{4}\sum\limits_{j=1}^{2}x_{ij}\\[2mm]\sum\limits_{i=1}^{4}x_{i2}\geqslant\dfrac{1}{4}\sum\limits_{i=1}^{4}\sum\limits_{j=1}^{2}x_{ij}\\[2mm]x_{12}\geqslant\dfrac{1}{2}(x_{11}+x_{12})\\[2mm]\sum\limits_{i=2,4}\sum\limits_{j=1}^{2}x_{ij}\leqslant\dfrac{2}{5}\sum\limits_{i=1}^{4}\sum\limits_{j=1}^{2}x_{ij}\\[2mm]\dfrac{1}{2}\sum\limits_{i=1}^{4}\sum\limits_{j=1}^{2}x_{ij}\geqslant\sum\limits_{j=1}^{2}x_{1j}\geqslant\dfrac{1}{10}\sum\limits_{i=1}^{4}\sum\limits_{j=1}^{2}x_{ij}\\[2mm]\dfrac{1}{2}\sum\limits_{i=1}^{4}\sum\limits_{j=1}^{2}x_{ij}\geqslant\sum\limits_{j=1}^{2}x_{2j}\geqslant\dfrac{1}{10}\sum\limits_{i=1}^{4}\sum\limits_{j=1}^{2}x_{ij}\\[2mm]\dfrac{1}{2}\sum\limits_{i=1}^{4}\sum\limits_{j=1}^{2}x_{ij}\geqslant\sum\limits_{j=1}^{2}x_{3j}\geqslant\dfrac{1}{10}\sum\limits_{i=1}^{4}\sum\limits_{j=1}^{2}x_{ij}\\[2mm]\dfrac{1}{2}\sum\limits_{i=1}^{4}\sum\limits_{j=1}^{2}x_{ij}\geqslant\sum\limits_{j=1}^{2}x_{4j}\geqslant\dfrac{1}{10}\sum\limits_{i=1}^{4}\sum\limits_{j=1}^{2}x_{ij}\\[2mm]x_{22}+x_{42}\leqslant\dfrac{1}{4}\sum\limits_{i=2,4}\sum\limits_{j=1}^{2}x_{ij}\\[2mm]\sum\limits_{i=1}^{4}\sum\limits_{j=1}^{2}x_{ij}=2\,000\\[2mm]x_{ij}\geqslant0\ \text{且为整数}(i=1,2,3,4;j=1,2)\end{cases}$$

对该线性规划问题进行求解得：$x_{12}=500$，$x_{22}=500$，$x_{21}=600$，$x_{31}=200$，$x_{41}=200$，$x_{22}=x_{32}=x_{42}=0$，总的调查成本为 39 800 美元。

1.4 案例分析：为呼叫中心配备工作人员

加利福尼亚儿童医院由于混乱、分散的预约和挂号程序而收到了大量的客户投诉。当客户要预约或为一个儿童病人挂号时，他们必须与要就诊的门诊部或其他部门联系。这个政策产生了一些问题。父母通常不知道去哪一个门诊部或部门说明孩子的病情最合适。因此他们将大量的时间花费在给一个又一个门诊部打电话上，直到找到他们所需要的最合适的门诊部为止。医院也没有提供所有的门诊或部门的电话，父母又必须花大量的时间找到正确的电话号码。这中间各个门诊部和部门互不交流。例如，当一个医生打算推荐另一个门诊部或部门同事时，那个门诊部或部门得不到任何相关的推荐信息。父母必须联系正确的门诊部或部门并提供其所需的推荐信息。

为了进行重组以及改进预约和挂号程序，儿童医院决定通过建立一个呼叫中心专门用于处理预约和挂号，使得这些过程集中化。医院现在正处于计划建立呼叫中心的阶段。Lenny 是医院经理，计划呼叫中心在每个工作日的 7:00—21:00 开放。

几个月前，医院雇用了十分有雄心的 Creative Chase 咨询公司，对一天中每个小时呼叫中心接收到的电话量进行预测。由于所有与预约和挂号有关的电话都由呼叫中心接听，这个咨询公司认为他们可以将所有门诊部和其他部门接到的与预约和挂号有关的电话量进行加总，来预测呼叫中心的电话量。工作组拜访了所有的门诊部和其他部门，记录下了所有与预约和挂号有关的电话。然后他们将电话量加总，并将这个总和根据数据收集期间未接入的电话量进行修正，同时对一个病人由于分散处理带来的混乱而反复给医院打电话的情况进行修正。咨询公司确定了工作日中每小时呼叫中心将接收到的平均电话量，如表 1.20 所示。

表 1.20 工作换班时间及平均电话量

工作换班时间	每小时平均电话量（个）
7:00—9:00	40
9:00—11:00	85
11:00—13:00	70
13:00—15:00	95
15:00—17:00	80
17:00—19:00	35
19:00—21:00	10

在咨询公司总结了这些预测之后,Lenny 开始对接收到说西班牙语的电话数量产生兴趣,因为医院为许多说西班牙语的病人提供服务。Lenny 知道他必须雇用一些会讲西班牙语的操作员处理这些电话。咨询公司进行了进一步的数据收集,并确定平均20%的电话来自说西班牙语的人。

有了这些电话量的预测,Lenny 现在必须决定工作日的每一个换班时间呼叫中心需要多少工作人员。在预测项目期间,咨询公司仔细观察了在单独的门诊部或部门工作的操作人员的工作情况,并确定操作人员每小时可以处理的电话量。咨询公司告诉Lenny,一个操作人员平均每小时可以处理 6 个电话。Lenny 还知道他有全职和兼职的员工可以配备给呼叫中心。一个全职员工每天可以工作 8 小时,但是由于要完成一些文书工作,这些员工每天只有 4 个小时可以接听电话。为了平衡计划,员工每两小时进行轮换,分别接听电话和完成文书工作。全职员工每天的工作可以从接听电话开始,也可以从完成文书工作开始。全职的员工讲西班牙语或英语,但是他们中没有一个是能够同时进行双语工作的。在 17:00 前每一个说西班牙语和说英语的员工的每小时工资都是 10 美元,17:00 以后是 12 美元。全职员工可以在 7:00—9:00、9:00—11:00、11:00—13:00 和 13:00—15:00 时间段工作。兼职员工的工作时间是 4 小时,只接听电话,并且只说英语。他们可以在 15:00—19:00、17:00—21:00 时间段工作。与全职员工一样,他们在 17:00 前每小时工资是 10 美元,17:00 后是 12 美元。

对于下面的分析,只考虑员工花费在接听电话上的劳动成本。文书工作的成本由其他成本中心处理。

(1) 为了接听所有的电话,呼叫中心工作日每两小时工作轮换期间讲西班牙语的工作人员和讲英语的工作人员各需要多少?(注意:答案应为整数。)

(2) Lenny 需要确定每一个工作轮换的开始,需要多少个讲西班牙语的全职工作人员、讲英语的全职工作人员和兼职人员。咨询公司建议他使用线性规划,以在接听所有电话的前提下运作成本最小的方式处理这个问题。

(3) 用(2)建立的线性规划模型得到的最优解确定 Lenny 的决策。

(4) 由于许多全职的工作人员不想工作到太晚,因此 Lenny 只能找到一个合格的说英语的工作人员愿意从 13:00 开始工作。根据这个新的约束,每一个工作轮换需要多少个讲西班牙语的全职工作人员、讲英语的全职工作人员和兼职人员?

(5) Lenny 现在决定考虑雇用双语操作人员代替单语工作人员的选择。如果所有的工作人员都能说双语,每一个工作轮换需要多少个工作人员?〔注意:与(1)一样,给出相应的整数解。〕

(6) 如果所有的工作人员都能说双语,每一个工作轮换需要多少个全职工作人员和兼职人员?〔注意:与(2)一样,建立线性规划模型指导 Lenny 决策。〕

(7) 在不增加总运作成本的前提下,Lenny 能够支付给双语工作人员的小时工资最多可以超过单语工作人员的百分比是多少?

(8) 为了改进服务或使得运作成本最低,Lenny 还应当考虑呼叫中心的什么其他特征?

案例解答:

(1)首先利用英语电话所占比例计算出每个时间段所接到的电话个数,然后根据每人处理电话的速度,按照向上取整的原则计算出各个时间段需要的工作人员数量,计算结果如表 1.21 所示。

表 1.21　各个时间段所需要的工作人员数量

工作换班时间	平均电话量（个/小时）	英语电话（个/小时）	西班牙语电话（个/小时）	需要英语工作人员数量（个）	需要西班牙语工作人员数量（个）
7:00—9:00	40	32	8	6	2
9:00—11:00	85	68	17	12	3
11:00—13:00	70	56	14	10	3
13:00—15:00	95	76	19	13	4
15:00—17:00	80	64	16	11	3
17:00—19:00	35	28	7	5	2
19:00—21:00	10	8	2	2	1
英语电话占	80%		每人处理电话	6 个/小时	

(2)设 E_{ij} 为从第 i 个时间段开始工作的讲英语的全职人员数量,S_{ij} 为从第 i 个时间段开始工作的讲西班牙语的全职人员数量,P_i 为从第 i 个时间段开始工作的兼职人员数量,其中 $i=1, 2, \cdots, 7$,$j=\begin{cases}1,\text{表示该操作员从接听电话开始}\\2,\text{表示该操作员从文书工作开始}\end{cases}$,总的运作成本为 z。则上述变量的设置可以抽象为表 1.22。若用 1 表示该操作人员在相应时间段内接听电话,0 表示他在此时间段内做文书工作,则每一个阶段开始的操作人员的工作情况可以用表 1.23 表示。

表 1.22　变量的设置

工作换班时间	序号	英语工作人员(个)		西班牙语工作人员(个)	
		从接听电话开始	从文书开始	从接听电话开始	从文书开始
7:00—9:00	1	E_{11}	E_{12}	S_{11}	S_{12}
9:00—11:00	2	E_{21}	E_{22}	S_{21}	S_{22}
11:00—13:00	3	E_{31}	E_{32}	S_{31}	S_{32}
13:00—15:00	4	E_{41}	E_{42}	S_{41}	S_{42}
15:00—17:00	5	P_5			
17:00—19:00	6	P_6			
19:00—21:00	7				

表 1.23　工作人员工作情况表

工作换班时间	$E_{11}\&S_{11}$	$E_{12}\&S_{12}$	$E_{21}\&S_{21}$	$E_{22}\&S_{22}$	$E_{31}\&S_{31}$	$E_{32}\&S_{32}$	$E_{41}\&S_{41}$	$E_{42}\&S_{42}$	P_5	P_6
7:00—9:00	1	0								
9:00—11:00	0	1	1	0						
11:00—13:00	1	0	0	1	1	0				
13:00—15:00	0	1	1	0	0	1	1	0		
15:00—17:00			0	1	1	0	0	1	1	
17:00—19:00					0	1	1	0	1	1
19:00—21:00							0	1		1

该问题的数学模型为：

$$\min z = 2\times10\times(E_{11}+E_{21}+E_{12}+E_{31}+E_{22}+E_{11}+E_{41}+E_{32}+E_{21}+E_{12}+P_5$$
$$+E_{42}+E_{31}+E_{22}+S_{11}+S_{21}+S_{12}+S_{22}+S_{11}+S_{31}+S_{41}+S_{32}+S_{21}$$
$$+S_{12}+S_{42}+S_{31}+S_{22})+12\times2\times(P_6+P_5+E_{41}+E_{32}+P_6$$
$$+E_{42}+S_{41}+S_{32}+S_{42})$$

$$\text{s.t.}\begin{cases}
E_{11}\geqslant6\\
E_{21}+E_{12}\geqslant12\\
E_{31}+E_{22}+E_{11}\geqslant10\\
E_{41}+E_{32}+E_{21}+E_{12}\geqslant13\\
P_5+E_{42}+E_{31}+E_{22}\geqslant11\\
P_6+P_5+E_{41}+E_{32}\geqslant5\\
P_6+E_{42}\geqslant2\\
S_{11}\geqslant2\\
S_{21}+S_{12}\geqslant3\\
S_{31}+S_{22}+S_{11}\geqslant3\\
S_{41}+S_{32}+S_{21}+S_{12}\geqslant4\\
S_{42}+S_{31}+S_{22}\geqslant3\\
S_{41}+S_{32}\geqslant2\\
S_{42}\geqslant1\\
\text{所有的变量都大于等于零且为整数}
\end{cases}$$

（3）对问题（2）进行电子表格建模如图 1.17 所示。

对该问题进行电子表格求解如图 1.18 所示。

	A	B	C	D	E	F
1			英语操作人员		西班牙语	
2	工作换班时间	序号	从接听电话开始	从文书开始	从接听电话开始	从文书开始
3	7AM~9AM	1				
4	9AM~11AM	2				
5	11AM~1PM	3				
6	1PM~3PM	4				
7	3PM~5PM	5				
8	5PM~7PM	6				
9	7PM~9PM	7				
10						
11	工作换班时间	英语操作人	西班牙语操作人			
12	7AM~9AM	=C3	=E3			
13	9AM~11AM	=C4+D3	=E4+F3			
14	11AM~1PM	=C5+D4+C3	=E5+F4+E3			
15	1PM~3PM	=C6+D5+C4+D3	=E6+F5+E4+F3	5点前工资合计		
16	3PM~5PM	=C7+D6+C5+D4	=F6+E5+F4	=SUM(B12:C16)*10*2		
17	5PM~7PM	=C8+C7+C6+D5	=E6+F5	5点后工资合计	合计	
18	7PM~9PM	=C8+D6	=F6	=SUM(B17:C18)*12*2	=SUM(D16, D18)	

图 1.17　案例 1.4(3)的电子表格建模

	A	B	C	D	E	F
1			英语操作人员		西班牙语	
2	工作换班时间	序号	从接听电话开始	从文书开始	从接听电话开始	从文书开始
3	7AM~9AM	1	6	6	2	0
4	9AM~11AM	2	6	1	3	2
5	11AM~1PM	3	4	1	0	1
6	1PM~3PM	4	0	2	1	1
7	3PM~5PM	5	4			
8	5PM~7PM	6	0			
9	7PM~9PM	7				
10						
11	工作换班时间	英语操作人	西班牙语操作人			
12	7AM~9AM	6	2			
13	9AM~11AM	12	3			
14	11AM~1PM	11	4			
15	1PM~3PM	13	5	5点前工资合计		
16	3PM~5PM	11	3	1400		
17	5PM~7PM	5	2	5点后工资合计	合计	
18	7PM~9PM	2	1	240	1640	

图 1.18　案例 1.4(3)的电子表格求解

从图 1.18 可以看出,在 7:00—9:00、9:00—11:00、11:00—13:00、13:00—15:00 时间段从接听电话开始工作的全职英语工作人员分别是 6 人、6 人、4 人和 0 人,从文书开始工作的全职英语工作人员分别是 6 人、1 人、1 人和 2 人;在 7:00—9:00、9:00—11:00、11:00—13:00、13:00—15:00 时间段从接听电话开始工作的西班牙语的全职工作人员分别是 2 人、3 人、0 人和 1 人,从文书开始工作的西班牙语全职工作人员分别是 0 人、2 人、1 人和 1 人;在 15:00—17:00 时间段只接听电话讲英语的兼职人员为 4 人;总的运作成本是 1 640 美元。

(4) 与(3)相比,只有一个合格的说英语的工作人员愿意从 13:00 开始工作,即 $E_{41}+E_{42}=1$。这样,该问题的数学模型为:

$$\min z = 2 \times 10 \times (E_{11}+E_{21}+E_{12}+E_{31}+E_{22}+E_{11}+E_{41}+E_{32}+E_{21}$$
$$+E_{12}+P_5+E_{42}+E_{31}+E_{22}+S_{11}+S_{21}+S_{12}$$
$$+S_{22}+S_{11}+S_{31}+S_{41}+S_{32}+S_{21}+S_{12}+S_{42}+S_{31}$$
$$+S_{22})+12 \times 2 \times (P_6+P_5+E_{41}+E_{32}$$
$$+P_6+E_{42}+S_{41}+S_{32}+S_{42})$$

$$\text{s.t.} \begin{cases} E_{11} \geq 6 \\ E_{21}+E_{12} \geq 12 \\ E_{31}+E_{22}+E_{11} \geq 10 \\ E_{41}+E_{32}+E_{21}+E_{12} \geq 13 \\ P_5+E_{42}+E_{31}+E_{22} \geq 11 \\ P_6+P_5+E_{41}+E_{32} \geq 5 \\ P_6+E_{42} \geq 2 \\ E_{41}+E_{42} = 1 \\ S_{11} \geq 2 \\ S_{21}+S_{12} \geq 3 \\ S_{31}+S_{22}+S_{11} \geq 3 \\ S_{41}+S_{32}+S_{21}+S_{12} \geq 4 \\ S_{42}+S_{31}+S_{22} \geq 3 \\ S_{41}+S_{32} \geq 2 \\ S_{42} \geq 1 \\ \text{所有的变量都大于等于零且为整数} \end{cases}$$

按照和(3)同样的步骤建立电子表格模型,用 Excel 求解,最优方案如表 1.24 所示。

表 1.24　案例 1.4(4)的求解结果

工作换班时间	序号	英语工作人员(个)		西班牙语工作人员(个)	
		从接听电话开始	从文书开始	从接听电话开始	从文书开始
7:00—9:00	1	6	7	2	3
9:00—11:00	2	6	4	0	1
11:00—13:00	3	2	0	1	1
13:00—15:00	4	0	1	1	1
15:00—17:00	5	4			
17:00—19:00	6	1			
19:00—21:00	7				
工资合计		1 680			

从表 1.24 可以看出,在 7:00—9:00、9:00—11:00、11:00—13:00、13:00—15:00 时间段从接听电话开始工作的全职英语工作人员分别是 6 人、6 人、2 人和 0 人,从文书开始工作的全职英语工作人员分别是 7 人、4 人、0 人和 1 人;在 7:00—9:00、9:00—11:00、11:00—13:00、13:00—15:00 时间段从接听电话开始工作的西班牙语的全职工作人员分别是 2 人、0 人、1 人和 1 人,从文书开始工作的西班牙语的全职工作人员分别是 3 人、1 人、1 人和 1 人;在15:00—17:00、17:00—19:00 时间段只接听电话讲英语的兼职人员分别为 4 人和 1 人,总的运作成本是 1 680 美元。

(5)采用和(1)同样的处理方法,得到各个时间段所需要的工作人员数量如表 1.25 所示。

表 1.25　各个时间段所需要的工作人员数量

工作换班时间	平均电话量(个/小时)	所需人数(个)
7:00—9:00	40	7
9:00—11:00	85	15
11:00—13:00	70	12
13:00—15:00	95	16
15:00—17:00	80	14
17:00—19:00	35	6
19:00—21:00	10	2

(6)设 X_i 表示第 i 时间段从接听电话开始工作的全职人员数量,Y_i 表示第 i 时间段从文书开始工作的全职人员数量,P_i 为从第 i 时间段开始工作的兼职人员数量,总的运作成本为 z。则上述变量的设置和工作人员工作情况可以抽象为如表 1.26 和表 1.27 所示。

表 1.26　变量的设置

工作换班时间	序号	从接听电话开始	从文书开始
7:00—9:00	1	X_1	Y_1
9:00—11:00	2	X_2	Y_2
11:00—13:00	3	X_3	Y_3
13:00—15:00	4	X_4	Y_4
15:00—17:00	5	P_5	
17:00—19:00	6	P_6	
19:00—21:00	7		

表 1.27　工作人员工作情况

工作换班时间	X_1	Y_1	X_2	Y_2	X_3	Y_3	X_4	Y_4	P_5	P_6
7:00—9:00	1	0								
9:00—11:00	0	1	1	0						
11:00—13:00	1	0	0	1	1	0				
13:00—15:00	0	1	1	0	0	1	1	0		
15:00—17:00			0	1	1	0	0	1	1	
17:00—19:00					0	1	1	0	1	1
19:00—21:00							0	1		1

该问题的数学模型为：

$$\min z = 2 \times 10 \times (X_1 + X_2 + Y_1 + X_3 + Y_2 + X_1 + X_4 + Y_3 + X_2 + Y_1 + P_5 + Y_4$$
$$+ X_3 + Y_2) + 2 \times 12 \times (P_6 + P_5 + X_4 + Y_3 + P_6 + Y_4)$$

$$\text{s.t.} \begin{cases} X_1 \geqslant 7 \\ X_2 + Y_1 \geqslant 15 \\ X_3 + Y_2 + X_1 \geqslant 12 \\ X_4 + Y_3 + X_2 + Y_1 \geqslant 16 \\ P_5 + Y_4 + X_3 + Y_2 \geqslant 14 \\ P_6 + P_5 + X_4 + Y_3 \geqslant 6 \\ P_6 + Y_4 \geqslant 2 \\ \text{所有的变量都大于等于零且为整数} \end{cases}$$

对该问题进行电子表格建模如图 1.19 所示。

	A	B	C	D
1	工作换班时间	序号	从接听电话开始	从文书开始
2	7AM~9AM	1		
3	9AM~11AM	2		
4	11AM~1PM	3		
5	1PM~3PM	4		
6	3PM~5PM	5		
7	5PM~7PM	6		
8	7PM~9PM	7		
9				
10				
11	工作换班时间	每个时间段内的操作人员	所需人数	
12	7AM~9AM	=C2	7	
13	9AM~11AM	=C3+D2	15	
14	11AM~1PM	=C4+D3+C2	12	
15	1PM~3PM	=C5+D4+C3+D2	16	
16	3PM~5PM	=C6+D5+C4+D3	14	
17	5PM~7PM	=C7+C6+C5+D4	6	
18	7PM~9PM	=C7+D5	2	
19	工资合计	=10*2*SUM(B12:B16)+12*2*SUM(B17:B18)		

图 1.19　案例 1.4(6)的电子表格建模

对该问题进行电子表格求解如图 1.20 所示。

	A	B	C	D
1	工作换班时间	序号	从接听电话开始	从文书开始
2	7AM~9AM	1	7	1
3	9AM~11AM	2	14	7
4	11AM~1PM	3	0	1
5	1PM~3PM	4	0	2
6	3PM~5PM	5	5	
7	5PM~7PM	6	0	
8	7PM~9PM	7		
9				
10				
11	工作换班时间	每个时间段内的操作人员	所需人数	
12	7AM~9AM	7	7	
13	9AM~11AM	15	15	
14	11AM~1PM	14	12	
15	1PM~3PM	16	16	
16	3PM~5PM	14	14	
17	5PM~7PM	6	6	
18	7PM~9PM	2	2	
19	工资合计	1512		

图 1.20　案例 1.4(6)的电子表格求解

从图 1.20 可以看出,在 7:00—9:00、9:00—11:00、11:00—13:00、13:00—15:00 时间段从接听电话开始工作的全职工作人员分别是 7 人、14 人、0 人和 0 人,从文书开始工作的全职工作人员分别是 1 人、7 人、1 人和 2 人;在 15:00—17:00 时间段工作的兼职人员为 5 人,总的运作成本是 1 512 美元。

(7)用单语工作的工作人员的总成本为 1 640 美元,雇用的工作人员是 40 人;用双语工作的工作人员的总成本为 1 512 美元,雇用的工作人员是 37 人,则能够支付给双语工作人员的小时工资最多可以超过单语工作人员的百分比是:

$$(1\,640 \div 37 - 1\,640 \div 40) \div (1\,640 \div 40) \approx 8.1\%$$

(8)可以从以下几个方面进行考虑:一是将文书工作和接听电话工作分开,固定每个员工只做一项工作;二是增加语音服务,增加夜间服务功能;三是尽可能多地雇用双语人员,节约成本;四是通过员工培训等提高员工工作效率,增加每小时接听电话的个数;五是通过技术手段对接听系统进行升级、提高服务效率等。

习题

一、单项选择题

1. 用单纯形法求解含不等式约束的线性规划问题时,首先要将不等式化为等式,并使等式右端常数为(　　)。

　A. 正数　　　　　　　B. 负数　　　　　　　C. 非正　　　　　　　D. 非负

2. 若用图解法求解线性规划问题,则该问题所含决策变量的数目应为(　　)。

　A. 两个　　　　　　　B. 三个以上　　　　　C. 五个以下　　　　　D. 无限制

3. 在线性规划模型中,没有非负约束的变量称为(　　)。

　A. 多余变量　　　　　B. 松弛变量　　　　　C. 自由变量　　　　　D. 人工变量

4. 线性规划一般模型中,自由变量可以用两个非负变量的(　　)代换。

　A. 和　　　　　　　　B. 差　　　　　　　　C. 积　　　　　　　　D. 商

5. 满足线性规划问题全部约束条件的解称为(　　)。

　A. 最优解　　　　　　B. 基本解　　　　　　C. 可行解　　　　　　D. 多重解

6. 用单纯形法求解线性规划问题时引入的松弛变量在目标函数中的系数为(　　)。

　A. 0　　　　　　　　B. 很大的正数　　　　C. 很大的负数　　　　D. 1

7. 设 x_i 是线性规划问题的一个决策变量,若 x_i 是最终单纯形表中的一个基变量,则 x_i 对应的检验数必(　　)。

　A. 大于 0　　　　　　B. 小于 0　　　　　　C. 等于 0　　　　　　D. 不一定

8. 用单纯形法求解线性规划问题时引入的人工变量在求最大值的目标函数中的系数为(　　)。

　A. 0　　　　　　　　B. 很大的正数　　　　C. 很小的负数　　　　D. 1

9. 线性规划问题若有最优解,则一定可以在可行域的(　　)上达到。

　A. 内点　　　　　　　B. 外点　　　　　　　C. 几何原点　　　　　D. 顶点

10. 若线性规划问题的最优解同时在可行域的两个顶点达到,则最优解有(　　)。

　A. 有两个　　　　　　　　　　　　　　　B. 连接两点的整条线段

　C. 连接两点的整条直线　　　　　　　　　D. 不可能发生

11. 线性规划问题的最优解一定存在于(　　)之中。

　A. 基本解　　　　　　B. 基本可行解　　　　C. 非可行解　　　　　D. 可行解

12. 当线性规划的可行解集合非空时一定(　　)。

　A. 是凸集　　　　　　B. 无界　　　　　　　C. 有界　　　　　　　D. 包含原点

13. 线性规划具有唯一最优解是指(　　)。

　A. 最终单纯形表中非基变量检验数全部非零

B. 可行解集合有界

C. 不加入人工变量就可进行单纯形法计算

D. 最终单纯形表中存在非基变量的检验数为零

14. 在线性规划问题的标准形式中,不可能存在的变量有(　　　)。

A. 可控变量　　　　B. 松弛变量　　　　C. 剩余变量　　　　D. 人工变量

15. 下列关于解的说法错误的是(　　　)。

A. 可行解中包含基本可行解

B. 可行解与基本解之间无交集

C. 可行解与基本解的交集为基本可行解

D. 满足非负约束条件的基本解称为为基本可行解

二、是非判断题(正确的标"T",错误的标"F")

1. 利用单纯形法求解线性规划问题时,在最终单纯形表中,若某一非基变量的检验数为 0,则该问题有唯一最优解。　　　　　　　　　　　　　　　　　　(　　)

2. 用单纯形法求解线性规划问题时加入的人工变量在目标函数中的系数一定为很大的负数。　　　　　　　　　　　　　　　　　　　　　　　　　　　　(　　)

3. 线性规划问题的约束方程为 $AX = b$,且 $A m \times n$ 的秩为其行数 m,n 是 A 的列数,则基的个数最多为 C_n^m。　　　　　　　　　　　　　　　　　　(　　)

4. 设 x_i 是线性规划问题最终单纯形表中的一个基变量,则 x_i 对应的系数列向量是单位向量。　　　　　　　　　　　　　　　　　　　　　　　　　　(　　)

5. 若 x_i 是线性规划问题某个约束方程中的松弛变量,则原问题有最优解时,x_i 可能是基变量。　　　　　　　　　　　　　　　　　　　　　　　　　　(　　)

6. 若 x_i 是线性规划问题中加入的人工变量,则 x_i 在初始单纯形表中是基变量。

　　　　　　　　　　　　　　　　　　　　　　　　　　　　　　(　　)

7. 求最大值的线性规划问题时,当基变量检验数为 0,非基变量检验数全部大于 0 时,得最优解。　　　　　　　　　　　　　　　　　　　　　　　　　　(　　)

8. 对于所有的线性规划问题,在建立初始单纯形表时都要加入人工变量。(　　)

9. 线性规划问题中,当存在最优解时,则最优解中所有基变量都大于零。(　　)

10. 用图解法求解线性规划问题时,若目标函数所代表的等值线与可行域一边界重合,则该线性规划问题必有无穷多最优解。　　　　　　　　　　　　　(　　)

11. 单纯形法计算中,如不按最小比值原则选取换出变量,则不能保证得到的解是基本可行解。　　　　　　　　　　　　　　　　　　　　　　　　　　(　　)

12. 对线性规划进行电子表格建模和求解时,在设置好变量、约束条件以及目标函数后,点击数据—规划求解就可以对线性规划问题进行求解。　　　　　(　　)

13. 将线性规划问题化为标准形式后,如果可以找到一组基变量,则令基变量等于零,求解非基变量的值,即可得到一个初始基本可行解。　　　　　　(　　)

14. 非基变量的检验数不一定为零。　　　　　　　　　　　　　　　　(　　)

15. 对于求极大值的线性规划问题,如果找到一个基本可行解,若其所有非基变量检验数非负,则可结束单纯形法,得到该线性规划问题的最优解。 ( )

三、思考题

1. 什么是线性规划问题?

2. 线性规划的标准形式有哪些限制? 如何把一般的线性规划化为标准形式?

3. 用单纯形法求解线性规划问题时,如何判定线性规划有唯一最优解、多重最优解、无界解?

4. 图解法主要步骤是什么? 从中可以看出线性规划最优解有哪些特点?

5. 什么是线性规划的可行解、基本解、基本可行解? 引入基本解和基本可行解的作用是什么?

6. 什么是检验数? 它有什么作用? 如何计算检验数?

7. 简述求解线性规划问题时如何得出初始单纯形表?

8. 简述在求解线性规划问题时,换入变量选取的原则和一般做法。违背这一法则,会发生什么问题?

9. 松弛变量与人工变量有什么区别? 试从定义和处理方式两方面分析。

10. 大 M 法与两阶段法的要点是什么? 两者有什么共同点? 有什么区别?

四、计算题

1. 将下列线性规划问题化成标准形式,并列出初始单纯形表。

(1) $\max z = 4x_1 + 3x_2$

$$\text{s.t.} \begin{cases} x_1 + 2x_2 \leqslant 10 \\ -x_1 + x_2 \geqslant 2 \\ x_1 \leqslant 4 \\ x_1 \leqslant 0, x_2 \text{ 无约束} \end{cases}$$

(2) $\min z = -3x_1 + 4x_2 - x_3 + 3x_4$

$$\text{s.t.} \begin{cases} 2x_1 - x_2 - 2x_3 - x_4 = -2 \\ x_1 + x_2 + 3x_3 - x_4 \leqslant 12 \\ -2x_1 + 2x_2 - x_3 + x_4 \geqslant 2 \\ x_1, x_2, x_3 \geqslant 0, x_4 \text{ 无约束} \end{cases}$$

2. 已知下述线性规划问题,用图解法求解,并指出各问题是具有唯一最优解、无穷多最优解、无界解或无可行解中的哪一种。

(1) $\max z = x_1 + 2x_2$

$$\text{s.t.} \begin{cases} 3x_1 + 9x_2 \leqslant 27 \\ x_1 + x_2 \geqslant 1 \\ x_2 \leqslant 2 \\ x_i \geqslant 0, i = 1, 2 \end{cases}$$

(2) $\min z = 4x_1 + 6x_2$

$$\text{s.t.} \begin{cases} x_1 + 2x_2 \geqslant 1 \\ 4x_1 + 3x_2 \geqslant 1.5 \\ -x_1 + 2x_2 \leqslant 4 \\ x_i \geqslant 0, i = 1, 2 \end{cases}$$

(3) $\max z = 5x_1 + 10x_2$

$$\text{s.t.} \begin{cases} -x_1 + 2x_2 \leqslant 25 \\ x_1 + x_2 \leqslant 20 \\ 5x_1 + 3x_2 \leqslant 75 \\ x_i \geqslant 0, i = 1, 2 \end{cases}$$

(4) $\max z = x_1 + 3x_2$

$$\text{s.t.} \begin{cases} 4x_1 + 3x_2 \geqslant 12 \\ -x_1 + x_2 \leqslant 1 \\ x_i \geqslant 0, i = 1, 2 \end{cases}$$

(5) $\min z = 4x_1 + 3x_2$

$$\text{s.t.} \begin{cases} 2x_1 + x_2 \geqslant 10 \\ x_1 + x_2 \geqslant 6 \\ -3x_1 + 2x_2 \leqslant 6 \\ x_i \geqslant 0, \ i = 1, 2 \end{cases}$$

(6) $\max z = 4x_1 + 8x_2$

$$\text{s.t.} \begin{cases} 2x_1 + 2x_2 \leqslant 10 \\ -x_1 + x_2 \geqslant 8 \\ x_i \geqslant 0, \ i = 1, 2 \end{cases}$$

3. 在下列线性规划问题中,找出所有的基本解,指出哪些是基本可行解,并分别代入,通过比较找出最优解。用图解法加以说明。

(1) $\max z = 3x_1 + 2x_2$

$$\text{s.t.} \begin{cases} 2x_1 + x_2 \leqslant 12 \\ x_1 + 2x_2 \leqslant 9 \\ x_i \geqslant 0, \ i = 1, 2 \end{cases}$$

(2) $\max z = 5x_1 + 10x_2$

$$\text{s.t.} \begin{cases} -x_1 + 3x_2 \leqslant 25 \\ 2x_1 + x_2 \leqslant 20 \\ 5x_1 + 3x_2 \leqslant 60 \\ x_i \geqslant 0, \ i = 1, 2 \end{cases}$$

4. 求解下列线性规划问题。

(1) $\max z = 3x_1 + 5x_2$

$$\text{s.t.} \begin{cases} 2x_1 \leqslant 6 \\ x_2 \leqslant 4 \\ 3x_1 + 2x_2 \leqslant 18 \\ x_i \geqslant 0, \ i = 1, 2 \end{cases}$$

(2) $\max z = 2x_1 + 4x_2$

$$\text{s.t.} \begin{cases} x_1 + 2x_2 \leqslant 4 \\ -x_1 + 4x_2 \leqslant 2 \\ x_i \geqslant 0, \ i = 1, 2 \end{cases}$$

(3) $\max z = 2x_1 + x_2$

$$\text{s.t.} \begin{cases} -2x_1 + x_2 \leqslant 2 \\ -x_1 + 2x_2 \geqslant -2 \\ x_i \geqslant 0, \ i = 1, 2 \end{cases}$$

(4) $\max z = 2x_1 + x_2 + 4x_3$

$$\text{s.t.} \begin{cases} x_1 - x_2 + 2x_3 \leqslant 20 \\ x_1 + x_2 + 2x_3 \leqslant 10 \\ 4x_1 - x_2 + 3x_3 \leqslant 60 \\ x_1 \geqslant 0, \ x_2 \leqslant 0, \ x_3 \geqslant 0 \end{cases}$$

5. 利用大 M 法或两阶段法求解下列线性规划问题。

(1) $\max z = 3x_1 + 4x_2$

$$\text{s.t.} \begin{cases} x_1 + x_2 \geqslant 2 \\ -x_1 + 2x_2 \geqslant 1 \\ x_1 + 2x_2 \leqslant 7 \\ x_i \geqslant 0, \ i = 1, 2 \end{cases}$$

(2) $\max z = 2x_1 - x_2 - x_3$

$$\text{s.t.} \begin{cases} 3x_1 + 2x_2 + x_3 \geqslant 18 \\ 2x_1 + x_2 \leqslant 4 \\ x_1 + 2x_2 - x_3 = 5 \\ x_i \geqslant 0, \ i = 1, 2, 3 \end{cases}$$

(3) $\max z = -x_1 + x_2$

$$\text{s.t.} \begin{cases} 4x_1 + 3x_2 \geqslant 12 \\ 3x_1 - 2x_2 \leqslant 6 \\ x_2 \geqslant 3 \\ x_i \geqslant 0, \ i = 1, 2 \end{cases}$$

(4) $\min z = x_1 + 3x_2 + 4x_3 + 3x_4$

$$\text{s.t.} \begin{cases} 3x_1 + 2x_2 + x_3 + 2x_4 \geqslant 15 \\ x_1 + 3x_2 + 2x_3 + x_4 \geqslant 12 \\ x_i \geqslant 0, \ i = 1, 2, 3, 4 \end{cases}$$

6. 表 1.28 是一个求极大值线性规划的单纯形表，其中 x_4，x_5，x_6 是松弛变量。

表 1.28　单纯形表

C_B	X_B	c_j		2		2			
		x_1	x_2	x_3	x_4	x_5	x_6	b
2	x_5			1	2		-1	2
	x_2			-1	1		-2	1
	x_1			$2a$	-1		$-a+8$	4
	σ_j				-1			

(1) 把表中缺少的项目填上适当的数或式子。

(2) 要使表 1.28 成为最终单纯形表，a 应满足什么条件？

(3) 何时有无穷多最优解？

(4) 何时为无界解？

(5) 何时应以 x_3 替换 x_1？

五、建立下列问题的线性规划模型(只建立数学模型不必求解)

1. (1) 某工厂生产 A、B 两种产品。生产单位产品 A 和 B 所需要的机时、人工工时的数量以及可利用资源总量由表 1.29 给出。这两种产品在市场上是畅销产品。问该工厂经理如何安排工作计划，使工厂的销售额最大。

表 1.29　相关数据

产　　品	产品 A	产品 B	资源总量
机器(时)	4	6	64
人工(时)	4	2	48
产品售价(元)	550	200	

(2) 该工厂根据产品 A 和产品 B 的销售和竞争对手的策略，调整了两种产品的售价。产品 A 和 B 的价格调整为 600 元和 400 元。假设其他条件不变，请你帮助该工厂经理制订生产计划，其目标仍然是使工厂的销售额最大。

(3) 若该工厂面临产品原料供应的问题，要全面考虑各种产品所需要的机时、人工工时、原材料的资源数量及可用资源的总量，产品的售价等因素。有关信息在表 1.30 中给出。该工厂经理该如何制订生产计划，其目标仍然是使工厂的销售额最大。

表 1.30　相关数据

产　　品	产品 A	产品 B	资源总量
机器(时)	4	6	64
人工(时)	4	2	48
原材料(千克)	12	6	120
产品售价(元)	600	400	

(4) 若企业由原来的片面追求销售额变为注重销售利润,因此,要考虑资源的成本。工厂的各种产品所需要的机时、人工工时、原材料的资源数量及可用资源的总量、产品的售价和各种资源的价格等因素。有关信息在表 1.31 中给出。该工厂经理该如何制订生产计划,其目标是使工厂的利润额最大。

表 1.31　相关数据

产　　品	产品 A	产品 B	资源总量	资源价格(元/单位)
机器(时)	4	6	64	25
人工(时)	4	2	48	20
原材料(千克)	12	6	120	5
产品售价(元)	600	400		

2. 某医院每天各时间段至少需要配备护理人员数量见表 1.32。

表 1.32　各时间段需要配备的护理人员数

班次	时　　间	最少人数(个)
1	6:00—10:00	60
2	10:00—14:00	70
3	14:00—18:00	60
4	18:00—22:00	50
5	22:00—2:00(次日)	20
6	2:00—6:00	30

假定每人上班后连续工作 8 小时,试建立使总人数最少的计划安排模型。能否利用初等数学的观察法,求出最优解?

3. 某农场有 100 公顷土地及 15 000 元资金可用于发展生产。农场劳动力情况为秋冬季 3 500 人·日,春夏季 4 000 人·日。该农场种植三种作物:大豆、玉米、小麦,并饲养奶牛和鸡。种作物时不需要专门投资,而饲养动物时每头奶牛投资 400 元,每只鸡投资 3 元。养奶牛时每头需拨出 1.5 公顷土地种饲草,并占用人工秋冬季为 100 人·日,春夏季为 50 人·日,年净收入 400 元/每头奶牛。养鸡时不占土地,但需要人工,每只鸡秋冬季需 0.6 人·日,春夏季为 0.3 人·日,年净收入为 2 元/每只鸡。农场现有鸡舍允许最多养 3 000 只鸡,牛栏允许最多养 32 头奶牛。三种作物每年需要的人工及收入情况如表 1.33 所示。问该农场如何安排三种农作物的种植计划和两种牲畜的饲养计划,使该农场的年利润最大?

表 1.33　相关数据

不同季节需要的人工	大豆	玉米	麦子
秋冬季需人日数(个)	20	35	10
春夏季需人日数(个)	50	75	40
年净收入(元/公顷)	175	300	120

4. 某小型公司每年年初有 10 000 美元的资金用于投资,4 年内有下列方案可供采纳。

1 号方案:收益率为 5% 的 1 年期投资;

2 号方案:收益率为 12% 的 2 年期投资;

3 号方案:收益率为 21% 的 4 年期投资,且该方案为仅第 1 年可进行投资的特殊方案。

该小型公司想要选择一种最优投资方案,以最大化公司资金,假设投资期末收回的本金和盈利都可以用于再投资。请构建一个线性规划模型为该公司选择最优的投资计划。

5. 进口图书股份公司在仓库中储存了数千种图书。这些图书可以按照销售量进行分类。

类别 $i=1$ 要求库存量介于 $(0, 20)$;

类别 $i=2$ 要求库存量介于 $(21, 40)$;

类别 $i=3$ 要求库存量介于 $(41, 100)$;

类别 $i=4$ 要求库存量介于 $(101, 200)$;

第 i 类中包含的图书种类有 b_i 种。

每种图书单独存放在同一个箱子中,每个箱子只能存放一种图书。仓库中最多存放 100 本书的箱子有 500 个,可最多存放 200 本书的箱子有 2 000 个。每个容量为 100 本书的箱子也可以分成 2 个容量为 40 本图书的小箱子,或者分成 3 个容量为 20 本图书的小箱子。在容量为 j 的箱子中存放类别 i 的图书的单位存储成本为 c_{ij}。$j=1, 2, 3, 4$ 分别表示最多能放 20 本、40 本、100 本、200 本书的箱子。定义决策变量 x_{ij}:类别 i 分配到容量 j 箱子的图书数量,试构建一个线性规划模型来找到一个成本最小的图书分配方案。

6. S&S 经营着 24 小时营业的大型超市,公司雇用的收银员均为兼职员工,他们采用轮班的方式每天工作 2—5 小时。所有班次都从整点开始。时刻 $h=0, \cdots, 23$(24 小时制),需要在岗的收银员数量为 r_h。管理者估算出愿意工作时长 $l=2, \cdots, 5$ 的员工数量为 b_l。超市想要找到一种轮班调度方案来满足对收银员的需求,要求收银员的总工作时间最短。采用下面的决策变量(其中 $h=0, \cdots, 23$;$l=2, \cdots, 5$),构建该问题的线性规划模型:$X_{h,l} \triangleq$ 从 h 时开始轮班的连续工作 l 小时的收银员人数。请不必考虑收银员人数必须为整数这一约束。

7. 北美货车线(North American Van Lines)维护着一个由数千辆货车拖拉机组成的车队,每辆车都归一个签约司机所有。拖拉机的车龄(年)为 $i=0, 1, \cdots, 9$。公司的每个计划周期包含 4 周,每年共有 $t=1, 2, \cdots, 13$ 个计划周期。在每个周期北美货车线可以以价格 p 购买一台全新的拖拉机,以价格 s_i 卖给签约司机,以价格 a_i 卖给制造商;也可以以价格 r_i 从签约司机处回购。

只有新的拖拉机能够以车龄 $i=0$ 购买或者交易,每个周期可以用来交易的其他车龄的拖拉机的总数量不能超过同一周期采购的新拖拉机数量。

为了避免能力的浪费，同时满足季节性变动的需求，任一 t 周期车队保有的拖拉机数量必须介于最小值 l_i 和最大值 u_i 之间。

管理者制订一个最佳的拖拉机管理计划（包括拖拉机的购买、销售与回购），以最大化其总利润。采用下面的决策变量（其中 $i = 0, \cdots, 9; t = 1, \cdots, 13$），构建一个车队管理的线性规划模型：

w_t 第 t 周期新购买的拖拉机数量；

$x_{i,t}$ 第 t 周期出售给签约司机的车龄 i 的拖拉机数量；

$y_{i,t}$ 第 t 周期销售给制造商的车龄 i 的拖拉机数量；

$z_{i,t}$ 第 t 周期从签约司机回购的车龄 i 的拖拉机数量；

$f_{i,t}$ 第 t 周期初车队中车龄为 i 的拖拉机数量。

假设车队中的拖拉机只能通过销售给签约司机，并从签约司机处回购来进入和离开车队。同时，假设拖拉机从第 $t = 13$ 周期转移到下一年的 $t = 1$ 周期时车龄增加 1 年，车龄满 9 年的拖拉机不能再延续到下一年。

8. 冰岛主要出口鱼产品，鱼是高度易变质的，而且每天可以加工的数量完全取决于捕捞量，具有极大的波动性。每天鱼产品的加工从包装厂开始，预计第 $f = 1, \cdots, 10$ 种生鱼的数量为 b_f 千克，他们经过加工后供应到 $m = 1, \cdots, 20$ 个市场。市场 m 每天的最大销售量为 u_m（单位：千克）。面向市场 m 的每千克生鱼 f 能产出成品 $a_{f,m}$ 千克，相应的毛利为 $p_{f,m}$（即销售收入减去除劳动力成本外的所有其他费用）。将生鱼 f 加工为成品 m 需要花费的工时为 $h_{f,m,i}$ 小时，其中 $i = 1, 2, 3$ 分别表示切片、包装和冷冻三个工作站。工作站 i 的可用工时为 q_i 小时，每小时的平均工资是 c_i，生产计划的目标是总毛利扣除劳动成本后最大化。采用下面的决策变量（其中，$f = 1, \cdots, 10; m = 1, \cdots, 20; i = 1, \cdots, 3$），构建一个线性规划模型帮助计算最优的生鱼加工方案：$x_{f,m} \triangleq$ 为市场 m 加工的生鱼 f 的数量（单位：千克），$y_i \triangleq$ 工作站立的工作时间（y_i 也即题目中的 q_i）。

六、建立下列问题的线性规划模型并用 Excel 再进行建模求解

1. 某公司打算把具有表 1.34 中所列成分的几种现成合金混合起来，配制一种含铅 30%、铜 20%、铝 50% 的新合金。问应当按怎样的比例来混合这些合金，才能使总费用最省？

表 1.34　相关数据

合金品种	1	2	3	4	5
含铅(%)	30	10	50	20	40
含铜(%)	40	10	20	30	20
含铝(%)	30	80	30	50	40
单价(元/千克)	4.9	6.5	7.2	5.3	7.5

2. 学习中心的经理一直在考虑如何降低运营成本以避免提高教育收费。在目前为

6—10 岁儿童提供的一次夏令营中,她希望在保证营养的前提下,做到向孩子们提供的午餐成本最低。她选用的食品包括含黄油和果酱的三明治,以及一些苹果、牛奶和果汁。每种食品的营养成分和成本如表 1.35 所示。

表 1.35   相关数据

食 品	脂肪所含热量 (卡)	总热量 (卡)	维生素 C (毫克)	纤维素 (克)	成本 (美分)
面包(1 片)	15	80	0	4	6
黄油(1 汤匙)	80	100	0	0	5
果酱(1 汤匙)	0	70	4	3	8
苹果	0	90	6	10	35
牛奶(1 杯)	60	120	2	0	20
果汁(1 杯)	0	110	80	1	40

为了满足营养需求,要求每一个儿童的热量摄入量应当在 300—500 卡之间,但是从脂肪中摄入的热量不能超过 30%;每个儿童至少要摄入 60 毫克的维生素 C 以及 10 克的纤维素。

为了保证营养均衡,经理希望每个儿童至少吃掉 2 片面包、1 汤匙黄油、1 汤匙果酱,以及一杯饮品(牛奶或果汁)。该经理应如何选择食品,在满足营养需求的前提下使得成本最小?

3. 联邦航空公司正准备增加其中心机场的往来航班,因此需要雇用更多的客户服务代理商,但是不知道到底要雇用多少数量的代理商。管理层意识到在向公司的客户提供令人满意的服务水平的同时必须进行成本控制,因此,必须寻找成本与收益之间的平衡。于是,要求管理科学小组研究如何规划人员才能以最小的成本提供令人满意的服务。分析研究新的航班时间表,以确定一天之中不同时段为客户提供满意服务水平必须在岗位上的代理商数目。规定要求每一个代理商工作 8 小时为一班,各航班时间安排如表 1.36 所示。

表 1.36   联邦航空公司人员排程问题的数据

时 段	轮班的时间					最少需要代理商的数量
	1	2	3	4	5	
6:00—8:00	▲					48
8:00—10:00	▲	▲				79
10:00—12:00	▲	▲				65
12:00—14:00	▲	▲	▲			87
14:00—16:00		▲	▲			64
16:00—18:00			▲	▲		73
18:00—20:00			▲	▲		82

时　　段	轮班的时间					最少需要代理商的数量
	1	2	3	4	5	
20：00—22：00				▲		43
22：00—24：00				▲	▲	52
24：00—6：00（次日）					▲	15
每个代理商的每日成本（美元）	170	160	175	180	195	

4. 现要做 100 套钢管，每套要长为 2.9 米、2.1 米和 1.5 米的钢管各一根。已知原料长 7.4 米，问应如何下料，使用的原料最省。

5. 某大学的教授竞聘基于一些定性指标以及根据线性规划导出的定量化公式。具体流程如下：

在年度个人档案中，教授提交如下材料：（1）科研表现；（2）教学效果；（3）其他专业活动；（4）校内服务。学校教授委员会的三名评阅人（都是教授）各自独立地对四个项目打分（分值在 0—100）。每个项目的最终得分为三名评阅人打分的平均值。

为了确定教授综合表现的最高值，学校采用线性规划模型确定每个项目的最佳权重。学校对于每个权重的值有如下要求：（1）科研的权重必须最高；（2）教学的权重不低于 25％；（3）教学与科研的权重之和不低于 75％；（4）教学与科研的权重之和不超过 90％；（5）服务的权重不低于专业活动；（6）专业活动的权重不低于 5％；（7）权重总和必须为 100％。

王教授正面临竞聘。如要竞聘成功，则要求他的加权得分不低于 85 分。三名评阅人对王教授的打分如表 1.37 所示。

表 1.37　相关数据

评阅人	科研	教学	专业	服务
李教授	90	60	90	90
胡校长	75	80	95	95
于处长	90	75	85	95

试问王教授能否竞聘成功？

6. Bollinger 电子公司为一家大型飞机引擎制造商生产两种不同的电子组件。该公司的销售部每星期都会接到飞机引擎制造商未来三个月对两种组件的需求量。每个月对组件需求量变化可能很大，这要视飞机引擎制造商所生产的引擎类型而定。表 1.38 是接下来三个月的最新订单。接到订单后，需求报告被呈送到生产控制部门。生产控制部门必须制定出三个月的组件生产计划。为了制定出生产计划，生产经理必须弄清以下几点：（1）总生产成本；（2）库存成本；（3）生产水平波动引发的成本。

表 1.38　Bollinger 电子公司接下来三个月的需求计划

组件	4 月	5 月	6 月
322A	1 000	3 000	5 000
802B	1 000	500	3 000

　　又已知生产一个 322A 组件的成本是 20 美元,生产一个 802B 组件的成本为 10 美元;而该公司认为,零部件的月库存成本是生产成本的 1.5%,即 322A 组件的单位库存成本为 0.3 美元/月,802B 组件的单位库存成本为 0.15 美元/月。假设每月月末的存货近似等于整个月的平均库存水平。3 月 322A 组件的期初库存量为 500 个单位,802B 组件的期初库存量为 200 个单位。另外,公司还规定 6 月末 322A 组件和 802B 组件最小期初库存量为 400 个单位和 200 个单位。

　　在评估完解雇、流动和转岗培训的费用以及其他与生产水平波动相关的费用后,该公司估计出每个月生产水平增加一个单位时,新增的成本为 0.5 美元,生产水平下降一个单位时,新增的成本是 0.2 美元。并假定 3 月是新生产周期开始的前一个月,3 月 322A 组件和 802B 组件的产量分别为 1 500 个单位和 1 000 个单位。

　　又知关于机器生产能力、人工能力和库存能力的信息如表 1.39 所示。生产单位 322A 组件和 802B 组件的机器和人工成本,以及其占有的单位库存空间如表 1.40 所示。

表 1.39　Bollinger 电子公司的机器生产能力、人工能力和库存能力

组件	机器(小时/单位)	人工(小时/单位)	库存(平方英尺)
322A	0.10	0.05	2
802B	0.08	0.07	3

表 1.40　单位组件 322A 和 802B 对机器、人工和库存的需求

月份	机器生产能力(小时)	人工能力(小时)	库存能力(平方英尺)
4 月	400	300	10 000
5 月	500	300	10 000
6 月	600	300	10 000

　　试建立该问题的线性规划模型,以使公司的总成本最小。

第 2 章　对偶理论与灵敏度分析

对偶问题是相对于原问题而言的,它也是一种线性规划问题。原问题和对偶问题是采用同样一组数据从不同角度建立的数学模型。前者是站在生产经营者角度建立的数学模型,后者是从谈判对手的角度建立的数学模型,这就涉及对每一种资源如何定价,即影子价格。如果模型中的参数发生变化,那么用单纯形法计算得到的最优解是否还是最优解? 这就需要进行灵敏度分析。而参数线性规划是研究这些参数中某一参数连续变化时,使最优解发生变化的各临界点的值。

本章主要介绍对偶问题的提出,原问题与对偶问题之间的关系,对偶问题的基本性质,影子价格,灵敏度分析,参数线性规划,电子表格的建模和求解及案例分析。

2.1　对偶问题的提出

现在再来一起回顾一下例 1.1。设某厂计划生产 A、B 两种产品,分别需要由机器、人工和材料三种资源共同完成。相关数据如表 2.1 所示。

表 2.1　相关数据

产　　品	产品 A	产品 B	资源限制
机器(机时)	5	2	120
人工(小时)	2	3	90
材料(千克)	4	2	100
产品利润(元)	12	8	

原有的策略是:在不超过资源总量限制的情况下安排 A、B 两种产品的产量,使获得的利润最大。若工厂改变了原有的策略:即该工厂不是利用现有的资源去安排 A、B 两种产品的生产,而是考虑把现有的资源进行出租和出售。如果采用现在的策略,这就涉及如何对每一种资源进行定价,使工厂出租设备、人力和出售原材料获得的租金是合算的。

解:设出租一个设备机时、使用一个人工工时、出售一千克材料的价格分别为 y_1,y_2,y_3,出售所有资源的总收入为 w。

该工厂出售这三种资源的前提是:工厂出租设备、人力和出售材料的租金大于把这些资源用于安排本企业生产所获得的利润,即:

出租、出售生产一个单位 A 产品所需的机时、人工、材料所获得的收入一定不能少于把这些资源用于生产一个单位 A 产品所获得的利润，即：$5y_1 + 2y_2 + 4y_3 \geqslant 12$。

同理，出租、出售生产一个单位 B 产品所需的机时、人工、材料所获得的收入一定不能少于把这些资源用于生产一个单位 B 产品所获得的利润，即：$2y_1 + 3y_2 + 2y_3 \geqslant 8$。

出租、出售所有的资源所获得的总收入为 $w = 120y_1 + 90y_2 + 100y_3$。

要寻找使租用者支付的租金最少的策略，即求 $\min w = 120y_1 + 90y_2 + 100y_3$。

这样，工厂改变策略以后的数学模型如下：

$$\min w = 120y_1 + 90y_2 + 100y_3$$

$$\text{s.t.} \begin{cases} 5y_1 + 2y_2 + 4y_3 \geqslant 12 \\ 2y_1 + 3y_2 + 2y_3 \geqslant 8 \\ y_1,\ y_2,\ y_3 \geqslant 0 \end{cases}$$

而采用原策略所建立的数学模型如下：

$$\max z = 12x_1 + 8x_2$$

$$\text{s.t.} \begin{cases} 5x_1 + 2x_2 \leqslant 120 \\ 2x_1 + 3x_2 \leqslant 90 \\ 4x_1 + 2x_2 \leqslant 100 \\ x_1,\ x_2 \geqslant 0 \end{cases}$$

如果把工厂利用现有资源去安排本企业生产所建立的数学模型称为原问题，那么改变策略以后则把现有的资源进行出租、出售所建立的数学模型称为对偶问题。

从上述例子可以看出：原问题与对偶问题都是关于工厂生产经营的模型，并且使用相同的数据；但原问题与对偶问题所反映的实质内容是完全不同的：原问题是站在工厂经营者的立场上追求工厂的销售收入最大，而对偶问题则是站在谈判对手的立场上寻求应付工厂租金最少的策略。

所谓对偶规划，就是与线性规划原问题相对应，并使用同一组数据按照特定方法形成的另一种反映不同性质问题的线性规划模型。

2.2　原问题与对偶问题的关系

2.2.1　对称型对偶规划的数学模型

满足下列条件的线性规划问题被称为对称型对偶问题：

（1）所有的变量都具有非负性。

（2）所有的约束条件都是同向不等式，即当目标函数是求极大值时约束条件都是"$\leqslant$"不等式，当目标函数是求极小值时约束条件都是"$\geqslant$"不等式。

对称形式下原问题和对偶问题的一般形式为：

原问题

$$\max z = c_1 x_1 + c_2 x_2 + \cdots + c_n x_n$$

$$\text{s.t.} \begin{cases} a_{11}x_1 + a_{12}x_2 + \cdots + a_{1n}x_n \leqslant b_1 \\ a_{21}x_1 + a_{22}x_2 + \cdots + a_{2n}x_n \leqslant b_2 \\ \quad\quad\quad\quad \vdots \\ a_{m1}x_1 + a_{m2}x_2 + \cdots + a_{mn}x_n \leqslant b_m \\ x_1, x_2, \cdots, x_n \geqslant 0 \end{cases}$$

对偶问题

$$\min w = b_1 y_1 + b_2 y_2 + \cdots + b_m y_m$$

$$\text{s.t.} \begin{cases} a_{11}y_1 + a_{21}y_2 + \cdots + a_{m1}y_m \geqslant c_1 \\ a_{12}y_1 + a_{22}y_2 + \cdots + a_{m2}y_m \geqslant c_2 \\ \quad\quad\quad\quad \vdots \\ a_{1n}y_1 + a_{2n}y_2 + \cdots + a_{mn}y_m \geqslant c_n \\ y_1, y_2, \cdots, y_m \geqslant 0 \end{cases}$$

若用矩阵表示，对称形式下原问题与对偶问题的形式如下：

原问题

$$\max z = \mathbf{CX}$$

$$\text{s.t.} \begin{cases} \mathbf{AX} \leqslant b \\ \mathbf{X} \geqslant 0 \end{cases}$$

对偶问题

$$\min w = \mathbf{Yb}$$

$$\text{s.t.} \begin{cases} \mathbf{YA} \geqslant \mathbf{C} \\ \mathbf{Y} \geqslant 0 \end{cases}$$

下面通过一个具体的例子来看一下对称形式下原问题与对偶问题之间的对应关系。

原问题

$$\max z = 2x_1 + 3x_2$$

$$\text{s.t.} \begin{cases} x_1 + 2x_2 \leqslant 8 \\ 4x_1 \leqslant 16 \\ 4x_2 \leqslant 12 \\ x_1, x_2 \geqslant 0 \end{cases}$$

对偶问题

$$\min w = 8y_1 + 16y_2 + 12y_3$$

$$\text{s.t.} \begin{cases} y_1 + 4y_2 \geqslant 2 \\ 2y_1 + 4y_3 \geqslant 3 \\ y_1, y_2, y_3 \geqslant 0 \end{cases}$$

从上述例子不难看出，原问题与对偶问题之间的对应关系如下：

（1）一个问题中约束条件的个数等于另一个问题中的变量数。

（2）一个问题中目标函数的系数等于另一个问题中约束条件的右端项。

（3）约束条件在一个问题是"$\leqslant$"不等式，在另一个问题是"$\geqslant$"不等式。

（4）目标在一个问题中是求极小值，在另一个问题中是求极大值。

上面介绍的是对称形式下原问题与对偶问题之间的对应关系，那么非对称形式下原问题与对偶问题之间的对应关系如何呢？下面加以讨论。

2.2.2　非对称型对偶规划的数学模型

当我们讨论对偶问题时必定是指一对问题,因为没有原问题就不可能有对偶问题。原问题和对偶问题总是相互依存的。同时,原问题和对偶问题之间也并没有严格的界线,它们互为对偶,谁都可以是原问题,谁也都可以是对偶问题。为了了解一般对偶规划的原问题和对偶问题之间的对应关系,先考虑如何写出下面这个非对称型问题的对偶问题。

$$\max z = 2x_1 + 3x_2$$
$$\text{s.t.} \begin{cases} x_1 + 2x_2 = 8 \\ 4x_1 \leqslant 16 \\ 4x_2 \leqslant 12 \\ x_1, x_2 \geqslant 0 \end{cases}$$

第一步:将上述非对称型的对偶规划转化为对称型对偶规划。即先将第一个等式约束条件分解成为两个不等式约束条件。这时上述线性规划问题可表示为:

$$\max z = 2x_1 + 3x_2$$
$$\text{s.t.} \begin{cases} x_1 + 2x_2 \leqslant 8 & (1) \\ -x_1 - 2x_2 \leqslant -8 & (2) \\ 4x_1 \leqslant 16 & (3) \\ 4x_2 \leqslant 12 & (4) \\ x_1, x_2 \geqslant 0 \end{cases}$$

设对应于约束条件(1)、(2)、(3)、(4)的对偶变量分别为 y_1', y_1'', y_2, y_3。

第二步:按照对称型原问题与对偶问题之间的关系,写出它的对偶问题如下。

$$\min w = 8y_1' - 8y_1'' + 16y_2 + 12y_3$$
$$\text{s.t.} \begin{cases} y_1' - y_1'' + 4y_2 \geqslant 2 \\ 2y_1' - 2y_1'' + 4y_3 \geqslant 3 \\ y_1', y_1'', y_2, y_3 \geqslant 0 \end{cases}$$

令 $y_1 = y_1' - y_1''$,则上述对偶规划变为:

$$\min w = 8y_1 + 16y_2 + 12y_3$$
$$\text{s.t.} \begin{cases} y_1 + 4y_2 \geqslant 2 \\ 2y_1 + 4y_3 \geqslant 3 \\ y_1 \text{ 无约束}, y_2, y_3 \geqslant 0 \end{cases}$$

综上所述，一般对偶规划的原问题和对偶问题之间的对应关系可以归纳为表 2.2 中所示的对应关系。

表 2.2 原问题与对偶问题的对应关系

原问题(或对偶问题)		对偶问题(或原问题)	
目标函数最大化($\max z$)		目标函数最小化($\min w$)	
n 个变量		n 个约束	
m 个约束		m 个变量	
约束条件右端向量(右端项)		目标函数价值向量(系数)	
目标函数价值向量(系数)		约束条件右端向量(右端项)	
变量	$\geqslant 0$	约束	$\geqslant$
	$\leqslant 0$		$\leqslant$
	无约束		$=$
约束	$\geqslant$	变量	$\leqslant$
	$\leqslant$		$\geqslant 0$
	$=$		无约束

如果给出的原问题是求极大值，则这张表从左往右看，则线性规划问题对偶关系表(原问题 $\max z$)如下：

原问题
目标函数 max

变量 $\begin{cases} n \text{ 个} \\ \geqslant 0 \\ \leqslant 0 \\ \text{无约束} \end{cases}$

对偶问题
目标函数 min

$\begin{matrix} n \text{ 个} \\ \geqslant \\ \leqslant \\ = \end{matrix}$ 约束条件

原问题的变量与对偶问题的约束条件之间的对应关系(口诀)是：变量决定约束是同号。

约束条件 $\begin{cases} m \text{ 个} \\ \geqslant \\ \leqslant \\ = \end{cases}$

$\begin{matrix} m \text{ 个} \\ \leqslant 0 \\ \geqslant 0 \\ \text{无约束} \end{matrix}$ 变量

原问题的约束条件与对偶问题的变量之间的对应关系(口诀)是：约束决定变量是反号。

如果给出的原问题是求极小值，则这张表从右往左看，则线性规划问题对偶关系表(原问题 $\min w$)如下：

原问题的变量与对偶问题的约束条件之间的对应关系（口诀）是：变量决定约束是反号。

$$
\begin{array}{l}
\text{约} \\
\text{束} \\
\text{条} \\
\text{件}
\end{array}
\left\{
\begin{array}{l}
m\ \text{个} \\
\geqslant \\
\leqslant \\
=
\end{array}
\right.
\qquad\qquad
\left.
\begin{array}{l}
m\ \text{个} \\
\geqslant 0 \\
\leqslant 0 \\
\text{无约束}
\end{array}
\right\}
\begin{array}{l}
\\
\text{变} \\
\text{量}
\end{array}
$$

原问题的约束条件与对偶问题的变量之间的对应关系（口诀）是：约束决定变量是同号。

[**例 2.1**]　写出下列线性规划问题的对偶问题：

$$\max z = 4x_1 - 3x_2$$

$$
\text{s.t.}
\begin{cases}
2x_1 + x_2 \leqslant 8 & (1) \\
4x_1 - x_2 \leqslant 16 & (2) \\
5x_1 + 7x_2 \geqslant 12 & (3) \\
x_1,\ x_2 \geqslant 0
\end{cases}
$$

解：设对应于约束条件(1)、(2)、(3)的对偶变量分别为 y_1，y_2，y_3，由于原问题是求极大值，因此依据口诀（变量决定约束是同号，约束决定变量是反号）可以写出该问题的对偶问题如下：

$$\min w = 8y_1 + 16y_2 + 12y_3$$

$$
\text{s.t.}
\begin{cases}
2y_1 + 4y_2 + 5y_3 \geqslant 4 \\
y_1 - y_2 + 7y_3 \geqslant -3 \\
y_1 \geqslant 0,\ y_2 \geqslant 0,\ y_3 \leqslant 0
\end{cases}
$$

[**例 2.2**]　写出下列线性规划问题的对偶问题：

$$\min z = 2x_1 + 3x_2 - 5x_3 + x_4$$

$$
\text{s.t.}
\begin{cases}
x_1 + x_2 - 3x_3 + x_4 \geqslant 5 & (1) \\
2x_1 + 2x_2 - x_4 \leqslant 4 & (2) \\
x_2 + x_3 + x_4 \leqslant 6 & (3) \\
x_1 \leqslant 0,\ x_2,\ x_3 \geqslant 0,\ x_4\ \text{无约束}
\end{cases}
$$

解:设对应于约束条件(1)、(2)、(3)的对偶变量分别为 y_1，y_2，y_3，由于原问题是求极小值，所以依据口诀(变量决定约束是反号，约束决定变量是同号)可以写出该问题的对偶问题如下：

$$\max w = 5y_1 + 4y_2 + 6y_3$$

$$\text{s.t.} \begin{cases} y_1 + 2y_2 \geqslant 2 \\ y_1 + 2y_2 + y_3 \leqslant 3 \\ -3y_1 + y_3 \leqslant -5 \\ y_1 - y_2 + y_3 = 1 \\ y_1 \geqslant 0, \ y_2, \ y_3 \leqslant 0 \end{cases}$$

2.3 对偶问题的基本性质

2.3.1 单纯形法的矩阵描述

对称型线性规划问题的矩阵表达式为：

$$\max z = \boldsymbol{CX}$$

$$\text{s.t.} \begin{cases} \boldsymbol{AX} \leqslant b \\ \boldsymbol{X} \geqslant 0 \end{cases} \tag{2.1}$$

将式(2.1)的约束条件加上松弛变量 $\boldsymbol{X}_s$，则有：

$$\max z = \boldsymbol{CX} + 0\boldsymbol{X}_s$$

$$\text{s.t.} \begin{cases} \boldsymbol{AX} + \boldsymbol{IX}_s = b \\ \boldsymbol{X}, \ \boldsymbol{X}_s \geqslant 0 \end{cases} \tag{2.2}$$

$\boldsymbol{X}_s = (x_{n+1}, \ x_{n+2}, \ \cdots, \ x_{n+m})^{\mathrm{T}}$，$\boldsymbol{I}$ 为 $m \times m$ 单位矩阵。

通常取 $\boldsymbol{X}_s$ 作为初始的基变量，其他的变量作为非基变量，通过单纯形法的一步步迭代，如果基变量变为 $\boldsymbol{X}_B$，则 $\boldsymbol{X}_B$ 在初始单纯形表中的系数矩阵为 $\boldsymbol{B}$，那么其他变量(即非基变量 $\boldsymbol{X}_N$)在单纯形表中的系数矩阵为 $\boldsymbol{N}$，这样就可以得到初始单纯形表的矩阵表达式(见表 2.3)。

表 2.3 初始单纯形表的矩阵表达

名　　称	非基变量		基变量
	$\boldsymbol{X}_B$	$\boldsymbol{X}_N$	$\boldsymbol{X}_S$
约束条件	$\boldsymbol{B}$	$\boldsymbol{N}$	$\boldsymbol{I}$
检验数行	$\boldsymbol{C}_B$	$\boldsymbol{C}_N$	0

引入 $\boldsymbol{B}$ 和 $\boldsymbol{N}$ 后,系数矩阵可写成 $\boldsymbol{A}=(\boldsymbol{B}，\boldsymbol{N})$,那么 $(\boldsymbol{A}，\boldsymbol{X}_s)=(\boldsymbol{B}，\boldsymbol{N}，\boldsymbol{X}_s)$。令基变量 $\boldsymbol{X}_B$ 在目标函数中的系数构成的行向量为 $\boldsymbol{C}_B$,即 $\boldsymbol{C}_B=(c_1，c_2，\cdots，c_m)$;非基变量 $\boldsymbol{X}_N$ 在目标函数中的系数构成的行向量为 $\boldsymbol{C}_N$,即 $\boldsymbol{C}_N=(c_{m+1}，c_{m+2}，\cdots，c_n)$,则有 $\boldsymbol{C}=(\boldsymbol{C}_B，\boldsymbol{C}_N)$,于是式(2.2)就可以写成:

$$z=\boldsymbol{CX}+0\boldsymbol{X}_S=\boldsymbol{C}_B\boldsymbol{X}_B+\boldsymbol{C}_N\boldsymbol{X}_N+0\boldsymbol{X}_S \tag{2.3}$$

$$\boldsymbol{BX}_B+\boldsymbol{NX}_N+\boldsymbol{IX}_S=b \tag{2.4}$$

将式(2.4)两端同时左乘以 $\boldsymbol{B}^{-1}$,则有:

$$\boldsymbol{X}_B+\boldsymbol{B}^{-1}\boldsymbol{NX}_N+\boldsymbol{B}^{-1}\boldsymbol{X}_S=\boldsymbol{B}^{-1}b \tag{2.5}$$

将变量 $\boldsymbol{X}_B$ 放在等式的一端,则有:

$$\boldsymbol{X}_B=\boldsymbol{B}^{-1}b-\boldsymbol{B}^{-1}\boldsymbol{NX}_N-\boldsymbol{B}^{-1}\boldsymbol{X}_S \tag{2.6}$$

将式(2.6)带入式(2.3)得:

$$z=\boldsymbol{C}_B\boldsymbol{B}^{-1}b+(\boldsymbol{C}_N-\boldsymbol{C}_B\boldsymbol{B}^{-1}\boldsymbol{N})\boldsymbol{X}_N-\boldsymbol{C}_B\boldsymbol{B}^{-1}\boldsymbol{X}_S \tag{2.7}$$

经过以上的变换,得到单纯形表的矩阵表达式就可以写成表 2.4 的形式。

表 2.4　迭代后单纯形表的矩阵表达

名　称	基变量	非基变量	
	$\boldsymbol{X}_B$	$\boldsymbol{X}_N$	$\boldsymbol{X}_S$
约束条件	$\boldsymbol{I}$	$\boldsymbol{B}^{-1}\boldsymbol{N}$	$\boldsymbol{B}^{-1}$
检验数行	0	$\boldsymbol{C}_N-\boldsymbol{C}_B\boldsymbol{B}^{-1}\boldsymbol{N}$	$-\boldsymbol{C}_B\boldsymbol{B}^{-1}$

通过表 2.4,可以得出以下几点结论:

(1)当选取 $\boldsymbol{B}$ 为基变量时,所有变量的检验数都可以表示为 $\boldsymbol{C}-\boldsymbol{C}_B\boldsymbol{B}^{-1}\boldsymbol{A}$(基变量的检验数为 $\boldsymbol{C}_B-\boldsymbol{C}_B\boldsymbol{B}^{-1}\boldsymbol{B}$,非基变量的检验数为 $\boldsymbol{C}_N-\boldsymbol{C}_B\boldsymbol{B}^{-1}\boldsymbol{N}$),松弛变量的检验数为 $-\boldsymbol{C}_B\boldsymbol{B}^{-1}$。

(2)初始单纯形表中的单位矩阵 $\boldsymbol{I}$,迭代后为 $\boldsymbol{B}^{-1}$,即:经过迭代以后松弛变量 $\boldsymbol{X}_s$ 所对应的系数列向量构成的系数矩阵就是 $\boldsymbol{B}^{-1}$。

(3)初始单纯形表中基变量为 $\boldsymbol{X}_S=b$,迭代后的基变量为 $\boldsymbol{X}_B=\boldsymbol{B}^{-1}b$。

(4)初始单纯形表中变量 x_j 的系数列向量 $\boldsymbol{P}_j$,迭代后为 $\boldsymbol{P}_j'$,则有 $\boldsymbol{P}_j'=\boldsymbol{B}^{-1}\boldsymbol{P}_j$。

(5)当 $\boldsymbol{B}$ 为最优基时,则有:

$$\boldsymbol{C}-\boldsymbol{C}_B\boldsymbol{B}^{-1}\boldsymbol{A}\leqslant 0 \tag{2.8}$$

$$-\boldsymbol{C}_B\boldsymbol{B}^{-1}\leqslant 0 \tag{2.9}$$

令 $\boldsymbol{Y}=\boldsymbol{C}_B\boldsymbol{B}^{-1}$ 为单纯形乘子,则式(2.8)和式(2.9)可改写成:

$$\begin{cases} \boldsymbol{YA}\geqslant \boldsymbol{C} & (2.10) \\ \boldsymbol{Y}\geqslant 0 & (2.11) \end{cases}$$

将 $\boldsymbol{Y} = \boldsymbol{C}_B \boldsymbol{B}^{-1}$ 带入对偶问题目标函数,有:

$$w = \boldsymbol{Y}b = \boldsymbol{C}_B \boldsymbol{B}^{-1}b = z \qquad (2.12)$$

这样,我们从纯数学的角度推导出了原问题的对偶问题:

$$\min w = \boldsymbol{Y}b$$
$$\text{s.t.} \begin{cases} \boldsymbol{Y}\boldsymbol{A} \geqslant \boldsymbol{C} \\ \boldsymbol{Y} \geqslant 0 \end{cases}$$

2.3.2 对偶问题的基本性质

性质 2.1(对称性) 对偶问题的对偶是原问题。

证明:设原问题是:

$$\max z = \boldsymbol{C}\boldsymbol{X}$$
$$\text{s.t.} \begin{cases} \boldsymbol{A}\boldsymbol{X} \leqslant b \\ \boldsymbol{X} \geqslant 0 \end{cases}$$

由对称型原问题与对偶问题之间的关系,该问题的对偶问题是:

$$\min w = \boldsymbol{Y}b$$
$$\text{s.t.} \begin{cases} \boldsymbol{Y}\boldsymbol{A} \geqslant \boldsymbol{C} \\ \boldsymbol{Y} \geqslant 0 \end{cases}$$

将上述对偶问题两端同时取负号,则有:

$$\min(-w) = -\boldsymbol{Y}b$$
$$\text{s.t.} \begin{cases} -\boldsymbol{Y}\boldsymbol{A} \leqslant -\boldsymbol{C} \\ \boldsymbol{Y} \geqslant 0 \end{cases}$$

由于:

$$\max w = \min(-w) = -\boldsymbol{Y}b$$
$$\text{s.t.} \begin{cases} -\boldsymbol{Y}\boldsymbol{A} \leqslant -\boldsymbol{C} \\ \boldsymbol{Y} \geqslant 0 \end{cases}$$

再由对称型原问题与对偶问题之间的关系,该问题的对偶问题是:

$$\min w' = -\boldsymbol{C}\boldsymbol{X}$$
$$\text{s.t.} \begin{cases} -\boldsymbol{A}\boldsymbol{X} \geqslant -b \\ \boldsymbol{X} \geqslant 0 \end{cases}$$

而有:

$$\max w' = \min(-w') = \boldsymbol{CX} = \max z$$

$$\text{s.t.} \begin{cases} \boldsymbol{AX} \leqslant b \\ \boldsymbol{X} \geqslant 0 \end{cases}$$

这就是原问题。

性质 2.2(弱对偶性)　设 $\underline{\boldsymbol{X}}$ 是原问题 $\max z = \boldsymbol{CX}$ 的任意可行解，$\underline{\boldsymbol{Y}}$ 是对偶问题 $\min w = \boldsymbol{Y}b$ 任意可行解，则有 $\boldsymbol{C}\underline{\boldsymbol{X}} \leqslant \underline{\boldsymbol{Y}}b$。

证明：设原问题是：

$$\max z = \boldsymbol{CX}$$

$$\text{s.t.} \begin{cases} \boldsymbol{AX} \leqslant b \\ \boldsymbol{X} \geqslant 0 \end{cases}$$

因为 $\underline{\boldsymbol{X}}$ 是原问题的任意可行解，则有 $\boldsymbol{A}\underline{\boldsymbol{X}} \leqslant b$。

将上述不等式的两端同时左乘以 $\underline{\boldsymbol{Y}}$，就有：

$$\underline{\boldsymbol{Y}}\boldsymbol{A}\underline{\boldsymbol{X}} \leqslant \underline{\boldsymbol{Y}}b \tag{2.13}$$

原问题的对偶问题是：

$$\min w = \boldsymbol{Y}b$$

$$\text{s.t.} \begin{cases} \boldsymbol{YA} \geqslant \boldsymbol{C} \\ \boldsymbol{Y} \geqslant 0 \end{cases}$$

因为 $\underline{\boldsymbol{Y}}$ 是对偶问题的任意可行解，则有 $\underline{\boldsymbol{Y}}\boldsymbol{A} \geqslant \boldsymbol{C}$。

将上述不等式两端同时右乘以 $\underline{\boldsymbol{X}}$，则有：

$$\underline{\boldsymbol{Y}}\boldsymbol{A}\underline{\boldsymbol{X}} \geqslant \boldsymbol{C}\underline{\boldsymbol{X}} \tag{2.14}$$

比较式(2.13)和式(2.14)，可得 $\boldsymbol{C}\underline{\boldsymbol{X}} \leqslant \underline{\boldsymbol{Y}}b$。

从性质 2.2 不难得出以下结论：对偶问题的任意可行解所对应的目标函数值是原问题的任意可行解所对应的目标函数值的上界，当然，也是原问题最优目标函数值的上界。

性质 2.3(无界性)　原问题(或对偶问题)为无界解，那么对偶问题(或原问题)是无可行解。

证明：由弱对偶性显然得证。

这个定理的逆定理不一定成立：也就是原问题(或对偶问题)是无可行解，对偶问题(或原问题)未必一定是无界解，而可能是无界解或者是无可行解。例如，下述一对线性规划问题都是无可行解。

原问题(对偶问题)

$$\min w = -x_1 - x_2$$

$$\text{s.t.} \begin{cases} x_1 - x_2 \geqslant 1 \\ -x_1 + x_2 \geqslant 1 \\ x_1, x_2, \geqslant 0 \end{cases}$$

对偶问题(原问题)

$$\max z = y_1 + y_2$$

$$\text{s.t.} \begin{cases} y_1 - y_2 \leqslant -1 \\ -y_1 + y_2 \leqslant -1 \\ y_1, y_2 \geqslant 0 \end{cases}$$

综合性质 2.1、2.2、2.3，原问题与对偶问题解之间的对应关系如表 2.5 所示。

表 2.5　原问题与对偶问题解的对应关系

原问题	对偶问题		
	有最优解	无界解	无可行解
有最优解	一　定	不可能	不可能
无界解	不可能	不可能	一　定
无可行解	不可能	可　能	可　能

性质 2.4（可行解是最优解时的性质）　设 X^* 是原问题的可行解，Y^* 是对偶问题的可行解，当 $CX^* = Y^*b$ 时，X^* 与 Y^* 是最优解。

证明：设 X 和 Y 分别是原问题和对偶问题的任意可行解，由性质 2.2 知 $CX \leqslant Yb$。而 X^* 是原问题的一个可行解，所以有 $CX^* \leqslant Yb$。由已知得：$CX^* = Y^*b$，那么有 $Y^*b \leqslant Yb$。Y 是对偶问题的任意可行解，所以 Y^* 是对偶问题的最优解。

同理可得：$CX \leqslant CX^*$，所以 X^* 是原问题的最优解。

性质 2.5（对偶定理）　若原问题有最优解，对偶问题也一定有最优解，并且它们的目标函数值相等。

证明：由表 2.4 可得：若 X^* 是原问题的最优解，它对应的检验数行必满足 $C - C_B B^{-1} A \leqslant 0$，即得到 $Y^*A \geqslant C$，其中 $Y^* = C_B B^{-1}$。

如果 Y^* 是对偶问题的可行解，它使：

$$w = Y^*b = C_B B^{-1}b$$

因 X^* 是原问题的最优解，使目标函数取值：

$$z = CX^* = C_B B^{-1}b$$

由此可得到：

$$Y^*b = C_B B^{-1}b = CX^* \tag{2.15}$$

由性质 2.4 可知：Y^* 是对偶问题的最优解。

性质 2.6（互补松弛定理）　若 X^*，Y^* 分别是原问题和对偶问题的可行解，那么 $Y^*X_S = 0$ 和 $Y_S X^* = 0$，当且仅当 X^*，Y^* 为最优解。

证明：设原问题和对偶问题分别是：

$$\max z = CX$$

$$\text{s.t.} \begin{cases} AX \leqslant b \\ X \geqslant 0 \end{cases}$$

$$\min w = Yb$$

$$\text{s.t.} \begin{cases} YA \geqslant C \\ Y \geqslant 0 \end{cases}$$

将原问题和对偶问题分别加入松弛变量 X_S，Y_S 化成标准形式，则有：

$$\max z = CX$$
$$\text{s.t.} \begin{cases} AX + X_S = b \\ X, X_S \geqslant 0 \end{cases}$$

$$\min w = Yb$$
$$\text{s.t.} \begin{cases} YA - Y_S = C \\ Y, Y_S \geqslant 0 \end{cases}$$

将 $C = YA - Y_S$ 带入原问题的目标函数，则有：

$$z = (YA - Y_S)X = YAX - Y_S X \tag{2.16}$$

将 $b = AX + X_S$ 带入对偶问题的目标函数，则有：

$$w = Y(AX + X_S) = YAX + YX_S \tag{2.17}$$

若 $Y^* X_S = 0$ 和 $Y_S X^* = 0$，则有 $CX^* = Y^* AX^* = Y^* b$，由性质 2.4 可知 X^*，Y^* 分别为原问题和对偶问题的最优解。

若 X^*，Y^* 分别为原问题与对偶问题的最优解，由性质 2.5，则有 $CX^* = Y^* AX^* = Y^* b$，则由式（2.16）和式（2.17）得：$Y^* X_S = 0$，$Y_S X^* = 0$。

因为 $X^* = (x_1, x_2, \cdots, x_n)^{\mathrm{T}}$，$Y_S = (y_{m+1}, y_{m+2}, \cdots, y_{m+n})$

由 $Y_S X^* = 0$ 可得：$\sum\limits_{j=1}^{n} x_j y_{m+j} = 0$，又 x_j，$y_{m+j} \geqslant 0$

所以有：

$$x_j y_{m+j} = 0 \ , \ j = 1, 2, \cdots, n \tag{2.18}$$

若 $x_j \neq 0$，必有 $y_{m+j} = 0$，反之，$y_{m+j} \neq 0$，必有 $x_j = 0$ \hfill (2.19)

同理，由 $Y^* X_S = 0$ 可得：

$$x_{n+i} y_i = 0, \ i = 1, 2, \cdots, m \tag{2.20}$$

若 $x_{n+i} \neq 0$，必有 $y_i = 0$，反之，$y_i \neq 0$，必有 $x_{n+i} = 0$ \hfill (2.21)

由式（2.19）和式（2.21），可以得出以下几点结论：

（1）如果原问题的某一变量大于零，该变量对应的对偶约束必为紧约束（严格等式）。

（2）如果原问题的某一约束为松约束（严格不等式：松弛变量大于零），则对应的对偶变量必为零。

（3）如果对偶问题的某一变量大于零，该变量对应的原问题约束必为紧约束（严格等式）。

（4）如果对偶问题的某一约束为松约束（严格不等式：松弛变量大于零），则对应的原问题变量必为零。

互补松弛定理也称松紧定理，它描述了线性规划达到最优时，原问题（或对偶问题）

的变量取值和对偶问题（或原问题）约束松紧之间的对应关系。我们知道，在一对互为对偶的线性规划问题中，原问题的变量和对偶问题的约束一一对应，原问题的约束和对偶问题的变量一一对应。当线性规划问题达到最优时，我们不仅得到了原问题和对偶问题的最优解，同时也得到了变量和约束之间的一种对应关系。

性质 2.7 设原问题是：

$$\max z = \boldsymbol{CX}$$

$$\text{s.t.} \begin{cases} \boldsymbol{AX} + \boldsymbol{X}_S = b \\ \boldsymbol{X}, \boldsymbol{X}_S \geqslant 0 \end{cases}$$

它的对偶问题是：

$$\min w = \boldsymbol{Y}b$$

$$\text{s.t.} \begin{cases} \boldsymbol{YA} - \boldsymbol{Y}_S = \boldsymbol{C} \\ \boldsymbol{Y}, \boldsymbol{Y}_S \geqslant 0 \end{cases}$$

在用单纯形法求解线性规划问题时，迭代的每一步在得到原问题的一个基本可行解的同时，也得到了对偶问题的一个基本解，即原问题检验数行的相反数对应对偶问题的基本解，其对应关系是：原问题的松弛变量对应对偶问题的变量，对偶问题的剩余变量对应原问题的变量（$\boldsymbol{Y}_{S1}$ 对应原问题中基变量 $\boldsymbol{X}_B$ 的剩余变量，$\boldsymbol{Y}_{S2}$ 对应原问题中非基变量的剩余变量），这些互相对应的变量如果在一个问题的解中是基变量，则在另一个问题的解中是非基变量，将这两个解带入各自的目标函数中有 $z = w$。也就是原问题加入松弛变量检验数的相反数对应于对偶问题的基本解。这些解之间的对应关系如表 2.6 所示。

表 2.6 原问题与对偶问题解之间的对应关系

$\boldsymbol{X}_B$	$\boldsymbol{X}_N$	$\boldsymbol{X}_S$
0	$\boldsymbol{C}_N - \boldsymbol{C}_B \boldsymbol{B}^{-1} \boldsymbol{N}$	$-\boldsymbol{C}_B \boldsymbol{B}^{-1}$
$\boldsymbol{Y}_{S1}$	$-\boldsymbol{Y}_{S2}$	$-\boldsymbol{Y}$

证明：设 $\boldsymbol{B}$ 是原问题的一个可行基，于是 $\boldsymbol{A} = (\boldsymbol{B}, \boldsymbol{N})$；原问题可以改写为：

$$\max z = \boldsymbol{CX} + 0\boldsymbol{X}_S = \boldsymbol{C}_B \boldsymbol{X}_B + \boldsymbol{C}_N \boldsymbol{X}_N + 0\boldsymbol{X}_S$$

$$\text{s.t.} \begin{cases} \boldsymbol{BX}_B + \boldsymbol{NX}_N + \boldsymbol{IX}_S = b \\ \boldsymbol{X}_B, \boldsymbol{X}_N, \boldsymbol{X}_S \geqslant 0 \end{cases}$$

其相应的对偶问题可表示为：

$$\min w = \boldsymbol{Y}b$$

$$\text{s.t.} \begin{cases} \boldsymbol{YB} - \boldsymbol{Y}_{S1} = \boldsymbol{C}_B & (2.22) \\ \boldsymbol{YN} - \boldsymbol{Y}_{S2} = \boldsymbol{C}_N & (2.23) \\ \boldsymbol{Y}, \boldsymbol{Y}_{S1}, \boldsymbol{Y}_{S2} \geqslant 0 \end{cases}$$

其中，$\boldsymbol{Y}_S = (\boldsymbol{Y}_{S1}, \boldsymbol{Y}_{S2})$ 为对偶问题加入的松弛变量。

若求得原问题的一个基本可行解为 $\boldsymbol{X}_B = \boldsymbol{B}^{-1}b$，由表 2.4 可知：与该解对应的检验数为 $\boldsymbol{C}_N - \boldsymbol{C}_B \boldsymbol{B}^{-1} \boldsymbol{N}$ 和 $-\boldsymbol{C}_B \boldsymbol{B}^{-1}$。

令 $Y = C_B B^{-1}$ 并将它带入式(2.22)和式(2.23)得：

$$Y_{S1} = 0, \quad Y_{S2} = C_B B^{-1} N - C_N$$

与此同时得到：$z = C_B X_B = C_B B^{-1} b = Yb = w$。

[例 2.3]　已知线性规划问题：

$$\min w = 2x_1 + 3x_2 + 5x_3 + 2x_4 + 3x_5$$

$$\text{s.t.} \begin{cases} x_1 + x_2 + 2x_3 + x_4 + 3x_5 \geqslant 4 \\ 2x_1 - x_2 + 3x_3 + x_4 + x_5 \geqslant 3 \\ x_i \geqslant 0, \ i = 1, 2, 3, 4, 5 \end{cases}$$

已知对偶问题的最优解为 $y_1 = \dfrac{4}{5}$，$y_2 = \dfrac{3}{5}$，试应用对偶理论求解原问题的最优解。

解：该问题的对偶问题为：

$$\max z = 4y_1 + 3y_2$$

$$\text{s.t.} \begin{cases} y_1 + 2y_2 \leqslant 2 & (1) \\ y_1 - y_2 \leqslant 3 & (2) \\ 2y_1 + 3y_2 \leqslant 5 & (3) \\ y_1 + y_2 \leqslant 2 & (4) \\ 3y_1 + y_2 \leqslant 3 & (5) \\ y_1, y_2 \geqslant 0 \end{cases}$$

将 y_1，y_2 的值代入对偶问题的约束条件，得知(2)、(3)、(4)为严格不等式，于是由互补松弛定理知，必有 $x_2 = x_3 = x_4 = 0$；又因 $y_1, y_2 > 0$，故原问题的两个约束条件必为紧约束，于是有：

$$\begin{cases} x_1 + 3x_5 = 4 \\ 2x_1 + x_5 = 3 \end{cases}$$

解得：$x_1^* = x_5^* = 1$。于是原问题的最优解为：$X^* = (1, 0, 0, 0, 1)$，最优目标函数值为 $\max z^* = 5$。

2.4　对偶问题的经济解释——影子价格

2.4.1　影子价格的定义

由式(2.15) $w^* = Y^* b = C_B B^{-1} b = CX^* = z^*$ 可得：

$$\frac{\partial z^*}{\partial b} = Y^*$$

即

$$\frac{\partial z^*}{\partial b_i} = y_i^*$$

上式中对偶变量 y_i^* 的意义表示对一个单位第 i 种资源的估价。这种估价不是资源的市场价格，而是根据资源在生产中做出的贡献而做的估价，称为影子价格。

2.4.2　影子价格的意义

影子价格的意义包括以下四个方面：

（1）资源的市场价格是已知数，相对比较稳定，而它的影子价格则有赖于资源的利用情况，是未知数。由于企业生产任务、产品结构等情况发生变化，资源的影子价格也随之改变。同样一种资源，若它们在不同企业中发挥的作用不同，对这种资源所做的估价也不同，即影子价格也不同。

（2）影子价格是一种边际价格。$\dfrac{\mathrm{d}z^*}{\mathrm{d}b_i} = y_i^*$ 表明 y_i^* 的值相当于在其他条件不变的情况下，b_i 每增加一个单位最优目标函数值的增加值。影子价格越大，说明这种资源越是相对紧缺；影子价格越小，说明这种资源相对不紧缺。

（3）影子价格实际上是一种机会成本。当某种资源的市场价格低于影子价格时，企业的决策者应买进资源用于扩大再生产；当某种资源的市场价格高于影子价格时，企业的决策者应把已有资源卖掉，以期获得更大的利润。

（4）在利润最大化的生产计划中，影子价格大于 0 的资源没有剩余，有剩余的资源影子价格等于 0。这可通过下面的互补松弛关系加以解释：

$$y_i x_{n+i} = 0 \Rightarrow \begin{cases} y_i > 0 \Rightarrow x_{n+i} = 0 \\ x_{n+i} > 0 \Rightarrow y_i = 0 \end{cases}$$

〔**例 2.4**〕　某工厂准备安排甲、乙、丙三种产品的生产，需要消耗原材料 A 和 B 两种资源。为了确定利润最大的生产计划，建立下列线性规划：

$$\max z = 3x_1 + x_2 + 5x_3$$

$$\text{s.t.} \begin{cases} 6x_1 + 3x_2 + 5x_3 \leqslant 45（原材料 A 的约束） \\ 3x_1 + 4x_2 + 5x_3 \leqslant 30（原材料 B 的约束） \\ x_1,\ x_2,\ x_3 \geqslant 0 \end{cases}$$

其中，x_1，x_2，x_3 表示甲、乙、丙的产量，经计算得下列最终单纯形表（x_4，x_5 是松弛变量）（见表 2.7）。

表 2.7　最终单纯形表

c_j	3	1	5	0	0	b
$\boldsymbol{X}_B$	x_1	x_2	x_3	x_4	x_5	
x_4	3	-1	0	1	-1	15
x_3	$\dfrac{3}{5}$	$\dfrac{4}{5}$	1	0	$\dfrac{1}{5}$	6
δ_j	0	-3	0	0	-1	

根据以上资料,回答下列问题:

(1) 写出对偶问题的最优解和最优目标函数值;

(2) 求出原材料 B 的影子价格。若原材料 B 不够,可到市场上购买,市场价格为 0.8 元/单位。问是否要购进?

解:(1) 根据对偶问题的基本性质 2.7,最终单纯形表中原问题加入的松弛变量检验数的相反数对应于对偶问题的最优解,所以对偶问题的最优解是:$y_1^* = 0$;$y_2^* = 1$;最优目标函数值是 $w^* = z^* = 30$。

(2) 原材料 B 的影子价格是 1,所以以 0.8 元/单位的价格购进原材料 B 是值得的。

2.5 对偶单纯形法

2.5.1 对偶单纯形法的理论基础

对偶单纯形法是使用对偶理论求解线性规划问题的一种方法,而不是求解对偶问题的一种方法。与对偶单纯形法相对应,已有的单纯形法称为原始单纯形法。

对偶问题的基本性质 2.7 描述了原问题与对偶问题解之间的对应关系:即原问题单纯形表的检验数行对应其对偶问题的一个基本解。单纯形法求解的基本思想是:在整个迭代过程中,始终保持原问题的解是可行解,而对偶问题的解可以是非可行解,当对偶问题的解由非可行解变为可行解,也就是原问题的检验数行都满足小于等于零时,原问题取得了最优解。而对偶单纯形法的基本思想是:在整个迭代过程中,始终保持对偶问题的解是可行解,原问题的解可以是非可行解,当原问题的解由非可行解变为可行解时,对偶问题取得了最优解。所以,对偶单纯形法的实质就是在保证对偶问题可行的条件下向原问题可行的方向迭代。

2.5.2 对偶单纯形法的解题步骤

依据对偶单纯形法的理论基础,对偶单纯形法的解题步骤如下:

(1) 写出与已有的初始基 **B** 对应的初始单纯形表。根据模型的标准形式,若右端项的数字都为非负,且检验数都为非正,则已得到最优解,计算结束;否则,若右端项中至少有一个负分量,且检验数也仍然非正,转(2)。

(2) 确定换出变量:与 $\min\{(\boldsymbol{B}^{-1}b)_i \mid (\boldsymbol{B}^{-1}b)_i < 0\} = (\boldsymbol{B}^{-1}b)_l$ 对应的基变量 x_l 作为换出变量,转(3)。

(3) 确定换入变量:在单纯形表中检查 x_l 所在行的各系数 $\alpha_{lj}(j=1, 2, \cdots, n)$。若所有 $\alpha_{lj} \geqslant 0$,则线性规划问题无可行解,停止计算。若存在 $\alpha_{lj} < 0(j=1, 2, \cdots, n)$,计算:

$$\theta = \min_j \left\{ \frac{\sigma_j}{\alpha_{lj}} \middle| \alpha_{lj} < 0 \right\} = \frac{\sigma_k}{\alpha_{lk}}$$

与比值 θ 所对应的列的非基变量 x_k 为换入变量，这样才能保持得到的对偶问题的解仍为可行解。

（4）以 α_{lk} 为中心元素进行旋转运算，得到新的单纯形表，转（1）。

［例 2.5］ 试用对偶单纯形法求解下列线性规划问题：

$$\min z = 4x_1 + 12x_2 + 18x_3$$

$$\text{s.t.} \begin{cases} x_1 + 3x_3 \geqslant 3 \\ 2x_2 + 2x_3 \geqslant 5 \\ x_1, x_2, x_3 \geqslant 0 \end{cases}$$

解：令 $w = -z$，先将该线性规划问题化成标准形式：

$$\max w = -4x_1 - 12x_2 - 18x_3$$

$$\text{s.t.} \begin{cases} x_1 + 3x_3 - x_4 = 3 \\ 2x_2 + 2x_3 - x_5 = 5 \\ x_1, x_2, x_3, x_4, x_5 \geqslant 0 \end{cases}$$

然后将该线性规划问题的约束条件两端同时乘以 -1，以便得到对偶问题的初始基本可行解：

$$\max w = -4x_1 - 12x_2 - 18x_3$$

$$\text{s.t.} \begin{cases} -x_1 - 3x_3 + x_4 = -3 \\ -2x_2 - 2x_3 + x_5 = -5 \\ x_1, x_2, x_3, x_4, x_5 \geqslant 0 \end{cases}$$

列出这个问题的初始的单纯形表，并用对偶单纯形法进行求解，如表 2.8 所示。

表 2.8 对偶单纯形法的迭代过程

C_B	X_B	c_j					b
		-4	-12	-18	0	0	
		x_1	x_2	x_3	x_4	x_5	
0	x_4	-1	0	-3	1	0	-3
0	x_5	0	(-2)	-2	0	1	-5
σ_j		-4	-12	-18	0	0	
0	x_4	-1	0	(-3)	1	0	-3
-12	x_2	0	1	1	0	$-\dfrac{1}{2}$	$\dfrac{5}{2}$
σ_j		-4	0	-6	0	-6	
-18	x_3	$\dfrac{1}{3}$	0	1	$-\dfrac{1}{3}$	0	1
-12	x_2	$-\dfrac{1}{3}$	1	0	$\dfrac{1}{3}$	$-\dfrac{1}{2}$	$\dfrac{3}{2}$
σ_j		-2	0	0	-2	-6	

从表 2.8 可以看到,当原问题的解由非可行解变为可行解时,该问题取得最优解, $x_1^* = 0$, $x_2^* = \dfrac{3}{2}$, $x_3^* = 1$,最优目标函数值为 $z^* = 36$。

对偶单纯形法的优点在于:

其一,初始解可以不是可行解,当检验数都非正时,即可以进行基的变换,这时不需要引进人工变量 ,因此减少了计算量。

其二,对于变量个数多于约束方程个数的线性规划问题,采用对偶单纯形法计算量较少。因此对于变量较少、约束条件较多的线性规划问题,可以先将它转化成对偶问题,然后用对偶单纯形法进行求解。

其三,在灵敏度分析中,有时需要使用对偶单纯形法,这样可以简化计算。

对偶单纯形法的局限在于:在求解线性规划时很少单独使用对偶单纯形法。

2.6　灵敏度分析

2.6.1　灵敏度分析的定义及步骤

灵敏度分析是指对系统或事物因周围条件变化所表现出的敏感性程度的分析。

在前面介绍的线性规划问题中,通常都假定问题中的系数 a_{ij}, b_i, c_j 是已知的常数,但这些参数实际上都是一些估计或预测的数字,它经常会随着实际情况的变化而变化。例如,市场条件变化就会引起目标函数系数 c_j 发生变化;生产工艺条件发生改变则会引起技术系数 a_{ij} 发生变化;资源的数量发生变化则会引起约束条件右端项 b_i 发生变化。如果这些参数中的一个或几个发生变化,问题的最优解会有什么变化,或者说,这些参数在什么范围内变化时,问题的最优解不发生改变。这就是灵敏度分析所要解决的问题。

如果线性规划问题中的一个或几个参数发生变化,比较简单的做法是重新建立一个单纯形表,然后用单纯形法进行求解,看最优解有无变化,但这样做既麻烦又无必要。通过单纯形法的学习,我们知道线性规划的求解就是从一组基变量变换到另一组基变量,每一步迭代只有一个基变量发生改变,因此完全有可能把发生变化的参数直接反映在最终单纯形表中,看一些数字变化后是否仍满足最优解的条件;如果不满足,再从这个表开始进行一步一步的迭代,直到求出最优解。一般地,灵敏度分析的步骤如下:

(1) 将参数的改变计算直接反映到最终单纯形表上。具体的计算方法是,按下列公式计算出,由参数 a_{ij}、b_i、c_j 的变化引起的最终单纯形表上相关数字的变化:

$$\Delta b^* = \boldsymbol{B}^{-1} \Delta b \tag{2.24}$$

$$P_j^* = \boldsymbol{B}^{-1} P_j \tag{2.25}$$

$$\sigma_j^* = c_j - \sum a_{ij} y_i^* \tag{2.26}$$

（2）检验原问题的解是否仍为可行解。

（3）检验对偶问题的解是否仍为可行解。

（4）按表 2.9 所列情况得出结论和决定继续计算的步骤。

表 2.9　原问题与对偶问题解出现的情况

原问题	对偶问题	结论或继续计算的步骤
可行解	可行解	仍为问题最优解
可行解	非可行解	用单纯形法继续迭代求最优解
非可行解	可行解	用对偶单纯形继续迭代求最优解
非可行解	非可行解	引进人工变量，编制新的单纯形表重新计算

2.6.2　分析 c_j 变化的影响

发生变化的目标函数系数 c_j 分基变量和非基变量两种情况。不管是哪一种情况，目标函数系数 c_j 发生变化只会影响到检验数 σ_j 发生变化。所以将 c_j 的变化直接反映到最终单纯形表中，只可能出现表 2.9 中的前两种情况。

[**例 2.6**]　在例 1.1 的生产计划安排中，(1)若产品 A 的单位利润不变，则产品 B 的单位利润在什么范围内变化时，该工厂的最优生产计划不变；(2)若产品 A 的单位利润降至 10 元，产品 B 的单位利润增至 10 元，该工厂的最优生产计划有何变化？(3)若产品 A 的单位利润降至 8 元，产品 B 的单位利润增至 14 元，该工厂的最优生产计划有何变化？

解：(1) 设产品 B 的单位利润为 $(8+\lambda)$，将其反映到最终单纯形表并用单纯形法继续进行迭代，得表 2.10。

表 2.10　例 2.6(1) 的单纯形表

c_j		12	$(8+\lambda)$	0	0	0	b
C_B	X_B	x_1	x_2	x_3	x_4	x_5	
12	x_1	1	0	0	$-\dfrac{1}{4}$	$\dfrac{3}{8}$	15
0	x_3	0	0	1	$\dfrac{1}{4}$	$-\dfrac{11}{8}$	5
$(8+\lambda)$	x_2	0	1	0	$\dfrac{1}{2}$	$-\dfrac{1}{4}$	20
σ_j		0	0	0	$-1-\dfrac{1}{2}\lambda$	$-\dfrac{5}{2}+\dfrac{1}{4}\lambda$	-340

要使表 2.10 中的最优解不变，必须使：

$$\begin{cases} -1-\dfrac{1}{2}\lambda \leqslant 0 \\[2mm] -\dfrac{5}{2}+\dfrac{1}{4}\lambda \leqslant 0 \end{cases}$$

则有 $-2 \leqslant \lambda \leqslant 10$，即产品 B 的单位利润在 $(6，18)$ 范围内变化时，最优解不变。

（2）将产品 A、B 的单位利润变化直接反映到最终单纯形表（见表 1.9）中，得表 2.11。

表 2.11　例 2.6(2) 的单纯形表

	c_j	10	10	0	0	0	b
C_B	X_B	x_1	x_2	x_3	x_4	x_5	
10	x_1	1	0	0	$-\dfrac{1}{4}$	$\dfrac{3}{8}$	15
0	x_3	0	0	1	$\dfrac{1}{4}$	$-\dfrac{11}{8}$	5
10	x_2	0	1	0	$\dfrac{1}{2}$	$-\dfrac{1}{4}$	20
	σ_j	0	0	0	$-\dfrac{5}{2}$	$-\dfrac{5}{4}$	-350

由表 2.11 可以看到，所有变量的检验数都满足小于等于零，所以最优解不变。

（3）将产品 A、B 的单位利润变化直接反映到最终单纯形表（见表 1.9）中，得表 2.12。

表 2.12　例 2.6(3) 的单纯形表

	c_j	8	14	0	0	0	b
C_B	X_B	x_1	x_2	x_3	x_4	x_5	
8	x_1	1	0	0	$-\dfrac{1}{4}$	$\dfrac{3}{8}$	15
0	x_3	0	0	1	$\dfrac{1}{4}$	$-\dfrac{11}{8}$	5
14	x_2	0	1	0	$\dfrac{1}{2}$	$-\dfrac{1}{4}$	20
	σ_j	0	0	0	-5	$\dfrac{1}{2}$	-400

因 x_5 的检验数大于零，故用单纯形法继续迭代得表 2.13。

表 2.13　例 2.6(3) 的最终单纯形表

	c_j	8	12	0	0	0	b
C_B	X_B	x_1	x_2	x_3	x_4	x_5	
0	x_5	$\dfrac{8}{3}$	0	0	$-\dfrac{2}{3}$	1	40
0	x_3	$\dfrac{11}{3}$	0	1	$-\dfrac{2}{3}$	0	60
14	x_2	$\dfrac{2}{3}$	1	0	$\dfrac{1}{3}$	0	30
	σ_j	$-\dfrac{4}{3}$	0	0	$-\dfrac{14}{3}$	0	-420

从表 2.13 可以看到,所有变量的检验数都满足小于等于零,所以该问题取得最优解,$x_1^* = 0$,$x_2^* = 30$,即不生产 A 产品,生产 B 产品 30 件,总的利润为 420 元。

2.6.3　分析 b_i 变化的影响

b_i 的变化在实际问题中表明可利用资源的数量发生变化,其变化反映到最终单纯形表上只引起约束条件右端项数字变化。因此灵敏度分析的步骤为:

(1) 由 $\Delta b^* = B^{-1} \Delta b$ 算出 Δb^*,将其加到约束条件右端项所在列的数字上;

(2) 由于其对偶问题仍为可行解,故只需检查原问题是否仍为可行解,再按相应步骤进行计算求解。

[**例 2.7**]　在例 1.1 的生产计划安排中:(1)若机时和人工工时提供的数量不变,原材料的供应数量减少至 50 千克,最优解会有怎样的变化? (2)若机时和原材料提供的数量不变,试分析人工工时在什么范围内变化时,最优基不变?

解:(1) 因 $\Delta b = \begin{bmatrix} 0 \\ 0 \\ 50-100 \end{bmatrix} = \begin{bmatrix} 0 \\ 0 \\ -50 \end{bmatrix}$

利用式(2.24)得:

$$\Delta b^* = \begin{bmatrix} 0 & -\dfrac{1}{4} & \dfrac{3}{8} \\ 1 & \dfrac{1}{4} & -\dfrac{11}{8} \\ 0 & \dfrac{1}{2} & -\dfrac{1}{4} \end{bmatrix} \begin{bmatrix} 0 \\ 0 \\ -50 \end{bmatrix} = \begin{bmatrix} -\dfrac{75}{4} \\ \dfrac{275}{4} \\ \dfrac{25}{2} \end{bmatrix}$$

将 Δb^* 加到最终单纯形表 1.9 中得表 2.14。

表 2.14　例 2.7(1)的单纯形表

c_j		12	8	0	0	0	b
C_B	X_B	x_1	x_2	x_3	x_4	x_5	
12	x_1	1	0	0	$-\dfrac{1}{4}$	$\dfrac{3}{8}$	$15-\dfrac{75}{4}$
0	x_3	0	0	1	$\dfrac{1}{4}$	$-\dfrac{11}{8}$	$5+\dfrac{275}{4}$
8	x_2	0	1	0	$\dfrac{1}{2}$	$-\dfrac{1}{4}$	$20+\dfrac{25}{2}$
σ_j		0	0	0	-1	$-\dfrac{5}{2}$	

因表 2.14 中原问题的解为非可行解，故用对偶单纯形法继续进行迭代得表 2.15。

表 2.15　例 2.7(1)的最终单纯形表

C_B	X_B	c_j 12 x_1	8 x_2	0 x_3	0 x_4	0 x_5	b
0	x_4	-4	0	0	1	$-\dfrac{3}{2}$	15
0	x_3	1	0	1	0	-1	70
8	x_2	2	1	0	0	$\dfrac{1}{2}$	25
σ_j		-4	0	0	0	-4	-200

从表 2.15 可以看到，所有变量的检验数都满足小于等于零，该问题取得最优解，$x_1^* = 0$，$x_2^* = 25$，即不生产 A 产品，生产 B 产品 25 件，总利润为 200 元。

(2) 设可提供的人工工时为 $(90 + \lambda)$，因而有：

$$\Delta b^* = B^{-1} \Delta b = \begin{bmatrix} 0 & -\dfrac{1}{4} & \dfrac{3}{8} \\ 1 & \dfrac{1}{4} & -\dfrac{11}{8} \\ 0 & \dfrac{1}{2} & -\dfrac{1}{4} \end{bmatrix} \begin{bmatrix} 0 \\ \lambda \\ 0 \end{bmatrix} = \begin{bmatrix} -\dfrac{1}{4}\lambda \\ \dfrac{1}{4}\lambda \\ \dfrac{1}{2}\lambda \end{bmatrix}$$

将 Δb^* 加到最终单纯形表 1.9 中，其 b 列的数字变为：

$$b' = b + \Delta b^* = \begin{bmatrix} 15 - \dfrac{1}{4}\lambda \\ 5 + \dfrac{1}{4}\lambda \\ 20 + \dfrac{1}{2}\lambda \end{bmatrix}$$

要想使最优基不变，必须保证 $b' \geqslant 0$，解得 $-20 \leqslant \lambda \leqslant 60$，即人工工时在 [70, 150] 范围内变化时，最优基不变。

2.6.4　增加一个变量的分析

增加一个变量在实际问题中反映为增加一种新的产品。其分析步骤是：

(1) 计算 $\sigma_j' = c_j - z_j = c_j - \sum a_{ij} y_i^*$，其中 c_j 是新变量目标函数系数，a_{ij} 是新变量约束函数系数，y_i^* 是对偶问题的最优解；

(2) 计算 $P_j' = B^{-1} P_j$；

（3）若 $\sigma_j' \leqslant 0$，只需将 P_j' 和 σ_j' 的值直接反映到最终单纯形表中，原最优解不变；若 $\sigma_j' \geqslant 0$，则按单纯形法继续迭代计算。

[例 2.8]　在例 1.1 的生产计划安排中，若该工厂考虑生产一种新的产品 C，已知生产单位 C 产品所需的机时、人工工时和消耗原材料的数量分别为 3 机时、2 小时和 3 千克，销售单位产品 C 可获利润 10 元。问：该工厂是否考虑生产产品 C；若考虑，最优生产计划会有怎样的变化？

解：设新增加的产品 C 为变量 x_6，根据已知有：$c_6 = 10$，$P_6 = (3, 2, 3)^{\mathrm{T}}$，由式（2.25）和式（2.26）得：

$$\sigma_6 = 10 - \begin{bmatrix} 0 & 1 & \dfrac{5}{2} \end{bmatrix} \begin{bmatrix} 3 \\ 2 \\ 3 \end{bmatrix} = \dfrac{1}{2}$$

$$P_6' = \begin{bmatrix} 0 & -\dfrac{1}{4} & \dfrac{3}{8} \\ 1 & \dfrac{1}{4} & -\dfrac{11}{8} \\ 0 & \dfrac{1}{2} & -\dfrac{1}{4} \end{bmatrix} \begin{bmatrix} 3 \\ 2 \\ 3 \end{bmatrix} = \begin{bmatrix} \dfrac{5}{8} \\ -\dfrac{5}{8} \\ \dfrac{1}{4} \end{bmatrix}$$

将其反映到最终单纯形表 1.9 中，得表 2.16。

表 2.16　例 2.8 的单纯形表

C_B	X_B	c_j 12 x_1	8 x_2	0 x_3	0 x_4	0 x_5	10 x_6	b
12	x_1	1	0	0	$-\dfrac{1}{4}$	$\dfrac{3}{8}$	$\dfrac{5}{8}$	15
0	x_3	0	0	1	$\dfrac{1}{4}$	$-\dfrac{11}{8}$	$-\dfrac{5}{8}$	5
8	x_2	0	1	0	$\dfrac{1}{2}$	$-\dfrac{1}{4}$	$\dfrac{1}{4}$	20
σ_j		0	0	0	-1	$-\dfrac{5}{2}$	$\dfrac{1}{2}$	

因 x_6 的检验数大于零，故用单纯形法继续迭代得表 2.17。

表 2.17　例 2.8 的最终单纯形表

C_B	X_B	c_j 12 x_1	8 x_2	0 x_3	0 x_4	0 x_5	10 x_6	b
10	x_6	$\dfrac{8}{5}$	0	0	$-\dfrac{2}{5}$	$\dfrac{3}{5}$	1	24
0	x_3	1	0	1	0	-1	0	20
8	x_2	$-\dfrac{2}{5}$	1	0	$\dfrac{3}{5}$	$-\dfrac{2}{5}$	0	14
σ_j		$-\dfrac{4}{5}$	0	0	$-\dfrac{4}{5}$	$-\dfrac{14}{5}$	0	-352

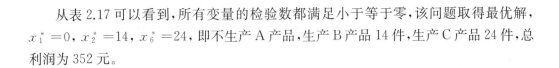

从表 2.17 可以看到,所有变量的检验数都满足小于等于零,该问题取得最优解, $x_1^* = 0$, $x_2^* = 14$, $x_6^* = 24$,即不生产 A 产品,生产 B 产品 14 件,生产 C 产品 24 件,总利润为 352 元。

2.6.5　分析 a_{ij} 变化的影响

a_{ij} 的变化会使线性规划的系数矩阵 A 发生变化。假如 x_j 在最终单纯形表中为非基变量,则计算的步骤按照第 2.6.4 节进行;假如 x_j 在最终单纯形表中为基变量,则 a_{ij} 的变化将使最终单纯形表中的 B^{-1} 变化,这时可能出现原问题与对偶问题均为非可行解的情况。

[例 2.9]　在例 1.1 的生产计划安排中,若该工厂生产单位产品 A 需要的机时、人工工时和消耗原材料的数量变为 3 机时、2 小时和 2 千克,该单位产品可获利润变为 14 元。试重新确定该工厂最优生产计划。

解:发生变化的产品 A 记为变量 x_1',根据已知有 $c_1' = 14$, $P_1' = [3, 2, 2]^T$,由式 (2.25) 和式 (2.26) 得:

$$\sigma_1' = 14 - \begin{bmatrix} 0 & 1 & \dfrac{5}{2} \end{bmatrix} \begin{bmatrix} 3 \\ 2 \\ 2 \end{bmatrix} = 7$$

$$P_1'' = \begin{bmatrix} 0 & -\dfrac{1}{4} & \dfrac{3}{8} \\ 1 & \dfrac{1}{4} & -\dfrac{11}{8} \\ 0 & \dfrac{1}{2} & -\dfrac{1}{4} \end{bmatrix} \begin{bmatrix} 3 \\ 2 \\ 2 \end{bmatrix} = \begin{bmatrix} \dfrac{1}{4} \\ \dfrac{3}{4} \\ \dfrac{1}{2} \end{bmatrix}$$

将其反映到最终单纯形表 1.9 中,得表 2.18。

表 2.18　例 2.9 的单纯形表 1

c_j		12	14	8	0	0	0	b
C_B	X_B	x_1	x_1'	x_2	x_3	x_4	x_5	
12	x_1	1	$\dfrac{1}{4}$	0	0	$-\dfrac{1}{4}$	$\dfrac{3}{8}$	15
0	x_3	0	$\dfrac{3}{4}$	0	1	$\dfrac{1}{4}$	$-\dfrac{11}{8}$	5
8	x_2	0	$\dfrac{1}{2}$	1	0	$\dfrac{1}{2}$	$-\dfrac{1}{4}$	20
	σ_j	0	7	0	0	-1	$-\dfrac{5}{2}$	

由于 x_1' 的检验数 $\sigma_1^* = 7 \geqslant 0$,所以用 x_1' 替换 x_1,把 x_1 所在的列删掉,得表 2.19。

表 2.19　例 2.9 的单纯形表 2

c_j		14	8	0	0	0	b
C_B	X_B	x_1'	x_2	x_3	x_4	x_5	
14	x_1'	1	0	0	-1	$\dfrac{3}{2}$	60
0	x_3	0	0	1	1	$-\dfrac{5}{2}$	-40
8	x_2	0	1	0	1	-1	-10
σ_j		0	0	0	6	-13	

从表 2.19 可以看出,原问题与对偶问题均为非可行解,故此需要添加人工变量再进行求解。将第二个和第三个约束方程两端分别乘以 -1,然后两个约束方程分别添加人工变量 x_6 和 x_7,取 x_1' 和 x_6、x_7 作为基变量,得单纯形表 2.20。

表 2.20　例 2.9 的单纯形表 3

c_j		14	8	0	0	0	$-M$	$-M$	b
C_B	X_B	x_1'	x_2	x_3	x_4	x_5	x_6	x_7	
14	x_1'	1	0	0	-1	$\dfrac{3}{2}$	0	0	60
$-M$	x_6	0	0	-1	-1	$\dfrac{5}{2}$	1	0	40
$-M$	x_7	0	-1	0	-1	(1)	0	1	10
σ_j		0	$8-M$	$-M$	$14-2M$	$\dfrac{7}{2}M-21$	0	0	$50M-840$

因为所有变量的检验数不满足都小于等于零,该问题没有取得最优解,再进一步迭代得表 2.21。

表 2.21　例 2.9 的单纯形表 4

c_j		14	8	0	0	0	$-M$	$-M$	b
C_B	X_B	x_1'	x_2	x_3	x_4	x_5	x_6	x_7	
14	x_1'	1	$\dfrac{3}{2}$	0	$\dfrac{1}{2}$	0	0	$-\dfrac{3}{2}$	45
$-M$	x_6	0	$\dfrac{5}{2}$	-1	$\dfrac{3}{2}$	0	1	$-\dfrac{5}{2}$	15
0	x_5	0	-1	0	-1	1	0	1	10
σ_j		0	$\dfrac{5}{2}M-13$	$-M$	$\dfrac{3}{2}M-7$	0	0	$21-\dfrac{7}{2}M$	$15M-630$
14	x_1'	1	0	$\dfrac{3}{5}$	$-\dfrac{2}{5}$	0	$-\dfrac{3}{5}$	0	36
8	x_2	0	1	$-\dfrac{2}{5}$	$\dfrac{3}{5}$	0	$\dfrac{2}{5}$	-1	6
0	x_5	0	0	$-\dfrac{2}{5}$	$-\dfrac{2}{5}$	1	$\dfrac{2}{5}$	0	16
σ_j		0	0	$-\dfrac{26}{5}$	$\dfrac{4}{5}$	0	$-M+\dfrac{26}{5}$	$-M+8$	-552

（续表）

c_j		14	8	0	0	0	$-M$	$-M$	b
C_B	X_B	x_1'	x_2	x_3	x_4	x_5	x_6	x_7	
14	x_1'	1	$\frac{2}{3}$	$\frac{1}{3}$	0	0	$-\frac{1}{3}$	$-\frac{2}{3}$	40
0	x_4	0	$\frac{5}{3}$	$-\frac{2}{3}$	1	0	$\frac{2}{3}$	$-\frac{5}{3}$	10
0	x_5	0	$\frac{2}{3}$	$-\frac{2}{3}$	0	1	$\frac{2}{3}$	$-\frac{2}{3}$	20
σ_j		0	$-\frac{4}{3}$	$-\frac{14}{3}$	0	0	$-M+\frac{14}{3}$	$-M+\frac{28}{3}$	-560

从表 2.21 可以看到,所有变量的检验数都满足小于等于零,该问题取得最优解, $x_1^*=40$, $x_2^*=0$,即生产 A 产品 40 件,不生产 B 产品,总利润为 560 元。

2.6.6　增加一个约束条件的分析

增加一个约束条件,在实际问题中相当于增添一道工序。分析的方法是先将原来问题的最优解代入这个新增加的约束条件中。如果满足约束条件,说明新增加的约束条件未起到限制作用,原最优解不变。否则,将新增加的约束条件直接反映到最终单纯形表中,再进行分析。

[例 2.10]　在例 1.1 的生产计划安排中,该工厂需要增加一道加工工序对 A、B 两种产品进行检验,检验 A、B 两种产品分别需要 4 小时和 3 小时,总共可以提供的检验时间是 110 小时。试重新确定该工厂最优生产计划。

解:将原问题的最优解 $x_1^*=15$, $x_2^*=20$ 代入新增加的约束条件 $4x_1+3x_2\leqslant110$ 中,显然有 $4\times15+3\times20>110$,也就是原问题的最优解不是本例的最优解。

在检验工序的约束条件中加入松弛变量得:

$$4x_1+3x_2+x_6=110 \tag{2.27}$$

以 x_6 为基变量,将式(2.27)反映到最终单纯形表 1.9 中,得表 2.22。

表 2.22　例 2.10 的单纯形表 1

c_j		12	8	0	0	0	0	b
C_B	X_B	x_1	x_2	x_3	x_4	x_5	x_6	
12	x_1	1	0	0	$-\frac{1}{4}$	$\frac{3}{8}$	0	15
0	x_3	0	0	1	$\frac{1}{4}$	$-\frac{11}{8}$	0	5
8	x_2	0	1	0	$\frac{1}{2}$	$-\frac{1}{4}$	0	20
0	x_6	4	3	0	0	0	1	110
σ_j		0	0	0	-1	$-\frac{5}{2}$	0	

要保证表 2.22 中 x_1，x_2 的系数列向量是单位向量，需将第一个约束条件的两端同时乘以 -4、第三个约束条件两端同时乘以 -3 加到第四个约束条件中，得表 2.23。

表 2.23　例 2.10 的单纯形表 2

	c_j	12	8	0	0	0	0	
C_B	X_B	x_1	x_2	x_3	x_4	x_5	x_6	b
12	x_1	1	0	0	$-\dfrac{1}{4}$	$\dfrac{3}{8}$	0	15
0	x_3	0	0	1	$\dfrac{1}{4}$	$-\dfrac{11}{8}$	0	5
8	x_2	0	1	0	$\dfrac{1}{2}$	$-\dfrac{1}{4}$	0	20
0	x_6	0	0	0	$-\dfrac{1}{2}$	$-\dfrac{3}{4}$	1	-10
	σ_j	0	0	0	-1	$-\dfrac{5}{2}$	0	

因表 2.23 中原问题的解为非可行解，对偶问题的解为可行解，故用对偶单纯形法进行迭代，得表 2.24。

表 2.24　例 2.10 的最终单纯形表

	c_j	12	8	0	0	0	0	
C_B	X_B	x_1	x_2	x_3	x_4	x_5	x_6	b
12	x_1	1	0	0	0	$\dfrac{3}{4}$	$-\dfrac{1}{2}$	20
0	x_3	0	0	1	0	$-\dfrac{7}{4}$	$\dfrac{1}{2}$	0
8	x_2	0	1	0	0	-1	1	10
0	x_4	0	0	0	1	$\dfrac{3}{2}$	-2	20
	σ_j	0	0	0	0	-1	-2	-320

从表 2.24 可以看到，所有变量的检验数都满足小于等于零，该问题取得最优解，$x_1^* = 20$，$x_2^* = 10$，即生产 A 产品 20 件，生产 B 产品 10 件，总利润为 320 元。

2.7　灵敏度分析的电子表格建模和求解

2.7.1　目标函数系数变化的分析

1. 单个目标函数系数变化的分析

[例 2.11]　现在再来回顾一下例 2.6 提到的第一个问题：若产品 A 的单位利润不变，则产品 B 的单位利润在什么范围内变化时，该工厂的最优生产计划不变？

解：通过例 2.6 的求解，我们知道产品 B 的单位利润在(6,18)之间变动时，该工厂的最优生产计划不变。

实际上该结果可以通过生成的可变单元格的灵敏度报告得到。在对例 1.1 的求解过程中，在得到最优解的同时，也得到可变单元格的灵敏度报告，如表 2.25 所示。

表 2.25　可变单元格的灵敏度报告

单元格	名　字		终值	递减成本	目标式系数	允许的增量	允许的减量
$B$11	生产产品的数量	产品 A	15	0	12	4	6.666 666 667
$C$11	生产产品的数量	产品 B	20	0	8	10	2

表 2.25 说明：在产品 A 的单位利润不变的情况下，产品 B 的目标函数系数允许的增量为 10，允许的减量为 2，也就是产品 B 的目标函数系数在(6,18)之间变动时，最优解不变，这和我们在例 2.6 中得到的结果是一致的。

从表 2.25 也可得到：在产品 B 的单位利润不变的情况下，产品 A 的目标函数系数在(5.33,16)之间变动时，最优解不变。

2. 多个目标函数系数同时变化的分析

上面介绍的是单个目标函数系数变化的分析，如果多个目标函数系数同时变化，那么在什么范围内变动时，最优基不变？下面介绍目标函数系数同时变化的百分之百法则。

如果若干个目标函数系数同时变化，计算出每一系数变化占该系数允许变动量的百分比，再将所有系数变化百分比相加，若所得的百分比之和不超过百分之一百，则最优解不会改变；若所得的百分比之和超过了百分之一百，则不能确定最优解是否改变。

[例 2.12]　现在再回顾例 2.6 提到的第二个和第三个问题：(2)若产品 A 的单位利润降至 10 元，产品 B 的单位利润增至 10 元，该工厂的最优生产计划有何变化？(3)若产品 A 的单位利润降至 8 元，产品 B 的单位利润增至 14 元，该工厂的最优生产计划有何变化？

解：依据目标函数系数同时变化的百分之百法则，通过表 2.25 来考虑目标函数系数同时变化对最优解的影响。

对于第二个问题：

产品 A 的单位利润由 12 变为 10，有：

$$占允许减少量的百分比 = \left(\frac{12-10}{\frac{20}{3}}\right) \times 100\% = 30\%$$

产品 B 的单位利润由 8 变为 10，有：

$$占允许增加量的百分比 = \left(\frac{10-8}{10}\right) \times 100\% = 20\%$$

因为变化的百分比之和不超过 100%，所以最优的生产方案不变。从例 2.6 我们已经看到当产品 A 的单位利润降至 10 元,产品 B 的单位利润增至 10 元时,最优生产计划没有变化。

同样地,对于第三个问题:

产品 A 的单位利润由 12 变为 8,有:

$$占允许减少量的百分比 = \left(\frac{12-8}{\frac{20}{3}}\right) \times 100\% = 60\%$$

产品 B 的单位利润由 8 变为 14,有:

$$占允许增加量的百分比 = \left(\frac{14-8}{10}\right) \times 100\% = 60\%$$

因为变化的百分比之和超过百分之一百,所以不能确定最优的生产方案是否发生改变,这就需要重新建立单纯形表进行求解。从例 2.6 中我们已经看到当产品 A 的单位利润降至 8 元,产品 B 的单位利润增至 14 元时,最优生产计划已经发生了变化。

2.7.2　约束条件右端项变化的分析

1. 单个右端项的变化分析

[例 2.13]　重新考虑在例 2.7 中涉及的第二个问题,若机时和原材料提供的数量不变,试分析人工工时在什么范围内变化时,最优基不变。

解:在对例 1.1 的求解过程中,在得到最优解的同时,也得到了约束条件的灵敏度报告,如表 2.26 所示。

表 2.26　约束条件的灵敏度报告

单元格	名　字	终值	阴影价格	约束限制值	允许的增量	允许的减量
\$D\$6	机器(机时)使用的数量	115	0	120	1E+30	5
\$D\$7	人工(工时)使用的数量	90	1	90	60	20
\$D\$8	原材料(千克)使用的数量	100	2.5	100	3.636 363 636	40

表 2.26 告诉我们:人工工时允许的增量为 60,允许的减量为 20,也就是人工工时在 [70,150] 之间变化时,最优基不变,这和我们在例 2.7 中得到的结果是一致的。

从表 2.26 也可得到:在其他条件不变的情况下,机时在 [115,+∞) 之间变化时,最优基不变;在其他条件不变的情况下,原材料供应量在 [60,103.6] 之间变动时,最优基不变。

2. 右端项同时变化的分析

上面介绍的是单个约束条件右端项变化的分析,如果多个右端项同时变化,那么在什么范围变化时,影子价格是有效的呢? 下面介绍约束条件右端项同时变化的百分之百法则。

约束条件右端项同时变化的百分之百法则:同时改变几个或所有函数约束的约束右端项,如果这些变化的幅度不大,那么可用影子价格预测变动产生的影响。为了判别这些变化的幅度是否允许,计算出每一变化量占可行域所允许增加值或减少值的百分比,如果所得的百分比之和不超过百分之一百,那么影子价格还是有效的;如果所得的百分比之和超过百分之一百,则无法确定影子价格是否有效。

[**例 2.14**]　在例 1.1 的生产计划安排中,若机时提供的数量不变,人工工时增加至 110 小时时,同时原材料供应量降至 80 千克,这时最优解会有怎样的变化?

解:依据约束条件右端项同时变化的百分之百法则,通过表 2.26 我们来考虑约束条件右端项同时变化对最优解的影响:

人工工时由 90 小时增加至 110 小时,有:

$$占允许增加量的百分比 = \left(\frac{110-90}{60}\right) \times 100\% = 33.3\%$$

原材料供应量由 100 千克降至 80 千克,有:

$$占允许减少量的百分比 = \left(\frac{100-80}{40}\right) \times 100\% = 50\%$$

因为变化的百分比之和不超过百分之一百,所以影子价格仍然有效。也就是说,增加一个单位的人工工时,最优目标函数值增加 1 元;增加一个单位的原材料,目标函数值增加 2.5 元,所以,人工工时增加至 110 小时,同时原材料供应量降至 80 千克,目标函数值的变化量为:

$$(110-90) \times 1 + (80-100) \times 2.5 = -30(元)$$

例 1.1 的最优目标函数值为 340 元,由于人工工时增加至 110 小时,同时原材料供应量降至 80 千克,目标函数值减少了 30 元,这时目标函数值为 310 元。这和用 Excel 进行求解得到的结果是一致的,如图 2.1 所示。

	A	B	C	D	E	F
1		例2.13　生产计划的安排				
2		产品A	产品B			
3	单位利润	12	8			
4				资源		资源
5		生产每单位产品消耗的资源		的使用数量		可利用数量
6	机器（机时）	5	2	82.5	≤	120
7	人工	2	3	110	≤	110
8	材料（kg）	4	2	80	≤	80
9						
10		产品A	产品B			总利润
11	生产产品的数量	2.5	35			310

图 2.1　Excel 的求解结果

2.8 参数线性规划

2.8.1 参数线性规划的定义和步骤

在灵敏度分析中,我们已经讨论了在最优基不变情况下,b_i,c_j 的变化范围。而参数线性规划是研究这些参数中某一参数连续变化时,使最优解发生变化的各临界点的值;即把某一参数作为参变量,而目标函数在某个区间内是这个参变量的线性函数,含有这个参变量的约束条件是线性等式或不等式。因此仍可用单纯形法和对偶单纯形法分析参数线性规划问题。

当目标函数中 c_j 值连续变化时,其参数线性规划的形式如下,其中 C 为原线性规划问题的价值向量,C^* 为变动向量,λ 为参数。

$$\max z(\lambda) = (C + \lambda C^*)X$$
$$\text{s.t.} \begin{cases} AX = b \\ X \geqslant 0 \end{cases}$$

当约束条件右端项 b_i 连续变化时,其参数线性规划的形式如下,其中 b 为原线性规划问题的资源向量,b^* 为变动向量,λ 为参数。

$$\max z(\lambda) = CX$$
$$\text{s.t.} \begin{cases} AX = b + \lambda b^* \\ X \geqslant 0 \end{cases}$$

参数线性规划的分析步骤是:

(1) 对含有某参数 λ 的参数线性规划问题。先令 $\lambda = 0$,用单纯形法求出最优解。

(2) 用灵敏度分析法,将参数 λ 直接反映到最终单纯形表中。

(3) 当参数 λ 连续增大或减小时,观察原问题或对偶问题,即观察单纯形表中检验数行或 b 列的变化。若在检验数行出现正值时,则将它对应的变量作为换入变量,用单纯形法进一步迭代,求出新的最优解;若在 b 列出现负值时,则以它对应的变量作为换出变量,用对偶单纯形法进一步迭代,求出新的最优解。

(4) 重复步骤(3),直到 λ 值继续增大或减小时,解不再出现变化为止。

2.8.2 参数 c_j 的连续变化

[**例 2.15**] 在例 1.1 的生产计划安排中,若产品 A 和产品 B 的单位利润如下式以 λ

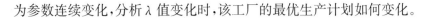

为参数连续变化,分析 λ 值变化时,该工厂的最优生产计划如何变化。

$$\max z = (12+4\lambda)x_1 + (8+\lambda)x_2$$

$$\text{s.t.}\begin{cases} 5x_1 + 2x_2 \leqslant 120 \\ 2x_1 + 3x_2 \leqslant 90 \\ 4x_1 + 2x_2 \leqslant 100 \\ x_1,\ x_2 \geqslant 0 \end{cases}$$

解:将该线性规划模型化为标准形式后用单纯形法求解,令 $\lambda = 0$ 求得最优解,将 λC^* 反映到最终单纯形表中,得表 2.27。

表 2.27　例 2.15 的单纯形表

c_j		$12+4\lambda$	$8+\lambda$	0	0	0	b
C_B	X_B	x_1	x_2	x_3	x_4	x_5	
$12+4\lambda$	x_1	1	0	0	$-\dfrac{1}{4}$	$\dfrac{3}{8}$	15
0	x_3	0	0	1	$\dfrac{1}{4}$	$-\dfrac{11}{8}$	5
$8+\lambda$	x_2	0	1	0	$\dfrac{1}{2}$	$-\dfrac{1}{4}$	20
σ_j		0	0	0	$-1+\dfrac{1}{2}\lambda$	$-\dfrac{5}{2}-\dfrac{5}{4}\lambda$	$-340+80\lambda$

(1) 观察表 2.27 中的检验数行可得,当 $-2 \leqslant \lambda \leqslant 2$ 时,表 2.35 中解为最优解,且 $z = -340+80\lambda$。

(2) 当 $\lambda > 2$ 时,变量 x_4 的检验数为正数,因此以 x_4 为换入变量,用单纯形法迭代计算得表 2.28。

表 2.28　例 2.15 的单纯形表(续 1)

c_j		$12+4\lambda$	$8+\lambda$	0	0	0	b
C_B	X_B	x_1	x_2	x_3	x_4	x_5	
$12+4\lambda$	x_1	1	0	1	0	-1	20
0	x_4	0	0	4	1	$-\dfrac{11}{2}$	20
$8+\lambda$	x_2	0	1	-2	0	$\dfrac{5}{2}$	10
σ_j		0	0	$4-2\lambda$	0	$-8+\dfrac{3}{2}\lambda$	$320+90\lambda$

观察表 2.28 中检验数行可得,当 $2 < \lambda \leqslant \dfrac{16}{3}$ 时,表 2.28 中解为最优解,且 $z = 320+90\lambda$。

当 $\lambda > \dfrac{16}{3}$ 时，变量 x_5 的检验数为正数，因此以 x_5 为换入变量，用单纯形法迭代计算得表 2.29。

表 2.29 例 2.15 的单纯形表（续 2）

c_j		$12+4\lambda$	$8+\lambda$	0	0	0	b
C_B	X_B	x_1	x_2	x_3	x_4	x_5	
$12+4\lambda$	x_1	1	$\dfrac{2}{5}$	$\dfrac{1}{5}$	0	0	24
0	x_4	0	$\dfrac{11}{5}$	$-\dfrac{2}{5}$	1	0	42
0	x_5	0	$\dfrac{2}{5}$	$-\dfrac{4}{5}$	0	1	4
σ_j		0	$\dfrac{16}{5}-\dfrac{3}{5}\lambda$	$-\dfrac{12}{5}-\dfrac{4}{5}\lambda$	0	0	$288+96\lambda$

观察表 2.29 中检验数行可得，当 $\lambda > \dfrac{16}{3}$ 时，表 2.29 中的解始终为最优解，且 $z = 288+96\lambda$。

（3）当 $\lambda < -2$ 时，变量 x_5 的检验数为正数，因此以 x_5 为换入变量，用单纯形法迭代计算得表 2.30。

表 2.30 例 2.15 的单纯形表（续 3）

c_j		$12+4\lambda$	$8+\lambda$	0	0	0	b
C_B	X_B	x_1	x_2	x_3	x_4	x_5	
0	x_5	$\dfrac{8}{3}$	0	0	$-\dfrac{2}{3}$	1	40
0	x_3	$\dfrac{11}{3}$	0	1	$-\dfrac{2}{3}$	0	60
$8+\lambda$	x_2	$\dfrac{2}{3}$	1	0	$\dfrac{1}{3}$	0	30
σ_j		$\dfrac{20}{3}+\dfrac{10}{3}\lambda$	0	0	$-\dfrac{8}{3}-\dfrac{\lambda}{3}$	0	$240+30\lambda$

观察表 2.30 中检验数行可得，当 $-8 \leqslant \lambda < -2$ 时，表 2.30 中解为最优解，且 $z = 240+30\lambda$。

当 $\lambda < -8$ 时，变量 x_4 的检验数为正数，因此以 x_4 为换入变量，用单纯形法迭代计算得表 2.31。

表 **2.31**　例 **2.15** 的单纯形表(续 **4**)

c_j		$12+4\lambda$	$8+\lambda$	0	0	0	b
C_B	X_B	x_1	x_2	x_3	x_4	x_5	
0	x_5	4	2	0	0	1	100
0	x_3	5	2	1	0	0	120
0	x_4	2	3	0	1	0	90
σ_j		$12+4\lambda$	$8+\lambda$	0	0	0	0

观察表 2.31 中检验数行可得,当 $\lambda < -8$ 时,表 2.31 中解为最优解,$z = 0$。

综上所述,图 2.2 表明了目标函数值 $z(\lambda)$ 随 λ 值的变化情况。

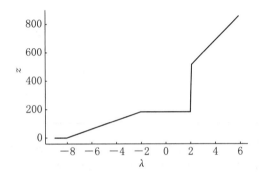

图 **2.2**　例 **2.15** 目标函数值变化情况

2.8.3　参数 b_i 的连续变化

[**例 2.16**]　在例 1.1 的生产计划安排中,若该工厂的人工工时和原材料的数量不变,机时随 λ 连续变化,分析 λ 值变化时,该工厂的最优生产计划如何变化。

$$\max z = 12x_1 + 8x_2$$

$$\text{s.t.} \begin{cases} 5x_1 + 2x_2 \leqslant 120 + \lambda \\ 2x_1 + 3x_2 \leqslant 90 \\ 4x_1 + 2x_2 \leqslant 100 \\ x_1, \ x_2 \geqslant 0 \end{cases}$$

解:将该线性规划模型化为标准形式后用单纯形法求解,令 $\lambda = 0$ 求得最优解。

又因有:

$$\Delta b^* = B^{-1} \Delta b = \begin{bmatrix} 0 & -\dfrac{1}{4} & \dfrac{3}{8} \\ 1 & \dfrac{1}{4} & -\dfrac{11}{8} \\ 0 & \dfrac{1}{2} & -\dfrac{1}{4} \end{bmatrix} \begin{bmatrix} \lambda \\ 0 \\ 0 \end{bmatrix} = \begin{bmatrix} 0 \\ \lambda \\ 0 \end{bmatrix}$$

将其反映到最终单纯形表中,得表 2.32。

表 2.32 例 2.16 的单纯形表

C_B	X_B	c_j 12 x_1	8 x_2	0 x_3	0 x_4	0 x_5	b
12	x_1	1	0	0	$-\dfrac{1}{4}$	$\dfrac{3}{8}$	15
0	x_3	0	0	1	$\dfrac{1}{4}$	$-\dfrac{11}{8}$	$5+\lambda$
8	x_2	0	1	0	$\dfrac{1}{2}$	$-\dfrac{1}{4}$	20
σ_j		0	0	0	-1	$-\dfrac{5}{2}$	340

观察表 2.32 中的 b 列得,当 $\lambda \geqslant -5$ 时,表 2.32 中解为最优解,且 $z=340$。

当 $\lambda < -5$ 时,基变量 x_3 小于 0,因此以 x_3 为换出变量,用对偶单纯形法迭代计算得表 2.33。

表 2.33 例 2.16 的单纯形表(续 1)

C_B	X_B	c_j 12 x_1	8 x_2	0 x_3	0 x_4	0 x_5	b
12	x_1	1	0	$\dfrac{3}{11}$	$-\dfrac{2}{11}$	0	$\dfrac{180}{11}+\dfrac{3}{11}\lambda$
0	x_5	0	0	$-\dfrac{8}{11}$	$-\dfrac{2}{11}$	1	$-\dfrac{40}{11}-\dfrac{8}{11}\lambda$
8	x_2	0	1	$-\dfrac{2}{11}$	$\dfrac{5}{11}$	0	$\dfrac{210}{11}-\dfrac{2}{11}\lambda$
σ_j		0	0	$-\dfrac{20}{11}$	$-\dfrac{16}{11}$	0	$\dfrac{3\,840}{11}+\dfrac{52}{11}\lambda$

观察表 2.33 中的 b 列得,当 $-60 \leqslant \lambda < -5$ 时,表 2.33 中解为最优解,且 $z=\dfrac{3\,840}{11}+\dfrac{52}{11}\lambda$。

当 $\lambda < -60$ 时,基变量 x_1 小于 0,因此以 x_1 为换出变量,用对偶单纯形法迭代计算得表 2.34。

表 2.34　例 2.16 的单纯形表(续 2)

c_j		12	8	0	0	0	b
C_B	X_B	x_1	x_2	x_3	x_4	x_5	
0	x_4	$-\dfrac{11}{2}$	0	$-\dfrac{3}{2}$	1	0	$-90-\dfrac{3}{2}\lambda$
0	x_5	-1	0	-1	0	1	$-20-\lambda$
8	x_2	$\dfrac{5}{2}$	1	$\dfrac{1}{2}$	0	0	$60+\dfrac{1}{2}\lambda$
σ_j		-8	0	-4	0	0	$480+4\lambda$

观察表 2.34 中的 b 列得,当 $-120\leqslant\lambda<-60$ 时,表 2.34 中解为最优解,且 $z=480+4\lambda$。

当 $\lambda<-120$ 时,基变量 x_2 小于 0,但 x_2 所在行元素均为正,所以此时问题无可行解。

综上所述,图 2.3 表明了目标函数值 $z(\lambda)$ 随 λ 值的变化情况。

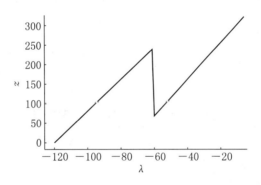

图 2.3　例 2.16 目标函数值变化情况

2.9　案例分析:环保问题

N&L 公司是一家全球著名的钢铁制造商。该公司目前雇用了 50 000 名员工,是当地的主要劳动力雇用者。因此,整个城市都因为这家公司而繁荣与发展起来,这里的人们也一直都认为凡是对公司有利的必然对整个城市有利。但是现在人们的观点发生了一定的变化:因未加治理,公司锅炉中排放出的气体正在破坏着城市的风貌,日益危及着城市居民的身体健康。

最近的一次股民选举产生了一个较为英明的新董事会,董事会成员正与城市官员和居民讨论如何处理空气污染问题。他们一起制定出了较为严格的大气排放质量标准。

公司锅炉所排放的污染大气包括三种主要成分:大气微尘、二氧化硫和碳氢化合物。新制定的排放气体质量标准要求公司降低这些污染气体的排放量,具体要求如表 2.35 所示。

表 2.35 排放气体质量标准

污染物	要求每年排放减少量(百万磅)
大气微尘	60
氧化硫	150
碳氢化合物	125

董事会已经指示公司的管理人员召集工程人员用最经济的方法降低污染气体的排放量。

公司的污染气体主要来自两个方面:一是铸生铁的鼓风炉,一是炼钢的敞口式反射炉。

工程师都认为最有效的降低污染的方法为:一是增加烟囱的高度;二是在烟囱中加入过滤装置;三是在燃料中加入清洁的高级燃料。三种方法都有其技术限制(如烟囱可增加的高度是有限的),但可以考虑在各自的技术限制内,采取一定程度的措施。

表 2.36 显示了在技术允许的范围内,最大限度地使用各种方法可以降低两个炉子污染气体的排放量。

表 2.36 最大限度地使用各种方法的效果

污染气体	增加烟囱高度		加入过滤装置		加入高级燃料	
	鼓风炉	反射炉	鼓风炉	反射炉	鼓风炉	反射炉
大气微尘	12	9	25	20	17	13
氧化硫	35	42	18	31	56	49
碳氢化合物	37	53	28	24	29	20

为便于分析,假设各种方法都可部分实施,且各种方法使用的程度与其取得的排污效果成正比。此外,各种方法在两种炉子上的实施比例可以不同,在效果上也互不影响。

工程师认为,应该在考虑各种方法的成本与效益的基础上,合理地组合各种方法。每种方法一年的总成本包括运营维护费用,以及因为使用降污方法而致使生产效率降低,进而减少了的收入,还有一个主要的成本是方案实施的启动成本。为了使一开始的启动成本与今后的年成本可以相互比较,必须考虑货币的时间价值,将年成本折现。

这样可以生成表 2.37 的数据表,该表表示的是最大限度地使用各种方法估计的年总成本。

表 2.37 最大限度地使用各种方法估计的年成本(百万美元)

降污方法	鼓风炉	反射炉
增加烟囱高度	8	10
加入过滤装置	7	6
加入高级燃料	11	9

各种方法的实施成本与可获得的降污能力是成比例的,也就是说,要取得一定比例的降污效果,所实施方法的成本在总成本中占同样的比例。

现在可以制定出降污规划大致的框架了。这一规划必须确定在两个炉子上,使用哪几种方法及每种方法的实施程度。

假设你被任命为管理科学小组的组长,管理层要求你以最小的成本实现减少各种污染气体的年排放量要求。

现在,管理层希望能在你的帮助之下,进行一些 what-if 分析。因为管理层对这几种治理方法都没有经验,所以各种方法的成本只是一个大致的估计,实际值可能在 ±10% 的误差范围内变动。此外,表 2.37 的数据也还存在一些不确定性,而这些不确定性或许比表 2.37 中的要小一些。表 2.35 的数据是政策标准,因此表中的数据是确定的常数。

但是,表 2.35 中的政策标准是在不知道成本的情况下确定的一些暂时性的数值。公司与政府的官员都认为应该在成本与收益分析的基础上来确定最终的政策。政府官员估算出如果将当前的政策标准(表 2.35 中所有的数据)都增加 10%,对整个城市的价值是 350 万美元。因此,政府决定,公司每提高 10% 的降污标准(表 2.35 中的所有数据,直到 50%),将可获得 350 万美元的降税。

最后,对政策标准中各种污染气体的相对数值还存在着一点分歧,如表 2.35 所示,微尘的数量还不到其他两种的一半。因此,有些人提出是否减少这一差距。而另一些人认为应该增大差距,因为氧化硫和碳氢化合物的危害比大气微尘大得多。最后,人们同意在获得最优的成本收益平衡解后再探讨这一问题(增加一种污染气体数量的同时减少另一种污染气体的数量,看看对总成本会有怎样的影响)。

(1)描述该线性规划问题的各个组成部分。

(2)在电子表格上进行建模。

(3)求得最优解并产生灵敏度报告。

(4)什么是敏感性系数?判断线性规划模型中哪些系数是敏感性系数,如果可能的话,说明哪些系数应该作进一步精确估计。

(5)如果表 2.37 中的成本参数不准确,会造成怎样的影响?如果实际值比估计值少 10%,是否会影响最优解?实际值比估计值多 10%,又会如何?

(6)对于每一种污染气体,求出所要求排放减少量的微小变动会引起的成本变化量。排放减少量在多大的范围内变动时,该影子价格仍然有效?

(7)在保持总成本不变的前提下,政策中大气微尘标准的每一单位的变动,可能会引起氧化硫排放标准多大的变动?如果氧化硫和碳氢化合物同时因此而变动,且两者变动的幅度相同，该变动的幅度又是多少？

（8）假设以 θ 表示表 2.35 中标准的增加百分比（$\theta = 10，20，30，40，50$），分别求出该修正的线性规划问题的最优解和总成本。考虑税收上的优惠，管理者将会选择哪一个 θ，使降污与税收的总成本最小？

（9）根据上面计算出的 θ，生成灵敏度报告，并重复（6）和（7）的分析，为污染标准中三种气体的相对量作出最终的决策。

案例解答：

（1）该线性规划问题包含三个组成部分，具体如下：

第一部分：变量。设 x_{ij} 表示第 i 种方法在第 j 种设备中的使用程度（$i = 1，2，3$ 分别表示增加烟囱高度，加入过滤装置和加入高级燃料；$j = 1，2$ 分别表示鼓风炉和反射炉）。

第二部分：目标函数。设 z 为排污总成本，各种方法的实施成本与可获得的降污能力是成比例的，则目标函数为：

$$\min z = 8x_{11} + 10x_{12} + 7x_{21} + 6x_{22} + 11x_{31} + 9x_{32}$$

第三部分：排放减少量的约束。实施方案后所减少的排放量必须达到政策标准，且各种方法使用的程度与其取得的排污效果成正比，则资源约束为：

$$\text{s.t.} \begin{cases} 12x_{11} + 25x_{21} + 17x_{31} + 9x_{12} + 20x_{22} + 13x_{32} \geqslant 60 \\ 35x_{11} + 18x_{21} + 56x_{31} + 42x_{12} + 31x_{22} + 49x_{32} \geqslant 150 \\ 37x_{11} + 28x_{21} + 29x_{31} + 53x_{12} + 24x_{22} + 20x_{32} \geqslant 125 \end{cases}$$

则该问题的数学模型为：

$$\min z = 8x_{11} + 10x_{12} + 7x_{21} + 6x_{22} + 11x_{31} + 9x_{32}$$

$$\text{s.t.} \begin{cases} 12x_{11} + 25x_{21} + 17x_{31} + 9x_{12} + 20x_{22} + 13x_{32} \geqslant 60 \\ 35x_{11} + 18x_{21} + 56x_{31} + 42x_{12} + 31x_{22} + 49x_{32} \geqslant 150 \\ 37x_{11} + 28x_{21} + 29x_{31} + 53x_{12} + 24x_{22} + 20x_{32} \geqslant 125 \\ 0 \leqslant x_{ij} \leqslant 1 (i = 1，2，3，j = 1，2) \end{cases}$$

（2）对问题（1）进行电子表格建模如图 2.4 所示。

图 2.4　问题(1)的电子表格建模

（3）对问题(1)进行电子表格求解如图 2.5 所示。

	A	B	C	D	E	F	G
1			最大限度使用各种方法的效果				
2	设备	气体\减排方式	增加烟囱高度	加入过滤装置	加入高级燃料		
3		大气微尘	12	25	17		
4	鼓风炉	氧化硫	35	18	56		
5		碳氢化合物	37	28	29		
6		大气微尘	9	20	13		
7	反射炉	氧化硫	42	31	49		
8		碳氢化合物	53	24	20		
9							
10			最大限度使用各种方法的成本				
11		设备\减排方式	增加烟囱高度	加入过滤装置	加入高级燃料		
12		鼓风炉	8	7	11		
13		反射炉	10	6	9		
14							
15			各种方法在各种设备上的使用程度				
16		设备\减排方式	增加烟囱高度	加入过滤装置	加入高级燃料		
17		鼓风炉	100.00%	34.35%	4.76%		
18		反射炉	62.27%	100.00%	100.00%		
19							
20			各种设备上所取得的降污效果				政策标准
21		设备\污染气体	鼓风炉	反射炉	实际减排量		减排量
22		大气微尘	21.39572291	38.60427709	60	≥	60
23		氧化硫	43.8467069	106.1532931	150	≥	150
24		碳氢化合物	47.9970349	77.0029651	125	≥	125
25							
26		减排成本	32.15463133				

图 2.5　问题(1)的电子表格求解

107

从图 2.5 可以看出,增加烟囱高度,加入过滤装置和加入高级燃料这三种方法应用于鼓风炉的程度分别为 100%、34.35%、4.76%,应用于反射炉的程度分别为 62.27%、100%、100%。

生成的灵敏度报告如图 2.6 所示。

可变单元格

单元格	名称		终值	递减成本	目标式系数	允许的增量	允许的减量
$C$17	鼓风炉	增加烟囱高度	1	-0.336210968	8	0.336210968	1E+30
$D$17	鼓风炉	加入过滤装置	0.343479402	0	7	0.381632653	2.011459969
$E$17	鼓风炉	加入高级燃料	0.047572816	0	11	2.975225225	0.044638358
$C$18	反射炉	增加烟囱高度	0.622697455	0	10	0.429446287	0.666961637
$D$18	反射炉	加入过滤装置	1	-1.816085017	6	1.816085017	1E+30
$E$18	反射炉	加入高级燃料	1	-0.044161637	9	0.044161637	1E+30

约束

单元格	名称		终值	阴影价格	约束限制值	允许的增量	允许的减量
$E$22	大气微尘	实际减排量	60	0.111046969	60	14.29714286	7.48
$E$23	氧化硫	实际减排量	150	0.126817108	150	20.453125	1.689655172
$E$24	碳氢化合物	实际减排量	125	0.069325636	125	2.041666667	21.69195612

图 2.6 问题(1)的灵敏度报告

(4) 敏感性系数是指目标函数中发生微小变动都会导致最优解发生改变的系数。

依据图 2.6 可变单元格的灵敏度报告整理出在最优解不变的情况下,目标函数系数的变化范围如表 2.38 所示。

表 2.38 可变单元格变化范围

名 称		目标式系数	允许增量的百分比	允许减量的百分比	增减范围
鼓风炉	增加烟囱高度	8	4.20%	$-\infty$	∞
鼓风炉	加入过滤装置	7	5.45%	28.74%	34.19%
鼓风炉	加入高级燃料	11	27.05%	0.41%	27.45%
反射炉	增加烟囱高度	10	4.29%	6.67%	10.96%
反射炉	加入过滤装置	6	30.27%	$-\infty$	∞
反射炉	加入高级燃料	9	0.49%	$-\infty$	∞

根据表 2.38,从允许的增量百分比范围来看,反射炉中加入高级燃料的成本最为敏感,仅允许上升 0.49%;从允许的减量百分比范围来看,鼓风炉中加入高级燃料的成本最为敏感,仅允许下降 0.41%;从允许的增减范围来看,反射炉增加烟囱高度的成本最为敏感,总的变化区间仅占 10.96% 左右。因此,应进一步估计反射炉中加入高级燃料的成本、鼓风炉中加入高级燃料的成本及反射炉增加烟囱高度的成本。

(5) 依据图 2.6 可知,在其他成本不变的情况下,每种成本在一定范围内变化时,最优解并不会发生改变。当其他成本不变的情况下,每种成本增减 10% 时对最优解的影响如表 2.39 所示。

表 2.39　成本变动 10% 对最优解的影响

设　　备	增加烟囱高度		加入过滤装置		加入高级燃料	
	鼓风炉	反射炉	鼓风炉	反射炉	鼓风炉	反射炉
估计值	8	10	7	6	11	9
最优解不变的区间	$(-\infty, 8.34)$	$(9.33, 10.43)$	$(4.99, 7.38)$	$(-\infty, 7.82)$	$(10.96, 13.98)$	$(-\infty, 9.04)$
10% 减少量	7.2	9	6.3	5.4	9.9	8.1
方案是否改变	否	是	否	否	是	否
10% 增加量	8.8	11	7.7	6.6	12.1	9.9
方案是否改变	是	是	是	否	否	是

根据表 2.39，在其他成本不变的情况下，如果鼓风炉增加烟囱高度的成本减少 10%、鼓风炉加入过滤装置的成本减少 10%、反射炉加入过滤装置的成本减少 10%、反射炉加入高级燃料的成本减少 10%，最优解不变，而反射炉增加烟囱高度的成本减少 10%、鼓风炉加入高级燃料的成本减少 10%，最优解会发生变化。同样，如果反射炉加入过滤装置的成本增加 10%、鼓风炉加入高级燃料的成本增加 10%，最优解不变，而鼓风炉增加烟囱高度的成本增加 10%、鼓风炉加入过滤装置的成本增加 10%、反射炉增加烟囱高度的成本增加 10%、反射炉加入高级燃料的成本增加 10%，最优解会发生变化。

（6）要求排放减少量的微小变动所引起的成本变化量，即为每一种污染气体的影子价格。由约束条件的灵敏度报告整理出的如表 2.40 所示的各种气体的影子价格及其有效范围可知：在其他减排量不变的情况下，多减少一单位的大气微尘，可节约 0.111 0 百万美元；多减少一单位的氧化硫，可节约 0.126 8 百万美元；多减少一单位的碳氢化合物，可节约 0.069 3 百万美元；在其他减排量不变的情况下，大气微尘在 [52.52，74.30] 范围内变化，氧化硫在 [148.31，170.45] 范围内变化，碳氢化合物在 [103.31，127.04] 范围内变化时，影子价格是有效的。

表 2.40　各种排放气体的影子价格及其有效范围

名　　称	阴影价格	约束限制值	上　限	下　限
实际减排量　大气微尘	0.111 046 969	60	74.30	52.52
实际减排量　氧化硫	0.126 817 108	150	170.45	148.31
实际减排量　碳氢化合物	0.069 325 636	120	127.04	103.31

（7）由表 2.40 可知大气微尘、氧化硫、碳氢化合物的影子价格，现分别由 y_1，y_2，y_3 来表示。设大气微尘排放标准变动一个单位对氧化硫和碳氢化合物的排放标准的影响分别为 p_2 个单位和 p_3 个单位。由于要求总成本不变，则下列等式成立：

$$1 \times y_1 = p_2 \times y_2 + p_3 \times y_3$$

① 当仅仅考虑大气微尘排放标准变动一个单位对氧化硫排放标准的影响时，即 $p_3 = 0$，则有 $1 \times y_1 = p_2 \times y_2$，于是 $p_2 = y_1 / y_2 \approx 0.875\,6$，也就是在保持总成本不变的

前提下，政策中大气微尘标准的每一单位的变动，可能会引起氧化硫排放标准 0.875 6 个单位的变动。

② 当考虑大气微尘排放标准变动一个单位同比例影响氧化硫和碳氢化合物的排放标准时，即 $\dfrac{p_2}{150}=\dfrac{p_3}{125}$，则有 $p_2\approx0.601\,6$，$p_3\approx0.501\,3$，也就是在保持总成本不变的前提下，政策中大气微尘标准的每一单位的变动，如果氧化硫和碳氢化合物同时因此而变动，且两者变动的幅度相同，则变动幅度为 0.40%。

（8）当表 2.35 中排放标准增加的百分比 θ 分别为 $\theta=10,20,30,40,50$ 时，分别求出该修正的线性规划问题的最优解和总成本，以及考虑税收优惠后的总成本，如表 2.41 所示。

表 2.41　不同 θ 下的最优解与总成本

排放标准增加的百分比 θ		0%	10%	20%	30%	40%	50%
鼓风炉	增加烟囱高度	100.00%	100.00%	100.00%	100.00%	100.00%	100.00%
鼓风炉	加入过滤装置	34.35%	43.60%	52.85%	62.10%	70.53%	94.91%
鼓风炉	加入高级燃料	4.76%	21.36%	37.96%	54.56%	78.16%	100.00%
反射炉	增加烟囱高度	62.27%	71.88%	81.50%	91.11%	100.00%	100.00%
反射炉	加入过滤装置	100.00%	100.00%	100.00%	100.00%	100.00%	100.00%
反射炉	加入高级燃料	100.00%	100.00%	100.00%	100.00%	92.93%	89.62%
	总成本	32.15	35.59	39.02	42.46	45.90	49.71
	降　税	0	3.5	7	10.5	14	17.5
	降税后总成本	32.15	32.09	32.02	31.96	31.90	32.21

由表 2.41 可知，从降税后总成本考虑，管理者将会选择 40% 的额外减排量。

（9）根据（8）可知 $\theta=40\%$，这时生成灵敏度报告如表 2.42 所示。

表 2.42　各种排放气体的影子价格及其有效范围

名　称		阴影价格	约束限制值	上　限	下　限
实际减排量	大气微尘	0.099 260 015	84	84.26	83.15
实际减排量	氧化硫	0.124 011 227	210	211.11	203.71
实际减排量	碳氢化合物	0.081 653 483	175	175.86	174.75

按照和(7)同样的解决问题的思路，可得出如下两点结论：

① 当仅仅考虑大气微尘排放标准变动一个单位对氧化硫排放标准的影响时，即 $p_2=0$，则有 $1\times y_1=p_2\times y_2$，于是 $p_2=y_1/y_2\approx0.800\,4$，也就是在保持总成本不变的前提下，政策中大气微尘标准的每一单位的变动，可能会引起氧化硫排放标准 0.800 4 个单位的变动。

② 当考虑大气微尘排放标准，变动一个单位同比例影响氧化硫和碳氢化合物的排放标准时，即 $\dfrac{p_2}{150}=\dfrac{p_3}{125}$，则 $p_2\approx0.516\,8$，$p_3\approx0.430\,7$，也就是在保持总成本不变的前提下，政策中大气微尘标准的每一单位的变动，如果氧化硫和碳氢化合物同时因此而变

动,且两者变动的幅度相同,则变动幅度为 0.25%。

习题

一、单项选择题

1. 原问题与对偶问题的对应关系正确的是( )。

A. 原问题目标函数系数对应对偶问题约束条件的右端项

B. 原问题变量的个数决定了对偶问题对偶变量的个数

C. 原问题的系数矩阵和对偶问题的系数矩阵是相同的

D. 若原问题的约束条件为大于等于不等式,那么对偶问题的约束条件一定为小于等于不等式

2. 已知线性规划问题:

$$\max z = 2x_1 + 4x_2 + x_3 + x_4$$

$$\text{s.t.} \begin{cases} x_1 + 3x_2 + x_4 \leqslant 8 \\ 2x_1 + x_2 \leqslant 6 \\ x_2 + x_3 + x_4 \leqslant 6 \\ x_1 + x_2 + x_3 \leqslant 9 \\ x_j \geqslant 0 (j = 1, 2, 3, 4) \end{cases}$$

已知原问题的最优解为:$\boldsymbol{X}^* = (2, 2, 4, 0)^{\mathrm{T}}$,则对偶问题的最优解为( )。

A. $\boldsymbol{Y}^* = \left(1, 0, \dfrac{3}{5}, \dfrac{4}{5}\right)$ 　　　　　　B. $\boldsymbol{Y}^* = \left(0, \dfrac{3}{5}, \dfrac{4}{5}, 1\right)$

C. $\boldsymbol{Y}^* = \left(0, \dfrac{3}{5}, 1, \dfrac{4}{5}\right)$ 　　　　　　D. $\boldsymbol{Y}^* = \left(\dfrac{4}{5}, \dfrac{3}{5}, 1, 0\right)$

3. 对于对偶问题基本性质的描述,下面哪一个是正确的?( )

A. 对偶问题的对偶不一定是原问题

B. 对偶问题任意可行解所对应的目标函数值是原问题最优目标函数值的上界

C. 若对偶问题有最优解,则原问题可能为无界解或无可行解

D. 若原问题为无可行解,则对偶问题一定为无界解

4. 对于影子价格的说法,下面哪一个是错误的?( )

A. 某种资源的影子价格不同于这种资源的市场价格,它是一个未知数,通常随着企业生产条件的不同而不同

B. 如果某种资源的影子价格低于市场价格,则企业可以考虑卖掉已有的资源

C. 有剩余的资源的影子价格大于零

D. 影子价格大于零的资源没有剩余

5. 原问题的检验数行对应于对偶问题的( )。

A. 可行解　　　　B. 最优解　　　　C. 基本解　　　　D. 基本可行解

6. 在对偶单纯形法中,使用最小比值规则是为了保证( )。

A. 使对偶问题的解保持可行 　　　　B. 使原问题的解保持可行

C. 逐步消除原问题不可行性 　　　　D. 逐步消除对偶问题不可行性

7. 互为对偶的两个线性规划问题的解之间关系正确的是( )。

A. 原问题有可行解,对偶问题也有可行解

B. 一个有最优解,另一个也有最优解

C. 一个无最优解,另一个可能有最优

D. 若一个问题无可行解,则另一个问题一定具有无界解

8. 已知对称型原问题(max)的最终单纯形表中的检验数为$(\lambda_1, \lambda_2, \cdots, \lambda_n)$,松弛变量的检验数为$(\lambda_{n+1}, \lambda_{n+2}, \cdots, \lambda_{n+m})$,则对偶问题的最优解为( )。

A. $-(\lambda_1, \lambda_2, \cdots, \lambda_n)$ 　　　　B. $(\lambda_1, \lambda_2, \cdots, \lambda_n)$

C. $-(\lambda_{n+1}, \lambda_{n+2}, \cdots, \lambda_{n+m})$ 　　　　D. $(\lambda_{n+1}, \lambda_{n+2}, \cdots, \lambda_{n+m})$

9. 若某个常数b_i发生变化波动,通常会引起最终单纯形表中的( )发生变化。

A. 检验数 　　　B. $\boldsymbol{C}_B \boldsymbol{B}^{-1}$ 　　　C. $\boldsymbol{C}_B \boldsymbol{B}^{-1} \boldsymbol{b}$ 　　　D. 系数矩阵

10. 如果决策变量数相等的两个线性规划的最优解相同,则两个线性规划( )。

A. 约束条件相同 　　　　B. 模型相同

C. 最优目标函数值相等 　　　　D. 以上结论都不对

11. 如果原问题的第i个约束条件是松约束,那么在取得最优解时与这个约束条件相对应的第i个对偶变量的取值一定为( )。

A. 大于等于零 　　B. 零 　　　　C. 小于等于零 　　D. 不确定

12. 如果给出的原问题是求极大值,下列说法正确的是( )。

A. 变量决定约束是同号 　　　　B. 变量决定约束是反号

C. 不确定 　　　　D. 都有可能

13. 若对偶问题的第i个对偶变量大于零,则原问题的第i个约束条件为( )。

A. 松约束 　　　B. 紧约束 　　　C. 不确定 　　　D. 都有可能

14. 下面关于百分之百法则理解正确的是( )。

A. 只有目标函数变动的百分之百法则,没有约束条件右端项变动的百分之百法则

B. 目标函数变动的百分之百法则只适合有两个目标函数同时变动

C. 如果若干个目标函数系数同时变动,计算出每一系数变动占该系数允许变动量的百分比,再将所有系数变动百分比相加,若所得出之和不超过百分之一百,则最优解不会改变

D. 如果若干个目标函数系数同时变动,计算出每一系数变动占该系数允许变动量的百分比,再将所有系数变动百分比相加,则最优解一定改变

15. 在进行灵敏度分析时,下列说法正确的是( )。

A. 如果原问题是可行解对偶问题也是可行解,则最优解不变

B. 若原问题是可行解,对偶问题是非可行解,则用对偶单纯形法进行迭代

C. 若原问题是非可行解,对偶问题是可行解,则用单纯形法进行迭代

D. 以上说法都不对

二、是非判断题(正确的标"T",错误的标"F")

1. 有一个原问题,就一定有一个对偶问题与之对应。 （ ）

2. 若原问题的第 i 个约束条件为严格的不等式,则第 i 个对偶变量一定不为零。

（ ）

3. 影子价格实际上是一种边际价格。 （ ）

4. 对偶单纯形法是求解对偶问题的一种方法。 （ ）

5. 若原问题的解为非可行解,对偶问题的解为可行解,则可以采用对偶单纯形法进行求解。 （ ）

6. 在线性规划中,增加一个约束条件,通常目标值不会比原来变好。 （ ）

7. 若 X^* 和 Y^* 分别是原问题与对偶问题的可行解,当 $CX^* = Y^* b$ 时,一定有 $Y^* X_s + Y_s X^* = 0$ 成立,X_s,Y_s 分别为原问题与对偶问题加入的松弛变量。 （ ）

8. 当对偶问题有可行解时,原问题也一定有可行解。 （ ）

9. 用对偶单纯法求解线性规划时需要先确定换入变量,再确定换出变量。 （ ）

10. 若某种资源的影子价格等于 k,在其他条件不变的情况下,当该种资源增加 5 个单位时,相应的目标函数值将增大 $5k$。 （ ）

11. 参数线性规划是研究这些参数中某一参数连续变化时,使最优解发生变化的各临界点的值。 （ ）

12. 参数线性规划问题只能用对偶单纯形法进行求解。 （ ）

13. 进行灵敏度分析没有必要重新求解一个新的线性规划问题,可以利用原来的最终单纯形表进行计算。 （ ）

14. 约束条件右端项的变化只会引起原问题的解发生变化,不会使对偶问题的解发生变化。 （ ）

15. 当多个目标函数系数同时变动时,最优解一定发生变化。 （ ）

三、写出下列线性规划问题的对偶问题

1. $\max z = 10x_1 + 3x_2 + 7x_3$

$$\text{s.t.} \begin{cases} 2x_1 + 3x_2 + x_3 \leqslant 2 \\ 3x_1 + x_2 + 4x_3 \leqslant 2 \\ 5x_1 + 7x_2 + 6x_3 \geqslant 4 \\ x_1 \geqslant 0,\ x_2 \leqslant 0,\ x_3 \geqslant 0 \end{cases}$$

2. $\min z = 4x_1 + 11x_2 + 8x_3$

$$\text{s.t.} \begin{cases} -x_1 + 6x_2 + 2x_3 \geqslant 1 \\ x_1 + x_2 - 5x_3 \geqslant 4 \\ x_1 + 3x_2 - 4x_3 \leqslant 12 \\ -3x_1 - 7x_2 + 4x_3 = 13 \\ x_1 \text{ 无约束},\ x_2 \leqslant 0,\ x_3 \geqslant 0 \end{cases}$$

3. $\min z = \sum\limits_{i=1}^{m} \sum\limits_{j=1}^{n} c_{ij} x_{ij}$

$$\text{s.t.} \begin{cases} \sum\limits_{j=1}^{n} x_{ij} = a_i,\ i = 1, 2, \cdots, m \\ \sum\limits_{i=1}^{m} x_{ij} = b_j,\ j = 1, 2, \cdots, n \\ x_{ij} \geqslant 0 \end{cases}$$

4. $\min z = \sum\limits_{i=1}^{m} b_i x_i$

$$\text{s.t.} \begin{cases} \sum\limits_{i=1}^{m} a_{ij} x_i \geqslant c_j, j=1, 2, \cdots, n_1 \\ \sum\limits_{i=1}^{m} a_{ij} x_i = c_j, j=n_1+1, n_1+2, \cdots, n \\ x_i \geqslant 0, i=1, 2, \cdots, m_1 \\ x_i \text{ 无约束}, i=m_1+1, m_1+2, \cdots, m \end{cases}$$

四、计算题

1. 已知线性规划问题为:

$$\max z = 4x_1 + 8x_2 + 2x_3$$

$$\text{s.t.} \begin{cases} x_1 + x_2 + 2x_3 \leqslant 1 \\ -x_1 + 2x_2 + x_3 \leqslant 2 \\ x_1, x_3 \geqslant 0, x_2 \leqslant 0 \end{cases}$$

其对偶问题的最优解为 $y_1^* = 4$，$y_2^* = 0$。 试应用对偶问题的性质,求原问题的最优解。

2. 已知线性规划问题为:

$$\min z = 60x_1 + 10x_2 + 20x_3$$

$$\text{s.t.} \begin{cases} 3x_1 + x_2 + x_3 \geqslant 2 \\ x_1 - x_2 + x_3 \geqslant -1 \\ x_1 + 2x_2 - x_3 \geqslant 1 \\ x_1, x_2, x_3 \geqslant 0 \end{cases}$$

其对偶问题的最优解为 $y_1^* = 15$，$y_2^* = 5$，$y_3^* = 0$。 试应用对偶问题的性质,求原问题的最优解。

五、应用对偶单纯形法求解下列线性规划问题

1. $\min z = 5x_1 + 3x_2$

$$\text{s.t.} \begin{cases} 3x_1 + 5x_2 \geqslant 12 \\ x_1 + 7x_2 \leqslant 8 \\ x_1, x_2 \geqslant 0 \end{cases}$$

2. $\min z = 2x_1 + 3x_2 + 4x_3$

$$\text{s.t.} \begin{cases} 2x_1 + 4x_2 + x_3 \geqslant 1 \\ 2x_1 + 2x_2 + x_3 \geqslant 14 \\ 3x_1 - x_2 + 2x_3 \geqslant 3 \\ x_1, x_2, x_3 \geqslant 0 \end{cases}$$

3. $\min z = x_1 + 2x_2 + 3x_3$

$$\text{s.t.} \begin{cases} x_1 - x_2 + x_3 \geqslant 4 \\ x_1 + x_2 + 2x_3 \leqslant 8 \\ x_2 - x_3 \geqslant 2 \\ x_1, x_2, x_3 \geqslant 0 \end{cases}$$

六、建模与求解

1. 某厂拟用 A、B 两种设备生产甲、乙、丙三种产品,有关数据如表 2.43 所示。

表 2.43 有关数据

产品 设 备	单耗(台时／件)			设备有效台时(每月)
	甲	乙	丙	
A	1	2	1	450
B	2	1	1	600
产值(千元)	3	2	1	

根据以上资料,回答下列问题:

(1) 如何充分发挥设备能力,从而使三种产品的产值达到最大?

(2) 为提高产量,该厂想以每台时 300 元的租金租借外厂 A 设备,这样的决策是否合适?

(3) 若设备 B 增加一个台时,最优目标函数值会有怎样的变化?

2. 已知线性规划问题为:

$$\max z = 6x_1 + 14x_2 + 13x_3$$

$$\text{s.t.} \begin{cases} \dfrac{1}{2}x_1 + 2x_2 + x_3 \leqslant 24 \\ x_1 + 2x_2 + 4x_3 \leqslant 60 \\ r_1, r_3, r_3 \geqslant 0 \end{cases}$$

用单纯形法求解时得到的最终单纯形表如表 2.44 所示。

表 2.44 最终单纯形表

c_j		6	14	13	0	0	b
C_B	X_B	x_1	x_2	x_3	x_4	x_5	
6	x_1	1	6	0	4	-1	36
13	x_3	0	-1	1	-1	$\dfrac{1}{2}$	6
σ_j		0	-9	0	-11	$-\dfrac{1}{2}$	

(1) 当约束条件(1)变为 $x_1 + 4x_2 + 2x_3 \leqslant 68$ 时,问题的最优解如何变化?

(2) 若约束条件不变,目标函数变为 $\max z(\theta) = 6x_1 + (14 + 3\theta)x_2 + 13x_3$ 时,求 θ 在 $[0, 4]$ 区间范围内变化时最优解的变化。

3. 已知线性规划问题为:

$$\max z = -5x_1 + 5x_2 + 13x_3$$

$$\text{s.t.} \begin{cases} x_1 + x_2 + 3x_3 \leqslant 20 \\ 12x_1 + 4x_2 + 10x_3 \leqslant 90 \\ x_1, x_2, x_3 \geqslant 0 \end{cases}$$

其最终单纯形表如表 2.45 所示。

表 2.45　最终单纯形表

c_j		-5	5	13	0	0	b
C_B	X_B	x_1	x_2	x_3	x_4	x_5	
5	x_2	1	1	3	1	0	20
0	x_5	8	0	-2	-4	1	10
σ_j		-10	0	-2	-5	0	

试分别对下述情况进行灵敏度分析：

(1) 分别确定参数 c_1，b_1，a_{22} 的变化范围。

(2) 参数 b_1 从 20 变为 25。

(3) 参数 c_3 从 13 变为 10。

(4) x_1 的系数变为 $\begin{bmatrix} c_1 \\ a_{11} \\ a_{21} \end{bmatrix} = \begin{bmatrix} 12 \\ 2 \\ 7 \end{bmatrix}$。

(5) 增加一个约束条件 $2x_1 + 3x_2 + 7x_3 \leqslant 60$。

(6) 增加一个约束条件 $2x_1 + 3x_2 + 7x_3 \leqslant 50$。

4. 某工厂利用甲、乙、丙三种原材料生产 A、B、C 三种产品，有关数据如表 2.46 所示。

表 2.46　有关数据

产品 ＼ 原材料	A	B	C	每月可供原料(千克)
甲	2	1	3	400
乙	3	1	2	500
丙	1	2	3	700
每件产品利润(元)	4	2	3	

试回答下列问题：

(1) 如何安排生产才能使工厂的利润最大？

(2) 若原料甲每月的可供应量增加 100 千克，总利润会增加多少？

(3) 设原料乙的市场价格为 1.5 元/千克，若该工厂要转卖原料乙，工厂应至少定价多少？为什么？

(4) A、B、C 三种单位产品的单位利润分别在什么范围内变化时，(1)的最优生产计划不变？

(5) 由于市场变化，产品 B、C 的单件利润变为 3 元、4 元，这时应如何调整生产计划？

5. 某工厂正在利用 A、B、C、D 四种原材料生产甲、乙两种产品，目前甲、乙两种产品每天的产量分别为 30 件和 120 件。工厂负责制造的副总经理希望了解是否可以通过改变这两种产品的生产数量来提高公司的利润。工厂制造每个产品所需的原材料、每种原材料的供应限制及甲、乙两种产品的单位利润如表 2.47 所示。

表 2.47　有关数据

原　料	产品甲	产品乙	供应限制(千克)
A	4	0	300
B	1	3	540
C	2	2	440
D	1.2	1.5	300
单位利润(元)	600	400	

根据以上资料,回答下述问题:

(1) 假设生产的全部产品都能销售出去,请确定最优产品组合,即确定使得总利润最大的产品甲和产品乙每天的产量。

(2) 在上述最优方案中,A、B、C、D 四种原材料哪种原料还有剩余? 剩余多少?

(3) 每一种原材料的影子价格是多少?

(4) 当产品甲的单位利润不变,产品乙的单位利润在什么范围内变化时最优解不变? 当产品乙的单位利润不变时,产品甲的单位利润在什么范围内变化时最优解不变?

(5) 当产品甲的单位利润从 600 元降为 500 元,而产品乙的单位利润从 400 元增加为 500 元时,原来的最优产品组合是否还是最优产品组合? 如有变化,新的最优产品组合是多少?

七、电子表格建模和求解

1. 某咖啡店出售拿铁咖啡和摩卡咖啡。由于味道香浓,每天制作的咖啡可全部售出。每打拿铁咖啡需要 12 份咖啡粉、50 份牛奶、5 份糖,净利润为 15 美元;每打摩卡咖啡需要 10 份咖啡粉、40 份牛奶、10 粉糖以及 15 份巧克力酱,净利润为 25 美元。某天,该咖啡店的原材料存货有 150 份咖啡粉、500 份牛奶、90 份糖和 120 份巧克力酱。

(1) 确定两种咖啡的制作数量使该店当天的利润最高。建立该问题的线性规划模型并用电子表格进行求解。

(2) 如果拿铁咖啡利润翻倍,是否应该制作更多的拿铁咖啡?

(3) 如果有 10% 巧克力酱过期了,不能使用,最优解将如何变化?

2. 某剧院以 10 元/平方英尺的价格租用 1 200 平方英尺的空间作为某场演出的观众席。占地 8 平方英尺的普通双人座需要顾客支付 160 元,占地 4 平方英尺 VIP 单人座需要顾客支付 100 元。除去成本,双人座利润为 80 元,单人座利润为 60 元。由于场地限制,剧院现在最多可以安装 140 个双人座和 100 个单人座。工作人员共有 48 小时安装这些座位,安装双人座需要 0.2 小时,安装单人座需要 0.4 小时。

(1) 对该问题进行电子表格建模和求解。

(2) 依据灵敏度报告,确定每平方英尺可用空间的影子价格及最优可行域。

(3) 依据灵敏度报告,确定在单人沙发座位利润不变的情况下,双人普通座位的利润在什么范围内变化时最优解不变。

3. Haunk 投资公司可以为具有不同风险承受能力的投资者设计不同的投资组合模型。现在,该公司打算设计一个由 6 种共同基金构成的投资组合模型。评估风险的方法有很多种,风险评估存在多种方法,但是对于金融资产的组合来说,所有的风险都与回报的变化率相关。表 2.48 显示了 6 种共同基金的 5 年回报率。可以发现,第 1 年所有共同基金的年回报都是好的,第 2 年内大部分共同基金的回报也是好的,但是第 3 年小市值基金价值的回报不好,第 4 年中期债券的回报不好,第 5 年 6 个共同基金中有 4 个的回报不好。

表 2.48 基金回报率数据

共同基金	年回报率(%)				
	第 1 年	第 2 年	第 3 年	第 4 年	第 5 年
外国股票	10.06	13.12	13.47	45.42	−21.93
中期债券	17.64	3.25	7.51	−1.33	7.36
大市值成长	32.41	18.71	33.28	41.46	−23.26
大市值价值	32.36	20.61	12.93	7.06	−5.37
小市值成长	33.44	19.40	3.85	58.68	−9.02
小市值价值	24.56	25.32	−6.70	5.43	17.31

精确预测任一基金在接下来 12 个月的回报是不可能的,但 Haunk 投资公司的投资组合管理者认为表 2.48 可以代表这 6 种共同基金下一年回报的所有可能性。出于为他们的客户建议投资组合的目的,Haunk 的投资管理者将选择这 6 种共同基金的一个混合组合,并假定这 5 种可能方案中有一种能描述接下来 12 个月的回报。试用线性规划方法为下列两类客户建立投资组合模型:

(1) 为保守客户建立一个投资组合,以使投资组合能以最小的风险提供最大可能的回报。(提示:"风险最小"意味着"不管下一年出现的是上表中五种情况中的哪一种,投资组合都能够取得一定效益",模型目标为最大化该收益)

(2) 为愿意承担中等程度风险的客户建立一个投资组合,假定这类客户愿意承担一定风险,但是不愿意投资组合的年回报率低于 2%。(提示:需作出假设:下一年出现上表中任意一种情况的概率为 20%,模型目标为最大化下一年的期望收益)

使用电子表格求解上述两个模型并分析:

第一,模型(1)中,五种情况中哪一种发生时,投资回报率最差?这五种情况分别发生时,投资回报率分别是多少?

第二,模型(2)中,五种情况中哪一种发生时,投资回报率最差?这五种情况分别发生时,投资回报率分别是多少?

第三,对两个模型得出的投资组合进行比较,会得出什么结论?

4. 休闲航空公司(Leisure Air)是一家为匹兹堡、纽瓦克、夏洛特、默特尔比奇和奥兰多提供航空服务的地区航空公司。休闲航空公司有两架飞机,一架于匹兹堡出发,另一架于纽瓦克出发。两架飞机都有一个容量为 132 个座位的经济舱。每天早上匹兹堡出发的飞机在夏洛特中途停留后飞往奥兰多,纽瓦克出发的飞机也在夏洛特中途停留后飞往默特尔比奇。每天结束前,两架飞机再回到其出发地。为了控制问题规模,只考虑早上匹兹堡到夏洛特、夏洛特到奥兰多、纽瓦克到夏洛特以及夏洛特到默特尔比奇的航程。图 2.7 显示了休闲航空公司的航路状况。

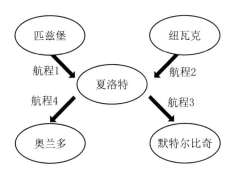

图 2.7　休闲航空公司的航路情况

休闲航空公司的机票有两个价位等级:折扣票 Q 等级以及全价票 Y 等级。预订折扣票 Q 等级必须提前 14 天并且要在目的地城市停留一晚。使用全价票 Y 等级可以在任何时间预订,而且日后改签没有任何损失。为了确定休闲航空公司能为其顾客提供航线和费用选择,我们需要考虑每次航班的起飞地和目的地,还要考虑费用等级。把每个客户选择记作起飞地—目的地—旅程费(ODIF)。在 5 月 5 日,休闲航空为共 16 个 ODIF 确定费用并对顾客需求进行预测。这些数据如表 2.49 所示。

表 2.49　休闲航空 16 个起飞地—目的地—旅程费(ODIF)

ODIF	起飞地	目的地	费用等级	ODIF 码	票价(美元)	预测需求量
1	匹兹堡	夏洛特	Q		178	33
2	匹兹堡	默特尔比奇	Q		268	44
3	匹兹堡	奥兰多	Q		228	45
4	匹兹堡	夏洛特	Y		380	16
5	匹兹堡	默特尔比奇	Y		456	6
6	匹兹堡	奥兰多	Y		560	11
7	纽瓦克	夏洛特	Q		199	26
8	纽瓦克	默特尔比奇	Q		249	56
9	纽瓦克	奥兰多	Q		349	39
10	纽瓦克	夏洛特	Y		385	15
11	纽瓦克	默特尔比奇	Y		444	7
12	纽瓦克	奥兰多	Y		580	9
13	夏洛特	默特尔比奇	Q		179	64
14	夏洛特	默特尔比奇	Y		380	8
15	夏洛特	奥兰多	Q		224	46
16	夏洛特	奥兰多	Y		582	10

假定在 4 月 4 日一位顾客打电话到休闲航空预订处,要求预订 5 月 5 日从匹兹堡到默特尔比奇的 Q 等级座位的航班,休闲航空公司应该接受这个预订吗? 制定这个决策的困难之处在于即使航空公司可能有剩余的座位,但航空公司可能不愿意接受此只有 268 美元的 Q 等级费用的预订,尤其是了解到或许有可能在之后以 456 美元的 Y 等级费用销售此预订。因此,为了保证预订系统运行,确定有多少个 Q 等级座位和 Y 等级座位是休闲航空公司需要做出的重要决策。请回答如下问题:

(1) 建立该问题的线性规划模型。

(2) 对该问题进行电子表格建模和求解。

(3) 如果匹兹堡—夏洛特 Y 等级 16 个座位全部售空,休闲航空公司是否接受额外的预订?

5. 对习题六中的第 4 题进行电子表格建模和求解。

6. 对习题六中的第 5 题进行电子表格建模和求解。

八、参数线性规划计算题

1. 分析 λ 值变化时,以下参数线性规划问题最优解的变化:

$$\max z(\lambda) = (2+\lambda)x_1 + (1+2\lambda)x_2$$

$$\text{s.t.} \begin{cases} 5x_2 \leqslant 15 \\ 6x_1 + 2x_2 \leqslant 24 \\ x_1 + x_2 \leqslant 5 \\ x_1, \ x_2 \geqslant 0 \end{cases}$$

2. 分析 λ 值变化时,以下参数线性规划问题最优解的变化:

$$\max z(\lambda) = 2x_1 + x_2$$

$$\text{s.t.} \begin{cases} 5x_2 \leqslant 15 \\ 6x_1 + 2x_2 \leqslant 24 + \lambda \\ x_1 + x_2 \leqslant 5 \\ x_1, \ x_2 \geqslant 0 \end{cases}$$

第 3 章　运输问题

运输问题实际上是一种线性规划问题,当然可以用单纯形法对其进行求解,但由于运输问题的系数矩阵具有特殊的结构,所以可以找到比单纯形法更为简单的算法对其求解,这样就可以节约大量的时间和精力。

本章主要介绍运输问题的数学模型、求解方法、应用、电子表格的建模和求解及案例分析。

3.1　运输问题及其数学模型

一般地,运输问题可以这样描述:设有 m 个产地,n 个销地,第 i 个产地 A_i 的产量为 $a_i(i = 1, 2, \cdots, m)$,第 j 个销地 B_j 的销量为 $b_j(j=1, 2, \cdots, n)$,第 i 个产地 A_i 到第 j 个销地 B_j 的单位运价为 c_{ij},有关数据见产销平衡表(见表 3.1)和单位运价表(见表 3.2),总产量等于总销量。问如何调运才能使总的运输费用最省?

表 3.1　产销平衡表

产地＼销地	B_1	B_2	$\cdots$	B_j	$\cdots$	B_n	产量
A_1							a_1
A_2							a_2
$\vdots$							$\vdots$
A_i							a_i
$\vdots$							$\vdots$
A_m							a_m
销量	b_1	b_2	$\cdots$	b_j	$\cdots$	b_n	

表 3.2　单位运价表

产地＼销地	B_1	B_2	$\cdots$	B_j	$\cdots$	B_n
A_1	c_{11}	c_{12}	$\cdots$	c_{1j}	$\cdots$	c_{1n}
A_2	c_{21}	c_{22}	$\cdots$	c_{2j}	$\cdots$	c_{2n}
$\vdots$	$\vdots$	$\vdots$	$\vdots$	$\vdots$	$\vdots$	$\vdots$
A_i	c_{i1}	c_{i2}	$\cdots$	c_{ij}	$\cdots$	c_{in}
$\vdots$	$\vdots$	$\vdots$	$\vdots$	$\vdots$	$\vdots$	$\vdots$
A_m	c_{m1}	c_{m2}	$\cdots$	c_{mj}	$\cdots$	c_{mn}

设 x_{ij} 表示第 i 个产地 A_i 到第 j 个销地 B_j 的运量，z 为总运输费用，在产销平衡的条件下，则有如下数学模型：

$$\min z = \sum_{i=1}^{m}\sum_{j=1}^{n} c_{ij} x_{ij} \tag{3.1}$$

$$\text{s.t.} \begin{cases} \sum_{j=1}^{n} x_{ij} = a_i,\ i = 1,\ 2,\ \cdots,\ m & (3.2) \\ \sum_{i=1}^{m} x_{ij} = b_j,\ j = 1,\ 2,\ \cdots,\ n & (3.3) \\ x_{ij} \geqslant 0,\ i = 1,\ 2,\ \cdots,\ m;\ j = 1,\ 2,\ \cdots,\ n & (3.4) \end{cases}$$

从运输问题的数学模型可以看出：运输问题是有 mn 个变量，$m+n$ 个约束方程的线性规划问题，其系数矩阵如图 3.1 所示。

$$\begin{array}{r} \\ m\text{行}\left\{\begin{array}{l} \\ \\ \\ \\ \end{array}\right. \\ n\text{行}\left\{\begin{array}{l} \\ \\ \\ \\ \end{array}\right. \end{array}
\begin{array}{c} \begin{array}{ccccccccccccc} x_{11} & x_{12} & \cdots & x_{1n} & x_{21} & x_{22} & \cdots & x_{2n} & \cdots & x_{m1} & x_{m2} & \cdots & x_{mn} \end{array} \\
\left[\begin{array}{ccccccccccccc}
1 & 1 & \cdots & 1 & 0 & 0 & \cdots & 0 & \cdots & 0 & 0 & \cdots & 0 \\
0 & 0 & \cdots & 0 & 1 & 1 & \cdots & 1 & \cdots & 0 & 0 & \cdots & 0 \\
\vdots & \vdots & \ddots & & \vdots & \vdots & \ddots & \vdots & \vdots & \vdots & \vdots & \ddots & \vdots \\
0 & 0 & \cdots & 0 & 0 & 0 & & 0 & \cdots & 1 & 1 & \cdots & 1 \\
1 & 0 & \cdots & 0 & 1 & 0 & \cdots & 0 & \cdots & 1 & 0 & \cdots & 0 \\
0 & 1 & \cdots & 0 & 0 & 1 & \cdots & 0 & \cdots & 0 & 1 & \cdots & 0 \\
\vdots & \vdots & \ddots & \vdots & \vdots & \vdots & \ddots & \vdots & \vdots & \vdots & \vdots & \ddots & \vdots \\
0 & 0 & \cdots & 1 & 0 & 0 & \cdots & 1 & \cdots & 0 & 0 & \cdots & 1
\end{array}\right] \end{array}
\begin{array}{c} \\ a_1 \\ a_2 \\ \vdots \\ a_m \\ b_1 \\ b_2 \\ \vdots \\ b_n \end{array}$$

图 3.1　产销平衡运输问题的系数矩阵

观察运输问题的数学模型，不难看出运输问题具有如下两个特点：

(1) 变量 x_{ij} 的系数列向量 $\boldsymbol{p}_{ij}$ 只有两个分量为 1（第 m 行和第 $m+n$ 行），其余的分量都为零，即：

$$\boldsymbol{p}_{ij} = (0,\ 0,\ \cdots,\ 1,\ \cdots,\ 0,\ 0,\ \cdots,\ 1,\ \cdots,\ 0)^{\mathrm{T}}$$

（↑ 第 i 个分量　　↑ 第 $m+j$ 个分量）

(2) 相互独立的约束方程的个数为 $m+n-1$ 个，因为：

$$\sum_{i=1}^{m} a_i = \sum_{i=1}^{m}\sum_{j=1}^{n} x_{ij} = \sum_{j=1}^{n}\sum_{i=1}^{m} x_{ij} = \sum_{j=1}^{n} b_j$$

正是运输问题具有上述两个特点，所以可以找到比单纯形算法更为简单的方法对其进行求解，这种方法就是表上作业法。

3.2　运输问题的求解——表上作业法

用表上作业法求解运输问题的步骤与用单纯形法求解线性规划的步骤是类似的，

具体的步骤如下：

一是写出运输问题的表格模型，即产销平衡表和单位运价表；

二是确定初始调运方案（相当于确定初始基本可行解）；

三是检验方案是否最优（相当于最优性的判别），若是最优方案，则停止计算；否则继续；

四是调整调运方案，得到新的方案（相当于从一个基本可行解过渡到另外一个基本可行解）；

五是重复步骤三、步骤四，直到求出最优调运方案。

依据表上作业法的求解步骤，运输问题的求解需要解决以下三个问题：（1）初始调运方案的确定；（2）最优方案的判别；（3）方案的调整。下面就分别一一加以解决。

3.2.1　初始调运方案的确定

对于产销平衡的运输问题，初始调运方案总是存在的，并且存在有限最优调运方案。这是因为对于运输问题式（3.1）至式（3.4）来讲，总能找到一个基本可行解。比如，令：

$$x_{ij} = a_i b_j / Q (i = 1, 2, \cdots, m; j = 1, 2, \cdots, n) \tag{3.5}$$

其中，$Q = \sum_{i=1}^{m} a_i = \sum_{j=1}^{n} b_j$，则式（3.5）就是运输问题的一个可行解；而且目标函数式（3.1）有上界，目标函数值不会趋近于 ∞，由此证明运输问题最优解必是有限最优解。

对于初始调运方案的确定，目前有三种方法：（1）最小元素法；（2）西北角法（又称左上角法，或阶梯法）；（3）伏格尔法（又称最大差额法）。在介绍各种方法之前，先来看一个例子。

[例 3.1]　某工厂下设三个分厂 A_1、A_2、A_3，假设这三个分厂生产的产品是同质的，现在需要把三个分厂生产的产品运送到四个销售部 B_1、B_2、B_3、B_4，每个分厂生产的产品数量（单位为"件"）、每个销售部需要的产品数量（单位为"件"）以及每个产地到每个销售部的单位运价（单位为"元/件"）如表 3.3 所示。问如何进行调运能够使总运费最省？

表 3.3　相关数据

销地 产地	B_1	B_2	B_3	B_4	产量
A_1	8	6	7	11	4
A_2	13	10	5	9	7
A_3	5	4	8	12	6
销量	5	3	4	5	17

1. 最小元素法

该方法的基本思想是就近供应，即从单位运价表中最小的运价开始确定产销关系，然后次小。一直到给出初始调运方案，即给出初始基本可行解为止。用最小元素法确定初始调运方案的步骤如下：

从单位运价表中找出单位运价最小的元素，在产销平衡表的相应位置上填上一个尽可能大的数，则产地的产量或销地的销量至少有一个被满足。若某一个产地的产量被满足，则在单位运价表中把相应的行划去；若某一个销地的销量被满足，则在单位运价表中把相应的列划去。重复上述过程，直到单位运价表中所有的元素均被划去，这时在产销平衡表中得到的方案就是初始调运方案。

下面用最小元素法确定例 3.1 的初始调运方案。

解：首先写出这个问题的产销平衡表（见表 3.4）和单位运价表（见表 3.5）。

表 3.4　产销平衡表

产地　销地	B_1	B_2	B_3	B_4	产量
A_1					4
A_2					7
A_3					6
销量	5	3	4	5	17

表 3.5　单位运价表

产地　销地	B_1	B_2	B_3	B_4
A_1	8	6	7	11
A_2	13	10	5	9
A_3	5	4	8	12

依据最小元素法确定初始调运方案的步骤，首先从单位运价表中找出单位运价最小的元素 4，在产销平衡表 A_3B_2 的位置上填上一个尽可能大的数，即把 A_3 这个产地的产量尽可能多地分配给 B_2 这个销地，由于 A_3 这个产地的产量为 6，B_2 这个销地的销量为 3，所以只能在 A_3B_2 的位置填上 3（见表 3.6）。在产销平衡表中填上 3 这个数字以后，B_2 这个销地的销量就得到了满足，然后在单位运价表中把相应的 B_2 所在的列划去（见表 3.7），表示其他产地没有必要再给 B_2 这个销地运送产品，即 3 件产品由 A_3 运往 B_2 这个销地，这时 A_3 还有 3 件产品没有分配出去。然后再在单位运价表中找出一个单位运价最小的元素 5，因为 $A_3 \rightarrow B_1$、$A_2 \rightarrow B_3$ 的运价均为 5，这时可以任选其一，我们不妨选 $A_3 \rightarrow B_1$ 的运价，即把 A_3 的产品尽可能多地运往 B_1。由于 A_3 只有 3 件产品没有分配出去，尽管 B_1 需要 5 件，也只能在 A_3B_1 的位置填上 3，填上 3 这个数字以后，A_3 这个产地的产量全部分配出去，即 A_3 这个产地的产量得到了满足，然后在单位运价表

中把 A_3 所在的行划去(见表 3.7),表示 A_3 这个产地的产量全部分配出去,没有可能再给其他销地运送任何数量的产品,即 3 件产品由 A_3 运往 B_1 这个销地,这时 B_1 还有 2 件产品没有满足。然后再在单位运价表中找出一个单位运价最小的元素,即 $A_2 \rightarrow B_3$ 的单位运价 5 最小,在 $A_2 B_3$ 的位置填上 4,在单位运价表中把 B_3 所在的列划去。重复上述过程,直到单位运价表中所有的元素都被划掉为止,这时在产销平衡表中得到的方案就是初始调运方案(见表 3.6)。初始调运方案是:A_1 运往 B_1 2 件,运往 B_4 2 件;A_2 运往 B_3 4 件,运往 B_4 3 件;A_3 运往 B_1 3 件,运往 B_2 3 件,即得到的初始的基本可行解是 $x_{11}=2$,$x_{14}=2$,$x_{23}=4$,$x_{24}=3$,$x_{31}=3$,$x_{32}=3$。 总运费为:

$$z = \sum_{i=1}^{3} \sum_{j=1}^{4} c_{ij} x_{ij} = 2 \times 8 + 2 \times 11 + 4 \times 5 + 3 \times 9 + 3 \times 5 + 3 \times 4 = 112(元)$$

表 3.6　最小元素法确定的初始调运方案

产地＼销地	B_1	B_2	B_3	B_4	产量
A_1	2			2	4
A_2			4	3	7
A_3	3	3			6
销量	5	3	4	5	

表 3.7　最小元素法在单位运价表上的操作

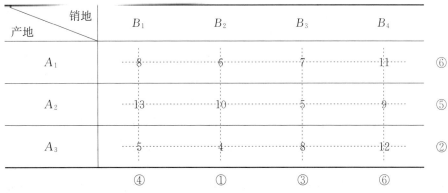

注:序号①—⑥表示画虚线的顺序。

从上述初始调运方案的确定过程可以看出:在产销平衡表中有些位置填上了数字,有些位置是空格。为此,给出数字格和空格的定义。

数字格:产销平衡表中有数字的格称为数字格,与数字格对应的变量就是基变量。

空格:没有数字的格称为空格,与空格对应的变量就是非基变量。

关于最小元素法的几点说明:

(1) 数字格必须为 $m+n-1$ 个(若在产销平衡表中填上一个数,产地的产量和销地的销量同时得到了满足,则在划去的行和列的任一位置上补上一个零,并且和已有的数字格不构成闭合回路)。

（2）数字格不能构成闭回路：即基变量是线性无关的。

（3）任一空格有且仅有一条闭合回路，即每一个非基变量可以用基变量线性唯一地表出。

缺点：为了节省一处的费用，有时造成在其他处要多花几倍的运费。

2. 西北角法（左上角法）

该方法的基本思想是优先安排产销平衡表中编号最小的产地和销地之间的运输任务，而不是优先考虑具有最小单位运价的运输任务。其具体步骤如下：

首先从产销平衡表的西北角出发，每次选取的变量 x_{ij} 都是左上角的第一个元素，将第一行（A_1）的供应量先分配给第一列（B_1）。若 A_1 的供应量＞B_1 的需求量，第一行剩余的部分再分配给第二列（B_2）；由西往东分配，直至 A_1 供应量全部分完为止；当 A_1 的供应量＜B_1 的需求量时，第一列没有满足的部分由第二行分配（A_2），将 A_2 的部分或全部先分配给 B_1，以弥补 B_1 的短缺数量。若有剩余，再往 B_2 分配，依此类推，直至求出调运方案为止。

再看例 3.1。首先从产销平衡表中的西北角出发，由表 3.3 可知，其左上角是 A_1B_1 的位置，即将 A_1 的产量尽可能多地分配给 B_1 这个销地，由于 4（A_1 的产量）＜5（B_1 的销量），所以在 A_1B_1 的位置填上 4（见表 3.8），因 A_1 的产量全部分配完毕，则在单位运价表中把 A_1 所在的行划掉（见表 3.9）。由于 B_1 这个销地还有 1 件产品没有满足，于是再将 A_2 这个产地的产量分配给 B_1 1 件，即在 A_2B_1 的位置填上 1，这时 B_1 这个销地的销量也得到了满足，那么在单位运价表中将 B_1 所在的列划去。接着再将 A_2 这个产地的产量分配给 B_2，在 A_2B_2 的位置填上 3，在单位运价表中把 B_2 所在的列划去，如此继续。在 A_2B_3 的位置填上 3，把单位运价表中 A_2 所在的行划去，在 A_3B_3 的位置填上 1，把单位运价表中 B_3 所在的列划去。再在 A_3B_4 的位置填上 5，把单位运价表中 A_3 所在的行和 B_3 所在的列同时划去，这时在产销平衡表中得到的方案就是初始调运方案（见表 3.8）。用西北角法得到的初始调运方案是：A_1 运往 B_1 4 件；A_2 运往 B_1 1 件，运往 B_2 3 件，运往 B_3 3 件；A_3 运往 B_3 1 件，运往 B_4 5 件，即得到的初始基本可行解是 $x_{11}=4$，$x_{21}=1$，$x_{22}=3$，$x_{23}=3$，$x_{33}=1$，$x_{34}=5$。总运费为：

$$z = \sum_{i=1}^{3}\sum_{j=1}^{4} c_{ij}x_{ij} = 4\times8+1\times13+3\times10+3\times5+1\times8+5\times12=158（元）$$

表 3.8 用西北角法确定的初始调运方案

产地＼销地	B_1	B_2	B_3	B_4	产量
A_1	4				4
A_2	1	3	3		7
A_3			1	5	6
销量	5	3	4	5	

表 3.9　西北角法在单位运价表上的操作

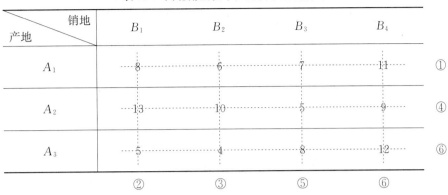

产地＼销地	B_1	B_2	B_3	B_4	
A_1	8	6	7	11	①
A_2	13	10	5	9	④
A_3	5	4	8	12	⑥
	②	③	⑤	⑥	

注:序号①—⑥表示画虚线的顺序。

3. 伏格尔法

该方法的基本思想是次小运费"就近运给"。即:如果一个产地的产品不能按最小运费就近供应,就考虑次小运费。各行(各列)的最小运费与次小运费之差称为行差(列差)。差额越大,说明不能按最小运费调运时,运费增加就越多,为避免损失,因而对差额最大处应当采用最小运费调运,其步骤如下:

在单位运价表中计算出各行和各列的次小运费和最小运费的差额,并填入单位运价表中的最后一行和最后一列,从行或列的差额中找出一个差额最大者。若差额最大者位于行,选择该行单位运价最小的元素,在产销平衡表的相应位置上填上一个尽可能大的数。如果产量被满足,则在单位运价表中把相应的行划去;如果是销量被满足,则在单位运价表中把相应的列划去。若差额最大者位于列,选择该列单位运价最小的元素,在产销平衡表的相应位置上填上一个尽可能大的数。如果产量被满足,则在单位运价表中把相应的行划去;如果是销量被满足,则在单位运价表中把相应的列划去。重复上述过程,直到单位运价表中所有的元素均被划去,这时在产销平衡表中得到的方案就是初始调运方案。

再看例 3.1。首先在单位运价表 3.5 中计算出各行、各列的次小运费和最小运费的差额并填入单位运价表中的倒数第四列和倒数第五行得表 3.10。从表 3.10 中找出差额最大的是 4,与 4 对应的是第二行,在第二行中单位运价最小的是 5,那么就在产销平衡表中 A_2B_3 的位置填上一个尽可能大的数,由于 A_2 的产量是 7,B_3 的销量是 4,则在 A_2B_3 的位置上填上 4,这样 B_3 这个销地的销量得到了满足,于是在单位运价表中把 B_3 所在的列划去。然后再从未被划去的单位运价表中计算出各行和各列的次小运费和最小运费的差额并填入单位运价表中的倒数第三列和倒数第四行,最大差额是 3,与 3 对应的是第一列,在第一列中最小元素是 5,那么就在产销平衡表 A_3B_1 的位置填上一个尽可能大的数,由于 A_3 产地的产量是 6,B_1 的销量是 5,所以在 A_3B_1 位置填上 5,这样 B_1 这个销地的销量得到了满足,就在单位运价表中把 B_1 所在的列划去。然后再从未被划去的单位运价表中计算出各行、各列的次小运费和最小运费的差额并填入单位运价表中的倒数第二列和倒数第三行,找出差额最大的是 8，与 8 对应的是第三行，在第三行中单位运价最小的是 4，那么就在产销平衡表中 A_3B_2 的位置填上一个尽可能大的数，由于 A_3 的产量是 6，已经分配给 B_1 5，只能分配给 B_2 1，则在 A_3B_2 的位置填上 1，这样 A_3 这个产地的产量得到了满足，于是在单位运价表中把 A_3 所在的行划去。重复上述过程，在 A_1B_2 的位置上填上 2，划去单位运价表中 B_2 所在的列，在 A_2B_4 的位置填上 3，同时划去单位运价表中 A_2 所在的行，再在 A_1B_4 的位置填上 2，划去单位运价表中 A_1 所在的行、B_4 所在的列，这时在产销平衡表中得到的方案就是初始调运方案（见表 3.11）。

表 3.10　次小运费与最小运费的差额

产地＼销地	B_1	B_2	B_3	B_4	行差额	行差额	行差额	行差额
A_1	8	6	7	11	1	2	5	5
A_2	13	10	5	9	4	1	1	1
A_3	5	4	8	12	1	1	8	
列差额	3	2	2	2				
列差额	3	2		2				
列差额		2		2				
列差额		4		2				
列差额				2				

表 3.11　用伏格尔法确定的初始调运方案

产地＼销地	B_1	B_2	B_3	B_4	产量
A_1		2		2	4
A_2			4	3	7
A_3	5	1			6
销量	5	3	4	5	

用伏格尔法得到的初始调运方案是：A_1 运往 B_2 2 件，运往 B_4 2 件；A_2 运往 B_3 4 件，运往 B_4 3 件；A_3 运往 B_1 5 件，运往 B_2 1 件，即得到的初始基本可行解是：$x_{12}=2$，$x_{14}=2$，$x_{23}=4$，$x_{24}=3$，$x_{31}=5$，$x_{32}=1$。总运费为：

$$z=\sum_{i=1}^{3}\sum_{j=1}^{4}c_{ij}x_{ij}=2\times6+2\times11+4\times5+3\times9+5\times5+1\times4=110(元)$$

这种方法的优点是在于计算量小，距离最优解更近，常用来替代最优解；缺点是在于寻找初始基本可行解不容易。

3.2.2 最优方案的判别

得到的调运方案是不是最优方案,通常需要对方案的最优性进行判别。对方案最优性的判别就是要求出各个非基变量的检验数,即各个空格处的检验数。如果每个空格处的检验数都满足大于等于零,表明任何一个空格处运量增加一个单位,总运费就要增加,这说明当前的方案就是最优方案。否则,如果存在某个空格处的检验数小于等于零,则说明当前的方案不是最优方案,需要对方案进行调整。对最优性的判别有两种方法:一是闭回路法,二是位势法。下面分别加以介绍。

1. 闭回路法

所谓闭回路,就是以空格为始点和终点,其余顶点为数字格构成的一个封闭回路。如何来画一个闭回路呢? 就是从一个空格开始,用水平或垂直线向前划,碰到一个数字格要么旋转 $90°$,要么直接通过。如果选择旋转 $90°$,则必须以该数字格为顶点,继续前进,直到返回始点;如果选择直接通过,那么该数字格就不是顶点,继续选择其他的数字格为顶点,直到返回始点为止。在闭回路上通常规定:始点是偶点,依次奇偶相间进行标注;偶点标“+”,表示运量增加;奇点标“−”,表示运量减少,这样做能够保证每个产地的产量不变,同时每个销地的销量不变。闭回路是多种多样的,有的比较简单,有的则复杂一点。图 3.2 中的三种都是闭回路。

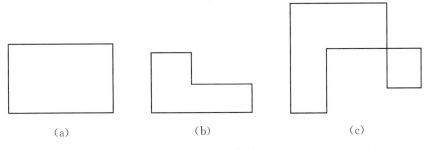

(a)   (b)   (c)

图 3.2　闭回路例子

用闭回路法对方案的最优性进行判别,就是从每个空格出发,以其他的数字格为顶点作一个封闭的回路。在这个闭回路上,让空格处的运量增加一个单位,同时调整闭回路上其他数字格上的运量,然后考虑整个闭回路运费的增加值,这个增加值就是空格处的检验数。

现在来判别例 3.1 用最小元素法得到的初始调运方案是否是最优方案。首先从产销平衡表中的每一个空格出发做一个闭回路,然后考虑每一个闭回路上运费的增加值。从空格 A_1B_2 出发,以 A_3B_2、A_3B_1、A_1B_1 为顶点做一个闭合回路,A_1B_2 为偶点,然后偶奇相间进行标注,见表 3.12。这样 A_1B_2 增加一个单位,总运费会增加 $6-4+5-8=-1$,即 x_{12} 的检验数为 -1。同样以 A_1B_3、A_2B_1、A_2B_2、A_3B_3、A_3B_4 为顶点做一个闭合回路,闭合回路的路径如表 3.13 所示。

表 3.12 闭回路的画法

产地 \ 销地	B_1	B_2	B_3	B_4	产量
A_1	2 (−)	(+)		2	4
A_2			4	3	7
A_3	3 (+)	(−) 3			6
销量	5	3	4	5	

表 3.13 所有的闭合回路

始 点	路 径	检验数
A_1B_2	$A_1B_2 - A_3B_2 - A_3B_1 - A_1B_1 - A_1B_2$	$6-4+5-8=-1$
A_1B_3	$A_1B_3 - A_1B_4 - A_2B_4 - A_2B_3 - A_1B_3$	$7-11+9-5=0$
A_2B_1	$A_2B_1 - A_1B_1 - A_1B_4 - A_2B_4 - A_2B_1$	$13-8+11-9=7$
A_2B_2	$A_2B_2 - A_2B_4 - A_1B_4 - A_1B_1 - A_3B_1 - A_3B_2 - A_2B_2$	$10-9+11-8+5-4=5$
A_3B_3	$A_3B_3 - A_2B_3 - A_2B_4 - A_1B_4 - A_1B_1 - A_3B_1 - A_3B_3$	$8-5+9-11+8-5=4$
A_3B_4	$A_3B_4 - A_1B_4 - A_1B_1 - A_3B_1 - A_3B_4$	$12-11+8-5=4$

从表 3.13 可以看出,并不是所有空格处的检验数都满足大于等于零,所以该初始调运方案不是最优方案。

2. 位势法

(1) 用位势法进行最优性判别的基本理论。

运输问题的数学模型为:

$$\min z = \sum_{i=1}^{m} \sum_{j=1}^{n} c_{ij} x_{ij} \tag{3.6}$$

$$\text{s.t.} \begin{cases} \sum_{j=1}^{n} x_{ij} = a_i, \ i=1, 2, \cdots, m & (3.7) \\ \sum_{i=1}^{m} x_{ij} = b_j, \ j=1, 2, \cdots, n & (3.8) \\ x_{ij} \geqslant 0, \ i=1, 2, \cdots, m; \ j=1, 2, \cdots, n & (3.9) \end{cases}$$

设对应于约束条件(3.7)和约束条件(3.8)的对偶变量分别是 $u_i(i=1, 2, \cdots, m)$ 和 $v_j(j=1, 2, \cdots, n)$,则运输问题的对偶问题是:

$$\max w = \sum_{i=1}^{m} a_i u_i + \sum_{j=1}^{n} b_j v_j \tag{3.10}$$

$$\text{s.t.} \begin{cases} u_i + v_j \leqslant c_{ij}, \ i = 1, 2, \cdots, m; \ j = 1, 2, \cdots, n \tag{3.11} \\ u_i, \ v_j \ \text{无约束} \tag{3.12} \end{cases}$$

由表 2.4 可知,所有变量的检验数都可以写成 $C - CB^{-1}A$,则变量 x_j 的检验数可写成:

$$\sigma_j = c_j - C_B B^{-1} P_j = c_j - Y P_j \tag{3.13}$$

其中,Y 为对偶问题的一个基本解;P_j 为变量 x_j 的系数列向量。

对于变量 x_{ij},则有:

$$\sigma_{ij} = c_{ij} - C_B B^{-1} P_{ij} = c_{ij} - Y P_{ij}$$

由于:

$$P_{ij} = (0, 0, \cdots, 1, \cdots, 0, 0, \cdots, 1, \cdots, 0)^T$$
$$Y = (u_1, u_2, \cdots, u_m, v_1, v_2, \cdots, v_n)$$

因此 x_{ij} 的检验数可以写成:

$$\sigma_{ij} = c_{ij} - (u_i + v_j) \tag{3.14}$$

又基变量的检验数为 0,所以对于基变量 x_{ij},有:

$$\sigma_{ij} = c_{ij} - u_i - v_j = 0 \tag{3.15}$$

即 $c_{ij} = u_i + v_j$。 $\tag{3.16}$

运输问题基变量的个数为 $m + n - 1$ 个,因此满足式(3.15)的约束方程有 $m + n - 1$ 个,但对偶问题的对偶变量是 $m + n$ 个。显然方程的个数小于变量的个数,故满足式(3.15)的方程组有无穷多组解,这样必然有一个变量为自由变量。不妨任给一个变量的值,利用式(3.15)就可以求出其他 $m + n - 1$ 个变量。求出所有的变量 u_i(称为行位势)和 v_j(称为列位势)后,再利用式(3.14)就可以求出所有非基变量的检验数。

(2)用位势法进行最优性判别的步骤。

依据上面的基本理论,归纳出用位势法进行最优性判别的步骤如下:

① 建立位势表。将有数字格的位置换上相应的单位运价,任给一个行位势或列位势(如令 $u_1 = 0$),利用式(3.15)写出其他的位势,行位势和列位势相加得空格处的位势(对于基变量:行位势和列位势之和等于单位运价)。

② 建立检验数表。空格处的单位运价减去空格处的位势得空格处的检验数。

③ 若所有空格处的检验数均满足大于等于零,则取得最优解。

用位势法对例 3.1 用最小元素法得到的初始调运方案进行最优性的判别。

解:按照位势法求检验数的步骤,首先建立位势表,将表 3.6 中有数字格的位置换成相应的单位运价,并令 $u_1 = 0$,得表 3.14(括号里的数字表示空格处的位势,行位势和列位势之和得空格处的位势)。

表 3.14　位势表

产地＼销地	B_1	B_2	B_3	B_4	行位势 u_i
A_1	8	(7)	(7)	11	0
A_2	(6)	(5)	5	9	−2
A_3	5	4	(4)	(8)	−3
列位势 v_j	8	7	7	11	

然后建立检验数表。用空格处的单位运价减空格处的位势，得空格处的检验数，如表 3.15 所示。

表 3.15　检验数表

产地＼销地	B_1	B_2	B_3	B_4
A_1		−1	0	
A_2	7	5		
A_3			4	4

从表 3.15 可以看出，用位势法得到的检验数和用闭回路法得到的检验数是一致的。因为所有变量的检验数不满足都大于等于零，所以初始调运方案不是最优方案。这就需要对当前的方案进行调整。

3.2.3　方案的调整

如果得到的方案不是最优方案，如何来对方案进行调整呢？可采用闭回路法对方案进行调整。具体步骤如下：

（1）在所有小于零的检验数中找出一个最小的，从这个最小检验数对应的空格出发，以其他数字格为顶点构成闭回路。可以证明，此闭回路存在且唯一。

（2）在闭回路上进行运量调整，使选定空格处的运量尽可能地增加。空格处运量增加的最大值等于要减少数字格的最小值。

（3）运量调整后，必然有某个数字格变成零。把一个变成零的数字格抹去，得新的调运方案。

对例 3.1 用最小元素法得到的初始调运方案进行调整。

最优性的判别表明：该初始调运方案不是最优方案，需要对方案进行调整。观察表 3.15，只有 x_{12} 的检验数小于零。因此，以变量 x_{12} 对应的空格 A_1B_2 为始点，从空格 A_1B_2 出发，以 A_3B_2、A_3B_1、A_1B_1 为顶点作一个闭合回路（见表 3.16）。让 A_1B_2 位置上的运量尽可能地增加，它增加的最大值只能等于要减少数字格 A_3B_2、A_1B_1 的最小值，这样在 A_1B_2 位置只能填上 2，而 A_1B_1 的位置变为 0，把这个零抹去，得到新的方案（见表 3.17）。

表 3.16 闭回路

产地 \ 销地	B_1	B_2	B_3	B_4	产量
A_1	2 (－)	(＋)		2	4
A_2			4	3	7
A_3	3 (＋)	(－) 3			6
销量	5	3	4	5	

表 3.17 新的调运方案

产地 \ 销地	B_1	B_2	B_3	B_4	产量
A_1		2		2	4
A_2			4	3	7
A_3	5	1			6
销量	5	3	4	5	

那么这个新的方案是否是最优方案呢? 再来求一下各个空格处的检验数。建立新的位势表(见表 3.18)和检验数表(见表 3.19)。

表 3.18 新的位势表

产地 \ 销地	B_1	B_2	B_3	B_4	行位势 u_i
A_1	(7)	6	(7)	11	0
A_2	(5)	(4)	5	9	－2
A_3	5	4	(5)	(9)	－2
列位势 v_j	7	6	7	11	

表 3.19 新的检验数表

产地 \ 销地	B_1	B_2	B_3	B_4
A_1	1		0	
A_2	8	6		
A_3			3	3

从表 3.19 可以看出,所有变量的检验数都满足大于等于零,表明当前的方案就是最优方案,即 $x_{12}=2$, $x_{14}=2$, $x_{23}=4$, $x_{24}=3$, $x_{31}=5$, $x_{32}=1$。 总运费为:

$$z = \sum_{i=1}^{3} \sum_{j=1}^{4} c_{ij} x_{ij} = 2 \times 6 + 2 \times 11 + 4 \times 5 + 3 \times 9 + 5 \times 5 + 1 \times 4 = 110 (元)$$

关于调运方案调整的几点补充说明：

（1）如果小于零的检验数中最小的检验数不止一个，则可任选其一，与其他的数字格为顶点构成一个闭合回路。

（2）在方案的调整过程中，如果变为零的数字格不止一个，仅抹掉一个零，以保证数字格的个数是 $m+n-1$ 个。

3.3 运输问题的进一步讨论

3.3.1 产销不平衡的运输问题

表上作业法是以产销平衡运输问题为前提的，但在实际问题中却有很多产销不平衡的运输问题。对于产销不平衡的运输问题，首先要把它转化为产销平衡的运输问题，然后再用表上作业法加以求解，下面分两种情况进行讨论。

（1）产大于销的产销不平衡运输问题，即 $\sum\limits_{i=1}^{m} a_i > \sum\limits_{j=1}^{n} b_j$，该问题的数学模型为：

$$\min z = \sum_{i=1}^{m} \sum_{j=1}^{n} c_{ij} x_{ij} \tag{3.17}$$

$$\text{s.t.} \begin{cases} \sum\limits_{j=1}^{n} x_{ij} \leqslant a_i, \ i=1,2,\cdots,m & (3.18) \\ \sum\limits_{i=1}^{m} x_{ij} = b_j, \ j=1,2,\cdots,n & (3.19) \\ x_{ij} \geqslant 0, \ i=1,2,\cdots,m; \ j=1,2,\cdots,n & (3.20) \end{cases}$$

此时增加一个假想的销地 B_{n+1}，该销地的销量为 $\sum\limits_{i=1}^{m} a_i - \sum\limits_{j=1}^{n} b_j$，这个假想销地的销量可以看作是各个产地多余的产品就地储存，既然是就地储存，各个产地到这个假想销地 B_{n+1} 的单位运价为 0，这样就把产大于销的产销不平衡运输问题转化成产销平衡的运输问题。

（2）销大于产的产销不平衡运输问题，即 $\sum\limits_{i=1}^{m} a_i < \sum\limits_{j=1}^{n} b_j$，该问题的数学模型为：

$$\min z = \sum_{i=1}^{m} \sum_{j=1}^{n} c_{ij} x_{ij} \tag{3.21}$$

$$\text{s.t.} \begin{cases} \sum\limits_{j=1}^{n} x_{ij} = a_i, \ i=1,2,\cdots,m & (3.22) \\ \sum\limits_{i=1}^{m} x_{ij} \leqslant b_j, \ j=1,2,\cdots,n & (3.23) \\ x_{ij} \geqslant 0, \ i=1,2,\cdots,m; \ j=1,2,\cdots,n & (3.24) \end{cases}$$

此时增加一个假想的产地 A_{m+1}，该产地的产量为 $\sum_{j=1}^{n} b_j - \sum_{i=1}^{m} a_i$，这个假想的产地既然是一个虚拟的产地，当然不会生产任何数量的产品，那么这个假想的产地 A_{m+1} 到各个销地的单位运价为 0，这样就把销大于产的产销不平衡运输问题转化成了产销平衡的运输问题。

[例 3.2] 某公司在它下设的三个工厂中专门生产一种产品。这种产品品质优良，产品供不应求。目前公司接到了四位顾客的订单，顾客 1 是公司最好的顾客，所以他的订单应全部满足；顾客 2 和顾客 3 是公司很重要的顾客，至少要满足他们订单的 1/3；顾客 4 不需要公司特殊考虑，满足不满足订单均可。表 3.20 给出了每一种工厂—顾客组合的单位成本，以及每位顾客的订购量和最少订购量。试问每一个工厂应向每一位顾客供应多少单位的货物才能使总费用最少？

表 3.20 相关数据

工厂 顾客	单位成本（元）				产量（件）
	1	2	3	4	
1	55	42	46	53	8 000
2	37	18	32	48	5 000
3	29	59	51	35	7 000
最小采购量（件）	7 000	3 000	2 000	0	
要求采购量（件）	7 000	9 000	6 000	8 000	

解：根据题意，该问题的总产量是 20 000 件，要求的总采购量是 30 000 件，这是一个销大于产的产销不平衡的运输问题，为此增加一个假想的产地 4，这个假想产地的产量是 10 000 件。由于每一个销地都有一个总的采购量和最小采购量，而最小的采购量是必须要满足的，它不能由假想的产地来提供，但除了最小采购量以外的采购量可以由假想的产地来提供，这样就把每个销地分成两个销地，如销地 2 分成 2′（最小采购量）和 2″（除了最小采购量以外的采购量），这个假想的产地 4 到 2′ 的单位运价为 M，而到 2″ 的单位运价为 0。于是可以写出该问题的产销平衡表（见表 3.21）和单位运价表（见表 3.22）。

表 3.21 产销平衡表

产地 销地	1	2′	2″	3′	3″	4	产量
1							8 000
2							5 000
3							7 000
4							10 000
销量	7 000	3 000	6 000	2 000	4 000	8 000	30 000

表 3.22　单位运价表

产地＼销地	1	2′	2″	3′	3″	4
1	55	42	42	46	46	53
2	37	18	18	32	32	48
3	29	59	59	51	51	35
4	M	M	0	M	0	0

用表上作业法对该问题进行求解，得到该问题的最优调运方案如表 3.23 所示。

表 3.23　最优调运方案

产地＼销地	1	2′	2″	3′	3″	4	产量
1			4 000	2 000	2 000		8 000
2		3 000	2 000				5 000
3	7 000					0	7 000
4					2 000	8 000	10 000
销量	7 000	3 000	6 000	2 000	4 000	8 000	30 000

从表 3.23 可以看出：该问题的最优调运方案是：顾客 1 的订单全部满足，7 000 件全部由工厂 3 提供；顾客 2 的订单全部满足，其中 4 000 件由工厂 1 提供，5 000 件由工厂 2 提供；顾客 3 的订单只满足 2/3，4 000 件由工厂 1 提供；顾客 4 的订单没有满足，总的费用是 645 000 元。

3.3.2　转运问题

前面讨论的运输问题都是假定产品直接由产地运往销地，但在实际问题中经常会遇到以下几种情形：一是每个产地生产的产品不一定直接运送到销地，可以将其中几个产地生产的产品集中起来进行调运；二是将运往各销地的产品先集中起来运往其中几个销地，然后再转运给其他销地；三是除产地、销地之外，中间还有几个转运站，可以将产地生产的产品运到某个中间转运站，然后再转运到销地。在产地之间、销地之间、经中间转运站或产地与销地之间转运，这样的问题称为转运问题。有时，经转运比直接运送到目的地更为经济。当然，考虑转运将使运输问题变得更为复杂。

一般的转运问题可以这样处理：

（1）既是产地又是销地的运地就可看作转运站。如果运输问题有 m 个产地，n 个销地，t 个中间转运站，就可把整个问题当作有 $m+n+t$ 个产地和 $m+n+t$ 个销地的扩大的运输问题。

（2）由于运费最少时不可能出现一批物资来回倒运的现象，对各转运站假设一个统一的转运量 Q，$Q \geqslant \max\{\sum_{i=1}^{m} a_i, \sum_{j=1}^{n} b_j\}$。对于产销平衡的运输问题，可以设 $\sum_{i=1}^{m} a_i =$

$\sum_{j=1}^{n} b_j = Q$。于是,扩大后的运输问题的第 i 个产地 A_i 的产量为 $Q+a_i$,第 t 个中转站的产量为 Q,第 j 个产地 B_j 的产量为 Q,而第 i 个销地 A_i 的销量为 Q,第 t 个中转站的销量为 Q,第 j 个销地 B_j 的销量为 $Q+b_j$。

（3）假设每个转运站都可以自产自销,即虚设 x_{ii} 也作为一个转运量。因此,每个转运站的实际转运量为 $Q-x_{ii}$。

[例 3.3]　某食品公司下设 A_1、A_2、A_3 三个糖果加工厂,每天分别将 30 吨、40 吨、30 吨糖果运往 B_1、B_2 两个销售部,而 B_1、B_2 每天分别需要 40 吨、60 吨。在加工厂和销售部之间有 T_1、T_2 两个中转站。各地间每吨产品的运价见表 3.24。应如何调运使总运费最少?

表 3.24　产品运价表　　　　　　　　　　　　　（单位:元/吨）

产地＼销地		加工厂			中转站		销售部	
		A_1	A_2	A_3	T_1	T_2	B_1	B_2
加工厂	A_1		30	20	30	—	60	80
	A_2	40		20	50	20	130	70
	A_3	—	20		30	20	110	40
中转站	T_1	30	50	20		60	20	50
	T_2	—	30	20	70			20
销售部	B_1	60	—	—	20	—		90
	B_2	—	—	40	—	30	90	

注:"—"表示不能运送。

解:每一个产地、中转站和销地既看作产地同时也看作销地,这样产地和销地都有 7 个,每个中转站的产量和销量都为 100 吨,该问题的产销平衡表和单位运价表如表 3.25 和表 3.26 所示。

表 3.25　产销平衡表

产地＼销地		加工厂			中转站		销售部		产量
		A_1	A_2	A_3	T_1	T_2	B_1	B_2	
加工厂	A_1								130
	A_2								140
	A_3								130
中转站	T_1								100
	T_2								100
销售部	B_1								100
	B_2								100
销量		100	100	100	100	100	140	160	

表 3.26　单位运价表

产地＼销地		加工厂			中转站		销售部	
		A_1	A_2	A_3	T_1	T_2	B_1	B_2
加工厂	A_1	0	30	20	30	M	60	80
	A_2	40	0	20	50	20	130	70
	A_3	M	20	0	30	20	110	40
中转站	T_1	30	50	20	0	60	20	50
	T_2	M	30	20	70	0	M	20
销售部	B_1	60	M	M	20	M	0	90
	B_2	M	M	40	M	30	90	0

根据表 3.25 和表 3.26，用最小元素法得出本例的初始调运方案（见表 3.27），然后用位势法对初始调运方案进行最优性的判别，再用闭回路法对初始调运方案进行调整，得到最优调运方案（见表 3.28）如下：由 A_1 运往 T_1 30 吨，由 A_2 运往 T_2 40 吨，由 A_3 运往 T_1 10 吨，运往 B_2 20 吨，由 T_1 运往 B_1 40 吨，由 T_2 运往 B_2 40 吨。总的运费为：

$$z = \sum_{i=1}^{7}\sum_{j=1}^{7} c_{ij}x_{ij} = 30\times30 + 40\times20 + 10\times30 + 20\times40$$
$$+ 40\times20 + 40\times20 = 4\,400(元)$$

表 3.27　初始调运方案

产地＼销地		加工厂			中转站		销售部		产量
		A_1	A_2	A_3	T_1	T_2	B_1	B_2	
加工厂	A_1	100					30		130
	A_2		100				10	30	140
	A_3			100				30	130
中转站	T_1				100		0		100
	T_2					100		0	100
销售部	B_1						100		100
	B_2							100	100
销量		100	100	100	100	100	140	160	

表 3.28 最优调运方案

产地＼销地		加工厂			中转站		销售部		产量
		A_1	A_2	A_3	T_1	T_2	B_1	B_2	
加工厂	A_1	100			30				130
	A_2		100			40			140
	A_3			100	10			20	130
中转站	T_1				60		40		100
	T_2					60		40	100
销售部	B_1						100		100
	B_2							100	100
销量		100	100	100	100	100	140	160	

3.3.3 运输问题的几点补充说明

其一,若产量大于销量,增加一个假想的销地,每一个产地到这个假想销地的单位运价为零。

其二,若销量大于产量,增加一个假想的产地,这个假想的产地到每一个销地的单位运价为零。

其三,若第 i 个产地不能运送物资到第 j 个销地,设第 i 个产地到第 j 个销地的单位运价为 M(M 是一个非常大的正数)。

其四,若运输问题为求极大值,则将目标函数取相反数,同时将单位利润取相反数作为单位运价,然后用表上作业法进行求解。

3.4 运输问题的应用

[例 3.4] 某公司在未来 1、2、3 三个月内每月都要向它最好的客户提供 30 件产品,为了满足客户需求,公司有时需要加班进行生产。有关的生产数据如表 3.29 所示。

表 3.29 相关数据

月份	最大的生产能力(件)		正常时间单位生产成本(元)
	正常时间	加班时间	
1	20	20	3 000
2	30	20	5 000
3	10	20	4 000

每月加班时间的单位生产成本比正常时间多 1 000 元。存储成本是 500 元/件·月。现在公司有 20 件产品的库存，但是公司不想在三月后还有存货。试用表上作业法安排该公司的生产计划以使总成本最小。

解：该问题考虑的是三个月的生产计划，每个月有正常工作时间和加班时间，而且还有存货，所以就可以把每个月正常工作时间和加班工作时间分别看作是一个产地，1 月份的正常工作时间记为产地 1，加班工作时间记为 1′，产量分别是 20 件和 20 件；同样地，2 月份的正常工作时间记为产地 2，加班工作时间记为 2′，产量分别是 30 件和 20 件；3 月份的正常工作时间记为产地 3，加班工作时间记为 3′，产量分别是 10 件和 20 件，而把存货记为是产地 4，产量是 20 件，这样总的产量是 140 件。同时，每个月也可以看作是一个销地，每个月的需要量为 30 件，总销量为 90 件。由于总产量大于总销量，因此增加一个假想的销地 4，销量为 50 件，这样就把产销不平衡的运输问题转化成了产销平衡的运输问题。于是可以写出这个问题的产销平衡表，如表 3.30 所示。

表 3.30　产销平衡表

产地＼销地	1	2	3	4	产量
1					20
1′					20
2					30
2′					20
3					10
3′					20
4					20
销量	30	30	30	50	140

把一个月到另一个月的单位生产成本加上存储成本看作是单位运价，例如，产地 1 到销地 2 的单位运价就是第一个月正常时间生产的成本 3 000 元加上每月每件的存储费 500 元。这样就可得出如下单位运价表（见表 3.31）。

表 3.31　单位运价表

产地＼销地	1	2	3	4
1	3 000	3 500	4 000	0
1′	4 000	4 500	5 000	0
2	M	5 000	5 500	0
2′	M	6 000	6 500	0
3	M	M	4 000	0
3′	M	M	5 000	0
4	0	500	1 000	M

用表上作业法对该问题进行求解,得到的最优调运方案如表 3.32 所示,即 1 月份正常时间生产 20 件,用于满足 1 月份的需求,加班时间生产 20 件,10 件用于满足 1 月份的需求,10 件用于满足 2 月份的需求;2 月份不安排生产;3 月份正常时间生产 10 件,用于满足 3 月份的需求,加班时间生产 20 件,也用于满足 3 月份的需求;库存的 20 件产品用于满足 2 月份的需求;总成本是 29 500 元。

表 3.32　最优方案

产地 \ 销地	1	2	3	4	产量
1	20				20
1′	10	10			20
2		0		30	30
2′				20	20
3			10		10
3′			20	0	20
4		20			20
销量	30	30	30	50	29 500

[例 3.5]　某公司下设 A、B、C 三个工厂,它们生产的产品是同质的。下个月这三个工厂的产量分别为 60 单位、80 单位、40 单位。公司决定下个月向四个配送中心供货,向配送中心 1 提供 40 单位,向配送中心 2 提供 60 单位,向配送中心 3 至少要供应 20 单位。配送中心 3 和配送中心 4 都想要尽可能多地购买剩下的产品。各个工厂运送单位数量的产品到各个配送中心的净利润如表 3.33 所示。

表 3.33　单位净利润表　　　　　　　　　　　　　　　　（单位:元）

工　厂	顾　　　客			
	配送中心 1	配送中心 2	配送中心 3	配送中心 4
A	800	700	500	200
B	500	200	100	300
C	600	400	300	500

试问每一个工厂应当向每一个配送中心运送多少单位的产品,才能使公司的净利润最大? 试用表上作业法对该问题进行求解。

解:根据题意,在分别满足配送中心 1、2、3 的 40 单位、60 单位、20 单位需求外,配送中心 3 的最高需求可以达到 80 单位,配送中心 4 的最高需求可以达到 60 单位,总的最高需求为 240 单位,而总的产量为 180 单位,于是增加一个假想的产地 D,它的产量为 60 个单位。由于配送中心 3 有最低和最高需求,所以将配送中心 3 分为两个销地:3′(最低需求)和 3″(除了最低需求以外的需求),这个假想的产地 D 到 3′ 的单位运价为 M,而到 3″ 的单位运价为 0。另外,该问题的目标函数为求极大值,所以把单位利润取相反数作为单位运价。于是可以写出该问题的产销平衡表(见表 3.34)和单位运价表(见表 3.35)。

表 3.34　产销平衡表

工厂 ＼ 配送中心	1	2	3′	3″	4	产量
A						60
B						80
C						40
D						60
销量	40	60	20	60	60	240

表 3.35　单位运价表

工厂 ＼ 配送中心	1	2	3′	3″	4
A	-800	-700	-500	-500	-200
B	-500	-200	-100	-100	-300
C	-600	-400	-300	-300	-500
D	M	M	M	0	0

用表上作业法对该问题进行求解，得到最优方案（见表 3.36）为：工厂 A 生产的产品运往配送中心 2 为 60 单位；工厂 B 生产的产品运往配送中心 1 为 40 单位，运往配送中心 3 为 20 单位，运往配送中心 4 为 20 单位；工厂 C 生产的产品运往配送中心 4 为 40 单位。总的利润为：

$$z = 60 \times 700 + 40 \times 500 + 20 \times 100 + 20 \times 300 + 40 \times 500 = 90\,000(\text{元})$$

表 3.36　最优调运方案

工厂 ＼ 销售部	1	2	3′	3″	4	产量
A		60		0		60
B	40		20		20	80
C					40	40
D		0		60		60
销量	40	60	20	60	60	

3.5　电子表格建模和求解

运输问题就是一种线性规划问题，第 1 章介绍的求解线性规划问题的软件当然适合于求解运输问题。下面就对这一章介绍的几个例子运用软件进行求解。

[**例 3.6**]　回顾例 3.1,对该问题进行电子表格建模和求解。

解:该问题的电子表格建模如图 3.3 所示。

	A	B	C	D	E	F	G	H	I
1					单位运价表				
2					销地				
3			B1	B2	B3	B4	产量		
4	产地	A1	8	6	7	11	4		
5		A2	13	10	5	9	7		
6		A3	5	4	8	12	9		
7	销量		5	3	4	5			
8									
9					运送数量				
10					销地				
11			B1	B2	B3	B4	供应总计		产量
12	产地	A1					0	=	4
13		A2					0	=	7
14		A3					0	=	6
15	销量总计		0	0	0	0			0
16			=	=	=	=			
17		销量	5	3	4	5			

	A	B	C	D	E	F	G	H	I
1					单位运价表				
2					销地				
3			B1	B2	B3	B4	产量		
4	产地	A1	8	6	7	11	4		
5		A2	13	10	5	9	7		
6		A3	5	4	8	12	9		
7	销量		5	3	4	5			
8									
9					运送数量				
10					销地				
11			B1	B2	B3	B4	供应总计		产量
12	产地	A1					=SUM(C12:F12)	=	4
13		A2					=SUM(C13:F13)	=	7
14		A3					=SUM(C14:F14)	=	6
15	销量总计		=SUM(C12:C14)	=SUM(D12:D14)	=SUM(E12:E14)	=SUM(F12:F14)			=SUMPRODUCT(C4:F6,C12:F14)
16			=	=	=	=			
17		销量	5	3	4	5			

图 3.3　例 3.6 的电子表格建模

对该问题的电子表格求解如图 3.4 所示。

	A	B	C	D	E	F	G	H	I
1			单位运价表						
2			销地						
3	产地		B1	B2	B3	B4	产量		
4	产地	A1	8	6	7	11	4		
5		A2	13	10	5	9	7		
6		A3	5	4	8	12	9		
7	销量		5	3	4	5			
8									
9			运送数量						
10			销地						
11			B1	B2	B3	B4	供应总计		产量
12	产地	A1	0	2	2	0	4	=	4
13		A2	0	0	2	5	7	=	7
14		A3	5	1	0	0	6	=	6
15	销量总计		5	3	4	5			110
16			=	=	=	=			
17		销量	5	3	4	5			

图 3.4 例 3.6 的电子表格求解

从图 3.4 可以看到:该问题的最优方案是:$x_{12}=2$,$x_{13}=2$,$x_{23}=2$,$x_{24}=5$,$x_{31}=5$,$x_{32}=1$。 这和用表上作业法得到的最优调运方案不是一致的,但总运费:

$$z = \sum_{i=1}^{3} \sum_{j=1}^{4} c_{ij}x_{ij} = 2\times6+2\times7+2\times5+5\times9+5\times5+1\times4 = 110(元)$$

这和用表上作业法得到的总运费是相等的,表明该问题最优方案不是唯一的。在用表上作业法进行最优性判别时存在某个非基变量的检验数为零,也证实了该运输问题最优调运方案不唯一。

[**例 3.7**] 回顾例 3.2,对该问题进行电子表格建模和求解。

解:该问题的电子表格建模如图 3.5 所示。

	A	B	C	D	E	F	G	H	I
1									
2			单位成本(元)						
3			顾客				产量(件)		
4			1	2	3	4			
5	工厂	1	55	42	46	53	8000		
6		2	37	18	32	48	5000		
7		3	29	59	51	35	7000		
8		最小采购量(件)	7000	3000	2000	0			
9		要求采购量(件)	7000	9000	6000	8000			
10									
11			运送数量						
12			顾客						产量(件)
13			1	2	3	4	产量总计		
14	工厂	1					0	=	8000
15		2					0	=	5000
16		3					0	=	7000
17		最小采购量(件)	7000	3000	2000	0			
18			≤	≤	≤	≤			
19		采购量总计	0	0	0	0	0		
20			≤	≤	≤	≤			
21		要求采购量(件)	7000	9000	6000	8000			

图 3.5 例 3.7 的电子表格建模

对该问题的电子表格求解如图 3.6 所示。

	A	B	C	D	E	F	G	H	I
1									
2					单位成本(元)				
3					顾客		产量（件）		
4			1	2	3	4			
5	工厂	1	55	42	46	53	8000		
6		2	37	18	32	48	5000		
7		3	29	59	51	35	7000		
8		最小采购量（件）	7000	3000	2000	0			
9		要求采购量（件）	7000	9000	6000	8000			
10									
11									
12					运送数量				
13					顾客				产量（件）
14			1	2	3	4	产量总计		
15	工厂	1	0	4000	4000	0	8000	=	8000
16		2	0	5000	0	0	5000	=	5000
17		3	7000	0	0	0	7000	=	7000
18		最小采购量（件）	7000	3000	2000	0			
19			≤	≤	≤	≤			
20		采购量总计	7000	9000	4000	0	645000		
21			≤	≤	≤	≤			
22		要求采购量（件）	7000	9000	6000	8000			

图 3.6　例 3.7 的电子表格求解

从图 3.6 不难看出：该问题的最优方案是：顾客 1 的订单全部满足，7 000 件全部由工厂 3 提供；顾客 2 的订单全部满足，其中 4 000 件由工厂 1 提供，5 000 件由工厂 2 提供；顾客 3 的订单只满足 2/3，4 000 件由工厂 1 提供；顾客 4 的订单没有满足，总的费用是 645 000 元。这和用表上作业法得到的结果是一致的。

[**例 3.8**]　回顾例 3.3，对该问题进行电子表格建模和求解。

解：该问题的电子表格建模如图 3.7 所示。

	A	B	C	D	E	F	G	H	I	J	K	L	M
1													
2							单位运价表						
3							销地						
4					加工厂		中转站		销售部				
5				A1	A2	A3	T1	T2	B1	B2			
6	产地	加工厂	A1	0	30	20	30	1E+08	60	80			
7			A2	40	0	20	50	20	130	70			
8			A3	1E+08	20	0	30	20	110	40			
9		中转站	T1	30	50	20	0	60	20	50			
10			T2	1E+09	30	20	70	0	1E+08	20			
11		销售部	B1	60	1E+08	1E+07	20	1E+09	0	90			
12			B2	1E+09	1E+09	4	1E+08	30	90	0			
13													
14													
15							运送数量						
16							销地						
17					加工厂		中转站		销售部				产量
18				A1	A2	A3	T1	T2	B1	B2	供给总计		
19	产地	加工厂	A1								0	=	130
20			A2								0	=	140
21			A3								0	=	130
22		中转站	T1								0	=	100
23			T2								0	=	100
24		销售部	B1								0	=	100
25			B2								0	=	100
26				0	0	0	0	0	0	0			
27		销量总计		=	=	=	=	=	=	=			0
28		销量		100	100	100	100	100	140	160			

图 3.7　例 3.8 的电子表格建模

对该问题的电子表格进行求解如图 3.8 所示。

	A	B	C	D	E	F	G	H	I	J	K	L	M
1													
2							单位运价表						
3							销地						
4					加工厂		中转站		销售部				
5				A1	A2	A3	T1	T2	B1	B2			
6	产地	加工厂	A1	0	30	20	30	1E+08	60	80			
7			A2	40	0	20	50	20	130	70			
8			A3	1E+08	20	0	30	20	110	40			
9		中转站	T1	30	50	20	0	60	20	50			
10			T2	1E+09	30	20	70	0	1E+08	20			
11		销售部	B1	60	1E+08	1E+07	20	1E+09	0	90			
12			B2	1E+09	1E+09	4	1E+08	30	90	0			
13													
14							运送数量						
15							销地						
16					加工厂		中转站		销售部				产量
17				A1	A2	A3	T1	T2	B1	B2	供给总计		
18	产地	加工厂	A1	100	0	0	30	0	0	0	130	=	130
19			A2	0	100	0	0	40	0	0	140	=	140
20			A3	0	0	100	10	0	0	20	130	=	130
21		中转站	T1	0	0	0	60	0	40	0	100	=	100
22			T2	0	0	0	0	60	0	40	100	=	100
23		销售部	B1	0	0	0	0	0	100	0	100	=	100
24			B2	0	0	0	0	0	0	100	100	=	100
25				100	100	100	100	100	140	160			
26		销量总计		=	=	=	=	=	=	=			
27		销量		100	100	100	100	100	140	160			4400

图 3.8 例 3.8 的电子表格求解

从图 3.8 不难看出:最优调运方案是由 A_1 运往 T_1 30 吨;由 A_2 运往 T_2 40 吨;由 A_3 运往 T_1 10 吨,运往 B_2 20 吨;由 T_1 运往 B_1 40 吨;由 T_2 运往 B_2 40 吨。总的运费为 4 400 元。这和用表上作业法得到的结果是一致的。

3.6 案例分析:分销系统结构

大比公司是一家电力消耗测量仪的制造商与销售商。该公司在埃尔帕索以一间小型工厂起家,逐渐建起了一个遍及得克萨斯州的客户基地。它的第一个分销中心在得克萨斯的 Ft.沃思建立。后来,由于其业务扩展到北部,第二个销售中心在新墨西哥州的圣菲建立。当该公司开始在亚利桑那州、加利福尼亚州、内华达州和犹他州打开其测量仪市场时,其在埃尔帕索的工厂也得以扩大。随着在西部海岸业务的发展,大比公司在拉斯维加斯建立了第三个分销中心。仅在两年前,又在加利福尼亚州的圣·伯纳迪诺建立了第二个生产工厂。

该公司各个工厂的制造成本是不一样的。在埃尔帕索的工厂,每个测量仪的成本是 10.5 美元;而由于圣·伯纳迪诺的工厂采用了更新、更高效率的设备,每个测量仪的成本是 10 美元,低于埃尔帕索的工厂。同样,各个工厂的生产能力是不同的,埃尔帕索下个季度的生产能力是 30 000 台,而圣·伯纳迪诺的生产能力是 20 000 台。

由于发展迅速,该公司忽略了分销系统的低效率问题。但是目前大比公司的管理阶层已经决定将此问题提上日程。表 3.37 和表 3.38 分别显示了产品从两个工厂运往三个分销中心的单位运输成本以及各个客户区的需求量预测。表 3.39 表示了从分销中心到各个客户区的单位运输成本。注意有些分销中心并不能对某些客户区进行服务。在现有的分销系统中,达拉斯、圣安东尼奥、威齐托和堪萨斯城的客户区由 Ft.沃思分销中心来服务。同样,圣菲销售中心为丹佛、盐湖城和凤凰城提供服务;拉斯维加斯分销中心满足洛杉矶和圣地亚哥客户区的需求。

表 3.37　工厂到分销中心的单位运输成本　　　　　　　　　　（单位:美元）

分销中心 工　厂	Ft.沃思	圣菲	拉斯维加斯
埃尔帕索	3.2	2.2	4.2
圣·伯纳迪诺	—	3.9	1.2

注:"—"表示不能运送。

表 3.38　客户区的需求量　　　　　　　　　　（单位:台）

客户区	达拉斯	圣安东尼奥	威齐托	堪萨斯城	丹佛	盐湖城	凤凰城	洛杉矶	圣地亚哥
需　求	6 300	4 880	2 130	1 210	6 120	4 830	2 750	8 580	4 460

表 3.39　分销中心到客户的单位运输成本　　　　　　　　　　（单位:美元）

客户区 分销中心	达拉斯	圣安东尼奥	威齐托	堪萨斯城	丹佛	盐湖城	凤凰城	洛杉矶	圣地亚哥
Ft.沃思	0.3	2.1	3.1	4.4	6.0	—	—	—	—
圣　菲	5.2	3.4	4.5	6.0	2.7	4.7	3.4	3.3	2.7
拉斯维加斯	—	—	—	—	5.4	3.3	2.4	2.1	2.5

注:"—"表示不能运送。

请对改进该分销系统提出建议。你的报告应该解决至少以下几个问题:

(1) 如果该公司不改变其现有的分销战略,那么该公司下个季度的制造与分销成本将会是多少?

(2) 假设该公司愿意打破对分销中心的限制,即客户可以在任何一个分销中心购买产品,成本会降低吗? 会降低多少?

(3) 该公司希望工厂能直接为某些客户提供销售服务。具体来讲,从圣·伯纳迪诺到洛杉矶的单位运输成本是 0.3 美元,圣·伯纳迪诺到圣地亚哥是 0.7 美元,而直接从埃尔帕索工厂到圣安东尼奥的单位运输成本是 3.5 美元。如果采用这种直接的工厂—客户之间的分销方式,分销成本会不会进一步被削减?

案例解答:

该案例的总产量为 50 000 台,总销量为 41 260 台,所以是一个产大于销的产销不平衡运输问题。

该案例的总成本＝制造成本＋分销成本 1＋分销成本 2

其中,分销成本 1 表示由产地到分销中心的运输成本,分销成本 2 表示由分销中心到客户区的运输成本。

为了便于建模,本案例对涉及的工厂、销售中心和客户区分别用符号表示。工厂:埃尔帕索——a,圣·伯纳迪诺——b;分销中心:Ft.沃思——A,圣菲(北部)——B,拉斯维加斯——C;客户区:达拉斯——1,圣安东尼奥——2,威齐托——3,堪萨斯城——4,丹佛——5,盐湖城——6,凤凰城——7,洛杉矶——8,圣地亚哥——9。

（1）在现有的分销系统下,分销中心只满足规定的客户需求,如表 3.40 所示。

表 3.40　现有分销系统服务的客户

分销中心	客　户　区								
	1	2	3	4	5	6	7	8	9
A	0.3	2.1	3.1	4.4	—	—	—	—	—
B	—	—	—	—	2.7	4.7	3.4	—	—
C	—	—	—	—	—	—	—	2.1	2.5
客户需求量(台)	6 300	4 880	2 130	1 210	6 120	4 830	2 750	8 580	4 460

由于产量大于销量,客户区需求完全被满足,则分销成本 2 是固定的,即:

$$\begin{aligned}分销成本\ 2 =\ & 6\ 300 \times 0.3 + 4\ 880 \times 2.1 + 2\ 130 \times 3.1 + 1\ 210 \times 4.4 + 6\ 120 \times 2.7 \\ & + 4\ 830 \times 4.7 + 2\ 750 \times 3.4 + 8\ 580 \times 2.1 + 4\ 460 \times 2.5 \\ =\ & 101\ 808(美元)\end{aligned}$$

根据已知条件及表 3.37 和表 3.40,可得从工厂到分销中心的产销平衡表和单位运价表如表 3.41 所示。

表 3.41　产销平衡表和单位运价表

生产成本＋分销成本 1	分销中心(美元/台)			产量(台)
工　厂	A	B	C	
a	10.5＋3.2	10.5＋2.2	10.5＋4.2	30 000
b	M	10＋3.9	10＋1.2	20 000
需求量(台)	14 520	13 700	13 040	

设工厂 a 到分销中心 A、B、C 的运量分别为 x_{11}、x_{12}、x_{13},工厂 b 到分销中心 A、B、C 的运量分别为 x_{21}、x_{22}、x_{23},总的成本为 z,则可得以下数学模型:

$$\min z = 13.7x_{11} + 12.7x_{12} + 14.7x_{13} + 13.9x_{22} + 11.2x_{23} + 101\ 808$$

$$\text{s.t.} \begin{cases} x_{11} + x_{12} + x_{13} \leqslant 30\ 000 \\ x_{21} + x_{22} + x_{23} \leqslant 20\ 000 \\ x_{11} + x_{21} = 14\ 520 \\ x_{12} + x_{22} = 13\ 700 \\ x_{13} + x_{23} = 13\ 040 \\ x_{21} = 0 \\ x_{11}, x_{12}, x_{13}, x_{21}, x_{22}, x_{23} \geqslant 0 \end{cases}$$

对该问题建立电子表格模型如图 3.9 所示。

	A	B	C	D	E	F	G	H	I	J	K	L
1	现有分销系统下:											
2						客 户 区						
3	分销中心	1	2	3	4	5	6	7	8	9		
4	A	0.3	2.1	3.1	4.4	—			—	—		
5	B	—	—	—		2.7	4.7	3.4	—	—		
6	C	—	—	—	—				2.1	2.5		
7		6300	4880	2130	1210	6120	4830	2750	8580	4460		
8	分销成本2=6300*0.3+4880*2.1+2130*3.1+1210*4.4+6120*2.7+4830*4.7+2750*3.4+8580*2.1+4460*2.5=101808（美元）											
9												
10	生产成本+											
11	分销成本1	分 销 中 心			产量							
12	工厂	A	B	C								
13	a	10.5+3.2	10.5+2.2	10.5+4.2	30000							
14	b	M	10+3.9	10+1.2	20000							
15	需要量	14520	13700	13040								
16												
17	工厂	A	B	C								
18	a	0	0	0	0	<=	30000					
19	b	0	0	0	0	<=	20000					
20		0	0	0								
21		=	=	=								
22	需要量	14520	13700	13040								
23												
24	总成本	=	制造成本	+	分销成本1	+	分销成本2		总分销成本			
25	101808	=	0	+	0	+	101808		101808			

图 3.9　案例 3.6(1)电子表格建模

对该问题进行电子表格求解如图 3.10 所示。

	A	B	C	D	E	F	G	H	I	J	K	L
1	现有分销系统下:											
2						客 户 区						
3	分销中心	1	2	3	4	5	6	7	8	9		
4	A	0.3	2.1	3.1	4.4	—			—	—		
5	B	—	—	—		2.7	4.7	3.4	—	—		
6	C	—	—	—	—				2.1	2.5		
7		6300	4880	2130	1210	6120	4830	2750	8580	4460		
8	分销成本2=6300*0.3+4880*2.1+2130*3.1+1210*4.4+6120*2.7+4830*4.7+2750*3.4+8580*2.1+4460*2.5=101808（美元）											
9												
10	生产成本+											
11	分销成本1	分 销 中 心			产量							
12	工厂	A	B	C								
13	a	10.5+3.2	10.5+2.2	10.5+4.2	30000							
14	b	M	10+3.9	10+1.2	20000							
15	需要量	14520	13700	13040								
16												
17	工厂	A	B	C								
18	a	14520	13700		28220	<=	30000					
19	b	0	0	13040	13040	<=	20000					
20		14520	13700	13040								
21		=	=	=								
22	需要量	14520	13700	13040								
23												
24	总成本	=	制造成本	+	分销成本1	+	分销成本2		总分销成本			
25	620770	=	426710	+	92252	+	101808		194060			

图 3.10　案例 3.6(1)电子表格求解

从图 3.10 可以看出:该问题的最优调运方案是: $x_{11}^* = 14\,520$, $x_{12}^* = 13\,700$, $x_{23}^* = 13\,040$, $x_{13}^* = x_{21}^* = x_{22}^* = 0$, $z^* = 620\,770$, 即总成本为 620 770 美元。其中:制造成本 426 710 美元;分销成本 194 060 美元,其中分销成本 1 是 92 252 美元,分销成本 2 是 101 808 美元。

(2)打破对分销中心的限制,各个分销中心到各个客户区的单位运价如表 3.42

所示。

表 3.42　分销中心到各个客户的单位运价　　　　　　　　（单位：美元）

分销中心	客　户　区								
	1	2	3	4	5	6	7	8	9
A	0.3	2.1	3.1	4.4	6.0	—	—	—	—
B	5.2	3.4	4.5	6.0	2.7	4.7	3.4	3.3	2.7
C	—	—	—	—	5.4	3.3	2.4	2.1	2.5

设 x_{111}、x_{112}、x_{113}、x_{114}、x_{115} 表示从 a 产地经销售中心 A 运往客户区 1、2、3、4、5 的运量；x_{121}、x_{122}、x_{123}、x_{124}、x_{125}、x_{126}、x_{127}、x_{128}、x_{129} 表示从 a 产地经销售中心 B 运往客户区 1、2、3、4、5、6、7、8、9 的运量，x_{135}、x_{136}、x_{137}、x_{138}、x_{139} 表示从 a 产地经销售中心 C 运往客户区 5、6、7、8、9 的运量，x_{221}、x_{222}、x_{223}、x_{224}、x_{225}、x_{226}、x_{227}、x_{228}、x_{229} 表示从 b 产地经销售中心 B 运往客户区 1、2、3、4、5、6、7、8、9 的运量；x_{235}、x_{236}、x_{237}、x_{238}、x_{239} 表示从 b 产地经销售中心 C 运往客户区 5、6、7、8、9 的运量；总的成本为 z。

根据已知条件，每个产地的产量、每个销地的销量、每个产地到每个销地的单位运价（生产成本＋分销成本）如表 3.43 所示。

表 3.43　产销平衡表及单位运价表

产地	分销中心	1	2	3	4	5	6	7	8	9	产量
a	A	14	15.8	16.8	18.1	19.7	M	M	M	M	30 000
	B	17.9	16.1	17.2	18.7	15.4	17.4	16.1	16	15.4	
	C	M	M	M	M	20.1	18	17.1	16.8	17.2	
b	A	M	M	M	M	M	M	M	M	M	20 000
	B	19.1	19.3	18.4	19.9	16.6	18.6	17.3	17.2	16.6	
	C	M	M	M	M	16.6	14.5	13.6	13.3	13.7	
需求量		6 300	4 880	2 130	1 210	6 120	4 830	2 750	8 580	4 460	

该问题的数学模型如下：

$$\min z = 14x_{111} + 15.8x_{112} + 16.8x_{113} + 18.1x_{114} + 19.7x_{115} + 17.9x_{121}$$
$$+ 16.1x_{122} + 17.2x_{123} + 18.7x_{124} + 15.4x_{125} + 17.4x_{126}$$
$$+ 16.1x_{127} + 16x_{128} + 15.4x_{129} + 20.1x_{135} + 18x_{136}$$
$$+ 17.1x_{137} + 16.8x_{138} + 17.2x_{139} + 19.1x_{221} + 19.3x_{222}$$
$$+ 18.4x_{223} + 19.9x_{224} + 16.6x_{225} + 18.6x_{226} + 17.3x_{227}$$
$$+ 17.2x_{228} + 16.6x_{229} + 16.6x_{235} + 14.5x_{236} + 13.6x_{237}$$
$$+ 13.3x_{238} + 13.7x_{239}$$

$$\text{s.t.}\begin{cases}
x_{111}+x_{112}+x_{113}+x_{114}+x_{115}+x_{121}+x_{122}+x_{123}+x_{124}+x_{125}+x_{126}\\
\quad+x_{127}+x_{128}+x_{129}+x_{135}+x_{136}+x_{137}+x_{138}+x_{139}\leqslant 30\,000\\
x_{221}+x_{222}+x_{223}+x_{224}+x_{225}+x_{226}\\
\quad+x_{227}+x_{228}+x_{229}+x_{235}+x_{236}+x_{237}+x_{238}+x_{239}\leqslant 20\,000\\
x_{111}+x_{121}+x_{221}=6\,300\\
x_{112}+x_{122}+x_{222}=4\,880\\
x_{113}+x_{123}+x_{223}=2\,130\\
x_{114}+x_{124}+x_{224}=1\,210\\
x_{115}+x_{125}+x_{135}+x_{225}+x_{235}=6\,120\\
x_{126}+x_{136}+x_{226}+x_{236}=4\,830\\
x_{127}+x_{137}+x_{227}+x_{237}=2\,750\\
x_{128}+x_{138}+x_{228}+x_{238}=8\,580\\
x_{129}+x_{139}+x_{229}+x_{239}=4\,460\\
x_{111},x_{112},x_{113},x_{114},x_{115},x_{121},x_{122},x_{123},x_{124},x_{125},x_{126},x_{127},x_{128},x_{129},\\
x_{135},x_{136},x_{137},x_{138},x_{139},x_{221},x_{222},x_{223},x_{224},\\
x_{225},x_{226},x_{227},x_{228},x_{229},x_{235},x_{236},x_{237},x_{238},x_{239}\geqslant 0
\end{cases}$$

对该问题建立电子表格模型如图 3.11 所示。

	A	B	C	D	E	F	G	H	I	J	K	L	M	N
1	(2)打破对分销中心的限制													
2	产地	分销中心					客 户 区					产量		
3			1	2	3	4	5	6	7	8	9			
4		A	14	15.8	16.8	18.1	19.7	—	—	—	—			
5	a	B	17.9	18.1	17.2	18.7	15.4	17.4	16.1	16	15.4	30000		
6		C	—	—	—	—	20.1	18	17.1	16.8	17.2			
7		A	—	—	—	—	—	—	—	—	—			
8	b	B	19.1	19.3	18.4	19.9	16.6	18.6	17.3	17.2	16.6	20000		
9		C	—	—	—	—	16.6	14.5	13.6	13.3	13.7			
10	需要量		6300	4880	2130	1210	6120	4830	2750	8580	4460			
11														
12		A	0	0	0	0	0	—	—	—	—	0		30000
13	a	B	0	0	0	0	0	0	0	0	0		<=	
14		C	—	—	—	—	0	0	0	0	0			
15		A	—	—	—	—	—	—	—	—	—	0		20000
16	b	B	0	0	0	0	0	0	0	0	0		<=	
17		C	—	—	—	—	0	0	0	0	0			
18			0	0	0	0	0	0	0	0	0			
19														
20	需要量		6300	4880	2130	1210	6120	4830	2750	8580	4460			
21														
22		总成本	=	制造成本	+	分销成本1	+	分销成本2		总分销成本				
23		0	=	0	+	0	+	0		0				

图 3.11　案例 3.6(2)电子表格建模

对该问题进行电子表格求解如图 3.12 所示。

从图 3.12 可以看出,该问题的总成本为 600 942 美元,其中制造成本 423 230 美元;总分销成本 177 712 美元,其中分销成本 1 是 85 292 美元,分销成本 2 是 92 420 美元。

将(2)和(1)比较,总成本减少 620 770 − 600 942 = 19 828 美元。

(3)若由工厂直销给客户,即 a 产地运往客户区 2 的单位运价是 3.5 美元;b 产地运往客户区 8 的单位运价是 0.3 美元,运往客户区 9 的单位运价是 0.7 美元。

产地	分销中心	1	2	3	4	5	6	7	8	9	产量		
		客户区											
	A	14	15.8	16.8	18.1	19.7	—	—	—	—			
a	B	17.9	16.1	17.2	18.7	15.4	17.4	16.1	16	15.4	30000		
	C	—	—	—	—	20.1	18	17.1	16.8	17.2			
	A	—	—	—	—	—	—	—	—	—			
b	B	19.1	19.3	18.4	19.9	16.6	18.6	17.3	17.2	16.6	20000		
	C					16.6	14.5	13.6	13.3	13.7			
需要量		6300	4880	2130	1210	6120	4830	2750	8580	4460			
	A	6300	4880	2130	1210	0	—	—	—	—	21260		30000
a	B	0	0	0	0	6120	0	0	0	620		<=	
	C	—	—	—	—	0	0	0	0	0			
	A	0	0	0	0	0	—	—	—	—	20000		20000
b	B	0	0	0	0	0	0	0	0	0		<=	
	C	—	—	—	—		4830	2750	8580	3840			
		6300	4880	2130	1210	6120	4830	2750	8580	4460			
		=	=	=	=	=	=	=	=	=			
需要量		6300	4880	2130	1210	6120	4830	2750	8580	4460			
	总成本	=	制造成本	+	分销成本1	+	分销成本2		总分销成本				
	600942		423230	+	85292	+	92420		177712				
	将(2)和(1)比较，总成本减少620770-600942=19828(美元)												

图 3.12　案例 3.6(2)电子表格求解

设 x_{111}，x_{113}，x_{114}，x_{115} 表示从 a 产地经销售中心 A 运往客户区 1、3、4、5 的运量；x_{121}，x_{123}，x_{124}，x_{125}，x_{126}，x_{127} 表示从 a 产地经销售中心 B 运往客户区 1、3、4、5、6、7 的运量，x_{135}，x_{136}，x_{137} 表示从 a 产地经销售中心 C 运往客户区 5、6、7 的运量，x_{221}，x_{223}，x_{224}，x_{225}，x_{226}，x_{227} 表示从 b 产地经销售中心 B 运往客户区 1、3、4、5、6、7 的运量，x_{235}，x_{236}，x_{237} 表示从 b 产地经销售中心 C 运往客户区 5、6、7 的运量；总的成本为 z，则该问题的数学模型为：

$$
\begin{aligned}
\min z = {} & 14x_{111} + 16.8x_{113} + 18.1x_{114} + 19.7x_{115} + 17.9x_{121} + 17.2x_{123} + 18.7x_{124} \\
& + 15.4x_{125} + 17.4x_{126} + 16.1x_{127} + 20.1x_{135} + 18x_{136} + 17.1x_{137} \\
& + 16.7x_{221} + 16x_{223} + 17.5x_{224} + 14.7x_{225} + 16.2x_{226} + 14.9x_{227} \\
& + 16.6x_{235} + 14.5x_{236} + 13.6x_{237} + (3.5 + 10.5) \times 4\,880 \\
& + (0.3 + 10) \times 8\,580 + (0.7 + 10) \times 4\,460
\end{aligned}
$$

$$
\text{s.t.}
\begin{cases}
x_{111} + x_{113} + x_{114} + x_{115} + x_{121} + x_{123} + x_{124} + x_{125} + x_{126} + x_{127} + x_{135} + x_{136} \\
\quad + x_{137} \leqslant 30\,000 - 4\,880 \\
x_{211} + x_{213} + x_{214} + x_{215} + x_{221} + x_{223} + x_{224} + x_{225} + x_{226} + x_{227} + x_{235} + x_{236} \\
\quad + x_{237} \leqslant 20\,000 - 8\,580 - 4\,460 \\
x_{111} + x_{121} + x_{221} = 6\,300 \\
x_{113} + x_{123} + x_{223} = 2\,130 \\
x_{114} + x_{124} + x_{224} = 1\,210 \\
x_{115} + x_{125} + x_{135} + x_{225} + x_{235} = 6\,120 \\
x_{126} + x_{136} + x_{226} + x_{236} = 4\,830 \\
x_{127} + x_{137} + x_{227} + x_{237} = 2\,750 \\
x_{111}，x_{113}，x_{114}，x_{115}，x_{121}，x_{123}，x_{124}，x_{125}，x_{126}，x_{127}，x_{135}，x_{136}，x_{137}，x_{221}， \\
\quad x_{223}，x_{224}，x_{225}，x_{226}，x_{227}，x_{235}，x_{236}，x_{237} \geqslant 0
\end{cases}
$$

对该问题建立电子表格模型如图 3.13 所示。

	A	B	C	D	E	F	G	H	I	J	K	L	M	N
1	工厂给客户直销 a-2:14　b-8:10.3 b-9:10.7													
2	产地	分销中心					客 户 区					产量		
3			1	2	3	4	5	6	7	8	9			
4		A	14	—	16.8	18.1	19.7	—	—	—	—			
5	a	B	17.9	—	17.2	18.7	15.4	17.4	16.1	—	—	30000		
6		C	—	—	—	20.1	18	17.1	—	—				
7		A	—	—	—	—	—	—	—	—				
8	b	B	16.7	—	16	17.5	14.2	16.2	14.9	—	—	20000		
9		C	—	—	—	—	16.6	14.5	13.6	—				
10	需要量		6300	4880	2130	1210	6120	4830	2750	8580	4460			
11														
12		A	0		0	0	0	—	—	—	—	0		25120
13	a	B	0		0	0	0	0	0	—	—		<=	
14		C	—		—	0	0	0	—	—				
15		A	—		—	—	—	—	—	—		0		6960
16	b	B	0		0	0	0	0	0	—	—		<=	
17		C	—		—	—	0	0	0	—				
18			0		0	0	0	0	0					
19			=		=	=	=	=	=					
20	需要量		6300	4880	2130	1210	6120	4830	2750	8580	4460			
21														
22		总成本	=	制造成本	+	分销成本1	+	分销成本2		总分销成本				
23		204416	=	181640	+	22776	+	0		22776				

图 3.13　案例 3.6(3)电子表格建模

对该问题进行电子表格求解如图 3.14 所示。

	A	B	C	D	E	F	G	H	I	J	K	L	M	N
1	工厂给客户直销 a-2:14　b-8:10.3 b-9:10.7													
2	产地	分销中心					客 户 区					产量		
3			1	2	3	4	5	6	7	8	9			
4		A	14	—	16.8	18.1	19.7	—	—	—	—			
5	a	B	17.9	—	17.2	18.7	15.4	17.4	16.1	—	—	30000		
6		C	—	—	—	20.1	18	17.1	—	—				
7		A	—	—	—	—	—	—	—	—				
8	b	B	16.7	—	16	17.5	14.2	16.2	14.9	—	—	20000		
9		C	—	—	—	—	16.6	14.5	13.6	—				
10	需要量		6300	4880	2130	1210	6120	4830	2750	8580	4460			
11														
12		A	6300		2130	1210	0	—	—	—	—	16380		25120
13	a	B	0		0	0	6120	0	620	—	—		<=	
14		C	—		—	0	0	0	—	—				
15		A	—		—	—	—	—	—	—		6960		6960
16	b	B	0		0	0	0	0	0	—	—		<=	
17		C	—		—	—	0	4830	2130	—				
18			6300		2130	1210	6120	4830	2750					
19			=		=	=	=	=	=					
20	需要量		6300	4880	2130	1210	6120	4830	2750	8580	4460			
21														
22		总成本	=	制造成本	+	分销成本1	+	分销成本2		总分销成本				
23		553534	=	423230	+	76804	+	53500		130304				
24	将(3)和(2)比较,总成本减少600942-553534=47408(美元)													

图 3.14　案例 3.6(3)电子表格求解

从图 3.14 可以看出:该问题的总成本为 553 534 美元,其中:制造成本为 423 230 美元;总分销成本为 130 304 美元,其中分销成本 1 为 76 804 美元,分销成本 2 为 53 500 美元。

将(3)和(2)比较,总成本减少 600 942 − 553 534 = 47 408 美元。

习题

一、单项选择题

1. 下面的调运方案能作为用表上作业法求解时的初始基本可行解的是(　　　)。

A.

产地＼销地	1	2	3	4	产量
1	0	15			15
2			15	10	25
3	5				5
销量	5	15	15	10	

B.

产地＼销地	1	2	3	4	产量
1	0	5		10	15
2		10	15		25
3	5				5
销量	5	15	15	10	

C.

产地＼销地	1	2	3	4	产量
1	0	5		10	15
2			15	10	25
3	5		0		5
销量	5	15	15	10	

D.

产地＼销地	1	2	3	4	产量
1		15			15
2			15	10	25
3	5				5
销量	5	15	15	10	

2. 产销不平衡问题中，如果出现产大于销时，应（　　　）将其转化为产销平衡问题。

A. 减少一个产地　　　　　　　　B. 减少一个销地

C. 增加一个产地　　　　　　　　D. 增加一个销地

3. 在用闭回路调整运输方案时，要使空格处运量增加的最大值等于要减少的数字格的最小值，这样做的主要目的是（　　　）。

A. 保证运量不出现负数　　　　　B. 保证最优方案的实现

C. 保证运费的某种节俭得以实现　　D. 保证产销平衡

4. 下面哪种方法不是确定初始调运方案的方法？（　　　）

A. 西北角法　　　B. 伏格尔法　　　C. 位势法　　　D. 最小元素法

5. 对于有 m 个产地、n 个销地的产销平衡运输问题,其数学模型是(　　)。

A. $\max z = \sum_{i=1}^{m} \sum_{j=1}^{n} c_{ij} x_{ij}$

$$\text{s.t.} \begin{cases} \sum_{i=1}^{m} x_{ij} = b_j, \ j=1,2,\cdots,n \\ \sum_{j=1}^{n} x_{ij} = a_i, \ i=1,2,\cdots,m \\ x_{ij} \geqslant 0, \ i=1,2,\cdots,m, \ j=1,2,\cdots,n \end{cases}$$

B. $\max z = \sum_{i=1}^{m} \sum_{j=1}^{n} c_{ij} x_{ij}$

$$\text{s.t.} \begin{cases} \sum_{i=1}^{m} x_{ij} = b_j, \ j=1,2,\cdots,n \\ \sum_{j=1}^{n} x_{ij} = a_i, \ i=1,2,\cdots,m \\ x_{ij} \leqslant 0, \ i=1,2,\cdots,m, \ j=1,2,\cdots,n \end{cases}$$

C. $\min z = \sum_{i=1}^{m} \sum_{j=1}^{n} c_{ij} x_{ij}$

$$\text{s.t.} \begin{cases} \sum_{i=1}^{m} x_{ij} = b_j, \ j=1,2,\cdots,n \\ \sum_{j=1}^{n} x_{ij} = a_i, \ i=1,2,\cdots,m \\ x_{ij} \leqslant 0, \ i=1,2,\cdots,m, \ j=1,2,\cdots,n \end{cases}$$

D. $\min z = \sum_{i=1}^{m} \sum_{j=1}^{n} c_{ij} x_{ij}$

$$\text{s.t.} \begin{cases} \sum_{i=1}^{m} x_{ij} = b_j, \ j=1,2,\cdots,n \\ \sum_{j=1}^{n} x_{ij} = a_i, \ i=1,2,\cdots,m \\ x_{ij} \geqslant 0, \ i=1,2,\cdots,m, \ j=1,2,\cdots,n \end{cases}$$

6. 一个有 6 个产地 7 个销地的运输问题,其对偶问题有(　　)。

A. 12 个变量　　　　B. 42 个约束　　　　C. 13 个约束　　　　D. 13 个基变量

7. 有 5 个产地 4 个销地的运输问题,其基变量的个数是(　　)。

A. 9 个　　　　　　B. 10 个　　　　　　C. 20 个　　　　　　D. 8 个

8. 下列变量组构成一个闭回路的是(　　)。

A. $\{x_{11}, x_{12}, x_{23}, x_{34}, x_{41}, x_{13}\}$　　　　B. $\{x_{21}, x_{13}, x_{34}, x_{41}, x_{12}\}$

C. $\{x_{12}, x_{32}, x_{33}, x_{23}, x_{21}, x_{11}\}$　　　　D. $\{x_{12}, x_{22}, x_{32}, x_{33}, x_{23}, x_{21}\}$

9. $m+n-1$ 个变量构成一组基变量的充要条件是(　　)。

A. $m+n-1$ 个变量恰好构成一个闭回路

B. $m+n-1$ 个变量不包含任何闭回路

C. $m+n-1$ 个变量中部分变量构成一个闭回路

D. $m+n-1$ 个变量对应的系数列向量线性相关

10. 对于运输问题的描述,下面哪一个是正确的?(　　)

A. 是线性规划问题　　　　　　　　B. 不是线性规划问题

C. 可能存在无可行解　　　　　　　D. 可能无最优解

11. 对于总运输费用最大的运输问题,若已经得到最优方案,则其所有空格的检验数都满足(　　)。

A. 小于 0　　　　　B. 非负　　　　　C. 非正　　　　　D. 大于 0

12. 根据位势法,运输问题中非基变量的检验数的计算公式为(　　)。

A. $c_{ij}+u_i-v_j$　　　B. $u_i+v_j-c_{ij}$　　　C. $c_{ij}-u_i+v_j$　　　D. 以上都不对

13. 为对运输问题的调运方案进行改进,在调整路线中调整量应为(　　)。

A. 偶数号顶点处运输量的最小值　　　B. 奇数号顶点处运输量的最小值

C. 偶数号顶点处运输量的最大值　　　D. 奇数号顶点处运输量的最大值

14. 在运输方案中出现退化现象,是指非零的数字格的数目(　　)。

A. 等于 $m+n-1$　　B. 小于 $m+n-1$　　C. 大于 $m+n$　　　D. 等于 $m+n$

15. 下列结论正确的是(　　)。

A. 运输问题单位运价表中第 p 列的每个 c_{ij} 同时乘以一个非零常数 k,其最优调运方案不变

B. 运输问题单位运价表中第 r 行的每个 c_{ij} 同时加上一个非零常数 k,其最优调运方案不变

C. 产销不平衡运输问题一定存在最优解

D. 运输问题单位运价表中所有 c_{ij} 同时乘以一个非零常数 k,其最优调运方案发生变化

二、是非判断题(正确的标"T",错误的标"F")

1. 已知某运输问题的调运方案和单位运价表分别如表 3.44 和表 3.45 所示。则所给出的调运方案一定为最优方案。　　　　　　　　　　　　　　　　　(　　)

表 3.44　调运方案

产地＼销地	B_1	B_2	B_3	B_4	B_5	产量
A_1		40			10	50
A_2	5	10	20		5	40
A_3	25			35		60
A_4				15	15	30
销量	30	50	20	50	30	

表 3.45　单位运价表

产地＼销地	B₁	B₂	B₃	B₄	B₅
A₁	20	10	40	30	20
A₂	30	20	20	40	20
A₃	30	50	40	20	40
A₄	60	50	30	10	20

2. 最小元素法和伏格尔法均可以用来确定运输问题的初始基本可行解。　　（　　）

3. 对于求极小值的运输问题,当空格处的检验数都满足小于等于零时,该运输问题得到最优调运方案。　　　（　　）

4. 运输问题中,当总销量大于总产量时,可以采用增加一个假想的产地求解。

（　　）

5. 对于有 m 个产地、n 个销地的产销平衡运输问题,其数字格的个数一定为（$m+n-1$）个。　　　（　　）

6. 运输问题不能用 Excel 建模求解。　　　（　　）

7. 运输问题的位势就是其对偶变量。　　　（　　）

8. 按最小元素法求得运输问题的初始方案,从任一空格出发都存在唯一一个闭回路。　　　（　　）

9. 运输问题中用闭回路法和位势法求得的检验数不相等。　　　（　　）

10. 产销平衡运输问题一定有最优解。　　　（　　）

11. 产地数与销地数相等的运输问题是产销平衡运输问题。　　　（　　）

12. 如果运输问题中出现了退化问题(即某一个数字格取值为零),那么应当在划去的行和列的任意位置中补上一个零,并且不能和已有的数字格构成闭回路。　　　（　　）

13. 闭回路是指以数字格为始点和终点,其余顶点均为空格构成的封闭回路。（　　）

14. 在用闭回路法对方案进行调整时,偶点的运量应该减少,奇点的运量应该增加。

（　　）

15. 单纯形法不能用于求解运输问题。　　　（　　）

三、计算题

1. 考虑表 3.46 所示的运输问题。

表 3.46　产销平衡表及单位运价表

产地＼销地	B₁	B₂	B₃	B₄	产量
A₁	3	5	4	3	3
A₂	4	8	7	5	7
A₃	5	4	9	6	6
销量	4	4	3	3	

求解该问题的最优调运方案。

2. 已知某运输问题的产销平衡表与单位运价表如表 3.47 所示。

表 3.47　产销平衡表及单位运价表

产地 ＼ 销地	A	B	C	D	E	产量
1	20	20	20	20	40	70
2	20	40	10	30	30	100
3	40	30	40	50	20	130
销量	30	100	60	30	70	

(1) 求最优调拨方案。

(2) 如果产地 2 的产量为 80 单位,而 B 地区需要的 100 单位必须满足,试重新确定最优调拨方案。

3. 已知某运输问题的产销平衡表与单位运价表如表 3.48 所示。

表 3.48　产销平衡表及单位运价表

产地 ＼ 销地	A	B	C	D	E	产量
1	2	1	3	3	3	50
2	4	2	2	4	5	40
3	2	3	4	2	4	60
销量	30	20	30	40	30	

(1) 求最优调拨方案。

(2) 单位运价表中的 C_{25} 在什么范围内变化时,(1)求出的最优调拨方案不变。

4. 某公司从 A_1、A_2 两个批发商处进货,将物品运往 B_1、B_2、B_3 三个销地,各批发商的供给量与各销地的销售量以及各批发地运往各销售地每件物品的运费如表 3.49 所示。问应该如何调运,才能使总运费最小?

表 3.49　产销平衡表及单位运价表

产地 ＼ 销地	B_1	B_2	B_3	产量
A_1	29	11	22	45
A_2	16	13	12	78
销量	36	53	65	

5. 已知某运输问题,其单位运价表如表 3.50 所示,最优调运方案如表 3.51 所示,试问表 3.50 中的 k 值在什么范围内变化时,表 3.51 中的最优调运方案不变。

表 3.50　单位运价表

产地＼销地	甲	乙	丙	丁
1	40	20	40	20
2	30	k	20	40
3	40	30	40	30

表 3.51　最优调运方案

产地＼销地	甲	乙	丙	丁	产量
1		50		100	150
2	0	100	150		250
3	50				50
销量	50	150	150	100	

6. 某服装公司分别生产 A、B、C 三种款式服装,每月可供货量分别是 2 000 件、2 000 件、1 000 件,它们分别被送往甲、乙、丙三个百货商店销售。已知每月各款式服装在各百货商店的预计销售总量均在 1 500 件,由于经营策略的原因,各百货商店销售不同服装的盈利不同,具体的数据参照表 3.52。已知甲百货商店要求至少供应 A 款服装 1 000 件,而拒绝采购 C 款服装。求在满足上述条件下使总盈利额最大的供销分配方案。

表 3.52　供应量及单位盈利额

产地＼销地	甲	乙	丙	可供量
A	11	10	12	2 000
B	9	8	16	2 000
C	—	4	5	1 000

四、建模与求解

1. 某厂欲安排今后四个季度某种产品的生产计划,已知各季度工厂的情况如表 3.53 所示。试确定使总成本最低的生产计划。

表 3.53　各季度工厂情况

项目＼季度	第一季度	第二季度	第三季度	第四季度
单件生产成本	16	14	13	10
每季度需求量	600	900	800	400
正常生产能力	700	700	700	700
加班生产能力	0	200	200	0
加班单件成本	21	19	17	15
库存费用	3	3	3	3

2. 某厂生产设备是以销定产的。已知 7—12 月份各月的生产能力、合同销量和单台设备的平均生产费用如表 3.54 所示。

表 3.54 工厂 7—12 月份的有关数据

月份	正常生产能力（台）	加班生产能力（台）	销量（台）	单台费用（万元）
7	80	40	70	13.5
8	100	40	103	13
9	100	40	160	13
10	90	20	115	13.5
11	50	10	75	14
12	60	10	104	15

已知 6 月末时的库存为 103 台。如果当月生产出来的设备当月不交货，则需要运送到分厂库房。每台增加运输成本 0.1 万元，每台设备每月的平均仓储费、维护费为 0.2 万元。每年的 1—2 月份为生产淡季，全厂停产 1 个月，因此，在 12 月份完成销售合同还要留出库存 80 台。加班生产设备每台增加成本 1 万元。问应该如何安排 7—12 月份的生产，使总的生产（包括运输、仓储、维护）费用最少？

3. 某空调公司在 C 城市有 S_1 和 S_2 两个仓库，T_1—T_5 五个销售点。一天傍晚，该公司统计各销售点的预计销量，以及仓库现有库存如图 3.15 所示，图中还给出了各仓库到各销售点的距离（千米）。空调运输成本为 0.5 元/千米·台。

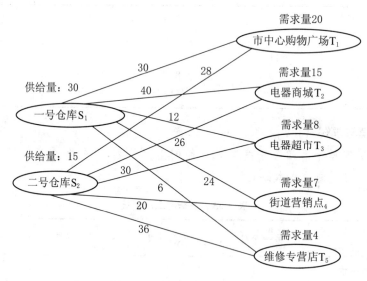

图 3.15 公司库存和销售情况

除了运输成本，还有仓库与销售点的装卸人工成本，如表 3.55 所示。

表 3.55　人工成本　　　　　　　　　　　　　　　　　　　（单位：元/台）

仓库/销售点	人工成本
一号仓库 S_1	5.5
二号仓库 S_2	4.5
销售点 T_1	3
销售点 T_2	3
销售点 T_3	3.5
销售点 T_4	4
销售点 T_5	5

（1）为使总费用最小，该空调公司该如何进行调运？

（2）若销售点 T_1 和销售点 T_2 的空调需求必须全部满足，应如何进行调运？

4. 某化肥厂所辖的三个工厂 F_1、F_2、F_3 每天分别生产 20 吨、22 吨、4 吨化肥，运往 W_1 和 W_2 两个仓库。W_1 和 W_2 的库存量分别为 21 吨和 25 吨。各地之间的运价如表 3.56 所示。试求总运费最小的调运方案。

表 3.56　各地之间运价表　　　　　　　　　　　　　　　　（单位：元/吨）

起点＼终点	F_1	F_2	W_1	W_2
F_1		5	6	7
F_2	6		6	8
F_3	1	8	9	9
W_1	9	10		10

第 4 章　目标规划

第 1 章中介绍的线性规划问题,虽然可以处理很多线性系统的最优化问题。但是,它作为一种解决实际问题的决策工具,仍然存在两个弱点:

第一,目标单一。线性规划只能在一组约束条件下,求某单一目标的最大值或最小值。然而在现代经济社会中,任何一项活动的利益关系都是多元的,目标也应该是综合的。决策者需要考虑一系列主要的、次要的、近期的、远期的、相互补充的、相互对立的目标。

第二,约束条件不能相互矛盾。如果约束条件出现相互矛盾的情况,那么按照线性规划模型,此问题是无可行解的。但在实际决策中,出现矛盾应该尝试解决,或增加资源,或减少消耗,从而得到比较可行的方案。

基于线性规划的局限性,我们引入目标规划,这是在线性规划的基础上为适应多目标最优决策而逐步发展起来的模型。本章将介绍目标规划模型的建立方法、特点,如何用图解法和单纯形法进行求解,如何进行灵敏度分析,电子表格建模与求解,案例分析等。

4.1　目标规划问题及其数学模型

4.1.1　目标规划问题的提出

[例 4.1]　回顾例 1.1:某工厂计划生产 A、B 两种产品,分别需要由机器、人工和原材料三种资源共同完成,相关数据如表 4.1 所示。要求在不超过资源限制的情况下安排 A、B 两种产品,使得该工厂获得的利润最大。

表 4.1　相关数据

资　　源	产品 A	产品 B	资源限制
机器(工时)	5	2	120
人工(小时)	2	3	90
原材料(千克)	4	2	100
产品利润(元)	12	8	

在第 1 章中,我们设产品 A、B 的产量分别为 x_1 件和 x_2 件,工厂获得的总利润为 z 元,则该问题的线性规划模型如下:

$$\max z = 12x_1 + 8x_2$$

$$\text{s.t.} \begin{cases} 5x_1 + 2x_2 \leqslant 120 \\ 2x_1 + 3x_2 \leqslant 90 \\ 4x_1 + 2x_2 \leqslant 100 \\ x_1, \ x_2 \geqslant 0 \end{cases}$$

求解得,最优生产计划为产品 A 生产 15 件,产品 B 生产 20 件,最大利润为 340 元。从线性规划的角度来看,问题似乎得到了圆满的解决。但是如果站在该工厂领导的立场上来看,这样的解决方法过于简单化了。

首先,对于该工厂的生产计划,不只是要考虑,在资源限制条件下达到利润最大化,还要满足其他方面的需求。例如,财务部门希望有尽可能大的利润,以实现其年度利润目标;物资部门希望有尽可能小的物资消耗,以节约储备资金占用;销售部门可能希望产品多种多样,适销对路;生产部门可能希望有尽可能大的产品批量,便于安排生产。

另外,该工厂的实际情况可能无法使上述线性规划问题的各个约束条件相容。例如,由于储备资金的限制,原材料最大供应量不能满足计划产量需要时,从供给和需求两个方面产生的约束条件彼此就是互不相容的。再比如,由于设备维修、能源供应、其他产品生产等,计划期内可以提供的设备工时不能满足计划产量工时需要时,也会产生彼此互不相容的情况。

由此可见,工厂决策者需要的不是严格的数学最优解,而是可以帮助作出最优决策的参考性计划。

因此,我们对这一问题加以改进,假设在例 1.1 中,工厂综合考虑各部门的需求,各部门人员进一步协调达成了以下一致的意见:

(1) 原材料和机器机时限额不得突破。

(2) 优先考虑:由于产品 B 销售疲软,希望产品 B 的产量不超过产品 A 的一半。

(3) 其次考虑:最好能节约 4 小时人工工时。

(4) 最后考虑:计划利润不少于 300 元。

根据上述综合需求,我们可以将线性规划问题转化为目标规划来求解。目标规划的基本思想是:对每一个目标函数引进一个期望值(理想值),但由于种种条件的限制,这些期望值往往并不都能达到。从而,我们对每个目标引入正、负偏差变量,将所有的目标函数并入原来的约束条件,组成新的约束条件。在这组新的约束条件下,寻找使各种目标偏差达到最小的方案。

4.1.2　目标规划模型的建立

下面具体来讨论如何建立目标规划模型，涉及以下基本概念：

1. 目标函数的期望值

一个线性规划如果包含 n 个目标，则在建立目标规划时，首先要给每个目标确定一个希望它达到的期望值 $e_i(i=1,2,\cdots,n)$。这些值的确定不要求十分精确和严格，它们可以根据以往的历史资料或根据市场的需求、上级部门的布置和要求等来确定。显然，这样确定的目标期望值往往是互相矛盾的，不可能全部实现。但这不影响我们求解问题，我们要做的就是寻找某个可行解，使这些目标函数的期望值如何最好地、最接近地实现。

2. 偏差变量

对每一个决策目标，引入正、负偏差变量 d_i^+ 和 d_i^-，其中 d_i^+ 表示第 i 个目标超出期望值的数值，d_i^- 表示第 i 个目标未达到期望值的数值。由于对于同一目标，其取值不可能同时存在超出期望值和没达到期望值两种情况，故 d_i^+ 与 d_i^- 中至少有一个为零。根据以上定义，偏差变量满足以下条件：

$$d_i^+\geqslant0,\ d_i^-\geqslant0,\ d_i^+\cdot d_i^-=0(i=1,2,\cdots,n)$$

引入了目标函数的期望值及正负偏差变量后，原来的目标函数就变成了约束条件的一部分。

3. 绝对约束和目标约束

绝对约束是指必须严格满足的约束条件，如线性规划中的约束条件都是绝对约束。绝对约束是硬约束，它的满足与否，决定了解的可行性。目标约束是目标规划特有的概念，是一种软约束，目标约束中决策值和目标值之间的差异，用偏差变量表示。

4. 达成函数

目标规划的达成函数（又称准则函数或目标函数）由各目标约束的偏差变量构成。由于目标规划追求的是尽可能接近各个既定的目标值，也就是使各个目标函数期望值的偏差变量尽可能小，所以其目标函数只能是极小化。一般有三种基本表达式：

（1）要求刚好达到目标值，这时，决策值超过或不足目标值都是不希望的，形式为：

$$\min f(d^++d^-)$$

（2）要求不超过目标值，但允许不足目标值。这时不希望决策值超过目标值，形式为：

$$\min f(d^+)$$

（3）要求不低于目标值，但允许超过目标值。这时不希望决策值低于目标值，形式为：

$$\min f(d^-)$$

5. 优先因子和权系数

对于多目标问题来说，显然各个目标的重要程度是完全不一样的，不同目标的主次轻重有两种差别。一种差别是绝对的，可用优先因子 P_i 来表示。只有高级优先因子对应的目标已满足的基础上，才能考虑较低级优先因子对应的目标；在考虑低级优先因子对应的目标时，绝不允许违背已满足的高级优先因子对应的目标。优先因子之间的关系为：

$$P_i \gg P_{i+1}$$

在这里，记号"$\gg$"的含义是远远大于，即当 $P_i \gg P_{i+1}$ 时，不存在任何大的正实数 M，能使 $MP_{i+1} > P_i$。这说明 P_i 和 P_{i+1} 不是同一级别的，它们之间的大小已不能用数的概念来进行比较。必须注意的是，P_i 仅仅是一个优先等级的记号，在具体计算时，它并不表示任何具体的数。

另一种差别是相对的，这些目标具有相同的优先因子，它们的重要程度可用权系数 ω 的不同来表示。ω_{ij}^+ 表示第 P_i 级目标中 d_j^+ 的权系数，ω_{ij}^- 表示第 P_i 级目标中 d_j^- 的权系数。

这样，达成函数既有优先等级，又在同一优先等级内有相应的权系数。如：

$$\min f = P_1(2d_1^- + d_3^+) + P_2 d_2^- + P_3(d_4^- + 3d_1^+)$$

这个达成函数，共有三个优先等级。在 P_1 级目标中，有两个需求最小的目标 d_1^- 和 d_3^+，它们的权系数分别为 2 和 1；在 P_2 级目标中，只有一个目标 d_2^-；在第三级目标中，也有两个目标 d_4^- 和 d_1^+，它们的权系数分别为 1 和 3。

根据上述概念，对例 4.1 我们可以建立如下目标规划模型：

首先，引入偏差变量 d_i^+，d_i^-（$i = 1, 2, 3$）。d_1^+ 表示产品 A 的生产数量超过产品 B 的两倍的数值，d_1^- 表示产品 A 的生产数量不足产品 B 的两倍的数值。d_2^+ 表示人工工时超过 86 小时的数值，d_2^- 表示人工工时不足 86 小时的数值。d_3^+ 表示总利润超过 300 元的数值，d_3^- 表示总利润不足 300 元的数值。由此我们得到三个目标约束条件：

$$x_1 - 2x_2 + d_1^- - d_1^+ = 0 \text{（产品生产数量目标）}$$
$$2x_1 + 3x_2 + d_2^- - d_2^+ = 86 \text{（节约人工工时目标）}$$
$$12x_1 + 8x_2 + d_3^- - d_3^+ = 300 \text{（计划利润目标）}$$

保留原有的两个绝对约束条件：

$$5x_1 + 2x_2 \leq 120 \text{（机器机时的限制）}$$
$$4x_1 + 2x_2 \leq 100 \text{（原材料的限制）}$$

根据各部门意见，首先，我们考虑产品的产量目标，产品 A 的产量不能低于产品 B

的产量的 2 倍,即最小化 d_1^- 为第一优先级 P_1;其次,我们考虑节约人工工时目标,人工工时最好不超过 86 小时,即最小化 d_2^+ 为第二优先级 P_2;最后,我们考虑计划利润目标,利润最好不低于 300 元,即最小化 d_3^- 为第三优先级 P_3。

因此,该问题的目标规划模型为:

$$\min f = P_1 d_1^- + P_2 d_2^+ + P_3 d_3^-$$

$$\text{s.t.} \begin{cases} 5x_1 + 2x_2 \leqslant 120 \\ 4x_1 + 2x_2 \leqslant 100 \\ x_1 - 2x_2 + d_1^- - d_1^+ = 0 \\ 2x_1 + 3x_2 + d_2^- - d_2^+ = 86 \\ 12x_1 + 8x_2 + d_3^- - d_3^+ = 300 \\ x_1, x_2, d_i^+, d_i^- \geqslant 0 (i = 1, 2, 3) \end{cases}$$

4.1.3　目标规划模型的标准形式

一般地,目标规划数学模型的标准形式为:

$$\min f = \sum_{i=1}^{k} P_i \cdot \sum_{j=1}^{m} (\omega_{ij}^- d_j^- + \omega_{ij}^+ d_j^+) \tag{4.1}$$

$$\text{s.t.} \begin{cases} \sum_{j=1}^{n} c_{ij} x_j + d_i^- - d_i^+ = e_i \quad i = 1, 2, \cdots, m & (4.2) \\ \\ \sum_{j=1}^{n} a_{ij} x_j = b_i \quad i = 1, 2, \cdots, l & (4.3) \\ \\ x_j \geqslant 0 \quad j = 1, 2, \cdots, n & (4.4) \\ d_i^-, d_i^+ \geqslant 0 \quad i = 1, 2, \cdots, m & (4.5) \end{cases}$$

从上述数学模型可以看出:模型有 n 个决策变量,m 个目标,$2m$ 个偏差变量,l 个绝对约束条件。其他符号含义在第 4.1.2 节中均有介绍。

建立目标规划模型的一般步骤如下:

(1) 按生产和工作要求确定各个目标及其优先等级和期望值。

(2) 设立决策变量,建立各个约束条件方程。

(3) 对每个目标引入正、负偏差变量,建立目标约束条件,并放入已有的绝对约束条件中。

(4) 如果各约束条件之间有矛盾,也可适当引入偏差变量。

(5) 根据各目标的优先等级和权系数建立达成函数。

4.2 目标规划的图解法

第 4.1 节讨论的目标规划数学模型可以看成是线性规划模型的补充和发展,因此,目标规划也可以利用线性规划的求解方法来求解。特别地,对于仅有两个决策变量的目标规划,可以用简便而直观的图解法进行求解。

在用图解法求解目标规划时,首先必须满足所有绝对约束,接着再按照优先因子和权系数逐个考虑目标约束。若优先因子 P_j 对应的解空间为 R_j,则优先因子 P_{j+1} 对应的解空间 $R_{j+1} \subseteq R_j$。若 $R_j \neq \varnothing$,$R_{j+1} = \varnothing$,则 R_j 中解为目标规划的满意解,它只能满足 P_j 及以前的目标,因此不能称为最优解。

图解法的求解步骤主要为:

(1) 在直角坐标系中画出目标规划问题的绝对约束以及目标约束中暂不考虑正负偏差变量的直线。

(2) 在目标约束相应的直线上标出偏差变量变化时的直线平移方向。

(3) 按优先级高低依次考虑各目标,若在优先级高的区域里无法满足优先等级低的目标,则终止。挑选最小破坏低等级的点或区域得到目标规划的满意解。

[**例 4.2**] 用图解法求解例 4.1 的目标规划模型。

$$\min f = P_1 d_1^- + P_2 d_2^+ + P_3 d_3^-$$

$$\text{s.t.} \begin{cases} 5x_1 + 2x_2 \leqslant 120 \\ 4x_1 + 2x_2 \leqslant 100 \\ x_1 - 2x_2 + d_1^- - d_1^+ = 0 \\ 2x_1 + 3x_2 + d_2^- - d_2^+ = 86 \\ 12x_1 + 8x_2 + d_3^- - d_3^+ = 300 \\ x_1, x_2, d_i^+, d_i^- \geqslant 0 (i = 1, 2, 3) \end{cases}$$

解:建立直角坐标系,以变量 x_1 为横坐标,x_2 为纵坐标。解题过程如图 4.1 所示。

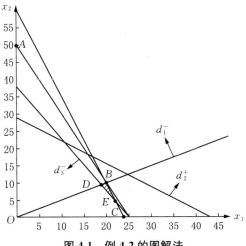

图 4.1 例 4.2 的图解法

首先考虑绝对约束,四边形 $OABC$ 区域是满足该模型的两个绝对约束和非负条件的解空间。

接着,对于三个目标约束,去掉偏差变量,画出相应直线,标出偏差变量变化时的直线平移方向。

按照优先级高低,首先考虑 P_1,此时要求 $\min d_1^-$,因此解空间 R_1 为△OBC 区域;再考虑 P_2,此时要求 $\min d_2^+$,解空间 R_1 满足该条件,因此解空间不变;最后考虑 P_3,此时要求 $\min d_3^-$,因此解空间 R_3 为△BDE 区域。

易得,B、D、E 三点坐标为 $(20, 10)$,$\left(\dfrac{75}{4}, \dfrac{75}{8}\right)$,$\left(\dfrac{45}{2}, \dfrac{15}{4}\right)$,故问题的解可以表示为:

$$\alpha_1(20, 10) + \alpha_2\left(\frac{75}{4}, \frac{75}{8}\right) + \alpha_3\left(\frac{45}{2}, \frac{15}{4}\right) = \left(20\alpha_1 + \frac{75}{4}\alpha_2 + \frac{45}{2}\alpha_3,\ 10\alpha_1 + \frac{75}{8}\alpha_2 + \frac{15}{4}\alpha_3\right)$$

$$\alpha_1,\ \alpha_2,\ \alpha_3 \geqslant 0,\ \alpha_1 + \alpha_2 + \alpha_3 = 1$$

遇到像本题一样的情况,最后一级目标的解空间非空,得到的解能满足所有目标。当解不唯一时,决策者在作实际决策时究竟选择哪一个解,完全取决于自身的考虑。

但这种情况并不总是出现,很多目标规划问题只能满足前面 P_j 级目标,这是我们就要寻找满意解,使它尽可能地满足高级别的目标,同时又对那些不能满足的低级别目标的偏离程度尽可能小。

[**例 4.3**]　用图解法求解以下目标规划。

$$\min f = P_1 d_1^- + P_2 d_2^+ + P_3(3d_3^- + 2d_4^-)$$

$$\text{s.t.} \begin{cases} x_1 + 2x_2 + d_1^- - d_1^+ = 6 \\ x_1 + 2x_2 + d_2^- - d_2^+ = 10 \\ x_1 - 3x_2 + d_3^- - d_3^+ = 4 \\ x_2 + d_4^- - d_4^+ = 3 \\ x_1,\ x_2,\ d_i^+,\ d_i^- \geqslant 0 (i = 1, 2, 3, 4) \end{cases}$$

解:建立直角坐标系,以变量 x_1 为横坐标,x_2 为纵坐标。解题过程如图 4.2 所示。

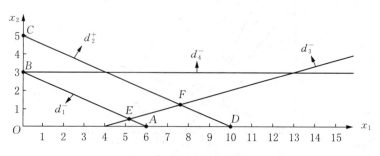

图 4.2　例 4.3 的图解法

该问题没有绝对约束,在自变量非负的条件下,解空间为第一象限及两个正半轴。

对于四个目标约束,去掉偏差变量,画出相应直线,标出偏差变量变化时的直线平移方向。

按照优先级高低,首先考虑 P_1,此时要求 $\min d_1^-$,因此解空间 R_1 为线段 AB 在第一象限右上方区域;再考虑 P_2,此时要求 $\min d_2^+$,解空间 R_2 为四边形 $ABCD$ 区域;接着考虑 P_3,因为 d_3^- 权系数比 d_4^- 大,先考虑 $\min d_3^-$,解空间 R_3 为四边形 $ADFE$ 区域;最后考虑 d_4^-,但是四边形 $ADFE$ 区域内无法满足 $d_4^-=0$,只能退一步,在四边形 $ADFE$ 区域内找一点,使得 d_4^- 尽可能小。易得,这一点就是点 $F\left(\dfrac{38}{5},\ \dfrac{6}{5}\right)$。所以,该目标规划问题的满意解为 $x_1=\dfrac{38}{5}$,$x_2=\dfrac{6}{5}$。

4.3 目标规划的单纯形法

从前面两节的讨论中,我们可以发现目标规划的数学模型和线性规划的数学模型有着相似的结构,因此我们也可以采用单纯形法求解目标规划问题,但是有两点需要注意:

(1)目标规划带有优先等级,求解过程中要把优先因子 $P_k(k=1,\ 2,\ \cdots,\ n)$ 看成是具有不同数量级的 n 个很大的正数。

(2)目标规划的目标函数是以最小值形式出现,要注意在判别和选择换入变量时,与最大值形式的区别。

一般地,用单纯形法求解目标规划的步骤如下:

(1)建立初始单纯形表,通常可以用负偏差变量、松弛变量或人工变量构成初始基本可行解,在表中检验数行按优先级分别列出对应系数。

(2)确定换入变量:首先从 P_1 的检验数系数行中挑选,若 P_1 系数全为非负,则从下一优先级 P_2 中挑选,以此类推。

(3)确定换出变量:与一般单纯形法相同,按极小值准则确定换出变量。

(4)确定中心元素,然后进行旋转运算。

(5)重复(2)(3)(4),当目标函数检验数都为非负时,没有变量可以换入,该问题取得满意解。

下面对第 4.2 节讲过的两道例题再分别用单纯形法进行求解。

[**例 4.4**] 试用单纯形法解例 4.1 所建立的目标规划问题。

解:引入松弛变量,将目标规划问题转化为标准形式:

$$\min f = P_1 d_1^- + P_2 d_2^+ + P_3 d_3^-$$

$$\text{s.t.} \begin{cases} 5x_1 + 2x_2 + x_3 = 120 \\ 4x_1 + 2x_2 + x_4 = 100 \\ x_1 - 2x_2 + d_1^- - d_1^+ = 0 \\ 2x_1 + 3x_2 + d_2^- - d_2^+ = 86 \\ 12x_1 + 8x_2 + d_3^- - d_3^+ = 300 \\ x_1, x_2, x_3, x_4, d_i^+, d_i^- \geqslant 0 (i = 1, 2, 3, 4) \end{cases}$$

以 x_3，x_4，d_1^-，d_2^-，d_3^- 为基变量建立初始单纯形表(见表 4.2)，其中非基变量 x_1 的 P_1 系数为负，选 x_1 为换入变量。然后按照极小值准则，确定 d_1^- 为换出变量。

表 4.2　例 4.4 初始单纯形表

c_j		0	0	0	0	P_1	0	0	P_2	P_3	0	b	θ
C_B	X_B	x_1	x_2	x_3	x_4	d_1^-	d_1^+	d_2^-	d_2^+	d_3^-	d_3^+		
0	x_3	5	2	1	0	0	0	0	0	0	0	120	24
0	x_4	4	2	0	1	0	0	0	0	0	0	100	25
P_1	d_1^-	[1]	-2	0	0	1	-1	0	0	0	0	0	0
0	d_2^-	2	3	0	0	0	0	1	-1	0	0	86	43
P_3	d_3^-	12	8	0	0	0	0	0	0	1	-1	300	25
		-1	2	0	0	0	1	0	0	0	0	P_1	
σ_j		0	0	0	0	0	0	0	1	0	0	P_2	
		-12	-8	0	0	0	0	0	0	0	1	P_3	

经过迭代变换，得到表 4.3，其中 P_1、P_2 行均为非负，非基变量 x_2 的 P_3 系数为负且绝对值最大，因此确定换入变量为 x_2。按照极小值准则，确定 d_3^- 为换出变量。

表 4.3　例 4.4 单纯形表(续 1)

c_j		0	0	0	0	P_1	0	0	P_2	P_3	0	b	θ
C_B	X_B	x_1	x_2	x_3	x_4	d_1^-	d_1^+	d_2^-	d_2^+	d_3^-	d_3^+		
0	x_3	0	12	1	0	-5	5	0	0	0	0	120	10
0	x_4	0	10	0	1	-4	4	0	0	0	0	100	10
0	x_1	1	-2	0	0	1	-1	0	0	0	0	0	—
0	d_2^-	0	7	0	0	-2	2	1	-1	0	0	86	$\dfrac{86}{7}$
P_3	d_3^-	0	[32]	0	0	-12	12	0	0	1	-1	300	$\dfrac{75}{8}$
		0	0	0	0	1	0	0	0	0	0	P_1	
σ_j		0	0	0	0	0	0	0	1	0	0	P_2	
		0	-32	0	0	12	-12	0	0	0	1	P_3	

经过迭代变换,得到表 4.4,其中检验数均非负,因此我们得到了该问题的一个满意解:$x_1 = \dfrac{75}{4}$,$x_2 = \dfrac{75}{8}$,即图 4.1 中的 D 点。表 4.4 中非基变量 d_1^+,d_3^+ 的检验数都为 0,说明此问题有多重满意解,因此,需要继续迭代得到其他满意解。

表 4.4 例 4.4 单纯形表(续 2)

c_j		0	0	0	0	P_1	0	0	P_2	P_3	0	b
C_B	X_B	x_1	x_2	x_3	x_4	d_1^-	d_1^+	d_2^-	d_2^+	d_3^-	d_3^+	
0	x_3	0	0	1	0	$-\dfrac{1}{2}$	$\dfrac{1}{2}$	0	0	$-\dfrac{3}{8}$	$\dfrac{3}{8}$	$\dfrac{15}{2}$
0	x_4	0	0	0	1	$-\dfrac{1}{4}$	$\dfrac{1}{4}$	0	0	$-\dfrac{5}{16}$	$\dfrac{5}{16}$	$\dfrac{25}{4}$
0	x_1	1	0	0	0	$\dfrac{1}{4}$	$-\dfrac{1}{4}$	0	0	$\dfrac{1}{16}$	$-\dfrac{1}{16}$	$\dfrac{75}{4}$
0	d_2^-	0	0	0	0	$\dfrac{5}{8}$	$-\dfrac{5}{8}$	1	-1	$-\dfrac{7}{32}$	$\dfrac{7}{32}$	$\dfrac{163}{8}$
0	x_2	0	1	0	0	$-\dfrac{3}{8}$	$\dfrac{3}{8}$	0	0	$\dfrac{1}{32}$	$-\dfrac{1}{32}$	$\dfrac{75}{8}$
		0	0	0	0	1	0	0	0	0	0	P_1
	σ_j	0	0	0	0	0	0	0	1	0	0	P_2
		0	0	0	0	0	0	0	0	1	0	P_3

以 d_1^+ 为换入变量继续迭代得表 4.5,另一个满意解为:$x_1 = \dfrac{45}{2}$,$x_2 = \dfrac{15}{4}$,即图 4.1 中的点 E。

表 4.5 例 4.4 单纯形表(续 3)

c_j		0	0	0	0	P_1	0	0	P_2	P_3	0	b
C_B	X_B	x_1	x_2	x_3	x_4	d_1^-	d_1^+	d_2^-	d_2^+	d_3^-	d_3^+	
0	d_1^+	0	0	2	0	-1	1	0	0	$-\dfrac{3}{4}$	$\dfrac{3}{4}$	15
0	x_4	0	0	$-\dfrac{1}{2}$	1	0	0	0	0	$-\dfrac{1}{8}$	$\dfrac{1}{8}$	$\dfrac{5}{2}$
0	x_1	1	0	$\dfrac{1}{2}$	0	0	0	0	0	$-\dfrac{1}{8}$	$\dfrac{1}{8}$	$\dfrac{45}{2}$
0	d_2^-	0	0	$\dfrac{5}{4}$	0	0	0	1	-1	$-\dfrac{11}{16}$	$\dfrac{11}{16}$	$\dfrac{119}{4}$
0	x_2	0	1	$-\dfrac{3}{4}$	0	0	0	0	0	$\dfrac{5}{16}$	$-\dfrac{5}{16}$	$\dfrac{15}{4}$
		0	0	0	0	1	0	0	0	0	0	P_1
	σ_j	0	0	0	0	0	0	0	1	0	0	P_2
		0	0	0	0	0	0	0	0	1	0	P_3

以 d_3^+ 为换入变量继续迭代得表 4.6,另一个满意解为:$x_1=20$,$x_2=10$,即图 4.1 中点 B。

表 4.6　例 4.4 单纯形表(续 4)

c_j		0	0	0	0	P_1	0	0	P_2	P_3	0	b
C_B	X_B	x_1	x_2	x_3	x_4	d_1^-	d_1^+	d_2^-	d_2^+	d_3^-	d_3^+	
0	d_3^+	0	0	$\frac{3}{8}$	0	$-\frac{4}{3}$	$\frac{4}{3}$	0	0	-1	1	20
0	x_4	0	0	$-\frac{5}{6}$	1	$\frac{1}{6}$	$-\frac{1}{6}$	0	0	0	0	0
0	x_1	1	0	$\frac{1}{6}$	0	$\frac{1}{6}$	$-\frac{1}{6}$	0	0	0	0	20
0	d_2^-	0	0	$-\frac{7}{12}$	0	$\frac{11}{12}$	$-\frac{11}{12}$	1	-1	0	0	16
0	x_2	0	1	$\frac{1}{12}$	0	$-\frac{5}{12}$	$\frac{5}{12}$	0	0	0	0	10
		0	0	0	0	1	0	0	0	0	0	P_1
σ_j		0	0	0	0	0	0	0	1	0	0	P_2
		0	0	0	0	0	0	0	1	0	P_3

表 4.5 和表 4.6 中均有非基变量检验数为零,它们都可以作为换入变量继续迭代,但是不能再得到新的满意解。综上所述,此目标规划问题的解为以上三个满意解(即 D、B、E 三点)的凸组合。各满意解的最终单纯形表中三个优先因子的系数都为非负,说明任何一个满意解都能满足所有目标的要求。此问题用单纯形法的求解结果与图解法的求解结果完全一致。

[例 4.5]　试用单纯形法求解例 4.3 的目标规划问题。

解:将目标规划模型转化为标准形式:

$$\min f = P_1 d_1^- + P_2 d_2^+ + P_3 (3d_3^- + 2d_4^-)$$

$$\text{s.t.} \begin{cases} x_1 + 2x_2 + d_1^- - d_1^+ = 6 \\ x_1 + 2x_2 + d_2^- - d_2^+ = 10 \\ x_1 - 3x_2 + d_3^- - d_3^+ = 4 \\ x_2 + d_4^- - d_4^+ = 3 \\ x_1, x_2, d_i^+, d_i^- \geqslant 0 (i=1, 2, 3, 4) \end{cases}$$

以 d_1^-,d_2^-,d_3^-,d_4^- 为基变量建立初始单纯形表(见表 4.7),其中非基变量 x_2 的 P_1 系数为负且绝对值最大,选 x_2 为换入变量。接着按照极小值准则,确定 d_1^- 为换出变量。

表 4.7 例 4.5 初始单纯形表

c_j		0	0	P_1	0	0	P_2	$3P_3$	0	$2P_3$	0	b	θ
C_B	X_B	x_1	x_2	d_1^-	d_1^+	d_2^-	d_2^+	d_3^-	d_3^+	d_4^-	d_4^+		
P_1	d_1^-	1	[2]	1	-1	0	0	0	0	0	0	6	3
0	d_2^-	1	2	0	0	1	-1	0	0	0	0	10	5
$3P_3$	d_3^-	1	-3	0	0	0	0	1	-1	0	0	4	—
$2P_3$	d_4^-	0	1	0	0	0	0	0	0	1	-1	3	3
		-1	-2	0	1	0	0	0	0	0	0	P_1	
σ_j		0	0	0	0	0	1	0	0	0	0	P_2	
		-3	7	0	0	0	0	0	3	0	2	P_3	

经过迭代变换,得到表 4.8,其中 P_1、P_2 行均为非负,非基变量 x_1 的 P_3 系数为负且绝对值最大,因此确定换入变量为 x_1。按照最小比值规则,确定 d_3^- 为换出变量。

表 4.8 例 4.5 单纯形表(续 1)

c_j		0	0	P_1	0	0	P_2	$3P_3$	0	$2P_3$	0	b	θ
C_B	X_B	x_1	x_2	d_1^-	d_1^+	d_2^-	d_2^+	d_3^-	d_3^+	d_4^-	d_4^+		
0	x_2	$\frac{1}{2}$	1	$\frac{1}{2}$	$-\frac{1}{2}$	0	0	0	0	0	0	3	6
0	d_2^-	0	0	-1	1	1	-1	0	0	0	0	4	—
$3P_3$	d_3^-	$\left[\frac{5}{2}\right]$	0	$\frac{3}{2}$	$-\frac{3}{2}$	0	0	1	-1	0	0	13	$\frac{26}{5}$
$2P_3$	d_4^-	$-\frac{1}{2}$	0	$-\frac{1}{2}$	$\frac{1}{2}$	0	0	0	0	1	-1	0	—
		0	0	1	0	0	0	0	0	0	0	P_1	
σ_j		0	0	0	0	0	1	0	0	0	0	P_2	
		$-\frac{13}{2}$	0	$-\frac{7}{2}$	$\frac{7}{2}$	0	0	0	3	0	2	P_3	

经过迭代变换,得到表 4.9,其中 P_1、P_2 行均为非负,非基变量 d_1^+ 的 P_3 系数为负,因此确定换入变量为 d_1^+。按照极小值准则,确定 d_2^- 为换出变量。

表 4.9 例 4.5 单纯形表(续 2)

c_j		0	0	P_1	0	0	P_2	$3P_3$	0	$2P_3$	0	b	θ
C_B	X_B	x_1	x_2	d_1^-	d_1^+	d_2^-	d_2^+	d_3^-	d_3^+	d_4^-	d_4^+		
0	x_2	0	1	$\frac{1}{5}$	$-\frac{1}{5}$	0	0	$-\frac{1}{5}$	$\frac{1}{5}$	0	0	$\frac{2}{5}$	—
0	d_2^-	0	0	-1	[1]	1	-1	0	0	0	0	4	4

(续表)

c_j		0	0	P_1	0	0	P_2	$3P_3$	0	$2P_3$	0	b	θ
C_B	X_B	x_1	x_2	d_1^-	d_1^+	d_2^-	d_2^+	d_3^-	d_3^+	d_4^-	d_4^+		
0	x_1	1	0	$\frac{3}{5}$	$-\frac{3}{5}$	0	0	$\frac{2}{5}$	$-\frac{2}{5}$	0	0	$\frac{26}{5}$	—
$2P_3$	d_4^-	0	0	$-\frac{1}{5}$	$\frac{1}{5}$	0	0	$\frac{1}{5}$	$-\frac{1}{5}$	1	-1	$\frac{13}{5}$	13
		0	0	1	0	0	0	0	0	0	0	P_1	
σ_j		0	0	0	0	1	0	0	0	0	0	P_2	
		0	0	$\frac{2}{5}$	$-\frac{2}{5}$	0	0	$\frac{13}{5}$	$\frac{2}{5}$	0	2	P_3	

经过迭代变换,得到表 4.10,此时检验数均为非负,且没有非基变量检验数为 0,因此我们得到了该问题的唯一满意解,$x_1 = \frac{38}{5}$,$x_2 = \frac{6}{5}$,即图 4.2 中点 F。优先因子 P_1 和 P_2 的系数都为非负,但是 P_3 的系数还有负数,这说明此满意解满足了优先因子 P_1 和 P_2 的目标,但是没有完全满足 P_3 的目标。对于优先因子 P_3:$d_3^- = 0$,$d_4^- = \frac{9}{5}$,可见是 d_4^- 的目标还未实现。以上结果与图解法(见图 4.2)完全一致。

表 4.10 例 4.5 单纯形表(续 3)

c_j		0	0	P_1	0	0	P_2	$3P_3$	0	$2P_3$	0	b	θ
C_B	X_B	x_1	x_2	d_1^-	d_1^+	d_2^-	d_2^+	d_3^-	d_3^+	d_4^-	d_4^+		
0	x_2	0	1	0	0	$\frac{1}{5}$	$-\frac{1}{5}$	$-\frac{1}{5}$	$\frac{1}{5}$	0	0	$\frac{6}{5}$	
0	d_1^+	0	0	-1	1	1	-1	0	0	0	0	4	
0	x_1	1	0	0	0	$\frac{3}{5}$	$-\frac{3}{5}$	$\frac{2}{5}$	$-\frac{2}{5}$	0	0	$\frac{38}{5}$	
$2P_3$	d_4^-	0	0	0	0	$-\frac{1}{5}$	$\frac{1}{5}$	$\frac{1}{5}$	$-\frac{1}{5}$	1	-1	$\frac{9}{5}$	
		0	0	1	0	0	0	0	0	0	0	P_1	
σ_j		0	0	0	0	0	1	0	0	0	0	P_2	
		0	0	0	0	$\frac{2}{5}$	$-\frac{2}{5}$	$\frac{13}{5}$	$\frac{2}{5}$	0	2	P_3	

实际问题中,我们也可以用普通的单纯形法求解目标规划问题。我们可以将优先因子理解为一种特殊的正常数,将不同等级的优先因子用不同数量级的常数代替。例如,有 4 个优先级的目标规划问题,可近似地取 $P_4 = 1$,$P_3 = 10$,$P_2 = 100$,$P_1 = 1\,000$,这样目标规划问题就转化为标准的线性规划问题来求解。这种近似虽然不足,但在大多数情况下,仍是用线性规划程序解目标规划模型这样简单而实用的办法(具体见第

4.5 节电子表格建模方法)。

4.4 目标规划的灵敏度分析

目标规划同线性规划一样,模型中的参数通常会随着实际情况的变化而变化,因此需要进行灵敏度分析。目标规划的灵敏度分析的方法和原理与线性规划相同,本节通过两个例子来讨论优先因子改变时的灵敏度分析,以及约束条件右端项发生变化时的灵敏度分析。

4.4.1 优先因子改变时的分析

目标规划模型中,优先因子和权系数的确定一般具有主观性,所以尤其需要对它们进行灵敏度分析。优先因子发生改变后,只需将其直接反映到原先的最终单纯形表中并重新计算检验数。如果仍然满足检验数非负,则满意解不变;否则,继续迭代直到满足所有检验数非负。

[例 4.6] 若例 4.5 中的 P_2 和 P_3 级目标交换,分析其满意解的变化。

解:将例 4.5 的最终单纯形表(见表 4.10)的检验数行和 C_B,c_j 进行相应调整,得到表 4.11。

表 4.11 例 4.6 单纯形表

c_j		0	0	P_1	0	0	P_3	$3P_2$	0	$2P_2$	0	b	θ
C_B	X_B	x_1	x_2	d_1^-	d_1^+	d_2^-	d_2^+	d_3^-	d_3^+	d_4^-	d_4^+		
0	x_2	0	1	0	0	$\frac{1}{5}$	$-\frac{1}{5}$	$-\frac{1}{5}$	$\frac{1}{5}$	0	0	$\frac{6}{5}$	—
0	d_1^+	0	0	-1	1	1	-1	0	0	0	0	4	—
0	x_1	1	0	0	0	$\frac{3}{5}$	$-\frac{3}{5}$	$\frac{2}{5}$	$-\frac{2}{5}$	0	0	$\frac{38}{5}$	—
$2P_2$	d_4^-	0	0	0	0	$-\frac{1}{5}$	$\left[\frac{1}{5}\right]$	$\frac{1}{5}$	$-\frac{1}{5}$	1	-1	$\frac{9}{5}$	9
		0	0	1	0	0	0	0	0	0	0	P_1	
σ_j		0	0	0	0	$\frac{2}{5}$	$-\frac{2}{5}$	$\frac{13}{5}$	$\frac{2}{5}$	0	2	P_2	
		0	0	0	0	0	1	0	0	0	0	P_3	

从表中可见,检验数出现了负数,所以满意解发生了变化。以 d_2^+ 为换入变量,d_4^- 为换出变量继续迭代,得到表 4.12。表中检验数均非负,说明此时已经找到了新的满意解:$x_1=13$,$x_2=3$。这时优先因子 P_1 和 P_2 的检验数系数都为非负,但是 P_3 的系数还有负数,这说明新的满意解满足了优先因子 P_1 和 P_2 的目标,但是没有完全满足 P_3 的目标。

表 4.12　例 4.6 单纯形表(续)

C_B	X_B	c_j 0 x_1	0 x_2	P_1 d_1^-	0 d_1^+	0 d_2^-	P_3 d_2^+	$3P_2$ d_3^-	0 d_3^+	$2P_2$ d_4^-	0 d_4^+	b
0	x_2	0	1	0	0	0	0	0	0	1	-1	3
0	d_1^+	0	0	-1	1	0	0	1	-1	5	-5	13
0	x_1	1	0	0	0	0	0	0	-1	3	-3	13
P_3	d_2^+	0	0	0	0	-1	1	1	-1	5	-5	9
σ_j		0	0	1	0	0	0	0	0	0	0	P_1
		0	0	0	0	0	0	3	0	2	0	P_2
		0	0	0	0	1	0	-1	1	-5	5	P_3

4.4.2　约束条件右端项改变时的分析

目标规划模型中,约束条件右端项变化时的灵敏度分析与一般线性规划问题相同。当 b 变动了 Δb,计算 $B^{-1}\Delta b$ 并将其与原先最终单纯形表的 b 列相加(B^{-1} 由初始基变量在最终单纯形表中的系数列向量构成,推导见第 2.3.1 节单纯形法的矩阵描述)。若 b 列仍然保持非负,则说明满意解不变;否则,用对偶单纯形法继续迭代。

[例 4.7]　若例 4.5 中第一个约束条件的右端项由 6 变为 11,分析其满意解的变化。

解:第一个约束条件的右端项变化了 5,有:

$$\Delta b^* = B^{-1}\Delta b = \begin{bmatrix} 0 & \dfrac{1}{5} & -\dfrac{1}{5} & 0 \\ -1 & 1 & 0 & 0 \\ 0 & \dfrac{3}{5} & \dfrac{2}{5} & 0 \\ 0 & -\dfrac{1}{5} & \dfrac{1}{5} & 1 \end{bmatrix} \begin{bmatrix} 5 \\ 0 \\ 0 \\ 0 \end{bmatrix} = \begin{bmatrix} 0 \\ -5 \\ 0 \\ 0 \end{bmatrix}$$

将右端项的变化加到例 4.5 的最终单纯形表(见表 4.10)中,得到表 4.13。

表 4.13　例 4.7 单纯形表

C_B	X_B	c_j 0 x_1	0 x_2	P_1 d_1^-	0 d_1^+	0 d_2^-	P_2 d_2^+	$3P_3$ d_3^-	0 d_3^+	$2P_3$ d_4^-	0 d_4^+	b
0	x_2	0	1	0	0	$\dfrac{1}{5}$	$-\dfrac{1}{5}$	$-\dfrac{1}{5}$	$\dfrac{1}{5}$	0	0	$\dfrac{6}{5}$
0	d_1^+	0	0	-1	1	1	$[-1]$	0	0	0	0	-1

（续表）

C_B	X_B	x_1	x_2	d_1^-	d_1^+	d_2^-	d_2^+	d_3^-	d_3^+	d_4^-	d_4^+	b
c_j		0	0	P_1	0	0	P_2	$3P_3$	0	$2P_3$	0	
0	x_1	1	0	0	0	$\frac{3}{5}$	$-\frac{3}{5}$	$\frac{2}{5}$	$-\frac{2}{5}$	0	0	$\frac{38}{5}$
$2P_3$	d_4^-	0	0	0	0	$-\frac{1}{5}$	$\frac{1}{5}$	$\frac{1}{5}$	$-\frac{1}{5}$	1	-1	$\frac{9}{5}$
		0	0	1	0	0	0	0	0	0	0	P_1
σ_j		0	0	0	0	0	1	0	0	0	0	P_2
		0	0	0	0	$\frac{2}{5}$	$-\frac{2}{5}$	$\frac{13}{5}$	$\frac{2}{5}$	0	2	P_3
θ				$-P_1$			$-P_2+\left(\frac{2}{5}\right)P_3$					

其中 b 列的 d_1^+ 行出现了负数，因此作为换出变量。计算检验数与 d_1^+ 行中负数的比值，绝对值最小的对应 d_2^+ 作为换入变量。使用对偶单纯形法继续迭代得到表 4.14。此时已经求得新的满意解：$x_1=\dfrac{41}{5}$，$x_2=\dfrac{7}{5}$。

表 4.14　例 4.7 单纯形表（续）

C_B	X_B	x_1	x_2	d_1^-	d_1^+	d_2^-	d_2^+	d_3^-	d_3^+	d_4^-	d_4^+	b
c_j		0	0	P_1	0	0	P_2	$3P_3$	0	$2P_3$	0	
0	x_2	0	1	$\frac{1}{5}$	$-\frac{1}{5}$	0	0	$-\frac{1}{5}$	$\frac{1}{5}$	0	0	$\frac{7}{5}$
P_2	d_2^+	0	0	1	-1	-1	1	0	0	0	0	1
0	x_1	1	0	$\frac{3}{5}$	$-\frac{3}{5}$	0	0	$\frac{2}{5}$	$-\frac{2}{5}$	0	0	$\frac{41}{5}$
$2P_3$	d_4^-	0	0	$-\frac{1}{5}$	$\frac{1}{5}$	0	0	$\frac{1}{5}$	$-\frac{1}{5}$	1	-1	$\frac{8}{5}$
		0	0	1	0	0	0	0	0	0	0	P_1
σ_j		0	0	-1	1	1	0	0	0	0	0	P_2
		0	0	$\frac{2}{5}$	$-\frac{2}{5}$	0	0	$\frac{13}{5}$	$\frac{2}{5}$	0	2	P_3
θ												

4.5　电子表格建模和求解

[例 4.8]　试对例 4.1 中的目标规划模型进行电子表格建模和求解。

$$\min f = P_1 d_1^- + P_2 d_2^+ + P_3 d_3^-$$

$$\text{s.t.} \begin{cases} 5x_1 + 2x_2 \leqslant 120 \\ 4x_1 + 2x_2 \leqslant 100 \\ x_1 - 2x_2 + d_1^- - d_1^+ = 0 \\ 2x_1 + 3x_2 + d_2^- - d_2^+ = 86 \\ 12x_1 + 8x_2 + d_3^- - d_3^+ = 300 \\ x_1, x_2, d_i^+, d_i^- \geqslant 0 (i = 1, 2, 3) \end{cases}$$

解：我们利用 Excel 求解该目标规划问题。和线性规划问题类似，我们使用 Excel 中的规划求解工具，可以将优先因子理解为一种特殊的正常数，将不同等级的优先因子用不同数量级的常数代替。

例 4.1 的目标函数中有三个优先级，可近似地取 $P_3 = 10^0$，$P_2 = 10^2$，$P_1 = 10^4$，这样目标规划问题就转化为了标准的线性规划问题来求解。

对该问题建立电子表格模型如图 4.3 所示。

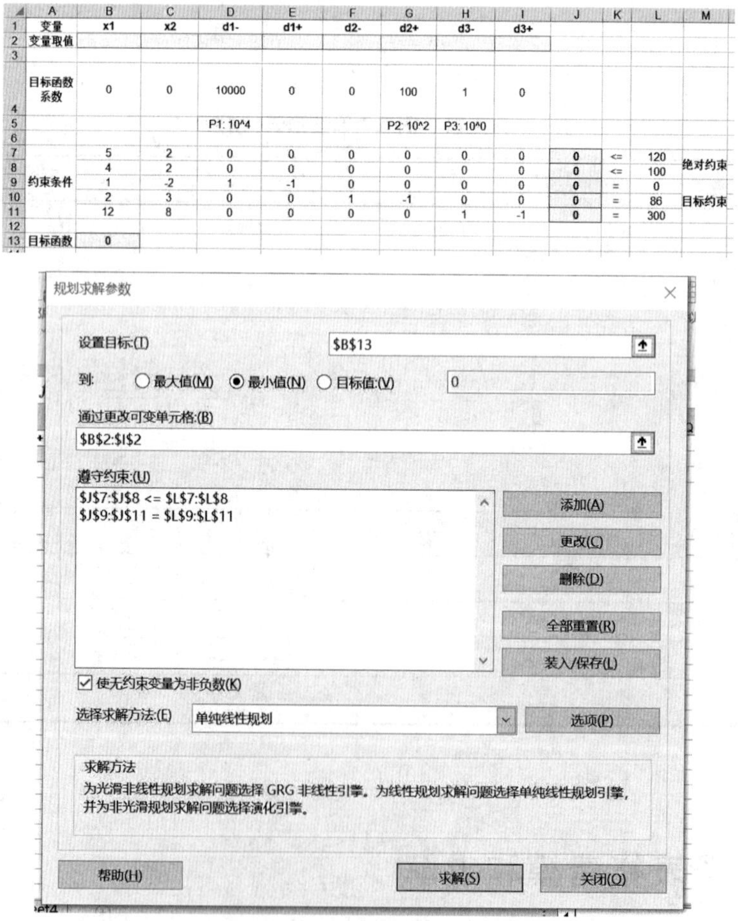

图 4.3　例 4.8 电子表格建模

对该问题进行电子表格求解如图 4.4 所示。

	A	B	C	D	E	F	G	H	I	J	K	L	M
1	变量	x1	x2	d1-	d1+	d2-	d2+	d3-	d3+				
2	变量取值	18.75	9.375	0	0	20.375	0	0	0				
3													
4	目标函数系数	0	0	10000	0	0	100	1	0				
5				P1: 10^4			P2: 10^2	P3: 10^0					
6													
7	约束条件	5	2	0	0	0	0	0	0	112.5	<=	120	绝对约束
8		4	2	0	0	0	0	0	0	93.75	<=	100	
9		1	-2	1	-1	0	0	0	0	0	=	0	目标约束
10		2	3	0	0	1	-1	0	0	86	=	86	
11		12	8	0	0	0	0	1	-1	300	=	300	
12													
13	目标函数	0											

图 4.4 例 4.8 电子表格求解

如图 4.4 所示，电子表格求解得到该目标规划问题的一个满意解：$x_1=\frac{75}{4}$，$x_2=\frac{75}{8}$，符合图解法和单纯形法的求解结果。

4.6 案例分析：食品券项目的营养计划

某国家农业部负责管理国家的食品券项目，向低收入家庭提供代金券，代金券可以在杂货商店购买食物。在确定发行的代金券的现金值中，农业部必须考虑人们得到营养均衡的配餐需要多少钱。经统计，农业部制定和分析了 31 种不同的食品组，每个食品组对应 24 种不同营养类别的含量，如图 4.5 所示。

	食品组	热量(千卡)	蛋白质	维生素A	维生素B1	维生素B2	烟碱酸	维生素B6	维生素B12	叶酸	维生素C	维生素E	钙	铁	镁	磷	锌	钠	碳水化合物	总脂肪	饱和脂肪	单元不饱和脂肪	聚合不饱和脂肪	胆固醇	葡萄糖
1	土豆	4.29	10.40	0.06	0.43	0.16	7.20	1.22	0.00	50.00	74.00	0.34	0.39	3.4	103	2.38	1.7	1.18	93.80	2.60	1.10	0.80	0.40	2.00	0.00
2	高营养蔬菜	1.39	5.90	192.86	0.22	0.25	2.60	0.47	0.00	123.00	108.00	5.08	1.57	3	72	1.2	1.1	4.31	30.80	1.00	0.10	0.10	0.40	0.00	4.00
3	其他蔬菜	1.81	8.10	18.35	0.22	0.22	2.50	0.30	0.03	125.00	27.00	1.20	0.84	3	66	1.61	1.6	8.41	37.10	2.00	0.40	0.50	0.80	0.00	16.00
4	混合蔬菜	16.42	21.80	11.49	0.46	0.26	12.10	1.80	0.03	197.00	108.00	16.34	1.27	5.6	201	5.05	3.2	35.10	174.40	101.00	26.10	21.10	10.80	0.00	256.00
5	富含维C水果	3.41	5.00	7.33	0.56	0.16	1.70	0.30	0.30	242.00	280.00	0.76	0.85	1.1	74	1.07	0.4	0.09	81.90	0.70	0.00	0.10	0.10	0.00	4.00
6	其他水果	2.81	1.90	3.64	0.10	0.15	1.10	0.60	0.00	25.00	24.00	1.76	0.30	1.1	42	0.47	0.3	0.08	71.40	1.60	0.30	0.30	0.40	0.00	32.00
7	全麦/高纤维谷物	16.73	63.40	135.09	5.98	5.62	67.20	6.23	15.40	896.00	134.00	38.10	8.19	82.2	657	20.45	18.6	19.89	323.60	21.90	4.60	6.90	8.90	0.00	140.00
8	其他谷物	17.44	34.90	143.65	5.46	5.77	72.80	7.09	7.24	1280.00	168.00	5.60	1.76	57.2	127	4.83	12.6	32.54	382.30	6.20	2.50	1.10	1.80	0.00	392.00
9	全麦/高纤维主食	16.19	47.70	2.55	1.40	0.56	10.50	1.33	0.00	102.00	0.00	2.89	5.39	11.4	595	18.05	11.5	22.68	328.50	17.90	2.70	4.30	8.80	0.00	8.00
10	其他主食	16.44	42.10	0.60	20.50	1.19	18.00	0.54	0.01	59.00	0.00	1.26	6.53	17.1	141	11.12	4.3	17.47	346.00	6.20	1.20	2.30	11.00	52.00	52.00
11	全麦/高纤维面包	11.18	35.60	1.16	1.45	1.03	14.30	8.26	0.00	177.00	0.00	1.33	3.64	12.2	284	8.37	5.6	20.12	217.10	14.90	2.60	3.70	6.40	1.00	4.00
12	其他面包	12.28	35.90	0.48	1.99	1.46	17.00	0.24	0.02	151.00	0.00	1.53	4.92	13.1	109	5.61	2.8	25.28	225.10	18.60	4.30	7.10	5.20	7.00	16.00
13	烘焙产品	19.54	34.10	4.66	1.45	1.25	14.10	0.27	0.46	85.00	1.00	7.21	2.61	14.6	108	5.65	2.8	31.36	300.40	69.10	21.50	27.20	14.30	112.00	392.00
14	混合谷物	12.23	49.60	13.07	1.25	1.00	11.30	0.48	0.84	54.00	7.00	1.48	5.53	8	107	6.99	4.8	38.73	196.80	25.10	9.50	8.60	4.80	61.00	24.00
15	牛奶、乳制品	3.42	20.30	9.53	0.23	1.00	0.71	0.24	2.10	31.00	6.00	0.65	7.27	0.4	79	5.77	2.5	3.26	32.00	14.80	9.30	4.10	0.60	60.00	4.00
16	芝士	16.73	105.60	46.66	0.12	1.64	0.42	0.33	3.30	55.00	0.00	3.60	30.51	2.3	117	27.29	13.4	43.54	10.50	134.40	85.15	38.30	4.00	413.00	0.00
17	奶油	10.16	16.20	17.48	0.18	1.00	0.59	0.19	1.91	14.00	3.00	1.31	5.70	0.76	66	4.61	4	4.74	107.70	88.60	41.00	13.50	2.00	137.00	256.00
18	低成本猪肉	10.87	73.90	52.08	0.39	1.25	15.00	0.77	17.26	90.00	7.00	1.02	0.38	8.6	65	6.12	15.5	5.18	1.30	84.90	33.60	37.10	4.50	284.00	0.00
19	高成本猪肉	[illegible]	72.10	0.07	0.92	0.75	14.10	0.90	6.03	18.00	7.00	0.89	0.29	5.6	67	6.8	10.9	6.90	0.60	74.00	28.30	32.50	5.90	278.00	0.00
20	家禽	6.43	61.10	13.26	0.14	0.52	16.20	0.80	2.15	45.00	5.00	1.18	0.41	4	52	4.18	5.3	2.05	0.40	42.10	12.00	16.90	9.20	271.00	0.00
21	鱼类、贝类	4.01	65.00	2.53	0.20	0.36	14.80	0.69	9.69	28.00	2.00	2.71	1.85	3.8	111	7.67	5.9	8.17	2.40	12.70	2.70	4.30	3.80	172.00	4.00
22	培根、香肠	17.92	53.20	8.69	1.13	0.72	12.50	0.75	6.39	16.00	69.00	1.35	0.64	5.2	47	5.07	7.8	41.64	7.60	170.40	63.00	79.10	18.40	287.00	16.00
23	鸡蛋	5.97	50.00	25.50	0.20	1.93	0.30	0.53	3.31	141.00	0.00	3.62	1.96	5.7	40	7.11	4.4	5.04	4.90	40.10	12.40	15.24	5.50	1698.00	0.00
24	豆类	12.84	82.60	1.52	0.93	0.64	3.80	0.82	0.00	548.00	11.00	1.68	4.06	19.7	452	12.86	9.35	4.72	235.60	5.00	1.30	1.00	1.80	5.00	44.00
25	混合荤菜（肉类、家禽、鱼、鸡蛋）	7.20	37.10	55.65	0.50	0.53	10.10	0.53	1.76	50.00	15.00	3.77	1.19	5.4	73	6.97	4.7	29.10	58.40	37.70	11.70	14.70	8.00	101.00	20.00
26	坚果	25.71	102.50	0.71	1.16	0.48	50.30	1.61	0.00	402.00	1.00	36.76	2.14	9.3	726	15.28	13.5	16.74	88.60	221.70	37.80	102.00	71.10	0.00	56.00
27	食用油	33.41	2.50	74.98	0.02	0.07	0.00	0.23	0.38	9.00	0.00	54.49	0.66	0.4	6	0.65	0.2	23.59	14.80	370.00	90.40	137.20	125.80	152.00	24.00
28	糖	16.46	3.50	0.48	0.05	0.11	1.00	0.04	0.11	7.00	1.00	0.47	0.75	2.5	33	0.88	0.56	1.78	406.90	7.30	4.00	2.33	0.50	3.00	1576.00
29	调味品	1.89	8.00	38.79	0.14	0.24	2.17	0.52	0.00	63.00	21.00	0.58	6.33	51.1	1780	2.23	2.5	941.11	36.30	5.50	1.80	1.70	1.20	0.00	4.00
30	软饮	2.31	0.20	12.49	0.02	0.01	0.00	0.00	0.00	97.00	108.00	0.00	0.54	0.4	5	0.6	0.2	0.59	58.40	0.00	0.00	0.00	0.00	0.00	116.00
31	咖啡、茶	4.68	20.00	0.00	0.02	0.79	44.50	0.10	0.00	254.00	0.00	0.01	2.74	10.2	778	4.79	1.7	1.13	87.70	1.70	0.60	0.10	0.50	0.00	4.00

图 4.5 案例 4.6 数据

据研究，成年人每周对各种营养成分的需求上限下限如图 4.6（最大值为 9 999 表示没有最大值）所示。

营养成分	热量(千卡)	蛋白质	维生素A	维生素B1	维生素B2	烟碱酸	维生素B6	维生素B12	叶酸	维生素C	维生素E	钙	铁	镁	磷	钾	钠	碳水化合物	总脂肪	饱和脂肪	单元不饱和脂肪	聚合不饱和脂肪	胆固醇	葡萄糖
每周需求下限	203.00	434.00	350.00	10.50	11.90	133.00	14.00	14.00	1400.00	420.00	70.00	61.95	70	2450	61.95	105.00	0.00		0.00			0.00	0.00	0.00	
每周需求上限	203.00	9999	9999	9999	9999	9999	9999	9999	9999	9999	9999	9999	9999	9999	9999	9999	9999	324.80	9999	676.67	225.56	9999	9999	2100	2430

图 4.6　案例 4.6 数据(续 1)

农业部资金有限需要充分利用，因此除了满足营养需求，还需使得成本最小化。虽然这样的配餐非常经济，但未必符合大家的口味，为此，农业部进行了一项调查来评估人们对不同食品组的偏好。图 4.7 汇总各食品组每单位成本(美元)，以及对喜好程度的调查结果，高分表示食品组受欢迎，低分表示食品组比较不受欢迎。

食品组	土豆	高营养蔬菜	其他蔬菜	混合蔬菜	富含维C水果	其他水果	全麦/高纤维谷物	其他谷物	全麦/高纤维主食	其他主食	全麦/高纤维面包	其他面包	烘焙产品	混合谷物	牛奶/乳制品
每单位成本	$0.391	$1.014	$0.958	$1.897	$0.721	$0.961	$0.966	$3.327	$0.966	$0.720	$1.553	$1.111	$2.460	$1.556	$0.362
偏好程度评分	6.68	17.81	13.31	24.5	15.9	14.88	8.22	9.43	4.4	0.28	5.52	4.9	9.03	25.67	17.34

食品组	芝士	奶油	低成本猪肉	高成本猪肉	家禽	鱼类/贝类	培根/香肠	鸡蛋	豆类	混合荤菜	坚果	食用油	糖	调味品	软饮	咖啡/茶
每单位成本	$2.811	$1.223	$1.918	$2.801	$1.281	$3.471	$2.481	$0.838	$1.309	$1.967	$2.504	$1.198	$1.111	$2.077	$0.249	$6.018
偏好程度评分	22.72	17.1	44.58	89.24	57.53	78.18	17.83	9.35	13.08	46.2	21.26	3.17	2.39	5.8	47.42	7.7

图 4.7　案例 4.6 数据(续 2)

假设该国农业部请你使用目标规划帮助他们分析食品券项目的营养计划：

(1) 求以最低成本方式满足营养需求的每周配餐。可能的最低成本是多少？这一配餐计划的总偏好程度是多少？

(2) 求以最高偏好程度方式满足营养需求的每周配餐。可能的偏好程度是什么？这一配餐计划相应的成本是多少？

(3) 若成本最小以及偏好程度最大两个目标同等重要，求使得相对偏差最小的解。此时配餐计划的成本和总偏好程度分别是多少？

(4) 假设与最优偏好程度的偏差是与最优成本值的偏差的权重的 3 倍。求使得相对偏差最小化的解。此时配餐计划的成本和总偏好程度分别是多少？

案例解答

(1) 以最低成本方式满足营养需求的配餐是单目标线性规划问题，故设 31 组食品组每周的配餐量分别为 $x_i(i=1, 2, \cdots, 31)$，总成本为 C 美元，可以建立如下线性规划数学模型：

$$\min C = \sum_{i=1}^{31} c_i x_i$$

$$\text{s.t.} \begin{cases} \sum_{i=1}^{31} x_i * b_{ij} \geqslant l_j (j=1, 2, \cdots, 24) \\ \sum_{i=1}^{31} x_i * b_{ij} \leqslant u_j (j=1, 2, \cdots, 24) \\ x_i \geqslant 0 (i=1, 2, \cdots, 31) \end{cases}$$

c_i：各食品组每单位成本(美元)；

l_j：为各营养成分每周需求量下限；

u_j：为各营养成分每周需求量上限；

b_{ij}：为各食品组每单位所含各营养成分的量；

其中，$i=1, 2, \cdots, 31$，$j=1, 2, \cdots, 24$。

对该问题进行电子表格建模如图 4.8 所示。

图 4.8　案例 4.6(1) 电子表格建模

对该问题的电子表格求解如图 4.9 所示。

食品组	每周配餐量	热量(千卡)	蛋白质	维生素A	维生素B1	维生素B2	烟碱酸	维生素B6	维生素B12	叶酸	维生素C	维生素E	钙	铁	镁	磷	锌	钠	碳水化合物	总脂肪	饱和脂肪	单元不饱和脂肪	聚合不饱和脂肪	胆固醇	葡萄糖	每单位成本	偏好程度评分
土豆	0	4.29	10.40	0.06	0.43	0.16	7.20	1.22	0.00	50.00	74.00	0.34	0.39	3.4	103	2.38	1.7	1.18	93.80	2.60	1.10	0.80	0.40	2.00	0.00	$0.391	6.68
高营养蔬菜	0.6642	1.39	5.90	192.86	0.22	0.25	2.60	0.47	0.00	123.00	108.00	5.08	1.57	3	72	1.2	1.1	4.31	30.80	1.00	0.10	0.10	0.40	0.00	4.00	$1.014	17.81
其他蔬菜	0	1.81	8.10	18.35	0.22	0.22	2.50	0.30	0.03	125.00	27.00	1.20	0.84	3	66	1.61	1.6	8.41	37.10	2.00	0.40	0.50	0.80	0.00	16.00	$0.958	13.31
混合蔬菜	0	16.42	21.80	11.49	0.46	0.26	12.10	1.80	0.03	197.00	108.00	16.34	1.27	5.6	201	5.05	3.2	35.10	174.40	101.00	26.10	21.10	10.80	0.00	256.00	$1.897	24.5
富含维C水果	0	3.41	5.00	7.33	0.56	0.16	1.70	0.30	0.30	242.00	280.00	0.76	0.85	1.1	74	1.07	0.4	0.09	81.90	0.70	0.00	0.10	0.10	0.00	4.00	$0.721	15.9
其他水果	0	2.81	1.90	3.64	0.10	0.15	1.10	0.60	0.00	25.00	24.00	1.76	0.30	1.1	42	0.47	0.3	0.08	71.40	1.60	0.30	0.30	0.40	0.00	32.00	$0.961	14.88
全麦/高纤维谷物	0.38955	16.73	63.40	135.09	5.98	5.62	67.20	6.23	15.40	896.00	134.00	38.10	8.19	82.2	657	20.45	18.6	19.89	323.60	21.90	4.60	6.90	8.90	0.00	140.00	$2.770	8.22
其他谷物	0	17.44	34.90	143.65	5.46	5.77	72.80	7.09	7.24	1280.00	168.00	5.60	1.76	57.2	127	4.83	12.6	32.54	382.30	6.20	2.50	1.10	1.80	0.00	392.00	$3.327	9.43
全麦/高纤维主食	6.98407	16.19	47.70	2.55	1.40	0.56	10.50	1.33	0.00	102.00	0.00	2.89	5.39	11.4	595	18.05	11.5	22.68	328.50	17.90	2.70	4.30	8.80	0.00	8.00	$0.966	4.4
其他主食	1.62263	16.44	42.10	0.60	20.50	1.19	18.00	0.54	0.01	59.00	0.00	1.26	6.53	17.1	141	11.12	4.3	17.47	346.00	6.20	1.20	2.30	11.00	52.00	52.00	$0.720	0.28
全麦/高纤维面包	0	11.18	35.60	1.16	1.45	1.03	14.30	8.26	0.00	177.00	0.00	1.33	3.64	12.2	284	8.37	5.6	20.12	217.10	14.90	2.60	3.70	6.40	1.00	4.00	$1.553	5.52
其他面包	0	12.28	35.90	0.48	1.99	1.46	17.00	0.24	0.02	151.00	0.00	1.53	4.92	13.1	109	5.61	2.8	25.28	225.10	18.60	4.30	7.10	5.20	7.00	16.00	$1.111	4.9
烘焙产品	0	19.54	34.10	4.66	1.45	1.25	14.10	0.27	0.46	85.00	1.00	7.21	2.61	14.6	108	5.65	2.8	31.36	300.40	69.10	21.50	27.20	14.30	112.00	392.00	$2.460	9.03
混合谷物	0	12.23	49.60	13.07	1.25	1.00	11.30	0.48	0.84	54.00	7.00	1.48	5.53	8	107	6.99	4.8	38.73	196.80	25.10	9.50	8.60	4.80	61.00	24.00	$1.556	25.67
牛奶、乳制品	3.59837	3.42	20.30	9.53	0.23	1.00	0.71	0.24	2.10	31.00	6.00	0.65	7.27	0.4	79	5.77	2.5	3.26	32.00	14.80	9.30	4.10	0.60	60.00	4.00	$0.362	17.34
芝士	0	16.73	105.60	46.66	0.12	1.64	0.42	0.33	3.30	55.00	0.00	3.60	30.51	2.3	117	27.29	13.4	43.54	10.50	134.40	85.15	38.30	4.00	413.00	0.00	$2.811	22.72
奶油	0	10.16	16.20	17.48	0.18	1.00	0.59	0.19	1.91	14.00	3.00	1.31	5.70	0.76	66	4.61	4	4.34	107.30	60.50	41.80	13.50	2.00	137.00	256.00	$1.223	17.1
低成本猪肉	0	10.87	73.90	52.08	0.39	1.25	15.00	0.77	17.35	92.00	7.00	1.02	0.38	8.6	65	6.12	15.5	5.18	1.30	84.90	33.60	37.10	4.50	284.00	0.00	$1.918	44.58
高成本猪肉	0	9.45	72.10	0.07	0.92	0.75	14.10	0.90	6.03	18.00	7.00	0.89	0.29	5.6	67	6.8	10.9	6.90	0.60	74.00	28.30	32.50	5.90	278.00	0.00	$2.801	89.24
家禽	0	6.43	61.10	13.26	0.14	0.52	16.20	0.80	2.15	45.00	5.00	1.18	0.41	4	52	4.18	5.3	2.05	0.40	42.10	12.00	16.90	9.20	271.00	0.00	$1.281	57.53
鱼类、贝类	0	4.01	65.00	2.53	0.20	0.36	14.80	0.69	9.69	28.00	2.00	2.71	1.85	3.8	111	7.67	5.9	8.17	2.40	12.70	2.70	4.30	3.80	172.00	4.00	$3.471	78.18
培根、香肠	0	17.92	53.20	8.69	1.13	0.72	12.50	0.75	6.39	16.00	69.00	1.35	0.64	5.2	47	5.07	7.8	41.64	7.60	170.40	63.00	79.10	18.40	287.00	16.00	$2.481	17.83
鸡蛋	0	5.97	50.00	25.50	0.20	1.93	0.30	0.53	3.31	141.00	0.00	3.62	1.96	5.7	40	7.11	4.4	5.04	4.90	40.10	12.40	15.24	5.50	1698.00	0.00	$0.838	9.35
豆类	0	12.84	82.60	1.52	0.93	0.64	3.80	0.82	0.00	548.00	11.00	1.68	4.06	19.7	452	12.86	9.35	4.72	235.60	5.00	1.30	1.00	1.80	5.00	44.00	$1.309	13.08
混合荤菜（肉类、家禽、鱼、鸡蛋）	0	7.20	37.10	55.65	0.50	0.53	10.10	0.53	1.76	50.00	15.00	3.77	1.19	5.4	73	6.97	4.7	29.10	58.40	37.70	11.70	14.70	8.00	101.00	20.00	$1.967	46.2
坚果	0	25.71	102.50	0.71	1.16	0.48	50.30	1.61	0.00	402.00	1.00	36.76	2.14	9.3	726	15.28	13.5	16.74	88.60	221.70	37.80	102.00	71.10	0.00	56.00	$2.504	21.26
食用油	1.12643	33.41	2.50	74.98	0.02	0.07	0.00	0.23	0.38	9.00	0.00	54.49	0.66	0.4	6	0.65	0.2	23.59	14.80	370.00	90.40	137.20	125.80	152.00	24.00	$1.198	3.17
糖	0	16.46	3.50	0.48	0.05	0.11	1.00	0.04	0.11	7.00	1.00	0.47	0.75	2.5	33	0.88	0.56	1.78	406.90	7.30	4.00	2.33	0.50	3.00	1576.00	$1.111	2.39
调味品	0	1.89	8.00	38.79	0.14	0.24	2.17	0.52	0.00	63.00	21.00	0.58	6.33	51.1	1780	2.23	2.5	941.11	36.30	5.50	1.80	1.70	1.20	0.00	4.00	$2.077	5.8
软饮	2.54145	2.31	0.20	12.49	0.02	0.01	0.00	0.00	0.00	97.00	108.00	0.00	0.54	0.4	5	0.6	0.2	0.59	58.40	0.00	0.00	0.00	0.00	0.00	116.00	$0.249	47.42
咖啡、茶	0	4.68	20.00	0.00	0.02	0.79	44.50	0.10	0.00	254.00	0.00	0.01	2.74	10.2	778	4.79	1.7	1.13	87.70	1.70	0.60	0.10	0.50	0.00	4.00	$6.018	7.7
	每周总量	203	506.4	350	46.42	11.9	133	14.027	14	1607.1	420	104.16	80.75	144	4992	175.9	105	237.2	3282.46	614.3	157.96	205.818	226.9058	471.5	533.68	$12.952	232.698
	每周下限	203.00	434.00	350.00	10.50	11.90	133.00	14.00	14.00	1400.00	420.00	70.00	61.95	70	2450	61.95	105.00	0.00	0.00	0.00	0.00	0.00	0.00	0.00	0.00		
	每周上限	203.00	9999	9999	9999	9999	9999	9999	9999	9999	9999	9999	9999	9999	9999	9999	9999	324.80	9999	676.67	225.56	9999	9999	2100	2436		

图 4.9　案例 4.6(1)电子表格求解

从求解结果可以看出，满足每周基本营养需求的最低成本配餐为：高营养蔬菜 0.66 单位，全麦/高纤维谷物 0.39 单位，全麦/高纤维主食 6.98 单位，其他主食 1.62 单位，牛奶、乳制品 3.60 单位，食用油 1.13 单位，软饮 2.54 单位。此时配餐的最低成本为 12.952 美元，总偏好程度为 232.698。

（2）以高偏好程度方式满足营养需求的配餐也是单目标线性规划问题，设总偏好程度为 P，类似地，可以建立如下线性规划数学模型：

$$\max P = \sum_{i=1}^{31} p_i x_i$$

$$\text{s.t.} \begin{cases} \sum_{i=1}^{31} x_i * b_{ij} \geqslant l_j (j=1,\ 2,\ \cdots,\ 24) \\ \sum_{i=1}^{31} x_i * b_{ij} \leqslant u_j (j=1,\ 2,\ \cdots,\ 24) \\ x_i \geqslant 0 (i=1,\ 2,\ \cdots,\ 31) \end{cases}$$

p_i：各食品组偏好程度调查结果($i=1,\ 2,\ \cdots,\ 31,\ j=1,\ 2,\ \cdots,\ 24$)。

类似地，对该问题进行电子表格建模，对该问题的电子表格求解如图 4.10 所示。

食品组	每周配餐量	热量(千卡)	蛋白质	维生素A	维生素B1	维生素B2	烟碱酸	维生素B6	维生素B12	叶酸	维生素C	维生素E	钙	铁	镁	磷	锌	钠	碳水化合物	总脂肪	饱和脂肪	单元不饱和脂肪	聚合不饱和脂肪	胆固醇	葡萄糖	每单位成本	偏好程度评分
土豆	0	4.29	10.40	0.06	0.43	0.16	7.20	1.22	0.00	50.00	74.00	0.34	0.39	3.4	103	2.38	1.7	1.18	93.80	2.60	1.10	0.80	0.40	2.00	0.00	$0.391	6.68
高营养蔬菜	49.6683	1.39	5.90	192.86	0.22	0.25	2.60	0.47	0.00	123.00	108.00	5.08	1.57	3	72	1.2	1.1	4.31	30.80	1.00	0.10	0.10	0.40	0.00	4.00	$1.014	17.81
其他蔬菜	0	1.81	8.10	18.35	0.22	0.22	2.50	0.30	0.03	125.00	27.00	1.20	0.84	3	66	1.61	1.6	8.41	37.10	2.00	0.40	0.50	0.80	0.00	16.00	$0.958	13.31
混合蔬菜	0	16.42	21.80	11.49	0.46	0.26	12.10	1.80	0.03	197.00	108.00	16.34	1.27	5.6	201	5.05	3.2	35.10	174.40	101.00	26.10	21.10	10.80	0.00	256.00	$1.897	24.5
富含维C水果	7.25678	3.41	5.00	7.33	0.56	0.16	1.70	0.30	0.30	242.00	280.00	0.76	0.85	1.1	74	1.07	0.4	0.09	81.90	0.70	0.00	0.10	0.10	0.00	4.00	$0.721	15.9
其他水果	7.9406	2.81	1.90	3.64	0.10	0.15	1.10	0.60	0.00	25.00	24.00	1.76	0.30	1.1	42	0.47	0.3	0.08	71.40	1.60	0.30	0.30	0.40	0.00	32.00	$0.961	14.88
全麦/高纤维谷物	0	16.73	63.40	135.09	5.98	5.62	67.20	6.23	15.40	896.00	134.00	38.10	8.19	82.2	657	20.45	18.6	19.89	323.60	21.90	4.60	6.90	8.90	0.00	140.00	$2.770	8.22
其他谷物	0	17.44	34.90	143.65	5.46	5.77	72.80	7.09	7.24	1280.00	168.00	5.60	1.76	57.2	127	4.83	12.6	32.54	382.30	6.20	2.50	1.10	1.80	0.00	392.00	$3.327	9.43
全麦/高纤维主食	0	16.19	47.70	2.55	1.40	0.56	10.50	1.33	0.00	102.00	0.00	2.89	5.39	11.4	595	18.05	11.5	22.68	328.50	17.90	2.70	4.30	8.80	0.00	8.00	$0.966	4.4
其他主食	0	16.44	42.10	0.60	20.50	1.19	18.00	0.54	0.01	59.00	0.00	1.26	6.53	17.1	141	11.12	4.3	17.47	346.00	6.20	1.20	2.30	11.00	52.00	52.00	$0.720	0.28
全麦/高纤维面包	0	11.18	35.60	1.16	1.45	1.03	14.30	8.26	0.00	177.00	0.00	1.33	3.64	12.2	284	8.37	5.6	20.12	217.10	14.90	2.60	3.70	6.40	1.00	4.00	$1.553	5.52
其他面包	0	12.28	35.90	0.48	1.99	1.46	17.00	0.24	0.02	151.00	0.00	1.53	4.92	13.1	109	5.61	2.8	25.28	225.10	18.60	4.30	7.10	5.20	7.00	16.00	$1.111	4.9
烘焙产品	0	19.54	34.10	4.66	1.45	1.25	14.10	0.27	0.46	85.00	1.00	7.21	2.61	14.6	108	5.65	2.8	31.36	300.40	69.10	21.50	27.20	14.30	112.00	392.00	$2.460	9.03
混合谷物	0	12.23	49.60	13.07	1.25	1.00	11.30	0.48	0.84	54.00	7.00	1.48	5.53	8	107	6.99	4.8	38.73	196.80	25.10	9.50	8.60	4.80	61.00	24.00	$1.556	25.67
牛奶、乳制品	0	3.42	20.30	9.53	0.23	1.00	0.71	0.24	2.10	31.00	6.00	0.65	7.27	0.4	79	5.77	2.5	3.26	32.00	14.80	9.30	4.10	0.60	60.00	4.00	$0.362	17.34
芝士	0	16.73	105.60	46.66	0.12	1.64	0.42	0.33	3.30	55.00	0.00	3.60	30.51	2.3	117	27.29	13.4	43.54	10.50	134.40	85.15	38.30	4.00	413.00	0.00	$2.811	22.72
奶油	0	10.16	16.20	17.48	0.18	1.00	0.59	0.19	1.91	14.00	3.00	1.31	5.70	0.76	66	4.61	4	4.34	107.30	60.50	41.80	13.50	2.00	137.00	256.00	$1.223	17.1
低成本猪肉	0	10.87	73.90	52.08	0.39	1.25	15.00	0.77	17.35	92.00	7.00	1.02	0.38	8.6	65	6.12	15.5	5.18	1.30	84.90	33.60	37.10	4.50	284.00	0.00	$1.918	44.58
高成本猪肉	0	9.45	72.10	0.07	0.92	0.75	14.10	0.90	6.03	18.00	7.00	0.89	0.29	5.6	67	6.8	10.9	6.90	0.60	74.00	28.30	32.50	5.90	278.00	0.00	$2.801	89.24
家禽	0	6.43	61.10	13.26	0.14	0.52	16.20	0.80	2.15	45.00	5.00	1.18	0.41	4	52	4.18	5.3	2.05	0.40	42.10	12.00	16.90	9.20	271.00	0.00	$1.281	57.53
鱼类、贝类	12.2093	4.01	65.00	2.53	0.20	0.36	14.80	0.69	9.69	28.00	2.00	2.71	1.85	3.8	111	7.67	5.9	8.17	2.40	12.70	2.70	4.30	3.80	172.00	4.00	$3.471	78.18
培根、香肠	0	17.92	53.20	8.69	1.13	0.72	12.50	0.75	6.39	16.00	69.00	1.35	0.64	5.2	47	5.07	7.8	41.64	7.60	170.40	63.00	79.10	18.40	287.00	16.00	$2.481	17.83
鸡蛋	0	5.97	50.00	25.50	0.20	1.93	0.30	0.53	3.31	141.00	0.00	3.62	1.96	5.7	40	7.11	4.4	5.04	4.90	40.10	12.40	15.24	5.50	1698.00	0.00	$0.838	9.35
豆类	0	12.84	82.60	1.52	0.93	0.64	3.80	0.82	0.00	548.00	11.00	1.68	4.06	19.7	452	12.86	9.35	4.72	235.60	5.00	1.30	1.00	1.80	5.00	44.00	$1.309	13.08
混合荤菜（肉类、家禽、鱼、鸡蛋）	0	7.20	37.10	55.65	0.50	0.53	10.10	0.53	1.76	50.00	15.00	3.77	1.19	5.4	73	6.97	4.7	29.10	58.40	37.70	11.70	14.70	8.00	101.00	20.00	$1.967	46.2
坚果	0	25.71	102.50	0.71	1.16	0.48	50.30	1.61	0.00	402.00	1.00	36.76	2.14	9.3	726	15.28	13.5	16.74	88.60	221.70	37.80	102.00	71.10	0.00	56.00	$2.504	21.26
食用油	0	33.41	2.50	74.98	0.02	0.07	0.00	0.23	0.38	9.00	0.00	54.49	0.66	0.4	6	0.65	0.2	23.59	14.80	370.00	90.40	137.20	125.80	152.00	24.00	$1.198	3.17
糖	0	16.46	3.50	0.48	0.05	0.11	1.00	0.04	0.11	7.00	1.00	0.47	0.75	2.5	33	0.88	0.56	1.78	406.90	7.30	4.00	2.33	0.50	3.00	1576.00	$1.111	2.39
调味品	0	1.89	8.00	38.79	0.14	0.24	2.17	0.52	0.00	63.00	21.00	0.58	6.33	51.1	1780	2.23	2.5	941.11	36.30	5.50	1.80	1.70	1.20	0.00	4.00	$2.077	5.8
软饮	16.4266	2.31	0.20	12.49	0.02	0.01	0.00	0.00	0.00	97.00	108.00	0.00	0.54	0.4	5	0.6	0.2	0.59	58.40	0.00	0.00	0.00	0.00	0.00	116.00	$0.249	47.42
咖啡、茶	0	4.68	20.00	0.00	0.02	0.79	44.50	0.10	0.00	254.00	0.00	0.01	2.74	10.2	778	4.79	1.7	1.13	87.70	1.70	0.60	0.10	0.50	0.00	4.00	$6.018	7.7
	每周总量	203	1141	9897	18.555	19.329	330.9	38.71	120.49	9999	9385	304.89	118	219	5884	174.6	135.2	324.8	3679.63	222.5	40.314	60.57469	70.1646	2100	2436	$109.695	2851.55
	每周下限	203.00	434.00	350.00	10.50	11.90	133.00	14.00	14.00	1400.00	420.00	70.00	61.95	70	2450	61.95	#####	0.00	0.00	0.00	0.00	0.00	0.00	0.00	0.00		
	每周上限	203.00	9999	9999	9999	9999	9999	9999	9999	9999	9999	9999	9999	9999	9999	9999	9999	324.80	9999	676.67	225.56	9999	9999	2100	2436		

图 4.10　案例 4.6(2)电子表格求解

从求解结果可以看出，满足每周基本营养需求的最高偏好程度的配餐为：高营养蔬菜 49.67 单位，富含维 C 水果 7.26 单位，其他水果 7.94 单位，鱼类、贝类 12.21 单位，软饮 16.43 单位。此时最高总偏好程度为 2 851.55，总成本为 109.695 美元。

（3）从（1）和（2）的结果可以发现，最小化成本时，偏好程度较低；而最大化总偏好程度时，成本偏高。想要实现成本最小以及偏好程度最大两个目标同等重要下的目标规划问题，其解必然在最小化成本时的解和最大化偏好程度时的解之间。

故以（1）中求得的最低成本 12.952、（2）中求得的最高偏好程度 2 851.55 为两个目标的目标值。两个目标同等重要，因此没有优先级和权系数。成本目标要尽量不超过最低成本，因此目标函数中应最小化正偏差变量；偏好程度目标要尽量不低于最大偏好程度，因此目标函数中应最小化负偏差变量。又因为成本与偏好程度指标的数量级不同，目标函数中求偏差比例的最小化。设总偏差为 Z，该目标规划问题的数学模型为：

$$\min Z = \frac{d_1^+}{12.952} + \frac{d_2^-}{2\,851.55}$$

$$\text{s.t.}\begin{cases} \sum_{i=1}^{31} x_i * b_{ij} \geqslant l_j \ (j=1,\,2,\,\cdots,\,24) \\ \sum_{i=1}^{31} x_i * b_{ij} \leqslant u_j \ (j=1,\,2,\,\cdots,\,24) \\ \sum_{i=1}^{31} c_i x_i + d_1^- - d_1^+ = 12.952 \\ \sum_{i=1}^{31} p_i x_i + d_2^- - d_2^+ = 2\,851.55 \\ x_i \geqslant 0 \ (i=1,\,2,\,\cdots,\,31) \\ d_k^+,\, d_k^- \geqslant 0 \ (k=1,\,2) \end{cases}$$

约束条件 1、2 是绝对约束，即每周配餐必须满足营养需求。约束 3、4 为目标约束，即满足总成本与总偏好程度尽可能接近目标值。

对该问题进行电子表格建模如图 4.11 所示。

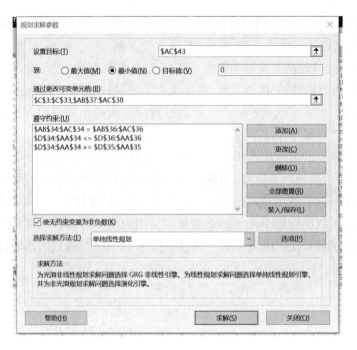

图 4.11　案例 4.6(3)电子表格建模

对该问题的电子表格求解如图 4.12 所示。

	食品组	每周配餐量	热量（千卡）	蛋白质	维生素A	维生素B1	维生素B2	烟碱酸	维生素B6	维生素B12	叶酸	维生素C	维生素E	钙	铁	镁
3	土豆	0	4.29	10.40	0.06	0.43	0.16	7.20	1.22	0.00	50.00	74.00	0.34	0.39	3.4	103
4	高营养蔬菜	0	1.39	5.90	192.86	0.22	0.25	2.60	0.47	0.00	123.00	108.00	5.08	1.57	3	72
5	其他蔬菜	0	1.81	8.10	18.35	0.22	0.22	2.50	0.30	0.03	125.00	27.00	1.20	0.84	3	66
6	混合蔬菜	0	16.42	21.80	11.49	0.46	0.26	12.10	1.80	0.03	197.00	108.00	16.34	1.27	5.6	201
7	富含维C水果	0	3.41	5.00	7.33	0.56	0.16	1.70	0.30	0.30	242.00	280.00	0.76	0.85	1.1	74
8	其他水果	0	2.81	1.90	3.64	0.10	0.15	1.10	0.60	0.00	25.00	24.00	1.76	0.30	1.1	42
9	全麦/高纤维谷物	0.65889	16.73	63.40	135.09	5.98	5.62	67.20	6.23	15.40	896.00	134.00	38.10	8.19	82.2	657
10	其他谷物	0	17.44	34.90	143.65	5.46	5.77	72.80	7.09	7.24	1280.00	168.00	5.60	1.76	57.2	127
11	全麦/高纤维主食	6.7036	16.19	47.70	2.55	1.40	0.56	10.50	1.33	0.00	102.00	0.00	2.89	5.39	11.4	595
12	其他主食	0.89473	16.44	42.10	0.60	20.50	1.19	18.00	0.54	0.01	59.00	0.00	1.26	6.53	17.1	141
13	全麦/高纤维面包	0	11.18	35.60	1.16	1.45	1.03	14.30	8.26	0.00	177.00	0.00	1.33	3.64	12.2	284
14	其他面包	0	12.28	35.90	0.48	1.99	1.46	17.00	0.24	0.02	151.00	0.00	1.53	4.92	13.1	109
15	烘焙产品	0	19.54	34.10	4.66	1.45	1.25	14.10	0.27	0.46	85.00	1.00	7.21	2.61	14.6	108
16	混合谷物	0	12.23	49.60	13.07	1.25	1.00	11.30	0.48	0.84	54.00	7.00	1.48	5.53	8	107
17	牛奶、乳制品	3.15922	3.42	20.30	9.53	0.23	1.00	0.71	0.24	2.10	31.00	6.00	0.65	7.27	0.4	79
18	芝士	0	16.73	105.60	46.66	0.12	1.64	0.42	0.33	3.30	55.00	0.00	3.60	30.51	2.3	117
19	奶油	0	10.16	16.20	17.48	0.18	1.00	0.59	0.19	1.91	14.00	3.00	1.31	5.70	0.76	66
20	低成本猪肉	0	10.87	73.90	52.08	0.39	1.25	15.00	0.77	17.35	92.00	7.00	1.02	0.38	8.6	65
21	高成本猪肉	0	9.45	72.10	0.07	0.92	0.75	14.10	0.90	6.03	18.00	7.00	0.89	0.29	5.6	67
22	家禽	0	6.43	61.10	13.26	0.14	0.52	16.20	0.80	2.15	45.00	5.00	1.18	0.41	4	52
23	鱼类、贝类	0	4.01	65.00	2.53	0.20	0.36	14.80	0.69	9.69	28.00	2.00	2.71	1.85	3.8	111
24	培根、香肠	0	17.92	53.20	8.69	1.13	0.72	12.50	0.75	6.39	16.00	69.00	1.35	0.64	5.2	47
25	鸡蛋	0	5.97	50.00	25.50	0.20	1.93	0.30	0.53	3.31	141.00	0.00	3.62	1.96	5.7	40
26	豆类	0	12.84	82.60	1.52	0.93	0.64	3.80	0.82	0.00	548.00	11.00	1.68	4.06	19.7	452
27	混合荤菜（肉类、家禽、鱼、鸡蛋）	0	7.20	37.10	55.65	0.50	0.53	10.10	0.53	1.76	50.00	15.00	3.77	1.19	5.4	73
28	坚果	0	25.71	102.50	0.71	1.16	0.48	50.30	1.61	0.00	402.00	1.00	36.76	2.14	9.3	726
29	食用油	0.41016	33.41	2.50	74.98	0.02	0.07	0.00	0.23	0.38	9.00	0.00	54.49	0.66	0.4	6
30	糖	0	16.46	3.50	0.48	0.05	0.11	1.00	0.04	0.11	7.00	1.00	0.47	0.75	2.5	33
31	调味品	0	1.89	8.00	38.79	0.14	0.24	2.17	0.52	0.00	63.00	21.00	0.58	6.33	51.1	1780
32	软饮	19.1478	2.31	0.20	12.49	0.02	0.01	0.00	0.00	0.00	97.00	108.00	0.00	0.54	0.4	5
33	咖啡、茶	0	4.68	20.00	0.00	0.02	0.79	44.50	0.10	0.00	254.00	0.00	0.01	2.74	10.2	778
34		每周总量	203	468.18	406.63	32.784	11.9	133	14.355	16.94	3285.71	2175.2	70	80.95	155	4895
35		每周下限	203.00	434.00	350.00	10.50	11.90	133.00	14.00	14.00	1400.00	420.00	70.00	61.95	70	2450
36		每周上限	203.00	9999	9999	9999	9999	9999	9999	9999	9999	9999	9999	9999	9999	9999

	食品组	磷	锌	钠	碳水化合物	总脂肪	饱和脂肪	单元不饱和脂肪	聚合不饱和脂肪	胆固醇	葡萄糖	每单位成本	偏好程度评分	
3	土豆	2.38	1.7	1.18	93.80	2.60	1.10	0.80	0.40	2.00	0.00	$0.391	6.68	
4	高营养蔬菜	1.2	1.1	4.31	30.80	1.00	0.10	0.10	0.40	0.00	4.00	$1.014	17.81	
5	其他蔬菜	1.61	1.6	8.41	37.10	2.00	0.40	0.50	0.80	0.00	16.00	$0.958	13.31	
6	混合蔬菜	5.05	3.2	35.10	174.40	101.00	26.10	21.10	10.80	0.00	256.00	$1.897	24.5	
7	富含维C水果	1.07	0.4	0.09	81.90	0.70	0.00	0.10	0.10	0.00	4.00	$0.721	15.9	
8	其他水果	0.47	0.3	0.08	71.40	1.60	0.30	0.30	0.40	0.00	32.00	$0.961	14.88	
9	全麦/高纤维谷物	20.45	18.6	19.89	323.60	21.90	4.60	6.90	8.90	0.00	140.00	$2.770	8.22	
10	其他谷物	4.83	12.6	32.54	382.30	6.20	2.50	1.10	1.80	0.00	392.00	$3.327	9.43	
11	全麦/高纤维主食	18.05	11.5	22.68	328.50	17.90	2.70	4.30	8.80	0.00	8.00	$0.966	4.4	
12	其他主食	11.12	4.3	17.47	346.00	6.20	1.20	2.30	11.00	52.00	52.00	$0.720	0.28	
13	全麦/高纤维面包	8.37	5.6	20.12	217.10	14.90	2.60	3.70	6.40	1.00	4.00	$1.553	5.52	
14	其他面包	5.61	2.8	25.28	225.10	18.60	4.30	7.10	5.20	7.00	16.00	$1.111	4.9	
15	烘焙产品	5.65	2.8	31.36	300.40	69.10	21.50	27.20	14.30	112.00	392.00	$2.460	9.03	
16	混合谷物	6.99	4.8	38.73	196.80	25.10	9.50	8.60	4.80	61.00	24.00	$1.556	25.67	
17	牛奶、乳制品	5.77	2.5	3.26	32.00	14.80	9.30	4.10	0.60	60.00	4.00	$0.362	17.34	
18	芝士	27.29	13.4	43.54	10.50	134.40	85.15	38.30	4.00	413.00	0.00	$2.811	22.72	
19	奶油	4.61	4	4.34	107.30	60.50	41.80	13.50	2.00	137.00	256.00	$1.223	17.1	
20	低成本猪肉	6.12	15.5	5.18	1.30	84.90	33.60	37.10	4.50	284.00	0.00	$1.918	44.58	
21	高成本猪肉	6.8	10.9	6.90	0.60	74.00	28.30	32.50	5.90	278.00	0.00	$2.801	89.24	
22	家禽	4.18	5.3	2.05	0.40	42.10	12.00	16.90	9.20	271.00	0.00	$1.281	57.53	
23	鱼类、贝类	7.67	5.9	8.17	2.40	12.70	2.70	4.30	3.80	172.00	4.00	$3.471	78.18	
24	培根、香肠	5.07	7.8	41.64	7.60	170.40	63.00	79.10	18.40	287.00	16.00	$2.481	17.83	
25	鸡蛋	7.11	4.4	5.04	4.90	40.10	12.40	15.24	5.50	1698.00	0.00	$0.838	9.35	
26	豆类	12.86	9.35	4.72	235.60	5.00	1.30	1.00	1.80	5.00	44.00	$1.309	13.08	
27	混合荤菜（肉类、家禽、鱼、鸡蛋）	6.97	4.7	29.10	58.40	37.70	11.70	14.70	8.00	101.00	20.00	$1.967	46.2	
28	坚果	15.28	13.5	16.74	88.60	221.70	37.80	102.00	71.10	0.00	56.00	$2.504	21.26	
29	食用油	0.65	0.2	23.59	14.80	370.00	90.40	137.20	125.80	152.00	24.00	$1.198	3.17	
30	糖	0.88	0.56	1.78	406.90	7.30	4.00	2.33	0.50	3.00	1576.00	$1.111	2.39	
31	调味品	2.23	2.5	941.11	36.30	5.50	1.80	1.70	1.20	0.00	4.00	$2.077	5.8	
32	软饮	0.6	0.2	0.59	58.40	0.00	0.00	0.00	0.00	0.00	116.00	$0.249	47.42	
33	咖啡、茶	4.79	1.7	1.13	87.70	1.70	0.60	0.10	0.50	0.00	4.00	$6.018	7.7	
34	每周总量	174.4	105	212.04	3950.3	338.48	88.66265	104.655	128.1898	298.424	2436	$15.347	$999.232	实际值
35	每周下限	61.95	105.00	0.00	0.00	0.00	0.00	0.00	0.00	0.00	0.00	=	=	
36	每周上限	9999	9999	324.80	9999	676.67	225.56	9999	9999	2100	2436	15.347	999.232	
37												2.395	0.000	正偏差
38												0.000	1,862.368	负偏差
39												12.952	2851.6	目标值
40														
41												0.185	0.000	正偏差比例
42												0.000	0.650	负偏差比例
43													0.835	目标函数：最小化总偏差比例

图 4.12　案例 4.6(3)电子表格求解

从求解结果可以看出，满足成本尽量小和总偏好程度尽量大两个目标的配餐为：全麦/高纤维谷物 0.66 单位，全麦/高纤维主食 6.70 单位，其他主食 0.89 单位，牛奶、乳制品 3.16 单位，食用油 0.41 单位，软饮 19.15 单位。此时最高总偏好程度为 999.232，总成本为 15.347 美元。

（4）当与最优偏好程度的偏差是与最优成本值的偏差的权重的 3 倍时，目标函数需要增加权系数。此时目标规划数学模型为：

$$\min Z = \frac{d_1^+}{12.952} + 3\,\frac{d_2^-}{2\,851.55}$$

$$\text{s.t.}\begin{cases} \sum_{i=1}^{31} x_i * b_{ij} \geqslant l_j (j=1, 2, \cdots, 24) \\[2mm] \sum_{i=1}^{31} x_i * b_{ij} \leqslant u_j (j=1, 2, \cdots, 24) \\[2mm] \sum_{i=1}^{31} c_i x_i + d_1^- - d_1^+ = 12.952 \\[2mm] \sum_{i=1}^{31} p_i x_i + d_2^- - d_2^+ = 2\,851.55 \\[2mm] x_i \geqslant 0 (i=1, 2, \cdots, 31) \\[2mm] d_k^+, d_k^- \geqslant 0 (k=1, 2) \end{cases}$$

对该问题进行电子表格建模如图 4.13 所示。

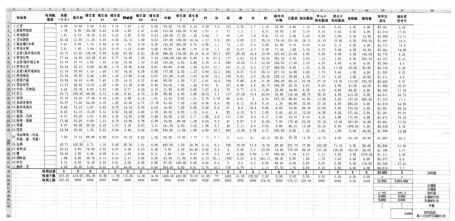

图 4.13　案例 4.6(4)电子表格建模

对该问题的电子表格求解如图 4.14 所示。

	食品组	每周配餐量	热量（千卡）	蛋白质	维生素A	维生素B1	维生素B2	烟碱酸	维生素B6	维生素B12	叶酸	维生素C	维生素E
1	土豆	0.8529	4.29	10.40	0.06	0.43	0.16	7.20	1.22	0.00	50.00	74.00	0.34
2	高营养蔬菜	0	1.39	5.90	192.86	0.22	0.25	2.60	0.47	0.00	123.00	108.00	5.08
3	其他蔬菜	0	1.81	8.10	18.35	0.22	0.22	2.50	0.30	0.03	125.00	27.00	1.20
4	混合蔬菜	0	16.42	21.80	11.49	0.46	0.26	12.10	1.80	0.03	197.00	108.00	16.34
5	富含维C水果	0	3.41	5.00	7.33	0.56	0.16	1.70	0.30	0.30	242.00	280.00	0.76
6	其他水果	0	2.81	1.90	3.64	0.10	0.15	1.10	0.60	0.00	25.00	24.00	1.76
7	全麦/高纤维谷物	0.3073	16.73	63.40	135.09	5.98	5.62	67.20	6.23	15.40	896.00	134.00	38.10
8	其他谷物	0	17.44	34.90	143.65	5.46	5.77	72.80	7.09	7.24	1280.00	168.00	5.60
9	全麦/高纤维主食	3.8952	16.19	47.70	2.55	1.40	0.56	10.50	1.33	0.00	102.00	0.00	2.89
10	其他主食	0	16.44	42.10	0.60	20.50	1.19	18.00	0.54	0.01	59.00	0.00	1.26
11	全麦/高纤维面包	0	11.18	35.60	1.16	1.45	1.03	14.30	6.26	0.00	177.00	0.00	1.33
12	其他面包	0	12.28	35.90	0.48	1.99	1.46	17.00	0.24	0.02	151.00	0.00	1.53
13	烘焙产品	0	19.54	34.10	4.66	1.45	1.25	14.10	0.27	0.46	85.00	1.00	7.21
14	混合谷物	0	12.23	49.60	13.07	1.25	1.00	11.30	0.48	0.84	54.00	7.00	1.48
15	牛奶、乳制品	12.164	3.42	20.30	9.53	0.23	1.00	0.71	0.24	2.10	31.00	6.00	0.65
16	芝士	0	16.73	105.60	46.66	0.12	1.64	0.42	0.33	3.30	55.00	0.00	3.60
17	奶油	0	10.16	16.20	17.48	0.18	1.00	0.59	0.19	1.91	14.00	3.00	1.31
18	低成本猪肉	0	10.87	73.90	52.08	0.39	1.25	15.00	0.77	17.35	92.00	7.00	1.02
19	高成本猪肉	0	9.45	72.10	0.07	0.92	0.75	14.10	0.90	6.03	18.00	7.00	0.89
20	家禽	3.4985	6.43	61.10	13.26	0.14	0.52	16.20	0.80	2.15	45.00	5.00	1.18
21	鱼类、贝类	0	4.01	65.00	2.53	0.20	0.36	14.80	0.69	9.69	28.00	2.00	2.71
22	培根、香肠	0	17.92	53.20	8.69	1.13	0.72	12.50	0.75	6.39	16.00	69.00	1.35
23	鸡蛋	0	5.97	50.00	25.50	0.20	1.93	0.30	0.53	3.31	141.00	0.00	3.62
24	豆类	0	12.84	82.60	1.52	0.93	0.64	3.80	0.82	0.00	548.00	11.00	1.68
25	混合荤菜（肉类、家禽、鱼、鸡蛋）	0	7.20	37.10	55.65	0.50	0.53	10.10	0.53	1.76	50.00	15.00	3.77
26	坚果	0	25.71	102.50	0.71	1.16	0.48	50.30	1.61	0.00	402.00	1.00	36.76
27	食用油	0.637	33.41	2.50	74.98	0.02	0.07	0.00	0.23	0.38	9.00	0.00	54.49
28	糖	0	16.46	3.50	0.48	0.05	0.11	1.00	0.04	0.11	7.00	1.00	0.47
29	调味品	0	1.89	8.00	38.79	0.14	0.24	2.17	0.52	0.00	63.00	21.00	0.50
30	软饮	19.809	2.31	0.20	12.49	0.02	0.01	0.00	0.00	0.00	97.00	108.00	0.00
31	咖啡、茶	0	4.68	20.00	0.00	0.02	0.79	44.50	0.10	0.00	254.00	0.00	0.01
		每周总量	203	680.38	508.98	11.354	18.27	133	14	38.039	3177	2334.2	70
		每周下限	203.00	434.00	350.00	10.50	11.90	133.00	14.00	14.00	1400.00	420.00	70.00
		每周上限	203.00	9999	9999	9999	9999	9999	9999	9999	9999	9999	9999

食品组	钙	铁	镁	铜	锌	钠	碳水化合物	总脂肪	饱和脂肪	单元不饱和脂肪	聚合不饱和脂肪	胆固醇	葡萄糖	每单位成本	偏好程度评分	
1 土豆	0.39	3.4	103	2.38	1.7	1.18	93.80	2.60	1.10	0.80	0.40	2.00	0.00	$0.391	6.68	
2 高营养蔬菜	1.57	3	72	1.2	1.1	4.31	30.80	1.00	0.10	0.10	0.40	0.00	4.00	$1.014	17.81	
3 其他蔬菜	0.84	3	66	1.61	1.6	8.41	37.10	2.00	0.40	0.50	0.80	0.00	16.00	$0.958	13.31	
4 混合蔬菜	1.27	5.6	201	5.05	3.2	35.10	174.40	101.00	26.10	21.10	10.80	0.00	256.00	$1.897	24.5	
5 富含维C水果	0.85	1.1	74	1.07	0.4	0.09	81.90	0.70	0.00	0.10	0.10	0.00	4.00	$0.721	15.9	
6 其他水果	0.30	1.1	42	0.47	0.3	0.08	71.40	1.60	0.30	0.30	0.40	0.00	32.00	$0.961	14.88	
7 全麦/高纤维谷物	6.19	82.2	657	20.45	18.6	19.89	323.60	21.90	4.60	6.90	8.90	0.00	140.00	$2.770	8.22	
8 其他谷物	1.76	57.2	127	4.83	12.6	32.54	382.30	6.20	2.50	1.10	1.80	0.00	392.00	$3.327	9.43	
9 全麦/高纤维主食	5.39	11.4	595	18.05	11.5	22.68	328.50	17.90	2.70	4.30	8.80	0.00	8.00	$0.966	4.4	
10 其他主食	6.53	17.1	141	11.12	4.3	17.47	346.00	6.20	1.20	2.30	11.00	52.00	52.00	$0.720	0.28	
11 全麦/高纤维面包	3.64	12.2	284	8.37	5.6	20.12	217.10	14.90	2.60	3.70	6.40	1.00	4.00	$1.553	5.52	
12 其他面包	4.92	13.1	109	5.61	2.8	25.28	225.10	18.60	4.30	7.10	5.20	7.00	16.00	$1.111	4.9	
13 烘焙产品	2.61	14.6	108	5.65	2.8	31.36	300.40	69.10	21.50	27.20	14.30	112.00	392.00	$2.460	9.03	
14 混合谷物	5.53	8	107	6.99	4.8	38.73	196.80	25.10	9.50	8.60	4.80	61.00	24.00	$1.556	25.67	
15 牛奶、乳制品	7.27	0.4	79	5.77	2.5	3.26	32.00	14.80	9.30	4.10	0.60	60.00	4.00	$0.362	17.34	
16 芝士	30.51	2.3	117	27.29	13.4	43.54	10.50	134.40	85.15	38.30	4.00	413.00	0.00	$2.811	22.72	
17 奶油	5.70	0.76	66	4.61	4	4.34	107.30	60.50	41.80	13.50	2.00	137.00	256.00	$1.223	17.1	
18 低成本猪肉	0.38	8.6	65	6.12	15.5	5.18	1.30	84.90	33.60	37.10	4.50	284.00	0.00	$1.918	44.58	
19 高成本猪肉	0.29	5.6	67	6.8	10.9	6.90	0.60	74.00	28.30	32.50	5.90	278.00	0.00	$2.801	89.24	
20 家禽	0.41	4	52	4.18	5.3	2.05	0.40	42.10	12.00	16.90	9.20	271.00	0.00	$1.281	57.53	
21 鱼类、贝类	1.85	3.8	111	7.67	5.9	8.17	2.40	12.70	2.70	4.30	3.80	172.00	4.00	$3.471	78.18	
22 培根、香肠	0.64	5.2	47	5.07	7.8	41.64	7.60	170.40	63.00	79.10	18.40	287.00	16.00	$2.481	17.83	
23 鸡蛋	1.96	5.7	40	7.11	4.4	5.04	4.90	40.10	12.40	15.24	5.50	1698.00	0.00	$0.838	9.35	
24 豆类	4.06	19.7	452	12.86	9.35	4.72	235.60	5.00	1.30	1.00	1.80	5.00	44.00	$1.309	13.08	
25 混合荤菜（肉类、家禽、鱼、鸡蛋）	1.19	5.4	73	6.97	4.7	29.10	58.40	37.70	11.70	14.70	8.00	101.00	20.00	$1.967	46.2	
26 坚果	2.14	9.3	726	15.28	13.5	16.74	88.60	221.70	37.80	102.00	71.10	0.00	56.00	$2.504	21.26	
27 食用油	0.66	0.4	6	0.65	0.2	23.59	14.80	370.00	90.40	137.20	125.80	152.00	24.00	$1.198	3.17	
28 糖	0.75	2.5	33	0.88	0.56	1.78	406.90	7.30	4.00	2.33	0.50	3.00	1576.00	$1.111	2.39	
29 调味品	6.33	51.1	1780	2.23	2.5	941.11	36.30	5.50	1.80	1.70	1.20	0.00	4.00	$2.077	5.9	
30 软饮	0.54	0.4	5	0.6	0.2	0.59	58.40	0.00	0.00	0.00	0.00	0.00	116.00	$0.249	47.42	
31 咖啡、茶	2.74	10.2	778	4.79	1.7	1.13	87.70	1.70	0.60	0.10	0.50	0.00	4.00	$6.010	7.7	
每周总量	124.83	99.6	3853.1	175.73	105	169	3015.93	641.68	225.56	215.947	156.9753	1776.44	2436	$19.528	1378.924	实际值
每周下限	61.95	70	2450	61.95	105.00	0.00	0.00	0.00	0.00	0.00	0.00	0.00	0.00	=	=	
每周上限	9999	9999	9999	9999	9999	324.80	9999	676.67	225.56	9999	9999	2100	2436	19.528	1,378.924	
														6.576	0.000	正偏差
														0.000	1,472.676	负偏差
														12.952	2851.6	目标值
														0.508	0.000	正偏差比例
														0.000	0.516	负偏差比例
														1	3	权重
														1	3	
															2.057	目标函数：最小化加权总偏差比例

图 4.14　案例 4.6(4)电子表格求解

从求解结果可以看出，满足最小化成本、最大化总偏好程度两个目标，且偏好程度目标权重是成本目标的 3 倍时，配餐方案为：土豆 0.85 单位，全麦/高纤维谷物 0.31 单位，全麦/高纤维主食 3.90 单位，其他主食 0.89 单位，牛奶、乳制品 12.16 单位，家禽 3.50 单位，食用油 0.64 单位，软饮 19.81 单位。此时最高总偏好程度为 1 378.924，总成本为 19.528 美元。与(3)的结果对比可以发现，偏好程度目标权重加大后，结果会更偏向最大化总偏好程度。

习题

一、单项选择题

1. 目标规划的目标函数是求(　　)。

A. 最小值　　B. 最大值　　C. 指定值　　D. 均可

2. 关于目标规划，下列说法不正确的是(　　)。

A. 目标规划的目标函数只含有正负偏差变量

B. 目标规划含有绝对约束

C. 目标规划允许多个目标同时存在

D. 目标规划不能有多重最优解

3. 要求恰好达到目标值的目标函数应为(　　)。

A. $\min f(d^{+}+d^{-})$　　B. $\min f(d^{+})$

C. $\min f(d^{-})$　　D. $\min f(d^{+}-d^{-})$

4. 负偏差变量应当(　　)。

A. 大于等于 0　　B. 等于 0　　C. 小于等于 0　　D. 以上都可以

5. 目标函数的解（　　）。

A. 一定是最优解

B. 一定不是最优解

C. 不一定是最优解

D. 不一定是满意解

6. 使用图解法求解目标规划时，应当（　　）。

A. 先按优先级从高到低，考虑目标约束，再考虑绝对约束

B. 先满足所有绝对约束，再按优先级从高到低，考虑目标约束

C. 先按优先级从低到高，考虑目标约束，再考虑绝对约束

D. 先满足所有绝对约束，再按优先级从低到高，考虑目标约束

7. 使用单纯形法求解目标规划时，引入的松弛变量在目标函数中的系数为（　　）。

A. 0　　　　　　　B. 很大的正数　　　　C. 很大的负数　　　　D. 1

8. 使用单纯形法求解目标规划时，初始基本可行解通常为（　　）。

A. 正偏差变量、松弛变量或人工变量　　B. 松弛变量

C. 负偏差变量、松弛变量或人工变量　　D. 负偏差变量

9. 使用单纯形法求解目标规划时，确定换入变量应当（　　）。

A. 从检验数行选择最小的负数所对应的变量

B. 先从 P_1 的检验数系数行选择最大的负数所对应的变量

C. 先从最低优先级的检验数系数行选择最小的负数所对应的变量

D. 先从 P_1 的检验数系数行选择最小的负数所对应的变量

10. 若优先因子发生变化，会引起最终单纯形表中（　　）的变化：

A. 检验数

B. 约束条件右端项

C. 约束条件系数矩阵

D. 以上都会影响

11. 某目标规划问题，目标函数中有三个优先级，在进行电子表格建模时，可取（　　）。

A. $P_3=10^0$，$P_2=10^2$，$P_1=10^4$　　　B. $P_3=10^4$，$P_2=10^2$，$P_1=10^0$

C. $P_3=1$，$P_2=2$，$P_1=3$　　　　　　D. $P_3=3$，$P_2=2$，$P_1=1$

12. 使用图解法求解目标规划问题时，目标规划的决策变量应为（　　）。

A. 两个　　　　　B. 三个　　　　　C. 三个以上　　　　D. 无限制

13. 满足目标规划问题全部绝对约束和目标约束的解称为（　　）。

A. 可行解　　　　B. 基本解　　　　C. 满意解　　　　D. 最优解

14. x_i 是目标规划问题的一个决策变量，若 x_i 是最终单纯形表中的一个基变量，则其对应的检验数必定（　　）。

A. 大于 0　　　　B. 小于 0　　　　C. 等于 0　　　　D. 不一定

15. 若目标规划问题约束条件的右端项发生变化，会引起最终单纯形表中的（　　）发生变化。

A. 检验数　　　　B. $C_B B^{-1}$　　　　C. $C_B B^{-1} b$　　　　D. 系数矩阵

二、是非判断题（正确的标"T"，错误的标"F"）

1. 正偏差变量大于等于零，负偏差变量小于等于零。　　　　　　　　（　　）

2. 目标约束一定是等式约束。　　　　　　　　　　　　　　　　　　（　　）

3. 一对正负偏差变量至少一个等于零。 （　　）

4. 一对正负偏差变量至少一个大于零。 （　　）

5. 超出目标的差值称为正偏差。 （　　）

6. 未达到目标的差值称为负偏差。 （　　）

7. 要求不超过目标值的目标函数是 $\min Z = d^+$。 （　　）

8. 目标规划的解一定是最优解。 （　　）

9. 线性规划模型是目标规划模型的一种特殊形式。 （　　）

10. 目标规划的数学模型应同时包括绝对约束和目标约束。 （　　）

11. 绝对约束中最多含有一个正或负的偏差变量。 （　　）

12. 目标规划的解一定唯一。 （　　）

13. 约束条件右端项变化时的灵敏度分析,应使用对偶单纯形法迭代。 （　　）

14. 优先因子变化时的灵敏度分析,应使用对偶单纯形法迭代。 （　　）

15. 约束条件右端项的变化量可以直接加到最终单纯形表中。 （　　）

三、计算题

1. 已知目标规划的约束条件如下:

$$\text{s.t.} \begin{cases} 4x_1 + 3x_2 + d_1^- - d_1^+ = 6 \\ 2x_1 - 3x_2 + d_2^- - d_2^+ = 6 \\ x_1 \leqslant 6 \\ x_1, x_2, d_i^-, d_i^+ \geqslant 0; i = 1, 2 \end{cases}$$

试用图解法,求以下各目标下的满意解:

(1) $\min Z = P_1(d_1^- + d_1^+ + d_2^- + d_2^+)$

(2) $\min Z = P_1(d_1^- + d_1^+) + 2P_1(d_2^- + d_2^+)$

(3) $\min Z = P_1(d_1^- + d_1^+) + \dfrac{3}{2}P_1(d_2^- + d_2^+)$

(4) $\min Z = P_1(d_2^- + d_2^+) + P_2(d_1^- + d_1^+)$

2. 试用单纯形法求解如下目标规划问题:

$$\min Z = P_1(d_1^- + d_1^+) + P_2 d_2^-$$

$$\text{s.t.} \begin{cases} 2x_1 + 5x_2 + d_1^- - d_1^+ = 19 \\ 2x_1 + x_2 + d_2^- - d_2^+ = 8 \\ 10x_1 + 12x_2 + x_3 = 70 \\ x_1, x_2, x_3, d_i^-, d_i^+ \geqslant 0; i = 1, 2, 3 \end{cases}$$

四、建立下列问题的目标规划模型(不需要求解)

1. 某企业生产 A、B、C 三种产品,三种产品装配时的工作消耗分别为 6 小时、8 小时和 10 小时,生产线每月正常工作时间为 200 小时,三种产品每件销售利润为 500 元、650 元和 800 元,每月预计销量为 12 台、10 台和 6 台。

试确定该企业的生产计划,以满足以下 4 个优先级的目标:

(1) 利润指标不少于每月 16 000 元。

(2) 充分利用生产能力。

(3) 加班时间不超过 24 小时。

(4) 产量以预计销量为标准。

2. 某厂生产甲、乙两种产品,每件利润分别为 20 元、30 元。这两种产品都要在 A、B、C、D 四种设备上加工,每件甲产品需占用各设备依次为 2、1、4、0 小时,每件乙产品需占用各设备依次为 2、2、0、4 小时,而这四种设备正常生产能力依次为 12、8、16、12 小时。此外,A、B 两种设备每天还可加班运行。

试拟订一个满足下列目标的生产计划:

(1) 两种产品每天总利润指标不低于 120 元。

(2) 两种产品的产量尽可能均衡。

(3) A、B 设备都应避免超负荷,其中 A 设备能力还应充分利用(A 的重要程度是 B 的 3 倍)。

3. 企业计划生产甲、乙两种产品,这些产品需要使用两种材料,并且要在两种不同设备上加工。每加工单件产品甲和乙的工艺资料如表 4.15 所示,在生产甲、乙两种产品时,材料不能超用。

表 4.15　相关数据

资源	产品甲	产品乙	现有资源
材料 1	3	0	12(千克)
材料 2	0	4	14(千克)
设备 A	2	2	12(小时)
设备 B	5	3	15(小时)
单位利润(元/件)	20	40	

企业怎样安排生产计划,尽可能满足下列目标:

(1) 力求使利润指标不低于 80 元。

(2) 考虑到市场需求,甲、乙两种产品的生产量需保持 1∶1。

(3) 设备 A 既要求充分利用,又尽可能不加班。

(4) 设备 B 必要时可以加班,但加班时间尽可能少。

4. 某农场有 3 万亩农田,种植 A、B 和 C 三种农作物,每亩需施化肥分别为 0.12 吨,0.20 吨,0.15 吨。预计 A 每亩可收获 500 千克,售价为 0.24 元/千克;B 每亩可收获 200 千克,售价为 1.20 元/千克;C 每亩可收获 350 千克,售价为 0.70 元/千克。

试为该农场安排生产计划以达成以下目标:

(1) 年终收益不低于 350 万元。

(2) 总产量不低于 1.25 万吨。

(3) C 产量以 0.5 万吨为宜。

（4）B 产量不少于 0.2 万吨。

（5）A 产量不超过 0.6 万吨。

（6）农场现能提供 5 000 吨化肥，若不够可在市场高价购买，但希望高价采购数量愈少愈好。

5. 大学正在考虑对四种全日制学生如何收取学费，表 4.16 显示了目前对每类学生收取的学费（千美元）、明年预期招生数（千人）、真实成本估计值（千美元）。

表 4.16　相关数据

	本科生	硕士生
州内学费（千美元）	4	10
州外学费（千美元）	12	15
州内学生数（千人）	20	1.5
州外学生数（千人）	10	4
真实成本（千美元）	20	36

试建立目标规划模型，使得新学费满足以下目标：

（1）预计总学费至少为 292 百万美元。

（2）州内学生至少能覆盖 25% 的真实成本，州外学生至少能覆盖 50% 的真实成本。

（3）预计总学费至少不低于现在的水平。

（4）预计总学费上涨不超过 10%。

6. 一位客户正在考虑将退休账户中的 50 000 美元进行投资。一种可投资的债券基金每年预期回报率为 5%，风险等级为 20；另一种对冲基金每年预期回报率为 15%，风险等级为 80。客户希望将退休金全部投资于这两种方式，且为了分散风险，任何一种投资不超过 40 000 美元。在此限制条件下，客户希望达到以下目标：

（1）总回报率不低于 10%。

（2）加权风险等级不超过 60（按投资量加权）。

试建立目标规划模型，为客户进行投资组合策略制定。

五、电子表格建模与求解

某公司是一家手机的制造商和销售商，该公司的工厂主要生产和装配三种型号的手机 A，B，C。根据生产部门提供的数据，工厂每月正常的生产时间是 1 700 小时，生产一台 A 需 5 小时，生产一台 B 需要 8 小时，生产一台 C 需要 12 小时。根据财务部门的数据，生产并销售一台 A 的利润有 1 000 元，一台 B 的利润有 1 440 元，一台 C 的利润有 2 520 元。根据销售部门的预测，近期市场对笔记本电脑的需求较大，且公司的客户源稳定，本月生产的所有型号手机均可以全部售出。

由于公司三种型号的手机利润、成本和需求都不同，公司决策部门需要综合各部门意见，确定不同型号手机的生产量，得到最适合该公司现状的生产计划。销售部门认为，根据长尾效应，公司 20% 的客户占据了 80% 的销售量，这些重要客户的需求应该优先考虑，据预测本月公司的老客户对三种型号手机的需求分别为 50 台、50 台、80 台，公司在生产时应当先满足这些需求,在无法满足的情况下也要让利润最大化。生产部门提出,公司员工的身心健康对公司的长远发展至关重要,应当在充分利用产能的情况下尽量避免过度加班,生产总监经过对工厂工人的调查发现,他们总共能够接受的每月加班时间不能超过 200 小时,且要尽可能地减少。另外,销售部门管理者将本月的销售目标定在了 A 型号 100 台,B 型号 120 台,C 型号 100 台,在无法达到的情况下要让利润最大化。

公司决策层经过协调和综合考量,决定在充分利用产能,避免开工不足的前提下,首先考虑老客户的需求,其次考虑加班时间上限,再次考虑销售目标,最后在前几条均满足的情况下,尽可能地降低加班时间。请根据以上目标,试为该手机生产公司本月的生产计划提出建议(建立目标规划模型并进行电子表格求解)。

第5章　整数规划

对线性规划问题进行求解,得到的最优解可能是小数,也可能是分数。但有很多实际问题,要求最优解必须是整数。例如,员工的数量、设备的台数、集装箱的数目、销售网点的个数、使用机床的数目等,都必须取整数才有实际意义。我们把部分变量或全部变量要求取整数的线性规划问题称为整数规划问题。如果所有的变量都要求取整数,这样的整数规划问题称为纯整数规划;如果部分变量要求取整数,这样的整数规划称为混合整数规划问题。通过对线性规划的最优解"化整"来得到整数规划的最优解虽是最容易想到的,但常常得不到整数规划的最优解,甚至根本不是可行解。因此,有必要对整数规划的求解进行专门研究。

本章主要介绍整数规划问题的提出、整数规划问题的求解、0—1型整数规划及其求解、指派问题、电子表格的建模和求解以及案例分析。

5.1　整数规划问题的提出

5.1.1　整数规划问题的数学模型

[例 5.1]　某厂可生产甲、乙两种设备,其生产数量受 A、B 两种主要资源供应量的限制,生产单位设备需要消耗 A、B 资源的数量及单位设备所获得的利润如表 5.1 所示。问该厂应如何安排甲、乙两种设备的生产数量,才能使利润达到最大?

表 5.1　相关数据

设　　备	资源 A	资源 B	每台利润(万元)
甲	4	2	4
乙	5	1	3
资源限制	20	6	

解:设 x_1、x_2 分别为甲、乙两种设备的生产台数,总的利润为 z,由于设备的台数不能为分数,于是该问题的数学模型为:

$$\max z = 4x_1 + 3x_2$$

$$\text{s.t.} \begin{cases} 4x_1 + 5x_2 \leqslant 20 \\ 2x_1 + x_2 \leqslant 6 \\ x_1, x_2 \geqslant 0 \text{ 且为整数} \end{cases} \tag{5.1}$$

一般地,整数规划的数学模型可以表示为:

$$\max z = \sum_{j=1}^{n} c_j x_j$$

$$\text{s.t.} \begin{cases} \sum_{j=1}^{n} a_{ij} x_j = b_i, i = 1, 2, \cdots, m \\ x_j \geqslant 0, j = 1, 2, \cdots, n \\ x_j \text{ 全为整数或部分变量为整数}, j = 1, 2, \cdots, n \end{cases}$$

5.1.2 整数规划的解

式(5.1)是一个整数规划问题,下面对该问题进行求解。先不考虑式(5.1)的整数要求,得出与式(5.1)相对应的线性规划问题:

$$\max z = 4x_1 + 3x_2$$

$$\text{s.t.} \begin{cases} 4x_1 + 5x_2 \leqslant 20 \\ 2x_1 + x_2 \leqslant 6 \\ x_1, x_2 \geqslant 0 \end{cases} \tag{5.2}$$

用图解法对式(5.2)进行求解,得出该线性规划问题的最优解及最优目标函数值(见图 5.1)为: $x_1^* = \dfrac{5}{3}$, $x_2^* = \dfrac{8}{3}$, $z^* = \dfrac{44}{3}$。

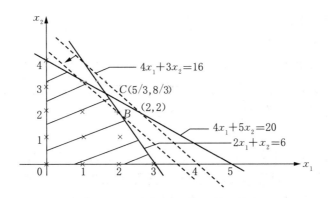

图 5.1 线性规划问题的图解法

显然式(5.2)的最优解不满足整数要求,式(5.2)的最优解不是式(5.1)的最优解,即线性规划的最优解不是整数规划的最优解。那么能不能通过对线性规划的最优解化整得到整数规划的最优解呢？如果把线性规划得到的最优解采用四舍五入取整处理得：$x_1^{(1)} = 2$，$x_2^{(1)} = 3$，$z^{(1)} = 17$，得到的整数解不满足式(5.1)的约束条件($4 \times 2 + 5 \times 3 = 23 > 20$，$2 \times 2 + 3 = 7 > 6$)，因而它不是整数规划的可行解。如果把线性规划得到的最优解采用舍去尾数取整的办法得：$x_1^{(2)} = 1$，$x_2^{(2)} = 2$，$z^{(2)} = 10$，得到的整数解满足了约束条件，因而是可行解，但不是最优解，因为当 $x_1^{(3)} = 2$，$x_2^{(3)} = 1$(这也是可行解) 时，$z^{(3)} = 11 > z^{(2)} = 10$；当 $x_1^{(4)} = 2$，$x_2^{(4)} = 2$(这也是可行解) 时，$z^{(4)} = 14 > z^{(2)} = 10$。

从图 5.1 可以看出，画"×"的点表示式(5.1)的可行解，我们只需将表示目标函数 z 的等值线 $4x_1 + 3x_2 = 16$ 由原点向右上方平行移动，直至最后一次遇到带"×"的点(2，2)为止。这样，式(5.1)的最优解在点 $B(2,2)$ 处达到，于是得到式(5.1)的最优解及最优目标函数值：$x_1^* = 2$，$x_2^* = 2$，$z^* = 14$。

由例 5.1 可以看出，通过对线性规划的最优解"化整"来得到整数规划的最优解，虽是最容易想到的，但常常得不到整数规划的最优解，甚至根本不是可行解。因此有必要对整数规划的求解进行专门研究。

5.2 整数规划问题的求解

虽然整数规划只比线性规划多了一个整数约束，但其求解难度将大大增加。这是因为整数规划没有连续的可行域，它的可行域只是由一些离散的、非负的整数格点所组成的。迄今为止，对于整数规划的求解，还没有一个统一的、有效的解法，能够像单纯形法处理线性规划那样有效地处理整数规划。这里仅介绍目前常用的两种方法：分支定界法和割平面法。

5.2.1 分支定界法

分支定界法是 20 世纪 60 年代由 Land-Doig 和 Dakin 等人提出的。这种方法既可以用于求解纯整数规划问题，也可用于求解混合整数规划问题，而且更便于用计算机求解，所以很快成为求解整数规划的最主要的方法。

1. 分支定解法的基本思想

先求出与要求解的整数规划相对应的线性规划的最优解，线性规划的最优目标函数值作为整数规划最优目标函数值的上界。整数规划的任一可行解所对应的目标函数值作为整数规划最优目标函数值的下界。通过不断地分支和定界增加整数规划最优目标函数值的下界，减少整数规划最优目标函数值的上界，进而求出整数规划最优目标函数值。

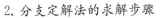

2. 分支定解法的求解步骤

设要求解的最大化整数规划问题为 R，与它相应的线性规划问题为 R_0，分支定界法的基本做法是：

（1）用观察法求 R 的一个可行解，其目标值便是 R 的最优目标值 z^* 的一个下界，记为 $\underline{z}$。

（2）求解 R_0，得 R_0 的最优解 $X^{(0)}$ 和最优目标函数值 Z_0。若 $X^{(0)}$ 符合 R 的整数条件，显然 $X^{(0)}$ 也是 R 的最优解，结束运算；否则，以 R_0 作为一个分支标明求解的结果，Z_0 是问题 R 的最优目标值 z^* 的一个上界，记为 $\bar{z}$。

（3）分支。取目标函数值最大的一个支 R_s，在 R_s 的解中任选一不符合整数条件的变量 x_j，其值为 b_j，构造两个约束条件 $x_j \leqslant [b_j]$ 和 $x_j \geqslant [b_j]+1$。将两个约束条件分别加入问题 R_s，得两个后继规划问题 R_{s1} 和 R_{s2}。不考虑整数条件求解这两个后继问题，以每个后继问题作为一个分支标明求解的结果。

（4）定界。在各分支中找出目标函数值最大者作为新的上界 $\bar{z}$；从已符合整数要求的各分支中，找出目标函数值最大者作为新的下界 $\underline{z}$。

（5）比较与剪支。各分支的最优目标函数值中如果有小于 $\underline{z}$ 者，则剪掉这一支（用打"×"表示），即以后不再考虑了。若已没有大于 $\underline{z}$ 的分支，则已得到 R 的最优解，结束；否则，转（3）。

下面举例说明分支定界法的基本步骤。

[**例 5.2**] 求解下列整数规划问题：

$$\max z = x_1 + x_2$$
$$\text{s.t.} \begin{cases} 14x_1 + 9x_2 \leqslant 51 \\ -6x_1 + 3x_2 \leqslant 1 \\ x_1 \geqslant 0,\ x_2 \geqslant 0 \\ x_1,\ x_2 \text{ 为整数} \end{cases} \tag{5.3}$$

解：首先我们记：

$$\max z = x_1 + x_2$$
$$R: \text{s.t.} \begin{cases} 14x_1 + 9x_2 \leqslant 51 \\ -6x_1 + 3x_2 \leqslant 1 \\ x_1 \geqslant 0,\ x_2 \geqslant 0 \text{ 且为整数} \end{cases} \tag{5.4}$$

$$\max z = x_1 + x_2$$
$$R_0: \text{s.t.} \begin{cases} 14x_1 + 9x_2 \leqslant 51 \\ -6x_1 + 3x_2 \leqslant 1 \\ x_1 \geqslant 0,\ x_2 \geqslant 0 \end{cases} \tag{5.5}$$

（1）用观察法得到 R 的一个整数解 $x_1 = 0$，$x_2 = 0$，它所对应的目标函数值 $z = 0$，将 $z = 0$ 作为 R 最优目标函数值下界，即 $\underline{z} = 0$。

（2）对 R_0 进行求解，得到 R_0 的最优解为 $x_1^* = \dfrac{3}{2}$，$x_2^* = \dfrac{10}{3}$，最优目标函数值为 $z_0^* = \dfrac{29}{6}$。由于 R_0 的最优解不满足整数要求，所以 R_0 的最优解不是 R 的最优解。于是 R_0 的最优目标函数值可以作为 R 最优目标函数值的上界，即 $\bar{z} \leqslant \dfrac{29}{6}$。于是有 $0 \leqslant z^* \leqslant \dfrac{29}{6}$。

（3）由于 R_0 的最优解 x_1，x_2 都是分数，任取其一，比如取 $x_1^* = \dfrac{3}{2}$（对 x_2 也是如此），对 x_1 而言，R 的最优解不会在 1 和 2 之间取值，即必然有：

$$x_1 \leqslant 1 \text{ 或 } x_1 \geqslant 2 \tag{5.6}$$

于是在 R_0 中分别加入约束条件 $x_1 \leqslant 1$ 或 $x_1 \geqslant 2$，得到两个新的线性规划问题，分别记为 R_1 和 R_2。

$$R_1: \text{ s.t. } \begin{cases} \max z = x_1 + x_2 \\ 14x_1 + 9x_2 \leqslant 51 \\ -6x_1 + 3x_2 \leqslant 1 \\ x_1 \leqslant 1 \\ x_1 \geqslant 0, \ x_2 \geqslant 0 \end{cases} \tag{5.7}$$

$$R_2: \text{ s.t. } \begin{cases} \max z = x_1 + x_2 \\ 14x_1 + 9x_2 \leqslant 51 \\ -6x_1 + 3x_2 \leqslant 1 \\ x_1 \geqslant 2 \\ x_1 \geqslant 0, \ x_2 \geqslant 0 \end{cases} \tag{5.8}$$

分别对 R_1 和 R_2 进行求解，得到 R_1 的最优解和最优目标函数值为：$x_1^* = 1$，$x_2^* = \dfrac{7}{3}$，$z^* = \dfrac{10}{3}$；得到 R_2 的最优解和最优目标函数值为：$x_1^* = 2$，$x_2^* = \dfrac{23}{9}$，$z^* = \dfrac{41}{9}$，显然 R_1 和 R_2 的最优解仍然不满足整数要求。由于 R_2 的最优目标函数值大于 R_1 的最优目标函数值，所以选择 R_2 再进一步进行分支。这时 R_2 的最优目标函数值可以作为 R 最优目标函数值的上界，于是有 $0 \leqslant z^* \leqslant \dfrac{41}{9}$。

（4）由于 R_2 的最优解中 x_1 已经是整数，而 x_2 是分数，对 x_2 而言，R 的最优解不会在 2 和 3 之间取值，即必然有：

$$x_2 \leqslant 2 \text{ 或 } x_2 \geqslant 3 \tag{5.9}$$

于是在 R_2 中分别加入约束条件 $x_2 \leqslant 2$ 或 $x_2 \geqslant 3$，得到两个新的线性规划问题，分别记为 R_{21} 和 R_{22}。

$$\max z = x_1 + x_2$$

$$R_{21}:\text{ s.t. } \begin{cases} 14x_1 + 9x_2 \leqslant 51 \\ -6x_1 + 3x_2 \leqslant 1 \\ x_1 \geqslant 2 \\ x_2 \leqslant 2 \\ x_1 \geqslant 0,\ x_2 \geqslant 0 \end{cases} \tag{5.10}$$

$$\max z = x_1 + x_2$$

$$R_{22}:\text{ s.t. } \begin{cases} 14x_1 + 9x_2 \leqslant 51 \\ -6x_1 + 3x_2 \leqslant 1 \\ x_1 \geqslant 2 \\ x_2 \geqslant 3 \\ x_1 \geqslant 0,\ x_2 \geqslant 0 \end{cases} \tag{5.11}$$

分别对 R_{21} 和 R_{22} 进行求解，得到 R_{21} 的最优解和最优目标函数值为：$x_1^* = \dfrac{33}{14}$，x_2^* $= 2$，$z^* = \dfrac{61}{14}$；R_{22} 无解，把 R_{22} 这一支剪去，显然 R_{21} 的最优解不满足整数要求，由于 R_{21} 的最优目标函数值大于 R_1 的最优目标函数值，所以选择 R_{21} 再进一步进行分支。这时 R_{21} 的最优目标函数值可以作为 R 最优目标函数值的上界，于是有 $0 \leqslant z^* \leqslant \dfrac{61}{14}$。

（5）由于 R_{21} 的最优解中 x_2 已经是整数，而 x_1 是分数，对 x_1 而言，R 的最优解不会在 2 和 3 之间取值，即必然有：

$$x_1 \leqslant 2 \text{ 或 } x_1 \geqslant 3 \tag{5.12}$$

于是在 R_{21} 中分别加入约束条件 $x_1 \leqslant 2$ 或 $x_1 \geqslant 3$，得到两个新的线性规划问题，分别记为 R_{211} 和 R_{212}。

$$\max z = x_1 + x_2$$

$$R_{211}:\text{ s.t. } \begin{cases} 14x_1 + 9x_2 \leqslant 51 \\ -6x_1 + 3x_2 \leqslant 1 \\ x_1 \geqslant 2 \\ x_2 \leqslant 2 \\ x_1 \leqslant 2 \\ x_1 \geqslant 0,\ x_2 \geqslant 0 \end{cases} \tag{5.13}$$

$$\max z = x_1 + x_2$$

$$R_{212}:\text{ s.t. } \begin{cases} 14x_1 + 9x_2 \leqslant 51 \\ -6x_1 + 3x_2 \leqslant 1 \\ x_1 \geqslant 2 \\ x_2 \leqslant 2 \\ x_1 \geqslant 3 \\ x_1 \geqslant 0,\ x_2 \geqslant 0 \end{cases} \tag{5.14}$$

分别对 R_{211} 和 R_{212} 进行求解，得到 R_{211} 的最优解和最优目标函数值为：$x_1^* = 2$，$x_2^* = 2$，$z^* = 4$，R_{212} 的最优解和最优目标函数值为：$x_1^* = 3$，$x_2^* = 1$，$z^* = 4$。显然 R_{211} 和 R_{212} 的最优解都满足整数要求，而且它们的最优目标函数值相同。由于整数解（R_{211} 和 R_{212}）所对应的最优目标函数值大于 R_1 的最优目标函数值，尽管 R_1 没有取得整数解，也没有必要对 R_1 再进一步进行分支，把 R_1 这一支剪去。这时就得到整数规划的最优解：$x_1^* = 2$，$x_2^* = 2$ 和 $x_1^* = 3$，$x_2^* = 1$，最优目标函数值为 $z^* = 4$。上述整个求解的过程如图 5.2 所示。

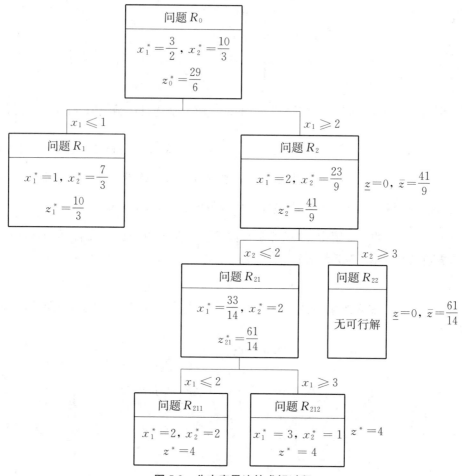

图 5.2　分支定界法的求解过程

5.2.2　割平面法

割平面法是 1958 年由高莫瑞（R.E.Comory）首先提出的，故又称 Comory 割平面法。在割平面法中，每次增加的用于"切割"的线性约束称为割平面约束或 Comory 约束。它是求解整数规划问题的常用方法之一。

1. 割平面法的基本思想

先不考虑要求解的整数规划问题的整数约束条件,求相应的线性规划问题的最优解,如果获得的最优解是整数,则已得到整数规划的最优解,停止运算。如果所得到最优解不满足整数约束条件,则在此非整数解的基础上增加新的约束条件再重新进行求解。这个新增加的约束条件的作用就是去切割相应线性规划问题的可行域,即割去线性规划的部分非整数解(包括原已得到的非整数最优解)。而把所有的整数解都保留下来,故称新增加的约束条件为割平面。随着"切割"过程的不断继续,整数规划最优解最终有机会成为某个线性规划可行域的顶点,作为该线性规划的最优解而被解得。那么如何来构建一个割平面呢?

对于要求解的整数规划问题:

$$\max z = \sum_{j=1}^{n} c_j x_j$$

$$\text{s.t.} \begin{cases} \sum_{j=1}^{n} a_{ij} x_j = b_i, \ i = 1, 2, \cdots, m \\ x_j \geqslant 0, \ j = 1, 2, \cdots, n \\ x_j \ \text{取整数}, j = 1, 2, \cdots, n \end{cases} \tag{5.15}$$

设其中 $a_{ij}(i=1, 2, \cdots, m, j=1, 2, \cdots, n)$ 和 $b_i(i=1, 2, \cdots, m)$ 皆为整数(若不为整数时,可乘上一个倍数化为整数)。

与上述整数规划相对应的线性规划问题为:

$$\max z = \sum_{j=1}^{n} c_j x_j$$

$$\text{s.t.} \begin{cases} \sum_{j=1}^{n} a_{ij} x_j = b_i, \ i = 1, 2, \cdots, m \\ x_j \geqslant 0, \ j = 1, 2, \cdots, n \end{cases} \tag{5.16}$$

对该线性规划问题用单纯形法进行求解。为方便起见,在最终单纯形表中以 x_i $(i=1, 2, \cdots, m)$ 表示基变量,以 $x_j(j=m+1, m+2, \cdots, n)$ 表示非基变量,则 m 个约束方程可以写成:

$$x_i + \sum_{j=m+1}^{n} a'_{ij} x_j = b'_i, \ i = 1, 2, \cdots, m \tag{5.17}$$

对应的最优解为 $\boldsymbol{X}^* = (x_1^*, x_2^*, \cdots, x_n^*)^\mathrm{T} = (b'_1, b'_2, \cdots, b'_m, 0, \cdots, 0)^\mathrm{T}$

$$\tag{5.18}$$

若 b'_i 都为整数,则 $\boldsymbol{X}^*$ 满足整数要求,因而得到整数规划的最优解;若各 b'_i 不全为整数,则 $\boldsymbol{X}^*$ 不满足整数要求,因而就不是整数规划的可行解,自然也不是原整数规划的最优解。如果 $b'_r(r \leqslant m)$ 不是整数,在式(5.17)中对应的约束方程为:

$$x_r + \sum_{j=m+1}^{n} a'_{rj} x_j = b'_r \tag{5.19}$$

将式(5.19)中的变量系数及常数都分解成整数 N 和非负真分数 f 两部分之和,即:

$$b'_r = N_r + f_r \tag{5.20}$$

$$a'_{rj} = N_{rj} + f_{rj} \tag{5.21}$$

其中，$N_r = [b'_r]$ 表示 b'_r 的整数部分，f_r 表示 b'_r 的非负真分数部分；$N_{rj} = [a'_{rj}]$ 表示 a'_{rj} 的整数部分，f_{rj} 表示 a'_{rj} 的非负真分数部分，且有：

$$0 < f_r < 1$$
$$0 < f_{rj} < 1$$

于是式(5.19)可改写成：

$$N_r + f_r = x_r + \sum_{j=m+1}^{n} N_{rj} x_j + \sum_{j=m+1}^{n} f_{rj} x_j \tag{5.22}$$

移项得：

$$f_r - \sum_{j=m+1}^{n} f_{rj} x_j = x_r + \sum_{j=m+1}^{n} N_{rj} x_j - N_r \tag{5.23}$$

为了使所有的变量都是整数，式(5.23)右边必须是整数，当然左边也必然为整数。由于 $f_{rj} \geqslant 0$，且 x_j 为非负整数，所以有 $\sum_{j=m+1}^{n} f_{rj} x_j \geqslant 0$，又由于 f_r 为非负真分数，则可得出：

$$f_r - \sum_{j=m+1}^{n} f_{rj} x_j \leqslant f_r < 1 \tag{5.24}$$

既然式(5.23)的左边必须为整数，显然上式不能为正，于是便可得到：

$$f_r - \sum_{j=m+1}^{n} f_{rj} x_j \leqslant 0$$

即：

$$-\sum_{j=m+1}^{n} f_{rj} x_j \leqslant -f_r \tag{5.25}$$

这就是新增加的约束条件。再增加一个松弛变量将其化为等式，就可将其加到最终单纯表中去用对偶单纯形法继续求解。

2. 割平面法的求解步骤

下面以全整数规划问题的割平面法为例，介绍割平面的求解过程。

依据割平面法的基本思想，割平面法的具体求解步骤如下：

(1) 对于要求解的整数规划问题(5.15)，先不考虑其整数约束条件，求解相应的线性规划问题(5.16)。

(2) 如果线性规划问题(5.16)无可行解或已取得整数最优解，则停止运算；表明整数规划问题也无可行解或已取得整数最优解。如果有一个或更多个变量取值不满足整数条件，则选择某个变量建立割平面。

(3) 增加割平面为新的约束条件，用对偶单纯形方法继续求解，返回(1)。

[**例 5.3**] 求解下列纯整数规划问题：

$$\max z = x_1 + x_2$$

$$\text{s.t.} \begin{cases} 2x_1 + x_2 \leqslant 6 \\ 4x_1 + 5x_2 \leqslant 20 \\ x_1, x_2 \geqslant 0 \text{ 且为整数} \end{cases} \tag{5.26}$$

解：首先写出与该整数规划相对应的线性规划问题并将其化成标准形式：

$$\max z = x_1 + x_2$$

$$\text{s.t.} \begin{cases} 2x_1 + x_2 + x_3 = 6 \\ 4x_1 + 5x_2 + x_4 = 20 \\ x_1, x_2, x_3, x_4 \geqslant 0 \end{cases} \tag{5.27}$$

对上述线性规划问题用单纯形进行求解，得最终单纯形表如表 5.2 所示。

表 5.2　最终单纯形表

c_j		1	1	0	0	b
C_B	X_B	x_1	x_2	x_3	x_4	
1	x_1	1	0	$\frac{5}{6}$	$-\frac{1}{6}$	$\frac{5}{3}$
1	x_2	0	1	$-\frac{2}{3}$	$\frac{1}{3}$	$\frac{8}{3}$
σ_{ij}		0	0	$-\frac{1}{6}$	$-\frac{1}{6}$	$-\frac{13}{3}$

显然，该线性规划的最优解 $x_1^* = \dfrac{5}{3}$，$x_2^* = \dfrac{8}{3}$ 为非整数解。为求得整数解，在表 5.2 中任选一个取值非整数的变量，如 x_2，写出该变量所在行的约束条件：

$$x_2 - \frac{2}{3}x_3 + \frac{1}{3}x_4 = \frac{8}{3} \tag{5.28}$$

将式 (5.28) 的所有变量的系数及右端常数均改写成一个整数与一个非负真分数之和的形式。据此，式 (5.28) 可以改写成：

$$(1+0)x_2 + \left(-1 + \frac{1}{3}\right)x_3 + \left(0 + \frac{1}{3}\right)x_4 = 2 + \frac{2}{3} \tag{5.29}$$

把式 (5.29) 中整数系数变量的整数项放在方程的左边，其余的放到方程的右边，则有：

$$x_2 - x_3 - 2 = \frac{2}{3} - \frac{1}{3}x_3 - \frac{1}{3}x_4 \tag{5.30}$$

由于要求变量取值为正整数，式 (5.30) 的左边必为整数。当然，方程的右边也应为整数。又由于 $x_3, x_4 \geqslant 0$，于是有：

$$\frac{2}{3} - \frac{1}{3}x_3 - \frac{1}{3}x_4 \leqslant 0 \tag{5.31}$$

式(5.31)就是所求的新约束条件,即为了求得整数解引入的割平面方程,将其加入松弛变量得:

$$-\frac{1}{3}x_3 - \frac{1}{3}x_4 + x_5 = -\frac{2}{3} \qquad (5.32)$$

将式(5.32)作为新的约束条件,加入表5.3,便形成新的线性规划问题,对新的线性规划问题用对偶单纯形法求解,结果如表5.3所示。

表5.3　新线性规划的单纯形表

c_j		1	1	0	0	0	b
C_B	X_B	x_1	x_2	x_3	x_4	x_5	
1	x_1	1	0	$\frac{5}{6}$	$-\frac{1}{6}$	0	$\frac{5}{3}$
1	x_2	0	1	$-\frac{2}{3}$	$\frac{1}{3}$	0	$\frac{8}{3}$
0	x_5	0	0	$-\frac{1}{3}$	$-\frac{1}{3}$	1	$-\frac{2}{3}$
	σ_j	0	$-\frac{1}{6}$	$-\frac{1}{6}$	0	0	$-\frac{13}{3}$
1	x_1	1	0	1	0	$-\frac{1}{2}$	2
1	x_2	0	1	-1	0	1	2
0	x_4	0	0	1	1	-3	2
	σ_j	0	0	0	0	$-\frac{1}{2}$	-4

由表5.3得最优解为 $x_1^* = 2$, $x_2^* = 2$, $x_4^* = 2$, $x_3^* = x_5^* = 0$, 对应的最优目标函数值等于4。此最优解位于图5.3的点 E。

从最终单纯形表5.3不难看出:非基变量 x_3 的检验数 σ_3 等于零,所以该线性规划有无穷多最优解,对该线性规划再迭代一步(见表5.3续表),得到另外一组最优整数解 $x_2^* = 4$, $x_1^* = x_3^* = x_4^* = x_5^* = 0$,对应的最优目标函数值等于4,此最优解位于图5.3的点 A。

表5.3　续表

c_j		1	1	0	0	0	b
C_B	X_B	x_1	x_2	x_3	x_4	x_5	
1	x_1	1	0	0	-1	$\frac{5}{2}$	0
1	x_2	0	1	0	1	-2	4
0	x_3	0	0	1	1	-3	2
	σ_j	0	0	0	0	$-\frac{1}{2}$	-4

从上面的计算过程可以看出,所要求解的整数规划问题式(5.26)的可行整数解必然满足式(5.31),而式(5.27)的可行解却有一部分不满足式(5.31)。这就意味着条件式(5.31)起到了这样的作用:对整数规划式(5.26)所对应的线性规划的可行域,保留了其

中的所有整数可行解,但割掉了一部分非整数解。为了在图形上直观地描述,可将式(5.27)的两个约束方程代入式(5.31),则式(5.31)成为:

$$x_1 + x_2 \leqslant 4$$

这就是割平面的方程。即图 5.3 所示的 AE 直线的下半部分。显然它割去了除 AE 直线上所有点以外的 $\triangle ABE$ 部分,其中包括原本所求得的非整数最优解点 $B\left(\dfrac{5}{3}, \dfrac{8}{3}\right)$。

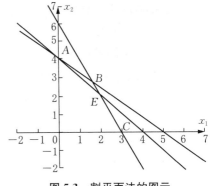

图 5.3 割平面法的图示

5.3 0—1 型整数规划

在整数规划问题中有一类比较特殊的整数规划,它的决策变量 x_j 仅取 0 或 1 两个值,这样的整数规划称为 0—1 型整数规划,这时 x_j 称为 0—1 变量(二进制变量或逻辑变量)。0—1 型整数规划在实际中的应用非常广泛,下面介绍几个例子,然后再介绍 0—1 型整数规划的求解方法。

5.3.1 0—1 型整数规划的应用

[例 5.4] 投资项目的决策。某公司正在考虑对几个项目的投资,对投资项目的要求如下:

(1) 每个项目只能投资一次。

(2) 项目 A 和项目 B 是互斥的。

(3) 项目 C 和项目 D 也是互斥的。

(4) 如果不选择项目 A 或项目 B,就无法选择项目 C 或项目 D。

目前该公司总的投资金额为 200 万元,投资各项目所需资金及各个项目产生的利润如表 5.4 所示。问该公司该如何进行投资组合,使公司的利润达到最大?

表 5.4 相关数据 (单位:万元)

项 目	估计利润	所需资金
A	15	40
B	11	35
C	17	30
D	16	50
E	9	16
F	15	28
G	8	25

解：设项目 A、B、C、D、E、F、G 的编号为 1、2、3、4、5、6、7。

设 $x_i = \begin{cases} 1, & \text{投资 } i \text{ 项目} \\ 0, & \text{不投资 } i \text{ 项目} \end{cases}$ $(i=1, 2, 3, 4, 5, 6, 7)$，总的利润为 z，则该问题的数学模型为：

$$\max z = 15x_1 + 11x_2 + 17x_3 + 16x_4 + 9x_5 + 15x_6 + 8x_7$$

$$\text{s.t.} \begin{cases} 40x_1 + 35x_2 + 30x_3 + 50x_4 + 16x_5 + 28x_6 + 25x_7 \leqslant 200 \\ x_1 + x_2 \leqslant 1 \\ x_3 \leqslant x_1 + x_2 \\ x_4 \leqslant x_1 + x_2 \\ x_3 + x_4 \leqslant 1 \\ x_i = 1 \text{ 或 } 0, \ i = 1, 2, 3, 4, 5, 6, 7 \end{cases}$$

［例 5.5］ 多重约束的选择。

(1) 两个约束的选择。

若某个模型有两个约束条件：

$$a_{11}x_1 + a_{12}x_2 + \cdots + a_{1n}x_n \leqslant b_1 \tag{5.33}$$

$$a_{21}x_1 + a_{22}x_2 + \cdots + a_{2n}x_n \leqslant b_2 \tag{5.34}$$

不能同时起作用，换句话说，式(5.33)和式(5.34)是两个互斥的约束条件，只能选择其一。

为了在模型中统一两个约束条件，需要引入一个 0—1 变量。

$$\text{设 } y = \begin{cases} 1, & \text{当采用约束条件(5.33)时} \\ 0, & \text{当采用约束条件(5.34)时} \end{cases}$$

则建立该问题的数学模型时，可将约束条件式(5.33)和约束条件式(5.34)写成如下形式：

$$a_{11}x_1 + a_{12}x_2 + \cdots + a_{1n}x_n - M(1-y) \leqslant b_1 \tag{5.35}$$

$$a_{21}x_1 + a_{22}x_2 + \cdots + a_{2n}x_n - My \leqslant b_2 \tag{5.36}$$

这里 M 是一个非常大的正数。可以看出：当 $y=1$ 时，就意味着约束条件(5.35)起作用，式(5.35)就等价于式(5.33)，而式(5.34)不起作用；当 $y=0$ 时，就意味着约束条件(5.36)起作用，式(5.36)就等价于式(5.34)，而式(5.33)不起作用。

(2) 多个约束的选择。

假如在下述 m 个约束条件中至少要保证有 $k(1 \leqslant k \leqslant m)$ 个起作用：

$$a_{i1}x_1 + a_{i2}x_2 + \cdots + a_{in}x_n \leqslant b_i, \ i=1, 2, \cdots, m$$

为此，引入 m 个 0—1 变量：

$$\text{设 } y_i = \begin{cases} 1, & \text{当第 } i \text{ 个约束条件起作用时} \\ 0, & \text{否则} \end{cases} \quad (i=1, 2, \cdots, m)$$

则 m 个约束条件可以用一个统一的式子表示为：

$$\begin{cases} a_{i1}x_1 + a_{i2}x_2 + \cdots + a_{in}x_n - M(1-y_i) \leqslant b_i, \ i=1, 2, \cdots, m \\ y_1 + y_2 + \cdots + y_m \geqslant k \end{cases}$$

M 意义同上。

[例 5.6]　选址问题。

某公司准备从 m 个地点中选取若干地点建厂,已知第 i 个地点的建设费用为 f_i 元,第 i 个工厂的生产量为 $a_i (i=1, 2, \cdots, m)$ 个单位,现有 n 个经销点,第 j 个销售点的销量为 $b_j (j=1, 2, \cdots, n)$,总产量大于总销量,工厂 i 到销地 j 的单位运价为 c_{ij} 元。另外,公司又有以下要求:(1) m 个地点中至多选 M 个地点建厂;(2)在第 4 个和第 5 个地点不能同时设厂;(3)如果选择在第 3 个地点建厂就不能在第 7 个和第 8 个地点建厂,反之亦然。问应如何选择建厂和安排调运,以使总的费用最少?

解:设 $y_i = \begin{cases} 1, & \text{在第 } i \text{ 个地点建厂} \\ 0, & \text{否则} \end{cases} \quad (i=1, 2, \cdots, m)$

x_{ij} 表示第 i 个工厂到第 j 个销地的运量, z 表示总运费。

则该问题的数学模型如下:

$$\min z = \sum_{i=1}^{m} \sum_{j=1}^{n} c_{ij} x_{ij} + \sum_{i=1}^{m} f_i y_i$$

$$\text{s.t.} \begin{cases} \sum_{j=1}^{n} x_{ij} \leqslant a_i y_i, & i=1, 2, \cdots, m \\ \sum_{i=1}^{m} x_{ij} = b_j, & j=1, 2, \cdots, n \\ \sum_{i=1}^{m} y_i \leqslant M \\ y_4 + y_5 \leqslant 1 \\ y_3 + y_7 \leqslant 1 \\ y_3 + y_8 \leqslant 1 \\ x_{ij} \geqslant 0, & i=1, 2, \cdots, m; j=1, 2, \cdots, n \\ y_i = 0 \text{ 或 } 1, & i=1, 2, \cdots, m \end{cases}$$

5.3.2　0—1 型整数规划的求解

0—1 型整数规划既然是一种整数规划,自然可以用第 5.2 节介绍的"分支定界法"对其进行求解。然而,由于 0—1 型整数规划取值的特殊性,对 0—1 型整数规划的求解比一般的整数规划问题更为简单。其具体步骤如下:

(1) 将 0—1 型整数规划问题化成标准形式。

① 目标函数为求极大值。对于目标函数为求极小值($\min z$),令 $z' = -z$,使其变为目标函数为求极大值,即 $\max z'$ 的形式。

② 目标函数中所有变量的系数都为正数。如果目标函数中变量 x_j 的系数为负数,令 $x_j' = 1 - x_j$,把模型中的 x_j 用 x_j' 代换。

③ 变量的排列顺序按变量在目标函数中的系数值从小到大进行排列。

（2）令所有的变量都为"1"，得到使目标函数达到最大值的一个解。检验"该解"是否是可行解，如果是可行解，那么它一定就是最优解；如果不是可行解，将该目标函数值作为 0—1 型整数规划目标函数值的上界，转入下一步。

（3）按照变量的排列顺序依次令各变量取"1"或"0"。如令 $x_j=1$ 和 $x_j=0$，将问题分成 $x_j=1$ 和 $x_j=0$ 两支；再令其他的变量都为 1，得到每支各一个试点。

（4）对尚未探明的分支问题进行检查：

① 若该支试点可行，则在该支试点下端划"√"，算出该点的值标于该点的上方。若多个分支的子问题都是可行解时，保留目标值最大的分支并将该目标值作为最优目标函数值的下界，将目标值小于最优目标函数值下界的分支剪去。

② 若该支试点不可行，则在该支上画 2 根斜线，表示该支没有必要再进一步分支。

（5）若所有分支均已探明，则打"√"号的点即是最优解，停止；若无打"√"的点，则问题无可行解，停止；否则选上界最大且未探明的分支问题继续分支，返回（3）。

下面通过例子说明用分支定界法求解 0—1 型整数规划的具体步骤。

[例 5.7] 用分支定解法求解 0—1 型整数规划问题：

$$\max z = 8x_1 + 2x_2 - 4x_3 - 7x_4 - 5x_5$$

$$\text{s.t.} \begin{cases} 3x_1 + 3x_2 + x_3 + 2x_4 + 3x_5 \leqslant 4 \\ 5x_1 + 3x_2 - 2x_3 - x_4 + x_5 \leqslant 4 \\ x_i = 0 \text{ 或 } 1, i = 1, 2, 3, 4, 5 \end{cases}$$

解：令 $x'_3 = 1 - x_3$，$x'_4 = 1 - x_4$，$x'_5 = 1 - x_5$，得该问题的标准形式为：

$$\max z = 2x_2 + 4x'_3 + 5x'_5 + 7x'_4 + 8x_1 - 16$$

$$\text{s.t.} \begin{cases} 3x_2 - x'_3 - 3x'_5 - 2x'_4 + 3x_1 \leqslant -2 \\ 3x_2 + 2x'_3 - x'_5 + x'_4 + 5x_1 \leqslant 6 \\ x_2, x'_3, x'_5, x'_4, x_1 = 0 \text{ 或 } 1 \end{cases}$$

令 $x_2 = x'_3 = x'_5 = x'_4 = x_1 = 1$，该解使目标函数值达到最大，即 $z = 10$。经验证该解不是可行解，但可将 10 作为该问题最优目标函数值的上界，记为①，然后进行分支。

把问题分成 $x_2 = 0$ 和 $x_2 = 1$ 两支，即分成 $(0, x'_3, x'_5, x'_4, x_1)$ 和 $(1, x'_3, x'_5, x'_4, x_1)$ 两支，由于点 $(1, 1, 1, 1, 1)$ 不是可行解，所以对于 $x_2 = 1$，我们寄希望于 $x'_3 = 0$，其他的点为 $1(x'_5 = x'_4 = x_1 = 1)$，这样两支都得到一个试点 $(0, 1, 1, 1, 1)$ 和 $(1, 0, 1, 1, 1)$，分别记为②和③，如图 5.4 所示。经验证②、③结点所反映的解都不是可行解，因为结点②所对应的目标函数值大于结点③的目标函数值，这时将 8 作为目标函数值新的上界，所以优先选择边界值较大的结点②进行分支。按照变量的排列顺序，接着考虑变量 x'_3，令 $x'_3 = 0$ 或 1 继续分支，如图 5.5 所示。图 5.5 的结点④给出了一个可行解，其目标函数值 $w = 4$ 作为一个新下界，剪去结点⑤所在的分支，因为该结点的目标值已小于此下界。

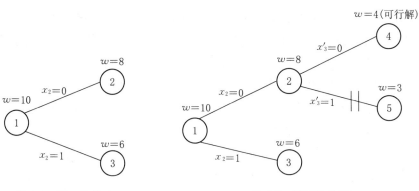

图 5.4　第一次分支　　　　　图 5.5　第二次分支

在图 5.5 中,因为结点③的目标值仍然大于已知的下界,所以应继续对该结点进行分支。本例题的整个分支计算过程如图 5.6 所示。

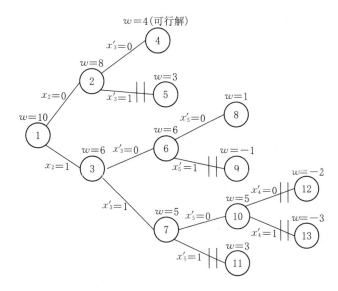

图 5.6　分支定界法的求解过程

经过计算,此问题的最优解为 $\boldsymbol{X}^* = (1, 0, 1, 0, 0)^{\mathrm{T}}$,最优目标函数值为 $z^* = 4$。

5.4　指派问题

5.4.1　指派问题及其数学模型

在现实生活中经常会遇到这样的问题:有若干项任务需要若干个人来完成,有若干台机器需要安装在若干个不同的位置上,有若干个讲座需要安排在若干个不同的教室,有若干名推销员需要分配到若干个城市等。这些问题的共同特点是在满足特定的指派要求的前提下,使指派方案的总体效果最佳。那么一般的指派问题如何描述呢?

一般的指派问题通常这样描述:有 n 项任务需要 n 个人来完成,一项任务只能由一个人完成,一个人只能完成一项任务;由于每个人的专长不同,每个人完成各项任务的效率(可以是时间、成本、费用等)不同。应指派哪个人完成哪项任务,使 n 个人完成 n 项任务总的效率最高(所需总时间最少、所需总成本最少、所需总费用最低)的问题。这类问题称为指派问题或分派问题。

对应每个指派问题都有一个已知的效率矩阵,其元素 $c_{ij} \geqslant 0(i, j = 1, 2, \cdots, n)$ 表示第 i 个人完成第 j 项任务的效率(如时间、成本、费用等)。为了建立指派问题的数学模型,引入 0—1 变量 x_{ij}:

$$x_{ij} = \begin{cases} 1, & \text{指派第 } i \text{ 人去完成第 } j \text{ 项任务} \\ 0, & \text{不指派第 } i \text{ 人去完成第 } j \text{ 项任务} \end{cases} (i, j = 1, 2, \cdots, n)$$

于是,指派问题的数学模型可写成:

$$\min z = \sum_{i=1}^{n} \sum_{j=1}^{n} c_{ij} x_{ij}$$

$$\text{s.t.} \begin{cases} \sum_{j=1}^{n} x_{ij} = 1, & i = 1, 2, \cdots, n \\ \sum_{i=1}^{n} x_{ij} = 1, & j = 1, 2, \cdots, n \\ x_{ij} = 0 \text{ 或 } 1, & i = 1, 2, \cdots, n; j = 1, 2, \cdots, n \end{cases}$$

从指派问题的数学模型可以看出:指派问题实际上是一个有 $n \times n$ 个变量、$2n$ 个约束条件的线性规划问题,其中第一组约束条件表示第 i 个人只能完成 n 项任务中的一项,第二组约束条件表示第 j 项任务只能由 n 个人中的一个人去完成;指派问题是 0—1 型整数规划的特例,也是运输问题的特例,当运输问题的产地数和销地数相等,并且每一个产地的产量为 1,每一个销地的销量也为 1,运输问题就转化为指派问题。既然如此,指派问题自然可以用求解整数规划或运输问题的方法来进行求解,然而,由于指派问题的特点,可以有更为简便的方法求解指派问题,这种方法就是匈牙利法。

5.4.2　匈牙利法

1. 匈牙利法的理论基础

1955 年库恩利用匈牙利数学家康尼格的关于矩阵中独立"0"元素的定理,提出了求解指派问题的一种方法,习惯上将其称为匈牙利法。康尼格提出并证明的两个定理如下:

定理 5.1　设一个指派问题的效率矩阵为 (c_{ij})。若从 (c_{ij}) 的第 i 行中减去一个常数 $u_i(i = 1, 2, \cdots, n)$,从第 j 列元素中减去一个常数 $v_j(j = 1, 2, \cdots, n)$,得到一个新

的矩阵(b_{ij})，其中$b_{ij} = c_{ij} - u_i - \nu_j$，则问题$(b_{ij})$的最优解也是问题$(c_{ij})$的最优解。

该定理表明：效率矩阵的任一行（或列）减去（或加上）任一常数，指派问题的最优解不会受到影响。例如，如果效率矩阵的第一行各元素均减少"k"，那么指派问题的目标函数变为：

$$z' = \sum_{j=1}^{n}(c_{1j} - k)x_{1j} + \sum_{i=2}^{n}\sum_{j=1}^{n}c_{ij}x_{ij} = \sum_{i=1}^{n}\sum_{j=1}^{n}c_{ij}x_{ij} - k\sum_{j=1}^{n}x_{1j} = z - k$$

在相同的约束下，z'与z只相差一个常数，当然最优解不会改变。

定理 5.2　若一方阵中的一部分元素为0，一部分元素为非0，则覆盖方阵内所有0元素的最少直线恰好等于位于不同行和不同列的0元素的最多个数。

根据上面的两个定理，如果某个指派问题的效率矩阵如下：

$$(c_{ij}) = \begin{bmatrix} c_{11} & c_{12} & \cdots & c_{1n} \\ c_{21} & c_{22} & \cdots & c_{2n} \\ \cdots & \cdots & \cdots & \cdots \\ c_{n1} & c_{n2} & \cdots & c_{nn} \end{bmatrix}$$

如果该效率矩阵经过化简以后所有的元素都满足$c_{ij} \geqslant 0$，而其中有n个位于不同行和不同列的一组0元素，则只要令对应于这些0元素位置的$x_{ij} = 1$，其余的$x_{ij} = 0$，就得到最优解。例如：

$$(c_{ij}) = \begin{bmatrix} 4 & 0 & 5 & 1 \\ 0 & 2 & 7 & 8 \\ 3 & 4 & 9 & 0 \\ 1 & 6 & 0 & 3 \end{bmatrix}$$

这个指派问题的最优解就是$x_{12} = 1$，$x_{21} = 1$，$x_{34} = 1$，$x_{43} = 1$，即第一个人完成第二项任务，第二个人完成第一项任务，第三个人完成第四项任务，第四个人完成第三项任务，总的效率最高。

2. 匈牙利法的求解步骤

依据匈牙利法的理论基础，得出匈牙利法的求解步骤如下：

第一步：变换效率矩阵，使每行每列都出现0元素。

（1）系数矩阵的各行分别减去各行的最小元素。

（2）所得系数矩阵的各列再分别减去各列的最小元素。这样，效率矩阵中每行每列都至少有一个零元素，同时不出现负数。转第二步。

第二步：试求最优解。

（1）给只有一个0元素（不含划去的0）的行中的"0"画"○"，划去与◎同列的其他"0"；它表示此人只能做该事（或该事只能由此人来做），此事不能由他人来做（或此人不能再做其他事）。

（2）给只有一个0元素（不含划去的0）的列中的"0"画"○"，划去与◎同行的其他"0"；它表示此事只能由该人做（或该人只能做此事），该人不能再做其他事（或此事不能由他人来做）。

（3）重复（1）、（2），直到无新的◎画出。若系数矩阵中已无未画的"○"，也无未划去的"0"，则已得到最多的◎，转（5）；否则，便出现了 0 元素的闭回路，转（4）。

（4）从 0 元素的闭回路上任选一个"0"画"○"，划去其同行同列的其他"0"，转（5）。

（5）显然，按上述步骤得到的◎是位于不同行和不同列的。若◎已达 n 个，则指派问题的最优解已得到，令◎所对应的变量为 1，其他的变量为 0，结束计算；否则，转第三步。

第三步：用最少的直线覆盖所有 0 元素。

（1）给无◎的行打"√"。

（2）给打"√"行中含有 0 元素的列打"√"。

（3）给打"√"列中含有◎元素的行打"√"。

（4）重复（2）、（3），直到无新的"√"打出。

（5）给没有打"√"的行画横线，给打"√"的列画纵线，这样就得到了用最少的直线覆盖所有的 0 元素。

第四步：变换效率矩阵，增加 0 元素。在未被画线覆盖的其他元素中找出最小元素，给打"√"的行减去最小元素，给打"√"的列加上最小元素，其他位置上的元素不变，转第二步。

[例 5.8]　有 4 个人，要指派他们分别完成 4 项工作，每人完成各项工作所消耗的时间如表 5.5 所示，试确定最优的工作分配方案，以使 4 个人完成 4 项工作的总时间最少。

表 5.5　完成工作的时间　　　　　　　　　　　　　　　（单位：小时）

人员＼工作	A	B	C	D
甲	35	41	27	40
乙	47	45	32	51
丙	39	56	36	43
丁	32	51	25	46

解：写出该问题的效率矩阵并按照匈牙利法进行求解：

$$c = \begin{bmatrix} 35 & 41 & 27 & 40 \\ 47 & 45 & 32 & 51 \\ 39 & 56 & 36 & 43 \\ 32 & 51 & 25 & 46 \end{bmatrix}$$

第一步：将该效率矩阵每行分别减去该行的最小元素，然后每列再减去该列的最小元素，即：

$$c = \begin{bmatrix} 8 & 14 & 0 & 13 \\ 15 & 13 & 0 & 19 \\ 3 & 20 & 0 & 7 \\ 7 & 26 & 0 & 21 \end{bmatrix} \rightarrow \begin{bmatrix} 5 & 1 & 0 & 6 \\ 12 & 0 & 0 & 12 \\ 0 & 7 & 0 & 0 \\ 4 & 13 & 0 & 14 \end{bmatrix}$$

第二步：试求最优解，确定◎的个数，即：

$$\begin{bmatrix} 5 & 1 & ⓪ & 6 \\ 12 & ⓪ & \emptyset & 12 \\ ⓪ & 7 & \emptyset & \emptyset \\ 4 & 13 & \emptyset & 14 \end{bmatrix}$$

由于⓪的个数为 3，小于矩阵的阶数 4，故该问题没有取得最优解。

第三步：用最少的直线根数覆盖所有的 0 元素，即：

$$\begin{bmatrix} 5 & 1 & ⓪ & 6 \\ 12 & ⓪ & \emptyset & 12 \\ ⓪ & 7 & \emptyset & \emptyset \\ 4 & 13 & \emptyset & 14 \end{bmatrix}$$

第四步：变换效率矩阵，从未被直线覆盖的所有元素中找出最小元素 1，给打"√"的行减去 1，给打"√"的列加上 1，则有：

$$\begin{bmatrix} 4 & 0 & 0 & 5 \\ 12 & 0 & 1 & 12 \\ 0 & 7 & 1 & 0 \\ 3 & 12 & 0 & 13 \end{bmatrix}$$

对上式再返回第二步，重复上述步骤，最后得：

$$\begin{bmatrix} 4 & \emptyset & ⓪ & 5 \\ 12 & ⓪ & 1 & 12 \\ ⓪ & 7 & 1 & \emptyset \\ 3 & 12 & \emptyset & 13 \end{bmatrix} \rightarrow \begin{bmatrix} 1 & \emptyset & ⓪ & 2 \\ 9 & ⓪ & 1 & 9 \\ ⓪ & 10 & 4 & ⓪ \\ ⓪ & 12 & \emptyset & 10 \end{bmatrix}$$

此时，⓪的个数等于矩阵的阶数，该问题取得最优解。

上述指派问题的求解过程如下：

$$\begin{bmatrix} 35 & 41 & 27 & 40 \\ 47 & 45 & 32 & 51 \\ 39 & 56 & 36 & 43 \\ 32 & 51 & 25 & 46 \end{bmatrix} \rightarrow \begin{bmatrix} 8 & 14 & 0 & 13 \\ 15 & 13 & 0 & 19 \\ 3 & 20 & 0 & 7 \\ 7 & 26 & 0 & 21 \end{bmatrix} \rightarrow \begin{bmatrix} 5 & 1 & ⓪ & 6 \\ 12 & ⓪ & \emptyset & 12 \\ ⓪ & 7 & \emptyset & \emptyset \\ 4 & 13 & \emptyset & 14 \end{bmatrix}$$

$$\rightarrow \begin{bmatrix} 4 & \emptyset & ⓪ & 5 \\ 12 & ⓪ & 1 & 12 \\ ⓪ & 7 & 1 & \emptyset \\ 3 & 12 & ⓪ & 13 \end{bmatrix} \rightarrow \begin{bmatrix} 1 & \emptyset & ⓪ & 2 \\ 9 & ⓪ & 1 & 9 \\ ⓪ & 10 & 4 & ⓪ \\ ⓪ & 12 & \emptyset & 10 \end{bmatrix}$$

最优方案为:甲完成 C 项工作,乙完成 B 项工作,丙完成 D 项工作,丁完成 A 项工作,完成 4 项工作所需总的时间为 147 小时。

3. 指派问题的几点补充说明

(1) 求极大值的指派问题。若求极大值的指派问题的效率矩阵为 $(c_{ij})_{n \times n}$,其中最大元素为 m。令 $b_{ij} = m - c_{ij}$,则以 (b_{ij}) 为效率矩阵的求极小值的指派问题和以 (c_{ij}) 为效率矩阵的求极大值的指派问题具有相同的最优解。

(2) 人数大于任务数的指派问题。如果人数大于任务数,增加几项假想的任务,由于每个人完成假想的任务是不需要时间的(假想的任务反映的是剩余人员),每一个人完成这些假想任务的效率为零。

(3) 任务数大于人数的指派问题。如果任务数大于人数,增加一些假想的人,这些假想的人完成每一项任务的效率为零,即这些费用实际上不会发生。

(4) 某项任务一定不能由某人做的指派问题。若第 i 个人不能完成第 j 项任务,设第 i 个人完成第 j 任务的效率为 M,M 是一个很大的正数。

(5) 一个人可以完成几项任务的指派问题。若某人可以完成几项任务,则把该人看作相同的几个"人"来接受指派,这几个"人"完成同一项任务的效率是相同的。

[例 5.9] 现有 4 名翻译,由于个人所长不同,将同一本书翻译成 5 种外文所需时间不同,详见表 5.6。若每名翻译只能将书翻译成一种外文,应如何进行指派才能使翻译成 4 种外文需要的总时间最少?若甲和乙都可以翻译两种外文,其他人都只能翻译一种外文,应如何指派使翻译成 5 种外文需要的总时间最少?

表 5.6　翻译时间 　　　　　　　　　　　　　　　　　　　　(单位:小时)

翻译＼语种	英文	俄文	日文	德文	法文
甲	22	20	18	19	15
乙	30	15	25	35	18
丙	20	21	20	25	16
丁	25	29	28	16	22

解:(1) 由于翻译人数小于语种数,增加一个假想的翻译戊,戊翻译各语种所用的时间为 0,于是写出该问题的效率矩阵并用匈牙利法进行求解,即:

$$c = \begin{bmatrix} 22 & 20 & 18 & 19 & 15 \\ 30 & 15 & 25 & 35 & 18 \\ 20 & 21 & 20 & 25 & 16 \\ 25 & 29 & 28 & 16 & 22 \\ 0 & 0 & 0 & 0 & 0 \end{bmatrix} \rightarrow \begin{bmatrix} 7 & 5 & 3 & 4 & ⓪ \\ 15 & ⓪ & 10 & 20 & 3 \\ 4 & 5 & 4 & 9 & ⓪ \\ 9 & 13 & 12 & ⓪ & 6 \\ ⓪ & 0 & 0 & 0 & 0 \end{bmatrix} \rightarrow \begin{bmatrix} 4 & 2 & ⓪ & 1 & ⓪ \\ 15 & ⓪ & 10 & 20 & 6 \\ 1 & 2 & 1 & 6 & ⓪ \\ 9 & 13 & 12 & ⓪ & 9 \\ ⓪ & 0 & 0 & 0 & 3 \end{bmatrix}$$

可以看到:⓪的个数已经等于矩阵的阶数,该问题取得最优解,最优解为 $x_{13} = 1$,$x_{22} = 1$,$x_{35} = 1$,$x_{44} = 1$,$x_{51} = 1$,即甲翻译日文,乙翻译俄文,丙翻译法文,丁翻译德文,总的翻译时间为 65 小时。

(2) 将甲、乙分别看作戊,用匈牙利法进行求解,即:

$$c_1 = \begin{bmatrix} 22 & 20 & 18 & 19 & 15 \\ 30 & 15 & 25 & 35 & 18 \\ 20 & 21 & 20 & 25 & 16 \\ 25 & 29 & 28 & 16 & 22 \\ 22 & 20 & 18 & 19 & 15 \end{bmatrix} \rightarrow \begin{bmatrix} 7 & 5 & 3 & 4 & 0 \\ 15 & 0 & 10 & 20 & 3 \\ 4 & 5 & 4 & 9 & 0 \\ 9 & 13 & 12 & 0 & 6 \\ 7 & 5 & 3 & 4 & 0 \end{bmatrix} \rightarrow \begin{bmatrix} 3 & 5 & ⓪ & 4 & Ⓞ \\ 11 & Ⓞ & 7 & 20 & 3 \\ ⓪ & 5 & 1 & 9 & Ⓞ \\ 5 & 13 & 9 & ⓪ & 6 \\ 3 & 5 & ⓪ & 4 & Ⓞ \end{bmatrix}$$

$$c_2 = \begin{bmatrix} 22 & 20 & 18 & 19 & 15 \\ 30 & 15 & 25 & 35 & 18 \\ 20 & 21 & 20 & 25 & 16 \\ 25 & 29 & 28 & 16 & 22 \\ 30 & 15 & 25 & 35 & 18 \end{bmatrix} \rightarrow \begin{bmatrix} 7 & 5 & 3 & 4 & 0 \\ 15 & 0 & 10 & 20 & 3 \\ 4 & 5 & 4 & 9 & 0 \\ 9 & 13 & 12 & 0 & 6 \\ 15 & 0 & 10 & 20 & 3 \end{bmatrix}$$

$$\rightarrow \begin{bmatrix} 3 & 5 & ⓪ & 4 & Ⓞ \\ 11 & ⓪ & 7 & 20 & 3 \\ ⓪ & 5 & 1 & 9 & Ⓞ \\ 5 & 13 & 9 & ⓪ & 6 \\ 11 & Ⓞ & 7 & 20 & 3 \end{bmatrix} \rightarrow \begin{bmatrix} 3 & 8 & ⓪ & 4 & Ⓞ \\ 8 & Ⓞ & 4 & 17 & ⓪ \\ ⓪ & 8 & 1 & 9 & Ⓞ \\ 5 & 16 & 9 & ⓪ & 6 \\ 8 & ⓪ & 4 & 17 & Ⓞ \end{bmatrix} \text{或} \begin{bmatrix} 3 & 8 & ⓪ & 4 & Ⓞ \\ 8 & ⓪ & 4 & 17 & Ⓞ \\ ⓪ & 8 & 1 & 9 & Ⓞ \\ 5 & 16 & 9 & ⓪ & 6 \\ 8 & Ⓞ & 4 & 17 & ⓪ \end{bmatrix}$$

对 c_1 进行求解得最优解为：甲翻译日文和法文，乙翻译俄文，丙翻译英文，丁翻译德文，总的翻译时间为 84 小时；对 c_2 进行求解得最优解为：甲翻译日文，乙翻译俄文和法文，丙翻译英文，丁翻译德文，总的翻译时间为 87 小时。比较两个方案，选择甲翻译两种外文，其他的人各翻译一种外文。

5.5 电子表格建模和求解

[例 5.10] 回顾例 5.4，对该问题进行电子表格建模和求解。

解：整数规划问题的电子表格建模就是在对线性规划问题进行电子表格建模的基础上，在添加约束条件部分，如果要求所有变量都取整数，则选 int；如果要求变量是 0—1 变量，则选择 bin。

该问题的电子表格建模和求解分别如图 5.7 和图 5.8 所示。

	A	B	C	D	E	F	G	H	I	J	K
1						投资项目决策					
2	项目	A	B	C	D	E	F	G			
3	单位利润	15	11	17	16	9	15	8			
4										约束函数	约束限制
5	资金约束	40	35	30	50	16	28	25	0	<=	200
6	项目A、B互斥	1	1	0	0	0	0	0	0	<=	1
7	项目A、B和C的关系	1	1	-1	0	0	0	0	0	>=	0
8	项目A、B和D的关系	1	1	0	-1	0	0	0	0	>=	0
9	项目C、D互斥	0	0	1	1	0	0	0	0	<=	1
10											
11	项目	A	B	C	D	E	F	G		0	总利润
12	投资安排										

图 5.7　例 5.10 的电子表格建模

投资项目决策										
项目	A	B	C	D	E	F	G			
单位利润	15	11	17	16	9	15	8			
								约束函数		约束限制
资金约束	40	35	30	50	16	28	25	139	<=	200
项目A、B互斥	1	1	0	0	0	0	0	1	<=	1
项目A、B和C的关系	1	1	-1	0	0	0	0	0	>=	0
项目A、B和D的关系	1	1	0	-1	0	0	0	1	>=	0
项目C、D互斥	0	0	1	1	0	0	0	1	<=	1
项目	A	B	C	D	E	F	G		64	总利润
投资安排	1	0	1	0	1	1	1			

图 5.8　例 5.10 的电子表格求解

从图 5.8 可以看出：最优的投资项目决策为：投资建设项目 A、C、E、F、G，总的利润为 64 万元。

[例 5.11]　回顾例 5.9，对该问题进行电子表格建模和求解。

解：（1）该问题的电子表格建模如图 5.9 所示。在该电子表格中，单元格 D6：H9 表示每个翻译将一本书翻译成 5 种不同文字的时间，单元格 D15：H18 表示 20 个变量。单元格 I15 表示的是 I15＝SUM(D15：H15)，其他的单元格：I16：I18、D19：H19

表示的意义和 I15 是相同的。单元格 I19＝SUMPRODUCT(D15：H18，D6：H9)表示的是目标函数。

	A	B	C	D	E	F	G	H	I	J	K
1	翻译问题（1）										
2				翻译时间（单位：小时）							
3						语种					
4				英	俄	日	德	法	供给		
6		人员	甲	22	20	18	19	15	1		
7			乙	30	15	25	35	18	1		
8			丙	20	21	20	25	16	1		
9			丁	25	29	28	16	22	1		
10		需求		1	1	1	1	1			
11				任务指派							
12						语种					
13				英	俄	日	德	法	实际供给		供给
15		人员	甲	0	0	0	0	0	0	=	1
16			乙	0	0	0	0	0	0	=	1
17			丙	0	0	0	0	0	0	=	1
18			丁	0	0	0	0	0	0	=	1
19	实际需求			0	0	0	0	0	0		
20				≪	≪	≪	≪	≪			
21		需求		1	1	1	1	1			

图 5.9　例 5.11(1)的电子表格建模

对该问题的电子表格求解如图 5.10 所示。

从图 5.10 可以看出：最优方案是甲翻译日文、乙翻译俄文，丙翻译法文，丁翻译德文，总的翻译时间是 65 小时。这个答案和用匈牙利法计算得到的结果是一致的。

（2）甲承担两种语言翻译工作的电子表格建模及求解如图 5.11 和图 5.12 所示。

			英	俄	日	德	法	供给		
1	翻译问题（1）									
2			翻译时间（单位：小时）							
3					语种					
4			英	俄	日	德	法	供给		
6	人员	甲	22	20	18	19	15	1		
7		乙	30	15	25	35	18	1		
8		丙	20	21	20	25	16	1		
9		丁	25	29	28	16	22	1		
10	需求		1	1	1	1	1			
11			任务指派							
12					语种					
13			英	俄	日	德	法	实际供给		供给
15	人员	甲	0	0	1	0	0	1	=	1
16		乙	0	1	0	0	0	1	=	1
17		丙	0	0	0	0	1	1	=	1
18		丁	0	0	0	1	0	1	=	1
19	实际需求		0	1	1	1	1	65		
20			≪	≪	≪	≪	≪			
21	需求		1	1	1	1	1			

图 5.10　例 5.11(1)的电子表格求解

			英	俄	日	德	法	供给		
1	翻译问题（2）-甲承担两种外文的翻译工作									
2			翻译时间（单位：小时）							
3					语种					
4			英	俄	日	德	法	供给		
6	人员	甲	22	20	18	19	15	2		
7		乙	30	15	25	35	18	1		
8		丙	20	21	20	25	16	1		
9		丁	25	29	28	16	22	1		
10	需求		1	1	1	1	1			
11										
12			任务指派							
13					语种					
14			英	俄	日	德	法	实际供给		供给
16	人员	甲	0	0	0	0	0	0	=	2
17		乙	0	0	0	0	0	0	=	1
18		丙	0	0	0	0	0	0	=	1
19		丁	0	0	0	0	0	0	=	1
20	实际需求		0	0	0	0	0	0		
21			=	=	=	=	=			
22	需求		1	1	1	1	1			

图 5.11　甲承担两种语言翻译工作的电子表格建模

翻译问题（2）-甲承担两种外文的翻译工作

翻译时间（单位：小时）

		英	俄	日	德	法	供给		
人员	甲	22	20	18	19	15	2		
	乙	30	15	25	35	18	1		
	丙	20	21	20	25	16	1		
	丁	25	29	28	16	22	1		
需求		1	1	1	1	1			

任务指派

语种

		英	俄	日	德	法	实际供给		供给
人员	甲	0	0	1	0	1	2	=	2
	乙	0	1	0	0	0	1	=	1
	丙	1	0	0	0	0	1	=	1
	丁	0	0	0	1	0	1	=	1
实际需求		1	1	1	1	1	84		
		=	=	=	=	=			
需求		1	1	1	1	1			

图 5.12　甲承担两种语言翻译工作的电子表格求解

同样地，乙承担两种语言翻译工作的电子表格建模和求解如图 5.13 和图 5.14 所示。

翻译问题（2）-乙承担两种外文的翻译工作

翻译时间（单位：小时）

语种

		英	俄	日	德	法	供给		
人员	甲	22	20	18	19	15	1		
	乙	30	15	25	35	18	2		
	丙	20	21	20	25	16	1		
	丁	25	29	28	16	22	1		
需求		1	1	1	1	1			

任务指派

语种

		英	俄	日	德	法	实际供给		供给
人员	甲	0	0	0	0	0	0	=	1
	乙	0	0	0	0	0	0	=	2
	丙	0	0	0	0	0	0	=	1
	丁	0	0	0	0	0	0	=	1
实际需求		0	0	0	0	0	0		
		=	=	=	=	=			
需求		1	1	1	1	1			

图 5.13　乙承担两种语言翻译工作的电子表格建模

翻译问题（2）-乙承担两种外文的翻译工作

翻译时间（单位：小时）

语种

		英	俄	日	德	法	供给		
人员	甲	22	20	18	19	15	1		
	乙	30	15	25	35	18	2		
	丙	20	21	20	25	16	1		
	丁	25	29	28	16	22	1		
需求		1	1	1	1	1			

任务指派

语种

		英	俄	日	德	法	实际供给		供给
人员	甲	0	0	1	0	0	1	=	1
	乙	0	1	0	0	1	2	=	2
	丙	1	0	0	0	0	1	=	1
	丁	0	0	0	1	0	1	=	1
实际需求		1	1	1	1	1	87		
		=	=	=	=	=			
需求		1	1	1	1	1			

图 5.14　乙承担两种语言翻译工作的电子表格求解

从图 5.12 和图 5.14 不难得出,甲承担两项翻译工作的总时间为 84 小时,乙承担两项翻译工作的总时间为 87 小时。比较两个方案,选择甲承担两项翻译工作。这与用匈牙利法求解得到的结果是一致的。

5.6 案例分析:研发新药项目

泰泽(Tazer)公司是一家制药公司,进入医药市场已有 12 年的历史,并推出了 6 种新药,其中只有主治高血压的第 6 种药获得了巨大的成功,因为其余 5 种是市场上已经存在药物的同类产品。由于拥有生产治疗高血压药物的专利权,公司并没有遇到什么竞争对手,仅仅从第 6 种药物中所获得的利润就可以使泰泽公司运营下去。

但是现在公司不得不面对竞争的压力,因为高血压药物的专利保护期还有 5 年,只要专利权期限一到,大量药品制造公司就会涌进市场,历史数据表明普通药物会降低品牌药物 75% 的销售量。公司相信如果现在就开始进行大量的研究和开发工作,在专利权到期之后能发明一种成功药物的概率是很高的。

作为公司研究和开发的负责人,我们将负责选择项目并为每一个项目指派负责人。在研究了市场需要,分析了当前医药领域的前景,决定进行 5 个项目的开发并引进 5 位资深科学家,如表 5.7 和表 5.8 所示。

表 5.7 研究项目

项目序号	项目名称	项目内容
1	Up 项目	更加有效的抗抑郁剂
2	Stable 项目	治疗狂躁抑郁病的新药
3	Choice 项目	副作用更小的节育方法
4	Hope 项目	预防 HIV 的疫苗
5	Release 项目	更有效的降压药

表 5.8 资深科学家

科学家序号	科学家代码	科学家名称
1	A	克瓦尔博士
2	B	朱诺博士
3	C	特塞博士
4	D	米凯博士
5	E	罗林斯博士

为保证每位科学家都能到他们感兴趣的项目中去，建立了一个投标系统，每个人有 1 000 个投标点。投标情况如表 5.9 所示。

表 5.9　每个科学家的投标点

博士 项目	A	B	C	D	E
项目 1	100	0	100	267	100
项目 2	400	200	100	153	33
项目 3	200	800	100	99	33
项目 4	200	0	100	451	34
项目 5	100	0	600	30	800

试根据以上资料，回答以下问题：

问题(1)：根据所给出的投标情况为每一个项目指派一位资深的科学家并且使得所有科学家的满意度之和最高。

问题(2)：罗林斯博士接到了哈佛医学院的邀请去完成一个教学任务，而你却非常想把他留下来，但是哈佛的声望会使他离开公司。如果这种情况真的发生，公司只有放弃那个最缺乏热情的项目。公司应当放弃哪一个项目？

问题(3)：当然你不愿意放弃任何一个项目，因为放弃一个项目而只剩下 4 个项目的话，会大大降低找到突破性新药的概率，于是决定让 B 或 D 同时领导两个项目。在只有 4 位科学家的情况下，让哪一个科学家领导哪一个项目才能使得对项目的热情最大？

问题(4)：如果 B 被告知他和 D 都有机会同时领导两个项目，他决定要改变他的投标情况如下：

项目 1：20
项目 2：450
项目 3：451
项目 4：39
项目 5：40

在这个情况下，让哪一个科学家来领导哪一个项目才能使得对项目的热情度最高？

问题(5)：你是否支持从问题(4)得出的结论，为什么？

问题(6)：分析了 5 位科学家的情况后，由于其中有几位科学家在某些研究方面没有经验或是他所在的家族有跟研究项目有关的病史，他们不能领导几个特定的项目。由于不能领导某些项目他们的投标点也会下降，不能领导一个，少 200 个投标点，依此类推。具体情况如表 5.10 所示。

表 5.10　新的投标点

项目＼博士	A	B	C	D	E
项目 1	86	0	100	300	不能领导
项目 2	343	200	100	不能领导	50
项目 3	171	800	100	125	50
项目 4	不能领导	0	100	不能领导	100
项目 5	不能领导	0	600	175	600

问题(7):项目 4 和项目 5 太复杂,各让一位科学家来领导是不太合适的。因此这两个项目都要指派两位科学家来领导。现在又雇用了两位科学家:F:阿利加博士;G:桑托斯博士。他们两人也有一些项目是不能领导的。具体情况如表 5.11 所示。

表 5.11　增加科学家后的投标点

项目＼博士	A	B	C	D	E	F	G
项目 1	86	0	100	300	不能领导	250	111
项目 2	343	200	100	不能领导	50	250	1
项目 3	171	800	100	125	50	不能领导	不能领导
项目 4	不能领导	0	100	不能领导	100	250	333
项目 5	不能领导	0	600	175	600	250	555

案例解答

问题(1):该问题的电子表格建模和求解如图 5.15 和图 5.16 所示。

图 5.15 问题(1)的电子表格建模

	A	B	C	D	E	F	G	H	I	J
1	问题(1)									
2					投标点					
3					博士					
4			A	B	C	D	E			
5	项目	1	100	0	100	267	100	1		
6		2	400	200	100	153	33	1		
7		3	200	800	100	99	33	1		
8		4	200	0	100	451	34	1		
9		5	100	0	600	30	800	1		
10			1	1	1	1	1			
11										
12					指派任务					
13					博士					
14			A	B	C	D	E			
15	项目	1	0	0	1	0	0	1	=	1
16		2	1	0	0	0	0	1	=	1
17		3	0	1	0	0	0	1	=	1
18		4	0	0	0	1	0	1	=	1
19		5	0	0	0	0	1	1	=	1
20			1	1	1	1	1	2551		
21			=	=	=	=	=			
22			1	1	1	1	1			

图 5.16 问题(1)的电子表格求解

从图 5.16 可以看到最优指派是:A 博士研发项目 2,B 博士研发项目 3,C 博士研发项目 1,D 博士研发项目 4,E 博士研发项目 5,总的投标点为 2 551。

问题(2):该问题的电子表格建模和求解如图 5.17 和图 5.18 所示。

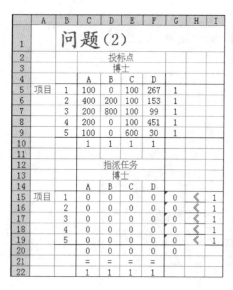

图 5.17　问题(2)的电子表格建模

	A	B	C	D	E	F	G	H	I
1		问题(2)							
2			投标点						
3			博士						
4			A	B	C	D			
5	项目	1	100	0	100	267	1		
6		2	400	200	100	153	1		
7		3	200	800	100	99	1		
8		4	200	0	100	451	1		
9		5	100	0	600	30	1		
10			1	1	1	1			
11									
12			指派任务						
13			博士						
14			A	B	C	D			
15	项目	1	0	0	0	0	0	≪	1
16		2	1	0	0	0	1	≪	1
17		3	0	1	0	0	1	≪	1
18		4	0	0	0	1	1	≪	1
19		5	0	0	1	0	1	≪	1
20			1	1	1	1	2251		
21			=	=	=	=			
22			1	1	1	1			

图 5.18　问题(2)的电子表格求解

　　从图 5.18 可以看到最优指派是:A 博士研发项目 2,B 博士研发项目 3,C 博士研发项目 5,D 博士研发项目 4,放弃项目 1,总的投标点为 2 251。

　　问题(3):该问题的电子表格建模和求解如图 5.19 和图 5.20 所示。

　　从图 5.20 可以看到最优指派是:A 博士研发项目 2,B 博士研发项目 3,C 博士研发项目 5,D 博士研发项目 1 和项目 4,总的投标点为 2 518。

　　问题(4):该问题的电子表格建模和求解如图 5.21 和图 5.22 所示。

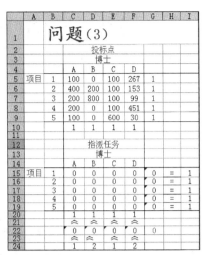

	A	B	C	D	E	F	G	H	I
1	问题(3)								
2			投标点						
3			博士						
4			A	B	C	D			
5	项目	1	100	0	100	267	1		
6		2	400	200	100	153	1		
7		3	200	800	100	99	1		
8		4	200	0	100	451	1		
9		5	100	0	600	30	1		
10			1	1	1	1			
11									
12			指派任务						
13			博士						
14			A	B	C	D			
15	项目	1	0	0	0	0	0	=	1
16		2	0	0	0	0	0	=	1
17		3	0	0	0	0	0	=	1
18		4	0	0	0	0	0	=	1
19		5	0	0	0	0	0	=	1
20			1	1	1	1			
21			⋀	⋀	⋀	⋀			
22			0	0	0	0	0		
23			⋀	⋀	⋀	⋀			
24			1	2	1	2			

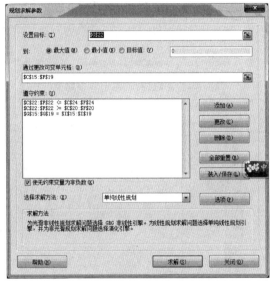

图 5.19   问题(3)的电子表格建模

	A	B	C	D	E	F	G	H	I
1	问题(3)								
2			投标点						
3			博士						
4			A	B	C	D			
5	项目	1	100	0	100	267	1		
6		2	400	200	100	153	1		
7		3	200	800	100	99	1		
8		4	200	0	100	451	1		
9		5	100	0	600	30	1		
10			1	1	1	1			
11									
12			指派任务						
13			博士						
14			A	B	C	D			
15	项目	1	0	0	0	1	1	=	1
16		2	1	0	0	0	1	=	1
17		3	0	1	0	0	1	=	1
18		4	0	0	0	1	1	=	1
19		5	0	0	1	0	1	=	1
20			1	1	1	1			
21			⋀	⋀	⋀	⋀			
22			1	1	1	2	2518		
23			⋀	⋀	⋀	⋀			
24			1	2	1	2			

图 5.20   问题(3)的电子表格求解

图 5.21 问题(4)的电子表格建模

	问题(4)							
				博士				
				投标点				
			A	B	C	D		
项目	1	100	20	100	267	1		
	2	400	450	100	153	1		
	3	200	451	100	99	1		
	4	200	39	100	451	1		
	5	100	40	600	30	1		
		1	1	1	1			
				指派任务				
				博士				
			A	B	C	D		
项目	1	0	0	0	0	0	=	1
	2	0	0	0	0	0	=	1
	3	0	0	0	0	0	=	1
	4	0	0	0	0	0	=	1
	5	0	0	0	0	0	=	1
		1	1	1	1			
		≧	≧	≧	≧			
		0	0	0	0	0		
		≦	≦	≦	≦			
		1	2	1	2			

图 5.22 问题(4)的电子表格求解

	问题(4)							
				博士				
				投标点				
			A	B	C	D		
项目	1	100	20	100	267	1		
	2	400	450	100	153	1		
	3	200	451	100	99	1		
	4	200	39	100	451	1		
	5	100	40	600	30	1		
		1	1	1	1			
				指派任务				
				博士				
			A	B	C	D		
项目	1	0	0	0	1	1	=	1
	2	1	0	0	0	1	=	1
	3	0	1	0	0	1	=	1
	4	0	0	0	0	1	=	1
	5	0	0	1	0	1	=	1
		1	1	1	1			
		≧	≧	≧	≧			
		1	1	1	2	2169		
		≦	≦	≦	≦			
		1	2	1	2			

从图 5.22 可以看到最优指派是：A 博士研发项目 2，B 博士研发项目 3，C 博士研发项目 5，D 博士研发项目 1 和项目 4，总的投标点为 2 169。

问题(5)：支持 d 的结论，若让 B 博士领导两个项目，总的投标点为 2 052（电子表格建模和求解略）；若让 D 博士领导两个项目，总的投标点为 2 169，所以还是让 D 领导两个项目。

问题(6)：该问题的电子表格建模和求解如图 5.23 和图 5.24 所示。

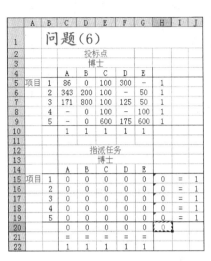

图 5.23 问题(6)的电子表格建模

图 5.24 问题(6)的电子表格求解

从图 5.24 可以看到最优指派是:A 博士研发项目 2,B 博士研发项目 3,C 博士研发项目 5,D 博士研发项目 1,E 博士研发项目 4,总的投标点为 2 143。

问题(7):该问题的电子表格建模和求解如图 5.25 和图 5.26 所示。

从图 5.26 可以看到最优指派是:A 博士研发项目 2,B 博士研发项目 3,C 博士研发项目 5,D 博士研发项目 1,E 博士研发项目 5,F 博士研发项目 4,G 博士研发项目 4,总的投标点为 3 226。

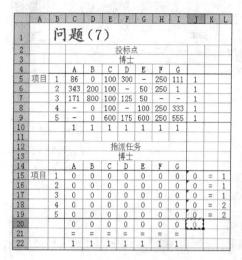

图 5.25　问题(7)的电子表格建模

	A	B	C	D	E	F	G	H	I	J	K	L
1	问题（7）											
2					投标点							
3					博士							
4			A	B	C	D	E	F	G			
5	项目	1	86	0	100	300	–	250	111	1		
6		2	343	200	100	–	50	250	1	1		
7		3	171	800	100	125	50	–	–	1		
8		4	–	0	100	–	100	250	333	1		
9		5	–	0	600	175	600	250	555	1		
10			1	1	1	1	1	1	1			
11												
12					指派任务							
13					博士							
14			A	B	C	D	E	F	G			
15	项目	1	0	0	0	1	0	0	0	1	=	1
16		2	1	0	0	0	0	0	0	1	=	1
17		3	0	1	0	0	0	0	0	1	=	1
18		4	0	0	0	0	0	0	0	2	=	2
19		5	0	0	1	0	1	0	0	2	=	2
20			1	1	1	1	1	1	1	3226		
21			=	=	=	=	=	=	=			
22			1	1	1	1	1	1	1			

图 5.26　问题(7)的电子表格求解

习题

一、单项选择题

1. 对于 n 个人完成 n 项任务的指派问题,其数学模型是(　　)。

A. $\min z = \sum\limits_{i=1}^{n} \sum\limits_{j=1}^{n} c_{ij} x_{ij}$

$$\text{s.t.} \begin{cases} \sum\limits_{i=1}^{n} x_{ij} = 1, j = 1, 2, \cdots, n \\ \sum\limits_{j=1}^{n} x_{ij} = 1, i = 1, 2, \cdots, n \\ x_{ij} = 1 \text{ 或 } 0 \end{cases}$$

B. $\max z = \sum\limits_{i=1}^{n} \sum\limits_{j=1}^{n} c_{ij} x_{ij}$

$$\text{s.t.} \begin{cases} \sum\limits_{i=1}^{n} x_{ij} = 1, j = 1, 2, \cdots, n \\ \sum\limits_{j=1}^{n} x_{ij} = 1, i = 1, 2, \cdots, n \\ x_{ij} = 1 \text{ 或 } 0 \end{cases}$$

C. $\min z = \sum\limits_{i=1}^{n}\sum\limits_{j=1}^{n} c_{ij}x_{ij}$

s.t. $\begin{cases} \sum\limits_{i=1}^{n} x_{ij}=1, j=1,2,\cdots,n \\ \sum\limits_{j=1}^{n} x_{ij}=1, i=1,2,\cdots,n \\ x_{ij} \geqslant 0 \end{cases}$

D. $\min z = \sum\limits_{i=1}^{n}\sum\limits_{j=1}^{n} c_{ij}x_{ij}$

s.t. $\begin{cases} \sum\limits_{i=1}^{n} x_{ij}=1, j=1,2,\cdots,n \\ \sum\limits_{j=1}^{n} x_{ij}=1, i=1,2,\cdots,n \\ x_{ij} \text{ 为整数} \end{cases}$

2. 下列说法不正确的是( )。

A. 指派问题中,若从系数矩阵(c_{ij})的一行(列)各元素中分别减去该行(列)的最小元素,得到新的系数矩阵(b_{ij}),那么以(b_{ij})为系数矩阵求得的最优解和以(c_{ij})为系数矩阵求得的最优解相同

B. 指派问题的解法称为匈牙利法

C. 标准指派问题最优解的解矩阵中各行各列的元素之和都是1

D. 指派问题不属于0—1型整数规划问题

3. 下面的说法中,不正确的是( )。

A. 用单纯形法求得的最优解不一定是整数规划问题的最优解

B. 分支定界法只适合于求解纯整数规划问题

C. 割平面法是求解整数规划问题的一种方法

D. 整数规划可以用 Excel 进行求解

4. 关于指派问题的描述,正确的是( )。

A. 指派问题是运输问题的特例

B. 指派问题不能用分支定界法进行求解

C. 指派问题不能用表上作业法进行求解

D. 指派问题不能用 Excel 进行求解

5. 下列方法中,( )是求解指派问题的方法。

A. 动态规划方法　　　　　　　　B. 决策树法

C. 匈牙利法　　　　　　　　　　D. 对偶单纯形法

6. 用分支定界法求极大化的整数规划问题时,任何一个可行解的目标函数值是整数规划问题最优目标函数值的( )。

A. 原解　　　　B. 上界　　　　C. 下界　　　　D. 最优解

7. 用割平面法求解整数规划问题时,若某个约束条件中有小数的系数,则需在该约束两端扩大适当倍数,将其化为( )。

A. 整数　　　　B. 小数　　　　C. 非负数　　　　D. 自然数

8. 下列说法正确的是( )。

A. 整数规划问题最优目标函数值优于其相应的线性规划问题的最优目标函数值

B. 用割平面法求解整数规划问题,构造的割平面有可能切去一些不属于最优解的整数解

C. 用分支定界法求解一个极大化的整数规划时,当得到多于一个可行解时,通常可任取其中一个作为下界,再进行比较和剪支

D. 分支定界法在处理整数规划问题时,借用线性规划单纯形法的基本思想,在求相应的线性模型解的同时,逐步加入对各变量的整数要求限制,从而把原整数规划问题通过分支迭代求出最优解

9. 0—1 型整数规划问题 $\max z = 3x_1 + x_2$,$4x_1 + 3x_2 \leqslant 7$,$x_1 + 2x_2 \leqslant 4$,x_1,$x_2 = 0$ 或 1,其最优解是( )。

A. (0, 0)   B. (0, 1)   C. (1, 0)   D. (1, 1)

10. 整数规化问题 $\max z = 3x_1 + 2x_2$,$2x_1 + 3x_2 \leqslant 14$,$x_1 + 0.5x_2 \leqslant 4.5$,$x_1$,$x_2 \geqslant 0$ 且为整数,对应的线性规划问题的最优解是(3.25,2.5),整数规划的最优解是( )。

A. (4, 3)   B. (4, 1)

C. (3, 2)   D. (2, 4)

11. 人数大于任务数的指派问题中,应该采取的措施是( )。

A. 虚拟人   B. 虚拟任务   C. 都可以   D. 不需要

12. 关于指派问题决策变量的取值,下列说法正确的是( )。

A. 不一定为整数   B. 不是 0 就是 1

C. 只要非负就可以   D. 都不对

13. 不能用来求解指派问题的方法是( )。

A. 单纯形法   B. 表上作业法   C. 匈牙利法   D. 决策树法

14. 下列结论错误的是( )。

A. 将指派(分配)问题的效率矩阵每行分别加上一个数后最优解不变

B. 指派问题的数学模型是整数规划模型

C. 将指派(分配)问题的效率矩阵每行分别乘以一个非零数后最优解不变

D. 将指派问题的效率矩阵每个元素同时乘以一个非零数后最优解不变

15. 标准指派问题(m 人,m 件事)的规划模型中,决策变量的个数是( )。

A. m B. $m * m$ C. $2m$ D. 都不对

二、是非判断题(正确的标"T",错误的标"F")

1. 分支定界法的基本思想是通过分支和定界不断减少其整数规划最优目标函数值的下界,增加其最优目标函数值的上界,进而求出整数规划的最优目标函数值。
           ( )

2. 整数规划分为纯整数规划和混合整数规划两种。 ( )

3. 割平面法只适用于求解纯整数规划问题。 ( )

4. 整数规划问题的最优解可以通过对其相应的线性规划的最优解经过"舍入化整"得到。 ( )

5. 0—1 型整数规划问题可以用分支定界法进行求解。 ( )

6. 对于求极小值的指派问题,若第 i 个人不能完成第 j 项任务,设第 i 个人完成第

j 项任务的效率为 M。　　　　　　　　　　　　　　　　　　　　（　　）

　　7. 整数规划的可行解集合是离散型集合。　　　　　　　　　　　　（　　）

　　8. Gomory 约束是将可行域中一部分非整数解切割掉。　　　　　　（　　）

　　9. 若 0—1 型整数规划问题的变量有 n 个，则有 2^n 个可行解。　　（　　）

　　10. 若约束条件为 $6x_1+5x_2 \geqslant 30$、40 或 50 中的一个值，则该约束条件可以用一个通用的表达式 $6x_1+5x_2 \geqslant 30y_1+40y_2+50y_3$，$y_1+y_2+y_3=1$，$y_1$、$y_2$、$y_3=0$ 或 1 表示。　　　　　　　　　　　　　　　　　　　　　　　　　　　　　　（　　）

　　11. 指派问题使用匈牙利法求解时，对于 $n * n$ 的效率矩阵，得到最优解的充要条件是：位于不同行不同列，且已达 n 个零。　　　　　　　　　　　　　　　（　　）

　　12. 当一般的指派问题作为运输问题来看时，其产地数和销地数相等，每个产地产量为 1，每个销地销量为 1。　　　　　　　　　　　　　　　　　　　　　（　　）

　　13. 匈牙利法的原理之一为，一个指派问题的效率矩阵中，若任意某一行或某一列中减去已知常数，则指派问题的最优解发生变化。　　　　　　　　　　　（　　）

　　14. 0—1 型整数规划不能用分支定界法进行求解。　　　　　　　　（　　）

　　15. 若一个人可以完成几项任务，可以把该人看作几个相同的人来接受指派，且这几个人完成同一任务效率相同。　　　　　　　　　　　　　　　　　　　（　　）

　　三、计算题

　　某中学计划组织高二全年级共 400 名师生进行社会实践活动，现在需要向巴士公司租赁车辆，已知巴士公司有两种候选车辆，其中豪华巴士有 56 个座位，租金为 2 200 元；经济巴士有 42 个座位，租金为 1 400 元。考虑到各个班级人数较多，座位较少的经济巴士租赁数量不能多于 4 辆。试回答下列问题：

　　(1) 建立该问题的线性规划模型并求解。并将该线性规划最优解取整，求出取整后的总租赁成本。

　　(2) 建立该问题的整数规划模型并求解。该整数规划的最优解是否与(1)中的一样？

　　四、求解下列整数规划问题

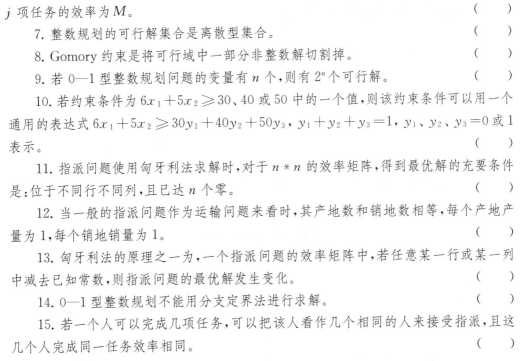

(1) $\max z = x_1 + x_2$
$$\text{s.t.} \begin{cases} 15x_1 + 10x_2 \leqslant 51 \\ -5x_1 + 2x_2 \leqslant -3 \\ x_1,\ x_2 \geqslant 0\ \text{且为整数} \end{cases}$$

(2) $\min z = 2x_1 + x_2$
$$\text{s.t.} \begin{cases} -2x_1 + 4x_2 \leqslant 1 \\ x_1 + 3x_2 \geqslant 5 \\ 2x_1 + x_2 \leqslant 6 \\ x_1,\ x_2 \geqslant 0\ \text{且为整数} \end{cases}$$

(3) $\max z = 3x_1 + 2x_2$
$$\text{s.t.} \begin{cases} x_1 + x_2 \leqslant 5 \\ -x_1 + x_2 \leqslant 0 \\ 3x_1 + x_2 \leqslant 12 \\ x_1,\ x_2 \geqslant 0\ \text{且为整数} \end{cases}$$

(4) $\max z = 25x_1 + 70x_2$
$$\text{s.t.} \begin{cases} x_1 + x_2 \leqslant 11 \\ x_1 + 2x_2 \leqslant 15 \\ x_1 + 4x_2 \leqslant 21 \\ x_1,\ x_2 \geqslant 0\ \text{且为整数} \end{cases}$$

五、求解下列 0—1 型整数规划问题

(1) $\min z = 5x_1 + 4x_2 + 2x_3$

$$\begin{cases} 2x_1 - 5x_2 + 3x_3 \leqslant 5 \\ 4x_1 + 2x_2 + 3x_3 \geqslant 4 \\ 2x_2 + x_3 \geqslant 1 \\ x_i = 0 \text{ 或 } 1, \ i = 1, 2, 3 \end{cases}$$

(2) $\max z = 9x_1 + x_2 - 6x_3 - 7x_4 - 5x_5$

$$\begin{cases} 3x_1 + 2x_2 + x_3 + 2x_4 + x_5 \leqslant 5 \\ 5x_1 + x_2 - 2x_3 - x_4 + 2x_5 \leqslant 4 \\ x_i = 0 \text{ 或 } 1, \ i = 1, 2, 3, 4, 5 \end{cases}$$

六、建模与求解

1. 某会展中心准备从以下参加应聘的 6 人中选拔 3 名进行会展服务，选拔的要求为平均身高尽可能高。这 6 名应聘者的情况如表 5.12 所示。

表 5.12　应聘者的身高情况　　　　　　　　　　　　　　（单位：厘米）

应聘者	应聘岗位	身高
A	引导员	163
B	引导员	186
C	陪同翻译	170
D	陪同翻译	169
E	展品介绍	167
F	展品介绍	165

另外，应聘者的选拔还要满足下列条件：

(1) 至少要有一位展品介绍人员。

(2) C 和 E 之间只能入选一名。

(3) 最多补充一名引导员。

(4) 如果 A 或者 D 入选，F 就不能入选；反之亦然。

2. 某游泳队的 4 名队员要参加团体游泳比赛，在规定的长度内 4 个人采用蛙泳、仰泳、蝶泳、自由泳所需要的时间如表 5.13 所示。若比赛中每个人只能采用一种泳姿，应如何安排使团体总时间最少？

表 5.13　各种泳姿所需时间　　　　　　　　　　　　　　（单位：秒）

队员 \ 泳姿	蛙泳	仰泳	蝶泳	自由泳
1	21	5	7	9
2	9	6	10	11
3	10	8	4	6
4	5	9	7	10

3. 某厂拟用 5 个人完成 5 种工作，每个人完成各种工作所需时间如表 5.14 所示，若每人只限完成一种工作，则应如何分配任务才能使总工作时间最少？如果第 2 人不能完成工作 3，则应如何分配任务？

表 5.14　每个人完成各种工作的时间　　　　　　　　　　（单位:小时）

人 \ 工作	1	2	3	4	5
1	50	20	90	50	30
2	100	90	50	80	80
3	90	50	70	70	40
4	70	60	80	70	30
5	60	60	50	40	20

4. 5 种机器要生产 5 种零件,生产速度如表 5.15 所示。

表 5.15　机器生产各种零件的速度　　　　　　　　　　（单位:件/小时）

机器 \ 零件	1	2	3	4	5
1	10	5	7	9	6
2	9	6	10	11	7
3	10	8	4	6	9
4	5	9	7	10	6
5	11	6	4	7	9

若规定每台机器专门负责一种零件的生产,回答以下问题:

(1) 应如何指派,使总的生产效率最高?

(2) 若机器 1 不能生产零件 4,机器 2 不能生产零件 3,其他数字不变,则应如何指派?

(3) 若只有 1、2、3、4 这 4 种机器,机器 1 或 2 可以生产两种零件,则应如何指派?

5. 某公司计划为本公司上半年的 5 个项目分配工作组。6 个工作组执行 5 个项目所需的时间如表 5.16 所示("—"表示该工作组由于技术原因无法完成该项目)。

表 5.16　每个工作组完成各个项目的时间　　　　　　　　　　（单位:工时）

工作组 \ 项目	项目一	项目二	项目三	项目四	项目五
工作组 1	800	750	300	450	200
工作组 2	950	725	—	500	275
工作组 3	—	—	200	—	225
工作组 4	650	700	250	400	225
工作组 5	700	800	175	700	300
工作组 6	850	900	270	475	—

由于所有项目将同时进行,每个工作组最多可以得到一个项目。

(1) 应如何分配使总工时最少?用匈牙利法与电子表格分别进行求解。

(2) 由于本年还有其他工作需要几个工作组一起完成,限定总工时不能超过 2 000 工时,(1)的最优分配是否超过限制?若超过,公司该如何决策?

6. 某公司考虑在天津、杭州、深圳、重庆 4 个城市设立库房，这些库房负责向华北、华中、华南地区供货，每个库房每月可处理货物 1 000 件。在天津、杭州、深圳、重庆设立库房的成本分别为 5 万元、6 万元、7 万元、4 万元。每个地区的月平均需求量为：华北每月 500 件，华中每月 700 件，华南每月 800 件。发运货物的费用如表 5.17 所示。

表 5.17　单位费用　　　　　　　　　　　　　（单位：元）

地区 发货地	华北	华中	华南
天　津	300	500	600
杭　州	400	350	500
深　圳	700	450	400
重　庆	450	250	450

公司希望在满足月需求条件的情况下成本最小，且还要满足以下条件：

(1) 如果在杭州设库房，则必须也在重庆设库房。

(2) 最多设两个库房。

(3) 重庆和深圳不能同时设库房。

7. 某大型购物中心的开发者霍曼特正在筛选入驻新商场的租户。候选的商店共有 20 种不同产品类型（$i=1, 2, \cdots, 20$），它们将被安排到商场的 5 个分区中（$j=1, 2, \cdots, 5$）。每个分区占地面积 150 千平方英尺，如果将某块面积分配给类型 i 的租户，需要预留的相关装修费用为每平方英尺 c_i。根据以往的经验，分区 j 中的 i 类型的商店预期收入的净值为 $p_{i,j}$，所需的店面空间为 a_i（千平方英尺）。霍曼特希望找到一种能最大化总净值的方案，要求类型 i 的租户数量介于 $\underline{n_i}$ 和 $\overline{n_i}$ 之间，类型 i 的租户总占地面积介于 $\underline{f_i}$ 和 $\overline{f_i}$（千平方英尺）之间，装修的总费用不得超过预算 b。试构建一个租户选择的整数规划模型以使购物中心的总净值达到最大（只建模型，不必求解）。

8. 上海暴发新冠肺炎疫情时，全国各地医院派出医护人员支援上海。现需要拟定一份医护人员派遣方案。各地不同医院 $i=1, 2, \cdots, 24$ 派出的医护人员数量为 s_i，医护人员共分为 $m=1, 2, \cdots, 8$ 个岗位，上海共有 $j=1, 2, \cdots, 113$ 家医院需要医护人员支持，每个医院对不同岗位的医护人员的需求为 $d_{m,j}$。考虑到疫情发展形势，医院 i 派出的 m 岗位的医护人员的预估需求人数应占实际派遣人数的 $a_{i,m}$。考虑到路费和医护人员的住宿、饮食等费用，由医院 i 派向医院 j 的 m 岗位的医护人员的开销为 $c_{i,m,j}$。构建一个整数规划模型来拟定支援方案，目标是总开销最小化（只建模型，不必求解）。

9. 澳大利亚航空公司需要对公司的数百名销售人员进行排班，以保证 24 小时均能为顾客提供服务。假设公司要求在 t 时刻（$t=0, 1, 2, \cdots, 23$）在班的销售人员数至少为 r_t。从 t 时刻开始上班的人员需要连续工作 9 个小时，其中包含 1 小时的午餐时间，午餐时间可以是轮班的第 4、5 或 6 小时。从 t 时刻开始上班的人员日薪为 c_t，其中包括了正常工资和夜勤补贴。试构建一个整数规划模型帮助公司计算成本最低的排班方案（只建模型，不必求解）。

10. 为了提高纳税遵从度，得克萨斯州的审计人员需要定期审计在得克萨斯州经营业务的外州公司,而这些审计工作必须要审计人员去到这些外州公司的本部才能完成。为节约交通成本,得克萨斯州计划开放一系列新的办公场所。表 5.18 列举了在 5 个不同地点($i=1,\cdots,5$)新建办公场所的固定成本(千美元);此外,审计工作需要到 5 个州($j=1,\cdots,5$)进行,表 5.18 中还列举了各个州所需的审计次数,以及从每个办公场所到每个州进行一次审计工作所需的交通成本(千美元)。试建立一个整数规划模型以使总成本最低(只建模型,不必求解)。

表 5.18　相关数据

办公场所 备选地点	固定 成本	一次审计的交通成本				
		1	2	3	4	5
1	160	0	0.4	0.8	0.4	0.8
2	49	0.7	0	0.8	0.4	0.4
3	246	0.6	0.4	0	0.5	0.4
4	86	0.6	0.4	0.9	0	0.4
5	100	0.9	0.4	0.7	0.4	0
审计次数		200	100	300	100	200

11. 一家小型工程咨询公司要确定下一年的计划,公司主管及三个合伙人要决定在下一年他们应该承接哪些项目。公司对 8 个备选项目做了初步调研,表 5.19 列举了各个项目的期望利润、所需的工作日,以及所需的计算机处理机(CPU)时间(小时)。

表 5.19　相关数据

水项目	利润	工作日	CPU
1	2.1	550	200
2	0.5	400	150
3	3.0	300	400
4	2.0	350	450
5	1.0	450	300
6	1.5	500	150

除去故障时间,每年该公司可用的 CPU 时间为 1 000 小时;此外,目前该公司有 10 名工程师(包含主管和合伙人),每名工程师每年有 240 个工作日,公司经理考虑到市场的不确定性,因此在下一年不会雇用新的工程师,同时最多有 3 名工程师被解雇或者停工;该公司至少要选 3 个项目以使每个合伙人都至少能负责一个项目,并且公司要从主管中意的 4 个项目(项目 3、4、5 和 8)中至少挑选一个项目。

该公司想要构建一个优化模型去决定下一年应该承接哪些项目以使总的利润最高,注意每一个项目只能被全部选择或者全部拒绝,不能被部分选择。

七、电子表格建模与求解

对第六题的 1、3、6 和 11 题分别进行电子表格建模和求解。

第6章 图论

作为运筹学的一个重要分支——图论,其产生于 1736 年瑞士数学家欧拉发表的关于格尼斯堡七桥问题的学术论文。随后,1845—1847 年,基尔霍夫首次运用图论的方法对物理学中的电路方程进行了求解。1857 年凯莱将图论的知识应用于化学中,利用树的概念对有机化合物的分子结构进行了研究。1859 年英国数学家哈密尔顿提出了"环球旅行"问题,即著名的哈密尔顿圈问题。1936 年,图论的第一本专著,匈牙利数学家哥尼格所著的《有限图与无限图的理论》得以问世。1962 年中国学者管梅谷教授提出了中国邮递员问题。图论发展到今天,已经在很多领域都得到了广泛的应用,如物理学、化学、控制论、信息论、科学管理、计算机技术等领域。在生产实践和科学研究中,很多问题也都可以用图论的理论和方法加以解决,如公路、铁路网络交通图及其运输能力,航空线路图的设计等;城市各类线路布置图,工厂各车间电话线的铺设、自来水或暖气管道的设计等;最短路径的选择以及供水系统中的水流、交通系统中的车流、金融系统中的现金流、控制系统中的信息流等。

本章在对图论的基本概念进行介绍的基础上,重点讲解树、最短路、最大流、最小费用最大流的基本理论和基本方法,然后介绍电子表格的建模和求解,最后进行案例分析。

6.1 图的基本概念

6.1.1 图的若干示例

在自然界和人类社会中,大量的事物以及事物间的关系都可以用图来加以描述。一般来讲,图论中的图是由点以及点与点之间的连线所构成的,通常用点代表所研究的对象,用线代表两个对象之间的关系,至于图中点的相对位置如何,点与点之间的连线是长还是短、是曲线还是直线,对于反映对象之间的关系并不十分重要。因此,图论中的图与几何中的图形不是等价的。

[例 6.1] 图 6.1 描述的是中国上海到世界几个主要城市的航线示意图。用点代表城市,点与点之间的连线代表两个城市之间的航班线路。类似的例子还有铁路交通图、电话线分布图、煤气管道图、钻井平台与输油管道的分布图。

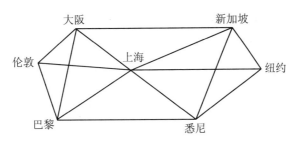

图 6.1　航线示意图

[例 6.2]　球队比赛问题。有甲、乙、丙、丁、戊五个球队,他们之间的比赛情况如下:甲队分别和另外四支球队打过比赛,乙队和甲、丙、丁三个球队打过比赛,丙队和甲、乙、丁、戊四个球队打过比赛,丁和甲、乙、丙、戊四个球队打过比赛,戊和甲、丙、丁三个球队打过比赛。若将上述过程用图加以表示,每一个球队用一个点表示,若两个球队之间比赛过,就用一条线来表示,这条线不能通过其他的点,如图 6.2 所示。

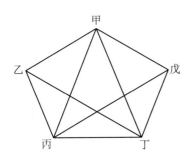

图 6.2　球队比赛示意图

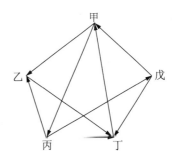

图 6.3　具有胜负情况的球队比赛示意图

上述两个例子中涉及的对象具有"对称性",即如果 A 对 B 具有某种关系,B 对 A 也具备同样的关系。但是有些对象具有"非对称性",如例 6.2 中我们考虑两队之间获胜的关系。对于这种情况,我们就用有向线段表示球队之间的胜负关系。箭头指向哪个队,意味着这个队在比赛中落败,如图 6.3 所示,我们很容易看出各队之间的比赛及胜负情况。

6.1.2　图的基本概念

1. 无向图与有向图

（1）图:点以及点与点之间的连线所构成的图形称为图。

（2）边:若点和点之间的连线没有方向,称这样的连线为边。

（3）弧:若点和点之间的连线有方向,称这样的连线为弧。

（4）无向图:若一个图是由点及边所构成的,称为无向图（简称为"图"）,通常记为 $G=(V, E)$,式中 G 表示无向图,V、E 分别表示图 G 的点集合和边集合,一条连接点

v_i、$v_j(v_i, v_j \in V)$ 的边记为 $[v_i, v_j]$ 或 $[v_j, v_i]$。

（5）有向图：若一个图是由点及弧所构成的，称为有向图，通常记为 $D=(V, A)$，式中 D 表示有向图，V、A 分别表示图 D 的点集合和弧集合，一条由 v_i 指向 v_j 的弧通常记为 (v_i, v_j)。

（6）多重边：若图中某两个端点之间多于一条边（同向弧），就称为多重边（弧）。

（7）环：始点和终点是同一个点的边称为环。

（8）多重图：一个无环但允许有多重边的图称为多重图。

（9）简单图：一个无环无多重边的图称为简单图。

根据以上概念，不难看出图 6.4 是一个无向图，记为 $G=(V, E)$，其中 $V=\{v_1, v_2, v_3, v_4\}$，$E=\{[v_1, v_2], [v_2, v_1], [v_2, v_3], [v_3, v_4], [v_1, v_4], [v_2, v_4], [v_3, v_3]\}$，而图 6.5 是一个有向图，记为 $D=(V, A)$，其中 $V=\{v_1, v_2, v_3, v_4, v_5, v_6, v_7\}$，$A=\{(v_1, v_2), (v_1, v_3), (v_3, v_2), (v_3, v_4), (v_2, v_4), (v_4, v_5), (v_4, v_6), (v_5, v_3), (v_5, v_4), (v_5, v_6), (v_6, v_7)\}$。在图 6.4 中，$v_1$ 和 v_2 之间有两条边，以 v_3 为端点的边为环，因此图 6.4 不是多重图，也不是简单图。本章仅讨论简单图。

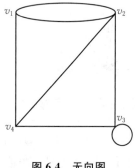

图 6.4　无向图

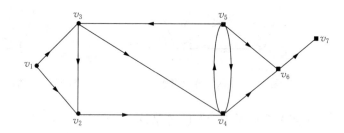

图 6.5　有向图

2. 关联与相邻

（1）关联：若边 $e=[v_i, v_j] \in E$，则称 v_i、v_j 是 e 的端点，称 e 是点 v_i、v_j 的关联边，即 v_i 与 e 是关联的，v_j 与 e 也是关联的。在图 6.4 中与 v_2 关联的边有四条，分别为 $[v_1, v_2]$，$[v_2, v_1]$，$[v_2, v_4]$，$[v_3, v_2]$。

（2）次：与一个点关联的边数称为该点的次。次为 0 的点称为孤立点，次为 1 的点称为悬挂点，与悬挂点相关联的边称为悬挂边。次为奇数的点称为奇点，次为偶数的点为偶点。在图 6.4 中，v_2 的次数等于 4，v_3 的次数等于 4（以 v_3 为端点的环其次计算两次）。

在一个图中，所有端点次的和等于边数的两倍，因为每条边与两个端点相关联，在计算端点的次时，一条边计算了两次，因而有奇点的个数必为偶数的结论。

（3）相邻：若图中某两个端点间至少存在一条边（弧），则称这两个端点是相邻的，若两条边（弧）有一个共同的端点，则这两条边（弧）也是相邻的。

3. 链(圈)、简单链(圈)和初等链(圈)

(1) 链与圈：在一个图 G 中，一个点和边的交错序列 $(v_{i1}, e_{i1}, \cdots, v_{ik-1}, e_{ik-1}, v_{ik})$，其中 $e_{it} = [v_{it}, v_{it+1}]$，$t = 1, 2, \cdots, k-1$，称为连接 v_{i1} 和 v_{ik} 的一条链，记作 $(v_{i1}, v_{i2}, \cdots, v_{ik})$，其中 v_{i1} 为始点，v_{ik} 为终点，点 v_{i2}，v_{i3}，$\cdots$，v_{ik-1} 称为中间点。在链 $(v_{i1}, v_{i2}, \cdots, v_{ik})$ 中，如果满足 $v_{i1} = v_{ik}$，那么称它为一个圈，记作 $(v_{i1}, v_{i2}, \cdots, v_{ik-1}, v_{i1})$。

(2) 简单链(圈)：当链(圈)中所有边均不相同时，称为简单链(圈)。

(3) 初等链(圈)：若链(圈)中所有顶点均不相同时(对圈而言，除第一个顶点和最后一个顶点相同外)，称为初等链(圈)。

在图 6.6 中，$(v_1, e_1, v_3, e_5, v_5, e_7, v_4, e_3, v_2)$ 为一条链。该链中各边均不相同，是一条简单链。该链中的顶点也不相同，因而是一条初等链。

以后说到链(圈)，除非特别交代，均指初等链(圈)。

4. 连通图与支撑子图

(1) 连通图与非连通图：如果图 G 中的任意两点之间至少有一条链，那么称图 G 是连通图，否则称为不连通图。在不连通图中，每一个连通部分称为图 G 的连通分图。图 6.6 是一个连通图，而图 6.7 就不是连通图，但它有两个连通分图。

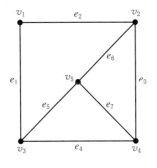

图 6.6　连通图

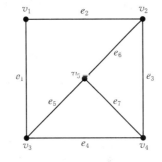

图 6.7　非连通图

(2) 支撑子图：给定一个图 $G = (V, E)$，如果图 $G' = (V', E')$ 满足 $V = V'$，$E' \subseteq E$，那么称图 G' 是 G 的一个支撑子图。例如，如果去掉图 6.6 中的边 e_2 得到图 6.8，则图 6.8 是图 6.6 的一个支撑子图。从图 6.6 可以看出，一个已知图的支撑子图不是唯一的，而是有很多。

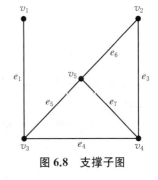

图 6.8　支撑子图

5. 路与回路

(1) 基础图：对于有向图 $D = (V, A)$，在 D 中去掉所有弧上的箭头所得到的无向图，称为 D 的基础图，记为 $G(D)$。

(2) 回路：在一个图 D 中，如果 $(v_{i1}, a_{i1}, \cdots, v_{ik-1}, a_{ik-1}, v_{ik})$ 是 D 中一个点和弧的交错序列，其中 $a_{it} = (v_{it}, v_{it+1})$，$t = 1, 2, \cdots, k-1$，称为连接 v_{i1} 和 v_{ik} 的一条路，记作 $(v_{i1}, v_{i2}, \cdots, v_{ik})$。其中 v_{i1} 为始点，v_{ik} 为终点，点 v_{i2}，v_{i3}，$\cdots$，v_{ik-1} 称为中间点。

若路的始点和终点是同一个点,则称为回路。同样可以定义初等路(回路)。

(3) 链:在一个图 D 中,如果 $(v_{i1}, a_{i1}, \cdots, v_{ik-1}, a_{ik-1}, v_{ik})$ 是 D 中一个点和弧的交错序列,这个序列在基础图 $G(D)$ 中所对应的点边序列是一条链,称这个点弧交错序列为 D 的一条链。可以用类似的方法定义圈和初等链(圈)。

6.2 树与最小树

6.2.1 树与树的基本性质

1. 树的定义

树是一个无圈的连通图,通常记为 $T = (V, E)$。

在实际生活中,很多事物都可以用树形图加以表示,如铁路专用线、管理组织机构、体育赛事的安排、学科分类、图书或邮件的分拣、一般的决策过程等都可以用树图来表示。若有 8 支球队要进行足球比赛,采取淘汰制,那么他们的比赛情况就可以用树表示,如图 6.9 所示。

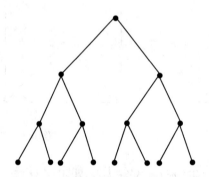

图 6.9 采取淘汰制足球比赛的树形图

2. 树的基本性质

设图 $T = (V, E)$,其点数为 p,边数为 q,若图 $T = (V, E)$ 是树,则它具有如下基本性质:

(1) 若图 $T = (V, E)$ 是一个树,$p(T) \geqslant 2$,则 T 中至少有两个悬挂点。

(2) 图 $T = (V, E)$ 是一个树的充分必要条件是 T 不含圈,且恰有 $p-1$ 条边。

(3) 图 $T = (V, E)$ 是一个树的充分必要条件是 T 是连通图,并且 $q(T) = p(T) - 1$。

(4) 图 $T = (V, E)$ 是一个树的充分必要条件是任意两点之间恰有一条链。

(5) 从一个树 $T = (V, E)$ 中去掉任意一条边,则余下的图是不连通的。

(6) 在树中不相邻的两个点间添上一条边,则恰好得到一个圈。

根据树的这些性质,很容易判别出一个图是否为树形图。

6.2.2 支撑树与求支撑树的方法

1. 支撑树的定义

设图 $T=(V,E')$ 是图 $G=(V,E)$ 的支撑子图,若图 $T=(V,E')$ 是一个树,则称 T 是 G 的一个支撑树。例如,图 6.10 中的 (a) 和 (b) 都是图 6.6 的支撑树。不难看出,图 6.6 的支撑树不是唯一的,而是有很多。

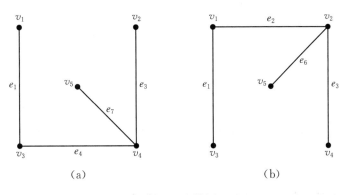

(a)   (b)

图 6.10 支撑树

2. 求支撑树的方法

图 G 有支撑树的充分必要条件是图 G 是连通的。

上述性质提供了求支撑树的方法——"破圈法"和"避圈法",下面分别对这两种方法加以介绍。

破圈法:在一个已知图中任选一个圈,从圈中去掉任意一条边,重复这个步骤直到图中没有圈为止,这时得到的图就是已知图的支撑树。

避圈法:在一个已知图中任取一条边,然后在未被选取的边中再任选一条边,并且要和已选的边不构成圈,重复这个步骤直到选够 $n-1$(n 为已知图的顶点数)条边为止,这时得到的图就是已知图的支撑树。

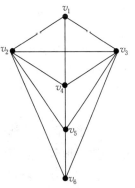

[例 6.3] 用破圈法和避圈法求图 6.11 的支撑树。

解:(1) 用破圈法:任取一个圈,如 (v_1,v_2,v_3),去掉任意一条边,如 $[v_2,v_3]$;再取圈 (v_1,v_2,v_4),去掉边 $[v_2,v_4]$;取圈 (v_1,v_3,v_4),去掉边 $[v_1,v_4]$;取圈 (v_3,v_4,v_5),去掉边 $[v_4,v_5]$;取圈 (v_2,v_5,v_6),去掉边 $[v_2,v_6]$;取圈 (v_3,v_5,v_6),去掉边 $[v_5,v_6]$;取圈 (v_1,v_2,v_3,v_5),去掉边 $[v_3,v_5]$,这时得到一个不含圈的图 6.12,就是图 6.11 的

图 6.11 例 6.3 用图

支撑树。

（2）用避圈法：任取一条边 $[v_1, v_2]$，再取边 $[v_2, v_4]$，依次取边 $[v_2, v_5]$，$[v_2, v_6]$，$[v_1, v_3]$，这时得到一个不含圈的图 6.13，就是图 6.11 的支撑树。

图 6.12 和图 6.13 都是图 6.11 的支撑树，但它们是不同的，再次说明了一个已知图的支撑树不是唯一的，而是有很多。

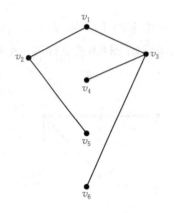 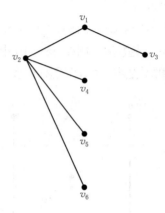

图 6.12　用破圈法求得的支撑树　　　图 6.13　用避圈法求得的支撑树

6.2.3　最小支撑树与求最小支撑树的方法

1. 最小支撑树的概念和性质

（1）赋权图的定义：给图 $G=(V, E)$ 中的每一条边 $[v_i, v_j]$ 一个相应的数 ω_{ij}，则称 G 为赋权图，ω_{ij} 称为边 $[v_i, v_j]$ 的权。

这里的权是指与边有关的数量指标。根据实际研究问题的不同，可以赋予不同的含义，如时间、距离、成本、费用等。

（2）支撑树的权：如果 $T=(V, E')$ 是图 $G=(V, E)$ 的一个支撑树，称 E' 中所有边的权之和为支撑树 T 的权，记为 $\omega(T)$。即：

$$\omega(T) = \sum_{[v_i, v_j] \in E'} \omega_{ij}$$

（3）最小支撑树：如果支撑树 T^* 的权 $\omega(T^*)$ 是图 G 的所有支撑树的权中最小者，则称 T^* 为图 G 的最小支撑树（简称为"最小树"）。即：

$$\omega(T^*) = \min \omega(T)$$

许多实际问题都可以归结为最小树的问题去加以解决。例如，如何设计长度最小的公路网把若干城市联系起来，如何设计用料最省的电话线网把有关单位联系起来等。

2. 求最小支撑树的方法

与求支撑树的方法一样，求最小支撑树的方法也有破圈法和避圈法，下面分别加以介绍。

（1）破圈法：在一个已知图中任选一个圈，从圈中去掉权最大的一条边，重复这个步骤直到图中没有圈为止，这时得到的图就是已知图的最小支撑树。

（2）避圈法：在一个已知图中取一条权最小的边，然后在未被选取的边中再取一条权尽可能小并且和已选的边不构成圈，重复这个步骤直到选够 $n-1$ 条边为止，这时得到的图就是已知图的最小支撑树。

　　[**例 6.4**]　求图 6.14 所示的最小支撑树。

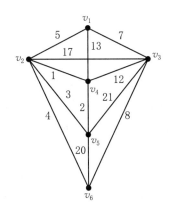 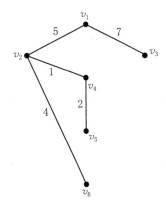

图 6.14　例 6.4 用图　　　　　图 6.15　最小支撑树

　　解：（1）用破圈法，任取一个圈 (v_3,v_5,v_6)，去掉一条权最大的边 $[v_3,v_5]$；再取圈 (v_2,v_5,v_6)，去掉边 $[v_5,v_6]$；取圈 (v_2,v_3,v_4)，去掉边 $[v_2,v_3]$；取圈 (v_1,v_3,v_4)，去掉边 $[v_1,v_4]$；取圈 (v_1,v_2,v_4,v_3)，去掉边 $[v_3,v_4]$；取圈 (v_1,v_2,v_6,v_3)，去掉边 $[v_3,v_6]$，取圈 (v_2,v_4,v_5)，去掉边 $[v_2,v_5]$，这时得到一个不含圈的图 6.15，就是已知图的最小支撑树，最小支撑树的权为 19。

　　（2）避圈法：先取一条权最小的边 $[v_2,v_4]$，依次添加 $[v_4,v_5]$，$[v_2,v_6]$，$[v_1,v_2]$，$[v_1,v_3]$，这时得到一个不含圈的图 6.15，就是已知图的最小支撑树。

6.3　最短路问题

6.3.1　最短路的定义

　　（1）赋权有向图：对于有向图 $D=(V,A)$，给其每一条弧 (v_i,v_j) 一个相应的权值 ω_{ij}，D 就称为赋权有向图。

　　（2）路的权：给定赋权有向图 D 中的两个顶点 v_s 和 v_t，设 P 是由 v_s 到 v_t 的一条路，把 P 中所有弧的权之和称为路 P 的权，记为 $\omega(P)$。即：

$$\omega(P) = \sum_{(v_i, v_j) \in P} \omega_{ij}$$

（3）最短路：如果路 P^* 的权 $\omega(P^*)$ 是由 v_s 到 v_t 的所有路的权中最小者，则称 P^* 是从 v_s 到 v_t 的最短路。最短路 P^* 的权 $\omega(P^*)$ 称为从 v_s 到 v_t 的距离，记为 $d(v_s, v_t)$。即：

$$d(v_s, v_t) = \omega(P^*) = \min \omega(P)$$

6.3.2 求最短路的算法

目前求最短路有两种算法：一种是 Dijkstra 标号算法，另一种是矩阵算法。Dijkstra 标号算法既可以用来求网络中某指定点到其余所有结点的最短路，也可以用来求网络中任意两点间的最短路；矩阵算法可以用来求网络中所有各点之间的最短路。这里仅介绍 Dijkstra 标号算法。

Dijkstra 标号算法是 1959 年由 Dijkstra 提出的，目前被认为是求无负权网络最短路问题的最好方法。该算法基于以下原理：若序列 $\{v_s, v_1, \cdots, v_{n-1}, v_t\}$ 是从 v_s 到 v_t 的最短路，则序列 $\{v_s, v_1, \cdots, v_{t-1}\}$ 必为从 v_s 到 v_{t-1} 的最短路。Dijkstra 标号算法采用标号法进行求解，标号分为永久标号和临时标号，永久标号（permanent label）用"[ ]"表示，临时标号（tentative label）用"( )"表示。每一个标号用两个标号值表示，前一个标号表示这条弧的指向，后一个标号值表示路的权。若 v_i 点是永久标号，它表示已经得到了从始点 v_s 到 v_i 点的最短路，v_i 点的标号不再改变。若 v_i 点是临时标号，它表示得到了从 v_s 到 v_i 点的估计最短路权的上界，还需要对其标号进行更新，直到把变他为永久标号。该算法每进行一步就是把某一点的临时标号改为永久标号，当终点 v_t 获得永久标号时，结束计算。对于有 n 个顶点的图，最多经过 $n-1$ 步就可以得到从始点到终点的最短路。用 Dijkstra 标号算法求解最短路的具体步骤如下。

（1）给所有的点进行标号。首先给始点 v_s 进行标号 $v_s[-, 0]$（前一个标号表示弧的方向从 v_s 到 v_s，记为"—"，后一个标号表示从 v_s 到 v_s 的权值），赋予 v_s 永久标号。然后从 v_s 开始给其他的未标号点进行标号，若 v_s 到 v_i 有弧，其权值为 ω_{si}，则 v_i 的标号为 (v_s, ω_{si})，若 v_s 到 v_i 没有弧，则 v_i 的标号为 (v_s, ∞)，这时 v_i 是临时标号点。

（2）在所有的临时标号点中，找出后标号值最小者，把他变为永久标号，用他来更新其他的临时标号点。如果 v_i 已得到了永久标号 $[v_{i-1}, T(v_i)]$，v_j 为临时标号 $(v_{j-1}, T(v_j))$，若 v_i 到 v_j 有弧，且 $T(v_j) \geq T(v_i) + \omega_{ij}$，则 v_j 的临时标号点更新为 $(v_i, T(v_i) + \omega_{ij})$，当存在两个以上最小者时，可同时更新 v_j 的标号；否则，保留 v_j 的标号不变。

（3）重复（2）的过程，直到 v_t 得到永久标号。这时就得到从 v_s 到 v_t 的最短路，然后按照反向追踪的方式得到最优路径。

最短路问题是网络理论中运用最广泛的问题之一,如设备更新、管道铺设、线路安排、厂区布局等都可以用最短路的方法解决。下面通过一个例题来说明最短路的应用。

[**例 6.5**]　某先生为战争期间情报员,承担传递重要情报的职责。现在他接到紧急任务,需要将情报由他所在的 v_1 市传达到 v_8 市(见图 6.16)。由于存在各种交通管制,使得他在选择最短路线这个问题上遇到困难。请你为他设计由 v_1 到 v_8 的最短线路。

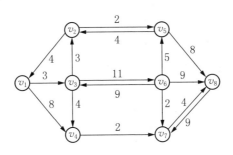

图 6.16　交通线路图

解:该问题就是求从 v_1 到 v_8 的最短路,用 Dijkstra 标号算法进行求解,如表 6.1 所示。

表 6.1　用 Dijkstra 标号算法求最短路的过程

v_1	v_2	v_3	v_4	v_5	v_6	v_7	v_8
$[-,0]$	(v_1,∞)	$(v_1,3)$	$(v_1,8)$	(v_1,∞)	(v_1,∞)	(v_1,∞)	(v_1,∞)
	$(v_3,6)$	$[v_1,3]$	$(v_3,7)$	(v_1,∞)	$(v_3,14)$	(v_1,∞)	(v_1,∞)
	$[v_3,6]$		$(v_3,7)$	$(v_2,8)$	$(v_3,14)$	(v_1,∞)	(v_1,∞)
			$[v_3,7]$	$(v_2,8)$	$(v_3,14)$	$(v_4,9)$	(v_1,∞)
				$[v_2,8]$	$(v_3,14)$	$(v_4,9)$	$(v_5,16)$
					$(v_3,14)$	$[v_4,9]$	$(v_7,13)$
					$(v_3,14)$		$[v_7,13]$
					$[v_3,14]$		

从表 6.1 可以看出:该情报员应选择的最优路径为 $v_1-v_3-v_4-v_7-v_8$,最短路为 13。

6.4　网络最大流问题

作为网络的重要组成部分——最大流,其应用非常广泛,很多的实际问题都可以用网络最大流的方法加以解决,如交通运输系统中人流、车流、物流的安排,供水系统中流量的设计,金融系统中现金流量的控制,通信系统中信息的传递,等等。下面介绍网络最大流的有关概念和求解方法。

6.4.1　网络最大流的基本概念

1. 容量与网络

对于赋权有向图 $D=(V,A)$ 中的每一条弧 (v_i,v_j) 上对应一个非负的数 c_{ij},我们把 c_{ij} 称为弧 (v_i,v_j) 上的容量。称仅有一个入次为 0 的点 v_s 为发点,一个出次为 0 的点 v_t 为收点,其余的点为中间点,这样定义的网络 D 称为容量网络,简称为网络,记为 $D=(V,A,C)$。例如,图 6.17 就是一个网络。

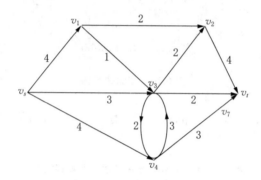

图 6.17　网络图

2. 可行流与最大流

(1) 流:对网络 $D=(V,A,C)$ 中的任意一条弧 (v_i,v_j) 有流量 f_{ij},称集合 $f=\{f_{ij}\}$ 为网络 D 上的一个流。

(2) 可行流。

通常将满足下列两个条件的流 f 称为可行流。

① 容量限制条件:对 D 中每一条弧 $(v_i,v_j)\in A$,有 $0\leqslant f_{ij}\leqslant c_{ij}$。

② 平衡条件:对中间点 v_i,有 $\sum\limits_{(v_i,v_j)\in A}f_{ij}=\sum\limits_{(v_j,v_i)\in A}f_{ji}$(即中间点 v_i 的流入量等于流出量)。

对于发点 v_s,有 $\sum\limits_{(v_s,v_j)\in A}f_{sj}-\sum\limits_{(v_j,v_s)\in A}f_{js}=V(f)$。

对于收点 v_t,有 $\sum\limits_{(v_t,v_j)\in A}f_{tj}-\sum\limits_{(v_j,v_t)\in A}f_{jt}=-V(f)$(即发点 v_s 的流出量等于收点 v_t 的流入量)。

其中,$V(f)$ 为网络的总流量,它是发点的净流出量(或收点的净流入量)。

对于一个网络来讲,可行流总是存在的,例如,$f=\{0\}$ 就是一个流量为 0 的可行流。

(3) 最大流:在满足容量限制条件和平衡条件下使网络的总流量 $V(f)$ 达到最大值的一组可行流。即:

$$\max V(f) \tag{6.1}$$

$$\text{s.t.} \begin{cases} 0 \leqslant f_{ij} \leqslant c_{ij} & (6.2) \\ \sum\limits_{(v_i,v_j)\in A} f_{ij} - \sum\limits_{(v_j,v_i)\in A} f_{ji} = \begin{cases} V(f) & i=s \\ 0 & i\neq s,t \\ -V(f) & i=t \end{cases} & (6.3) \end{cases}$$

从最大流的定义不难看出,最大流实际上是一个特殊的线性规划问题,即求一组 f_{ij},在满足式(6.2)和式(6.3)的条件下使 $V(f)$ 达到最大。

3. 截集与截量

(1) 截集:将容量网络 $D=(V,A,C)$ 的点集合 V 中所有的点剖分成两部分,分别记为 S、$\bar{S}$,其中 $S\cup\bar{S}=V$, $S\cap\bar{S}=\varnothing$,且 $v_s\in S$, $v_t\in\bar{S}$。所有连接 S 到 $\bar{S}$ 的正向弧的集合称为 D 的截集,记为 $(S,\bar{S})$。

(2) 截量:截集 $(S,\bar{S})$ 中所有正向弧的容量之和称为截集的容量,简称"截量"。

(3) 最小截集:与最小截量相对应的截集称为最小截集。

[例 6.6] 求图 6.18 所示的截集及最小截集。

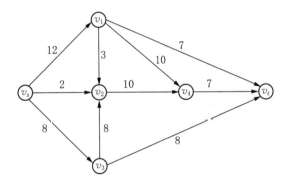

图 6.18 网络图

解:根据截集的定义,该问题所有的截集及截量如表 6.2 所示。

表 6.2 所有截集及截量

S	$\bar{S}$	截集$(S,\bar{S})$	截量$C(S,\bar{S})$
v_s	v_1,v_2,v_3,v_4,v_t	$(v_s,v_1),(v_s,v_2),(v_s,v_3)$	22*
v_s,v_1	v_2,v_3,v_4,v_t	$(v_s,v_2),(v_s,v_3),(v_1,v_2),(v_1,v_4),(v_1,v_t)$	30
v_s,v_2	v_1,v_3,v_4,v_t	$(v_s,v_1),(v_s,v_3),(v_2,v_4)$	30
v_s,v_3	v_1,v_2,v_4,v_t	$(v_s,v_1),(v_s,v_2),(v_3,v_2),(v_3,v_t)$	30
v_s,v_1,v_2	v_3,v_4,v_t	$(v_s,v_3),(v_1,v_4),(v_1,v_t),(v_2,v_4)$	35
v_s,v_2,v_4	v_1,v_3,v_t	$(v_s,v_1),(v_s,v_3),(v_4,v_t)$	27
v_s,v_2,v_3	v_1,v_4,v_t	$(v_s,v_1),(v_2,v_4),(v_3,v_t)$	30
v_s,v_1,v_4	v_2,v_3,v_t	$(v_s,v_2),(v_s,v_3),(v_1,v_2),(v_1,v_t),(v_4,v_t)$	27

（续表）

S	$\bar{S}$	截集$(S,\bar{S})$	截量$C(S,\bar{S})$
v_s，v_1，v_3	v_2，v_4，v_t	$(v_1，v_2)$，$(v_1，v_4)$，$(v_1，v_t)$，$(v_s，v_2)$，$(v_3，v_2)$，$(v_3，v_t)$	38
v_s，v_1，v_2，v_3	v_4，v_t	$(v_1，v_4)$，$(v_1，v_t)$，$(v_2，v_4)$，$(v_3，v_t)$	35
v_s，v_1，v_2，v_4	v_3，v_t	$(v_s，v_3)$，$(v_1，v_t)$，$(v_4，v_t)$	22*
v_s，v_2，v_3，v_4	v_1，v_t	$(v_s，v_1)$，$(v_3，v_t)$，$(v_4，v_t)$	27
v_s，v_1，v_2，v_3，v_4	v_t	$(v_1，v_t)$，$(v_3，v_t)$，$(v_4，v_t)$	22*

从表 6.2 可以看出，最小截量是 22，与最小截量对应的截集是 $\{(v_s，v_1)$，$(v_s，v_2)$，$(v_s，v_3)\}$，$\{(v_s，v_3)$，$(v_1，v_t)$，$(v_4，v_t)\}$，$\{(v_1，v_t)$，$(v_3，v_t)$，$(v_4，v_t)\}$，表明该网络的最小截集不是唯一的。

4. 增广链

（1）前向弧与后向弧：对于网络 D，若 μ 是从 v_s 到 v_t 的一条链，规定 μ 的方向为从 v_s 到 v_t，凡是与 μ 的方向相同的弧称为前向弧，凡是与 μ 的方向相反的弧称为后向弧，前向弧和后向弧集合分别用 μ^+ 和 μ^- 表示。

（2）饱和弧和非饱和弧：若 $f=\{f_{ij}\}$ 是网络 $D=(V,A,C)$ 的一个可行流，在网络中凡是使 $f_{ij}=c_{ij}$ 的弧称为饱和弧，使 $f_{ij}<c_{ij}$ 的弧称为非饱和弧。

（3）零流弧和非零流弧：若 $f=\{f_{ij}\}$ 是网络 $D=(V,A,C)$ 的一个可行流，在网络中凡是使 $f_{ij}=0$ 的弧称为零流弧，使 $f_{ij}>0$ 的弧称为非零流弧。

（4）增广链：对于网络 D，f 是一个可行流，若 μ 是从 v_s 到 v_t 的一条链，如果 μ 满足：

$$\begin{cases} 0 \leqslant f_{ij} < c_{ij}，(v_i，v_j) \in \mu^+ \\ 0 < f_{ij} \leqslant c_{ij}，(v_i，v_j) \in \mu^- \end{cases}$$

则称 μ 为从 v_s 到 v_t 的（关于 f 的）一条增广链。

在图 6.19 中，$(v_s，v_1，v_t)$，$(v_s，v_2，v_3，v_t)$ 和 $(v_s，v_2，v_4，v_1，v_t)$ 都是关于当前可行流的一条增广链，但 $(v_s，v_2，v_1，v_t)$ 和 $(v_s，v_1，v_2，v_4，v_t)$ 都不是关于当前可行流的一条增广链。

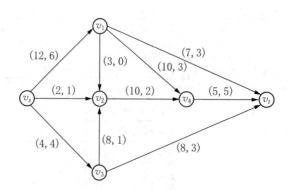

图 6.19　网络图

6.4.2　最大流的基本定理及求网络最大流的方法

1. 最大流的基本定理

定理 1　任一网络中,最大流的流量等于最小截集的截量。

定理 2　可行流 $f^* = \{f_{ij}^*\}$ 是最大流当且仅当 D 中不存在关于 f^* 的增广链。

2. 求网络最大流的方法

可行流 f^* 是最大流的充分必要条件是不存在关于 f^* 的增广链。依据此定理,寻找网络最大流的基本思想是:先找一个可行流。对于一个可行流,经过标号过程得到从发点 v_s 到收点 v_t 的增广链;然后进入调整过程,即沿增广链增加可行流的流量,得到新的可行流。重复这一过程,直到没有关于当前可行流的增广链,这时得到的可行流就是最大流。求网络最大流的步骤如下:

(1) 确定初始的可行流。若已知的网络图没有给出每一条弧上的流量,则假设每一条弧上的流量为 0,得到一个初始的可行流。

(2) 标号过程(对每一个顶点进行标号),通过标号寻找增广链。

① 给发点 v_s 进行标号 $(0, +\infty)$,这时 v_s 成为已标号未检查的点,其余的点都是未标号点。

② 取一个已标号未检查的点 v_i,对一切未标号的邻接点 v_j 按下列规则处理:若有非饱和弧 (v_i, v_j),则 v_j 的标号为 $(v_i, l(v_j))$,其中 $l(v_j) = \min\{l(v_i), c_{ij} - f_{ij}\}$,$l(v_i)$ 为 v_i 的后标号值,$l(v_j)$ 为 v_j 的后标号值,这时 v_j 成为已标号未检查的点;若有非零流弧 (v_j, v_i),则 v_j 的标号为 $(-v_i, l(v_j))$,其中 $l(v_j) = \min\{l(v_i), f_{ji}\}$,这时 v_j 成为已标号未检查的点,v_i 成为已标号已检查的点。

③ 重复步骤②,直到 v_t 成为标号点,或者所有的标号点都检查过但 v_t 仍未得到标号。若 v_t 成为已标号点,表明得到一条从 v_s 到 v_t 的增广链,转入(3);若所有标号点都检查过,但 v_t 仍未标号,则停止标号,表明这时的可行流就是最大流,算法结束。

(3) 调整过程,在增广链上进行流量的调整,即前向弧流量增加 $l(v_t)$,后向弧流量减少 $l(v_t)$,转(2)。

［**例 6.7**］　用标号法求图 6.20 所示网络的最大流,弧旁的数字为 c_{ij}。

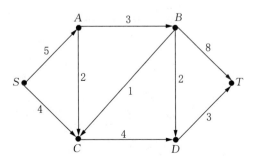

图 6.20　网络图

解：最大流的求解过程如下：

首先设每一条弧上的流量为 0，这时得到一个初始的可行流，如图 6.21 所示。

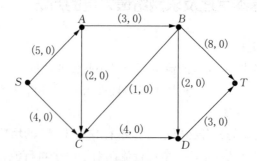

图 6.21　初始可行流

然后，给 S 进行标号 $(0, +\infty)$，$l(S) = +\infty$。

检查 S：

在前向弧 (S, A) 上，$f_{SA} = 0 < c_{SA}$，满足标号条件，则 A 的标号是 $(S, l(A))$。其中，$l(A) = \min\{l(S), c_{SA} - f_{SA}\} = \min\{+\infty, 5 - 0\} = 5$，即 A 的标号是 $(S, 5)$。在前向弧 (S, C) 上，$f_{SC} = 0 < c_{SC}$，满足标号条件，则 C 的标号是 $(S, l(C))$。其中，$l(C) = \min\{l(S), c_{SC} - f_{SC}\} = \min\{+\infty, 4 - 0\} = 4$，即 C 的标号是 $(S, 4)$。这时 S 是已标号已检查过的点，A、C 都是已标号未检查过的点。

检查 A：

在前向弧 (A, B) 上，$f_{AB} = 0 < c_{AB}$，满足标号条件，则 B 的标号是 $(A, l(B))$。其中，$l(B) = \min\{l(A), c_{AB} - f_{AB}\} = \min\{5, 3 - 0\} = 3$，即 B 的标号是 $(A, 3)$。在前向弧 (A, C) 上，$f_{AC} = 0 < c_{AC}$，满足标号条件，则 C 的标号是 $(A, 2)$。这时 A 是已标号已检查过的点，B、C 都是已标号未检查过的点。

检查 B：

在前向弧 (B, T) 上，$f_{BT} = 0 < c_{BT}$，满足标号条件，则 T 的标号是 $(B, 3)$。

这时 T 得到了标号，按照反向追踪的方式，就可得到从发点到收点的一条增广链 (S, A, B, T)，图 6.22 中双线表示的就是增广链。

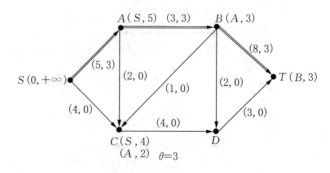

图 6.22　新的可行流（1）

最后在增广链上前向弧都增加 3(即 $\theta = 3$),后向弧都减少 3,得到一个新的可行流,如图 6.22 所示。

重复上述过程,再进行标号过程和调整过程,得到新的增广链和新的可行流如图 6.23 所示(双线表示的是增广链)。

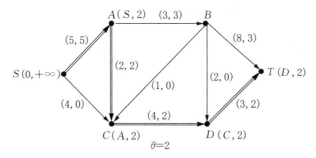

图 6.23　新的可行流(2)

再进行标号过程和调整过程,得到新的增广链和新的可行流如图 6.24 所示(双线表示的是增广链)。

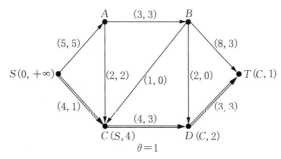

图 6.24　新的可行流(3)

再进行标号,给 S 进行标号 $(0, +\infty)$,然后检查 S,前向弧 (S, A) 是饱和弧,无法给 A 进行标号,前向弧 (S, C) 是非饱和弧,可以给 C 进行标号 $(S, 3)$。再检查 C,后向弧 (B, C) 是零流弧,无法给 B 进行标号,前向弧 (C, D) 是非饱和弧,D 的标号为 $(C, 1)$,后向弧 (A, C) 是非零流弧,A 的标号为 $(-C, 2)$。再检查 A 点,前向弧 (A, B) 是饱和弧,无法给 B 点进行标号。再检查 D,前向弧 (D, T) 是饱和弧,无法给 T 进行标号,后向弧 (B, D) 是零流弧,无法给 B 进行标号,即标号终止,但 T 未得到标号,这时的可行流就是最大流,其最大流流量为 6,如图 6.25 所示。

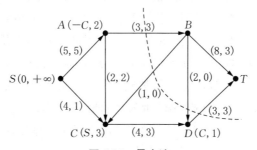

图 6.25　最大流

该问题在得到最大流的同时也得到了最小截集，其最小截集为$\{(A，B)，$
$(D，T)\}$，其截集的截量为 6，即网络最大流的流量等于最小截集的截量。

6.5 最小费用最大流问题

上一节讨论的网络最大流问题，只考虑了使网络的流量达到最大，但很多的实际问题在要求流量达到最大的同时还要求费用最小，这就涉及最小费用最大流问题。

6.5.1 最小费用最大流的定义

最小费用最大流的问题一般可以这样描述：设容量网络 $D=(V，A，C)$，c_{ij} 为弧 $(v_i，v_j)$ 的容量，$b_{ij}(\geqslant 0)$ 为弧 $(v_i，v_j)$ 上单位流量的费用，记为 $D=(V，A，C，b)$。求 D 的一个可行流 $f=\{f_{ij}\}$，使得流量 $V(f)=F$，则：

$$b(f)=\sum_{(v_i，v_j)\in A} b_{ij}f_{ij}$$

为 D 内按网络流 f 将 F 单位流量从发点 v_s 运送到收点 v_t 的费用。

若 f' 是所有将 F 单位流量从发点 v_s 运送到收点 v_t 的费用最小者，即：

$$b(f')=\min \sum_{(v_i，v_j)\in A} b_{ij}f_{ij}$$

则 f' 为 D 的流量为 F 的最小费用流。当 f' 为最大流时，此问题即为最小费用最大流问题。

6.5.2 求最小费用最大流的算法

1. 最小费用最大流算法的基本思想

求最小费用最大流的算法很多，其中比较流行的一种算法是用最短路算法求最小费用的增广链，即始终保持网络中的可行流是最小费用流，然后不断调整，使流量不断增大，直至成为最小费用最大流。具体来讲就是，首先将每条弧上单位流量的费用看成某种长度，用求解最短路的方法确定一条从发点 v_s 到收点 v_t 的最短路，再将这条最短路作为增广链，使增广链上的流量尽可能地增加；再重新确定各条弧的单位流量的费用，以此类推，重复以上步骤，直至网络中不再存在增广链，不能再增加流量为止，这时得到的流就是最小费用最大流。

由于 $b_{ij}\geqslant 0$，因此 $f=0$ 必然是流量为 0 的最小费用流。这样，最小费用最大流就可以从 $f=0$ 开始。一般地，设 f 是流量为 $V(f)$ 的最小费用流，接下来的问题就是如何寻求关于 f 的最小费用增广链。为此，我们构造一个赋权有向图 $W(f)$，它的顶点是原网络的顶点,而把 D 中的每一条弧 (v_i, v_j) 变成两个相反方向的弧 (v_i, v_j) 和 (v_j, v_i)。定义 $W(f)$ 中弧的权 ω_{ij} 为:

$$\omega_{ij} = \begin{cases} b_{ij}, & \text{当 } f_{ij} < c_{ij} \\ +\infty, & \text{当 } f_{ij} = c_{ij} \end{cases}$$

$$\omega_{ji} = \begin{cases} -b_{ij}, & \text{当 } f_{ij} > 0 \\ +\infty, & \text{当 } f_{ij} = 0 \end{cases}$$

［长度为 $+\infty$ 的弧可以从 $W(f)$ 中略去。］

2. 最小费用最大流算法的步骤

依据上述求最小费用最大流算法的基本思想,最小费用最大流的具体求解步骤如下:

(1) 用标号法求出该容量网络的最大流量 $V(f)$。

(2) 取零流为初始可行流,即 $f^{(0)} = \{0\}$,则其必为流量为 0 的最小费用流。

(3) 若经过 $k-1$ 次迭代有可行流 $f^{(k-1)}$,流量为 $F(f^{(k-1)}) < V(f)$,构造赋权有向图 $W(f^{(k-1)})$。

(4) 在赋权有向图 $W(f^{(k-1)})$ 中求从 v_s 到 v_t 的最短路,转(5)。

(5) 将最短路还原成原网络图中的最小费用增广链 μ,在 μ 上对可行流 $f^{(k-1)}$ 进行调整,做 $f^{(k)} = f_\mu^{(k-1)} + \theta$。其中,$\theta = \min\{\min_{\mu^+}(c_{ij} - f_{ij}^{(k-1)}), \min_{\mu^-} f_{ji}^{(k-1)}\}$。此时 $f^{(k)}$ 的流量为 $F(f^{(k-1)}) + \theta$,若 $F(f^{(k-1)}) + \theta = V(f)$,则停止,否则令 $f^{(k)}$ 代替 $f^{(k-1)}$ 返回(3)。

［例 6.8］ 试求图 6.26 所示网络的最小费用最大流,弧旁数字为 (c_{ij}, b_{ij})。

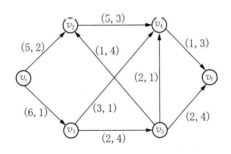

图 6.26 网络图

解:按照最小费用最大流的求解步骤进行求解:

(1) 用标号法求出该容量网络的最大流量 $V(f) = 3$,如图 6.27 所示。

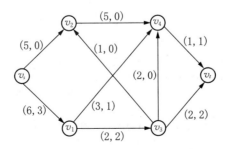

图 6.27 网络最大流

（2）取 $f^{(0)}=\{0\}$，这时每条弧上的流量 $f_{ij}=0$，因此它们都是非饱和弧。因为 $f_{ij}=0$，所以在赋权图 $W(f^{(0)})=0$ 中各边无须加反向弧，即原图就是对应于 $f^{(0)}=0$ 的赋权图，如图 6.28（a）所示。

由赋权图 $W(f^{(0)})$，可以求出从 v_s 到 v_t 的最短路为 (v_s,v_1,v_4,v_t)，如图 6.28（b）中的双箭头线。原网络中，与最短路 (v_s,v_1,v_4,v_t) 对应的最小费用的增广链是 $v_s \to v_1 \to v_4 \to v_t$，总费用为 5，可以增加的流量值为 $\theta=\min[6,3,1]=1$，在这条增广链上的每条弧都增加 1 个单位流量后，可以得到新的可行流 $f^{(1)}=1$，其图为 6.28（c），其费用累计增值为 $5\times1=5$。

（3）构造可行流 $f^{(1)}$ 的赋权有向图 $W(f^{(1)})$，如图 6.28（d）所示，其最小费用的增广链是 $v_s \to v_1 \to v_3 \to v_t$，总费用为 9，可以增加的流量值为 $\theta=\min[5,2,2]=2$，在这条增广链上的每条前向弧都增加 2 个单位流量后，可以得到新的可行流 $f^{(2)}=f^{(1)}+2=3$，如图 6.28（e）所示，其费用累计增值为 $5+9\times2=23$。

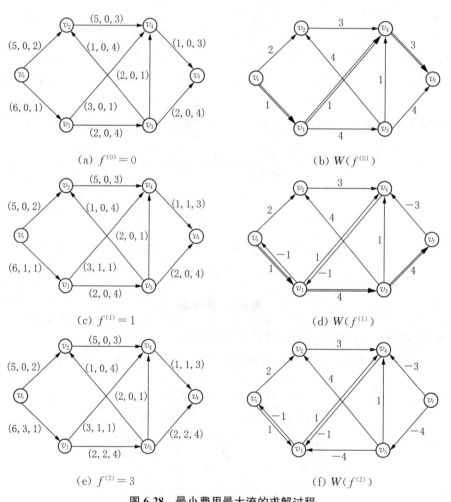

图 6.28　最小费用最大流的求解过程

（4）构造可行流 $f^{(2)}$ 的赋权有向图 $W(f^{(2)})$，如图 6.28（f）所示。显然，该图已不存

在 $v_s \to v_t$ 的最短路,因此对于可行流 $f^{(2)}$ 来说,已经不存在增广链。算法结束,最小费用为 23,最大流为 3。

6.6 电子表格建模和求解

[**例 6.9**] 在一个不断扩建的小型飞机场里,一家本地的航空公司购买了一辆新的牵引车作为拖车,在飞机间搬运行李。因为机场在三年后将安装一个新的机械化行李搬运系统,所以到那时牵引车将被淘汰。然而,由于高负荷的工作,其使用费用与维护成本会随着年份的增加而急剧增加。因此,使用一两年后进行重置可能更加经济,表 6.3(0 表示现在)给出了在第 i 年末购买的拖车在第 j 年末卖出的总净折现成本(购买价格减去交易抵偿,加上使用与维护费用)。

表 6.3 不同年份的总净折现成本 (单位:美元)

年份 i	j		
	1	2	3
0	8 000	18 000	31 000
1		10 000	21 000
2			12 000

为了使得三年内拖车的总成本最低,管理层希望确定何时(如果可能的话)进行拖车置换是合理的。

(1) 将这个问题作为最短路问题,建立一个网络模型。

(2) 为这个问题建立电子表格模型并进行求解。

解:(1) 把这个问题用最短路问题的网络图加以描述。节点 0 表示现在,节点 1、2、3 分别表示第 1 年末、第 2 年末、第 3 年末。从一个节点到另一个节点的每一条弧上的数字表示在第 i 年末购买的拖车在第 j 年末卖出的总净折现成本(购买价格减去交易抵偿,加上使用与维护费用)。节点 0 是始点,节点 3 是终点。如 0—2—3 表示第 0 年末购买拖车并在第 2 年末卖出,再于第 2 年末重置,第 3 年末卖出的总折现成本。建立的网络模型如图 6.29 所示。

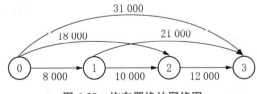

图 6.29 拖车置换的网络图

(2) 用线性规划来求解此问题:

设:

$$f_{ij} = \begin{cases} 1, \text{选择从 } v_i \text{ 到 } v_j \text{ 这条弧走} \\ 0, \text{不选择从 } v_i \text{ 到 } v_j \text{ 这条弧走} \end{cases}$$

从第 0 年末购置到第 3 年末卖出所需要的总成本为 z，该问题的数学模型可以表示为：

$$\min z = 8\,000 f_{01} + 18\,000 f_{02} + 31\,000 f_{03} + 1\,000 f_{12} + 21\,000 f_{13} + 12\,000 f_{23}$$

$$\text{s.t.} \begin{cases} f_{01} = f_{12} + f_{13} \\ f_{12} + f_{02} = f_{23} \\ f_{01} + f_{02} + f_{03} = 1 \\ f_{03} + f_{13} + f_{23} = 1 \\ f_{01}, f_{02}, f_{03}, f_{12}, f_{13}, f_{23} = 0 \text{ 或 } 1 \\ f_{01}, f_{02}, f_{03}, f_{12}, f_{13}, f_{23} \geqslant 0 \end{cases}$$

对该问题建立的电子表格模型如图 6.30 所示。

	A	B	C	D
1	最短路问题			
2				
3	从	到	通过路线	成本
4	节点0	节点1	0	8000
5	节点0	节点2	0	18000
6	节点0	节点3	0	31000
7	节点1	节点2	0	10000
8	节点1	节点3	0	21000
9	节点2	节点3	0	12000
10				
11				
12	节点	净流量		供应量/需求量
13	0	=C4+C5+C6	=	1
14	1	=C7+C8-C4	=	0
15	2	=C9-C5-C7	=	0
16	3	=-C9-C8-C6	=	-1
17	总成本	=SUMPRODUCT(C4:C9,D4:D9)		

图 6.30　例 6.8 的电子表格建模

对该问题的电子表格进行求解,得到的结果如图 6.31 所示。

	A	B	C	D
1	例5.9最短路问题			
2				
3	从	到	通过路线	成本
4	节点0	节点1	1	$8,000
5	节点0	节点2	0	$18,000
6	节点0	节点3	0	$31,000
7	节点1	节点2	0	$10,000
8	节点1	节点3	1	$21,000
9	节点2	节点3	0	$12,000
10				
11				
12	节点	净流量		供应量/需求量
13	0	1	=	1
14	1	0	=	0
15	2	0	=	0
16	3	−1	=	−1
17	总成本	29000		

图 6.31　例 6.9 的电子表格求解

从图 6.31 可以看出,该航空公司的最优决策是:在第 0 年末购买并在第 1 年末卖出,重置,再于第 3 年末卖出,最小总成本为 29 000 美元。

[**例 6.10**]　有两个仓库运送某种产品到两个商场,仓库 s_1、s_2 最多可供应 13 台和 15 台,商场 t_1、t_2 最多需求 10 台和 25 台。仓库与商场之间路线上的容量如图 6.32 所示,求从仓库到商场的最大运输量。

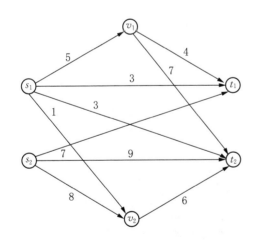

图 6.32　仓库到商场的运输路线

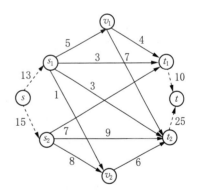

图 6.33　增加虚拟发点和虚拟收点的网络图

解:该问题是一个最大流问题。但由于有 2 个发点(供应点)和 2 个收点(接收点),因此增加一个虚拟的发点 s,指向两个发点,其容量分别为发点 s_1 和 s_2 的可供应量;同时增加一个虚拟的收点 t,2 个收点指向他,其容量分别为收点 t_1 和 t_2 的需求量,其网络图如图 6.33 所示。

用线性规划来求解此问题。设 f_{ij} 表示从节点 v_i 到 v_j 的运输量(流量);设 F 表示从 s 流出的流量或者是 t 流入的流量。该问题的数学模型可以表示为:

$$\max F = f_{ss_1} + f_{ss_2}$$

$$\text{s.t.} \begin{cases} f_{ss_1} = f_{s_1v_1} + f_{s_1v_2} + f_{s_1t_1} + f_{s_1t_2} \\ f_{ss_2} = f_{s_2v_2} + f_{s_2t_1} + f_{s_2t_2} \\ f_{s_1v_1} = f_{v_1t_1} + f_{v_1t_2} \\ f_{s_1v_2} + f_{s_2v_2} = f_{v_2t_2} \\ f_{s_1t_1} + f_{v_1t_1} + f_{s_2t_1} = f_{t_1t} \\ f_{s_2t_2} + f_{v_1t_2} + f_{s_1t_2} + f_{v_2t_2} = f_{t_2t} \\ f_{ss_1} \leqslant 13,\ f_{ss_2} \leqslant 15,\ f_{t_1t} \leqslant 10,\ f_{t_2t} \leqslant 25 \\ f_{s_1v_1} \leqslant 5,\ f_{s_1t_1} \leqslant 3,\ f_{s_1t_2} \leqslant 3,\ f_{s_1v_2} \leqslant 1,\ f_{s_2t_1} \leqslant 7,\ f_{s_2t_2} \leqslant 9, \\ f_{s_2v_2} \leqslant 8,\ f_{v_1t_1} \leqslant 4,\ f_{v_1t_2} \leqslant 7,\ f_{v_2t_2} \leqslant 6 \\ f_{ss_1},\ f_{ss_2},\ f_{s_1v_1},\ f_{s_1v_2},\ f_{s_1t_1},\ f_{s_1t_2},\ f_{s_2v_2},\ f_{s_2t_1},\ f_{s_2t_2},\ f_{v_1t_1},\ f_{v_1t_2}, \\ f_{v_2t_2},\ f_{t_1t},\ f_{t_2t} \geqslant 0 \end{cases}$$

该问题的电子表格建模如图 6.34 所示。

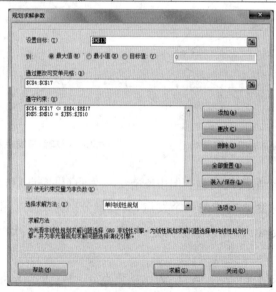

图 6.34　例 6.10 的电子表格建模

该问题的电子表格求解如图 6.35 所示。

	A	B	C	D	E	F	G	H	I	J
1	最大流问题									
2										
3	从	到	流量		容量		节点	净流量		供应/需求
4	s	s_1	12	<=	13		s	27		虚拟发点
5	s	s_2	15	<=	15		s_1	0	=	0
6	s_1	v_1	5	<=	5		s_2	0	=	0
7	s_1	v_2	1	<=	1		v_1	0	=	0
8	s_1	t_1	3	<=	3		v_2	0	=	0
9	s_1	t_2	3	<=	3		t_1	0	=	0
10	s_2	v_2	0	<=	8		t_2	0	=	0
11	s_2	t_1	6	<=	7		t	-27	=	虚拟收点
12	s_2	t_2	9	<=	9					
13	v_1	t_1	0	<=	4		最大流	27		
14	v_1	t_2	5	<=	7					
15	v_2	t_2	1	<=	6					
16	t_1	t	9	<=	10					
17	t_2	t	18	<=	25					

图 6.35　例 6.10 电子表格的求解

从图 6.35 可以看出,从两个仓库到两个商场的最大运量为 27。

[**例 6.11**]　某公司有三个生产基地,分别为 A_1,A_2,A_3,现需要将三个基地生产的产品运送到 C_1,C_2 两个经销商手中,中间要经过 B_1,B_2 两个分销中心,具体的运输线路如图 6.36 所示(弧旁数字代表单位时间最大通过量和单位流量费用)。求把产品从生产基地运送到经销商手中的费用最小的最大运输量。

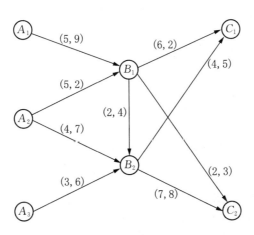

图 6.36　运输路线图

解:该问题是一个最小费用最大流问题。用线性规划方法求解此问题,分两步进行。

第一步:先求此网络的最大流。

该网络由于有 3 个发点(供应点)和 2 个收点(接收点),因此增加一个虚拟的发点 s,指向三个发点,其容量分别为发点 A_1,A_2,A_3 的可供应量;同时增加一个虚拟的收点 t,2 个收点指向他,其容量分别为收点 C_1,C_2 的需求量,其网络图如图 6.37 所示。

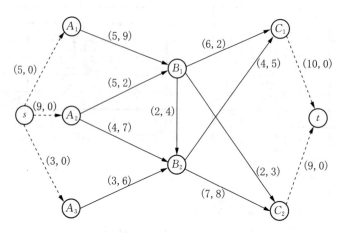

图 6.37　增加虚拟发点和虚拟收点的网络图

设 f_{ij} 表示从节点 v_i 到 v_j 的运输量(流量);设 F 表示从 s 流出的流量或者是 t 流入的流量。该问题的数学模型可以表示为:

$$\max F = f_{sA_1} + f_{sA_2} + f_{sA_3}$$

$$\text{s.t.} \begin{cases} f_{sA_1} = f_{A_1B_1} \\ f_{sA_2} = f_{A_2B_1} + f_{A_2B_2} \\ f_{sA_3} = f_{A_3B_2} \\ f_{A_1B_1} + f_{A_2B_1} = f_{B_1C_1} + f_{B_1C_2} + f_{B_1B_2} \\ f_{A_2B_2} + f_{A_3B_2} = f_{B_2C_1} + f_{B_2C_2} \\ f_{B_1C_1} + f_{B_2C_1} = f_{C_1t} \\ f_{B_1C_2} + f_{B_2C_2} = f_{C_2t} \\ f_{sA_1} \leqslant 5,\ f_{sA_2} \leqslant 9,\ f_{sA_3} \leqslant 3,\ f_{C_1t} \leqslant 10,\ f_{C_2t} \leqslant 9 \\ f_{A_1B_1} \leqslant 5,\ f_{A_2B_1} \leqslant 5,\ f_{A_2B_2} \leqslant 4,\ f_{A_3B_2} \leqslant 3,\ f_{B_1C_1} \leqslant 6,\ f_{B_1C_2} \leqslant 2, \\ f_{B_1B_2} \leqslant 2,\ f_{B_2C_1} \leqslant 4,\ f_{B_2C_2} \leqslant 7 \\ f_{sA_1},\ f_{sA_2},\ f_{sA_3},\ f_{A_1B_1},\ f_{A_2B_1},\ f_{A_2B_2},\ f_{A_3B_2},\ f_{B_1C_1},\ f_{B_1C_2},\ f_{B_1B_2},\ f_{B_2C_1}, \\ f_{B_2C_2},\ f_{C_1t},\ f_{C_2t} \geqslant 0 \end{cases}$$

该问题的电子表格建模如图 6.38 所示。

图 6.38 的电子表格（建模）：

	从	到	流量		容量
3	从	到	流量		容量
4	S	A_1	0	<=	5
5	S	A_2	0	<=	9
6	S	A_3	0	<=	3
7	A_1	B_1	0	<=	5
8	A_2	B_1	0	<=	5
9	A_2	B_2	0	<=	4
10	A_3	B_2	0	<=	3
11	B_1	C_1	0	<=	6
12	B_1	C_2	0	<=	2
13	B_1	B_2	0	<=	2
14	B_2	C_1	0	<=	4
15	B_2	C_2	0	<=	7
16	C_1	T	0	<=	10
17	C_2	T	0	<=	9

节点	净流量	=	供应/需求
S	=SUM(C4:C6)	=	虚拟发点
A_1	=C7-C4	=	0
A_2	=SUM(C8:C9)-C5	=	0
A_3	=C10-C6	=	0
B_1	=SUM(C11:C13)-SUM(C7:C8)	=	0
B_2	=SUM(C14:C15)-SUM(C9:C10,C13)	=	0
C_1	=C16-SUM(C11,C14)	=	0
C_2	=C17-SUM(C12,C15)	=	0
T	=-SUM(C16:C17)		虚拟收点
最大流	=H4		

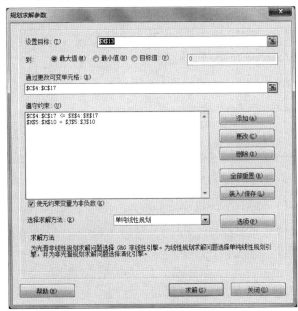

图 6.38　例 6.11 最大流的电子表格建模

最大流问题

	从	到	流量		容量
3	从	到	流量		容量
4	S	A_1	5	<=	5
5	S	A_2	9	<=	9
6	S	A_3	3	<=	3
7	A_1	B_1	5	<=	5
8	A_2	B_1	5	<=	5
9	A_2	B_2	4	<=	4
10	A_3	B_2	3	<=	3
11	B_1	C_1	6	<=	6
12	B_1	C_2	2	<=	2
13	B_1	B_2	2	<=	2
14	B_2	C_1	4	<=	4
15	B_2	C_2	5	<=	7
16	C_1	T	10	<=	10
17	C_2	T	7	<=	9

节点	净流量	=	供应/需求
S	17	=	虚拟发点
A_1	0	=	0
A_2	0	=	0
A_3	0	=	0
B_1	0	=	0
B_2	0	=	0
C_1	0	=	0
C_2	0	=	0
T	-17		虚拟收点
最大流	17		

图 6.39　例 6.11 最大流的电子表格求解

对该问题的电子表格进行求解如图 6.39 所示。

从图 6.39 可以看出，从三个生产基地运送到两个经销商的最大运量为 17。

第二步：求出在可获得的最大流（$F=17$）下，该网络的最小费用。

该问题的数学模型可以表示为：

$$\max F = 9f_{A_1B_1} + 2f_{A_2B_1} + 7f_{A_2B_2} + 6f_{A_3B_2} + 2f_{B_1C_1} + 3f_{B_1C_2} + 4f_{B_1B_2} + 5f_{B_2C_1} + 8f_{B_2C_2}$$

$$\text{s.t.} \begin{cases} f_{sA_1} + f_{sA_2} + f_{sA_3} = 17 \\ f_{sA_1} = f_{A_1B_1} \\ f_{sA_2} = f_{A_2B_1} + f_{A_2B_2} \\ f_{sA_3} = f_{A_3B_2} \\ f_{A_1B_1} + f_{A_2B_1} = f_{B_1C_1} + f_{B_1C_2} + f_{B_1B_2} \\ f_{A_2B_2} + f_{A_3B_2} = f_{B_2C_1} + f_{B_2C_2} \\ f_{B_1C_1} + f_{B_2C_1} = f_{C_1t} \\ f_{B_1C_2} + f_{B_2C_2} = f_{C_2t} \\ f_{C_1T} + f_{C_2T} = 17 \\ f_{sA_1} \leqslant 5, \ f_{sA_2} \leqslant 9, \ f_{sA_3} \leqslant 3, \ f_{C_1T} \leqslant 10, \ f_{C_2T} \leqslant 9 \\ f_{A_1B_1} \leqslant 5, \ f_{A_2B_1} \leqslant 5, \ f_{A_2B_2} \leqslant 4, \ f_{A_3B_2} \leqslant 3, \ f_{B_1C_1} \leqslant 6, \ f_{B_1C_2} \leqslant 2, \\ f_{B_1B_2} \leqslant 2, \ f_{B_2C_1} \leqslant 4, \ f_{B_2C_2} \leqslant 7 \\ f_{sA_1}, \ f_{sA_2}, \ f_{sA_3}, \ f_{A_1B_1}, \ f_{A_2B_1}, \ f_{A_2B_2}, \ f_{A_3B_2}, \ f_{B_1C_1}, \ f_{B_1C_2}, \ f_{B_1B_2}, \\ f_{B_2C_1}, \ f_{B_2C_2}, \ f_{C_1t}, \ f_{C_2t} \geqslant 0 \end{cases}$$

该问题的电子表格建模如图 6.40 所示。

对该问题的电子表格进行求解如图 6.41 所示。

	A	B	C	D	E	F	G	H	I	J	K
1	最小费用最大流										
2											
3	从	到	流量		容量	单位费用		节点	净流量		供应/需求
4	S	A_1	0	<=	5	0		S	=SUM(C4:C6)	=	17
5	S	A_2	0	<=	9	0		A_1	=C7-C4	=	0
6	S	A_3	0	<=	3	0		A_2	=SUM(C8:C9)-C5	=	0
7	A_1	B_1	0	<=	5	9		A_3	=C10-C6	=	0
8	A_2	B_1	0	<=	5	2		B_1	=SUM(C11:C13)-SUM(C7:C8)	=	0
9	A_2	B_2	0	<=	4	7		B_2	=SUM(C14:C15)-SUM(C9:C10,C13)	=	0
10	A_3	B_2	0	<=	3	6		C_1	=C16-SUM(C11,C14)	=	0
11	B_1	C_1	0	<=	6	2		C_2	=C17-SUM(C12,C15)	=	0
12	B_1	C_2	0	<=	2	3		T	=-SUM(C16:C17)		-17
13	B_1	B_2	0	<=	2	4					
14	B_2	C_1	0	<=	4	5		总费用	=SUMPRODUCT(C4:C17,F4:F17)		
15	B_2	C_2	0	<=	7	8					
16	C_1	T	0	<=	10	0					
17	C_2	T	0	<=	9	0					

图 6.40　例 6.11 最小费用最大流的电子表格建模

	A	B	C	D	E	F	G	H	I	J	K
1	最小费用最大流										
2											
3	从	到	流量		容量	单位费用		节点	净流量		供应/需求
4	S	A₁	5	<=	5	0		S	17	=	17
5	S	A₂	9	<=	9	0		A₁	0	=	0
6	S	A₃	3	<=	3	0		A₂	0	=	0
7	A₁	B₁	5	<=	5	9		A₃	0	=	0
8	A₂	B₁	5	<=	5	2		B₁	0	=	0
9	A₂	B₂	4	<=	4	7		B₂	0	=	0
10	A₃	B₂	3	<=	3	6		C₁	0	=	0
11	B₁	C₁	6	<=	6	2		C₂	0	=	0
12	B₁	C₂	2	<=	2	3		T	-17	=	-17
13	B₁	B₂	2	<=	2	4					
14	B₂	C₁	4	<=	4	5		总费用	187		
15	B₂	C₂	5	<=	7	8					
16	C₁	T	10	<=	10	0					
17	C₂	T	7	<=	9	0					

图 6.41　例 6.11 最小费用最大流的电子表格求解

从图 6.41 可以看出,从三个生产基地运送到两个经销商的最大运量为 17 时的最小费用为 187。

6.7　案例分析:AMRS 公司的物流管理

Peter 是一家名叫 AMRS 的进出口公司的老板,AMRS 公司的主营业务是从美国进口各种商品并运往俄罗斯。作为一家大型的进出口公司,AMRS 在美国和俄罗斯都设有自己的仓库和工厂,美国的仓库位于 A1 和 A2 两座城市,俄罗斯的仓库位于 D1、

D2 和 D3 三座城市。此外，AMRS 拥有自己的运输工具包括飞机、轮船和机动车辆，每种型号运输工具的明细如表 6.4 所示。

表 6.4　每种型号运输工具明细

运输工具类型	运载能力（吨）	速度（公里/小时）
飞　机	150	700
轮　船	240	35
机动车	16	80

为了方便运输，AMRS 与欧洲许多港口和飞机场签订了协议（协议港口包括 B1、B2、B3，飞机场包括 C1、C2、C3），在商品的运送过程中能够使用这些港口和飞机场作为中转站来给飞机和邮轮添加燃料和补给品。

根据 AMRS 公司的采购流程，所有的轮船和飞机都将从美国的 A1 或 A2 出发，所有穿越大西洋的运输船必须在欧洲的港口卸货并通过机动车运回俄罗斯。由于飞行距离过远，所有飞越大西洋的运输机必须在欧洲的一个机场加油，然后再把所有的商品运回俄罗斯。

（1）画出一个网络，标示出将商品从美国运送到俄罗斯的几条可能的线路。

（2）在 2015 波士顿国际水产节过后，AMRS 打算从美国（包括 A1 和 A2）进口一批海鲜，以便趁机赚取更多收益，Peter 希望从美国进口的水产越多越好，因此，任意两座城市之间商品的运输数量没有限制。城市之间的距离如表 6.5 所示。

表 6.5　城市之间的距离

从	至	距离（公里）	从	至	距离（公里）
A1	C1	5 500	A2	C1	9 100
A1	B1	5 800	A2	B1	9 000
A1	C2	5 900	A2	C2	9 400
A1	C3	5 200	A2	C3	8 700
A1	B2	5 500	A2	B2	9 000
A1	B3	6 800	A2	B3	10 000
C1	D1	1 280	C1	D2	1 600
B1	D1	1 880	B1	D2	2 120
C2	D1	2 040	C2	D2	1 700
C3	D1	1 980	C3	D2	2 300
B2	D1	2 200	B2	D2	2 450
B3	D1	2 970	B3	D2	2 890
C1	D3	1 730	C3	D3	2 860
B1	D3	2 470	B2	D3	2 760
C2	D3	900	B3	D3	2 800

在已知每两座城市之间距离和所使用运输工具速度的前提下，怎样才能最快把商品从美国运送到俄罗斯？在网络中标明这些路径。把商品运送到 D1、D2 和 D3 分别需

要多少时间?

（3）由于之前金融危机的影响，AMRS 的现金流出现了问题，但是 Peter 不想失去这次扭亏为盈的机会，为了使公司走出困境，AMRS 计算出了进口到每座城市的最少的海鲜数量，如表 6.6 所示。

表 6.6　每座城市的海鲜需求量

城市	需求量(吨)
D1	520 000
D2	580 000
D3	300 000

在 A1 和 A2 都能获得所需要的 700 000 吨海鲜。当 AMRS 决定派出飞机、轮船或卡车进行运送时，会发生如下几项成本：燃料成本、劳动力成本、维护成本和港口和机场的适当费用以及关税。表 6.7 列出了这些成本。

表 6.7　城市间的运输成本

从	至	成本(美元)	从	至	成本(美元)
A1	C1	400	A2	C1	600
A1	B1	200	A2	B1	500
A1	C2	420	A2	C2	600
A1	C3	500	A2	C3	500
A1	B2	200	A2	B2	450
A1	B3	300	A2	B3	550
C1	D1	250	C1	D2	200
B1	D1	80	B1	D2	80
C2	D1	300	C2	D2	250
C3	D1	200	C3	D2	200
B2	D1	90	B2	D2	60
B3	D1	70	B3	D2	70
C1	D3	250	C3	D3	90
B1	D3	80	B2	D3	100
C2	D3	100	B3	D3	90

更不幸的是，俄罗斯北部早冬的天气带来了厚厚的冰冻和积雪，D1 的公路被封无法通行，只能通过空运将海鲜送达。不仅如此，通往 D3 的卡车道路也很有限，因此，从每一个港口最多可各派出 2 500 卡车到 D3。由于在此期间乌克兰正在实行航空管制，AMRS 至多有 200 架飞机可以从 C1 飞往 D3，200 架飞机从 C3 飞往 D3。（为了减少成本，Peter 不能选择绕过乌克兰飞行，所以 AMRS 必须接受乌克兰的限制条件。）

Peter 应该怎么做才能以最小的成本满足送货要求呢？在网络中标注出从美国到俄罗斯所使用的路线。

（4）根据最新得到的消息，由于机场拥塞并且无法更改航班计划，只有有限的飞机可以在任意两座城市之间承担运输任务。飞机数量的限制如表 6.8 所示。

表 6.8　飞机数量的限制

出发	到达	最大飞机数	出发	到达	最大飞机数
A1	C1	300	C3	D1	1 000
A1	C2	500	C1	D2	300
A1	C3	500	C2	D2	100
A2	C1	500	C3	D2	200
A2	C2	700	C1	D3	0
A2	C3	600	C2	D3	900
C1	D1	500	C3	D3	100
C2	D1	0			

除此以外，由于成本问题，AMRS 可用的卡车数量有限，其限制如表 6.9 所示。

表 6.9　卡车数量的限制

从	至	最大卡车数	从	至	最大卡车数
B2	D2	600	B1	D3	500
B2	D3	750	B3	D2	1 500
B1	D2	700	B3	D3	1 400

Peter 认识到由于所有这些限制，他将不能满足 D1、D2 和 D3 这三座城市的需求。于是他决定先不考虑成本，使得运送到这些城市的水产最多。那么 Peter 怎样才能达到这个目的呢？在网络中标出在美国和俄罗斯之间使用的线路。

案例解答：

（1）根据案例提供的信息，将商品从美国的 A1 和 A2 运送到俄罗斯的 D1、D2 和 D3 的线路如图 6.42 所示。

（2）该问题的目标是找到从美国 A1 或 A2 分别到达俄罗斯 D1、D2、D3 城市的最快方法，并找出其中最近的一条路径。根据题目的要求，我们可以将这道题目归结为一道求最短路的问题。用线性规划来求解此问题：

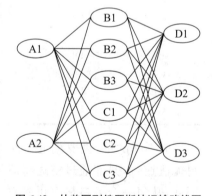

图 6.42　从美国到俄罗斯的运输路线图

$$设\ f_{ij} \begin{cases} 1, 选择从\ v_i\ 到\ v_j\ 这条弧行走 \\ 0, 不选择从\ v_i\ 到\ v_j\ 这条弧行走 \end{cases}$$

T_{ij} 表示从节点 v_i 到 v_j 的运输时间，从美国到俄罗斯总的运输时间为 z。从美国出发有 A1 和 A2 两个发点，因此我们增加一个虚拟的发点 S，增加虚拟发点 S 后的运输路线图如图 6.43 所示。

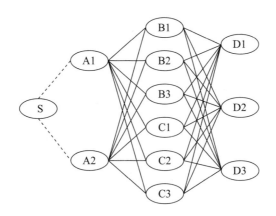

图 6.43　增加虚拟发点后从美国到俄罗斯的运输路线图

我们先以求从美国出发到城市 D1 最短路为例。

该问题的数学模型可以表述如下：

$$\min z = T_{A1B1} f_{A1B1} + T_{A1B2} f_{A1B2} + T_{A1B3} f_{A1B3} + T_{A1C1} f_{A1C1} + T_{A1C2} f_{A1C2} + T_{A1C3} f_{A1C3}$$
$$+ T_{A2B1} f_{A2B1} + T_{A2B2} f_{A2B2} + T_{A2B3} f_{A2B3} + T_{A2C1} f_{A2C1} + T_{A2C2} f_{A2C2} + T_{A2C3} f_{A2C3}$$
$$+ T_{B1D1} f_{B1D1} + T_{B2D1} f_{B2D1} + T_{B3D1} f_{B3D1} + T_{C1D1} f_{C1D1} + T_{C2D1} f_{C2D1} + T_{C3D1} f_{C3D1}$$

$$\begin{cases} f_{SA1} + f_{SA2} = 1 \\ f_{SA1} = f_{A1B1} + f_{A1B2} + f_{A1B3} + f_{A1C1} + f_{A1C2} + f_{A1C3} \\ f_{SA2} = f_{A2B1} + f_{A2B2} + f_{A2B3} + f_{A2C1} + f_{A2C2} + f_{A2C3} \\ f_{A1B1} + f_{A2B1} = f_{B1D1} \\ f_{A1B2} + f_{A2B2} = f_{B2D1} \\ f_{A1B3} + f_{A2B3} = f_{B3D1} \\ f_{A1C1} + f_{A2C1} = f_{C1D1} \\ f_{A1C2} + f_{A2C2} = f_{C2D1} \\ f_{A1C3} + f_{A2C3} = f_{C3D1} \\ f_{B1D1} + f_{B2D1} + f_{B3D1} + f_{C1D1} + f_{C2D1} + f_{C3D1} = 1 \\ f_{SA1}, f_{SA2}, f_{A1B1}, f_{A1B2}, f_{A1B3}, f_{A1C1}, f_{A1C2}, f_{A1C3}, f_{A2B1}, f_{A2B2}, f_{A2B3}, \\ f_{A2C1}, f_{A2C2}, f_{A2C3}, f_{B1D1}, f_{B2D1}, f_{B3D1}, f_{B1D2}, \\ f_{B2D2}, f_{B3D2}, f_{B1D3}, f_{B2D3}, f_{B3D3}, f_{C1D1}, f_{C1D2}, f_{C1D3}, f_{C2D1}, \\ f_{C2D2}, f_{C2D3}, f_{C3D1}, f_{C3D2}, f_{C3D3} \geqslant 0 \end{cases}$$

对该问题建立的电子表格模型如图 6.44 所示。

对该问题的电子表格进行求解，如图 6.45 所示。

根据图 6.45，我们可以得出从美国到达城市 D1 的最短路径为 A1—C1—D1，所需要的总时间为 9.69 小时。同理我们可以得出从美国到达城市 D2 的最短路径为 A1—C3—D2，所需要的总时间为 10.71 小时；从美国到达城市 D3 的最短路径为 A1—C1—D3，所需要的总时间为 10.33 小时。综上所述，我们可以得出将商品从美国运到俄罗斯的最短路径为 A1—C1—D1，需要的总时间为 9.69 小时。

	A	B	C	D	E	F
1	从	至	距离（公里）	速度（公里\时）	时间（时）	是否经过
2	S	A1			0	
3	S	A2			0	
4	A1	C1	5500	700	=C4/D4	
5	A1	B1	5800	35	=C5/D5	
6	A1	C2	5900	700	=C6/D6	
7	A1	C3	5200	700	=C7/D7	
8	A1	B2	5500	35	=C8/D8	
9	A1	B3	6800	35	=C9/D9	
10	A2	C1	9100	700	=C10/D10	
11	A2	B1	9000	35	=C11/D11	
12	A2	C2	9400	700	=C12/D12	
13	A2	C3	8700	700	=C13/D13	
14	A2	B2	9000	35	=C14/D14	
15	A2	B3	10000	35	=C15/D15	
16	C1	D1	1280	700	=C16/D16	
17	B1	D1	1880	80	=C17/D17	
18	C2	D1	2040	700	=C18/D18	
19	C3	D1	1980	700	=C19/D19	
20	B2	D1	2200	80	=C20/D20	
21	B3	D1	2970	80	=C21/D21	
22	C1	D2	1600	700	=C22/D22	
23	B1	D2	2120	80	=C23/D23	
24	C2	D2	1700	700	=C24/D24	
25	C3	D2	2300	700	=C25/D25	
26	B2	D2	2450	80	=C26/D26	
27	B3	D2	2890	80	=C27/D27	
28	C1	D3	1730	700	=C28/D28	
29	B1	D3	2470	80	=C29/D29	
30	C2	D3	990	700	=C30/D30	
31	C3	D3	2860	700	=C31/D31	
32	B2	D3	2760	80	=C32/D32	
33	B3	D3	2800	80	=C33/D33	
34	总时间				=SUMPRODUCT(E2:E21,F2:F21)	

G	H	I	J
结点	净流量		供应量/需求量
S	=SUM(F32:F33)	=	1
A1	=SUM(F2:F7)-SUM(F32)	=	0
A2	=SUM(F8:F13)-SUM(F33)	=	0
C1	=SUM(F14,F20,F26)-SUM(F2,F8)	=	0
B1	=SUM(F15,F21,F27)-SUM(F3,F9)	=	0
C2	=SUM(F16,F22,F28)-SUM(F4,F10)	=	0
C3	=SUM(F17,F23,F29)-SUM(F5,F11)	=	0
B2	=SUM(F20,F26,F32)-SUM(F8,F14)	=	0
B3	=SUM(F21,F27,F33)-SUM(F9,F15)	=	0
D1	=-SUM(F14:F19)	=	-1

图 6.44　问题(2)的电子表格建模

	A	B	C	D	E	F
1	从	至	距离（公里）	度（公里\时）	时间（时）	是否经过
2	S	A1			0	1
3	S	A2			0	0
4	A1	C1	5500	700	7.857142857	1
5	A1	B1	5800	35	165.7142857	0
6	A1	C2	5900	700	8.428571429	0
7	A1	C3	5200	700	7.428571429	0
8	A1	B2	5500	35	157.1428571	0
9	A1	B3	6800	35	194.2857143	0
10	A2	C1	9100	700	13	0
11	A2	B1	9000	35	257.1428571	0
12	A2	C2	9400	700	13.42857143	0
13	A2	C3	8700	700	12.42857143	0
14	A2	B2	9000	35	257.1428571	0
15	A2	B3	10000	35	285.7142857	0
16	C1	D1	1280	700	1.828571429	1
17	B1	D1	1880	80	23.5	0
18	C2	D1	2040	700	2.914285714	0
19	C3	D1	1980	700	2.828571429	0
20	B2	D1	2200	80	27.5	0
21	B3	D1	2970	80	37.125	0
22	C1	D2	1600	700	2.285714286	
23	B1	D2	2120	80	26.5	
24	C2	D2	1700	700	2.428571429	
25	C3	D2	2300	700	3.285714286	
26	B2	D2	2450	80	30.625	
27	B3	D2	2890	80	36.125	
28	C1	D3	1730	700	2.471428571	
29	B1	D3	2470	80	30.875	
30	C2	D3	990	700	1.414285714	
31	C3	D3	2860	700	4.085714286	
32	B2	D3	2760	80	34.5	
33	B3	D3	2800	80	35	
34	总时间				9.685714286	

图6.45 问题(2)的电子表格求解

（3）该问题要求我们在满足 D1、D2、D3 三座城市需求的前提下，找出一条运输成本最低的路线。因此，该问题可归结为一个最小费用流问题。用线性规划方法求解此问题：

设 f_{ij} 表示从节点 v_i 到 v_j 的运输量（流量）；z 表示总的运输成本；C_{ij} 表示将水产从 v_i 运送到 v_j 的单位费用。该问题的数学模型可以表示如下：

$$\min z = C_{A1B1}f_{A1B1} + C_{A1B2}f_{A1B2} + C_{A1B3}f_{A1B3} + C_{A1C1}f_{A1C1} + C_{A1C2}f_{A1C2} + C_{A1C3}f_{A1C3}$$
$$+ C_{A2B1}f_{A2B1} + C_{A2B2}f_{A2B2} + C_{A2B3}f_{A2B3} + C_{A2C1}f_{A2C1} + C_{A2C2}f_{A2C2} + C_{A2C3}f_{A2C3}$$
$$+ C_{B1D1}f_{B1D1} + C_{B2D1}f_{B2D1} + C_{B3D1}f_{B3D1} + C_{C1D1}f_{C1D1} + C_{C2D1}f_{C2D1} + C_{C3D1}f_{C3D1}$$
$$+ C_{B1D2}f_{B1D2} + C_{B2D2}f_{B2D2} + C_{B3D2}f_{B3D2} + C_{C1D2}f_{C1D2} + C_{C2D2}f_{C2D2} + C_{C3D2}f_{C3D2}$$
$$+ C_{B1D3}f_{B1D3} + C_{B2D3}f_{B2D3} + C_{B3D3}f_{B3D3} + C_{C1D3}f_{C1D3} + C_{C2D3}f_{C2D3} + C_{C3D3}f_{C3D3}$$

$$\begin{cases} f_{A1B1} + f_{A1B2} + f_{A1B3} + f_{A1C1} + f_{A1C2} + f_{A1C3} = 700\,000 \\ f_{A2B1} + f_{A2B2} + f_{A2B3} + f_{A2C1} + f_{A2C2} + f_{A2C3} = 700\,000 \\ f_{A1C1} + f_{A2C1} = f_{C1D1} + f_{C1D2} + f_{C1D3} \\ f_{A1C2} + f_{A2C2} = f_{C2D1} + f_{C2D2} + f_{C2D3} \end{cases}$$

$$\begin{cases} f_{A1C3} + f_{A2C3} = f_{C3D1} + f_{C3D2} + f_{C3D3} \\ f_{A1B1} + f_{A2B1} = f_{B1D1} + f_{B1D2} + f_{B1D3} \\ f_{A1B2} + f_{A2B2} = f_{B2D1} + f_{B2D2} + f_{B2D3} \\ f_{A1B3} + f_{A2B3} = f_{B3D1} + f_{B3D2} + f_{B3D3} \\ f_{B1D1} + f_{B2D1} + f_{B3D1} + f_{C1D1} + f_{C2D1} + f_{C3D1} = 520\,000 \\ f_{B1D2} + f_{B2D2} + f_{B3D2} + f_{C1D2} + f_{C2D2} + f_{C3D2} = 580\,000 \\ f_{B1D3} + f_{B2D3} + f_{B3D3} + f_{C1D3} + f_{C2D3} + f_{C3D3} = 300\,000 \\ f_{B1D1} = 0,\ f_{B2D1} = 0,\ f_{B3D1} = 0,\ f_{B1D3} \leqslant 40\,000,\ f_{C1D3} \leqslant 30\,000,\ f_{C3D3} \leqslant 30\,000, \\ f_{B2D3} \leqslant 40\,000,\ f_{B3D3} \leqslant 40\,000 \\ f_{A1B1},\ f_{A1B2},\ f_{A1B3},\ f_{A1C1},\ f_{A1C2},\ f_{A1C3},\ f_{A2B1},\ f_{A2B2},\ f_{A2B3},\ f_{A2C1}, \\ f_{A2C2},\ f_{A2C3},\ f_{B1D1},\ f_{B2D1},\ f_{B3D1},\ f_{B1D2}, \\ f_{B2D2},\ f_{B3D2},\ f_{B1D3},\ f_{B2D3},\ f_{B3D3},\ f_{C1D1},\ f_{C1D2},\ f_{C1D3},\ f_{C2D1}, \\ f_{C2D2},\ f_{C2D3},\ f_{C3D1},\ f_{C3D2},\ f_{C3D3} \geqslant 0 \end{cases}$$

对该问题的电子表格建模如图 6.46 所示。

	A	B	C	D	E	F
1	从	至	单位成本（美元）	实际流量（吨）		制容量（吨）
2	A1	C1	400		<=	10000000000
3	A1	B1	200		<=	10000000000
4	A1	C2	420		<=	10000000000
5	A1	C3	500		<=	10000000000
6	A1	B2	200		<=	10000000000
7	A1	B3	300		<=	10000000000
8	A2	C1	600		<=	10000000000
9	A2	B1	500		<=	10000000000
10	A2	C2	600		<=	10000000000
11	A2	C3	500		<=	10000000000
12	A2	B2	450		<=	10000000000
13	A2	B3	550		<=	10000000000
14	C1	D1	250		<=	10000000000
15	B1	D1	80		<=	0
16	C2	D1	300		<=	10000000000
17	C3	D1	200		<=	10000000000
18	B2	D1	90		<=	0
19	B3	D1	70		<=	0
20	C1	D2	200		<=	10000000000
21	B1	D2	80		<=	10000000000
22	C2	D2	250		<=	10000000000
23	C3	D2	200		<=	10000000000
24	B2	D2	60		<=	10000000000
25	B3	D2	70		<=	10000000000
26	C1	D3	250		<=	=200*150
27	B1	D3	80		<=	=2500*16
28	C2	D3	100		<=	10000000000
29	C3	D3	90		<=	=150*200
30	B2	D3	100		<=	=2500*16
31	B3	D3	90		<=	=2500*16
32		总成本		=SUMPRODUCT(C2:C31,D2:D31)		

结点	净流量（吨）		供应/需求（吨）
	H	I	J	K
A1	=SUM(D2:D7)	=	70000
A2	=SUM(D8:D13)	=	70000
C1	=SUM(D2,D8)-SUM(D14,D20,D26)	=	0
B1	=SUM(D3,D9)-SUM(D15,D21,D27)	=	0
C2	=SUM(D4,D10)-SUM(D16,D22,D28)	=	0
C3	=SUM(D5,D11)-SUM(D17,D23,D29)	=	0
B2	=SUM(D6,D12)-SUM(D18,D24,D30)	=	0
B3	=SUM(D7,D13)-SUM(D19,D25,D31)	=	0
D1	=-SUM(D14:D19)	=	-52000
D2	=-SUM(D20:D25)	=	-58000
D3	=-SUM(D26:D31)	=	-30000
约束条件表			

图 6.46　问题(3)的 电子表格建模

对该问题的电子表格进行求解如图 6.47 所示。

	A	B	C	D	E	F
1	从	至	单位成本（美元）	实际流量（吨）		限制容量（吨）
2	A1	C1	400	0	<=	1E+15
3	A1	B1	200	40000	<=	1E+15
4	A1	C2	420	0	<=	1E+15
5	A1	C3	500	0	<=	1E+15
6	A1	B2	200	620000	<=	1E+15
7	A1	B3	300	40000	<=	1E+15
8	A2	C1	600	0	<=	1E+15
9	A2	D1	500	0	<=	1E+15
10	A2	C2	600	150000	<=	1E+15
11	A2	C3	500	550000	<=	1E+15
12	A2	B2	450	0	<=	1E+15
13	A2	B3	550	0	<=	1E+15
14	C1	D1	250	0	<=	1E+15
15	B1	D1	80	0	<=	0.00E+00
16	C2	D1	300	0	<=	1E+15
17	C3	D1	200	520000	<=	1E+15
18	B2	D1	90	0	<=	0.00E+00
19	B3	D1	70	0	<=	0.00E+00
20	C1	D2	200	0	<=	1E+15
21	B1	D2	80	0	<=	1E+15
22	C2	D2	250	0	<=	1E+15
23	C3	D2	200	0	<=	1E+15
24	B2	D2	60	580000	<=	1E+15
25	B3	D2	70	0	<=	1E+15
26	C1	D3	250	0	<=	30000
27	B1	D3	80	40000	<=	40000
28	C2	D3	100	150000	<=	1E+15
29	C3	D3	90	30000	<=	30000
30	B2	D3	100	0	<=	40000
31	B3	D3	90	40000	<=	40000
32		总成本		676300000		

图 6.47　问题(3)的电子表格求解

从图 6.47 可以看出:通过 A1—B2—D2 这条线路运送 580 000 吨,通过 A1—B1—

D3 运送 40 000 吨，通过 A1—B2—D3 运送 40 000 吨，通过 A1—B3—D3 运送 40 000 吨，通过 A2—C2—D3 运送 150 000 吨，通过 A2—C3—D1 运送 520 000 吨，通过 A2—C3—D3 运送 30 000 吨，最低总成本为 676 300 000 美元。

（4）该问题是在不考虑成本的情况下将尽可能多的水产从美国运往俄罗斯。因此，该问题可以归结为一个最大流问题。用线性规划方法求解此问题：设 f_{ij} 表示从节点 v_i 到 v_j 的运输量（流量）；F 表示 A1 和 A2 的总流出量或者是 D1、D2 和 D3 的总流入量。该问题的数学模型可以表示如下：

$$\max F = f_{A1B1} + f_{A1B2} + f_{A1B3} + f_{A1C1} + f_{A1C2} + f_{A1C3} + f_{A2B1}$$
$$+ f_{A2B2} + f_{A2B3} + f_{A2C1} + f_{A2C2} + f_{A2C3}$$

$$
\begin{cases}
f_{A1B1} + f_{A1B2} + f_{A1B3} + f_{A1C1} + f_{A1C2} + f_{A1C3} \leqslant 700\,000 \\
f_{A2B1} + f_{A2B2} + f_{A2B3} + f_{A2C1} + f_{A2C2} + f_{A2C3} \leqslant 700\,000 \\
f_{A1C1} + f_{A2C1} = f_{C1D1} + f_{C1D2} + f_{C1D3} \\
f_{A1C2} + f_{A2C2} = f_{C2D1} + f_{C2D2} + f_{C2D3} \\
f_{A1C3} + f_{A2C3} = f_{C3D1} + f_{C3D2} + f_{C3D3} \\
f_{A1B1} + f_{A2B1} = f_{B1D1} + f_{B1D2} + f_{B1D3} \\
f_{A1B2} + f_{A2B2} = f_{B2D1} + f_{B2D2} + f_{B2D3} \\
f_{A1B3} + f_{A2B3} = f_{B3D1} + f_{B3D2} + f_{B3D3} \\
f_{B1D1} + f_{B2D1} + f_{B3D1} + f_{C1D1} + f_{C2D1} + f_{C3D1} \leqslant 520\,000 \\
f_{B1D2} + f_{B2D2} + f_{B3D2} + f_{C1D2} + f_{C2D2} + f_{C3D2} \leqslant 580\,000 \\
f_{B1D3} + f_{B2D3} + f_{B3D3} + f_{C1D3} + f_{C2D3} + f_{C3D3} \leqslant 300\,000 \\
f_{A1C1} \leqslant 45\,000,\ f_{A1C2} \leqslant 75\,000,\ f_{A1C3} \leqslant 75\,000,\ f_{A2C1} \leqslant 45\,000, \\
f_{A2C2} \leqslant 105\,000,\ f_{A2C3} \leqslant 90\,000,\ f_{B1D1} = 0, \\
f_{B2D1} = 0,\ f_{B3D1} = 0,\ f_{C1D1} \leqslant 75\,000,\ f_{C2D1} = 0,\ f_{C3D1} \leqslant 1\,500\,000, \\
f_{B1D2} \leqslant 11\,200,\ f_{B2D2} \leqslant 9\,600,\ f_{B3D2} \leqslant 24\,000, \\
f_{C1D2} \leqslant 45\,000,\ f_{C2D2} \leqslant 15000,\ f_{C3D2} \leqslant 30\,000,\ f_{B1D3} \leqslant 8\,000, \\
f_{B2D3} \leqslant 12\,000,\ f_{B3D3} \leqslant 22400,\ f_{C1D3} = 0, \\
f_{C2D3} \leqslant 135\,000,\ f_{C3D3} \leqslant 15\,000 \\
f_{A1B1},\ f_{A1B2},\ f_{A1B3},\ f_{A1C1},\ f_{A1C2},\ f_{A1C3},\ f_{A2B1},\ f_{A2B2},\ f_{A2B3},\ f_{A2C1}, \\
f_{A2C2},\ f_{A2C3},\ f_{B1D1},\ f_{B2D1},\ f_{B3D1},\ f_{B1D2}, \\
f_{B2D2},\ f_{B3D2},\ f_{B1D3},\ f_{B2D3},\ f_{B3D3},\ f_{C1D1},\ f_{C1D2},\ f_{C1D3},\ f_{C2D1},\ f_{C2D2}, \\
f_{C2D3},\ f_{C3D1},\ f_{C3D2},\ f_{C3D3} \geqslant 0
\end{cases}
$$

对该问题的电子表格建模如图 6.48 所示。

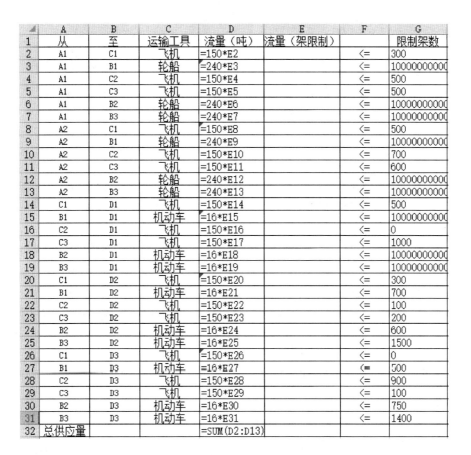

	A	B	C	D	E	F	G
1	从	至	运输工具	流量（吨）	流量（架限制）		限制架数
2	A1	C1	飞机	=150*E2		<=	300
3	A1	B1	轮船	=240*E3		<=	10000000000
4	A1	C2	飞机	=150*E4		<=	500
5	A1	C3	飞机	=150*E5		<=	500
6	A1	B2	轮船	=240*E6		<=	10000000000
7	A1	B3	轮船	=240*E7		<=	10000000000
8	A2	C1	飞机	=150*E8		<=	500
9	A2	B1	轮船	=240*E9		<=	10000000000
10	A2	C2	飞机	=150*E10		<=	700
11	A2	C3	飞机	=150*E11		<=	600
12	A2	B2	轮船	=240*E12		<=	10000000000
13	A2	B3	轮船	=240*E13		<=	10000000000
14	C1	D1	飞机	=150*E14		<=	500
15	B1	D1	机动车	=16*E15		<=	10000000000
16	C2	D1	飞机	=150*E16		<=	0
17	C3	D1	飞机	=150*E17		<=	1000
18	B2	D1	机动车	=16*E18		<=	10000000000
19	B3	D1	机动车	=16*E19		<=	10000000000
20	C1	D2	飞机	=150*E20		<=	300
21	B1	D2	机动车	=16*E21		<=	700
22	C2	D2	飞机	=150*E22		<=	100
23	C3	D2	飞机	=150*E23		<=	200
24	B2	D2	机动车	=16*E24		<=	600
25	B3	D2	机动车	=16*E25		<=	1500
26	C1	D3	飞机	=150*E26		<=	0
27	B1	D3	机动车	=16*E27		<=	500
28	C2	D3	飞机	=150*E28		<=	900
29	C3	D3	飞机	=150*E29		<=	100
30	B2	D3	机动车	=16*E30		<=	750
31	B3	D3	机动车	=16*E31		<=	1400
32	总供应量			=SUM(D2:D13)			

I	J	K	L
结点	净流量		供应\需求
A1	=SUM(D2:D7)	<=	700000
A2	=SUM(D8:D13)	<=	700000
C1	=SUM(D14,D20,D26)-SUM(D2,D8)	=	0
B1	=SUM(D15,D21,D27)-SUM(D3,D9)	=	0
C2	=SUM(D16,D22,D28)-SUM(D4,D10)	=	0
C3	=SUM(D17,D23,D29)-SUM(D5,D11)	=	0
B2	=SUM(D18,D24,D30)-SUM(D6,D12)	=	0
B3	=SUM(D19,D25,D31)-SUM(D7,D13)	=	0
D1	=SUM(D14:D19)	<=	520000
D2	=SUM(D20:D25)	<=	580000
D3	=SUM(D26:D31)	<=	300000

图 6.48　问题(4)的电子表格建模

对该问题的电子表格进行求解如图 6.49 所示。

	A	B	C	D	E	F	G
1	从	至	运输工具	流量（吨）	流量（架限制）		限制架数
2	A1	C1	飞机	45000	300	<=	300
3	A1	B1	轮船	464160	1934	<=	1.00E+18
4	A1	C2	飞机	75000	500	<=	500
5	A1	C3	飞机	45000	300	<=	300
6	A1	B2	轮船	21600	90	<=	1.00E+18
7	A1	B3	轮船	46320	193	<=	1.00E+18
8	A2	C1	飞机	75000	500	<=	500
9	A2	B1	轮船	0	0	<=	1.00E+18
10	A2	C2	飞机	75000	500	<=	700
11	A2	C3	飞机	0	0	<=	600
12	A2	B2	轮船	0	0	<=	1.00E+18
13	A2	B3	轮船	0	0	<=	1.00E+18
14	C1	D1	飞机	75000	500	<=	500
15	B1	D1	机动车	444960	27810	<=	1.00E+18
16	C2	D1	飞机	0	0	<=	0
17	C3	D1	飞机	0	0	<=	1000
18	B2	D1	机动车	0	0	<=	1.00E+18
19	B3	D1	机动车	0	0	<=	1.00E+18
20	C1	D2	飞机	45000	300	<=	300
21	B1	D2	机动车	11200	700	<=	700
22	C2	D2	飞机	15000	100	<=	100
23	C3	D2	飞机	30000	200	<=	200
24	B2	D2	机动车	9600	600	<=	600
25	B3	D2	机动车	24000	1500	<=	1500
26	C1	D3	飞机	0	0	<=	0
27	B1	D3	机动车	8000	500	<=	500
28	C2	D3	飞机	135000	900	<=	900
29	C3	D3	飞机	15000	100	<=	100
30	B2	D3	机动车	12000	750	<=	750
31	B3	D3	机动车	22320	1395	<=	1400
32	总供应量			847080			

结点	净流量		供应\需求		运输工具类型	运载能力（吨）
	I	J	K	L	M	N	O
A1	697080	<=	700000		飞机	150
A2	150000	<=	700000		轮船	240
C1	0	=	0		机动车	16
B1	0	=	0			
C2	0	=	0			
C3	0	=	0			
B2	0	=	0			
B3	0	=	0			
D1	519960	<=	520000			
D2	134800	<=	580000			
D3	192320	<=	300000			

图 6.49　问题(4)的电子表格求解

从图 6.49 可以看出：AMRS 公司从美国的城市 A1、A2 运到俄罗斯的水产分别为 697 080 吨和 150 000 吨时，该公司的运输量达到最大，此时运出的水产总量为 847 080吨。

习题

一、单项选择题

1. 关于可行流的提法，下面哪一种说法是错误的？（　　　）

A. 每一条弧上的流量小于它的容量

B. 对于中间点来讲，流入量等于流出量

C. 发点的流出量等于收点的流入量

D. 可行流并不总是存在的

2. 图 6.50 中最小树的总长度为（　　　）。

A. 11　　　　　　　B. 12　　　　　　　C. 13　　　　　　　D. 14

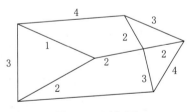

图 6.50　赋权图

3. 关于最大流的提法，下面哪一种说法是正确的？（　　　）

A. 网络最大流的流量不等于最小截集的截量

B. 当网络中找不到关于当前可行流的任何一条增广链时，当前的可行流未必就是最大流

C. 最大流的问题可以用单纯形法进行求解

D. 可以用 Dijkstra 标号法对最大流进行求解

4. 图 6.51 中,弧旁数字为 $c_{ij}(f_{ij})$,则所画 $s \rightarrow t$ 的链为增广链应同时满足(　　)。

A. $0 \leqslant a < 5, 0 < b \leqslant 3$　　　　　　　　B. $0 < a < 5, 0 \leqslant b \leqslant 3$

C. $0 < a < 5, 0 \leqslant b < 3$　　　　　　　　D. $0 < a \leqslant 5, 0 \leqslant b \leqslant 3$

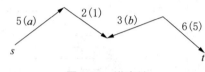

图 6.51　增广链

5. 在图论中,下列说法不正确的是?(　　)。

A. 若树 T 有 n 个点,则其边数为 $n-1$

B. 树中若多出一边,必出现圈

C. 树中点与点可以不连通

D. 树中若除去一边,必不连通

6. 若 μ 是关于可行流 f 的一条增广链,则在 μ 上有(　　)。

A. 对一切 $(i, j) \in \mu^+$,有 $f_{ij} \leqslant c_{ij}$　　　　B. 对一切 $(i, j) \in \mu^+$,有 $f_{ij} \geqslant c_{ij}$

C. 对一切 $(i, j) \in \mu^-$,有 $f_{ij} \geqslant c_{ij}$　　　　D. 对一切 $(i, j) \in \mu^-$,有 $f_{ij} > 0$

7. 求最大流的计算方法是(　　)。

A. Dijkstra 算法　　　　　　　　　　B. Floyd 算法

C. 加边法　　　　　　　　　　　　　D. Ford-Fulkerson 算法

8. 设 P 是图 G 从 v_s 到 v_t 的最短路,则有(　　)。

A. P 的长度等于 P 的每条边的长度之和

B. P 的最短路长等于 v_s 到 v_t 的最大流量

C. P 的长度等于 G 的每条边的长度之和

D. P 有 n 个点 $n-1$ 条边

9. 连通图 G 有 n 个点,其部分树是 T,则有(　　)。

A. T 有 n 个点 n 条边　　　　　　　B. T 的长度等于 G 的每条边的长度之和

C. T 有 n 个点 $n-1$ 条边　　　　　　D. T 有 $n-1$ 个点 n 条边

10. 对于一个已知图的支撑子图的描述,下面哪一个是正确的?(　　)。

A. 唯一　　　　　　　　　　　　　　B. 不唯一

C. 二个　　　　　　　　　　　　　　D. 不知道

11. 可行流满足的条件不包括(　　)。

A. 网络中每条边上的流量在 0 与容量之间

B. 中间点流入量与流出量相等

C. 任何点流量不可能为零

D. 发点总流出量等于收点总流入量

12. 关于带收发点的容量网络中从发点到收点的一条增广链,以下叙述不正确的是( )。

A. 增广链上与发点到收点方向一致的有向边不能是饱和边,相反方向的有向边不能是零流边

B. 增广链上的有向边,不一定都是不饱和边

C. 增广链上可能有零流边

D. 增广链上的有向边的方向必须是从发点指向收点的

13. 从赋权连通图中找最小树时,以下叙述不正确的是( )。

A. 任一连通图生成的各个最小生成树,其总长度必相等

B. 任一连通图生成的各个最小生成树,其边数一定相等

C. 最小生成树中可能包括连通图中的最大权边

D. 任一连通图中具有最小权的边必包含在最小树上

14. 7人围桌而坐,每次相邻的人都与以前完全不同的就座方案一共有( )。

A. 1 种   B. 2 种   C. 3 种   D. 4 种

15. 求解最大流包括标号过程和调整过程,其标号过程的目的是( )。

A. 增加流量   B. 构造四通八达的路

C. 寻找增广链   D. 给出标号

二、是非判断题(正确标"T",错误标"F")

1. 在任意图中,当点集确定后,树图是边数最少的连通图。   ( )

2. Dijkstra 标号法既可以求解权值为正数,也可以用于求解权值为负数的有向图的最短路问题。   ( )

3. 一个无环但允许有多重边的图称为多重图。   ( )

4. 容量 C_{ij} 是弧 (v_i, v_j) 的最大通过能力。   ( )

5. 给定一个网络,它的最小截集是唯一的。   ( )

6. 截量等于截集中弧的流量之和。   ( )

7. 可行流的流量等于每条弧上的流量之和。   ( )

8. 最大流问题是找一条从起点到终点的路,使得通过这条路的流量达到最大。   ( )

9. 奇点的个数一定为偶数。   ( )

10. 始点和终点是同一个点的边称为环。   ( )

11. 考虑给学校的各个部门铺设网线,使网线的总长度最短,这是一个最短路线问题。   ( )

12. 前向弧为非零流弧,后向弧为非饱和弧的可行流为关于当前可行流的一条增广链。   ( )

13. 最小树不是唯一的。   ( )

14. 图论中的图与几何图形中的图是完全等价的。 ( )

15. 边和弧的区别在于是否具有方向。 ( )

三、计算题

1. 用破圈法及避圈法求图 6.52 所示的最小树。

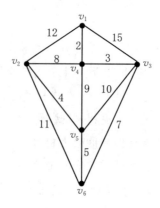

图 6.52 赋权图

2. 求图 6.53 至图 6.55 中 v_s 到 v_t 的最短路。

(1)

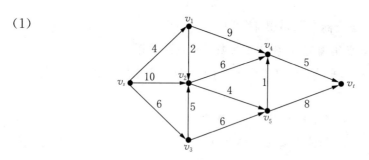

图 6.53 赋权图

(2)

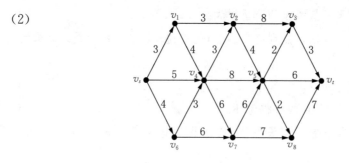

图 6.54 赋权图

（3）

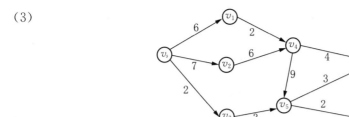

图 6.55 赋权图

3. 图 6.56 至图 6.58 中的数字为该弧容量。试分别写出每一个网络的所有截集及截量,并求出最大流和最小截集。

（1）

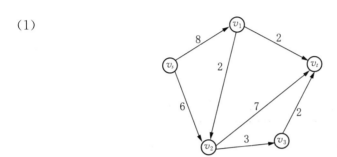

图 6.56 赋权图

（2）

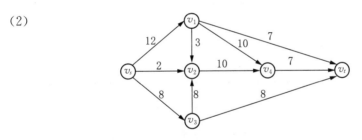

图 6.57 赋权图

（3）

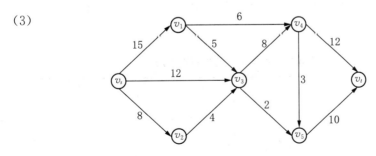

图 6.58 赋权图

4. 求图 6.59 所示网络的最小费用最大流。弧旁数字意义为(容量,单位成本)。

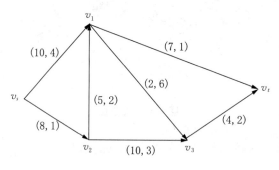

图 6.59 赋权图

四、建模与求解

1. 某大学教育技术中心计划与校内各个部门建立网络连接,已知教育技术中心与各部门间距离如表 6.10 所示。试求出其联网的最短线路。

表 6.10 教育技术与各部门的距离

	教育技术中心	B_1	B_2	B_3	B_4	B_5
教育技术中心	—	130	200	75	20	150
B_1	130	—	250	20	210	10
B_2	200	250	—	120	100	160
B_3	75	20	120	—	160	220
B_4	20	210	100	160	—	55
B_5	150	10	160	220	55	—

2. 某乳制品厂预计购置一机器设备,安装使用期为 3 年,之后不再使用。但 3 年内负荷较大,运行及保养费用不断增加。因此在设备使用 1 年或 2 年后再购置一台新设备来代替它可能更经济。表 6.11 给出第 i 年底购进一台新机器并在第 j 年底将其卖掉所需的总费用,即购置费加上运行保养费减去残值。试将上述问题表述为最短路问题并求出最佳方案(单位:万元)。

表 6.11 不同年份的总置换费用

购进年份 i \ 卖出年份 j	1	2	3
0	5	12	20
1	—	8	12
2	—	—	6

3. 两个厂商 x_1 和 x_2 生产的某种商品通过图 6.60 所示的网络运送到大卖场 y_1，y_2，y_3，试确定厂商到大卖场所能运送的最大总量。

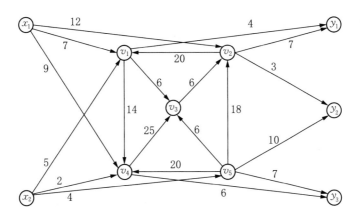

图 6.60　商场运送商品到大卖场的路线

4. M_1，M_2 两个煤矿开采出来的煤炭要通过 W_1 和 W_2 两个仓库运往发电厂 P，具体的运输路线如图 6.61 所示。图中数字意义为 (b_{ij}, c_{ij})，即单位运输成本及每月最大运量。

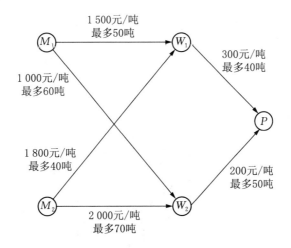

图 6.61　运输路线

根据以上资料，求解下述问题：

(1) 假设 M_1，M_2 的月产量分别是 40 吨和 50 吨。如果发电厂每月需求煤炭是 100 吨，如何进行运输能使通过该网络将煤炭由煤矿运输到发电厂的成本最低？

(2) 通过该网络，发电厂每月最多能收到多少吨煤炭？此时最少的运输成本是多少？

5. 山顶大学(HU)正在其家乡的一座最高的山上修建一个新校区。表 6.12 详细列出了正在新地点修建的 6 个主要建筑。

表 6.12　6 个主要建筑的相关信息

序号	名字	坐标		海拔
		x	y	
1	行政楼	100	100	300
2	图书馆	52	55	210
3	学生会	151	125	204
4	工程学院	50	208	150
5	管理学院	147	25	142
6	宿舍	210	202	100

HU 想要构建一个总长度最小的人行道系统,其中从每个建筑到其他建筑之间均存在一条路,这需要同时考虑它们地点间的距离以及海拔变化所造成的陡度。具体而言,连接建筑 i 和 j 的一条链应该被视为拥有加权长度。

d_{ij} 为从 i 到 j 的欧几里得距离×(1+i 和 j 海拔的绝对差)

根据以上资料,请回答以下两个问题:

(1) 将上述问题作为最小树问题,建立一个网络模型。

(2) 求出总长度最小的人行道系统。

6. 图 6.62 展示了一个机械车间的平面图,从热处理工作站节点 1 出发,在节点 2 和节点 3 进行锻造,节点 4、5、6 为加工制造中心,节点 7 为磨床。每个方格的大小是相同的。

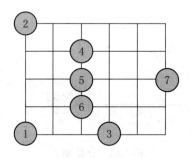

图 6.62　机械车间平面图

当我们要制造凸轮轴的时候,需要首先进行热处理,然后进行锻压,再通过任意一个加工中心加工,最后使用磨床进行打磨。在不同的加工工序间,工件的移动是沿网格线的(也就是南/北和东/西的方向)。

(1) 将该问题作为最短路问题,建立一个网络模型。

(2) 应用你选择的算法计算最优运动路径。

7. 一家救援物资代理商正迫切地想从他在阿尔托的基地获得尽可能多的供给,再送往埃皮岛上被火山毁坏的城市。两地间有一条经过比利的可行道路。代理商估计，从阿尔托到比利的那部分路段每天能运送 500 吨物资，而从比利到埃皮岛的路段则能运送 320 吨。第二条路线则经过池奥和多莫，其中从阿尔托到池奥路段的道路容量为 650 吨，从池奥到多莫路段的容量为 470 吨，而从多莫到埃皮岛路段的容量为 800 吨。另外，也有一条小山路连接了比利和多莫，其容量为 80 吨。

（1）将该问题作为最大流问题，建立一个网络模型。

（2）用标号法求最大流问题。

五、电子表格建模与求解

1. 某物流公司每天清晨需要从浦东派送中心出发，把当夜抵达上海的货物运送到各个营业部，最终回到总部。公司希望找到总行驶距离最少的方案。如图 6.63 所示，弧上的数字表示两点之间的距离。试回答下列问题：

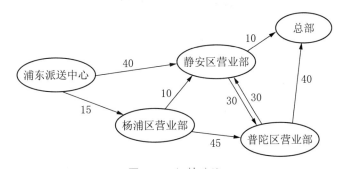

图 6.63　运输路线

（1）用 Dijkstra 标号法求浦东派送中心到总部的最短距离。

（2）用电子表格求解由浦东派送中心出发，途经每一个营业部最后到达总部的最短距离。

2. 某工厂要将某种商品经 1、2、3、4 四个分仓库送往商店进行销售，现有 3 辆卡车从工厂出发，分别装有 200 件、200 件、150 件商品，卡车经过分仓库后车上商品的数量发生了变化，具体数值如图 6.64 所示。

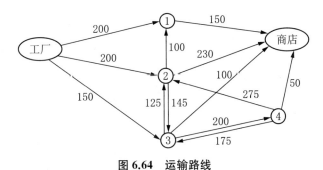

图 6.64　运输路线

商店每天至少会卖出 500 件商品，商店可以如期收到 500 件商品进行销售吗？请用标号法进行求解，并用 Excel 验证计算出的答案是否正确。

3. 某城市中部有一社区，社区内有 11 条道路。社区有一个入口以及一个出口。每条路的通行能力如图 6.65 所示(单位:百辆车/小时)。问每小时最多能有多少辆车从入口进入社区并从出口出去?请分别用标号法和电子表格进行求解。

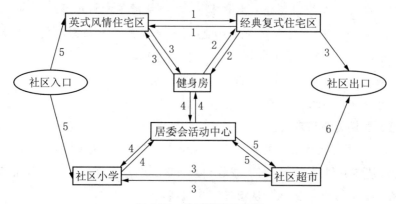

图 6.65　社区道路分布图

第7章　网络计划

网络计划,即网络计划技术(network planning technique,简称NPT),是指用于工程项目的计划与控制的一项管理技术。它是20世纪50年代末发展起来的,依其起源有关键路径法(critical path method,简称CPM)与计划评审法(program evaluation and review technique,简称PERT)之分。1956年,美国杜邦公司在制定企业不同业务部门的系统规划时,通过网络分析了工程费用与工期的相互关系,找出了在编制计划及计划执行过程中的关键路线,这就是关键路线法;1958年美国海军武器部,在制定研制"北极星"导弹计划时,应用了网络分析方法与网络计划,对各项工作安排进行评价和审查,这就是计划评审法。关键路线法主要是为活动时间已知或者确定的工程项目而设计的,计划评审法则更多地应用于研究与开发项目。对于关键路线法,采取增加工人或资源可以减少项目活动时间,但会导致成本上升,其作用就在于帮助鉴别不同项目活动的时间与成本之间的平衡。目前,网络计划技术在工业的现代管理中受到了极大的重视。

中国的网络计划技术从20世纪60年代开始,钱学森将其应用到航天系统。数学家华罗庚于1965年发表了《统筹方法平话》,将各类网络计划问题与中国国情结合,为后续中国的网络计划发展提供了参考。20世纪80年代,中国学者撰写多部有关网络计划技术的专著,如《网络计划技术》《企业管理中的网络计划技术》等。20世纪90年代初,中国也相继颁发《工程网络技术规程》《网络计划技术》等规程与标准,促进了网络计划技术在中国的应用与发展。随着21世纪计算机的迅猛发展,网络计划目前已经实现计算机化,人们能够通过计算机进行测绘、计算、优化与检查,并将网络计划技术与设计、报价、成本核算等融合为工程管理系统。这项技术被广泛应用于工业、农业、国防与科研等计划管理中,对缩短工期、节约资源、提升经济效益起到了重要的作用。

本章主要介绍网络计划图的绘制、网络计划图的时间参数计算、网络计划的优化及案例分析等。

7.1　网络计划图的绘制

7.1.1　网络计划图概况

网络计划图是一种用结点、箭线按照工作进程从左到右绘制的,体现工程项目中计划要完成的各项工作,表示完成各项工作的先后逻辑依赖关系,标注工作名称、代号、持续时间等关键信息的图。

我们可以通过对网络计划图的分析、对时间参数进行计算,找到计划中的关键工作和关键线路。通过对结果的分析,不断改进网络计划,寻找工期、资源和成本的最优方案,从而实现合理利用资源、降低成本。

网络计划图是有时序的赋权有向图。关键路线法和计划评审法的网络计划图的结构和术语基本是相同的,唯一的区别是 CPM 的时间参数是确定型的,通常采用"一个估计值"的工作时间(最可能时间),适用于重复性的工程建设项目,往往兼顾时间和费用两大因素,力求在时间和费用两个方面进行最优选择。PERT 的时间参数是不确定型的,通常采用"三个估计值"的工作时间(最乐观时间、最可能时间、最悲观时间),适用于科研项目和一次性的计划,重点考虑时间因素,主要用于控制进度。网络计划图根据表示的方法不同,有双代号网络计划图和单代号网络计划图两种。

本书中,我们采用双代号法来绘制网络计划图。

7.1.2 双代号网络计划图的基本概念

(1) 箭线:是一线段带箭头的实射线和虚射线。

(2) 节点:是箭线两端的连接点(用方块或者圆表示)。

(3) 工作(工序、活动、作业):指的是项目按照需求粗细程度分解成的若干需要耗费时间或其他资源的子项目或单元。

(4) 双代号网络计划图:如图 7.1 所示,用箭线表示工作,箭尾的节点表示工作的开始点,箭头的节点表示工作的完成点。用(i—j)两个代号及箭线表示一项工作,在箭线上标记必需信息。

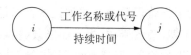

图 7.1 双代号网络计划图

(5) 单代号网络计划图:如图 7.2 所示,用节点表示工作,箭线表示工作之间的逻辑依赖关系,在节点处标记必需信息。

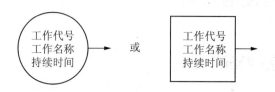

图 7.2 单代号网络计划图

7.1.3　双代号网络计划图的基本要素

双代号网络计划图由工作、节点和线路三个基本要素组成。

1. 工作

(1) 实工作是指可以独立存在，能够冠以名称的活动。一般情况下，实工作需要消耗一定的时间和资源，而有的工作则仅需要消耗时间而不需要消耗资源（如干燥等技术间歇）。

(2) 虚工作的引入是为了表示相邻工作之间的逻辑关系，而不占用任何资源而人为虚设的工作。虚工作用虚箭线表示。

根据网络计划图中工作之间的相互关系，工作可以分为以下几种类型：

紧前工作：指的是紧排在此工作之前的工作，并且开始或完成后才能开始本工作。

紧后工作：指的是紧排在此工作之后的工作，并且此工作开始或者完成后才能做的工作。

先行工作：从起始节点一直到此工作之前在同一线路中的所有工作，我们称为先行工作。

后继工作：从此工作到终点节点在同一线路中的所有工作，我们称为后继工作。

平行工作：能够和此工作同时进行的工作。

2. 节点

节点是网络计划图中箭线两端带有标号的圆圈，用来表示其前面若干工作的结束瞬间或其后面若干项工作的开始瞬间，它既不消耗时间也不消耗资源，只表示前后工作的交界过程。

网络计划图的编号最小的节点称为起始节点，表示该网络计划的开始；标号最大的节点称为终点节点，表示该网络工作计划的结束；其余节点称为中间节点。

箭尾处的节点编号必须小于箭头处的节点编号。并且在整个网络中只能有一个起始节点和一个终点节点，分别表示项目的开始和结束。

3. 线路与关键线路

(1) 线路和线路时间。从起始节点开始沿着箭头走向通过一系列的箭线和节点，最后到达终点节点的通路叫做线路。线路中每个箭线工作持续时间的总和叫做线路的持续时间。

(2) 关键线路与关键工作。在所有线路中，持续时间最长的线路叫做关键线路，或称为主要矛盾线。关键线路中箭线表示的工作称为关键工作。"关键"的意思是指它的持续时间决定了整个项目工程的工期。

(3) 非关键线路和非关键工作。在一个网络计划图中，关键线路以外的线路都称为非关键线路，关键工作以外的实工作都称为非关键工作。非关键线路上的实工作可能既有关键工作，也有非关键工作。

4. 网络计划图的类型

网络计划图大致可以分为总网络计划图、分级网络计划图、局部网络计划图三类。总网络计划图以整个项目为计划对象，编制网络计划图，供决策领导层使用。分级网络计划图是按不同管理层次的需要，编制的范围大小不同、详细程度不同的网络计划图，供不同管理部门使用。局部网络计划图是以整个项目的某部分为对象，编制更详细的网络计划图，供专业部门使用。

7.1.4　双代号网络计划图的绘制要求

1. 双代号网络计划图绘制的基本规则

网络计划图是按照从左向右的顺序绘制的，在时序上反映了各个工作的先后逻辑顺序。我们在绘制网络计划图时，为了能够正确且准确地表达出工程项目的逻辑关系，应当遵循以下原则：

（1）起始节点和终点节点的唯一性。在一个网络计划图中，我们只能定义一个起始节点和一个终点节点。如果当项目工程开始或者完成时存在着不止一个的平行工作，我们可以用虚工作将它们与起始节点和终点节点相连，以满足唯一性。

（2）项目的可完成性。在逻辑上，如果此项目能够完成，需要网络计划图中不能存在回路并且不存在缺口。如果存在回路，说明一个工作在循环进行，永远不能完成；如果存在缺口，说明这项工作不能从起点到达终点，项目不能结束。

（3）网络计划图中应尽量避免箭线交叉，同时网络计划图还必须正确表达工作之间的逻辑关系在绘制网络计划图时，当交叉不可避免时，可以采用过桥法和断线法来表示。

2. 绘制网络计划图的步骤

（1）项目的分解和分析。首先要明确整个项目包括哪些必要工作，然后对项目进行分解，分解的方式有两种：一种是按照项目的组织结构进行分解；另一种是按照工艺过程的顺序进行分解。一般是先按照结构进行分解，到了某一级数之后，再按照工艺工程顺序进行分解。

（2）绘制网络计划草图。首先，按照选定的网络计划图类型和项目工作的排列方式，决定网络计划图的合理布局；然后根据工作之间的逻辑关系和绘制规则，从起点工作开始，从左到右依次绘制网络计划图；其次，对节点编号、工作名称和持续时间进行编号；最后，检查工作和逻辑关系有无错漏，并进行修正。

（3）绘制网络计划正式图。为了使整个网络计划图突出关键信息，我们一般会尽可能地将关键路线布置在网络计划图的中心位置，然后按照工作的先后顺序将联系紧密的工作布置在邻近的位置。为了使网络计划图布局整齐不凌乱，箭线应该画成水平线或者有一段水平线的折线，这样有利于标注时间坐标和日历进程。

下面通过一道例题来介绍双代号网络计划图的绘制过程。

[**例 7.1**] 我们要制作一件产品,它的工艺流程和各个工作所需的时间如表 7.1 所示。请解答以下几个问题:

(1) 工作 I 的紧前工作有哪些? E、G、H 的紧后工作又有哪些?

(2) 举例说明什么是虚工作?

(3) 编制该项目的网络计划图。

(4) 哪条线路是关键线路? 关键线路的持续时间是多少?

表 7.1 双代号网络计划图数据表

序号	工作名称	工作代号	工作持续时间(天)	紧后工作
1	零部件 1 的采购	A	11	D
2	零部件 2 的采购	B	8	E、F
3	自产原部件 3 的制作	C	7	F
4	零部件 1 的加工	D	5	G
5	零部件 2 的加工	E	13	I
6	零部件 2 与 3 的组装	F	10	H
7	零部件 1 的抛光	G	12	I
8	接合性检验	H	13	I
9	装配与调试	I	4	/

解:(1) 从表 7.1 可以看出,工作 E、G、H 完成后工作 I 才能开始,因此,工作 E、G、H 是工作 I 的紧前工作。反之,工作 I 是工作 E、G、H 的紧后工作。

(2) 要完成工作 F,只有先完成 B 和 C 两项工作,然而从 B 到 F 不需要花费任何的时间和资源,只是表示前后相邻工作的逻辑关系,因此从 B 到 F 是一项虚工作,在图 7.3 中用 C' 表示。

(3) 根据表 7.1 数据,按照网络计划图的绘制步骤,绘制网络计划图如图 7.3 所示。

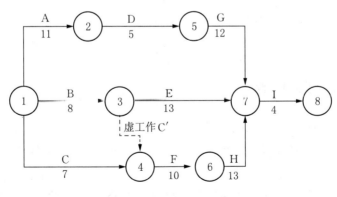

图 7.3 双代号网络计划图

(4) 依据绘制的网络计划图,按照线路和线路的持续时间的定义,得到的线路及线路的持续时间如表 7.2 所示。

表 7.2　线路信息表

线路代号	线路的组成	线路的持续时间（天）
1	1→2→5→7→8	32
2	1→3→7→8	25
3	1→3→4→6→7→8	35
4	1→4→6→7→8	34

从表 7.2 可以看出，线路持续时间最长的是 35 天，与 35 天对应的线路 1→3→4→6→7→8 就是关键线路。

7.2　网络计划图的时间参数计算

7.2.1　网络计划图的时间参数

在双代号网络计划图中，可以用工作计算法和节点计算法两种方法来计算时间参数；在单代号网络计划图中需用节点计算法来计算时间参数。本节我们只介绍工作计算法。在网络计划图中涉及的时间参数如下：

（1）工作持续时间（duration，简记为 D）。

（2）工作最早开始时间（earliest start time，简记为 ES）。

（3）工作最早完成时间（earliest finish time，简记为 EF）。

（4）工作最迟开始时间（latest start time，简记为 LS）。

（5）工作最迟完成时间（latest finish time，简记为 LF）。

（6）工作总时差（total float time，简记为 TF）。

（7）工作自由时差（free float time，简记为 FF）。

7.2.2　时间参数的计算

1. 时间参数的计算流程

第一步，计算各路线的持续时间。第二步，按照网络计划图的箭线方向从起始工作开始，计算工作的 ES、EF。第三步，从网络计划图的终点节点开始，按照逆箭线的方向，计算工作的 LS、LF。第四步，确定关键线路（critical path，简记为 CP）。第五步，计算 TF、FF。第六步，平衡资源。

2. 工作持续时间的计算

工作持续时间我们在前一节已经介绍过了，但在这里我们要重新认识它。工作持续时间的计算,是关系到网络计划能否正确实施的基础数据。因此我们可能需要建立相应的数据库,专项讨论它的计算方法。有关的两类数据和两类方法如下:

(1)具备历史经验——单时估计法(定额法)。此方法对每一项工作只给出一种确定的持续时间,工作的持续时间公式为:

$$D = \frac{Q}{R \cdot S \cdot n}$$

其中,Q 表示工作量,可以以时间、体积、质量、长度等方式表示;R 表示可投入的人力和设备的数量;S 表示每人每台设备每工作班能完成的工作量;n 表示每天正常工作的班数。当有历史参考的类似工作记录时,可以通过研究分析确定所需的工作持续时间。

(2)不具备历史经验——三时估计法。在不掌握有关工作的历史持续时间资料时,较难估计工作持续时间,可以对工作运用三时估计法进行估计。

第一,计算乐观时间(a):在一切顺利的情况下,完成任务需要花费的最少时间。

第二,计算最可能时间(m):在正常情况下,完成工作需要花费的时间。

第三,计算悲观时间(b):在不顺利的条件下,完成工作需要的最多时间。

第四,加权平均:这三种时间的概率分布从经验上看服从正态分布。一般,可以通过专家估计法给出三时估计的数据。之后进行加权平均,得到持续时间值:

$$D = \frac{a + 4m + b}{6}$$

方差:

$$\sigma^2 = \left(\frac{b-a}{6}\right)^2$$

3. 按工作计算法计算时间参数

(1)工作的最早开始时间(ES)。工作 $i—j$ 的最早开始时间用符号 ES_{i-j} 表示,是本工作有可能开始的最早时间,由其所有紧前工作最早可能结束的时间决定。

若某一项工作 $i—j$ 是第一项工作,则规定该项工作 $i—j$ 的最早开始时间为 0,即:

$$ES_{i-j} = 0 (i-1)$$

若某一项工作 $i—j$ 不是第一项工作,如果该项工作有多个紧前工作时,需要在这些工作都完成之后才能开始此项工作。因此,某个非第一项工作 $i—j$ 的最早开始时间是:

$$ES_{i-j} = \max(\text{所有紧前工作的 } EF_{h-i}) = \max(ES_{h-i} + D_{h-i})(h < i < j)$$

(2)工作的最早完成时间(EF)。工作 $i—j$ 的最早完成时间用符号 EF_{i-j} 表示,是本工作有可能完成的最早时间,等于工作最早开始时间与工作 $i—j$ 持续时间 D_{i-j} 的和，即：

$$EF_{i\to j}=ES_{i\to j}+D_{i\to j}$$

根据上述概念，网络计划的计算总工期 T_c 等于以网络计划的终点节点 N 为结束节点的工作 $k\text{—}N$ 的最早完成时间的最大值，即：

$$T_c=\max(EF_{k\text{--}N})$$

[例 7.2]　计算例 7.1 中各项工作的最早开始时间和最早完成时间。

解：各项工作的最早开始时间和最早完成时间计算如表 7.3 所示。

表 7.3　例 7.1 各项工作的 ES 和 EF 的计算过程

工作代码	持续时间 D	最早开始时间 ES	最早完成时间 EF
A	11	0	$0+11=11$
D	5	11	$11+5=16$
G	12	16	$16+12=28$
B	8	0	$0+8=8$
E	13	8	$8+13=21$
C	7	0	$0+7=7$
C′	0(虚工作)	8	$8+0=8$
F	10	$\max(8,7)=8$	$8+10=18$
H	13	18	$18+13=31$
I	4	$\max(28,21,31)=31$	$31+4=35$

（3）工作的最晚完成时间（LF）。工作 $i\text{—}j$ 的最晚完成时间用符号 $LF_{i\text{—}j}$ 表示，指在不影响项目计划按期完成的情况下，工作 $i\text{—}j$ 最晚必须完成的时刻。

计划图中最后一项工作的最晚完成时间应由工程计划工期确定。在未给定时，规定为其最早完成时间 $EF_{k\text{—}N}$，即：

$$LF_{k\text{--}N}=EF_{k\text{--}N}$$

对于某个工作 $i\text{—}j$ 的 LF，当有多个紧后工作时，需要在这些工作的最晚开始时间之前完成此项工作。因此，某个非最后一项工作的最晚结束时间是：

$$LF_{i\text{--}j}=\min(\text{所有紧后工作的 } LS)=\min(LF_{i\text{--}j}-D_{i\text{--}j})$$

（4）工作的最晚开始时间（LS）。工作 $i\text{—}j$ 的最晚开始时间用符号 $LS_{i\text{—}j}$ 表示，指在不影响项目计划按期完成的情况下，工作 $i\text{—}j$ 最晚必须开始的时刻，它等于工作 $i\text{—}j$ 的最晚完成时间减去工作持续时间，即：

$$LS_{i\text{--}j}=LF_{i\text{--}j}-D_{i\text{--}j}$$

[例 7.3]　计算例 7.1 中各项工作的最晚开始时间和最晚完成时间。

解：各项工作的最晚开始时间和最晚完成时间计算如表 7.4 所示。

表 7.4　例 7.1 各项工作的 LF 和 LS 的计算过程

工作代码	持续时间 D	最晚完成时间 LF	最晚开始时间 LS
I	4	35	$35-4=31$
G	12	31	$31-12=19$
E	13	31	$31-13=18$
H	13	31	$31-13=18$
D	5	19	$19-5=14$
A	11	14	$14-11=3$
F	10	18	$18-10=8$
C	7	8	$8-7=1$
B	8	$\min(8, 18)=8$	$8-8=0$

（5）工作时差。工作时差是指工作的机动时间。时差的存在反映了网络计划中各项工作在各条线路上作业时间的不均衡，为后面网络的优化提供了可能。

工作的总时差（TF）：工作 $i—j$ 的总时差用符号 $TF_{i—j}$ 表示，指的是工作 $i—j$ 最晚完成时间和最早完成时间之间的差值（或者是最晚开始时间和最早开始时间的差值），其计算公式为：

$$TF_{i—j}=LS_{i—j}-ES_{i—j}=LF_{i—j}-EF_{i—j}$$

理解工作总时差时，要考虑到其往往为若干项工作共同拥有的机动时间，例如，两项工作 A、B 总时差为 10，当 A 工作用去 3 后，工作 B 的机动时间就会减少。

工作的自由时差（FF）：工作 $i—j$ 的自由时差用符号 $FF_{i—j}$ 表示，指的是不影响其紧后工作最早开始的前提下，此工作所具有的机动时间。由于不会影响其紧后工作的最早开始，工作自由时差是该工作单独拥有的机动时间，与其他工作机动时间没有关系，其计算公式为：

$$FF_{i—j}=\min（所有紧后工作的 ES_{j—k}）-EF_{i—j}$$

[**例 7.4**]　计算例 7.1 中各项工作的总时差和工作自由时差。

解：例 7.1 各项工作的工作总时差和工作自由时差的计算结果如表 7.5 所示。

表 7.5　例 7.1 各项工作 TF 和 FF 的计算过程

工作代码	LS	ES	EF	总时差 TF	自由时差 FF
A(1—2)	3	0	11	$3-0=3$	$11-11=0$
B(1—3)	0	0	8	$0-0=0$	$\min(8, 8)-8=0$
C(1—4)	1	0	7	$1-0=1$	$8-7=1$
D(2—5)	14	11	16	$14-11=3$	$16-16=0$
E(3—7)	18	8	21	$18-8=10$	$31-21=10$
F(4—6)	8	8	18	$8-8=0$	$18-18=0$
G(5—7)	19	16	28	$19-16=3$	$31-28=3$
H(6—7)	18	18	31	$18-18=0$	$31-31=0$
I(7—8)	31	31	35	$31-31=0$	0（规定尽快完工）

（6）六时标注法。工作的最早开始时间、最早完成时间、最迟开始时间、最迟完成时间、总时差和自由时差的计算结果,可以用六时标注法标注在网络中,如图 7.4 所示。

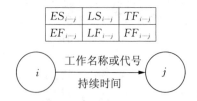

图 7.4　六时标注法

[**例 7.5**]　用六时标注法标注例 7.1 的 6 个时间参数。

解:根据六时标注法,标注了 6 个时间参数的网络计划图如图 7.5 所示。

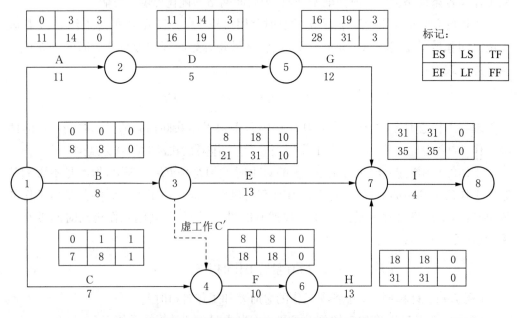

图 7.5　标注了 6 个时间参数的网络计划图

（7）关键工作和关键线路。总时差最小的工作就是关键工作。在计划总工期等于计算总工期的情况下,总时差为 0 的工作就是关键工作。全部由关键工作组成的线路称为关键线路。

在确定型网络计划的关键线路中,无机动时间,工作总时差为 0。在非确定型网络计划中关键线路是指工期完成可能性最小的线路。

[**例 7.6**]　请用粗实箭线标出例 7.1 的关键线路。

解:例 7.1 中,工作 1—3(工作 B)、工作 3—4(工作 C′)、工作 4—6(工作 F)、工作 6—7(工作 H)和工作 7—8(工作 I)都是关键工作,其总时差都为 0。这些工作组成的线路 1—3—4—6—7—8 为关键线路,如图 7.6 所示。

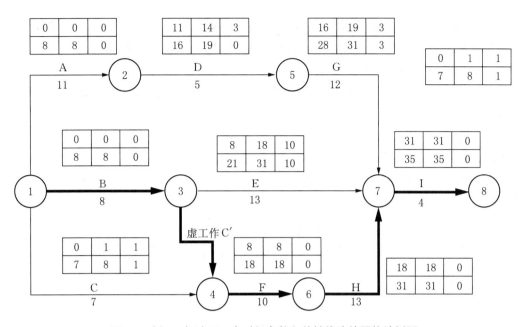

图 7.6　例 7.1 标注了 6 个时间参数和关键线路的网络计划图

7.3　网络计划的优化

经过前面两节的学习,我们可以绘制出一个项目完整的网络计划图,并能得到时间参数和关键线路,但这只是一个初始的计划方案。之后还需要根据需求和资源情况对初始的方案进行调整和完善,这就是网络计划的优化。网络计划的优化包括工期优化、资源优化和时间—费用优化,其目标是合理利用资源、降低费用等。

7.3.1　工期优化

如果计划中的工期大于要求的工期,必须根据要求计划进度对工程项目进行工期优化。需要增加对关键工作的投入,以便缩短关键工作的持续时间,实现工期的缩短。可以采用技术措施,提高工效,缩短关键工作的持续时间,使关键线路的时间缩短;也可以采用组织措施,充分利用非关键工作的总时差,合理调配人力、物力和资金等资源。

7.3.2　资源优化

现在来考虑尽量充分利用现有资源的问题。在项目工期不变的前提下,尽量均衡地利用资源。在网络计划图实际优化的过程中,涉及的工作繁多,资源数量和种类也很多,均衡是十分复杂的,要借助计算机操作。为了能够简化计算,具体操作如下:

(1) 优先安排关键工作所需要的资源。

(2) 尽量错开各工作的开始时间,避免出现资源利用的高峰,这就要借助非关键工作的总时差。

(3) 如果资源实在受到制约,或者资源浪费程度较高,可能会适当推迟工程工期,实现错开资源利用的目的。

[例 7.7] 假设在例 7.1 中,现有工人 30 人,要完成整个工程。各工作所需人手如表 7.6 所示。如何安排该项目的进度才能使每天需要的工人人数比较合理?

表 7.6 各工作所需资源

工作	持续时间	需要工人	总时差
A	11	20	3
B	8	5	0
C	7	5	1
D	5	4	3
E	13	20	10
F	10	6	0
G	12	3	3
H	13	7	0
I	4	10	0

解:如果我们在计划时各工作都按照最早开始的时间安排,那么每天所需的工人人数如表 7.7 所示。从表中可以看出:每个工作日所需要的工人人数的数量波动较大,有 3 天需要工人的人数达到最高值 46 人,单日的最低需求值为 7 人,而工人人数只有 30 人,人力资源的使用在整个工期内很不平衡,必须进行调整。

表 7.7 人手负荷信息表

时间(天)	进行中的工作	总所需人手
1—7	A、B、C	30
8	A、B	25
9—11	A、E、F	46
12—16	E、F、D	30
17—18	E、F、G	29
19—21	E、G、H	30
22—28	G、H	10
29—31	H	7
32—35	I	10

注意到 E 工作有 10 天的工作总时差,可以考虑将 E 工作延后 3 天再开始,这样可以解决超负荷问题。于是产生了新的人手负荷信息表,如表 7.8 所示。

表 7.8　调整后的人手负荷信息表

时间(天)	进行中的工作	总所需人手
1—7	A、B、C	30
8	A、B	25
9—11	A、F	26
12—16	E、F、D	30
17—18	E、F、G	29
19—24	E、G、H	30
25—28	G、H	10
29—31	H	7
32—35	I	10

　　上述例子中的人力资源平衡是利用了非关键工作的总时差,避免了资源负荷的问题。这里的例子只是解决问题的一种方法,也可以采用技术措施减少所需资源,或者根据计划适当延长项目工期等方式。需要注意的是,某工作的总时差可能是与其他工作共享的,一个工作的安排变动很可能引起整个线路上的安排变动,而自由时差并没有这样的麻烦。

7.3.3　时间——费用优化

　　在编制网络计划时,如果想要让项目的工期尽可能短,同时又要保证费用尽可能少;或者想要在工期一定的情况下,保证费用尽可能少;又或者在费用一定的情况下,保证工期尽可能短,都需要用到时间——费用优化来解决。项目的费用大致包括:

　　1. 直接费用

　　直接费用指的是与项目的规模相关的费用,包括材料费用、人工费用等。如果想要迅速完成项目,就要加大投入量,这就增加了直接费用。

　　2. 间接费用

　　间接费用指的是管理费等按照项目工期进行分摊的一类费用。工期越短,间接费用分摊得就越少。项目的总费用是直接费用和间接费用之和。一般项目的总费用与两者之间的关系如图 7.7 所示。

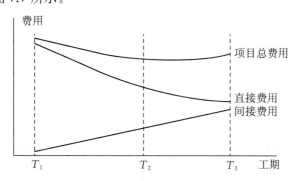

图 7.7　工期与总费用的关系曲线

图 7.7 中,T_1 是最短工期,项目的总费用最高;T_2 是最佳工期;T_3 是正常的工期。当总费用最少并且工期短于要求工期时,就是最佳工期。

时间——费用优化就是要逼近最佳工期。首先要计算不同工期下最低直接费用率,然后考虑相应的间接费用。步骤如下:

(1)计算工作费用的增加率(费用率)。

费用增加率是估计缩短工作持续时间每单位时间需要增加的费用。公式为:

$$\Delta C_{i-j} = \frac{CC_{i-j} - CN_{i-j}}{DN_{i-j} - DC_{i-j}}$$

其中各符号含义如下:

ΔC_{i-j} 是工作 $i-j$ 的费用率;CC_{i-j} 是将工作持续时间缩短为最短持续时间后,完成该工作所需要的直接费用;CN_{i-j} 是正常条件下完成工作 $i-j$ 所需要的费用;DN_{i-j} 是工作 $i-j$ 正常持续时间;DC_{i-j} 是工作 $i-j$ 的最短持续时间。

(2)缩短工作持续时间。

在计算了工作的费用率之后,在网络计划图中找出工作费用率最低的一项关键工作或者一组关键工作作为缩短持续时间的对象。缩短后的持续时间值不能小于最短持续时间并且不能变成非关键工作,否则缩短这个工作的时间就没有意义了。

(3)计算相应增加的总费用,并考虑由于工期缩短产生的间接费用变化,计算总费用。

重复(1)到(3),直到获得满意的方案。

[例 7.8] 假设在例 7.1 中,项目每天的间接费用为 1 000 元,项目补充资料如表 7.9 所示。现在要求在项目费用合理的前提下尽量缩短项目工期。

表 7.9 项目资料补充信息表

工作	正常持续时间(天)	工作直接费用(元)	最短工作时间(天)	工作直接费用(元)	费用率(元/天)
A	11	12 000	11	12 000	/
B	8	6 000	8	6 000	/
C	7	5 000	5	6 000	500
D	5	3 000	4	5 200	2 200
E	13	2 000	10	3 500	500
F	10	5 000	9	5 500	500
G	12	10 000	9	19 000	3 000
H	13	5 000	10	5 900	300
I	4	4 000	4	4 000	/

解:按照原计划安排项目,正常工期为 35 天,对应的项目直接费用为 52 000 元,间接费用为 35×1 000=35 000 元,因此项目总费用为 87 000 元,我们把这种方案叫做方案一。

通过例 7.6 的分析,我们知道该问题的关键线路为 1→3→4→6→7→8,经过非虚工作 B、F、H、I。在对比了 4 项工作的费用率之后,发现 H 工作的费用率最低,选择缩短 H 工作持续时间,在缩短为 10 天时,项目的直接费用为 52 900 元,间接费用为 32×1 000＝32 000 元,因此项目总费用为 84 900 元,与方案一相比,节省了 2 100 元,我们称这个方案为方案二。此时,网络计划中出现了两条关键线路,分别是 1→3→4→6→7→8 和 1→2→5→7→8。如果想要继续缩短工期,需要两条关键线路同时缩短工作时间,在两条线路中分别选取费用率最低的工作进行缩减,发现这两个工作为 D 和 F,分别缩短 1 天,得到的总花费为 86 600 元,花费相比于方案二增加了。

综合考虑,方案二为最佳方案,即最优工期为 32 天,总费用为 84 900 元。可见,通过优化后,总费用节省了 2 100 元,总工期缩短了 3 天。

7.4 电子表格建模和求解

下面我们基于例 7.5 讲解网络计划图时间参数的电子表格建模和求解方法。

按照第 7.2.2 节中时间参数的求解方式,用 Excel 对整个网络计划进行建模,如图 7.8 所示。

	A	B	C	D	E	F	G	H	I	J
1										
2		工作	紧后工作	工作持续时间	ES	EF	LS	LF	TF	
3		A	D	11	0	11	0	11	0	
4		B	E、F	8	0	8	0	8	0	
5		C	F	7	0	7	0	7	0	
6		D	G	5	0	5	0	5	0	
7		E	I	13	0	13	0	13	0	
8		F	H	10	0	10	0	10	0	
9		G	I	12	0	12	0	12	0	
10		H	I	13	0	13	0	13	0	
11		I	/	4	0	4	0	4	0	
12										
13				SUM(ES)	0					
14				最短总工期	4					
15				SUM(LS)	0					
16										
17										

图 7.8 时间参数的电子表格建模

首先将工作序号、工作顺序、工作持续时间进行标注,然后将 5 个时间参数进行对应罗列,其中 ES、LS 全赋值为 0。对于 EF 列,F3 单元格的公式为"＝D3＋E3",拉动填充柄进行下拉填充;LF 单元格的公式为"＝G3＋D3",拉动填充柄进行下拉填充。最短总工期单元格 E14 公式为"＝F11"。对于 TF 列,I3 单元格的公式为"＝G3－E3"或"＝H3－F3",拉动填充柄进行下拉填充。

根据最早开始时间的定义,在求各个工作的最早开始时间时,要求每个 ES 尽可能小，并且该工作的 ES 不能小于每个紧前工作的 ES 与工作持续时间的和。因此在建模时，我们可以将目标单元格 E13 公式写为"＝SUM(E3：E11)"，规定求最小值。这个目标函数其实并没有实际意义，但是它可以辅助我们求出各个工作的 ES。这里不能使用最短总工期即 E14 作为目标函数的原因是不能保证每个工作的最早开始时间都最小，对于一些有工作时差的工作可能求出的 ES 不准确。同时，变量设置为"E3：E11"。

接下来添加约束，要求每一个工作的 ES 不能小于每个紧前工作的 ES 与工作持续时间的和，并且每个变量都为非负数，得到规划求解界面如图 7.9 所示。

图 7.9　求解 ES 的电子表格建模

点击求解之后，进行 LS 的建模求解：

根据最晚开始时间的定义，在求各个工作的最晚开始时间时，要求每个 LS 尽可能大，并且该工作的 LS 不能大于每个紧后工作的 LS 与该工作本身的工作持续时间之差。因此在建模时，我们可以将目标单元格 E15 公式写为"＝SUM(G3：G11)"，规定求最大值。这个目标函数同样没有实际意义，但是它同样可以辅助我们求出各个工作的 LS。我们规定要尽快完成工作，因此将 I 工作的 LS 即 G11 规定为 31。同时，变量设置为"G3：G10"。

接下来添加约束，要求每一个工作的 LS 不能大于每个紧后工作的 LS 与该工作本身的工作持续时间之差，并且每个变量都为非负数，得到规划求解界面如图 7.10 所示。

图 7.10　求解 LS 的电子表格建模

点击求解。至此,如果上述过程没出错的话,每个工作的 ES 和 LS 就已解出,并且其他三个时间参数都可以由这两个参数计算得到,我们就得到了如图 7.11 所示的结果:

	A	B	C	D	E	F	G	H	I	J
1										
2		工作	紧后工作	工作持续时间	ES	EF	LS	LF	TF	
3		A	D	11	0	11	3	14	3	
4		B	E、F	8	0	8	0	8	0	
5		C	F	7	0	7	1	8	1	
6		D	G	5	11	16	14	19	3	
7		E	I	13	8	21	18	31	10	
8		F	H	10	8	18	8	18	0	
9		G	I	12	16	28	19	31	3	
10		H	I	13	18	31	18	31	0	
11		I	/	4	31	35	31	35	0	
12										
13				SUM(ES)	92					
14				最短总工期	35					
15				SUM(LS)	112					
16										
17										
18										

图 7.11　时间参数的电子表格求解结果

在本章的电子表格建模和求解中,实际上我们是通过输入公式来求解问题的,Excel 所做的只是简单的算术运算。另外,工作的自由时差还需我们单独进行分析计算,通过电子表格对其进行计算是很复杂的,可能比纯手工计算还要浪费时间。

7.5 案例分析：TIM 机械公司产品网络计划

TIM 公司面临着产品销售瓶颈期，现打算生产一种新产品，这种新产品的生产需要进行产品设计和工艺设计才能开始生产流程。根据其他公司提供的帮助手册显示，产品的生产流程如表 7.10 所示，最短工期为 170 天，工程总费用为 136 900 元，最少要求公司员工 81 人。TIM 公司在分析该表格之后发现该产品的工期较长，花费较高。结合本公司的机床数量和人手情况，帮助手册中提供的产品生产工期不是最佳工期并且花费也不是最低的，因此公司派人结合本公司实际情况调查了更多其他信息并进行了汇总，如表 7.11 和表 7.12 所示。

表 7.10 工程项目信息表 1

序号	工作名称	工作代号	工作持续时间（天）	紧后工作
1	产品设计和工艺设计	A	60	B、C、D、E
2	外购配套件	B	45	L
3	锻件准备	C	10	F
4	工装制造 1	D	20	G、H
5	铸件	E	40	H
6	机械加工 1	F	18	L
7	工装制造 2	G	30	K
8	机械加工 2	H	15	L
9	机械加工 3	K	25	L
10	装配与调试	L	35	/

表 7.11 工程项目信息表 2

工作	持续时间（天）	需要工人（人）
D	20	58
F	18	22
G	30	42
H	15	39
K	25	26

表 7.12 工程项目信息表 3

工作	正常持续时间（天）	直接费用（元）	最短持续时间（天）	直接费用（元）
A	60	10 000	60	10 000
B	45	4 500	30	6 300
C	10	2 800	5	4 300

（续表）

工作	正常持续时间（天）	直接费用（元）	最短持续时间（天）	直接费用（元）
D	20	7 000	10	11 000
E	40	10 000	35	12 500
F	18	3 600	10	5 440
G	30	9 000	20	12 500
H	15	3 750	10	5 750
K	25	6 250	15	9 150
L	35	12 000	35	12 000

现在假如你是这家公司的项目经理，你打算怎样按照公司要求对该项目进行规划，才能使整个项目耗费资源更少、项目工期更小？

解决这样一个复杂的问题往往要将各个问题按照逻辑顺序进行处理，下面我们给出建议的处理顺序供参考：

（1）首先产品经理需要对该产品进行缜密的网络计划，要求绘制网络计划图，找出关键路径并确认最初最短工期。

（2）用六时标注法标注 6 个时间参数。

（3）现在公司此项目的 D、F、G、H、K 5 项工作配置人数只有 65 人，请对这 5 项工作进行资源优化。

（4）请对该产品网络计划进行时间——费用优化。

案例解答：

（1）根据网络计划图的绘制步骤，该问题的网络计划图如图 7.12 所示。

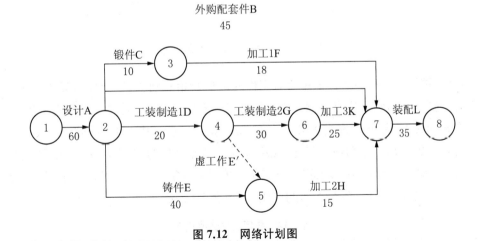

图 7.12　网络计划图

根据网络计划图，得到该问题的所有线路及每条线路的持续时间如表 7.13 所示。

表 7.13   工程项目的所有线路及每条线路的持续时间

线路代号	线路的组成	线路的持续时间(天)
1	1→2→7→8	140
2	1→2→3→7→8	123
3	1→2→4→6→7→8	170
4	1→2→4→5→7→8	130
5	1→2→5→7→8	150

从表 7.13 可以看出,线路持续时间最长的为 170 天,其对应的路径为关键路径,即 1→2→4→6→7→8,最短工期为 170 天。

(2)用计算法计算各项工作的时间参数,得到六时标注法的时间参数如图 7.13 所示。

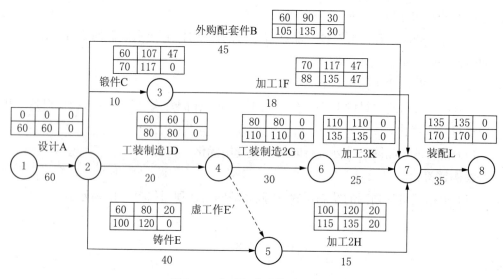

图 7.13   六时标注法的时间参数

(3)根据表 7.11,当项目采用所有工作的最早开始时间进行安排时,发现人员需求高峰时需要 81 人,明显超出配额人数,需要进行资源优化。我们可以利用总空闲时间,将工作 F 推迟 10 天开工,来解决第 70—80 天的超负荷问题;将工作 H 推迟 10 天开工,可以解决第 100—110 天超负荷的问题。最终的需求人数峰值为 65 人,解决了人手问题。

(4)根据表 7.12,当项目采用原方案进行安排时,项目工期为 170 天,项目总花费为 136 900 元。我们先计算各个工作的费用率,如表 7.14 所示。

表 7.14   各项工作的费用率

工作	费用率(元/天)
A	/
B	120

（续表）

工作	费用率（元/天）
C	300
D	400
E	500
F	230
G	350
H	400
K	290
L	／

由表 7.13 可以看出，路线 1→2→4→6→7→8 是关键线路，在此关键路径上，最小费用率的工作是 K、G，将这两项工作各缩短 10 天，项目的总花费减少了 1 600 元。如果再想减少项目工期，会带来费用的极快增长，因此 150 天、花费 135 300 元的方案即为最优方案。

习题

一、单项选择题

1. 关于双代号网络计划图，下面哪一种说法是错误的？（　　　）

A. 用 $(i—j)$ 两个代号及箭线表示一项工作，在箭线上标记必需信息

B. 用箭线表示工作，箭尾的节点表示工作的开始点，箭头的节点表示工作的完成点

C. 双代号网络计划图中只能存在一个起始节点

D. 双代号网络计划图用节点表示工作，用箭线表示状态

2. 关于虚工作的提法，下面哪一种说法是正确的？（　　　）

A. 虚工作指的是实际不存在但是需要耗费时间的工作

B. 虚工作实际上没有意义，在网络计划图中可有可无

C. 虚工作表示两个节点之间的相邻关系，用虚箭线表示

D. 虚工作与其他工作的区别是：其他工作需要紧前工作完成后才能开始，而虚工作不需要等待紧前工作完成就可以开始

3. 在计算时间参数时，下列说法不正确的是（　　　）。

A. 三时估计法和定额法都是计算工作持续时间 D 的方法

B. 工作的最早开始时间和最晚结束时间都是从起始节点开始按照箭线方向进行计算的

C. 工作的总时差计算公式也可以写为：$TF_{i—j} = LF_{i—j} - ES_{i—j} - D_{i—j}$

D. 工作的自由时差计算公式也可以写为：$FF_{i—j} = \min$（所有紧后工作的 $ES_{j—k}$）$- EF_{i—j}$

4. 网络计划图的优化方法不包括（　　　）。

A. 工期优化

B. 计划优化

C. 资源优化

D. 时间—费用优化

5. 对网络计划中的项目费用率的计算说明错误的是(　　)。

A. 费用率就是将某工作的持续时间缩短每一单位所需要增加的费用

B. 在优化过程中比较网络计划图中所有工作的费用率,并缩减最小费用率工作的时间

C. 如果某工作的费用率低于项目的单位间接费用,那么在减少该工作持续时间时,项目总费用会下降

D. 费用率的计算公式类似于导数的计算方法

6. 下面哪个公式不是计算工作持续时间 D 时有关的公式(　　)。

A. $D_{i-j} = EF_{i-j} - ES_{i-j}$

B. $D = \dfrac{a + 4m + b}{6}$

C. $\sigma^2 = \left(\dfrac{b-a}{6}\right)^2$

D. $D = \dfrac{Q}{R \cdot S \cdot n}$

7. 三时估计法中不需要计算的参数是(　　)。

A. 乐观时间

B. 最可能时间

C. 悲观时间

D. 最不可能时间

8. 六时标注法中的"六时"不包括下列哪一项?(　　)

A. 工作的最早开始时间

B. 工作的总时差

C. 工作的持续时间

D. 工作的自由时差

9. 下列对网络计划的理解错误的是(　　)。

A. 网络计划,即网络计划技术,是指用于工程项目的计划与控制的一项管理技术

B. 我们可以不断改进网络计划,寻找工期、资源和成本的最优方案,从而实现合理利用资源、降低成本

C. 网络计划就是使用双代号网络计划图对资源进行优化安排的技术

D. 网络计划依其起源有关键路径法与计划评审法之分

10. 关于工作之间的顺序关系下列说法错误的是(　　)。

A. 平行工作可能含有先行工作或后继工作

B. 紧前工作包含在先行工作中

C. 紧后工作包含在后继工作中

D. 平行工作中一定不会含有紧前工作或紧后工作

11. 关于时差下列说法错误的是(　　)。

A. 网络中关键线路上的所有作业,其总时差和自由时差均为 0

B. 网络中非关键线路上的所有作业,其总时差和自由时差均不为 0

C. 若一项作业的总时差为 0,则其自由时差也必为 0

D. 若一项作业的自由时差为 0,则其总时差也必为 0

12. 某工作 M 有最早开始时间为第 16 天,持续时间为 5 天。该工作有 3 项紧后工作,

它们的最早开始时间分别为第24天、第27天、第28天,则工作M的自由时差为(   )。

A. 3天　　　　　B. 6天　　　　　C. 7天　　　　　D. 5天

13. 在网络计划的执行过程中,发现某工作的实际进度比其计划进度拖后5天,影响总工期2天,则该工作原来的总时差为(   )。

A. 2天　　　　　B. 3天　　　　　C. 5天　　　　　D. 7天

14. 以下关于关键工作、关键线路的描述正确的是(   )。

A. 关键线路是网络计划所有线路中费用最省的一条线路

B. 关键线路是网络计划所有线路中持续时间最长的一条线路

C. 关键线路是网络计划所有线路中不存在虚工作的一条线路

D. 关键线路是网络计划所有线路中实工作最多的一条线路

15. 以下关于虚工作与实工作的说法正确的是(   )。

A. 打磨材料工作是一项实工作,用实箭线表示

B. 虚工作不需要消耗时间,但需要消耗资源

C. 虚工作不需要消耗资源,但需要消耗时间

D. 虚工作的作用是保证一张网络计划图只有一个起始节点和一个终点节点

二、是非判断题(正确的标"T",错误的标"F")

1. 网络计划图是一个赋权有向图。　　　　　　　　　　　　　　　(   )

2. 网络计划图中的两节点之间可以存在两条箭线来表示两个工作过程。(   )

3. 网络计划图中缺口的含义是这条线路上的工作到此结束。　　　　(   )

4. 网络计划图中的关键线路就是所含工作数量最多的线路。　　　　(   )

5. 某工作的总时差可能是与其他工作共享的,而自由时差与其他工作无关。(   )

6. 网络计划优化的过程中,找出关键线路上费用率最低的工作后,缩短其工期,缩短后该工作不能成为非关键工作是因为可能导致关键线路改变,不能实际缩短项目工期。　　　　　　　　　　　　　　　　　　　　　　　　　　　　(   )

7. 关键线路上的每一个工作都是关键工作。　　　　　　　　　　　(   )

8. 在网络计划过程中,如果计划中的工期大于要求的工期,我们需要减少对关键工作的投入,来对网络计划进行优化。　　　　　　　　　　　　　　　　(   )

9. 绘制网络计划图的基本步骤是:绘制网络计划草图、对项目进行分解和分析、画正式网络计划图。　　　　　　　　　　　　　　　　　　　　　　　　　(   )

10. 时间——费用优化是用来解决想要让项目的工期尽可能短,同时又要保证费用尽可能少;想要在工期一定的情况下,保证费用尽可能少;在费用一定的情况下,保证工期尽可能短等一系列问题的优化方法。　　　　　　　　　　　　　　　　(   )

11. 网络计划图只能有一个始点和一个终点。　　　　　　　　　　　(   )

12. 网络计划图中关键线路的延续时间相当于求图中从起点到终点的最短路。(   )

13. 网络计划图中用时最长的工作一定包含在关键线路中。　　　　　(   )

14. 一个网络计划图只存在唯一的关键线路。　　　　　　　　　　　(   )

15. 为了在最短时间内完成项目,其关键线路上作业的开始或结束时间不允许有任

何的延迟。   （ ）

三、建模与求解

1. 已知某工程的项目信息如表 7.15 所示。

表 7.15 工程项目信息表

序号	工序	工作持续时间(天)	紧后工作
1	A	3	B、C、D
2	B	4	E
3	C	3	F
4	D	5	G
5	E	3	H
6	F	2	H
7	G	6	I
8	H	5	I
9	I	2	/

根据以上资料,请回答如下问题：

(1) 绘制网络计划图。

(2) 用六时标注法标注 6 个时间参数。

(3) 确定该问题的关键线路。

2. 已知某工程的项目信息如表 7.16 所示。

表 7.16 工程项目信息表

序号	工序	工作持续时间(天)	紧后工作
1	A	5	H
2	B	4	C
3	C	3	H
4	D	2	E
5	E	2	F、G
6	F	1	H
7	G	1	I
8	H	3	J
9	I	3	J
10	J	4	/

根据以上资料,请回答如下问题：

(1) 绘制网络计划图。

(2) 用六时标注法标注 6 个时间参数。

(3) 确定该问题的关键线路。

3. 已知某工程的项目信息如表 7.17 所示。

表 7.17　工程项目信息表

序号	工序	工作持续时间（天）	紧后工作
1	A	20	B、C、D
2	B	20	E
3	C	30	E、F、G
4	D	35	G
5	E	12	H
6	F	13	H
7	G	21	H
8	H	10	/

根据以上资料，请回答如下问题：

（1）绘制网络计划图。

（2）用六时标注法标注 6 个时间参数。

（3）确定该问题的关键线路。

四、电子表格建模与求解

1. 已知某工程的项目信息如表 7.18 所示。

表 7.18　工程项目信息表

序号	工序	工作持续时间（天）	紧后工作
1	A	10	B、C
2	B	20	D
3	C	10	E
4	D	12	F
5	E	30	F
6	F	15	/

根据以上资料，请回答如下问题：

（1）绘制网络计划图。

（2）利用 Excel 进行建模，求解每个工作的 5 个时间参数：ES、EF、LS、LF、TF。

（3）手工计算每个工作的自由时差 FF。

第8章　存储论

存储是一种常见的社会和日常现象。如生产企业为了保证生产正常、连续地进行，需要存储一定数量的原材料；销售企业为了满足顾客的需求，需要存储一定数量的商品；水电站为了发电的需要，应该保持适量的水库容量；在城市交通系统中，为了应付客流的随机波动，及时疏散拥挤的人群，除了正常的车辆调度之外，还应该保持适量的机动车辆；此外，国家的粮食、战略物资的储备、航空零部件的储备以及企业人才和信息的储备等等也都涉及存储问题。在这些存储问题中，如果存储量过多，企业或组织不仅需要支付一定的存储费用，而且还要占用企业或组织大量的资金和存储空间，甚至还会造成存储物资的损坏、变质或过期失效；如果存储量过少，企业或组织不仅会失去顾客、影响企业或组织的利润和信誉，使企业或组织付出额外的人力及费用甚至导致企业或组织破产。这些现象表明：供应与需求之间出现的供不应求或供过于求都会给企业或组织造成影响。那么作为一个企业或组织，究竟应该存储多少为宜？如何协调企业或组织供应与需求这对矛盾？这就需要运用存储论的知识加以解决。存储论就是专门研究存储问题有关理论和方法的一门学科，是运筹学的一个重要分支。它是缓解供应与需求之间出现的供不应求或供过于求等不协调情况的必要和有效的措施。该门学科通过定量的方法描述存储物品供求关系的动态过程和存储状态，描述存储状态和费用之间的关系，确定经济合理的供应策略，从而为人们提供定量的决策依据和有价值的定性指导。

本章主要介绍存储论的基本概念、几种确定型的存储模型、电子表格的建模和求解、案例分析。

8.1　存储论的基本概念

研究存储问题时，首先要把实际问题抽象成数学模型，这就需要在反映问题实质的情况下，对某些复杂的条件通过一些假设进行简化。然后用数学方法研究模型，得出定量的结论，并用实践加以检验，必要时修改模型甚至重新建模。针对实际问题进行建模，首先要清楚存储论中涉及的基本概念。

8.1.1　库存

库存指一个组织保存的产品、在制品或原材料等存储物。其数量会随着需求过程而减少，又随着补充过程而增加。任何一个组织，当投入品或者产出品没有被及时使用时，就形成了库存。

8.1.2　需求

需求是系统的输出，它是存储存在的根本原因。需求有不同的形式：间断式的需求、连续均匀的需求、确定的已知的需求、随机的不确定的需求。

8.1.3　补充

补充是系统的输入，存储会随着需求过程而不断减少；为了满足需求，必须对存储加以补充。补充的办法可以是向其他公司购买或者自行组织生产。若是向其他公司购买，从订货到货物进入"存储"往往需要一段时间，称这段时间为拖后时间。从另一个角度看，为了在某一时刻能补充存储，必须提前订货，这段时间称为提前时间（lead time）。拖后时间可能很长，也可能很短；可能是随机性的，也可能是确定性的。提前时间开始时的库存水平称为再订货点。

8.1.4　费用

（1）存储费用（holding cost）（也称库存成本）：指存货被出售或被使用之前与存储有关的费用。其中包括绑定的资金成本、仓库管理费、存储设备保养与维修的费用、保险费用、存货损坏费用及占用资金所需支付的利息等。

（2）订货费用（ordering cost）：指向外采购物资的费用。它包括两项费用：一项是订购费（固定费用），如手续费、通信费、差旅费、检查验收费用等，该项费用与订货次数有关而与订货数量无关；另一项是订货本身的成本，如货物的单价、运输费用等，该项费用与订货数量有关（可变费用）。设每次平均订购费用为 C_3，货物的单位成本为 K，订货数量为 Q，则总的订货费用为：$C_3 + KQ$。

（3）生产费用（operating cost）：指所需货物不是订购而是由本单位自行生产产生的费用。它包括两项费用：一项是生产准备费用（也称装配费用），如机器的调整、模具的改装、专用设备、工具材料的准备等费用，该项费用与每次生产的数量无关，而与组织生产的次数有关，它对应于订货费用中的订购费用；另一项是生产成本，如原材料和零配件成本、直接加工费等，该项费用与产品数量有关，它对应于订货费用中的订货成本。

（4）缺货费用（stock-out cost）：指存储不能满足需求所引起的失去销售机会的损失或停工待料的损失，以及不能履行合同而交纳的罚款等。缺货影响信誉的损失很难量化，在不允许缺货的情况下，通常将缺货费用作无穷大处理。

8.1.5　存储策略

存储问题需要解决的问题有两个：一是多长时间补充一次货源；二是每次货源补充的数量是多少。将决定多长时间补充一次货源以及每次补充货源数量的策略称为存储策略。常见的存储策略有以下三种。

1. 定期定量订购制：T—循环策略

不管实际的库存状态如何，总是每隔时间 T 补充一次货源，每次补充一个固定的批量 Q，即：

$$X_i = \begin{cases} Q, & i = T,\ 2T,\ \cdots,\ nT \quad (nT \leqslant T_0,\ T_0 \text{ 是计划期}) \\ 0, & i \neq T,\ 2T,\ \cdots,\ nT \end{cases}$$

2. 定点订购制：$(s,\ S)$ 补充策略

采用这种策略需要确定安全库存量 s（或称保险库存量、安全库存量、报警点）和最高库存量 S 两个参数。不定期地盘点库存，每当存储量 $X > s$ 时不补充，$X \leqslant s$ 时补充，每次补充到最高库存量 S。因此，每次的补充量 Q_i 为一变量，即：

$$Q_i = \begin{cases} S - X_i, & \text{当 } X_i \leqslant s \\ 0, & \text{当 } X_i > s \end{cases}$$

3. 定期定点订购制：$(T,\ s,\ S)$ 策略

每隔时间间隔 T 盘点一次库存，但不一定要补充，只有当存储量 X 小于安全库存量 s 时才补充，并一次性补充到最高库存量 $S(S > s)$。即：

$$Q_i = \begin{cases} S - X_i, & \text{当 } X_i \leqslant s \text{ 且 } i = T,\ 2T,\ \cdots,\ nT \quad (nT \leqslant T_0,\ T_0 \text{ 是计划期}) \\ 0, & \text{否则} \end{cases}$$

8.1.6　存储模型的类型

存储模型按变量的数学特征可分为确定性和随机性存储模型；按库存物品的种类多少可分为单品种和多品种存储模型；按存储周期的特征可分为单周期和多周期存储模型。

1. 确定性和随机性存储模型

模型中的数据皆为确定数据的存储模型称为确定性存储模型。模型中含有随机变量或全部为随机变量的存储模型称为随机性存储模型。

2. 单品种和多品种存储模型

一般而言，将数量大、体积大而又占用大量资金的物资单独设库管理称为单品种

库,如煤炭、焦炭、建材和木材等。由于这类库存往往占用大量的资金,因此需要采用比较精细的方法来计算其存储控制参数。

多品种物资存放在同一个仓库里,称为多品种库,如钢材库、电器元件库、零配件库等。多品种库存储控制参数的计算与单品种库的计算是不同的,通常可以采用 ABC 分类法进行存储管理。

3. 单周期和多周期存储模型

有些物资购进后必须一次性全部供应或售出,否则会造成经济损失,这类问题称为单周期存储模型,如报纸、年历等时令性物品以及防洪、防冻等季节性物资的存储模型。而有些物资需要多次进货、多次供应,形成进货—供应消耗—再进货—再供应消耗循环,这样具有多周期特点的存储问题称为多周期存储模型。

8.1.7 存储论研究的基本问题

研究存储问题的目的就是确定最优的存储策略,即多少时间补充一次货源,每次补充的数量是多少。显然,一个好的存贮策略,既可以使总费用少,又可以避免因缺货影响生产(或对顾客失去信用)。通常把使平均总费用达到最小或者平均利润达到最大的策略作为最优策略。本章主要从平均总费用最小的角度来建立存储模型。

8.1.8 常用的指标及表示

(1)需求率:指单位时间内对某种物品的需求量,用 D 表示,对系统而言是输出。

(2)订货批量:一次订货中包含某种物品的数量,用 Q 表示。

(3)订货周期:指两次订货之间的时间间隔,用 t 表示。

(4)订货次数:指单位时间内的订货次数,用 n 表示。

(5)订货提前期:从提出订货到收到货物的时间间隔,用 L 表示,具体如图 8.1 所示。

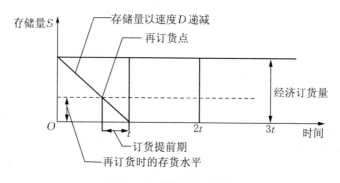

图 8.1 存储论的常用指标

8.2 基本 EOQ 模型

基本 EOQ 模型(economic order quantity model,经济订货批量模型),又称不允许缺货、备货时间很短模型,是由福特·W.哈里斯(Ford W.Harris)提出的。它具有简单、适用性广的特点,在存储论中发挥了重要作用。

8.2.1 模型建立的假设条件

(1)需求是连续的、均匀的,设需求率 D(单位时间的需求量)为常数,则 t 时间内的需求量为 Dt。

(2)当存储降为 0 时,可以立即得到补充(即生产时间或拖后时间很短,可以近似地看成 0)。

(3)每次订货量不变,记为 Q,订购费不变(每次生产量不变,装配费不变),即 C_3 为常数。

(4)不允许缺货,缺货费用无穷大,缺货费用记为 C_2。

(5)单位存储费不变,即 C_1 为常数。

在上述假设条件下,其存储量的变化情况如图 8.2 所示。

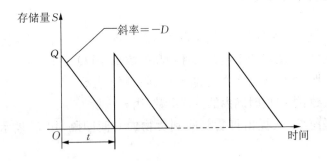

图 8.2 基本 EOQ 模型的存储状态图

8.2.2 模型的建立和求解

依据模型建立的假设条件,如何确定该模型的最优存储策略呢? 正如第 8.1.7 节中提到的,从平均总费用最小的角度建立存储模型。该模型涉及的费用包括三部分:存储费用、订货费用(或生产费用)和缺货费用,由于不允许缺货,因此该模型仅考虑存储费用和订货费用两部分。

假定每隔 t 时间补充一次存储,订货量为 Q,需求速度为 D,单位存贮费为 C_1,订购费为 C_3,货物单价为 K,那么有:订货量 Q 必须满足 t 时间的需求 Dt,即 $Q=Dt$;t 时间总的订货费为:C_3+KDt;t 时间内的平均存储量为:$\dfrac{1}{t}\int_0^t Dt\,\mathrm{d}t=\dfrac{1}{2}Dt$;$t$ 时间内的平均存储费为:$\dfrac{1}{2}C_1Dt$;t 时间内的平均订货费为:$\dfrac{1}{t}C_3+KD$。所以,t 时间内总的平均费用(平均存储费与平均订货费之和)为:

$$C(t)=\frac{1}{2}C_1Dt+\frac{1}{t}C_3+KD \tag{8.1}$$

式(8.1)表明:平均总费用是订货周期 t 的函数,要使平均总费用最少,必须满足:

$$\frac{\mathrm{d}C(t)}{\mathrm{d}t}=-\frac{C_3}{t^2}+\frac{C_1D}{2}=0$$

解得:

最佳订货周期
$$t^*=\sqrt{\frac{2C_3}{C_1D}} \tag{8.2}$$

最佳订货量
$$Q^*=Dt=\sqrt{\frac{2C_3D}{C_1}} \tag{8.3}$$

即每隔 t^* 时间订购一次可使 $C(t)$ 最小。式(8.3)即为经济订货批量模型,简称为 EOQ 公式,也称平方根公式,或经济批量(economic lot size)公式。从式(8.2)和式(8.3)可以看出:由于 Q^*、t^* 皆与 K 无关,因此以后在费用函数中略去 KD 这一项。如无特殊要求,将不再考虑此项费用,这样式(8.1)就可以改写成:

$$C(t)=\frac{1}{2}C_1Dt+\frac{C_3}{t} \tag{8.4}$$

将 t^* 带入式(8.4)得出最佳费用:

$$C^*=C(t^*)=C_3\sqrt{\frac{C_1D}{2C_3}}+\frac{C_1D}{2}\sqrt{\frac{2C_3}{C_1D}}=\sqrt{2C_1C_3D} \tag{8.5}$$

从图 8.3 所示的费用曲线,也可以求出 t^*,Q^* 和 C^*。

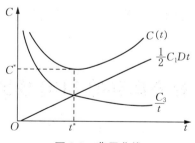

图 8.3　费用曲线

其中,存储费用曲线为:$\dfrac{1}{2}C_1Dt$;订购费用曲线为:$\dfrac{C_3}{t}$;总费用曲线为:$C(t)=\dfrac{C_3}{t}+$

$\frac{1}{2}C_1Dt$。$C(t)$ 曲线的最低点 $\min C(t)$ 的横坐标 t^* 与存储费用曲线、订购费用曲线交点坐标相同。即：

$$\frac{C_3}{t^*} = \frac{1}{2}C_1Dt^* \tag{8.1'}$$

解出：

$$t^* = \sqrt{\frac{2C_3}{C_1D}} \tag{8.2'}$$

$$Q^* = Dt^* = \sqrt{\frac{2C_3D}{C_1}} \tag{8.3'}$$

$$C^* = \frac{C_3}{t^*} + \frac{1}{2}C_1Dt^* = \sqrt{2C_1C_3D} \tag{8.4'}$$

式（8.2'）、式（8.3'）、式（8.4'）与式（8.2）、式（8.3）、式（8.5）一致。

式（8.2）是由于选 t 作为存储策略变量推导出来的。如果选订货批量 Q 作为存储策略变量，也可以推导出上述公式。

8.2.3 应用举例

[**例 8.1**] 某加工厂根据订单得知下一年度某种产品的销售量预计为 15 000 件，该厂准备在全年 300 个工作日内均衡安排生产。加工制作产品所需要的各种原材料费用为 48 元，每件产品所需要的原材料年存储费为成本的 22%，一次订货所需要的费用为 250 元，订货提前期为零，求最佳经济订货量及最小总费用。

解：根据题意可知：该模型为基本的 EOQ 模型，其中 $D = 15\,000$ 件/年，$C_1 = 48 \times 22\% = 10.56$ 元，$C_3 = 250$ 元，$K = 48$ 元，根据式（8.3）和式（8.5）可得：

经济订货批量 $Q^* = \sqrt{\dfrac{2C_3D}{C_1}} = \sqrt{\dfrac{2 \times 250 \times 15\,000}{10.56}} \approx 843$（件）

最小总费用 $C^* = \sqrt{2C_1C_3D} = \sqrt{2 \times 10.56 \times 250 \times 15\,000} \approx 8\,899$（元）

8.3 无缺货，逐渐补充库存的 EOQ 模型

8.3.1 模型建立的假设条件

无缺货、逐渐补充库存的 EOQ 模型的假设条件，除了在库存水平降为 0 时安排生

产,生产需要一定时间之外,其余皆与基本 EOQ 模型相同。设供货速度为 $P(P > D)$,Q 为订货量,T 为生产时间,$P = \dfrac{Q}{T}$,D 为需求速度。其存储量的变化情况如图 8.4 所示。

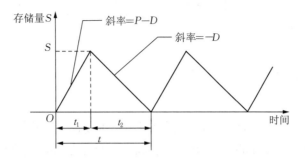

图 8.4　无缺货,逐渐补充库存的 EOQ 模型的存储状态图

8.3.2　模型的建立与求解

从图 8.4 可以看出:当库存水平降为 0 时开始新一轮的生产,这时库存以生产速度 P 在补充,同时也以需求速度 D 在消耗。然而,一旦一轮生产停止,库存水平就以需求速度下降。当库存水平再次降为 0 时,又开始新一轮的生产。在 $(0, t_1)$ 时间内,库存量以 $P - D$ 的速度增加,在 (t_1, t) 时间内,库存量以需求速度 D 在减少。从图 8.4 可知:$(P - D)t_1 = D(t - t_1)$,由此可以得出:

$$Pt_1 = Dt \tag{8.6}$$

t 时间内的平均存储量为:$\dfrac{1}{2}(P - D)t_1$;t 时间内所需的存储费用为:$\dfrac{1}{2}C_1(P - D)t_1 t$;$t$ 时间内所需的订购费(生产装配费)为:C_3。所以,t 时间内的平均总费用 $C(t)$ 为:

$$C(t) = \frac{1}{t}\left[\frac{1}{2}C_1(P - D)t_1 t + C_3\right] = \frac{C_1(P - D)Dt}{2P} + \frac{C_3}{t} \tag{8.7}$$

要使平均总费用最少,必须满足:

$$\frac{\mathrm{d}C(t)}{\mathrm{d}t} = \frac{C_1 D(P - D)}{2P} - \frac{C_3}{t^2} = 0$$

解得:

最佳订货周期
$$t^* = \sqrt{\frac{2C_3}{C_1 D}}\sqrt{\frac{P}{P - D}} \tag{8.8}$$

最佳订货量
$$Q^* = Dt^* = \sqrt{\frac{2C_3 D}{C_1}}\sqrt{\frac{P}{P - D}} \tag{8.9}$$

单位时间总费用
$$C^* = \sqrt{2C_1 C_3 D}\sqrt{\frac{P - D}{P}} \tag{8.10}$$

$$\text{最佳进货(生产)时间} \quad t_1^* = \sqrt{\frac{2C_3 D}{C_1}} \sqrt{\frac{1}{P(P-D)}} \tag{8.11}$$

$$\text{最高存储量} \quad S^* = Q^* - D t_1^* = \sqrt{\frac{2C_3 D}{C_1}} \sqrt{\frac{P-D}{P}} \tag{8.12}$$

8.3.3　应用举例

[例 8.2]　某厂外购一种零件,一次订购费为 100 元,每件每天存储费为 0.02 元,平均日需求量 100 个,不允许缺货,供货单位按每天 200 个零件的速度供货。试求最佳订货量和最小总费用。

解:根据题意可知,该模型属于无缺货,逐渐补充库存的 EOQ 模型,其中 $D = 100$ 个/天,$P = 200$ 个/天,$C_1 = 0.02$ 元,$C_3 = 100$ 元,根据式(8.9)和式(8.10)可得:

$$\text{最佳订货量} \quad Q^* = \sqrt{\frac{2C_3 D}{C_1}} \sqrt{\frac{P}{P-D}} = \sqrt{\frac{2 \times 100 \times 100}{0.02}} \sqrt{\frac{200}{200-100}} \approx 1\,414\,(\text{个})$$

$$\text{最小总费用} \quad C^* = \sqrt{2C_1 C_3 D} \sqrt{\frac{P-D}{P}} = \sqrt{2 \times 0.02 \times 100 \times 100} \sqrt{\frac{200-100}{200}}$$
$$\approx 14\,(\text{元})$$

8.4　订货提前期为零,允许缺货的 EOQ 模型

8.4.1　模型建立的假设条件

订货提前期为零,允许缺货的 EOQ 模型的假设条件,除允许缺货之外,其余皆与基本 EOQ 模型相同。设单位存贮费为 C_1,每次订购费为 C_3,单位缺货费为 C_2,需求速度为 D。其存储量的变化情况如图 8.5 所示。

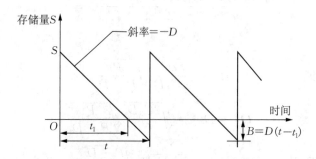

图 8.5　订货提前期为零,允许缺货的 EOQ 模型的存储状态图

8.4.2 模型的建立与求解

从图 8.5 可以看出:当库存水平降为 0 时并不马上补充货源,而是有一段时间处于缺货状态。当缺货达到一定水平时立即补充货源,然后以需求速度 D 在消耗。设初始存储量为 S,B 为最大的缺货量,在 $(0, t_1)$ 时间内,库存量是正值,在 (t_1, t) 时间内发生缺货。每当新的一批货源到达,马上补足缺货,然后再进行存储。由于 S 仅能满足 t_1 时间的需求量,有 $S = Dt_1$;在 (t_1, t) 时间内处于缺货状态,则有 $B = D(t - t_1)$,于是可以得出:在 $(0, t_1)$ 时间的平均存储量为:$\frac{1}{2}S = \frac{1}{2}Dt_1$;在 (t_1, t) 时间内的平均缺货量为:$\frac{1}{2}D(t - t_1)$;在 $(0, t)$ 时间内需要的存储费为:$\frac{1}{2}C_1 St_1 = \frac{C_1 S^2}{2D}$;在 $(0, t)$ 时间内发生的缺货费为:$\frac{1}{2}C_2 D(t - t_1)^2 = \frac{C_2 (Dt - S)^2}{2D}$;在 $(0, t)$ 时间内的平均总费用为:

$$C(t, s) = \frac{1}{t}\left[\frac{C_1 S^2}{2D} + \frac{C_2 (Dt - S)^2}{2D} + C_3\right]。$$

要使平均总费用最少,必须满足:

$$\begin{cases} \dfrac{\partial C(t, S)}{\partial S} = \dfrac{1}{t}\left[C_1 \dfrac{S}{D} - C_2 \dfrac{(Dt - S)}{D}\right] = 0 \\ \dfrac{\partial C(t, S)}{\partial t} = -\dfrac{1}{t^2}\left[C_1 \dfrac{S^2}{2D} + C_2 \dfrac{(Dt - S)^2}{2D} + C_3\right] + \dfrac{1}{t}C_2(Dt - S) = 0 \end{cases} \tag{8.13}$$

解得:

最佳订货周期　$t^* = \sqrt{\dfrac{2C_3}{C_1 D}}\sqrt{\dfrac{C_1 + C_2}{C_2}}$ $\hspace{2cm}$ (8.14)

最佳订货量　$Q^* = \sqrt{\dfrac{2C_3 D}{C_1}}\sqrt{\dfrac{C_1 + C_2}{C_2}}$ $\hspace{2cm}$ (8.15)

最小平均总费用　$C(t^*, S^*) = \min C(t, S) = \sqrt{2C_1 C_3 D}\sqrt{\dfrac{C_2}{C_1 + C_2}}$ $\hspace{1cm}$ (8.16)

最大存储量　$S^* = \sqrt{\dfrac{2C_3 D}{C_1}}\sqrt{\dfrac{C_2}{C_1 + C_2}}$ $\hspace{2cm}$ (8.17)

最大缺货量　$B^* = Q^* - S^* = \sqrt{\dfrac{2C_1 C_3 D}{C_2(C_1 + C_2)}}$ $\hspace{1.5cm}$ (8.18)

8.4.3 应用举例

[例 8.3]　某厂每年需要某种原料 2 000 吨,每吨 100 元,已知每吨的年存储费用为

成本的 16%,组织一次订货需要 1 000 元,订货提前期为零。根据以上资料回答下列问题:

(1) 求最佳经济订货量以及最小平均总费用。

(2) 如果允许缺货,每缺货一吨的损失费用为 8 元,求最佳经济订货量、最小平均总费用以及最大允许缺货量。

(3) 采用缺货策略是否比不允许缺货策略节约成本? 如果节约,则节约多少?

解:(1) 根据题意,该模型属于基本的 EOQ 模型,其中 $D=2\,000$ 吨/年,$K=100$ 元/吨,$C_1=100\times16\%=16$ 元,$C_3=1\,000$ 元,根据式(8.3)和式(8.5)可得:

经济订货批量 $\quad Q^*=\sqrt{\dfrac{2C_3D}{C_1}}=\sqrt{\dfrac{2\times1\,000\times2\,000}{16}}=500(吨)$

在经济订货量下平均总费用

$$C^*=\sqrt{2C_1C_3D}=\sqrt{2\times16\times1\,000\times2\,000}=8\,000(元)$$

(2) 根据题意,该模型属于订货提前期为零,允许缺货的 EOQ 模型,其中 $D=2\,000$ 吨/年,$K=100$ 元/吨,$C_1=100\times16\%=16$ 元,$C_3=1\,000$ 元,$C_2=8$ 元,根据式(8.15)、式(8.16)和式(8.18)可得:

最佳经济订货批量 $\quad Q^*=\sqrt{\dfrac{2C_3D}{C_1}}\sqrt{\dfrac{C_1+C_2}{C_2}}=\sqrt{\dfrac{2\times1\,000\times2\,000}{16}}\sqrt{\dfrac{8+16}{8}}$
$$\approx866(吨)$$

在经济订货量下平均总费用

$$C^*=\sqrt{2C_1C_3D}\sqrt{\dfrac{C_2}{C_1+C_2}}=\sqrt{2\times16\times1\,000\times2\,000}\sqrt{\dfrac{8}{16+8}}\approx4\,619(元)$$

最大缺货量 $\quad B^*=\sqrt{\dfrac{2DC_1C_3}{C_2(C_1+C_2)}}=\sqrt{\dfrac{2\times2\,000\times16\times1\,000}{8\times(16+8)}}\approx577(吨)$

(3) 允许缺货比不允许缺货节约费用,节约了 $8\,000-4\,619=3\,381$(元)。

8.5 有计划缺货,逐渐补充库存的 EOQ 模型

8.5.1 模型建立的假设条件

有计划缺货、逐渐补充库存的 EOQ 模型的假设条件,除允许缺货、生产需要一定时间外,其余皆与基本 EOQ 模型相同。设单位存贮费为 C_1,每次订购费为 C_3,单位缺货费为 C_2,需求速度为 D,供货速度为 P。其存储量的变化情况如图 8.6 所示。

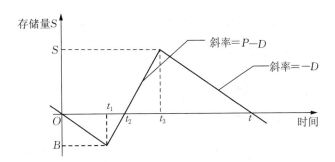

图 8.6 有计划缺货、逐渐补充库存的 EOQ 模型的存储状态图

8.5.2 模型的建立和求解

从图 8.6 可以看出:当库存水平降为 0 时并不马上补充货源,而是有一段时间处于缺货状态。当缺货达到一定水平时边生产边补足缺货,达到最大存储量时立即停止生产,然后以需求速度 D 消耗。设 S 为最大存储量,B 为最大缺货量,(t_1, t_3) 为生产时间,其中 (t_1, t_2) 时间除满足需求之外,还须补充在 $(0, t_1)$ 时间内的缺货,(t_2, t_3) 时间内满足需求后的货物进入库存,库存量以 $(P-D)$ 的速度增加(P 为供货速度,D 为需求速度),t_3 时刻库存量达到最大,这时停止生产,(t_3, t) 时间内库存量以速率 D 减少。由图 8.6 可以得出:

由于 $(0, t_1)$ 时间内的缺货需要在 (t_1, t_2) 时间内补足,因此有:

$$B = Dt_1 = (P-D)(t_2-t_1)$$

则有:

$$t_1 = \frac{(P-D)}{P} t_2 \tag{8.19}$$

又 (t_2, t_3) 时间内的存储需要满足 (t_3, t) 时间内的需求,所以有:

$$S = (P-D)(t_3-t_2) = D(t-t_3)$$

则有:

$$(t_3 - t_2) = \frac{D}{P}(t-t_2) \tag{8.20}$$

在 (t_2, t) 时间内的平均存储量　　$\dfrac{S}{2} = \dfrac{1}{2}(P-D)(t_3-t_2)$

在 $(0, t_2)$ 时间内的平均缺货量　　$\dfrac{B}{2} = \dfrac{1}{2} Dt_1$

在 $(0, t)$ 时间内所需要的存储费　　$\dfrac{1}{2} C_1(P-D)(t_3-t_2)(t-t_2)$ \tag{8.21}

在 $(0, t)$ 时间内所需要的缺货费　　$\dfrac{1}{2} C_2 Dt_1 t_2$ \tag{8.22}

将式(8.20)代入式(8.21),将式(8.19)代入式(8.22)得:

在$(0, t)$时间内所需要的存储费 $\quad \dfrac{1}{2}C_1(P-D)\dfrac{D}{P}(t-t_2)^2$

在$(0, t)$时间内所需要的缺货费 $\quad \dfrac{1}{2}C_2 D\dfrac{P-D}{P}t_2^2$

在$(0, t)$时间内的平均总费用

$$C(t, t_2) = \frac{1}{t}\left[\frac{1}{2}C_1\frac{(P-D)D}{P}(t-t_2)^2 + \frac{1}{2}C_2\frac{(P-D)D}{P}t_2^2 + C_3\right] \quad (8.23)$$

要使平均总费用最小,必须满足:

$$\begin{cases} \dfrac{\partial C(t, t_2)}{\partial t} = \dfrac{(P-D)D}{2P}\left[C_1 - (C_1+C_2)\dfrac{t_2^2}{t^2}\right] - \dfrac{C_3}{t^2} = 0 \\ \dfrac{\partial C(t, t_2)}{\partial t_2} = \dfrac{(P-D)D}{2P}\left[-2C_1 + 2(C_1+C_2)\dfrac{t_2}{t}\right] = 0 \end{cases} \quad (8.24)$$

解得:

最佳订货周期 $\quad t^* = \sqrt{\dfrac{2C_3}{C_1 D}}\sqrt{\dfrac{C_1+C_2}{C_2}}\sqrt{\dfrac{P}{P-D}}$ $\qquad\qquad$ (8.25)

最佳订货量 $\quad Q^* = Dt^* = \sqrt{\dfrac{2C_3 D}{C_1}}\sqrt{\dfrac{C_1+C_2}{C_2}}\sqrt{\dfrac{P}{P-D}}$ $\qquad\qquad$ (8.26)

进入存储的最佳时间点 $\quad t_2^* = \dfrac{C_1}{C_1+C_2}\sqrt{\dfrac{2C_3}{C_1 D}}\sqrt{\dfrac{C_1+C_2}{C_2}}\sqrt{\dfrac{P}{P-D}}$ $\qquad$ (8.27)

最大存储量 $\quad S^* = (P-D)(t_3 - t_2) = \dfrac{(P-D)D}{P}(t-t_2)$

$$= \sqrt{\dfrac{2C_3 D}{C_1}}\sqrt{\dfrac{C_2}{C_1+C_2}}\sqrt{\dfrac{P-D}{P}} \qquad\qquad (8.28)$$

最大缺货量 $\quad B^* = Dt_1^* = \dfrac{D(P-D)}{P}t_2^* = \sqrt{\dfrac{2C_1 C_3 D}{(C_1+C_2)C_2}}\sqrt{\dfrac{P-D}{P}}$ $\quad$ (8.29)

最小平均总费用 $\quad C^* = \sqrt{2C_1 C_3 D}\sqrt{\dfrac{C_2}{C_1+C_2}}\sqrt{\dfrac{P-D}{P}}$ $\qquad\qquad$ (8.30)

8.6　四个模型的联系和区别

模型一:基本 EOQ 模型的存储策略为:

最佳订货周期 $\quad t^* = \sqrt{\dfrac{2C_3}{C_1 D}}$

最大存储量 $\quad S^* = Q^* = \sqrt{\dfrac{2C_3 D}{C_1}}$

模型二：无缺货、逐渐补充库存的 EOQ 模型的存储策略为：

最佳订货周期 $\quad t^* = \sqrt{\dfrac{2C_3}{C_1 D}} \sqrt{\dfrac{P}{P-D}}$

最佳订货量 $\quad Q^* = Dt^* = \sqrt{\dfrac{2C_3 D}{C_1}} \sqrt{\dfrac{P}{P-D}}$

最大存储量 $\quad S^* = \sqrt{\dfrac{2C_3 D}{C_1}} \sqrt{\dfrac{P-D}{P}}$

模型三：订货提前期为零，允许缺货、逐渐补充库存的 EOQ 模型的存储策略为：

最佳订货周期 $\quad t^* = \sqrt{\dfrac{2C_3}{C_1 D}} \sqrt{\dfrac{C_1 + C_2}{C_2}}$

最佳订货量 $\quad Q^* = \sqrt{\dfrac{2C_3 D}{C_1}} \sqrt{\dfrac{C_1 + C_2}{C_2}}$

最大存储量 $\quad S^* = \sqrt{\dfrac{2C_3 D}{C_1}} \sqrt{\dfrac{C_2}{C_1 + C_2}}$

模型四：有计划缺货、逐渐补充库存的 EOQ 模型的存储策略为：

最佳订货周期 $\quad t^* = \sqrt{\dfrac{2C_3}{C_1 D}} \sqrt{\dfrac{C_1 + C_2}{C_2}} \sqrt{\dfrac{P}{P-D}}$

最佳订货量 $\quad Q^* = Dt^* = \sqrt{\dfrac{2C_3 D}{C_1}} \sqrt{\dfrac{C_1 + C_2}{C_2}} \sqrt{\dfrac{P}{P-D}}$

最大存储量 $\quad S^* = \sqrt{\dfrac{2C_3 D}{C_1}} \sqrt{\dfrac{C_2}{C_1 + C_2}} \sqrt{\dfrac{P-D}{P}}$

从以上四个模型的存储策略不难看出，它们具有以下几个共同特点：

(1) 平均存储量与最佳订货周期的乘积等于订购费与单位存储费的比值，即 $\dfrac{S^* t^*}{2} = \dfrac{C_3}{C_1}$。

(2) 模型二、模型三的存储策略是在模型一存储策略的基础上乘上相应的因子。

(3) 在相同的时间段内，允许缺货的订货次数比不允许缺货时的订货次数减少了。

8.7 有数量折扣的 EOQ 模型

8.7.1 模型建立的假设条件

除了货物的单价随订货数量而变化之外，有数量折扣的 EOQ 模型的假设条件与基本的 EOQ 模型相同。

在基本 EOQ 模型中，由于获得成本是固定成本，因此总费用中只考虑存储费用和订货费用。而有了数量折扣以后，获得成本就变成了可变成本，因为获得成本的大小取决于每次订购量的多少。设单位存贮费为 C_1，每次订购费为 C_3，需求速度为 D，Q 为订购量。货物单价为 $K(Q)$，设 $K(Q)$ 按三个数量等级变化：我们假设 $K_1 > K_2 > K_3$，折扣函数 $K(Q)$ 随 Q 的变化曲线如图 8.7 所示。

$$K(Q) = \begin{cases} K_1, & 0 \leqslant Q < Q_1 \\ K_2, & Q_1 \leqslant Q < Q_2 \\ K_3, & Q \geqslant Q_2 \end{cases}$$

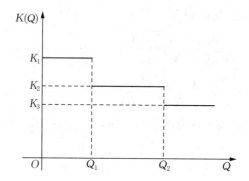

图 8.7　货物单价 $K(Q)$ 随订购数量 Q 的变化图

8.7.2　模型的建立和求解

由于 $Q = Dt$，所以时间 t 内的总费用为：

$$\frac{C_1 Q^2}{2D} + C_3 + KQ$$

记平均每单位库存货物所需的总成本为 $C(Q)$，则有：

$$C(Q) = \frac{C_1 Q}{2D} + \frac{C_3}{Q} + K \tag{8.31}$$

由于 $K(Q)$ 是分段函数，所以有：

当 $0 \leqslant Q < Q_1$ 时，$C^{\mathrm{I}}(Q) = \dfrac{C_1 Q}{2D} + \dfrac{C_3}{Q} + K_1$

当 $Q_1 \leqslant Q < Q_2$ 时，$C^{\mathrm{II}}(Q) = \dfrac{C_1 Q}{2D} + \dfrac{C_3}{Q} + K_2$

当 $Q \geqslant Q_2$ 时，$C^{\mathrm{III}}(Q) = \dfrac{C_1 Q}{2D} + \dfrac{C_3}{Q} + K_3$

如果不考虑它们的定义域，那么它们之间只差一个常数，因此其导函数相同，故表示的是一簇平行曲线,如图 8.8 所示。

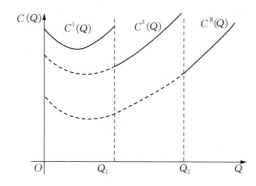

图 8.8 平均每单位货物所需费用

令 $\dfrac{\mathrm{d}C(Q)}{\mathrm{d}Q} = \dfrac{C_1}{2}D - \dfrac{C_3}{Q^2} = 0$,可得:

$$Q_0 = \sqrt{\frac{2C_3 D}{C_1}} \tag{8.32}$$

这就是基本 EOQ 模型中的最佳经济订货量。但 Q^* 会落在哪一个区间,事先很难估计。观察图 8.8,可以得出有数量折扣的 EOQ 模型的求解步骤:

(1) 先不考虑 K 的变化情况,按式(8.32)求出最佳订购量 Q_0。

(2) 若 $Q_0 < Q_1$,计算 $C^{\mathrm{I}}(Q_0)$,$C^{\mathrm{II}}(Q_1)$,$C^{\mathrm{III}}(Q_2)$,由 $\min\{C^{\mathrm{I}}(Q_0), C^{\mathrm{II}}(Q_1), C^{\mathrm{III}}(Q_2)\}$ 得到单位货物最小费用的订购量 Q^*,例如:$\min\{C^{\mathrm{I}}(Q_0), C^{\mathrm{II}}(Q_1), C^{\mathrm{III}}(Q_2)\} = C^{\mathrm{II}}(Q_1)$,则取 $Q^* = Q_1$。

(3) 若 $Q_1 \leqslant Q_0 < Q_2$,计算 $C^{\mathrm{II}}(Q_0)$,$C^{\mathrm{III}}(Q_2)$,由 $\min\{C^{\mathrm{II}}(Q_0), C^{\mathrm{III}}(Q_2)\}$ 决定最佳订购量 Q^*。

(4) 若 $Q_0 \geqslant Q_2$,则最佳订购批量就是 $Q^* = Q_0$。

以上步骤易于推广到货物单价折扣分 m 个等级变化的情形。

8.7.3 应用举例

[**例 8.4**] 某工厂每年需要某种化工原料 1 000 桶,每次订购准备成本 5 元,每年每桶存储成本 0.4 元,每桶单价 2.5 元,折扣条件为:

(1) 订购数量超过 100 桶时,每桶价格为 2.375 元。

(2) 订购数量超过 300 桶时,每桶价格为 2.25 元。

求:该厂最佳经济订货量。如果每年需求量为 3 000 桶,应该采取何种订货策略?

解:(1) 根据题意,该模型属于有数量折扣的 EOQ 模型,其中 $D = 1\,000$ 桶/年,$C_1 = 0.4$ 元,$C_3 = 5$ 元,$K = 2.5$ 元 / 桶,按照式(8.32)计算得:

经济订货量 $\qquad Q_0 = \sqrt{\dfrac{2 \times C_3 \times D}{C_1}} = \sqrt{\dfrac{2 \times 5 \times 1\,000}{0.4}} \approx 158$(桶)

由于 $100 < Q_0 \approx 158 < 300$，所以计算每次订购数量分别为 158 桶和 300 桶时每桶所需的平均费用，即：

$$C(158) = \frac{0.4 \times 158}{2 \times 1\,000} + \frac{5}{158} + 2.375 = 2.44 \,(\text{元/桶})$$

$$C(300) = \frac{0.4 \times 300}{2 \times 1\,000} + \frac{5}{300} + 2.25 = 2.33 \,(\text{元/桶})$$

由于 $C(158) > C(300)$，最优订货量为 300 桶。

(2) 若每年的需求量为 3 000 桶，则有：

$$Q_0 = \sqrt{\frac{2 \times C_3 \times D}{C_1}} = \sqrt{\frac{2 \times 5 \times 3\,000}{0.4}} \approx 354\,(\text{桶})$$

由于 $Q_0 \approx 354 > 300$，因此最优订货量为 354 桶。

8.8 电子表格建模和求解

[**例 8.5**] 再续例 8.1，对该问题进行电子表格建模和求解。

解：对该问题进行电子表格建模如图 8.9 所示。

对该问题进行电子表格求解，如图 8.10 所示。

	A	B
1	基本EOQ模型	
2	年需求量D	15000
3	一次订货的订货费用C3	250
4	单位年存储费用C1	=B5*0.22
5	单价K	48
6		
7	订货量Q	=10
8	平均订货费用	=B2/B7*B3
9	平均存储费用	=B4*B7/2
10	平均总费用	=B8+B9
11		
12	经济订货量	=SQRT(2*B3*B2/B4)
13	EOQ下年总费用	=B2/B12*B3+B4*B12/2

图 8.9 例 8.5 的电子表格建模

	A	B
1	基本EOQ模型	
2	年需求量D	15000
3	一次订货的订货费用C3	250
4	单位年存储费用C1	10.56
5	单价K	48
6		
7	订货量Q	10
8	平均订货费用	375000
9	平均存储费用	52.8
10	平均总费用	375052.8
11		
12	经济订货量	842.749828
13	EOQ下年总费用	8899.43818

图 8.10 例 8.5 的电子表格求解

根据图 8.10 可以看出：最佳经济订货量为 843 件，平均总费用为 8 899 元，这与例 8.1 求得的结果是一致的。

[**例 8.6**] 再续例 8.3，对该问题进行电子表格建模和求解。

解：对该问题的(1)和(2)进行电子表格建模，如图 8.11 所示。

对该问题进行电子表格求解，如图 8.12 所示。

根据图 8.12 可以得出：在不允许缺货的情况下，最佳经济订货量为 500 吨，平均总费用为 8 000 元；在允许缺货的情况下，最佳经济订货量为 866 吨，平均总费用为 4 619 元，最大允许的缺货量为 577 吨，允许缺货比不允许缺货节约资金 3 381 元，这与例 8.3 求得的结果是一致的。

	A	B
1	(1)基本EOQ模型	
2	年需求量D	2000
3	一次订货的订货费用C3	1000
4	单位年存储费用C1	=B5*0.16
5	单价K	100
6		
7	订货量Q	50
8	平均订货费用	=B2/B7*B3
9	平均存储费用	=B4*B7/2
10	平均总费用	=B8+B9
11		
12	经济订货量	=SQRT(2*B3*B2/B4)
13	EOQ下年总费用	=B2/B12*B3+B4*B12/2
14	(2)订货提前期为零,允许缺货的EOQ模型	
15	年需求量D	2000
16	一次订货的订货费用C3	1000
17	单位年存储费用C1	=B18*0.16
18	单价K	100
19	单位缺货损失费C2	8
20		
21	经济订货量	=SQRT(2*B16*B15*(B17+B19)/B17/B19)
22	经济订货量下平均总费用	=SQRT(2*B17*B16*B19*B15/(B17+B19))
23	最大允许缺货量	=SQRT(2*B15*B16*B17/B19/(B17+B19))

图 8.11 例 8.6 的电子表格建模

	A	B
1	(1)基本EOQ模型	
2	年需求量D	2000
3	一次订货的订货费用C3	1000
4	单位年存储费用C1	16
5	单价K	100
6		
7	订货量Q	50
8	平均订货费用	40000
9	平均存储费用	400
10	平均总费用	40400
11		
12	经济订货量	500
13	EOQ下年总费用	8000
14	(2)订货提前期为零,允许缺货的EOQ模型	
15	年需求量D	2000
16	一次订货的订货费用C3	1000
17	单位年存储费用C1	16
18	单价K	100
19	单位缺货损失费C2	8
20		
21	经济订货量	866.0254038
22	经济订货量下平均总费用	4618.802154
23	最大允许缺货量	577.3502692

图 8.12 例 8.6 的电子表格求解

[**例 8.7**] 再续例 8.4,对该问题进行电子表格建模和求解。

解:对该问题进行电子表格建模如图 8.13 所示。

	A	B	C	D	E	F	G	H	I
1									
2	年需求率D		1000						
3	一次订购费用C3		5						
4	单位存储费用C1		0.4						
5	订购数量的范围						平均订货费用	平均存储费用	平均总费用
6	类别	价格	订购下限	订购上限	EOQ	Q			
7	1	2.375	100	300	=SQRT(2*$C$3*$C$2/$C$4)	=MAX(C7,E7)	=$C$3/F7	=$C$4*F7/(2*C2)	=SUM(G7:H7,B7)
8	2	2.25	300	10000000000000000	=SQRT(2*$C$3*$C$2/$C$4)	=MAX(C8,E8)	=$C$3/F8	=$C$4*F8/(2*C2)	=SUM(G8:H8,B8)
9	结果								
10	最优订购量		=INDEX(F7:F8,MATCH(MIN(I7:I8),I7:I8,0))						
11	最优单位产品费用		=MIN(I7:I8)						

图 8.13 例 8.7 的电子表格建模

325

对该问题进行电子表格求解如图 8.14 所示。

	A	B	C	D	E	F	G	H	I
1									
2	年需求率D		1000						
3	一次订购费用C₃		5						
4	单位存储费用C₁		0.4						
5	订购数量的范围						平 均	平 均	平 均
6	类别	价格	订购下限	订购上限	EOQ	Q	订购费用	存储费用	总费用
7	1	2.375	100	300	158.11388	158.1139	0.031623	0.031622777	2.438245553
8	2	2.25	300	1E+18	158.11388	300	0.016667	0.06	2.326666667
9	结果								
10	最优订购量		300						
11	最优单位产品费用	2.326666667							

图 8.14　例 8.7 的电子表格求解

从图 8.14 可以看到,最优订货量为 300 桶,这时平均每桶所需费用为 2.33 元,与例 8.4 得到的求解结果是一致的。

8.9　案例分析:改进库存控制

转过街角,当罗伯特·盖茨看到他妻子正在修剪丛生在他们前院的玫瑰时,他笑了。他把车缓缓地驶进车道,关闭引擎,扑进了他妻子的怀抱。

"今天怎么样?"她问道。

"非常棒! 药店的生意好得不能再好了!"罗伯特回答道,"除了回家路上的交通! 这样的交通可以把一个健全的人给逼疯了! 我现在太紧张了。我想马上进去喝一杯马提尼放松一下。"

罗伯特走进房子,直接进了厨房。他看到了橱柜上的信并开始浏览各种账单和广告,直到他看到了新的一期《今日运筹/管理科学》(OR/MS Today)。他调好了他的酒,拿着杂志,走进了起居室,舒舒服服地躺到了活动躺椅上。他有了他所想要的一切——除了一样。他看到了电视机顶上的遥控器。他把他的酒和杂志放在咖啡桌上去拿遥控器。现在,一手拿着遥控器,一手拿着杂志,酒放在附近的桌上,罗伯特成了这块领地的主人。

罗伯特打开电视,把频道换到了当地新闻。然后,他翻开杂志,开始阅读一篇有关科学库存管理的文章。他不时地瞥一眼电视,看看最新的商业、天气和体育新闻。

当罗伯特深入地钻研这篇文章时,他被一则关于牙刷的电视广告分散了注意力。他的脉搏因为恐惧而稍有加快,因为那个全效牙刷的广告让他想到了牙医。广告宣传说顾客应该去买全效牙刷,因为这种牙刷是全面创新和全面有效的。它当然有效:它是市面上最畅销的牙刷!

这时,结合这篇关于库存的文章和牙刷广告,罗伯特突然灵光一闪。他知道了应该如何控制夜莺药店(nightingale store)的全效牙刷的库存了。

作为夜莺药店的库存经理,罗伯特正在经历着全效牙刷的库存问题。他发现顾客对全效这个品牌非常忠诚,因为全效有着一项专利,这项专利被绝大多数牙医认可。顾客愿意等待夜莺药店的全效牙刷到货,因为这家药店售出的牙刷要比当地其他店便宜20%。对全效牙刷的需求使药店的牙刷经常缺货。因为全效的当地仓库距离夜莺只有20英里,所以夜莺可以在向仓库下订单之后的几个小时内拿到牙刷。但是,当前的库存状况仍然引起很多问题,因为突发的大量订单花去了商店不必要的时间和文案工作,并且,顾客也会因为要在当天晚些时候再来一趟而不满。

现在,罗伯特知道了一种用科学库存管理来解决库存问题。他拿起他的外衣和车钥匙冲出了房间。

当他跑向汽车时,他妻子冲他喊道:"亲爱的,你去哪儿?"

"对不起,亲爱的。"罗伯特也喊道,"我刚刚找到了一条控制药店里一种重要商品的库存的方法。我真高兴可以将我的管理科学知识用在我的工作上啦!我要去药店寻找数据,制定新的库存政策!我会在晚餐之前回来的!"

因为上下班高峰时间已经过去,去药店的路程几乎没花罗伯特多少时间。他打开熄了灯的仓库,径直走向他的办公室,在他的文件柜里终于找到了过去几年全效牙刷的需求和成本数据。

和他所想的一样,每月对牙刷的需求数据几乎是常数。不管是冬天还是夏天,顾客们都要刷牙,也都需要牙刷。因为一只牙刷用了几个月就会磨损,顾客总会回来再买一只。数据显示夜莺药店的顾客每月(30天)平均购买250只全效牙刷。

在检查过需求数据之后,罗伯特开始调查成本数据。因为夜莺药店是个好主顾,全效给他最低的批发价——每只牙刷1.25美元。罗伯特向全效下一次订单要花上20分钟。他的薪水和福利加起来是每小时18.75美元。年库存持有成本是全效牙刷库存所占用资金的12%。根据以上资料,回答下列问题:

(1) 罗伯特决定制定一种库存政策,在正常的情况下可以满足所有的需求,因为他认为出空存货与安慰顾客的口舌或未来订单的丢失相比是不值得的。因此,他不允许任何计划内的缺货。因为夜莺药店是在下订单之后的几个小时内收到货物的,所以罗伯特做了一个简化的假设:送货是立即到达的。在此条件下的最优库存政策是什么?罗伯特应以怎样的频率下订单,购买多少全效牙刷呢?此政策下的年总可变库存成木是多少?

(2) 由于全效公司试图进入其他个人卫生用品的领域,如牙刷和牙线,生产上资金的占用使全效公司经历着财务问题。因此,公司决定关闭距夜莺药店20英里的仓库。现在,药店必须从350英里之外的一个仓库定货,同时必须在定货后等待6天才能收到送货。在新的提前期之下,罗伯特每次应该订购多少全效牙刷?什么时候订购?

(3) 罗伯特开始考虑如果他允许计划内缺货的发生会不会省钱。因为顾客的忠诚度很高,并且全效牙刷在夜莺药店卖得更便宜,所以为了买这种牙刷,顾客们愿意等待。但即便顾客愿意为了从夜莺药店买全效牙刷而等待,他们也会因为不得不为了牙刷再到药店来一次的可能而感到不快。罗伯特认为他需要就缺货的负面影响进行仔细分析。他知道雇员不得不安抚不满的顾客，并且追寻新一批全效牙刷交货的日期。罗伯特也考虑到顾客会因在夜莺购物的不便而感到不快，甚至也许会开始寻找服务更好的其他商店。他估计，对于接待不满的顾客，失去顾客的忠诚和未来的销售，其每年每单位缺货的成本为 1.50 美元。在 6 天的提前期和允许缺货的情况下，罗伯特每次应该订购多少全效牙刷？什么时候订购？在最优库存政策下的最大缺货量是多少？年总可变库存成本是多少？

（4）罗伯特认识到他对缺货成本仅仅是一个估计。他认为，在牙刷缺货的情况下，雇员们有时必须为接待每一个想买这种牙刷的顾客花费几分钟的时间。另外，他认识到失去顾客的忠诚和未来的销售成本可以在一个非常大的范围内变化。他估计对于接待不满的顾客，失去顾客的忠诚和未来的销售，其每年每单位缺货的成本在 0.85—25 美元之间。改变对单位缺货成本的估计将会对最优库存政策和年总可变库存成本有什么影响？

（5）关闭仓库并没有显著提高全效公司的财务底线，于是公司决定建立折扣政策以鼓励更多的销售。全效公司以每只牙刷 1.25 美元的价格提供给订购量小于 500 只的客户，以每只牙刷 1.15 美元的价格提供给订购量为 500—1 000 只的客户，以每只牙刷 1 美元的价格提供给订购量超过 1 000 只的客户。罗伯特仍旧假设提前期为 6 天，但不想出现计划内缺货。在新的折扣政策之下，罗伯特每次应该订购多少全效牙刷？什么时候订购？年总库存成本（包括采购成本）是多少？

案例解答：

根据题意可知：顾客平均每月购买 250 只牙刷，则 $D = 250$（只/月）$= 3\,000$（只/年）。每只牙刷的批发价为 1.25 美元，年库存持有成本为 12%，则 $C_1 = 1.25 \times 12\% = 0.15$（美元）。 员工每小时的薪水和福利总和为 18.75 美元，下一次订单需要花费 20 分钟，则 $C_3 = 18.75 \times 20/60 = 6.25$（美元）。

（1）该问题属于基本的 EOQ 模型，根据计算式（8.2）、式（8.3）和式（8.5）得：

最佳订货量 $\quad Q^* = \sqrt{\dfrac{2C_3 D}{C_1}} = 500$（只）

最佳订货周期 $\quad t^* = \sqrt{\dfrac{2C_3}{C_1 D}} = \dfrac{1}{6}$（年）$= 2$（月）

最小年总可变库存成本 $\quad C^* = \sqrt{2C_1 C_3 D} = 75$（美元）

即罗伯特每 2 个月下一次订单，每次应购 500 只全效牙刷，年总可变成本为 75 美元。

（2）该问题和问题（1）一样，也属于基本的 EOQ 模型。由于罗伯特必须向另外的仓库订货，使得货物只能在 6 天后才能到货，因此其订购时间变为当库存牙刷变成 $\dfrac{250}{30} \times 6 = 50$（只）时就开始订货，其他答案和（1）是一样的。

（3）该模型属于允许缺货的 EOQ 模型，其中 $D = 3\,000$（只／年），$C_1 = 0.15$（美元），

$C_2 = 1.5$(美元)，$C_3 = 6.25$(美元)，根据计算式(8.14)至式(8.18)可得：

最佳订货量 $\quad Q^* = \sqrt{\dfrac{2C_3 D}{C_1}} \sqrt{\dfrac{C_1 + C_2}{C_2}} = 525$(只)

最佳订货周期 $\quad t^* = \sqrt{\dfrac{2C_3}{C_1 D}} \sqrt{\dfrac{C_1 + C_2}{C_2}} = 0.175$(年)

最大存储量 $\quad S^* = \sqrt{\dfrac{2C_3 D}{C_1}} \sqrt{\dfrac{C_2}{C_1 + C_2}} = 477$(只)

最大缺货量 $\quad B^* = Q^* - S^* = 48$(只)

最小年总可变库存成本 $\quad C^* = \sqrt{2 C_1 C_3 D} \sqrt{\dfrac{C_2}{C_1 + C_2}} = 71.51$(美元)

由于允许最大的缺货量为 48 只，因此可以在存货为 $50 - 48 = 2$(只)，即存货为 2 只牙刷时去订货。这时每次的最佳订货量为 525 只，年总可变库存成本为 71.51 美元。

(4) 在允许缺货的 EOQ 模型下，有：

最佳订货量 $\quad Q^* = \sqrt{\dfrac{2C_3 D}{C_1}} \sqrt{\dfrac{C_1 + C_2}{C_2}}$

最小年总可变库存成本 $\quad C^* = \sqrt{2 C_1 C_3 D} \sqrt{\dfrac{C_2}{C_1 + C_2}}$

当 0.85(美元)$\leqslant C_2 \leqslant 25$(美元)时，不难看出实际订货量是关于 C_2 的单调递减函数；而最小年总可变库存成本是关于 C_2 的单调递增函数，所以：

$$Q^*(25) = 501 \leqslant Q^*(C_2) \leqslant Q^*(0.85) = 542(\text{美元})$$
$$C^*(25) = 74 \geqslant C^*(C_2) \geqslant C^*(0.85) = 69(\text{美元})$$

(5) 该问题属于有数量折扣的 EOQ 模型，其中：

$$K(Q) = \begin{cases} 1.25, & 0 \leqslant Q < 500 \\ 1.15, & 500 \leqslant Q < 1\,000 \\ 1, & Q \geqslant 1000 \end{cases}$$

$$Q^* = Dt = \sqrt{\dfrac{2C_3 D}{C_1}} = 500(\text{只})$$

由于 $500 \leqslant Q^* = 500 < 1\,000$，因此应当比较 $C(500)$ 和 $C(1\,000)$ 的大小：

$$C(500) = \frac{500 \times 0.15}{2 \times 3\,000} + \frac{6.25}{500} + 1.15 = 1.175(\text{美元})$$

$$C(1\,000) = \frac{1\,000 \times 0.15}{2 \times 3\,000} + \frac{6.25}{1\,000} + 1 = 1.031\,25(\text{美元})$$

显然，$C(500) \geqslant C(1\,000)$，所以应该选择每次定货量为 1\,000 只的方案。

定货次数 $\quad n = \dfrac{3\,000}{1\,000} = 3$

最佳订货周期　$t^* = \dfrac{12}{n} = 4$（月）

年总库存成本　$C = \left(\dfrac{1}{2} \times 0.15 \times \dfrac{1\,000^2}{3\,000} + 6.25 + 1\,000 \times 1 \right) \times 3 = 3\,093.75$（美元）

即在新的折扣政策下，罗伯特每次应该订购 1 000 只牙刷，每 4 个月订购一次，这时，年总库存成本为 3 093.75 美元。

习题

一、单项选择题

1. 下面（　　）不是建立基本 EOQ 模型的假设条件。

A. 单位存储费不变　　　　　　　　B. 每次订货量不变

C. 需求是连续均匀的　　　　　　　D. 缺货费用无限小

2. 某厂每年需提供 D 个产品，不允许缺货。每一周期需要安装费 C_3 元，单位产品年存储费用 C_1 元，则该厂的最佳供货批次为（　　　）。

A. $\sqrt{\dfrac{2C_1 D}{C_3}}$ 　　　　B. $\sqrt{\dfrac{C_1 D}{C_3}}$ 　　　　C. $\sqrt{\dfrac{C_1 D}{2C_3}}$ 　　　　D. $\sqrt{\dfrac{C_1 D}{C_3}}$

3. 对于存储问题有关概念的描述，下面说法错误的是（　　　）。

A. 若模型不允许缺货，则缺货费用表示为无穷大

B. 基本 EOQ 模型；无缺货，逐渐补充库存的 EOQ 模型；订货提前期为零，允许缺货的 EOQ 模型；有计划缺货、逐渐补充库存的 EOQ 模型；这四种模型都满足平均存储量与最佳订货周期的乘积等于单位订购费与单位存储费的比

C. 为了在某一时间可能补充存储，必须提前订货，这段时间称为提前时间

D. (T, s, S) 策略是指每隔一个时间段 T 盘点一次，但不一定要补充，只有当存储量小于保险存贮量 s 时才补充，每次补充的数量是相同的

4. 关于有数量折扣存储模型的说法，下面正确的是（　　　）。

A. 除了货物的单价随订货数量而变化之外，有数量折扣的 EOQ 模型与基本的 EOQ 模型假设条件相同

B. 获得成本依然是固定成本

C. 总成本只包括存储成本和订货成本

D. 随着订货数量的变化，平均每单位库存货物所需的总成本 $C(Q)$ 的导数是不同的

5. 存储论涉及的费用主要包括（　　　）。

A. 存储费和缺货费　　　　　　　　B. 存储费、订货费（或生产费）及缺货费

C. 存储费和订货费（或生产费）　　D. 订货费（或生产费）和缺货费

6. 某公司有一项存货管理政策，每当库存零件低于 15 000 件时，该公司就会订购 50 000 件新零件。为了满足明年的生产，该公司预计需要 310 000 件零件。假设一年有

50周生产时间,订单发出两周后零件才能送达,则该公司的最高存货量为( )件。

  A. 50 000   B. 65 000   C. 52 600   D. 67 600

  7. 某工厂为了满足生产,每个工作日要消耗40个球形轴承(假设一年有50周),该工厂以2元的价格从当地的一个供货商购买,每次订购都需要花费64元的运输费用。这些轴承每年的存储成本是购买价格的25%。那么每年该公司的经济订货批量是( )个。

  A. 101   B. 253   C. 1 600   D. 2 262

  8. 某公司关于存货的信息如下:最低存货量:50件;订货批量:250件;订货成本:50元/次;存储费用:1.25元/件·年;年需求量:10 000件;购买价格:2元/件。则该公司每年需要的与存货相关的总成本为( )元。

  A. 21 219   B. 22 219   C. 20 894   D. 20 219

  9. 以下哪种产品不适合单品种存储模型?( )

  A. 煤炭   B. 木材   C. 钢材   D. 建材

  10. 以下( )不属于生产费用。

  A. 机器的调整费   B. 零配件成本

  C. 检查验收费用   D. 模具的改装费用

  11. ( )是解决供应(或生产)与需求(或消费)之间的不协调的一种手段。

  A. 存储   B. 生产   C. 供应   D. 订货

  12. 在物资的生产和流通过程中,一切暂存在仓库中的原料,在生产过程中两个阶段之间、上下两个工序之间的在制品,生产结束后未售出的产出品等均称为( )。

  A. 产成品   B. 在制品   C. 存储物   D. 原材料

  13. 在生产需一定时间,不允许缺货的EOQ模型中,当$P \gg D$时,就变为( )模型。

  A. 基本的EOQ模型

  B. 订货提前期为0,允许缺货的EOQ模型

  C. A和B都对

  D. 以上都不是

  14. 以下关于基本EOQ模型描述不正确的是( )。

  A. 在基本EOQ模型中,需求是连续均匀的。

  B. 在基本EOQ模型中,当存储降为0时,可以立即得到补充。

  C. 基本EOQ模型采用T—循环存储策略

  D. 基本EOQ模型所计算得出的存储策略与货物单价有关。

  15. 某工厂每天需要某零件100件,其单位成本为5元,每天单位存储费为其单位成本的0.1%,每次订购费为10元。如果不允许缺货且该零件的进货随时可以实现,则下列结论正确的是( )。

  A. 该厂应每隔约4.47天进一次货

  B. 该厂应每次进货约632件

C. 该厂平均最小总费用约为 2.24 元/天

D. 以上说法均不正确

二、是非判断题(正确的标"T",错误的标"F")

1. 在相同的时间段内,允许缺货的订货次数比不允许缺货时的订货次数减少了。 ( )

2. 订货费用通常与货物单价有关而与订货次数无关。 ( )

3. 库存一般随着补充而增加,随着需求而减少。 ( )

4. economic order quantity model 是指经济订货批量模型。 ( )

5. 从订货到货物进入"存储"往往需要一段时间,这段时间称为提前时间。 ( )

6. 在基本 EOQ 模型中,我们假设每次订货量(生产量)不变,并且订购费(装配费)也不变。 ( )

7. 在允许缺货且备货时间很短的模型中,最大缺货量的计算公式为 $\sqrt{\dfrac{2 \times D \times C_2 \times C_3}{C_1 \times (C_1 + C_2)}}$。 ( )

8. 无缺货逐渐补充库存的 EOQ 模型中,补充速度越快,最佳订货批量也随之变大。 ( )

9. 在基本 EOQ 模型中,订货周期、订货批量、进货时间、最高存储量都与货物的单价无关。 ( )

10. 对于允许缺货的 EOQ 模型,在其他条件不变的情况下,缺货的成本越低,公司在选择订货时的订货批量就越小。 ( )

11. 基本 EOQ 模型是一个确定性存储模型。 ( )

12. 在允许缺货的存储模型中,订货批量的确定应使由于存储量减少带来的节约抵消缺货时造成的损失。 ( )

13. 单品种库库存往往占用大量的资金,需要比较精细的方法来计算其存储控制参数。 ( )

14. 对于允许缺货和不允许缺货的存储模型,在相同的时间段内,前者的订货次数大于后者的订货次数。 ( )

15. 对于基本 EOQ 模型的费用曲线,总费用曲线最低点的横坐标与存储费用曲线、订购费用曲线的交点横坐标相同。 ( )

三、计算题

1. 某工厂欲采购一种零件,已知年需求量为 20 000 件,单价为 150 元,一次订货成本需 320 元,每件每年的存储费为外购件价值的 20%,求最佳经济订货量以及每年最小平均总费用。

2. 某农场需要购进一批农具,其每月需要量为 200 件,每次订购费 500 元,存储费每月每件 1 元,不允许缺货,求最佳经济订货量。

3. 某工厂每年能生产零件 50 000 个,每年对这种零件的需求量为 10 000 个。每个零件存储一个月需要 0.10 元,每批零件生产前需要准备费 250 元,当供货不足时每个零件的月损失费为 0.15 元, 缺货后要补足, 试问应采取怎样的存储策略?

4. 某机械加工厂对 AA 型号零件的月需要量为 3 000 个, 每个零件成本为 150 元, 每月的存储费是零件本身成本的 16%, 每次订货的准备成本为 120 元。试求:

(1) 若不允许缺货并且保证及时供应, 其最佳经济订货量和最小平均总费用。

(2) 若允许缺货, 每件每月的损失费为 5 元, 其最佳经济订货量、最大缺货量和最小平均总费用。

5. 某公司所生产的产品其需求量为 1 000 件/年, 每次订货费为 100 元, 存储费用为 5 元/件·年。根据以上资料回答下列问题:

(1) 求最佳经济订货量以及最小平均总费用。

(2) 如果允许缺货, 每缺货一件的损失费用为 30 元/年, 求最佳经济订货量、最小平均总费用以及最大允许缺货量。

(3) 采用缺货策略是否比不允许缺货策略节约成本? 如果节约, 则节约多少?

6. 某厂外购一种零件, 一次订购费为 100 元, 每件每天存储费为 0.02 元, 平均日需求量 100 个。根据以上资料回答下述问题:

(1) 若不允许缺货, 货源能够及时供应。试求最佳经济订货量、最小平均总费用。

(2) 若不允许缺货, 供货单位按每天 200 个零件的速度供货。求最佳经济订货量、最佳订货周期、最大存储量和最小平均总费用。

(3) 若允许缺货, 每件每天缺货损失费 0.08 元, 订货后能够及时供应。求最佳经济订货量、最大缺货量和最小平均总费用。

(4) 若允许缺货, 每件每天缺货损失费 0.08 元, 供货单位按每天 200 个零件的速度供货。求最佳经济订货量、最大缺货量和最小平均总费用。

(5) 不允许缺货, 订货 12 天后才能一次交货。求最佳经济订货量、最佳订货周期和最小平均总费用。

7. 设某工厂生产某种零件, 每年的需求量为 18 000 个, 该工厂每月可生产 3 000 个, 每次生产的装配费为 5 000 元, 每个零件每月的存储费为 1.5 元。试求:

(1) 每次生产的最佳批量。

(2) 全年最低的总费用。

(3) 如果每月生产一次, 求全年的费用。

(4) 根据(3)的结果, 求以最佳批量生产节约的费用, 并求出订货次数。

8. 某维修站需采购一种零件, 每月需要量为 150 件, 订购费为每次 400 元, 存储费为 0.96 元/(月·件), 并不允许缺货。

(1) 求经济订购批量(EOQ)。

(2) 该维修站为少占用流动资金, 希望进一步降低存储量。因此, 决定使订购和存储总费用可以超过原最低费用的 10%, 求这时的最优存储策略。

9. 某工厂每周需要消耗 2 000 千克的原材料, 通常供应商提供的零售价格为 15 元, 如果订购超过一定的数量, 供应商对订购的所有原材料提供折扣, 折扣价格如表 8.1 所示。

表 8.1　相关数据

订购数量(千克)	单价(元)
1—999	15.00
1 000—4 999	14.20
5 000—9 999	13.40
10 000 以上	12.60

如果订购费为 200 元,原材料的存储成本为 2.4 元/千克·周,试确定该工厂应该订购多少千克的原材料。

四、电子表格建模和求解

1. 某产品每月用量 200 件,该产品的生产速率为 500 件/月,组织一次生产的准备成本是 150 元,每件产品每月库存成本为 0.8 元,求最佳生产批量和最小平均总费用。

2. 一家电脑制造公司自行生产内置摄像头用于自己的产品,电脑以每月 8 000 台速率在流水线上装配,内置摄像头成批量生产,每次成批生产时需要准备费 1 200 元,每个摄像头成本为 30 元,存储费为每月 0.15 元,若不允许缺货,每批生产摄像头多少个? 多长时间生产一次? 若允许缺货,缺货费每个 1 元,每批生产多少个? 多长时间生产一次?

3. 某医院每月需要某种药品 20 000 盒,每次订购费为 300 元,单位月存储费为 0.5 元,每盒药品的单价随订货批量的变化情况如下:

$$K(Q) = \begin{cases} 2, & 0 \leqslant Q < 8\,000 \\ 1.8, & 8\,000 \leqslant Q < 20\,000 \\ 1.6, & 20\,000 \leqslant Q < 30\,000 \\ 1.4, & Q \geqslant 30\,000 \end{cases}$$

不允许缺货且备货时间很短,求最佳经济订货量。

4. 对第三题中的第 6 小题进行电子表格建模和求解。

第 9 章　决策论

现代管理科学创始人、诺贝尔经济学奖获得者西蒙(H. A. Simon)曾经说过:"管理就是决策",即管理的核心就是决策。一个国家、企业、组织以及一个个体,无时无刻不在决策,如国家发展战略的制定、企业新产品的研发、大学生毕业去向的选择,这些问题都需要进行决策。那么什么是决策呢? 所谓决策,就是在现代社会管理和经济发展进程中,针对某些宏观或微观的问题,按照预定的目标,采用一定的科学理论、方法和手段,从所有可供选择的方案中找出最满意的一个方案并实施,直至实现目标。决策的正确与否,不仅关系到个人的得失、企业的成败、部门的兴衰,甚至会影响到国家的盛衰。因此,研究决策具有重要的意义。科学决策可以用来指导我们的决策行为,进而减少和避免失误的发生。

本章主要介绍决策论的基本概念,不确定型决策分析、风险型决策分析、效用理论及其在决策中的应用,电子表格的建模和求解以及案例分析。

9.1　决策的基本概念

9.1.1　决策模型的构成

一般的决策问题都由以下六个要素构成:

(1) 决策者。决策者的任务就是进行决策,其可以是个人、集体或者某个组织,一般是指领导者或领导集体。

(2) 可供选择的方案(替代方案)、行动或策略。这是决策者可以采取的行动方案。管理科学小组的任务是为决策者提供各种可行的方案。但究竟采取哪一个方案完全由决策者决定。若决策者可供选择的行动方案有 d_1, d_2, $\cdots$, d_m,则策略集合可表示为:

$$D = \{d_1, d_2, \cdots, d_m\}$$

(3) 自然状态。自然状态是指不为决策者所控制的客观存在的将要发生的状态。假设有 n 个可能的状态 s_1, s_2, $\cdots$, s_n,则状态空间可表示为:

$$S = \{s_1, s_2, \cdots, s_n\}$$

（4）益损值。益损值是指每一个策略在不同状态下的收益值或者损失值。每一状态的发生将会产生某种结果，如获得收益或损失。常用表格形式表示益损值与策略和状态之间的对应关系，这样的表称为益损值表或者决策表。表 9.1 给出了一般决策问题的益损值表。其中：a_{ij} 表示在自然状态 j 下采用策略 d_i 所对应的益损值。

表 9.1　益损值表

策　略 ＼ 自然状态	s_1	s_2	$\cdots$	s_j	$\cdots$	s_n
d_1	a_{11}	a_{12}	$\cdots$	a_{1j}	$\cdots$	a_{1n}
d_2	a_{21}	a_{22}	$\cdots$	a_{2j}	$\cdots$	a_{2n}
$\vdots$				$\vdots$		
d_i	a_{i1}	a_{i2}	$\cdots$	a_{ij}	$\cdots$	a_{in}
$\vdots$				$\vdots$		
d_m	a_{m1}	a_{m2}	$\cdots$	a_{mj}	$\cdots$	a_{mn}

（5）决策准则。决策准则是衡量选择方案，包括目的、目标属性、正确性的标准，在决策时有单一准则和多准则。属性是指研究对象的特性，他们是客观存在的，是可以度量的，例如，选拔飞行员时，通常按身高、年龄、健康状况等数值来表明其属性。目的是表明选择属性的方向，如优秀还是良好反映了决策者的要求和愿望。目标是给出参数值的标准，例如，目的是选择一种省油的汽车时，那么以每公升能行驶 60 公里为目标。

（6）决策者的价值观，如决策者对货币额或不同风险程度的主观价值观念。

9.1.2　决策的类型

要进行决策，首先要了解决策的类型。从不同的角度，可以将决策划分成不同的类型。

1. 按决策性质的重要性分类

根据决策性质的重要性，决策可分为战略决策、策略决策、执行决策。

战略决策是指涉及组织长远发展和生存目的，具有全局性的决策，如组织长期发展规划的制定、厂址的选择、新产品的开发、供应商的选择等。

策略决策是指为完成战略决策所规定的目的而进行的决策，如对一个企业产品规格的选择、工艺方案和设备的选择、厂区和车间内工艺路线的布置等。

执行决策是指根据策略决策的要求对执行行为方案的选择，如生产中产品合格标准的选择、学生宿舍的分配、食堂伙食的安排等。

2. 按决策的结构分类

根据决策的结构，决策可分为程序决策和非程序决策。

程序决策是一种有章可循的决策，一般是可重复的，它可以按照既定的程序、模式和标准进行决策。该决策又称为常规决策,如银行的存款到期可以获得的相应利息,工厂里按照固定的工序排队等待加工的零件,学校学生选课的程序等。

非程序决策是指无章可循的决策,一般不会经常重复出现,它是指对非例行的新问题所进行的决策。该决策又称为一次性决策、非常规决策,如在中国是否建立一个迪斯尼乐园,雪灾、地震的救援等。

3. 按定量和定性分类

根据定量和定性,决策可分为定量决策和定性决策。

定量决策是指可以采用数学方法进行的决策,如线性规划、计划评审模型、回归分析等。

定性决策是指主要依靠决策者的经验进行分析判断的决策。

描述决策对象的指标都可以量化时可用定量决策,否则只能用定性决策。总的发展趋势是尽可能地对决策问题进行量化处理。

4. 按决策主体分类

根据决策主体,决策可分为集体决策和个人决策。

集体决策(群体决策)是指如果决策的分析活动、设计活动、选择活动由包括两个人以上的群体完成,这种决策称为集体决策。

个人决策是指如果决策的分析活动、设计活动、选择活动由一人完成,这种决策称为个人决策。

通常集体决策比个人决策质量要高,而且决策方案也容易被有关人员接受;但集体决策的效果会受到群体大小、成员寡众等因素的影响,而且决策效率较低。

5. 按决策的目标分类

根据决策的目标,决策可分为单目标决策和多目标决策。

单目标决策是指只有一个决策目标的决策问题。例如,从若干投资方案中选取预期利润最高的投资组合;从若干讲座中选择最感兴趣的讲座。

多目标决策是指至少有两个或者两个以上决策目标的决策问题。例如,设计一款新型的轿车,既要其款式好、耗油低,又要安全性高;开发一种新产品,除了要考虑成本、利润、市场销路之外,还要考虑其对环境的污染程度。

6. 按决策过程的连续性分类

根据决策过程的连续性,决策可分为单级决策和多级决策。

单级决策是指一个决策问题,如果只需要进行一次决策就可以选出最优方案,达到决策目的,这样的决策叫做单级决策。

多级决策是指一个决策问题,如果需要两次或两次以上的决策才能选出最优方案,达到决策目的,这样的决策叫做多级决策。

7. 按决策环境分类

根据决策环境分类,决策可分为确定型决策、风险型决策和不确定型决策。

确定型决策是指决策环境是完全确定的,做出选择的结果也是确定的,即每个被选方案的预测期待结果比较确定,只要对不同的方案进行比较并从中选优,就可以做出选择的决策。例如，下雨出门就要带伞，天气转冷就要多添加衣物。

风险型决策是指决策的环境不是完全确定的，但决策面临的自然状态是已知的，且可以对未来每种状态出现的可能性有一个主观概率值，但哪种状态将出现是不确定的。此时决策的结果受概率估计值的影响，因而对方案的选择带有一定的风险性。

不确定型决策是指决策者对未来的决策事件虽然有一定程度的了解，知道可能出现的各种状态，但对未来每种状态可能发生的概率一无所知，只能凭决策者的主观倾向进行决策。

本章主要从决策环境分类的角度对决策问题进行研究。

9.1.3　决策的过程

决策是人们为了实现某个目标而制定、分析、评价、选择行动方案，并组织实施的全部活动，它是一个包括提出问题、分析问题、解决问题的过程。要进行有效的决策，就必须遵循科学的决策程序。决策的过程一般包括以下六个阶段。

1. 确定决策目标

通常决策者会根据实际工作的需要，在充分考虑现实性和可能性的基础上，提出需要进行决策的问题。发现问题、确定决策目标是整个决策过程的基础，也是进行科学决策的前提和依据，因此决策目标必须制定得较为合理。

2. 制定若干备选方案

制定决策方案就是寻找实现决策目标的手段，没有方案就没有优选，因此，制定可供选择的若干备选方案是决策的关键步骤。提供的备选方案越多，可供选择的余地就越大，决策结果就会越科学。一般来讲，制定备选方案要遵循以下几个准则：(1)详尽性准则，即实现一个决策目标的方式或途径可能是多种多样的，在允许的情况下，需要将所有可能的备选方案都设计出来；(2)互斥性准则，即方案之间应该互相排斥，不应该互相包容；(3)科学性准则，即方案的产生要建立在科学、合理的基础上。

3. 确定评价准则

要对若干个拟定的决策方案进行比较，必须采用一定的方式、方法制定相应的评价标准，它包括预期成本、效益、危害、敏感度及风险度等方面的一些指标。方案中能够进行数量化和定量分析的，一定要将其数量化，并运用科学、合理的方法进行定量分析，尽量减少主观分析。

4. 方案优选

方案的优选是决策全过程的关键，它是方案评估的结果。依据评价准则，对各个备选方案的优劣程度进行评判。

5. 决策实施

决策的目的是为了实施，决策方案正确与否只有通过决策实施才能进行检验。在进入决策实施阶段之后，决策者还必须注意追踪和监测实施的情况，根据反馈的情况对

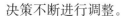

决策不断进行调整。

6. 决策效果的评价

在决策时,无论考虑得怎么周密,也只是一种事前的设想,难免存在失误或者不当之处。况且随着形势的变化,实施决策的条件不可能完全与设想的条件一样,在一些不可控因素的作用下,实施条件和环境与决策方案所依据的条件可能会有较大的出入。因此,对原来的方案进行修改、补充和完善就是必要的,这样才能使决策方案不断适应变化了的形势和条件。

9.2 不确定型决策

不确定型决策是指决策者对决策环境一无所知,决策者只能凭借自己的主观倾向进行决策。由于决策者对待风险的主观态度不同,采用的决策准则就不同,这样对同一问题进行决策得到的决策结果也有所不同。不确定型的决策问题有以下五种决策准则:悲观主义决策准则、乐观主义决策准则、最小机会损失决策准则、等可能性决策准则、折中主义决策准则。下面通过一个例子来介绍这五种决策准则。

[例 9.1] 某水果店希望订购最新上市的某种水果。根据以往经验,这种水果的销售量可能为 50 箱、100 箱、150 箱、200 箱。假定每箱水果的定购价为 40 元,销售价为 60 元,若该种水果不能及时销售,则剩余的每箱水果的处理价为 20 元。假设水果销售商事先无法预知各种销售量出现的概率,试问这时决策者应如何决策?

首先将这个决策问题用决策矩阵加以描述。根据分析,该决策者可选的行动方案有四个,即 $D = \{d_1, d_2, d_3, d_4\} = \{50, 100, 150, 200\}$,该决策者面临的销售情况会出现四种状况,即 $S = \{s_1, s_2, s_3, s_4\} = \{50, 100, 150, 200\}$,每一策略在不同状态下的收益值或者损失值用 a_{ij} 表示。如:a_{21} 表示订货量为 100 箱,但销售量为 50 箱时所对应的益损值,则有:

$$a_{21} = 50 \times (60 - 40) + 50 \times (20 - 40) = 0$$

可以计算出第 i 个策略在第 j 个状态下的收益值或者损失值 $a_{ij}(i = 1, 2, 3, 4; j = 1, 2, 3, 4)$,这样就得到该决策问题的益损值表如表 9.2 所示。

表 9.2 水果店益损值表

s_j \ d_i		状 态			
		50	100	150	200
策 略	50	1 000	1 000	1 000	1 000
	100	0	2 000	2 000	2 000
	150	−1 000	1 000	3 000	3 000
	200	−2 000	0	2 000	4 000

下面讨论决策者如何应用决策准则进行决策。

9.2.1 悲观主义决策准则

悲观主义（max min）决策准则亦称保守主义决策准则。当决策者面临着各自然状态发生的概率不清时，决策者考虑可能由于决策错误而造成重大经济损失，他在处理问题时就比较谨慎。他分析各种最坏的可能结果，从中选择最好的结果，以它对应的策略为最优策略，用符号表示就是"max min"决策准则。即在决策矩阵中，对于每一个备选方案，先确定在各种自然状态的最小值，然后找出这些最小值中的最大者，与最大者相对应的策略就是最优策略。上述计算过程用公式表示为：

$$d_k^* \rightarrow \max_i \min_j (a_{ij})$$

采用悲观主义决策准则进行决策，例 9.1 的计算结果如表 9.3 所示。

表 9.3 悲观主义决策准则的应用

d_i \ s_j		状　态				min
		50	100	150	200	
策略	50	1 000	1 000	1 000	1 000	1 000←max
	100	0	2 000	2 000	2 000	0
	150	−1 000	1 000	3 000	3 000	−1 000
	200	−2 000	0	2 000	4 000	−2 000

根据 max min 决策准则，有 max(1 000，0，−1 000，−2 000)＝1 000，即最优策略为 d_1，该水果店应订购的水果数量为 50 箱。

9.2.2 乐观主义决策准则

持乐观主义（max max）决策准则的决策者对待风险的态度与悲观主义者截然不同，当他面临着各自然状态发生的概率不清时，他绝不放弃任何一个可获得最好结果的机会，以乐观积极的态度来争取好中之好。用符号表示就是"max max"决策准则。即在决策矩阵中，对于每一个备选方案，先确定在各种自然状态下的最大值，然后找出这些最大值中的最大者，与最大者相对应的策略就是最优策略。上述计算过程用公式表示为：

$$d_k^* \rightarrow \max_i \max_j (a_{ij})$$

采用乐观主义决策准则进行决策，例 9.1 的计算结果如表 9.4 所示。

表 9.4　乐观主义决策准则的应用

s_j d_i	状 态				max
	50	100	150	200	
策略 50	1 000	1 000	1 000	1 000	1 000
100	0	2 000	2 000	2 000	2 000
150	−1 000	1 000	3 000	3 000	3 000
200	−2 000	0	2 000	4 000	4 000←max

根据 max max 决策准则,有 max$(1\,000,2\,000,3\,000,4\,000)=4\,000$,即最优策略为 d_4,该水果店应订购水果的数量为 200 箱。

9.2.3　最小机会损失决策准则

最小机会损失决策准则是由经济学家萨万奇(Savage)提出来的,亦称最小遗憾值决策准则或 Savage 决策准则。该准则就是避免发生的遗憾(后悔)或损失最小。这里遗憾值(后悔值)是指某一自然状态发生后,决策者由于没有选用益损值最大的策略而形成的损失值。若出现第 k 种自然状态,各策略的收益为 a_{ik},$i=1,2,\cdots,m$,其中最大者为:

$$a_{lk}=\max_i(a_{ik})$$

则因为选取第 i 个策略而没有选取第 l 个策略所造成的遗憾值为:

$$a'_{ik}=\max_i(a_{ik})-a_{ik}=a_{lk}-a_{ik}$$

对于每一个自然状态,计算每一策略的遗憾值。再计算每一策略的最大遗憾值,为了使发生的遗憾最小,从所有最大遗憾值中选取最小者,与最小者对应的策略为最优策略。用公式表示为:

$$d_i^*\rightarrow\min_i\max_j a'_{ij}$$

依据此准则进行决策的步骤可以归纳为:

(1) 构造一个遗憾值矩阵。首先从自然状态 j 所在的列中找出一个最大的益损值,用这个最大的益损值减去每一个策略对应自然状态 j 发生的益损值,得到在状态 j 下每一个策略的遗憾值。

(2) 从每个策略所在行中选出最大的遗憾值列于表的最右列。

(3) 从最右列的数值中选择最小值,与最小值所对应的策略即为最优策略。

按照此准则进行决策,例 9.1 的计算结果如表 9.5 所示。

表 9.5　最小机会损失决策准则的应用

d_i \ s_j 状态		50	100	150	200	max
策略	50	0	1 000	2 000	3 000	3 000
	100	1 000	0	1 000	2 000	2 000←min
	150	2 000	1 000	0	1 000	2 000←min
	200	3 000	2 000	1 000	0	3 000

从所有最大遗憾值中选取最小者，$\min\{3\,000, 2\,000, 2\,000, 3\,000\} = 2\,000$，即最优策略为 d_2 或 d_3，所以该水果店应订购的水果数量为 100 或 150 箱。

9.2.4　等可能性决策准则

等可能性决策准则是 19 世纪数学家皮埃尔·西蒙·拉普拉斯（Pierre Simon La-place）提出的。他认为：当一个人面临着某种自然状态集合时，在没有什么确切理由说明这一状态比那一状态有更多发生机会时，只能认为各个状态发生的机会是均等的，即每一状态发生的概率都是 $\dfrac{1}{\text{状态数}}$。决策者首先计算各策略的期望益损值，然后在这些期望益损值中选择最大者，即：

$$d_k^* \rightarrow \max_i\{E(d_i)\}$$

与 d_k^* 对应的策略为最优策略。按照等可能性决策准则进行决策，例 9.1 的计算结果如表 9.6 所示。

表 9.6　等可能性决策准则的应用

d_i \ s_j 状态		50	100	150	200	$E(d_i)$
策略	50	1 000	1 000	1 000	1 000	1 000
	100	0	2 000	2 000	2 000	1 500←max
	150	−1 000	1 000	3 000	3 000	1 500←max
	200	−2 000	0	2 000	4 000	1 000

其中：

$$E(d_1) = \frac{1}{4}(1\,000 + 1\,000 + 1\,000 + 1\,000) = 1\,000$$

$$E(d_2) = \frac{1}{4}(0 + 2\,000 + 2\,000 + 2\,000) = 1\,500$$

$$E(d_3)=\frac{1}{4}(-1\,000+1\,000+3\,000+3\,000)=1\,500$$

$$E(d_4)=\frac{1}{4}(-2\,000+0+2\,000+4\,000)=1\,000$$

根据等可能性决策准则,有:

$$\max\{E(d_1),E(d_2),E(d_3),E(d_4)\}=\max\{1\,000,1\,500,1\,500,1\,000\}=1\,500$$

所以,最优策略为 d_2 或 d_3,即该水果店应订购的水果数量为 100 箱或 150 箱。

9.2.5 折中主义决策准则

有的决策者认为仅用悲观主义决策准则或乐观主义决策准则进行决策会过于极端。于是提出把这两种决策准则进行综合,即对于任何策略 d_i 考虑其最好与最坏两个状态的益损值,然后求其加权平均值。其计算公式为:

$$H_i=\alpha a_{i\,\max}+(1-\alpha)a_{i\,\min}$$

其中,$\alpha(0\leqslant\alpha\leqslant1)$ 为乐观系数,且 $a_{i\,\max}$,$a_{i\,\min}$ 分别表示第 i 个策略可能得到的最大益损值与最小益损值。然后,比较各策略实施后的结果,与最大加权平均值相对应的策略为最优策略。对于例 9.1,取 $\alpha=0.4$,其计算结果如表 9.7 所示。

表 9.7 折中主义决策准则的应用

d_i \ s_j	状态				H_i
	50	100	150	200	
策略 50	1 000	1 000	1 000	1 000	1 000←max
100	0	2 000	2 000	2 000	800
150	−1 000	1 000	3 000	3 000	600
200	−2 000	0	2 000	4 000	400

根据折中主义决策准则,有 $\max\{1\,000,800,600,400\}=1\,000$,即最优策略为 d_1,该水果店应订购的水果数量为 50 箱。

从上述例子不难看出,对于同样一个问题,由于决策者对待风险的态度不同,决策者会使用不同的决策准则进行决策,当然决策结果也不尽相同。对于不确定型决策问题,如果没有告诉决策者使用哪种决策准则进行决策,通常会使用五种决策准则分别进行决策,然后选取出现次数最多的最优方案为最终最优方案。但在实际的决策问题中,人们会尽可能事先获取有关各自然状态发生的概率,使不确定型决策问题转化为风险型决策问题,因此本章将重点讨论风险型决策问题。

9.3 风险型决策

风险型决策是指决策的环境不是完全确定的，但决策者面临的自然状态是已知的，即决策者可以根据过去的经验或主观估计等，得到每种状态出现可能性的一个主观概率。此时决策的结果受概率估计值的影响，因而对方案的选择带有一定的风险性。对于风险型的决策问题，其决策方法有最大似然值决策准则、最大期望收益决策准则、最小期望机会损失决策准则、决策树法和贝叶斯决策，下面分别加以介绍。

9.3.1 最大似然值决策准则

最大似然值决策准则是在一组自然状态中某个状态出现的概率比其他状态大得多，而他们相应的益损值差别比较小的情况下所采用的一种方法。该决策准则就是识别具有最大先验概率的状态，对于这一状态，找出具有最大益损值的决策方案。

对于例 9.1，若水果的销量为 50 箱、100 箱、150 箱和 200 箱的概率 p_j 分别为 0.2、0.4、0.3、0.1。应用最大似然值决策准则进行决策，则销量为 100 箱的状态出现的概率最大，那么比较在该状态下各策略的益损值，策略 2 的益损值最大，则选择采取策略 d_2 作为最优策略，即该水果店应该订购水果的数量为 100 箱。

9.3.2 最大期望收益决策准则

若各状态发生的概率为 p_j，a_{ij} 为第 i 个策略在第 j 个状态下的益损值，计算各策略的期望收益值：

$$\sum_j p_j a_{ij}, \ i=1, \ 2, \ \cdots, \ m$$

然后从这些期望收益值中选取最大者，与最大者对应的策略为最优策略。即：

$$\max_i \sum_j p_j a_{ij} \to d_k^*$$

对例 9.1，根据该水果店过去销售量的数据统计可知，水果的销量为 50 箱、100 箱、150 箱和 200 箱的概率 p_j 分别为 0.2、0.4、0.3、0.1，试问该水果店该如何进行决策？

利用最大期望收益决策准则（expected monetary value，EMV）进行决策的结果如表 9.8 所示。

表 9.8　最大期望收益决策准则的应用

s_j	状　　态				EMV
	50	100	150	200	
d_i p_j	0.2	0.4	0.3	0.1	
策略 50	1 000	1 000	1 000	1 000	1 000
100	0	2 000	2 000	2 000	1 600←max
150	−1 000	1 000	3 000	3 000	1 400
200	−2 000	0	2 000	4 000	600

因为 $\max\{1000,1600,1400,600\}=1600\to d_2$，即最优策略为 d_2，该水果店应该订购水果的数量为 100 箱。

9.3.3　最小期望机会损失决策准则

若各状态发生的概率为 p_j，a'_{ij} 为第 i 个策略在第 j 个状态下的机会损失值，计算各策略的期望机会损失值：

$$\sum_j p_j a'_{ij},\ i=1,2,\cdots,m$$

然后，从这些期望机会损失值中选取最小值，与最小值对应的策略就是最优策略，即：

$$\min_i \sum_j p_j a'_{ij} \to d_k^*$$

利用最小期望机会损失决策准则（expected opportunity loss，EOL）对例 9.1 进行决策，得到的决策结果如表 9.9 所示。

表 9.9　最小期望机会损失决策准则的应用

s_j	状　　态				EOL
	50	100	150	200	
d_i p_j	0.2	0.4	0.3	0.1	
策略 50	0	1 000	2 000	3 000	1 300
100	1 000	0	1 000	2 000	700←min
150	2 000	1 000	0	1 000	900
200	3 000	2 000	1 000	0	1 700

因为 $\min\{1300,700,900,1700\}=700\to d_2$，即最优策略为 d_2，该水果店应该订购水果的数量是 100 箱。

从上面的例子不难看出：用最大期望收益决策准则和用最小期望机会损失决策准

则进行决策得到的结果是相同的,表明这两个准则是等价的。这两个决策准则适用于一次决策后多次重复进行应用的情况,所以它是平均意义下的最大收益或最小损失。要保证决策结果的正确性,就要做到能正确预测每种状态发生的概率,这就需要决策者花费一定的费用进行调研,但究竟花费多少的费用是值得的呢? 下面来研究一下全情报的价值。

9.3.4 全情报的价值

当决策者耗费了一定的经费进行调研,获得了各种状态发生的概率时,就应当采取"随机应变"的战术,即根据获得的信息进行决策,做到既保证市场需求,又不使产品过剩。如果各种自然状态发生的概率预测得完全准确,那么这时所得到的期望收益值就称为全情报的期望收益值(expect profit of perfect information,EPPI)。

如果该水果店经过调研获得的情报准确(即各种自然状态发生的概率预测得完全准确),则该水果店应当按照表 9.10 所示安排订货。

表 9.10　全情报的期望收益值

状　　态	s_1 50	s_2 100	s_3 150	s_4 200	$EPPI$
概率 p_j	0.2	0.4	0.3	0.1	
全情报时的最优策略	d_1 50	d_2 100	d_3 150	d_4 200	
全情报时的收益值	1 000	2 000	3 000	4 000	
$\sum p_i a_i$	200	800	900	400	2 300

从表 9.10 看出,具有全情报时,该水果店的期望收益值可提高到 2 300 元,而从表 9.9 中得到的无全情报时的最大期望收益值为 1 600 元,则:

$$EPPL - EMV^* = EVPI = 2\,300 - 1\,600 = 700$$

称 $EVPI$ 为全情报的价值(expect value of perfect information,EVPI)。

对于一个决策者来讲,要进行调研必然要花费一定的费用,这笔费用的最大值不应超过 $EVPI$,即获取情报的费用不能超过 $EVPI$,否则就没有增加收入,调查就没有任何的经济价值。

9.3.5　决策树

有些决策问题,当进行决策后又产生一些新情况,并需要进行新的决策,接着又有一些新情况,又需要进行新的决策。这样决策、情况、决策……构成一个序列,这就是序列决策。描述序列决策的有力工具就是决策树(decision tree,DT),决策树是由决策节点、状态节点和结果节点构成的树形结构。对于序列决策,一般选用最大期望收益值和最大期望效用值或最大效用值作为决策准则。

决策树的构成:

(1)决策节点:一般用方格表示,从决策节点引出的分支称为方案分支(或策略分支),分支数就是方案数。

(2)状态节点:一般用圆圈表示,从状态节点引出的分支称为状态分支(或概率分支),在状态分支上标明该状态出现的概率。

(3)结果节点:一般用三角形表示,旁边的数字表示这一方案在相应状态下的益损值。

用决策树法进行决策的步骤如下:

首先,绘制决策树,决策树从左向右进行绘制;其次,计算各方案的期望益损值,从树的末梢开始,计算每个状态节点的期望益损值,然后将其中最大值标注在相应的决策节点旁;最后,比较各方案期望益损值的大小,确定最优方案。根据最大期望收益值决策准则从右向左进行"剪枝",直到最开始的决策节点,从而得到一个多阶段决策的最优方案。

[例 9.2] 某开发公司准备为一企业承包新产品的研制与开发任务,但是为得到合同,必须参加投标。已知投标的准备费用为 40 000 元,能够得到合同的可能性是 40%。如果得不到合同,准备费用得不到赔偿。如果得到合同,可采用两种方法进行研制:方法 1:成功的可能性为 80%,费用为 260 000 元;方法 2:成功的可能性为 50%,费用为 160 000 元。如果研制开发成功,则按合同开发公司可得到 600 000 元;如果得到合同但没有研制开发成功,则开发公司需要赔偿 100 000 元。问题是:(1)是否参加投标?(2)如果中标了,采用哪种方法研制开发?

解:(1)绘制决策树如图 9.1 所示。

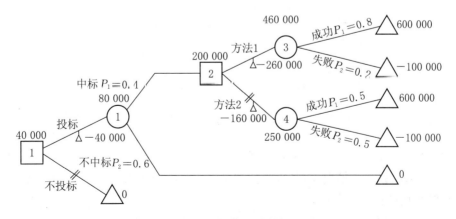

图 9.1 例 9.2 的决策树

（2）计算各方案的期望益损值并确定最优策略。

状态节点 3 的期望收益值：$0.8 \times 600\,000 + 0.2 \times (-100\,000) = 460\,000$（元）

状态节点 4 的期望收益值：$0.5 \times 600\,000 + 0.5 \times (-100\,000) = 250\,000$（元）

在决策节点 2，$\max\{(460\,000 - 260\,000), (250\,000 - 160\,000)\} = 200\,000$（元），与 200 000 元所对应的策略为应选策略，即选择方法 1 进行研制开发。

状态节点 1 的期望收益值：$0.4 \times 200\,000 + 0.6 \times 0 = 80\,000$（元）

在决策节点 1，$\max\{(80\,000 - 40\,000), 0\} = 40\,000$，与 40 000 元所对应的策略为应选策略，即参加投标。

所以，该开发公司的最优决策为：参加投标，如果中标了，采用方法 1 研制开发。

[例 9.3] 某省根据初步勘探，发现一个铜矿，该矿含铜量按估计可能高含量的概率为 0.2，中含量的概率为 0.3，低含量的概率为 0.5。如果决定开采，在高含量的情况下可盈利 400 万元，中等含量下可盈利 100 万元，低含量下将亏损 160 万元。如果不开采，把准备开采的资金用于办工厂将盈利 35 万元，现在问是否应该开采？若"开采"的期望值与"不开采"的盈利相差不太大，省政府计划部门认为可以对该矿作进一步的勘探。进一步的勘探要耗费 40 万元的勘探费用，其结果是可能区分矿区地质结构是否矿物化的情况。在矿物化的情况下，铜矿含铜高含量的概率提高到 0.5，中含量和低含量的概率为 0.3 和 0.2，如果地质结构非矿物化，则含铜量高、中、低的概率分别为 0.05、0.1 和 0.85。据专家估计，该矿区地质结构矿物化和非矿物化的概率分别为 0.6 和 0.4。考虑到以上情况，试用决策树法重新进行决策，并计算信息的纯价值。

解：（1）在不进行勘探的情况下，其决策树见图 9.2，S_1、S_2、S_3 分别表示铜矿含铜高、中、低的状态。

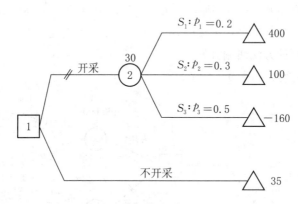

图 9.2 不进行勘探的决策树

由图 9.2 可以看出，最优决策是采用"不开采"这个方案。

（2）在进行勘探的情况下，其决策树如图 9.3 所示，S_1、S_2、S_3 分别表示铜矿含铜高、中、低的状态。

由图 9.3 可以看出，最优策略为：进一步进行勘探，如果勘探结果是矿物化则决定开采，如果是非矿物化则不开采。

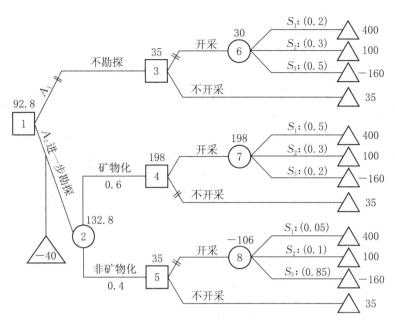

图 9.3 进行勘探的决策树

信息的纯价值为：132.8 − 35 − 40 ＝ 57.8(万元)。

9.3.6 贝叶斯决策

1. 先验概率

概率是每一种自然状态发生可能性的度量。但在很多实际问题中，对自然状态发生的可能性缺乏客观的统计资料，这时决策者只能根据有限资料或所谓的先验信息，凭自己的经验进行估计。由这种估计得到的每种自然状态发生的概率称为主观概率。主观概率的确定要依赖于对事件做周密的观察，去获得事前信息。事前信息越丰富，则确定的主观概率越准确。例如，对例 9.1 用等可能性决策准则进行决策时，赋予每个自然状态相等的概率也属于先验概率。先验概率通常具有较大的主观性，往往不能完全反映客观规律，为此需要采取措施，通过掌握更多信息以对先验概率进行修正。

2. 贝叶斯公式和后验概率

所谓贝叶斯决策，就是贝叶斯公式在决策中的应用。它是指在先验概率的基础上，通过抽样试验后得到了抽样概率，然后用贝叶斯公式对先验概率进行修正，修正后的概率称为后验概率。

利用贝叶斯公式，决策者可以掌握各种自然状态发生的概率。它体现了最大限度地利用现有信息，并加以连续观察和重新估计。用贝叶斯进行决策的步骤为：

(1) 先由过去的经验或专家估计获得将发生事件的事前(先验)概率。

(2) 根据调查或试验计算得到条件概率，利用贝叶斯公式：

$$P(B_i/A) = \frac{P(B_i)P(A/B_i)}{\sum\limits_{i=1}^{n} P(B_i)P(A/B_i)} \quad (i = 1, 2, \cdots, n)$$

计算出各个自然状态发生的后验概率。

[例 9.4] 某玩具厂开发出一种新型儿童玩具。若投产后市场销路好，该玩具在生命期内可获利 50 万元；若销路不好，则损失 20 万元。该厂估计此玩具销路好的概率为 0.6。若不开发这种新型的玩具，而仍生产原来的玩具，则相应的生产能力可稳获利 20 万元。另外，也可先对新玩具的市场销路作些调研，然后再作决定。根据以往资料，这类调查的结果及实际销售情况的概率如表 9.11 所示。若这类调研的费用为 0.5 万元，试问：

（1）若不作调研，该厂最后决策是什么？

（2）若可以考虑调研，该厂最优决策又是什么？

（3）是否值得调研？调研的纯价值是多少？

表 9.11　调研数据表

调 查 结 果	实际销售情况	
	销路好	销路差
预测为销路好	0.4	0.1
没有结论	0.4	0.5
预测为销路差	0.2	0.4

解：设 d_1 和 d_2 分别表示开发新玩具、生产原玩具两个方案，s_1 和 s_2 分别表示市场销路好和市场销路差两个自然状态，θ_1、θ_2、θ_3 分别表示预测为市场销路好、没有结论、市场销路差，根据已知有：

$$P(s_1) = 0.6, \ P(s_2) = 1 - 0.6 = 0.4$$

$$P(\theta_1 \mid s_1) = 0.4, \ P(\theta_2 \mid s_1) = 0.4, \ P(\theta_3 \mid s_1) = 0.2$$

$$P(\theta_1 \mid s_2) = 0.1, \ P(\theta_2 \mid s_2) = 0.5, \ P(\theta_3 \mid s_2) = 0.4$$

（1）若不做调查。

开发新玩具的期望收益值 $= 50 \times 0.6 + (-20) \times 0.4 = 22$（万元）

生产原有玩具的期望收益值 $= 20$（万元）

比较两者的期望收益值，开发新玩具的期望收益值大于生产原有玩具的期望收益值，该厂的最优决策是开发新玩具。

（2）若进行调研，采用贝叶斯决策准则进行决策。

由全概率公式得：

$$P(\theta_1) = P(s_1)P(\theta_1 \mid s_1) + P(s_2)P(\theta_1 \mid s_2) = 0.6 \times 0.4 + 0.4 \times 0.1 = 0.28$$

$$P(\theta_2) = P(s_1)P(\theta_2 \mid s_1) + P(s_2)P(\theta_2 \mid s_2) = 0.6 \times 0.4 + 0.4 \times 0.5 = 0.44$$

$$P(\theta_3) = P(s_1)P(\theta_3 \mid s_1) + P(s_2)P(\theta_3 \mid s_2) = 0.6 \times 0.2 + 0.4 \times 0.4 = 0.28$$

由贝叶斯公式得：

$$P(s_1 \mid \theta_1) = \frac{0.6 \times 0.4}{0.28} = 0.86, \; P(s_2 \mid \theta_1) = \frac{0.4 \times 0.1}{0.28} = 0.14$$

$$P(s_1 \mid \theta_2) = \frac{0.6 \times 0.4}{0.44} = 0.55, \; P(s_2 \mid \theta_2) = \frac{0.4 \times 0.5}{0.44} = 0.45$$

$$P(s_1 \mid \theta_3) = \frac{0.6 \times 0.2}{0.28} = 0.43, \; P(s_2 \mid \theta_3) = \frac{0.4 \times 0.4}{0.28} = 0.57$$

根据已知条件及上述有关概率,建立决策树模型如图 9.4 所示。

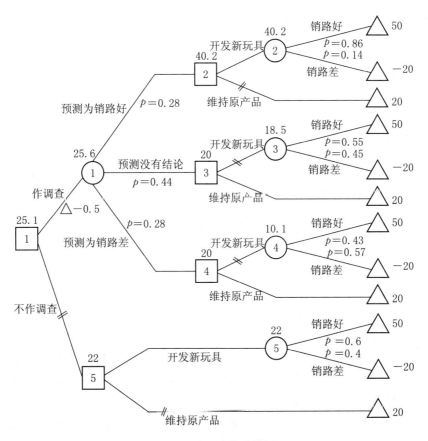

图 9.4　例 9.4 的决策树

计算各方案的期望益损值如下：

状态节点 2 的期望收益值：$0.86 \times 50 + 0.14 \times (-20) = 40.2$

在决策节点 2,与 $\max\{40.2, 20\} = 40.2$ 所对应的策略为最优策略,即开发新玩具。

状态节点 3 的期望收益值：$0.55 \times 50 + 0.45 \times (-20) = 18.5$

在决策节点 3,与 $\max\{18.5, 20\} = 20$ 所对应的策略为最优策略,即维持原产品。

状态节点 4 的期望收益值:$0.43 \times 50 + 0.57 \times (-20) = 10.1$

在决策节点 4,与 $\max\{10.1, 20\} = 20$ 所对应的策略为最优策略,即维持原产品。

状态节点 1 的期望收益值:$0.28 \times 40.2 + 0.44 \times 20 + 0.28 \times 20 = 25.6$

状态节点 5 的期望收益值:$0.6 \times 50 + 0.4 \times (-20) = 22$

在决策节点 5,与 $\max\{22, 20\} = 22$ 所对应的策略为最优策略,即开发新玩具。

在决策节点 1,与 $\max\{(25.6 - 0.5), 20\} = 25.1$ 所对应的策略为最优策略,即选择作市场调查。

所以该问题的最优策略是:进行调研;若预测结果为市场销路好,则研发新玩具;否则,维持原产品。期望收益为 25.1 万元。

(3) 调研期望收益为 25.1 万元,大于不调研的期望收益 22 万元,所以调研是值得的。调研的信息纯价值为 $25.1 - 22 = 3.1$(万元)。

9.4 效用理论及其在决策中的应用

9.4.1 效用

前面介绍的决策树、贝叶斯决策都是以货币的期望收益值最大作为决策的准则,即与最大货币期望收益值对应的方案为最佳方案。然而,在很多情况下,选择具有最大期望货币值的决策方案并不一定是选择了最可取的决策。例如,一个人要求作出如下选择:(1)方案 1:或以 50% 的概率赢得 100 万元,或以 50% 的概率输掉 50 万;(2)方案 2:以 100% 的概率获得 10 万。尽管方案 1 的期望收益值比方案 2 的期望收益值大很多,但很多人仍然会选择方案 2,因为方案 1 的风险很大,要以 50% 的概率输掉 50 万元。同样,在保险业和购买各种奖券时也存在类似的情况,为避免可能出现的很大损失,或者有机会得到一大笔奖金,很多人愿意付出相对小的代价来投保或者购买奖券。这些例子告诉我们:货币值并不是唯一衡量结果的真正价值标准,很多决策问题不仅需要考虑货币值,而且还要考虑风险等因素,这时就不能以货币期望收益值最大作为决策准则,而需要借助效用理论来确定最可取的方案。

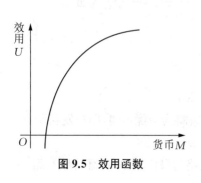

图 9.5　效用函数

那么什么是效用呢? 效用这个概念首先是由丹尼尔·贝努里(Daniel Berneulli)提出的,他认为人们对其钱财的真实价值的考虑与其钱财拥有量之间呈对数关系,如图 9.5 所示。效用是人们对待客观事物的主观测度,反映了决策者对决策问题诸如利润、损失、风险等各因素的总体看法。效用的具体度量称为效用值。效用值是一个相对的指标值,一般可规定:对决策者最爱好、最倾向、最愿意做的事物(事件)的效用值赋予 1；而最不爱好的效用值赋予 0。也可以用其他数值范围，如 0—100。通过效用指标可将某些难以量化、有质的差别的事物（事件）予以量化。

9.4.2 效用曲线的确定

在进行决策时，不同的决策者由于各自的经济地位、承担风险的能力不同等等，对同样的益损值可能赋予不同的效用值。若以益损值为横坐标，以效用值为纵坐标，就可以得到每个人的效用曲线。确定效用曲线的基本方法有两种，一种是直接提问法，另一种是对比提问法。直接提问法是向决策者提出一系列问题，通过不断提问和回答，绘制出决策者的获利效用曲线，但这种方法的提问与回答通常十分含糊，很难确切，应用较少，所以更多的时候是使用对比提问法。

用对比提问法确定效用曲线的过程是：设决策者面临两种可选方案 A_1，A_2。A_1 表示他可以无任何风险地得到一笔金额 x_2；A_2 表示他或以概率 p 得到一笔金额 x_1，或以概率 $(1-p)$ 损失金额 x_3；$x_1 > x_2 > x_3$。设 $U(x_1)$ 表示金额 x_1 的效用值，若在某条件下，这决策者认为两个方案等价时，可表示为：

$$pU(x_1) + (1-p)U(x_3) = U(x_2) \tag{9.1}$$

确切地讲，决策者认为 x_2 的效用值等价于 x_1，x_3 的效用期望值。式中含有 x_1，x_2，x_3，p 四个变量，若其中任意三个为已知，可用对比提问法来确定第四个变量的取值。提问的方式大致有三种：

(1) 每次固定 x_1，x_2，x_3 的值，改变 p，问决策者："p 取何值时，认为 A_1 与 A_2 等价？"

(2) 每次固定 p，x_1，x_3 的值，改变 x_2，问决策者："x_2 取何值时，认为 A_1 与 A_2 等价？"

(3) 每次固定 p，x_2，x_1（或 x_3）的值，改变 x_3（或 x_1），问决策者："x_3（或 x_1）取何值时，认为 A_1 与 A_2 等价？"

在实际操作中，一般采用改进的纽曼和摩根斯坦（Von Neumann-Morgestern）法，简记为 V—M 法。即每次取 $p=0.5$，固定 x_1，x_3 利用：

$$0.5U(x_1) + 0.5U(x_3) = U(x_2)$$

改变 x_2 三次，提问三次，确定三点，即可绘出决策者的效用曲线。下面通过例子加以说明。

[例 9.5] 某风险投资公司正在面临着一个风险投资项目的决策问题。在可供考虑的投资项目中，益损值在 −300 万—1 200 万元之间变动。为了掌握投资者对待风险的态度，对投资者进行了一系列的询问，有关信息如下：

（1）投资者认为："以 0.5 的概率得到 1 200 万元，以 0.5 的概率失去 300 万元"和"稳得 0 元"两者是等价的。

（2）投资者认为："以 0.5 的概率得到 1 200 万元，以 0.5 的概率得 0 元"和"稳得 400 万元"两者是等价的。

（3）投资者认为："以 0.5 的概率得 0 元，以 0.5 失去 300 万元"和"肯定失去 200 万元"两者是等价的。

利用以上信息绘制出该投资者的效用曲线。

解：设 $x_1 = 1\,200$，$x_3 = -300$，取 $U(1\,200) = 1$，$U(-300) = 0$，由（1）得：

$$0.5U(1\,200) + 0.5U(-300) = U(0)$$

则有 $U(0) = 0.5$。由（2）得：

$$0.5U(1\,200) + 0.5U(0) = U(400)$$

则有 $U(400) = 0.75$。由（3）得：

$$0.5U(0) + 0.5U(-300) = U(-200)$$

则有 $U(-200) = 0.25$。

利用 $U(400) = 0.75$，$U(0) = 0.5$，$U(-200) = 0.25$ 得到三点 $(-200, 0.25)$，$(0, 0.5)$，$(400, 0.75)$，再加上已知的两点 $(1\,200, 1)$ 和 $(-300, 0)$，可以绘制出该投资者的效用曲线，如图 9.6 所示。

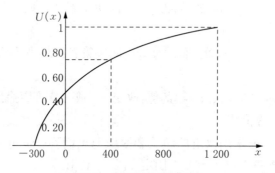

图 9.6 投资者的效用曲线

一般来讲，效用曲线有三种类型，分别为保守型、中间型、冒险型，其对应的曲线如图 9.7 所示，它表示了不同决策者对待风险的不同态度。具有中间型效用曲线的决策者是一位循规蹈矩、严格按照期望值准则做决策的人，他认为收入金额的增长与效用值的增长呈等比关系；具有保守型效用曲线的决策者是一位谨慎从事的人，他对损失的金额越多越敏感，相反地对收入增加比较迟钝，即他不愿意承受损失的风险；具有冒险效用曲线的决策者是一位乐于进取的人，他对损失的金额比较迟钝，相反地对收入的增加比较敏感,即他可以承受损失的风险。当然,某一决策者也可能兼有三种类型的效用曲线,如图 9.8 所示。

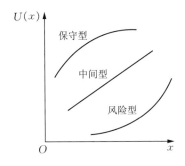

图 9.7　效用曲线的类型

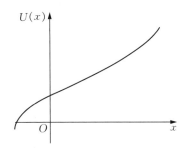

图 9.8　兼具三种类型的效用曲线

9.4.3　效用曲线的应用

利用效用理论进行决策时,先把要考虑的因素都折合为效用值,然后用效用期望值决策准则进行决策,与最大效用期望值相对应的方案就是最优方案。

[例 9.6]　某厂考虑两种生产方案:产品 A 以 0.3 的概率获利 5 万元,以 0.5 的概率获利 9 万元,以 0.2 的概率获利 11 万元;产品 B 肯定获利 8 万元。决策人甲的效用函数为线性,即 $u_1 = x$,决策人乙的效用函数为:

$$u_2(x) = \begin{cases} 0.2x^2, & 0 \leqslant x \leqslant 5 \\ -10 + 4x - 0.2x^2, & 5 < x \leqslant 11 \end{cases}$$

求决策人甲、乙应分别做何选择?

解:根据题意,采用期望效用值决策准则进行决策。对决策人甲,由于 $u_1 = x$,有:

$$u_1(A) = 0.3u_1(5) + 0.5u_1(9) + 0.2u_1(11)$$

$$= 0.3 \times 5 + 0.5 \times 9 + 0.2 \times 11$$

$$= 8.2$$

$$u_1(B) = u_1(8) = 8$$

由于 $u_1(A) > u_1(B)$,因此决策人甲的最优方案为生产 A 产品。对决策人乙:

$$u_2(x) = \begin{cases} 0.2x^2, & 0 \leqslant x \leqslant 5 \\ -10 + 4x - 0.2x^2, & 5 < x \leqslant 11 \end{cases}$$

$$u_2(A)=0.3u_2(5)+0.5u_2(9)+0.2u_2(11)$$

$$=0.3\times(0.2\times5^2)+0.5\times(-10+4\times9-0.2\times9^2)+0.2\times(-10+4\times11-0.2\times11^2)$$

$$=0.3\times5+0.5\times9.8+0.2\times9.8$$

$$=8.36$$

$$u_2(B)=u_2(8)=-10+4\times8-0.2\times8^2=9.2$$

由于 $u_2(A)<u_2(B)$,因此决策人乙的最优方案为生产 B 产品。

9.5 电子表格建模和求解

[例 9.7] 再续例 9.1。利用 Excel,分别使用以下决策准则对该问题建立电子表格模型并进行求解:(1)乐观主义决策准则;(2)悲观主义决策准则;(3)等可能性决策准则;(4)最小遗憾值决策准则;(5)折中主义决策准则(乐观系数为 0.4);(6)最大期望收益决策准则决策。已知水果的销量为 50 箱、100 箱、150 箱和 200 箱的概率 p_j 分别为 0.2、0.4、0.3 和 0.1。

解:(1) 使用乐观主义决策准则建立的电子表格模型及求解如图 9.9 和图 9.10 所示。

	A	B	C	D	E	F	G
1	乐观主义决策准则						
2	行动方案		自然状态:市场需求量				
3		进货量	50箱	100箱	150箱	200箱	各方案最大益损值
4	d1	50箱	1000	1000	1000	1000	=MAX(C4:F4)
5	d2	100箱	0	2000	2000	2000	=MAX(C5:F5)
6	d3	150箱	-1000	1000	3000	3000	=MAX(C6:F6)
7	d4	200箱	-2000	0	2000	4000	=MAX(C7:F7)
8		最优益损值					=MAX(G4:G7)

图 9.9 例 9.7 使用乐观主义决策准则建立的电子表格模型

	A	B	C	D	E	F	G
1	乐观主义决策准则						
2	行动方案		自然状态:市场需求量				
3		进货量	50箱	100箱	150箱	200箱	各方案最大益损值
4	d1		1000	1000	1000	1000	1000
5	d2		0	2000	2000	2000	2000
6	d3		-1000	1000	3000	3000	3000
7	d4		-2000	0	2000	4000	4000
8		最优益损值					4000

图 9.10 例 9.7 使用乐观主义决策准则的决策结果

从图 9.10 不难看出,与最优益损值对应的策略是 d_4,即最优策略是采购 200 箱,这与例 9.1 求解的结果是一样的。

（2）使用悲观主义决策准则建立的电子表格模型和求解如图 9.11 和图 9.12 所示。

	A	B	C	D	E	F	G
10	悲观主义决策准则						
11	行动方案				自然状态：市场需求量		
12	进货量		50箱	100箱	150箱	200箱	各方案最小益损值
13	d1	50箱	1000	1000	1000	1000	=MIN(C13:F13)
14	d2	100箱	0	2000	2000	2000	=MIN(C14:F14)
15	d3	150箱	-1000	1000	3000	3000	=MIN(C15:F15)
16	d4	200箱	-2000	0	2000	4000	=MIN(C16:F16)
17	最优益损值						=MAX(G13:G16)

图 9.11　例 9.7 使用悲观主义决策准则建立的电子表格模型

	A	B	C	D	E	F	G
10	悲观主义决策准则						
11	行动方案				自然状态：市场需求量		
12	进货量		50箱	100箱	150箱	200箱	各方案最小益损值
13	d1	50箱	1000	1000	1000	1000	1000
14	d2	100箱	0	2000	2000	2000	0
15	d3	150箱	-1000	1000	3000	3000	-1000
16	d4	200箱	-2000	0	2000	4000	-2000
17	最优益损值						1000

图 9.12　例 9.7 使用悲观主义决策准则的决策结果

从图 9.12 不难看出，与最优益损值对应的策略是 d_1，即最优策略是采购 50 箱，这与例 9.1 求解的结果是一样的。

（3）使用等可能性决策准则建立的电子表格模型和求解如图 9.13 和图 9.14 所示。

	A	B	C	D	E	F	G
19	等可能性决策准则						
20	行动方案				自然状态：市场需求量		
21	进货量		50箱	100箱	150箱	200箱	各方案最大益损值
22	d1	50箱	1000	1000	1000	1000	=AVERAGE(C22:F22)
23	d2	100箱	0	2000	2000	2000	=AVERAGE(C23:F23)
24	d3	150箱	-1000	1000	3000	3000	=AVERAGE(C24:F24)
25	d4	200箱	-2000	0	2000	4000	=AVERAGE(C25:F25)
26	最优益损值						=MAX(G22:G25)

图 9.13　例 9.7 使用等可能性决策准则建立的电子表格模型

	A	B	C	D	E	F	G
19	等可能性决策准则						
20	行动方案				自然状态：市场需求量		
21	进货量		50箱	100箱	150箱	200箱	各方案最大益损值
22	d1	50箱	1000	1000	1000	1000	1000
23	d2	100箱	0	2000	2000	2000	1500
24	d3	150箱	-1000	1000	3000	3000	1500
25	d4	200箱	-2000	0	2000	4000	1000
26	最优益损值						1500

图 9.14　例 9.7 使用等可能性决策准则的决策结果

从图 9.14 不难看出，与最优益损值对应的策略是 d_2 或者 d_3，即最优策略是采购 100 箱或者 150 箱，这与例 9.1 求解的结果是一样的。

（4）使用最小遗憾值决策准则建立的电子表格模型和求解如图 9.15 及图 9.16

所示。

	A	B	C	D	E	F
1	最小遗憾值决策准则					
2	行动方案		自然状态：市场需求量			
3	进货量	50箱	100箱	150箱	200箱	
4	d1 50箱	1000	1000	1000	1000	
5	d2 100箱	0	2000	2000	2000	
6	d3 150箱	-1000	1000	3000	3000	
7	d4 200箱	-2000	0	2000	4000	
8	各需求量下的最大益损值	=MAX(B4:B7)	=MAX(C4:C7)	=MAX(D4:D7)	=MAX(E4:E7)	
9	行动方案		后悔值表			各方案最大后悔值
10	进货量					
11	d1 50箱	=B$8-B4	=C$8-C4	=D$8-D4	=E$8-E4	=MAX(B11:E11)
12	d2 100箱	=B$8-B5	=C$8-C5	=D$8-D5	=E$8-E5	=MAX(B12:E12)
13	d3 150箱	=B$8-B6	=C$8-C6	=D$8-D6	=E$8-E6	=MAX(B13:E13)
14	d4 200箱	=B$8-B7	=C$8-C7	=D$8-D7	=E$8-E7	=MAX(B14:E14)
15	最小后悔值					=MIN(F11:F14)

图 9.15　例 9.7 使用最小遗憾值决策准则建立的电子表格模型

	A	B	C	D	E	F
1	最小遗憾值决策准则					
2	行动方案		自然状态：市场需求量			
3	进货量	50箱	100箱	150箱	200箱	
4	d1 50箱	1000	1000	1000	1000	
5	d2 100箱	0	2000	2000	2000	
6	d3 150箱	-1000	1000	3000	3000	
7	d4 200箱	-2000	0	2000	4000	
8	各需求量下的最大益损值	1000	2000	3000	4000	
9	行动方案		后悔值表			各方案最大后悔值
10	进货量					
11	d1 50箱	0	1000	2000	3000	3000
12	d2 100箱	1000	0	1000	2000	2000
13	d3 150箱	2000	1000	0	1000	2000
14	d4 200箱	3000	2000	1000	0	3000
15	最小后悔值					2000

图 9.16　例 9.7 使用最小遗憾值决策准则的决策结果

从图 9.16 不难看出，与最小遗憾值对应的策略是 d_2 或者 d_3，即最优策略是采购 100 箱或者 150 箱，这与例 9.1 求解的结果是一样的。

（5）使用折中主义决策准则建立的电子表格模型和求解如图 9.17 和图 9.18 所示。

	A	B	C	D	E	F	G
38	折中主义决策准则						
39		行动方案		自然状态：市场需求量			
40		进货量	50箱	100箱	150箱	200箱	各方案最大益损值
41	d1	50箱	1000	1000	1000	1000	=0.4*MAX(C41:F41)+0.6*MIN(C41:F41)
42	d2	100箱	0	2000	2000	2000	=0.4*MAX(C42:F42)+0.6*MIN(C42:F42)
43	d3	150箱	-1000	1000	3000	3000	=0.4*MAX(C43:F43)+0.6*MIN(C43:F43)
44	d4	200箱	-2000	0	2000	4000	=0.4*MAX(C44:F44)+0.6*MIN(C44:F44)
45		最优益损值					=MAX(G41:G44)

图 9.17　例 9.7 使用折中主义决策准则建立的电子表格模型

	A	B	C	D	E	F	G
38	折中主义决策准则						
39	行动方案		自然状态：市场需求量				
40	进货量		50箱	100箱	150箱	200箱	各方案最大益损值
41	d1	50箱	1000	1000	1000	1000	1000
42	d2	100箱	0	2000	2000	2000	800
43	d3	150箱	-1000	1000	3000	3000	600
44	d4	200箱	-2000	0	2000	4000	400
45	最优益损值						1000

图 9.18　例 9.7 使用折中主义决策准则的决策结果

从图 9.18 不难看出，与最优益损值对应的策略是 d_1，即最优策略是采购 50 箱，这与例 9.1 求解的结果是一样的。

（6）使用最大期望值决策准则建立的电子表格模型和求解如图 9.19 和图 9.20所示。

	A	B	C	D	E	F	G	H
1	最大期望值决策准则							
2								
3	状态：市场需求量			50箱	100箱	150箱	200箱	各方案期望益损值
4	概率			0.2	0.4	0.3	0.1	
5		d1	50箱	1000	1000	1000	1000	=SUMPRODUCT(D4:G4,D5:G5)
6	行动方案	d2	100箱	0	2000	2000	2000	=SUMPRODUCT(D4:G4,D6:G6)
7	进货量	d3	150箱	-1000	1000	3000	3000	=SUMPRODUCT(D4:G4,D7:G7)
8		d4	200箱	-2000	0	2000	4000	=SUMPRODUCT(D4:G4,D8:G8)
9	最优益损值							=MAX(H5:H8)

图 9.19　例 9.7 使用最大期望值决策准则建立的电子表格模型

	A	B	C	D	E	F	G	H
1	最大期望值决策准则							
2								
3	状态：市场需求量			50箱	100箱	150箱	200箱	各方案期望益损值
4	概率			0.2	0.4	0.3	0.1	
5		d1	50箱	1000	1000	1000	1000	1000
6	行动方案	d2	100箱	0	2000	2000	2000	1600
7	进货量	d3	150箱	-1000	1000	3000	3000	1400
8		d4	200箱	-2000	0	2000	4000	600
9	最优益损值							1600

图 9.20　例 9.7 使用最大期望值决策准则的决策结果

从图 9.20 不难看出，与最优益损值对应的策略是 d_2，即最优策略是采购 100 箱，这与例 9.1 求解的结果是一样的。

[例 9.8]　再续例 9.2，对该问题利用电子表格进行建模和求解。

解：Excel 中的宏 TreePlan 是利用决策树方法求解决策问题的软件包，求解过程只需根据决策问题建立节点和分支，并确定每一节点和分支的类型，然后输入必要数据，Excel 程序即可自动求出最佳方案。下面介绍其具体操作过程。

首先，打开一个 Excel 文件。点击"文件"—"选项"。在选项中，选择"加载项"。在最下面有一个管理选择"Excle 加载项"，然后点击"转到"，如图 9.21 所示。此时会出现加载宏的选项框，点击右侧的"浏览"，会出现本地文件目录。在本地文件中找到你下载的 treeplan 的位置。选择"treeplan"，点击"确定"之后，可以看到多了一个刚刚加载的treeplan 选项。在"TreePlan Decision Tree-In"方框前打钩，然后单击"确定"，就有一个树状的图,如图 9.22 所示,可以对其进行修改和编辑。

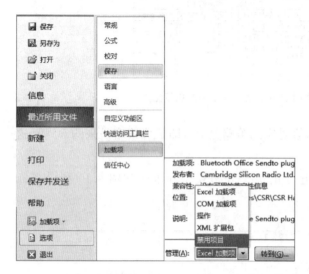

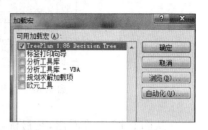

图 9.22　添加 Treeplan

图 9.21　如何在 Excel 中添加 Excel 加载项

图 9.23　新建 TreePlan 的对话框

　　其次,在空白区域键入"Ctrl+Shift+T"便出现新建 TreePlan 的对话框,如图 9.23 所示。点击"New Tree"按钮,Excel 空白区域将出现具有两个分支的决策树,对于有三个分支的决策树问题,可通过选中决策节点所在的方格,再次键入"Ctrl+Shift+T",出现如图 9.24 所示的对话框,选择"Add branch",点击"OK",增加一个方案分支。

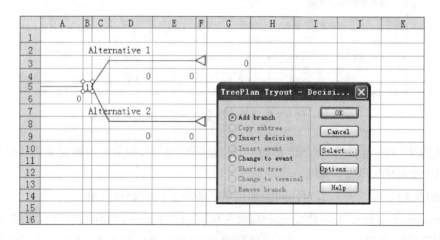

图 9.24　增加方案分支示意图

　　最后,选中每个方案分支末端的斜三角,再次键入"Ctrl+Shift+T",在弹出的对话框中选择"Change to event node",并在对话框右端选择概率分支的数目,如本例中方案"投标"的概率分支数目为二,则选择"Two",然后点击"OK",就得到状态节点和两个概率分支,如图 9.25 所示。根据决策问题的特征,继续建立状态节点、概率分支、决策节点以及方案分支,直至建立完整的决策树结构。

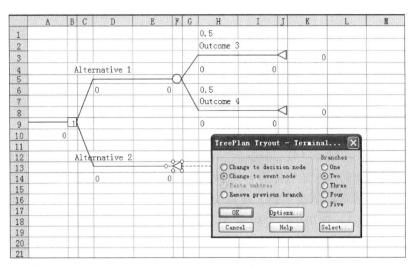

图 9.25 决策树的构建

根据本例的已知条件,在决策树的相应位置上分别输入方案名称、状态节点和概率分支以及每一个方案在每一个状态下的益损值等数据,如图 9.26 所示。所有数据输入完成后,决策树将自动返回决策结果。从图 9.26 可以看出,在决策树的第一个决策节点中显示"1",表明在决策的第一阶段,应采取的决策是"投标";在第二个决策节点中显示"1",表明在决策的第二阶段,即投标后"中标"时,则选择"采用方法 1"进行研制开发。通过 Excel 中 TreePlan 软件包求得的最优策略和例 9.2 得到的运算结果是一致的,可见 Excel 也是求解决策问题的一种有效工具。

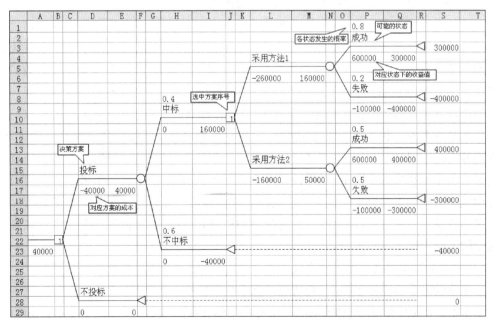

图 9.26 例 9.8 的求解结果

9.6 案例分析:智能辅助驾驶系统

五月一个阳光灿烂的早晨,马克·宾顿步入位于旧金山的 Gates 大厦 Bay Area Automobile Gadgets(BAAG)公司 40 层的会议室。公司其他的执行官都已经到了,会议的日程上只有一个项目计划:讨论一个研发项目,开发一个新的辅助驾驶系统(DSS)。研发经理布莱恩要向众人通报他为 DSS 做出的研发战略,马克意识到 DSS 是公司的一个战略新产品。销售副总裁朱莉·奥可会在布莱恩后发表意见。她将给出涉及推出 DSS 的关于目标市场、期望销售量和营销成本的信息。

BAAG 制造豪华轿车用的非音响电子设备。它由一群斯坦福毕业生建立,几年前公司卖出了它的第一批产品——一种基于全球定位卫星(GPS)的汽车导航系统,这种导航系统使用卫星确定汽车的确切位置,帮助驾驶员找到通往目的地的路。为了跟上技术的发展和满足顾客的需要,公司在过去的几年里为其导航设备添加了许多新的功能。结合 GPS 的最新发展和语音识别和显示技术,DSS 将成为一种全新的产品。马克坚决支持这种产品,因为它将给 BAAG 公司带来比亚洲的竞争者更大的竞争优势。

辅助驾驶系统已经成为十多年来研究的领域。这些系统为驾驶员提供了大范围的信息,如方向、路况、最新交通流量等。信息的交换可以通过口头进行,也可以将信息文本投射到挡风玻璃上。它还可以帮助驾驶员躲避路上前面的汽车发现的障碍物(这些汽车将信息传递给后面的车辆)。马克想将这些特征和其他的技术结合到一个辅助系统中,这个系统将卖给汽车业中 BAAG 公司的顾客。

在所有的与会者就座后,布莱恩开始了他的陈述:"马克要求我向你们通报辅助驾驶系统的开发状况,特别是道路扫描设备。这个设备的研究已经达到了一个需要决定我们继续研究还是停止研究的阶段。众所周知,这个设备是 DSS 的关键特征。我们已经集成了其他的设备,如基于 GPS 的定位导航系统,我们需要解决的问题是是否向道路扫描设备的基础研究提供资金。如果这个研究成功,接着我们要决定是否要以研究结果为基础开发一种产品。如果我们决定自己开发产品,产品开发过程有可能失败。在那种情况下,我们仍然可以将这项技术卖掉。在产品开发成功的情况下,我们还要决定是否向市场推出这个产品,如果决定不向市场推出开发出来的产品,我们至少可以将我们成功研发的工作成果的概念产品卖掉。这样做可以比仅仅卖出不成熟的技术获得更多的收益。另一方面,如果我们决定推出 DSS,那么我们将会面临产品是否会被顾客接受的不确定性。"

"你完全把我弄糊涂了。"马克说。

朱莉的助手马克摇了摇头,嘀咕道:"这个技术狂……"

布莱恩开始解释道:"对造成的混乱我表示道歉,让我们再来一遍,一步一步进行说明。"

"好想法,尽可能使每一步包含较少的内容。"朱莉明显不喜欢布莱恩的陈述方式。

"好的,我们面临的第一个决策是,是否为道路扫描设备的研究投资?"

"研究要花费多少钱?"马克问道。

"我们估计预算为 30 万美元,如果我们投资了这些钱,研究工作的结果也不太确定。我们的工程师估计成功的概率为 80%。"

"这是一个相当乐观的成功率,你不这样认为吗?"朱莉的评价带有一些讽刺。她仍然记得布莱恩上一个项目的惨重失败,一种指纹识别轿车安全系统,在花费了 500 000 美元后,开发工程师得出结论:不可能以一个吸引人的价格生产出这种安全系统。

布莱恩感觉到了朱莉的敌意,于是进行了回击:"在工程上,这种成功率很平常,但对于营销我们无法确定……"

"下一步是什么?"马克打断了这个话题。

"噢,对不起。如果研究不成功,我们只能以现在的形式销售 DSS。"

"在这种情况下,利润估计为 200 万美元。"朱莉插话道。

"然而,如果研究成功,我们需要进行另一项决策:是否进入开发的下一个阶段。"

"如果那时我们不想开发产品,是否意味着我们只能销售现在这样的 DSS?"马克问道。

"是的,马克。将研究成果卖给 GM,我们将获得大约 20 万美元。他们的研究部门对我们的工作很感兴趣,他们为我们的发现开出了这个价码。"

"啊,这是一个好消息。"朱莉评论道。

布莱恩继续说:"然而,如果我们在成功完成了研究阶段后决定开发新产品,我们将为这项任务再投资 80 万美元,失败的概率是 35%。"

"你是否在告诉我们要花费 80 万美元头一张有 35% 概率失败的彩票?"朱莉问道。

"朱莉,不要关注损失,要关注潜在收益! 这个博彩胜利的概率,正如你所说,是 65%。我认为这个概率比普通的彩票高得多。"马克说。

"谢谢,马克。"布莱恩说,"当我们将那笔钱投资于开发后,我们有两种可能的结果:一种是我们能成功开发出道路扫描设备,另一种是失败。如果失败了,我们仍然将以目前的形式销售 DSS,并将研究结果以 20 万美元卖给 GM。如果开发成功,我们需要决定是否向市场推出新产品。"

"如果产品开发成功,我们为什么不将其推向市场呢?"马克问。

"这是个很好的问题。我的意思是我们可以决定自己不销售这个产品,而将销售权卖给其他公司,如 GM。他们将为此付给我们 100 万美元。"

"我喜欢这些数据!"朱莉评价道。

"如果我们决定生产并销售这个产品,我们将会面对市场的不确定性。我想朱莉已经为我们准备了相关数据。谢谢。"

布莱恩坐了下来,而朱莉走上前进行她的陈述。马克操作计算机,一些彩色的幻灯片立即投射到她背后的墙上。

"谢谢布莱恩。这是我们从营销调查中整理出来的数据。我们的新产品在市场中的接受程度可以分为高、中、低三种情况。"朱莉指着投射到她后面墙上的一些数据,"我们的估计表明高度接受水平会带来 800 万美元的利润,中度接受水平会带来 400 万美元的利润，在我们的顾客接受水平低的情况下，我们仍然期望得到 220 万美元的盈利。需要指出的是，这些利润不包括营销和研发的附加费用。"

"你是说在最差的情况下，我们还是可以获得比目前的产品更多的收益？"布莱恩问。

"是的，这就是我要说的。"

"推出带有道路扫描设备的 DSS 的预算是多少？"马克问。

"为此我们需要在利润估计中包含的费用的基础上再加 20 万美元。"朱莉回答道。

"新的 DSS 的接受水平高、中、低的概率是多少？"布莱恩问。

"我们可以从幻灯片的底部看到这些数据。"

朱莉一边说一边转向身后的投影，"市场接受水平高的概率为 30%，市场接受水平低的概率为 20%。"

这时，马克回到他的座位上问："根据所有这些数据和信息，你们建议我们该怎样做？"

（1）用一个表格将费用和利润估计的数据组织起来。

（2）用决策树表述这个问题。将决策节点和状态节点清楚地区分开来。

（3）计算决策树中每一个节点的期望收益。

（4）根据最大期望值决策准则，BAAG 公司的最优策略是什么？

（5）研究工作结果的全情报价值是多少？

（6）产品开发工作结果的全情报价值是多少？

（7）马克是一个风险回避型的决策者。通过一系列的面谈，得到他的货币效用函数为：

$$U(M)=\frac{1-e^{-\frac{M}{12}}}{1-e^{-\frac{1}{12}}}$$

这里 M 是公司的净利润，单位为 10 万美元。（例如，M=8 表示净利润为 80 万美元）使用马克的效用函数，计算决策树中每一个决策节点的效用值。

（8）计算决策树中每一个节点的效用期望值。

（9）以马克的效用函数为基础，BAAG 公司的最优策略是什么？

（10）以马克的效用函数为基础，研究工作结果的全情报价值是多少？

（11）以马克的效用函数为基础，产品开发工作结果的全情报价值是多少？

案例解答：

（1）该问题的数据表如表 9.12 所示。

表 9.12 智能辅助驾驶系统数据表

研究费用 30万美元	成功 P=0.8	开发费用 80万美元	成功 P=0.65	自销费用 20万美元	高 p=0.3	800万美元
					中 p=0.5	400万美元
					低 p=0.2	220万美元
				代销		300万美元
			失败 P=0.35			220万美元
		不开发				220万美元
	失败 P=0.2					200万美元
不研究						200万美元

（2）把该问题用决策树加以表示，如图 9.27 所示。

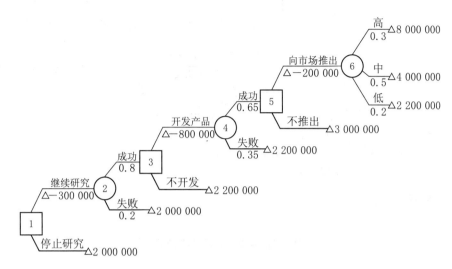

图 9.27　智能辅助驾驶系统的决策树

（3）决策树中每一节点的期望收益值如图 9.28 所示。

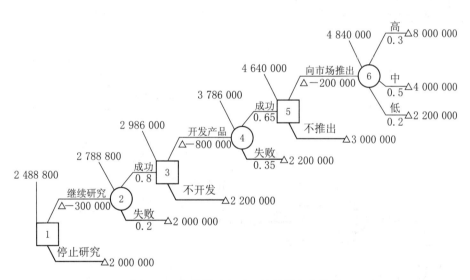

图 9.28　智能辅助驾驶系统的期望收益值

（4）根据问题(3)计算出的结果，依据最大期望值决策准则，BAAG 的最优策略是：继续研究，若研究失败，则销售现有 DSS，若研究成功，则开发新产品；若开发失败，则将技术卖给 GM，并销售现有 DSS，若开发成功，则向市场推出新型 DSS，期望收益为 248.88 万美元。其决策过程如图 9.29 所示。

（5）研究工作结果的全情报价值为 248.88－200＝48.88(万美元)。

（6）产品开发工作结果的全情报价值为 298.6－220＝76.6(万美元)。

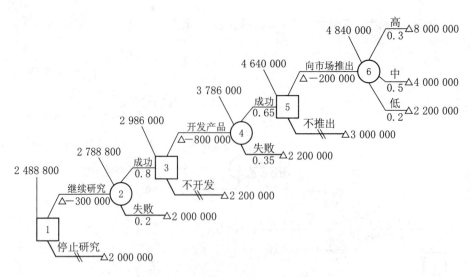

图 9.29 智能辅助驾驶系统的决策过程

（7）根据已知条件,这里 M 的单位是 10 万美元,而且表示的是公司的净利润,而不是总利润。我们对问题(2)中得出的决策树作进一步修改,将每一个决策节点的净利润通过效用函数转化成效用值,这样便得出了新的决策树。决策树中每一决策节点净利润的效用值如图 9.30 所示。

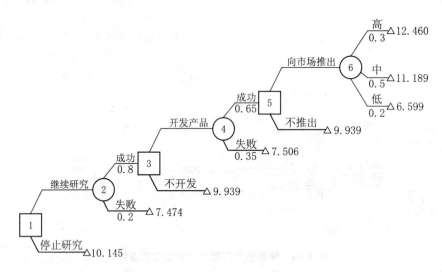

图 9.30 决策树中每一节点的效用值

（8）决策树中每一节点的效用期望收益值如图 9.31 所示。

（9）以马克的效用函数为基础,BAAG 的最优策略是停止研究。具体过程如图 9.32 所示。

（10）以马克的效用函数为基础,研究工作结果的全情报价值为 $9.846 - 10.145 = -0.299$。

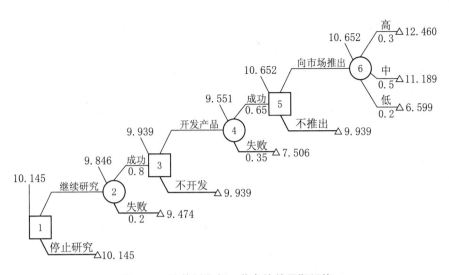

图 9.31　决策树中每一节点的效用期望值

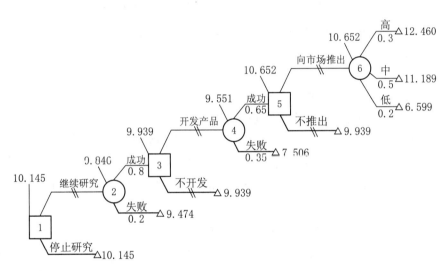

图 9.32　应用效用期望值的决策过程

（11）以马克的效用函数为基础，产品开发工作结果的全情报价值为 $9.551 - 9.939$ $= -0.388$。

习题

一、单项选择题

1. 下列哪个决策准则不是不确定型决策问题使用的准则？（　　）。

A. 折中主义决策准则　　　　　　　B. 最小遗憾值决策准则

C. 最大效用值决策准则　　　　　　D. 乐观主义决策准则

2. 按决策的目标，可以将决策分为（　　）。

A. 定性决策和定量决策　　　　　　B. 程序决策和非程序决策

C. 群体决策和个人决策   D. 单目标决策和多目标决策

3. 决策树由(　　)三部分构成。

A. 决策者、决策方案和决策准则   B. 决策节点、状态节点和结果节点

C. 决策者、状态节点和结果节点   D. 决策节点、决策方案和决策准则

4. 对于效用的理解，下面哪一种说法是正确的?(　　)

A. 效用是人们对待客观事物的主观测度，反映了决策者对决策问题诸如利润、损失、风险等各因素的总体看法

B. 效用值是一个绝对指标值

C. 最大期望效用决策准则是唯一的决策准则

D. 通过效用指标不能将某些难以量化、有质的差别的事物(事件)予以量化

5. 关于决策问题的求解，下面哪一种说法是正确的?(　　)

A. 可以用动态规划方法求解   B. 可以用图论的知识加以求解

C. 可以用 Excel 进行求解   D. 可以用单纯形方法求解

6. 某公司为了降低运营风险，在决策时通常会考虑下面哪种决策准则?(　　)

A. 乐观主义决策准则   B. 最小期望机会损失决策准则

C. 等可能性决策准则   D. 悲观主义决策准则

7. "严格按照期望值准则做决策，认为收入金额的增长与效用值的增长成等比关系"，这是对哪种效用曲线的决策者的描述?(　　)

A. 中间型   B. 最大期望型

C. 风险型   D. 保守型

8. 某公司将从新推出的四款新产品中选出一款作为主打产品进行推广，公司的收益与推广产品和市场情况的关系如表 9.13 所示。如果该公司使用最小机会损失决策准则，则该公司会选择哪个产品作为主打产品?(　　)

A. Ⅰ   B. Ⅱ   C. Ⅲ   D. Ⅳ

表 9.13　相关数据

推广产品 ＼ 市场情况	差	一般	好
Ⅰ	70	60	70
Ⅱ	−10	20	−5
Ⅲ	80	0	50
Ⅳ	600	100	115

9. 某公司想要转型，董事会提出了两种战略：A 和 B。在经济不景气的情况下，战略 A，B 给企业带来的收益分别为 50 000 美元和 20 000 美元；在经济繁荣的情况下，战略 A，B 给企业带来的收益分别为 60 000 美元和 100 000 美元。根据现有的信息可以知道未来 12 个月经济不景气的可能性为 60%，公司请来专家对市场进行预测。如果专家预测未来 12 个月市场经济不景气，那么他预测的结果有 80% 的可能性是正确的；如

果专家预测未来 12 个月市场经济繁荣,那么他预测的结果有 90% 的可能性是正确的。请问专家提供的信息价值为多少美元?( )

A. 10 800　　　　B. 130 000　　　　C. 64 800　　　　D. 12 800

10. 如图 9.33 所示决策树,请问决策结点 B 处的期望值是多少?( )

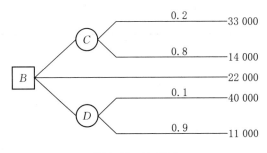

图 9.33　决策树

A. 40 000　　　　B. 11 800　　　　C. 13 900　　　　D. 22 000

11. 具有( )效用曲线的决策者是一位谨慎从事的人,他对损失的金额越多越敏感,相反地对收入增加比较迟钝。

A. 保守型　　　　B. 中间型　　　　C. 冒险型　　　　D. 都不是

12. 在设计一款新型轿车时,既要考虑成本低,又要考虑耗油低、安全性高,这是一个( )。

A. 单目标决策　　B. 多目标决策　　C. 都对　　　　D. 都不对

13. 假设一位决策者面临的一个问题有 4 种决策方案以及 4 种自然状态,每种状态发生的概率不确定,其决策矩阵如表 9.14 所示。

表 9.14　决策矩阵

决策方案	自然状态			
	S1	S2	S3	S4
d1	60	30	20	−30
d2	50	20	10	5
d3	10	10	5	10
d4	40	20	−5	10

如果决策者采用最小后悔值决策准则进行决策,你将推荐哪一个方案?( )

A. d1　　　　　B. d2　　　　　C. d3　　　　　D. d4

14. 某唱片公司计划录制一位新歌星的唱片,他们拟定的价格方案有三个:较高价格出售、中等价格出售、较低价格出售;估计他们进入市场后,会出现的销售状态(自然状态)也有三种:即销路好、销路一般和销路较差。根据以往的销售经验,他们计算出三个方案在三种不同销售状态下的收益值(见表 9.15)。

表 9.15　三种方案在三种不同销售状态下的收益值

可行方案	销售状态		
	销路较好	销路一般	销路较差
较高价格出售	200 000	120 000	80 000
中等价格出售	160 000	160 000	100 000
较低价格出售	120 000	120 000	120 000

依据保守法为该公司推荐一个最佳方案为(　　　)。

A. 较高价格出售　　　　　　　　B. 中等价格出售

C. 较低价格出售　　　　　　　　D. 无最佳方案

15. 全情报价值的英文简称是(　　　)。

A. EMV　　　　　B. EPPI　　　　　C. EOL　　　　　D. EVPI

二、是非判断题(正确的标"T",错误的标"F")

1. 最大期望收益决策准则与最大期望效用值决策准则是等价的。　　　　(　　)

2. 通过调研,如果能够获得每种自然状态发生的概率,不确定型决策问题就转化为风险型决策问题。　　　　(　　)

3. 对于风险型决策问题,最大期望收益决策准则和最小期望机会损失决策准则的决策结果是不同的。　　　　(　　)

4. 具有冒险型效用曲线的决策者通常对损失的金额比较敏感,相反,对收入的增加比较迟钝。　　　　(　　)

5. 一般来讲,群体决策比个人决策质量要高,而且决策方案也容易被有关人员接受;但群体决策的效率相对较低。　　　　(　　)

6. 一个企业车间内工艺路线的布置属于执行决策。　　　　(　　)

7. 风险决策分析得到的最优方案未必是真正的、实际中的最优方案。　　　　(　　)

8. 不确定型决策分析要求存在两种或两种以上的自然状态。　　　　(　　)

9. 对所有风险型决策问题,用最大似然值法和最大期望值法所得到的最优方案是一样的。　　　　(　　)

10. 一个决策者可以兼具三种类型的效用曲线。　　　　(　　)

11. 在进行决策时,不同的决策者对于同样的益损值可能赋予不同的效用值。

(　　)

12. 按决策的重要性可以划分为程序决策和非程序决策。　　　　(　　)

13. EOL 决策准则适用于一次决策后多次重复进行应用的情况。　　　　(　　)

14. 货币值是衡量决策结果的唯一标准。　　　　(　　)

15. TreePlan 是利用决策树方法求解决策问题的软件包。　　　　(　　)

三、计算题

1. 某决策问题,其决策信息如表 9.16 所示。

表 9.16　决策信息

效益(万元)		状　　　态		
		s_1	s_2	s_3
方案	d_1	60	30	-30
	d_2	35	15	-10
	d_3	10	10	10

试求：

(1) 用悲观主义决策准则求最佳方案。

(2) 用乐观主义决策准则求最佳方案。

(3) 用等可能性决策准则求最佳方案。

(4) 用折中主义决策准则求最佳方案，其中乐观系数 $\alpha = 0.4$。

(5) 用最小遗憾值决策准则求最佳方案。

2. 某汽车配件制造公司计划通过它的销售网销售一种零部件，计划每件售价 10 元，生产这种零件有 3 个设计方案：方案 1：需一次投资 10 000 元，以后生产一个零件的费用为 5 元；方案 2：需一次投资 16 000 元，以后生产一个零件的费用为 4 元；方案 3：需一次投资 25 000 元，以后生产一个零件的费用为 3 元。对该种零件的需求量为未知，但估计有三种可能：

$$s_1 : 3\,000 ; \quad s_2 : 6\,000 ; \quad s_3 : 12\,000$$

要求：建立这个问题的益损值表，并分别用悲观主义、乐观主义、等可能性、折中主义(乐观系数 $\alpha = 0.4$)、最小遗憾值决策准则决定该公司应采用哪一种设计方案。

3. 在第 2 题中，如果该汽车配件制造公司销售网知道三种需求量的概率分别如下：

$$s_1 : 0.15 ; \quad s_2 : 0.75 ; \quad s_3 : 0.10$$

试用最大期望收益决策准则决定该公司的最佳设计方案。

4. 某决策问题，其决策信息如表 9.17 所示。

表 9.17　决策信息

效益(万元)		状　　　态		
		s_1	s_2	s_3
方案	d_1	60	30	-30
	d_2	35	15	-10
	d_3	10	10	10

根据有关资料预测各状态发生的概率依次为 0.3、0.4、0.3，请用决策树法确定最优方案。

5. 随着收入水平的提高，人们手头的闲置资金越来越多，从而逐渐兴起了一股投资热潮。当然投资形式也多种多样，某人打算投资债券、股票、基金中的一种，假设在不同经济形势下债券、股票和基金的收益率如表 9.18 所示。请用最小期望机会损失决策准则为其选择投资方案。

表 9.18 决策信息

投资方案	经济形势好	经济形势一般	经济形势差
	$P_1 = 0.3$	$P_2 = 0.5$	$P_3 = 0.2$
债券	4%	4%	4%
股票	9%	3%	−2%
基金	12%	3%	−6%

四、建模与求解

1. 某活动分两阶段进行。第一阶段,参加者需要先支付 20 元,然后从含 40% 白球和 60% 黑球的箱子中任摸一球,并决定是否继续第二阶段。如继续需再付 20 元,根据第一阶段摸到的球的颜色在相同颜色箱子中再摸一球。已知白色箱子中含 80% 蓝球和 20% 绿球,黑色箱子中含 15% 蓝球和 85% 绿球。当第二阶段摸到为蓝色球时,参加者可得奖金 100 元,如果摸到的是绿球或不参加第二阶段游戏的均无所得。试用决策树法确定参加者的最优策略。

2. 某瑜伽健身会所有几间高温瑜伽训练房,由于房间内空调设备快要达到使用极限,该会所准备采取措施,或者对其进行保养,或者更换整个空调系统,亦可以什么都不做。保养空调将花费 1 000 元,未来一个营业周期内将有 60% 的可能空调会运行正常,这将为会所额外增加 4 000 元收入,有 40% 的可能空调仍会发生故障,则会所仍需对其进行维修,并同时损失 1 000 元;更换空调系统将花费 7 000 元,此时将有 80% 的概率空调系统会在未来一个营业期内运行正常,并为会所增加 10 000 元收入,若新更换的空调系统发生故障,则维修费用与所增加收入相抵。若该会所既不保养现有空调系统,也不更换新的空调系统,则有 70% 的概率空调系统会发生故障,估计将会损失 500 元、1 000元、1 500 元、2 000 元的概率分别为 0.1、0.2、0.3、0.4。请使用决策树法分析该瑜伽会所应如何处理其室内空调设备。

3. 某工程队承担一水坝的施工任务,由于该地区夏季多雨,有 3 个月时间不能施工。在不施工期间,该工程队可将施工机械搬走,或留在原处。假如搬走,需花搬迁费2 000 元,如果留在原处,一种方案是花 700 元筑一个护堤,防止河水上涨发生高水位侵袭;若不筑护堤,发生高水位侵袭时将损失 10 000 元。若下暴雨发生洪水,则不管是否修护堤,施工机械留在原地都将受到 60 000 元的损失。如果预测在这 3 个月中,高水位的发生率是 25%,洪水的发生率是 2%,试用决策树法来分析该施工队要不要把施工机械搬走以及要不要修筑护堤。

4. 某公司有 50 000 元多余资金,如用于某项事业开发,估计成功概率为 0.96,成功后一年可以获利 12%,但是一旦失败,有损失全部资金的风险。如把资金存放到银行,则可以稳得年利率 6%。为获得更多回报,该公司求助于咨询服务,咨询费用为 500 元,但咨询意见仅供参考。过去咨询公司类似的 200 例意见实施结果如表 9.19 所示。试用决策树法分析:

(1) 该公司是否值得求助咨询服务。

(2) 该公司多余资金应如何合理使用?

表 9.19 咨询意见实施结果 （单位：次）

投资方案	投资成功 $P_1 = 0.3$	投资失败 $P_2 = 0.5$	合计 $P_3 = 0.2$
可以投资	154	2	156
不宜投资	38	6	44
合 计	192	8	200

5. 某市郊工厂为解决生产用水有两个方案：一是铺设连接城市自来水网的地下管道，需投资 12 500 元，二是挖井机。由于井位地质情况不明确，可能需要投资 10 000 元（概率为 0.2），或 12 000 元（概率为 0.3），或 14 000 元（概率为 0.5）。无论铺设管道还是挖井机，解决的用水量大致相等。为了确定井位的好坏，可花 200 元请当地水文站鉴定井位的地质情况，从而提供是否宜挖掘的意见。根据以往统计，在挖掘建设费用为 10 000 元、12 000 元、14 000 元的井中，水文站认为宜挖掘的比率分别为 80%、60%、30%。试确定该工厂的最优策略。

6. 某娱乐公司打算为旗下艺人发行新专辑，公司将要选择专辑的包装形式，有简包装、预订送海报的简包装和精包装三种形式。由于唱片行业近年来比较低迷，唱片利润由其旗下艺人的歌迷忠诚度决定。表 9.20 给出了不同唱片包装形式、艺人歌迷忠诚度、公司发行专辑的期望利润的相关数据。

表 9.20 相关数据 （单位：万美元）

包装方案	歌 迷 忠 诚 度			
	不忠诚	一般	较忠诚	非常忠诚
简包装	−5	5	13	39
预定送海报的简包装	−10	16	28	58
精包装	−20	24	44	80

（1）如果该娱乐公司决策者是悲观主义者，则他应如何选择？

（2）如果决策者认为歌迷的忠诚度在每种情况下发生的概率相同，这时决策者又该如何决策？

（3）尽管唱片公司决策者认为歌迷忠诚度在每种情况下发生的概率相同。但他可以请专家对唱片市场的状况进行分析，专家将有可能给出唱片市场有所回升、唱片市场一般、唱片市场持续低迷三个评价，聘请专家的费用为 0.5 万美元。根据以往经验，该专家预测结果与实际歌迷忠诚度存在的关系如表 9.21 所示。

表 9.21 相关数据

预 测 结 果	实际歌迷忠诚度			
	不忠诚 B_1	一般 B_2	较忠诚 B_3	非常忠诚 B_4
唱片市场有所回升 A_1	0.1	0.3	0.6	0.9
唱片市场一般 A_2	0.3	0.4	0.2	0.1
唱片市场持续低迷 A_3	0.6	0.3	0.2	0

问：这时决策者该如何选择？

第 10 章　动态规划

动态规划是运筹学的一个重要分支,它是解决多阶段决策过程最优化的一种数学方法。20 世纪 50 年代美国数学家 R.贝尔曼(R.E. Bellman)等人根据一类多阶段决策问题的特点,把多阶段决策问题变换为一系列互相联系的单阶段决策问题,然后逐个加以解决,提出了解决这类问题的"最优性原理",创建了解决多阶段决策过程最优化问题的一个新方法——动态规划。他的名著《动态规划》在 1957 年出版,该书是动态规划的第一本著作。动态规划发展到今天,已经在工程技术、企业管理、工农业生产及军事领域得到了广泛应用,并取得了显著效果。如企业管理中最优路径的选择、资源的分配、生产与存储问题、背包问题、设备的更新、排序问题等都可以用动态规划的方法加以解决,其已经成为现代企业管理中一种重要的决策方法。需要指出的是,动态规划提供的是解决多阶段决策问题的一种优化方法以及考察问题的一种途径,而不是一种特殊算法(如线性规划)。因此它不能像线性规划那样有一个标准的数学表达式和明确定义的一组规则,而必须对具体问题进行具体分析和处理。

本章主要介绍多阶段决策,动态规划的基本概念、思想、求解步骤、理论基础,动态规划的应用,电子表格的建模和求解,以及案例分析。

10.1　多阶段决策问题与动态规划

10.1.1　多阶段决策问题

在企业管理中,某些问题的决策过程可以划分为若干个相互联系的阶段,每个阶段需要作出决策,从而使整个决策过程达到最优。由于各个阶段不是孤立的,而是有机联系的,即本阶段的决策结果是下一阶段进行决策的依据和出发点,从而影响整个决策过程的结果;因此,决策者在进行决策时不仅要考虑决策方案使本阶段最优,而且还要考虑本阶段决策对最终目标产生的影响,从而作出使全局达到最优的决策。当每个阶段的决策确定以后,全部过程的决策就是这些阶段决策所组成的一个决策序列,这样就确定了整个决策过程的一条活动路线。我们把这种可分解成若干个具有链状结构的相互联系阶段的决策问题称为多阶段决策问题,其决策过程如图 10.1 所示。

图 10.1　多阶段决策问题

多阶段决策问题中,各个阶段一般是和时间有关系的,即随着时间的发展而产生各个阶段的决策,从而形成决策序列,这就是动态的含义。与时间有关的活动过程称为动态过程,其优化方法称为动态规划。在一些与时间无关的静态问题中(如非线性规划等),可以通过人为地赋予时间的概念,使其成为一个多阶段决策问题,再用动态规划方法处理。多阶段决策问题很多,如最短路问题、车辆负荷问题、资源分配问题等。

最短路问题。例如,某运输商要将货物从 A 地运往 E 地,中间通过 B、C、D 三个区域,在区域内有多条路径可供选择,具体的网络如图 10.2 所示,两点之间连线上的数字表示两点间的距离(或费用),问题是求一条由 A 到 E 的线路,使总距离最短(或总费用最小),如图 10.2 所示。

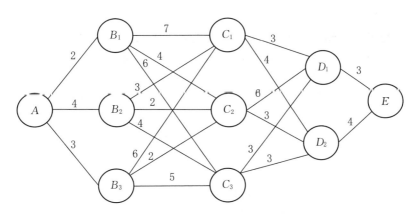

图 10.2　运输网络图

车辆负荷问题。例如,某货运公司有 500 辆卡车负责货物的运输任务,在超负荷工作(即每天满载行驶 500 千米以上)情况下,每辆卡车每年可获利润 30 万元,这时卡车的年完好率为 0.6;在低负荷工作(即每天行驶 300 千米以下)情况下,每辆卡车每年可获利润 20 万元,这时卡车的年完好率为 0.8。要求制订一个 5 年运输计划,每年应投入到两种负荷工作中的卡车数量是多少,才能使 5 年内总利润达到最大。

资源分配问题。假设有一种资源,其数量为 a,现将它分配给 n 个使用者。若分配给第 i 个使用者的数量为 $x_i(i=1, 2, \cdots, n)$,产生的相应收益为 $g_i(x_i)$,问如何分配使总收益最大?

此外,投资决策问题、生产存储问题、采购问题、设备更新问题等,也都具有多阶段决策问题的特征。

10.1.2　动态规划

现在以最短路问题为例，来阐述动态规划的基本思想。

根据该问题的特点，该问题是一个可以划分为 4 个阶段的决策问题，即第一阶段为从 A 到 $B_i(i=1,2,3)$，有三种决策方案可供选择；第二阶段为从 B_i 到 $C_j(j=1,2,3)$，对于每个 B_i 有三种方案可供选择；第三阶段为从 C_j 到 $D_k(k=1,2)$，对于每个 C_j 有两种方案可供选择；第四阶段为从 D_k 到 E，对于每个 D_k 只有一种方案可供选择。如果使用穷举法，可供选择的路线有 $3\times3\times2\times1=18$(条)，将其一一比较不难找出最短路为 12，其最短路径为 $A\rightarrow B_3\rightarrow C_2\rightarrow D_2\rightarrow E$。

当阶段数很多，各阶段可供选择的方案也很多时，上述方法不是一种科学的方法，因为不仅工作量大，而且在计算机上实现也比较困难。因此，对这类问题有必要寻求一种比较好的解决方法，而动态规划就是解决这类问题的一种有效方法。

上述问题是求从 A 到 E 的最短路，而不是求某一阶段的最短路线，因此可考虑从最后一个阶段开始计算，由后向前逐步推至 A 点。

第四阶段，由 D_k 到 E 只有一条路线，其长度为 $f_4(D_1)=3$，同理，$f_4(D_2)=4$。

第三阶段，由 C_j 到 D_k 分别均有两条路径可供选择，即：

$$f_3(C_1)=\min\begin{bmatrix}C_1D_1+f_4(D_1)\\C_1D_2+f_4(D_2)\end{bmatrix}=\min\begin{bmatrix}3+3^*\\4+4\end{bmatrix}=6，决策点为 D_1$$

$$f_3(C_2)=\min\begin{bmatrix}C_2D_1+f_4(D_1)\\C_2D_2+f_4(D_2)\end{bmatrix}=\min\begin{bmatrix}6+3\\3+4^*\end{bmatrix}=7，决策点为 D_2$$

$$f_3(C_3)=\min\begin{bmatrix}C_3D_1+f_4(D_1)\\C_3D_2+f_4(D_2)\end{bmatrix}=\min\begin{bmatrix}3+3^*\\3+4\end{bmatrix}=6，决策点为 D_1$$

第二阶段，由 B_i 到 C_j 分别均有三条路径可供选择，即：

$$f_2(B_1)=\min\begin{bmatrix}B_1C_1+f_3(C_1)\\B_1C_2+f_3(C_2)\\B_1C_3+f_3(C_3)\end{bmatrix}=\min\begin{bmatrix}7+6\\4+7^*\\6+6\end{bmatrix}=11，决策点为 C_2$$

$$f_2(B_2)=\min\begin{bmatrix}B_2C_1+f_3(C_1)\\B_2C_2+f_3(C_2)\\B_2C_3+f_3(C_3)\end{bmatrix}=\min\begin{bmatrix}3+6^*\\2+7^*\\4+6\end{bmatrix}=9，决策点为 C_1 或 C_2$$

$$f_2(B_3)=\min\begin{bmatrix}B_3C_1+f_3(C_1)\\B_3C_2+f_3(C_2)\\B_3C_3+f_3(C_3)\end{bmatrix}=\min\begin{bmatrix}6+6\\2+7^*\\5+6\end{bmatrix}=9，决策点为 C_2$$

第一阶段,由 A 到 B,有三条路径可供选择,即:

$$f_1(A) = \min \begin{bmatrix} AB_1 + f_2(B_1) \\ AB_2 + f_2(B_2) \\ AB_3 + f_2(B_3) \end{bmatrix} = \min \begin{bmatrix} 2+11 \\ 4+9 \\ 3+9^* \end{bmatrix} = 12,决策点为 B_3$$

$f_1(A) = 12$ 说明从 A 到 E 的最短距离为 12,最短路线的确定可按反向追踪得到,即最优路径为 $A \rightarrow B_3 \rightarrow C_2 \rightarrow D_2 \rightarrow E$。

一般来讲,系统在某个阶段的状态转移,既与本阶段的状态有关,又可能与系统过去经历的状态有关,这样,多阶段决策问题的求解就变得相当复杂。而适合于动态规划方法求解的,是一类特殊的多阶段决策问题,即具有所谓无后效性的多阶段决策过程。

无后效性又称为马尔科夫性(Markouian property),它是指系统从某个阶段往后的发展演变,完全由系统本阶段所处的状态及决策所决定,与系统以前的状态和决策无关。换言之,过去的经历只能通过当前的状态去影响系统,而当前的状态是未来发展的初始条件。事实上,系统以前的状态与决策已经通过当前的状态反映出来。本章所讨论的多阶段决策过程都是指具有无后效性的决策过程。

10.2　动态规划的基本概念

在介绍动态规划的应用之前,先来介绍动态规划的几个基本概念。

10.2.1　阶段

阶段(stage)表示把所研究的决策问题,按先后顺序划分为若干相互联系的决策步骤,以便按一定的次序进行求解。描述阶段的变量称为阶段变量,常用 k 表示。阶段的划分一般可根据时序和空间的自然特征来进行,如车辆负荷问题中可按年份划分成 5 个阶段,$k = 1, 2, 3, 4, 5$。

10.2.2　状态

状态(state)表示每个阶段开始时所处的自然状况或客观条件,它描述了影响决策的因素随决策进程的变化情况,它既是前面阶段所作决策的结果,又是本阶段作出决策的出发点和依据。描述状态的变量称为状态变量,第 k 阶段的状态变量常用 s_k 表示,它可用一个数、一组数或一向量(多维情形)来描述。一般来讲,一个阶段包含有若干个状态。每一阶段所有状态的集合,称为允许状态集合,它是关于状态的约束条件。第 k 阶段的状态就是该阶段所有始点的集合。通常，第一阶段的状态变量 s_1 是确定的，称初始状态变量。如在最短路问题中，$s_1 = \{A\}$，$s_2 = \{B_1, B_2, B_3\}$，$s_3 = \{C_1, C_2, C_3\}$，$s_4 = \{D_1, D_2\}$。

10.2.3　决策

决策（decision）表示在某一阶段处于某种状态时，决策者在若干种可供选择的方案中做出的决定。描述决策的变量称为决策变量，常用 $x_k(s_k)$ 表示第 k 阶段处于状态 s_k 时的决策变量，它是状态变量的函数。决策变量的取值会受到状态变量的制约，被限制在某一范围之内，决策变量允许取值的范围，称为允许决策集合，常用 $D_k(s_k)$ 表示。显然，$x_k(s_k) \in D_k(s_k)$。 如在最短路问题的第二阶段中，若从 B_1 出发 $D_2(B_1) = \{B_1C_1, B_1C_2, B_1C_3\}$，如果决定选取 B_1C_2，则 $x_2(B_1) = B_1C_2$。

10.2.4　策略

把从第一阶段开始到最后阶段终止的整个决策过程，称为问题的全过程；而把从第 k 阶段开始到最后阶段终止的决策过程，称为 k 子过程。在全过程上，由于从初始阶段开始到最终阶段，每一个阶段均有一个决策，从而各个阶段的决策形成一个决策序列，我们称此决策序列为系统的一个策略。对于 n 个阶段的决策过程，由第一阶段的某一状态出发，作出决策序列 x_1，x_2，…，x_n 而形成的策略（即全过程策略）记为 $p_{1,n}$，即 $p_{1,n}(s_1) = \{x_1(s_1), x_2(s_2), \cdots, x_n(s_n)\}$ 称为全过程策略，简称策略（policy）；使系统达到最优效果的策略，称为最优策略（optimal policy）；而在 k 子过程上的决策序列 $p_{k,n}(s_k) = \{x_k(s_k), x_{k+1}(s_{k+1}), \cdots, x_n(s_n)\}$ 称为 k 子过程策略，简称子策略。

10.2.5　状态转移方程

若第 k 阶段的状态变量值为 s_k，当决策变量 $x_k(s_k)$ 的取值决定后，下一阶段状态变量 s_{k+1} 的值也就完全确定。即 s_{k+1} 是 s_k 和 $x_k(s_k)$ 的函数：$s_{k+1} = T_k(s_k, x_k)$，该方程描述了由第 k 阶段到第 $k+1$ 阶段的状态转移规律，称为状态转移方程（state transfer equation）。

10.2.6　阶段指标函数和过程指标函数

任何决策过程都必然有一个衡量其策略（也是其实现过程）优劣的尺度、一个数量指标,这个指标称为指标函数。指标函数分为阶段指标函数和过程指标函数。

阶段指标函数是对应某一阶段状态和从该状态出发的一个阶段决策的某种效益度量,用 $v_k(s_k, x_k)$ 表示。

过程指标函数是指从状态 $s_k(k=1, 2, \cdots, n)$ 出发至最后阶段,当采取某种子策略时,按预定标准得到的效益值。它是定义在全过程和所有 k 子过程上的数量函数,即这个指标函数既与 s_k 的状态值有关,又与 s_k 以后所采取的策略有关,它是两者的函数值。通常把定义在全过程上的过程指标函数记为 $v_{1,n}$;定义在 k 子过程上的过程指标函数记为 $v_{k,n}$,于是有:

$$v_{k,n}=v_{k,n}(s_k, x_k, \cdots, s_n, x_n, s_{n+1}), k=1, 2, \cdots, n$$

$$v_{1,n}=v_{1,n}(s_1, x_1, \cdots, s_n, x_n, s_{n+1}), k=1, 2, \cdots, n$$

过程指标函数是它所包含的各阶段指标函数的函数,按问题的性质,它可以是各阶段指标函数的和、积或其他函数形式。动态规划所要求的过程指标函数应具有可分离性,即可表示为它所包含的各阶段指标函数的函数形式。常见的两种过程指标函数形式是:

(1) 过程指标函数是它所包含的各阶段指标函数的和。即:

$$v_{k,n}(s_k, x_k, \cdots, s_{n+1}) = \sum_{j=k}^{n} v_j(s_j, x_j)$$

这时考虑到递推关系,上式又可以写成:

$$v_{k,n}(s_k, x_k, \cdots, s_n, x_n, s_{n+1})=v_k(s_k, x_k) + v_{k+1,n}(s_{k+1}, x_{k+1}, \cdots, s_n, x_n, s_{n+1})$$

(2) 过程指标函数是它所包含的各阶段指标函数的乘积。即:

$$v_{k,n}(s_k, x_k, \cdots, s_{n+1}) = \prod_{j=k}^{n} v_j(s_j, x_j)$$

上式也可以写成:

$$v_{k,n}(s_k, x_k, \cdots, s_n, x_n, s_{n+1})=v_k(s_k, x_k)v_{k+1,n}(s_{k+1}, x_{k+1}, \cdots, s_n, x_n, s_{n+1})$$

10.2.7　最优值函数

当指标函数达到最优值时,称为最优值函数,记作 $f_k(s_k)$。它表示第 k 阶段的状态变量为 s_k 时,从第 k 阶段到第 n 阶段采取最优策略所得到的指标函数值。即:

$$f_k(s_k) = \mathop{\mathrm{opt}}_{\{x_k, \cdots, x_n\}} v_{k,n}(s_k, x_k, \cdots, s_n, x_n, s_{n+1})$$

其中"opt"是最优化的缩写,可根据题意而取 min 或 max。

指标函数根据决策问题不同可以赋予不同的含义,它可能是距离、成本、费用,也可能是利润、资金、产量等。例如，在最短路问题中，指标函数 $v_{k,n}$ 就表示在第 k 阶段状态变量为 s_k 时从 s_k 至终点的距离。用 $d_k(s_k, x_k) = v_k(s_k, x_k)$ 表示在第 k 阶段由点 s_k 到点 $s_{k+1} = x_k(s_k)$ 的距离。最优值函数 $f_k(s_k)$ 表示当第 k 阶段的状态变量为 s_k 时从 s_k 至终点的最短距离。

10.2.8　基本方程

在动态规划中，有逆序与顺序两种求解方法，在这两种求解方法中，对阶段变量 k 的定义是一致的，即第一阶段的初始状态变量为 s_1，第一阶段的终止状态即第二阶段的初始状态变量为 s_2……第 n 阶段的终止状态变量为 s_{n+1}。

逆序解法（后向法）是由终点向始点逐段递推；而顺序解法（前向法）是由始点向终点逐段递推。因此，它们的基本方程（最优值函数的递推关系式）不尽相同。

（1）逆序解法的基本方程。

若过程指标函数为各阶段指标函数和的形式，即：

$$v_{k,n}(s_k, x_k, \cdots, s_n, x_n, s_{n+1}) = \sum_{j=k}^{n} v_j(s_j, x_j)$$

则有：

$$
\begin{aligned}
f_k(s_k) &= \operatorname*{opt}_{\{x_k, \cdots, x_n\}} v_{k,n}(s_k, x_k, \cdots, s_n, x_n, s_{n+1}) \\
&= \operatorname*{opt}_{\{x_k, \cdots, x_n\}} \{v_k(s_k, x_k) + v_{k+1,n}(s_{k+1}, x_{k+1}, \cdots, s_n, x_n, s_{n+1})\} \\
&= \operatorname*{opt}_{x_k \in D_k(s_k)} \{v_k(s_k, x_k) + \operatorname*{opt}_{\{x_{k+1}, \cdots, x_n\}} v_{k+1,n}(s_{k+1}, x_{k+1}, \cdots, s_n, x_n, s_{n+1})\} \\
&= \operatorname*{opt}_{x_k \in D_k(s_k)} \{v_k(s_k, x_k) + f_{k+1}(s_{k+1})\}
\end{aligned}
$$

可得基本方程：

$$
\begin{cases}
f_k(s_k) = \operatorname*{opt}_{x_k \in D_k(s_k)} \{v_k(s_k, x_k) + f_{k+1}(s_{k+1})\}, \ k = n, n-1, \cdots, 2, 1 \\
f_{n+1}(s_{n+1}) = 0
\end{cases}
\tag{10.1}
$$

若过程指标函数为各阶段指标函数积的形式，即：

$$v_{k,n}(s_k, x_k, \cdots, s_n, x_n, s_{n+1}) = \prod_{j=k}^{n} v_j(s_j, x_j)$$

可得基本方程：

$$
\begin{cases}
f_k(s_k) = \operatorname*{opt}_{x_k \in D_k(s_k)} \{v_k(s_k, x_k) \times f_{k+1}(s_{k+1})\}, \ k = n, n-1, \cdots, 2, 1 \\
f_{n+1}(s_{n+1}) = 1
\end{cases}
\tag{10.2}
$$

（2）顺序解法的基本方程。

顺序解法是由过程的始点向终点逐段递推,其阶段变量的设置与状态变量的设置次序与逆序解法相同,而最优值函数 $f_k(s_k)$ 表示第 k 阶段末的结束状态变量为 s_{k+1} 时,从第 1 阶段到第 k 阶段采取最优策略所得到的指标函数。一般选择第 k 阶段末的状态作为第 k 阶段的状态变量。其状态转移方程为 $s_k = T'_k(s_{k+1}, x_k)$,即决策变量 x_k 使得状态由 s_{k+1} 演变到 s_k,函数关系 T'_k 是 T_k 的反函数。

若过程指标函数为各阶段指标函数和的形式,即:

$$v_{k,n}(s_k, x_k, \cdots, s_{n+1}) = \sum_{j=k}^{n} v_j(s_j, x_j)$$

可得基本方程:

$$\begin{cases} f_k(s_{k+1}) = \operatorname*{opt}_{x_k \in D_k(s_k)} \{v_k(s_k, x_k) + f_{k-1}(s_k)\}, & k = 1, 2, \cdots, n \\ f_0(s_1) = 0 \end{cases} \tag{10.3}$$

其状态转移方程为:

$$s_k = T'_k(s_{k+1}, x_k)$$

若过程指标函数为各阶段指标函数积的形式,即:

$$v_{k,n}(s_k, x_k, \cdots, s_{n+1}) = \prod_{j-h}^{n} v_j(s_j, x_j)$$

可得基本方程:

$$\begin{cases} f_k(s_{k+1}) = \operatorname*{opt}_{x_k \in D_k(s_k)} \{v_k(s_k, x_k) \times f_{k-1}(s_k)\}, & k = 1, 2, \cdots, n \\ f_0(s_1) = 1 \end{cases} \tag{10.4}$$

一般来说,当过程给定始点时,用逆序解法比较方便;而当过程给定终点时,用顺序解法比较方便。若一个多阶段决策问题,有一个固定的过程始点和一个固定的过程终点,则用顺序解法和逆序解法会得到相同的最优结果。

10.3 动态规划的基本思想和最优化原理

10.3.1 动态规划的基本思想

结合前面的例题,动态规划的基本思想可以概括如下:

（1）将多阶段决策问题按照空间和时间顺序划分成相互联系的若干阶段,选取恰当的状态变量和决策变量,写出状态转移方程,定义指标函数和最优值函数,写出基本方程（递推关系和边界条件）。

（2）从边界条件开始，由后向前（或由前向后）逐段递推寻找最优，在每个阶段的计算中都要用到前一阶段的最优结果，依次进行，求得最后一个子问题的最优解就是整个问题的最优解。

（3）在多阶段决策过程中，动态规划方法是既把当前一段和未来各段分开，又把当前效益和未来效益结合起来考虑的一种方法，即确定第 k 阶段的最优解时，不是只考虑本阶段最优，而是要考虑本阶段及其所有 k 子过程的整体最优。

（4）在求整个问题的最优策略时，由于初始状态是已知的，而每阶段的决策是该阶段状态的函数，故最优策略所经过的各段状态便可逐次变换得到，从而确定了最优路线。

10.3.2 动态规划的最优化原理

20 世纪 50 年代，贝尔曼等人在深入研究无后效性的多阶段决策问题基础上，提出了著名的最优性原理。作为整个过程的最优策略具有这样的性质：不管该最优策略某状态以前的状态和策略如何，对该状态而言，余下的各个决策必然构成最优子策略。即最优策略的子策略都是最优的。

最短路问题正是根据这一原理进行求解的。利用这一原理，可以把多阶段决策问题的求解过程表示成一个连续的递推过程，由后向前逐步计算。在求解时，前面的各状态与决策对后面的子过程来说只相当于初始条件，并不影响后面子过程的最优决策。

10.3.3 建立动态规划模型的步骤

用动态规划方法解决实际问题，需要根据题意建立动态规划的数学模型，一般来讲，建立动态规划数学模型包括以下几个步骤：（1）将所研究的问题划分为 n 个恰当的阶段，$k=1, 2, \cdots, n$；（2）正确地选择状态变量 s_k，并确定初始状态变量 s_1 的值；（3）确定决策变量 x_k 以及各阶段的允许决策集 $D_k(s_k)$；（4）写出状态转移方程；（5）给出满足要求的过程指标函数 $v_{k, n}$ 及相应的最优值函数；（6）写出递推方程和边界条件，建立基本方程；（7）按照基本方程递推求解。

以上步骤是动态规划方法处理问题的基本步骤，其中的前六步是建立动态规划模型的步骤。

10.4 动态规划的应用

动态规划主要用于解决通过时间来划分阶段的动态过程的优化问题。依据时间变量是连续的还是离散的,决策可以分为连续(时间)决策过程和离散(时间)决策过程;依据过程的演变是确定性的还是随机性的,决策可以分为确定性决策过程和随机性决策过程,结合两者决策就可以分为四种类型:连续确定性决策、连续随机性决策、离散确定性决策、离散随机性决策,其中应用最广泛的是离散确定性决策过程,所以本章重点介绍离散确定性决策问题。

10.4.1　静态规划问题

动态规划、线性规划和非线性规划都是利用迭代方法求最优化问题。但是线性规划和非线性规划所研究的问题通常与时间无关,故又称他们为静态规划。线性规划迭代中的每一步是就问题的整体加以改善。而动态规划所研究的问题与时间有关,它是研究具有多阶段决策过程的一类问题,将问题的整体按时间或空间的特征而分成若干前后衔接的时空阶段,然后逐个加以解决,从而求出整个问题的最优决策序列。因此,对于某些静态问题,可以人为地引入时间因素,把它看作按阶段进行的一个动态规划问题,这就使得动态规划成为求解某些线性、非线性规划的一种有效方法。

[**例 10.1**]　用动态规划求解下列非线性规划:

$$\max z = 2x_1^2 + 4x_2 + 5x_3$$

$$\text{s.t.} \begin{cases} x_1 + x_2 + x_3 = 10 \\ x_1 \geqslant 0, \ x_2 \geqslant 0, \ x_3 \geqslant 0 \end{cases}$$

解:按问题变量的个数划分成 3 个阶段,$k = 1, 2, 3$。设状态变量 s_k 表示从第 k 个变量到第 3 个变量的和,根据题意 $s_1 = 10$。决策变量 $x_k (k = 1, 2, 3)$ 表示第 k 个变量的取值。

状态转移方程为:$s_{k+1} = s_k - x_k$, $k = 1, 2$

允许决策集合为:$D_k(s_k) = \{x_k \mid 0 \leqslant x_k \leqslant s_k\}$, $k = 1, 2, 3$

各阶段指标函数为:

$$v_1(s_1, x_1) = 2x_1^2$$

$$v_2(s_2, x_2) = 4x_2$$

$$v_3(s_3, x_3) = 5x_3$$

过程指标函数是各阶段指标函数的和,即:

$$v_{k, n} = \sum_{j=k}^{3} v_j(s_j, x_j), \ k = 1, 2, 3$$

最优值函数 $f_k(s_k)$ 表示第 k 阶段状态变量为 s_k 时,从第 k 阶段到第 3 阶段,采取最优策略所得到指标函数的最大值。

基本方程为:

$$\begin{cases} f_k(s_k) = \max_{x_k \in D_k(s_k)} \{v_k(s_k, x_k) + f_{k+1}(s_{k+1})\}, k = 3, 2, 1 \\ f_4(s_4) = 0 \end{cases}$$

采用逆序解法进行求解:

当 $k = 3$ 时,$f_3(s_3) = \max_{x_3 = s_3}(5x_3 + f_4(s_4)) = 5s_3$

最优解为 $x_3^* = s_3$

当 $k = 2$ 时,$f_2(s_2) = \max_{0 \leqslant x_2 \leqslant s_2} [4x_2 + f_3(s_3)]$

$$= \max_{0 \leqslant x_2 \leqslant s_2} [4x_2 + 5(s_2 - x_2)]$$

$$= 5s_2$$

最优解为 $x_2^* = 0$

当 $k = 1$ 时,$f_1(s_1) = \max_{0 \leqslant x_1 \leqslant s_1} [2x_1^2 + f_2(s_2)]$

$$= \max_{0 \leqslant x_1 \leqslant s_1} [2x_1^2 + 5s_2]$$

$$= \max_{0 \leqslant x_1 \leqslant s_1} [2x_1^2 + 5(s_1 - x_1)]$$

$$= 2s_1^2$$

最优解为 $x_1^* = s_1$

由 $s_1 = 10$ 反向推算,得最优解为 $x_1^* = 10$,$x_2^* = 0$,$x_3^* = 0$,最优目标函数值为 $z^* = 200$。

[**例 10.2**] 用动态规划求解下列非线性规划问题:

$$\max z = x_1(1 - x_2)x_3$$

$$\text{s.t.} \begin{cases} x_1 - x_2 + x_3 \leqslant 1 \\ x_1 \geqslant 0, x_2 \geqslant 0, x_3 \geqslant 0 \end{cases}$$

解:按问题变量的个数划分成 3 个阶段,$k = 1, 2, 3$。状态变量为 s_k,根据题意 $s_1 \leqslant 1$,各个状态变量之间的关系为:$s_3 = s_2 + x_2$,$s_2 = s_1 - x_1$;则有 $x_3 = s_3$,$x_2 \geqslant 0$,$x_1 \geqslant 0$。决策变量 x_k 表示第 k 个变量的取值,$k = 1, 2, 3$。

各阶段指标函数为:

$$v_1(s_1, x_1) = x_1$$

$$v_2(s_2, x_2) = (1 - x_2)$$

$$v_3(s_3, x_3) = x_3$$

过程指标函数是各阶段指标函数的积,即:

$$v_{k,n} = \sum_{j=k}^{3} v_j(s_j, x_j)$$

最优值函数 $f_k(s_k)$ 表示第 k 阶段的状态变量为 s_k 时,从第 k 阶段到第 3 阶段采取最优策略所得到指标函数的最大值。

基本方程为:

$$\begin{cases} f_k(s_k) = \max\limits_{x_k \in D_k(s_k)} \{v_k(s_k, x_k) \times f_{k+1}(s_{k+1})\}, & k=3,2,1 \\ f_4(s_4) = 1 \end{cases}$$

用逆序解法进行求解:

当 $k=3$ 时,$f_3(s_3) = \max\limits_{0 \leqslant x_3 \leqslant s_3} \{x_3 \cdot f_4(s_4)\} = \max\limits_{0 \leqslant x_3 \leqslant s_3} \{x_3\} = s_3$

最优解为 $x_3^* = s_3$

当 $k=2$ 时,$f_2(s_2) = \max\limits_{x_2 \geqslant 0} \{(1-x_2)f_3(s_3)\}$

$$= \max\limits_{x_2 \geqslant 0} \{(1-x_2)s_3\}$$

$$= \max\limits_{x_2 \geqslant 0} \{(1-x_2)(s_2+x_2)\}$$

$$= \max\limits_{x_2 \geqslant 0} \{-x_2^2 + (1-s_2)x_2 + s_2\}$$

$$= \frac{(1+s_2)^2}{4}$$

最优解为 $x_2^* = \dfrac{1-s_2}{2}$

当 $k=1$ 时,$f_1(s_1) = \max\limits_{x_1 \geqslant 0} \{x_1 \cdot f_2(s_2)\}$

$$= \max\limits_{x_1 \geqslant 0} \left\{ x_1 \cdot \frac{(1+s_2)^2}{4} \right\}$$

$$= \max\limits_{x_1 \geqslant 0} \left\{ x_1 \cdot \frac{(1+s_1-x_1)^2}{4} \right\}$$

$$= \frac{1}{4} \max\limits_{x_1 \geqslant 0} \{x_1^3 - 2(1+s_1)x_1^2 + (1+s_1)^2 x_1\}$$

$$= \frac{(1+s_1)^3}{27} = \frac{8}{27}$$

最优解为 $x_1^* = \dfrac{1+s_1}{3}$

由 $s_1 \leqslant 1$ 反向推算,得最优解为 $x_1^* = \dfrac{2}{3}$,$x_2^* = \dfrac{1}{3}$,$x_3^* = \dfrac{2}{3}$,最优目标函数值为 $z^* = \dfrac{8}{27}$。

[**例 10.3**]　用动态规划求解下列非线性规划问题：

$$\max z = 15x_1 + 10x_2$$

$$\text{s.t.} \begin{cases} x_1 + 2x_2 \leqslant 6 \\ 3x_1 + x_2 \leqslant 8 \\ x_1 \geqslant 0,\ x_2 \geqslant 0 \end{cases}$$

解：按问题变量的个数划分成 2 个阶段，$k = 1, 2$。状态变量为 $s_k = (s_k^1, s_k^2)$，根据题意，$s_1^1 = 6$，$s_1^2 = 8$。决策变量为 $x_k (k = 1, 2)$，表示第 k 个变量的取值，其之间的关系为：

$$s_1^1 = 6,\ s_2^1 = s_1^1 - x_1,\ s_3^1 = s_2^1 - 2x_2 \geqslant 0 \Rightarrow 0 \leqslant x_1 \leqslant s_1^1,\ 0 \leqslant x_2 \leqslant \frac{s_2^1}{2}$$

$$s_1^2 = 8,\ s_2^2 = s_1^2 - 3x_1,\ s_3^2 = s_2^2 - x_2 \geqslant 0 \Rightarrow 0 \leqslant x_1 \leqslant \frac{s_1^2}{3},\ 0 \leqslant x_2 \leqslant s_2^2$$

所以有：

$$0 \leqslant x_1 \leqslant \min\left(s_1^1, \frac{s_1^2}{3}\right) = \frac{8}{3},\ 0 \leqslant x_2 \leqslant \min\left(\frac{s_2^1}{2}, s_2^2\right)$$

各阶段指标函数为：

$$v_1(s_1, x_1) = 15x_1$$

$$v_2(s_2, x_2) = 10x_2$$

过程指标函数是各阶段指标函数的和，即：

$$v_{k,n} = \sum_{j=k}^{2} v_j(s_j, x_j)$$

最优值函数 $f_k(s_k)$ 表示第 k 阶段的状态变量为 s_k 时，从第 k 阶段到第 2 阶段采取最优策略所得到指标函数的最大值。

基本方程为：

$$\begin{cases} f_k(s_k) = \max_{x_k \in D_k(s_k)} \{v_k(s_k, x_k) + f_{k+1}(s_{k+1})\},\ k = 2, 1 \\ f_3(s_3) = 0 \end{cases}$$

采用逆序法进行求解：

当 $k = 2$ 时，$f_2(s_2) = \max\limits_{0 \leqslant x_2 \leqslant \min\left(\frac{s_2^1}{2}, s_2^2\right)} \{v_2(s_2, x_2) + f_3(s_3)\}$

$$= \max_{0 \leqslant x_2 \leqslant \min\left(\frac{s_2^1}{2}, s_2^2\right)} 10x_2$$

$$= \min(5s_2^1,\ 10s_2^2)$$

最优解为 $x_2^* = \min\left(\dfrac{s_2^1}{2},\ s_2^2\right)$

当 $k=1$ 时，$f_1(s_1)=\max\limits_{0\leqslant x_1\leqslant\min\left(s_1^1,\frac{s_1^2}{3}\right)}\{v_1(s_1,x_1)+f_2(s_2)\}$

$$=\max\limits_{0\leqslant x_1\leqslant\frac{8}{3}}\{15x_1+\min(5s_2^1,10s_2^2)\}$$

$$=\max\limits_{0\leqslant x_1\leqslant\frac{8}{3}}\{15x_1+\min\{5(s_1^1-x_1),10(s_1^2-3x_1)\}\}$$

$$=\max\limits_{0\leqslant x_1\leqslant\frac{8}{3}}\{15x_1+\min\{30-5x_1,80-30x_1\}\}$$

$$=\begin{cases}\max\{30+10x_1\},0\leqslant x_1<2\\\max\{80-15x_1\},2\leqslant x_1\leqslant\dfrac{8}{3}\end{cases}$$

最优解为 $x_1^*=2$

由 $s_1=(6,8)$ 反向推算，得最优解为 $x_1^*=2$，$x_2^*=2$，最优目标函数值为 $z^*=50$。

10.4.2　资源分配问题

所谓资源分配问题，就是将数量一定的资源（如资金、机器设备、原材料、物资、劳力等）恰当地分配给若干使用者，而使总的目标函数值为最优。它包括两种类型：一是资源平行分配问题，只将资源合理分配而不考虑回收的问题，如销售店分配问题、投资分配问题、货物分配问题、设址问题等；二是资源连续分配问题，即要考虑资源回收和利用问题，其决策变量为连续值，如机器负荷问题。

资源分配问题实际上是属于线性规划或非线性规划一类的静态规划问题。但是当我们人为地引进时间因素后，就可把它们看成是按阶段进行的多阶段决策问题，这就使得动态规划成为求解这类问题的一种有效方法。

1. 一维资源平行分配问题

一维资源平行分配问题可描述如下：设有某种原料，总数量为 a，分配给 n 个使用者。已知第 i 个使用者得到数量 x_i 的资源，可创造的收益为 $g_i(x_i)$。问应如何分配该资源，才能使总收益最大。

用动态规划方法处理这种问题时，通常把给一个使用者分配资源的过程看成一个阶段，按 n 个使用者分成先后 n 个决策阶段。即先给第 1 个使用者分配资源，为第 1 阶段；再给第 2 个使用者分配，为第 2 阶段；依此类推，最后给第 n 个使用者分配，为第 n 阶段。

设状态变量 s_k 表示分配给第 k 个使用者至第 n 个使用者原料的数量，决策变量 x_k 表示分配给第 k 个使用者原料的数量。

允许决策集合为：$D_k(s_k)=\{x_k\mid0\leqslant x_k\leqslant s_k\}$

状态转移方程为：$s_{k+1}=s_k-x_k$

最优值函数表示把数量为 s_k 的原料分配给第 k 个使用者至第 n 个使用者所得到的最大总收益，其基本方程为：

$$\begin{cases} f_k(s_k) = \max_{x_k \in D_k(s_k)} \{g_k(x_k) + f_{k+1}(s_k - x_k)\}, k = n, n-1, \cdots, 2, 1 \\ f_{n+1}(s_{n+1}) = 0 \end{cases}$$

利用这个基本方程进行逐段计算,最后求得 $f_1(a)$ 即为所求问题的最大总收益。

[例 10.4] 某公司新进四套大型成套设备,准备分配给甲乙丙三个工厂使用,事先对各工厂的经营情况进行了调研,并对各种分配方案产生的经济效益做了估算,估算的经济效益见表 10.1,其中设备数为 0 时的收益是指已经拥有的经济收益。问应如何分配这四套大型成套设备,使公司总收益最大?

表 10.1　大型设备投入各工厂产生的经济效益

收益(万元)　设备套数　工厂	0	1	2	3	4
甲	41	44	52	64	70
乙	42	44	52	62	68
丙	50	66	70	80	80

解:按问题中涉及工厂的个数划分成 3 个阶段,$k = 1, 2, 3$。

状态变量 s_k 表示第 k 阶段分配给第 k 个工厂至第 3 个工厂的成套设备数量,其中 $s_1 = 4$,$s_4 = 0$。决策变量 x_k 表示在第 k 阶段分配给第 k 个工厂的成套设备数量。

允许决策集合为:$D_k(s_k) = \{x_k \mid 0 \leqslant x_k \leqslant s_k\}$

状态转移方程为:$s_{k+1} = s_k - x_k$

阶段指标函数 $v_k(s_k, x_k)$ 表示分配给第 k 个工厂 x_k 套成套设备产生的收益,即:

$$v_k(s_k, x_k) = g_k(x_k)$$

过程指标函数可表示为各阶段指标函数和的形式,即:

$$v_{k,n} = \sum_{j=k}^{3} v_j(s_j, x_j), k = 1, 2, 3$$

最优值函数 $f_k(s_k)$ 表示第 k 阶段分配给第 k 个工厂至第 3 个工厂成套设备数量为 s_k 时,从第 k 阶段至第 3 阶段按照最优决策所能获得的最大总收益,其基本方程为:

$$\begin{cases} f_k(s_k) = \max_{0 \leqslant x_k \leqslant x_k} \{v_k(s_k, x_k) + f_{k+1}(s_{k+1})\}, k = 3, 2, 1 \\ f_4(s_4) = 0 \end{cases}$$

采用逆序解法进行求解:

(1) 当 $k = 3$ 时,状态变量 s_3 的可能取值为 $s_3 = 0, 1, 2, 3, 4$,因为 $s_4 = 0$,故有 $x_3 = s_3$。利用基本方程:

$$f_3(s_3) = \max_{x_3 = s_3} \{v_3(s_3, x_3) + f_4(s_4)\} = \max_{x_3 = s_3} v_3(s_3, x_3)$$

所以有:

$$f_3(0)=g_3(0)=50$$

$$f_3(1)=g_3(1)=66$$

$$f_3(2)=g_3(2)=70$$

$$f_3(3)=g_3(3)=80$$

$$f_3(4)=g_3(4)=80$$

将上述结果列表得表 10.2。

表 10.2　第 3 阶段分配成套设备所获得的收益值($k=3$)　　（单位:万元）

s_3 \ x_3	0	1	2	3	4	$f_3(s_3)$	x_3^*
0	50					50	0
1		66				66	1
2			70			70	2
3				80		80	3
4					80	80	4

(2) 当 $k=2$ 时,状态变量 s_2 的可能取值为 $s_2=0,1,2,3,4$。对 s_2 的每个确定取值,分别求出决策变量 x_2 的可能取值:

当 $s_2=0$ 时,x_2 的可能取值为 0。

当 $s_2=1$ 时,x_2 的可能取值为 0,1。

当 $s_2=2$ 时,x_2 的可能取值为 0,1,2。

当 $s_2=3$ 时,x_2 的可能取值为 0,1,2,3。

当 $s_2=4$ 时,$x_2=0,1,2,3,4$。

利用基本方程:

$$f_2(s_2)=\max_{0\leqslant x_2\leqslant s_2}\{v_2(s_2,x_2)+f_3(s_3)\}$$

可得:

$$f_2(0)=\max_{x_2=0}\{v_2(s_2,x_2)+f_3(0)\}=g_2(0)+f_3(0)$$

$$=42+50=92$$

$$f_2(1)=\max_{0\leqslant x_2\leqslant 1}\{v_2(s_2,x_2)+f_3(s_2-x_2)\}$$

$$=\max\{g_2(0)+f_3(1),g_2(1)+f_3(0)\}=\{42+66,44+50\}$$

$$=g_2(0)+f_3(1)=108$$

$$f_2(2)=\max_{0\leqslant x_2\leqslant 2}\{v_2(s_2,x_2)+f_3(s_2-x_2)\}$$

$$= \max\{42+70, 44+66, 52+50\} = 112$$

同理可计算 $f_2(3)$，$f_2(4)$，其结果列于表 10.3。

表 10.3　第 2 阶段分配成套设备所获得的收益值（$k=2$）　　（单位：万元）

s_2＼x_2	0	1	2	3	4	$f_2(s_2)$	x_2^*
0	92					92	0
1	108	94				108	0
2	112	110	102			112	0
3	122	114	118	112		122	0
4	122	124	122	128	118	128	3

（1）当 $k=1$ 时，s_1 只能取 4，则 x_1 的可能取值为 0，1，2，3，4。
利用基本方程：

$$f_1(s_1) = \max_{0 \leqslant x_1 \leqslant 4} \{v_1(s_1, x_1) + f_2(s_2)\}$$

$$= \max_{0 \leqslant x_1 \leqslant 4} \{g_1(x_1) + f_2(s_1 - x_1)\}$$

$$= \max\{41+128, 44+122, 52+112, 64+108, 70+92\}$$

$$= 172$$

计算结果列于表 10.4。

表 10.4　第 1 阶段分配成套设备所获得的收益值（$k=1$）　　（单位：万元）

s_1＼x_1	0	1	2	3	4	$f_1(s_1)$	x_1^*
4	169	166	164	172	162	172	3

由表 10.2 至表 10.4，可以依次求出第 1，2，3 阶段的最优决策，进而得到最优策略。第 1 阶段：查表 10.4，最优决策为 $x_1^* = 3$。而第 2 阶段初的最优状态 $s_2^* = 1$，根据 $s_2^* = 1$，查表 10.3，第 2 阶段的最优决策为 $x_2^* = 0$。而第 3 阶段初的最优状态 $s_3^* = 1$，根据 $s_3^* = 1$，查表 10.2，第 3 阶段的最优决策为 $x_3^* = 1$。

综上所述，最优决策为 $x_1^* = 3$，$x_2^* = 0$，$x_3^* = 1$，即该公司分配工厂 1 三套设备、分配给工厂 3 一套设备，不分配给工厂 2 任何设备，可使公司获得最大的收益，其最大总收益为 172 万元。

2. 一维资源连续分配问题

连续资源分配问题一般可以这样描述：设有数量为 s_1 的某种资源，可投入 A 和 B 两种生产。第 1 年若以数量 x_1 投入生产 A，剩下的数量 $s_1 - x_1$ 就投入生产 B，则可得收入为 $g(x_1) + h(s_1 - x_1)$，其中 $g(x_1)$ 和 $h(s_1 - x_1)$ 为已知函数，且 $g(0) = h(0) = 0$。这种资源在投入 A、B 生产后，年终还可回收再投入生产。设年回收率分别为 $0 <$

$a<1,0<b<1$，则在第 1 年生产后,回收资源的数量为 $s_2=ax_1+b(s_1-x_1)$。 第 2 年再将资源数量 s_2 中的 x_2 和 s_2-x_2 分别再投入 A、B 两种生产,则第 2 年可得收入为 $g(x_2)+h(s_2-x_2)$。 如此继续进行 n 年,试问:应当如何决定每年投入 A 生产的资源量 $x_1,x_2,\cdots,x_n$,才能使总收入最高?

用动态规划方法处理如下:

按照考虑的年份划分成 n 个阶段,$k=1,2,\cdots,n$。 设状态变量 s_k 表示在第 k 阶段可投入 A、B 两种生产的资源数量。决策变量 x_k 表示在第 k 阶段用于 A 生产的资源数量,则 s_k-x_k 表示用于 B 生产的资源数量。

状态转移方程为:$s_{k+1}=ax_k+b(s_k-x_k)$

允许决策集合为:$D_k(s_k)=\{x_k\mid0\leqslant x_k\leqslant s_k\}$

最优值函数 $f_k(s_k)$ 表示当第 k 阶段用于 A、B 两种生产的资源数量为 s_k 时,从第 k 阶段至第 n 阶段采取最优分配方案进行生产后所得到的最大总收入,其基本方程为:

$$\begin{cases} f_k(s_k)=\max_{0\leqslant x_k\leqslant s_k}\{g(x_k)+h(s_k-x_k)+f_{k+1}(ax_k+b(s_k-x_k))\},k=n,n-1,\cdots,1\\ f_{n+1}(s_{n+1})=0\end{cases}$$

利用这个基本方程进行逐段计算,最后求得 $f_1(s_1)$ 即为所求问题的最大总收入。

[例 10.5]　某货运公司有 500 辆卡车负责货物的运输任务,在超负荷工作(即每天满载行驶 500 千米以上)情况下,每辆卡车每年可获利润 30 万元,这时卡车的年完好率为 0.6;在低负荷工作(即每天行驶 300 千米以下)情况下,每辆卡车每年可获利润 20 万元,这时卡车的年完好率为 0.8。现在要求制定一个 5 年运输计划,问每年应投入两种负荷工作中的卡车数量是多少,才能使 5 年内总利润达到最高?

解:按照年份划分成为 5 个阶段:$k=1,2,3,4,5$。

状态变量 s_k 表示第 k 年初完好的卡车数量,同时也是第 $k-1$ 年末完好的卡车数量。

决策变量 x_k 表示第 k 年初投入高负荷工作中的卡车数量,则 s_k-x_k 表示投入低负荷工作中的卡车数量。

允许决策集合为:$D_k(s_k)=\{x_k\mid0\leqslant x_k\leqslant s_k\}$

状态转移方程为:$s_{k+1}=0.6x_k+0.8(s_k-x_k)=0.8s_k-0.2x_k$

阶段指标函数 $v_k(s_k,x_k)$ 表示第 k 年有 x_k 台卡车投入高负荷工作、s_k-x_k 台卡车投入低负荷工作所获得的利润,即 $v_k(s_k,x_k)=30x_k+20(s_k-x_k)=20s_k+10x_k$。

最优值函数 $f_k(s_k)$ 表示第 k 年初完好的卡车数量为 s_k 时,从第 k 年至第 5 年采用最优决策所获得的最大总利润,其基本方程为:

$$\begin{cases} f_k(s_k)=\max_{x_k\in D_k(s_k)}\{v_k(s_k,x_k)+f_{k+1}(s_{k+1})\},k=5,4,3,2,1\\ f_6(s_6)=0\end{cases}$$

当 $k=5$ 时，$f_5(s_5) = \max_{0 \leqslant x_5 \leqslant s_5} \{v_5(s_5, x_5) + f_6(s_6)\} = \max_{0 \leqslant x_5 \leqslant s_5} \{20s_5 + 10x_5 + 0\}$

显然，$x_5 = s_5$ 时，函数 $f_5(s_5)$ 达到极大值，故最优策略为 $x_5^* = s_5$，$f_5(s_5) = 30s_5$。

当 $k=4$ 时，$f_4(s_4) = \max_{0 \leqslant x_4 \leqslant s_4} \{v_4(s_4, x_4) + f_5(s_5)\}$

$$= \max_{0 \leqslant x_4 \leqslant s_4} \{20s_4 + 10x_4 + 30s_5\}$$

$$= \max_{0 \leqslant x_4 \leqslant s_4} \{20s_4 + 10x_4 + 30(0.8s_4 - 0.2x_4)\}$$

$$= \max_{0 \leqslant x_4 \leqslant s_4} \{44s_4 + 4x_4\}$$

只有当 $x_4 = s_4$ 时，函数 $f_4(s_4)$ 达到极大值，故最优策略为 $x_4^* = s_4$，$f_4(s_4) = 48s_4$。

当 $k=3$ 时，$f_3(s_3) = \max_{0 \leqslant x_3 \leqslant s_3} \{v_3(s_3, x_3) + f_4(s_4)\}$

$$= \max_{0 \leqslant x_3 \leqslant s_3} \{20s_3 + 10x_3 + 48s_4\}$$

$$= \max_{0 \leqslant x_3 \leqslant s_3} \{20s_3 + 10x_3 + 48(0.8s_3 - 0.2x_3)\}$$

$$= \max_{0 \leqslant x_3 \leqslant s_3} \{58.4s_3 + 0.4x_3\}$$

只有当 $x_3 = s_3$ 时，函数 $f_3(s_3)$ 达到极大值，故最优策略为 $x_3^* = s_3$，$f_3(s_3) = 58.8s_3$。

当 $k=2$ 时，$f_2(s_2) = \max_{0 \leqslant x_2 \leqslant s_2} \{v_2(s_2, x_2) + f_3(s_3)\}$

$$= \max_{0 \leqslant x_2 \leqslant s_2} \{20s_2 + 10x_2 + 58.8(0.8s_2 - 0.2x_2)\}$$

$$= \max_{0 \leqslant x_2 \leqslant s_2} \{67.04s_2 - 1.76x_2\}$$

只有当 $x_2 = 0$ 时，函数 $f_2(s_2)$ 达到极大值，故最优策略为 $x_2^* = 0$，$f_2(s_2) = 67.04s_2$。

当 $k=1$ 时，$f_1(s_1) = \max_{0 \leqslant x_1 \leqslant s_1} \{v_1(s_1, x_1) + f_2(s_2)\}$

$$= \max_{0 \leqslant x_1 \leqslant s_1} \{20s_1 + 10x_1 + 67.04s_2\}$$

$$= \max_{0 \leqslant x_1 \leqslant s_1} \{20s_1 + 10x_1 + 67.04(0.8s_1 - 0.2x_1)\}$$

$$= \max_{0 \leqslant x_1 \leqslant s_1} \{73.632s_1 - 3.408x_1\}$$

只有当 $x_1 = 0$ 时，函数 $f_1(s_1)$ 达到极大值，故最优策略为 $x_1^* = 0$，$f_1(s_1) = 73.632s_1$。

因有 $s_1 = 500$，故有 $f_1(s_1) = f_1(500) = 73.632 \times 500 = 36\,816$（万元），最优解为 $x_1^* = 0$，$x_2^* = 0$，$x_3^* = 320$，$x_4^* = 192$，$x_5^* = 115$。

综上所述，该问题的最优策略是第 1 年和第 2 年将完好的卡车全部投入低负荷工作，第 3 年至第 5 年将完好的卡车全部投入高负荷工作。这样能使该货运公司 5 年获得的总利润最大，为 36 816 万元。

10.4.3 背包问题

1. 普通背包问题

背包问题一般可以这样描述:有人携带背包上山,其可携带物品的重量限度为 a 千克,现有 n 种物品可供选择,设第 i 种物品的单件重量为 a_i 千克,其在上山过程中的价值是携带数量 x_i 的函数 $c_i(x_i)$,问应如何安排携带各种物品的数量,以使总价值最大。现实生活中的货物装载问题、下料问题都与背包问题相类似。

解:设第 i 种物品的携带数量为 $x_i(i=1, 2, \cdots, n)$ 件,总价值为 z,则背包问题的数学模型为:

$$\max z = c_1(x_1) + c_2(x_2) + \cdots + c_n(x_n)$$

$$\text{s.t.} \begin{cases} a_1 x_1 + a_2 x_2 + \cdots + a_n x_n \leqslant a \\ x_i \geqslant 0 \text{ 且为整数}, i = 1, 2, \cdots, n \end{cases}$$

下面用动态规划方法求解:

按照装入物品的种类划分成 n 个阶段,$k=1, 2, \cdots, n$。

状态变量 s_k 表示装入第 1 种物品至第 k 种物品的总重量。

决策变量 x_k 表示装入第 k 种物品的件数。

状态转移方程为:$s_{k-1} = s_k - a_k x_k$

允许决策集合为:$D_k(s_k) = \left\{ x_k \;\middle|\; 0 \leqslant x_k \leqslant \left[\dfrac{s_k}{a_k}\right], x_k \text{ 为整数} \right\}$

其中,$\left[\dfrac{s_k}{a_k}\right]$ 表示不超过 $\dfrac{s_k}{a_k}$ 的最大整数。

阶段指标函数 $c_k(x_k)$ 表示第 k 阶段装入第 k 种物品 x_k 件时的价值。

过程指标函数是各阶段指标函数的和,即:

$$v_{1, k} = \sum_{j=1}^{k} c_k(x_k), \quad k = 1, 2, \cdots, n$$

最优值函数 $f_k(s_k)$ 表示第 k 阶段装入第 1 种物品至第 k 种物品的总重量不超过 s_k 时所获得的最大总价值,其基本方程为:

$$\begin{cases} f_k(s_k) = \max\limits_{x_k = 0, 1, \cdots, \left[\frac{s_k}{a_k}\right]} \left[c_k(x_k) + f_{k-1}(s_{k-1}) \right], \quad k = 2, 3, \cdots, n \\ f_1(s_1) = \max\limits_{x_1 = 0, 1, \cdots, \left[\frac{s_1}{a_1}\right]} c_1(x_1) \end{cases}$$

然后,逐步计算出 $f_1(s_1)$, $f_2(s_2)$, $\cdots$, $f_n(s_n)$ 以及相应的决策 $x_1(s_1)$, $x_2(s_2)$, $\cdots$, $x_n(s_n)$,最后得出的 $f_n(a)$ 就是所求的最大总价值,其相应的最优决策由反推运算即可

得出。

[例 10.6] 用动态规划求解下列问题：

$$\max z = 10x_1 + 15x_2 + 18x_3$$

$$\text{s.t.} \begin{cases} 5x_1 + 6x_2 + 7x_3 \leqslant 21 \\ x_i \geqslant 0 \quad \text{且为整数}, i = 1, 2, 3 \end{cases}$$

解：采用逆序方法求解，该问题就是求 $f_3(21)$。

$$f_3(21) = \max_{\substack{5x_1 + 6x_2 + 7x_3 \leqslant 21 \\ x_i \geqslant 0, \text{整数}, i = 1, 2, 3}} \{10x_1 + 15x_2 + 18x_3\}$$

$$= \max_{\substack{5x_1 + 6x_2 \leqslant 21 - 7x_3 \\ x_i \geqslant 0, \text{整数}, i = 1, 2, 3}} \{10x_1 + 15x_2 + (18x_3)\}$$

$$= \max_{\substack{21 - 7x_3 \geqslant 0 \\ x_3 \geqslant 0, \text{整数}}} \{(18x_3) + \max_{\substack{5x_1 + 6x_2 \leqslant 21 - 7x_3 \\ x_1, x_2 \geqslant 0, \text{整数}}} [10x_1 + 15x_2]\}$$

$$= \max_{x_3 = 0, 1, 2, 3} \{18x_3 + f_2(21 - 7x_3)\}$$

$$= \max\{0 + f_2(21), 18 + f_2(14), 36 + f_2(7), 54 + f_2(0)\}$$

由此可见，要计算 $f_3(21)$，必须先计算 $f_2(21)$，$f_2(14)$，$f_2(7)$，$f_2(0)$。

$$f_2(21) = \max_{\substack{5x_1 + 6x_2 \leqslant 21 \\ x_i \geqslant 0, \text{整数}, i = 1, 2}} \{10x_1 + 15x_2\}$$

$$= \max_{\substack{5x_1 + 6x_2 \leqslant 21 \\ x_i \geqslant 0, \text{整数}, i = 1, 2}} \{10x_1 + (15x_2)\}$$

$$= \max_{\substack{21 - 6x_2 \geqslant 0 \\ x_2 \geqslant 0, \text{整数}}} \{(15x_2) + \max_{\substack{5x_1 \leqslant 21 - 6x_2 \\ x_1 \geqslant 0, \text{整数}}} [10x_1]\}$$

$$= \max_{x_2 = 0, 1, 2, 3} \{15x_2 + f_1(21 - 6x_2)\}$$

$$= \max\{0 + f_1(21), 15 + f_1(15), 30 + f_1(9), 45 + f_1(3)\}$$

$$f_2(14) = \max_{\substack{5x_1 + 6x_2 \leqslant 14 \\ x_i \geqslant 0, \text{整数}, i = 1, 2}} \{10x_1 + 15x_2\}$$

$$= \max_{\substack{5x_1 + 6x_2 \leqslant 14 \\ x_i \geqslant 0, \text{整数}, i = 1, 2}} \{10x_1 + (15x_2)\}$$

$$= \max_{\substack{14 - 6x_2 \geqslant 0 \\ x_2 \geqslant 0, \text{整数}}} \{(15x_2) + \max_{\substack{5x_1 \leqslant 14 - 6x_2 \\ x_1 \geqslant 0, \text{整数}}} [10x_1]\}$$

$$= \max_{x_2 = 0, 1, 2} \{15x_2 + f_1(14 - 6x_2)\}$$

$$= \max\{0 + f_1(14), 15 + f_1(8), 30 + f_1(2)\}$$

$$f_2(7) = \max_{\substack{5x_1+6x_2\leqslant 7 \\ x_i\geqslant 0,整数,i=1,2}} \{10x_1 + 15x_2\}$$

$$= \max_{\substack{5x_1+6x_2\leqslant 7 \\ x_i\geqslant 0,整数,i=1,2}} \{10x_1 + (15x_2)\}$$

$$= \max_{\substack{7-6x_2\geqslant 0 \\ x_2\geqslant 0,整数}} \{(15x_2) + \max_{\substack{5x_1\leqslant 7-6x_2 \\ x_1\geqslant 0,整数}} [10x_1]\}$$

$$= \max_{x_2=0,1} \{15x_2 + f_1(7-6x_2)\}$$

$$= \max\{0 + f_1(7), 15 + f_1(1)\}$$

$$f_2(0) = \max_{\substack{5x_1+6x_2\leqslant 0 \\ x_i\geqslant 0,整数,i=1,2}} \{10x_1 + 15x_2\}$$

$$= \max_{x_2=0} \{15x_2 + f_1(0-6x_2)\}$$

$$= f_1(0)$$

由此可见,要计算 $f_2(21)$, $f_2(14)$, $f_2(7)$, $f_2(0)$,必须先计算出 $f_1(21)$, $f_1(15)$, $f_1(14)$, $f_1(9)$, $f_1(8)$, $f_1(7)$, $f_1(3)$, $f_1(2)$, $f_1(1)$, $f_1(0)$。

一般地,$f_1(w) = \max\limits_{\substack{5x_1\leqslant w \\ x_1\geqslant 0,整数}} \{10x_1\} = 10 \times \left[\dfrac{w}{5}\right]$,相应的最优决策为 $x_1^* = \left[\dfrac{w}{5}\right]$,于是有:

$$f_1(21) = 10 \times 4 = 40, \quad x_1^* = 4$$

$$f_1(15) = 10 \times 3 = 30, \quad x_1^* = 3$$

$$f_1(14) = 10 \times 2 = 20, \quad x_1^* = 2$$

$$f_1(9) = 10 \times 1 = 10, \quad x_1^* = 1$$

$$f_1(8) = 10 \times 1 = 10, \quad x_1^* = 1$$

$$f_1(7) = 10 \times 1 = 10, \quad x_1^* = 1$$

$$f_1(3) = 10 \times 0 = 0, \quad x_1^* = 0$$

$$f_1(2) = 10 \times 0 = 0, \quad x_1^* = 0$$

$$f_1(1) = 10 \times 0 = 0, \quad x_1^* = 0$$

$$f_1(0) = 10 \times 0 = 0, \quad x_1^* = 0$$

从而有:

$$f_2(21) = \max\{0 + f_1(21), 15 + f_1(15), 30 + f_1(9), 45 + f_1(3)\}$$

$$= \max\{0 + 40, 15 + 30, 30 + 10, 45 + 0\}$$

$$= 45$$

此时，最优解为 $x_1^* = 3$，$x_2^* = 1$ 或 $x_1^* = 0$，$x_2^* = 3$。

$$f_2(14) = \max\{0 + f_1(14), \ 15 + f_1(8), \ 30 + f_1(2)\}$$

$$= \max\{20, \ 15 + 10, \ 30 + 0\}$$

$$= 30$$

此时最优解为 $x_1^* = 0$，$x_2^* = 2$。

$$f_2(7) = \max\{0 + f_1(7), \ 15 + f_1(1)\}$$

$$= \max\{0 + 10, \ 15 + 0\}$$

$$= 15$$

此时最优解为 $x_1^* = 0$，$x_2^* = 1$。

同理，$f_2(0) = f_1(0) = 0$，此时最优解为 $x_1^* = 0$，$x_2^* = 0$。

由此可得到：

$$f_3(21) = \max\{0 + f_2(21), \ 18 + f_2(14), \ 36 + f_2(7), \ 54 + f_2(0)\}$$

$$= \max\{0 + 45, \ 18 + 30, \ 36 + 15, \ 54 + 0\}$$

$$= 54$$

所以，最优方案为 $x_1^* = 0$，$x_2^* = 0$，$x_3^* = 3$，最大目标函数值为 54。

2. 0—1 背包问题

0—1 背包问题一般可以这样描述：给定 n 种物品和 1 个背包。物品 i 的重量是 w_i，其价值为 v_i，背包的容量为 C。问：应如何选择装入背包的物品，使得装入背包中物品的总价值 z 最大？

与普通背包问题唯一的区别是：每种物品有装与不装两种选择，即对于每种物品的决策变量 x_i 只能取 0 或 1，而非任意整数。这样，0—1 背包问题就相当于是一个 0—1 型整数规划问题。

解：设 $x_i = \begin{cases} 1, & \text{背包中装第 } i \text{ 种物品} \\ 0, & \text{背包中不装第 } i \text{ 种物品} \end{cases}$ $(i = 1, 2, \cdots, n)$ 总的价值为 z，则 0—1 背包问题的数学模型为：

$$\max z = \sum_{i=1}^{n} v_i x_i$$

$$\text{s.t.} \begin{cases} \sum_{i=1}^{n} w_i x_i \leqslant C \\ x_i \in \{0, 1\}, \ i = 1, 2, \cdots, n \end{cases}$$

用动态规划方法求解：

按装入物品的种类划分成 n 个阶段，$k = 1, 2, \cdots, n$。

状态变量 s_k 表示第 k 阶段装入第 k 件及第 n 件物品后背包剩余的容量,根据题意, $s_1 = C$。

决策变量 x_k 表示第 k 阶段是否装入第 k 种物品,即 $x_k \in \{0, 1\}$。

允许决策集合为:

$$D_k(s_k) = \begin{cases} s_k < w_k, & D_k(s_k) = \{0\} \\ s_k \geqslant w_k, & D_k(s_k) = \{0, 1\} \end{cases}$$

状态转移方程为 $s_{k+1} = s_k - w_k x_k$。

阶段指标函数为第 k 阶段装入第 k 件物品后所带来的价值 $v_k(x_k) = x_i v_i$。

过程指标函数为各阶段指标函数的和 $v_{k,n} = \sum_{i=k}^{n} v_k(x_k)$。

最优值函数 $f_k(s_k)$ 表示第 k 阶段状态变量为 s_k 时从第 k 阶段到第 n 阶段采取最优决策所带来的最大总价值,其基本方程为:

$$\begin{cases} f_k(s_k) = \max\limits_{x_k \in D_k(s_k)} \{v_k x_k + f_{k+1}(s_{k+1})\}, & k = n, \cdots, 2, 1 \\ f_{n+1}(s_{n+1}) = 0 \end{cases}$$

利用这个基本方程从后向前逐步递推计算,最后得出的 $f_1(C)$ 就是所求的最大价值,其相应的最优决策由反推运算即可得出。

[例 10.7]　用动态规划求解下列问题:

$$\max z = \sum_{i=1}^{4} v_i x_i = 3x_1 + 5x_2 + 2x_3 + 4x_4$$

$$\text{s.t.} \begin{cases} \sum_{i=1}^{4} w_i x_i = 8x_1 + 13x_2 + 6x_3 + 9x_4 \leqslant 24 \\ x_i = 0 \text{ 或 } 1, \quad i = 1, 2, 3, 4 \end{cases}$$

解:采用逆序方法求解,该问题就是求 $f_1(24)$。

当 $k = 4$ 时, $f_4(s_4) = \max\limits_{x_4 \in D_4(s_4)} \{4x_4\}$

$$D_4(s_4) = \begin{cases} s_4 < 9, & D_4(s_4) = \{0\} \\ s_4 \geqslant 9, & D_4(s_4) = \{0, 1\} \end{cases}$$

根据决策集合可以将 s_4 分为 2 个子集:$\{0, 1, \cdots, 8\}$ 和 $\{9, 10, \cdots, 24\}$。将 $f_4(s_4)$ 的计算结果列于表 10.5 中。

表 10.5　第 4 阶段的最优值函数及最优决策

s_4 ＼ x_4	$4x_4$		$f_4(s_4)$	x_4^*
	$x_4 = 0$	$x_4 = 1$		
0—8	0	—	0	0
9—24	0	4	4	1

当 $k=3$ 时，$f_3(s_3) = \max\limits_{x_3 \in D_3(s_3)} \{2x_3 + f_4(s_4)\} = \max\limits_{x_3 \in D_3(s_3)} \{2x_3 + f_4(s_3 - 6x_3)\}$

$$D_3(s_3) = \begin{cases} s_3 < 6, & D_3(s_3) = \{0\} \\ s_3 \geqslant 6, & D_3(s_3) = \{0, 1\} \end{cases}$$

根据决策集合可将 s_3 划分为 4 个子集:$\{0, 1, \cdots, 5\}$、$\{6, 7, 8\}$、$\{9, 10, \cdots, 14\}$ 和 $\{15, 16, \cdots, 24\}$。将 $f_3(s_3)$ 的计算结果列于表 10.6 中。

表 10.6　第 3 阶段的最优值函数及最优决策

s_3 \ x_3	$2x_3 + f_4(s_3 - 6x_3)$		$f_3(s_3)$	x_3^*
	$x_3 = 0$	$x_3 = 1$		
0—5	0+0	—	0	0
6—8	0+0	2+0	2	1
9—14	0+4	2+0	4	0
15—24	0+4	2+4	6	1

当 $k=2$ 时，$f_2(s_2) = \max\limits_{x_2 \in D_2(s_2)} \{5x_2 + f_3(s_3)\} = \max\limits_{x_2 \in D_2(s_2)} \{5x_2 + f_3(s_2 - 13x_2)\}$

同理将 $f_2(s_2)$ 的计算结果列于表 10.7 中。

表 10.7　第 2 阶段的最优值函数及最优决策

s_2 \ x_2	$5x_2 + f_3(s_2 - 13x_2)$		$f_2(s_2)$	x_2^*
	$x_2 = 0$	$x_2 = 1$		
0—5	0+0	—	0	0
6—8	0+2	—	2	0
9—12	0+4	—	4	0
13—14	0+4	5+0	5	1
15—18	0+6	5+0	6	0
19—21	0+6	5+2	7	1
22—24	0+6	5+4	9	1

当 $k=1$ 时，$f_1(s_1) = \max\limits_{x_1 \in D_1(s_1)} \{3x_1 + f_2(s_2)\} = \max\limits_{x_1 \in D_1(s_1)} \{3x_1 + f_2(s_1 - 8x_1)\}$

显然，$D_1(s_1) = \{0, 1\}$。将 $f_1(s_1)$ 的计算结果列于表 10.8 中。

表 10.8　第 1 阶段的最优值函数和最优决策

s_1 \ x_1	$3x_1 + f_2(s_1 - 8x_1)$		$f_1(s_1)$	x_1^*
	$x_1 = 0$	$x_2 = 1$		
24	0+9	3+6	9	0, 1

按照反向追踪推算可得该 0—1 背包问题有两个最优解:一个是 $x_1^* = 1$，$x_2^* = 0$，

$x_3^* = 1$，$x_4^* = 1$；另一个是 $x_1^* = 0$，$x_2^* = 1$，$x_3^* = 0$，$x_4^* = 1$，最优目标函数值为 9。

10.4.4　生产与存储问题

在生产和经营管理中，经常会遇到要合理地安排生产与存储问题，达到既要满足需要，又要尽量降低成本费用的目的。因此正确制定生产策略，确定不同时期的生产量和存储量，以使总的生产费用和存储费用之和最小，这就是生产与存储问题的目标。

[例 10.8]　某制造公司在生产某种设备时出现一个生产和存货控制问题，在接下来的 4 个月中该产品的需求量依次为 2 台、3 台、2 台和 4 台。该公司每月最大生产能力为 4 台，每月固定生产费用为 3 万元（若不生产则为 0），单台成本为 2 万元，每月存贮保养费用为每台 1 万元。若第 1 月初和第 4 月末均无库存，使用动态规划为该制造公司确定每个阶段的最优生产量，使生产和存储的总费用最低。

解：按照月份划分为 4 个阶段，$k = 1, 2, 3, 4$。

状态变量 s_k 表示第 k 阶段期初的库存量。由题意知：$s_1 = 0$，$s_5 = 0$。

决策变量 x_k 表示第 k 阶段的实际生产量。

状态转移方程为 $s_{k+1} = s_k + x_k - d_k$，其中 d_k 表示第 k 阶段的需求量。

阶段指标函数 $v_k(s_k, x_k)$ 表示第 k 阶段生产 x_k 台设备和期初库存为 s_k 台设备所需的总费用（生产费用和存储费用之和），则：

$$v_k(s_k, x_k) = c_k(x_k) + h_k(s_k)$$

其中，$c_k(x_k) = \begin{cases} 0, & x_k = 0 \\ 3 + 2x_k, & x_k \geq 0 \end{cases}$，$k = 1, 2, 3, 4$

$h_k(s_k) = s_k$，$k = 1, 2, 3, 4$

过程指标函数是各阶段指标函数和的形式，即：

$$v_{k,n} = \sum_{j=k}^{n} v_j(s_k, x_k) = \sum_{j=k}^{n} \left[c_j(x_j) + h_j(s_j) \right]$$

最优值函数 $f_k(s_k)$ 表示第 k 阶段的初始库存量为 s_k 时从第 k 阶段至第 4 阶段末库存为 0 时按照最优决策所产生总费用的最小值，其基本方程为：

$$\begin{cases} f_k(s_k) = \min_{x_k \in D_k(s_k)} \{v_k(s_k, x_k) + f_{k+1}(s_{k+1})\} \\ \qquad = \min_{x_k \in D_k(s_k)} \{v_k(s_k, x_k) + f_{k+1}(s_k - d_k + x_k)\}, \quad k = 4, 3, 2, 1 \\ f_5(s_5) = 0 \end{cases}$$

利用基本方程，采用逆序解法进行求解：

当 $k = 4$ 时，计算结果如表 10.9 所示。

表 10.9　第 4 阶段所需要的总费用($k=4$)　　　　　　(单位:万元)

$f_4(s_4)$　x_4　s_4	\multicolumn{5}{c|}{$3+2x_4+s_4$}	$f_4(s_4)$	x_4^*
	0	1	2	3	4		
0					11	11	4
1				10		10	3
2			9			9	2
3		8				8	1
4	4					4	0

当 $k=3$ 时,计算结果如表 10.10 所示。

表 10.10　第 3 阶段所需的总费用($k=3$)　　　　　　(单位:万元)

$f_3(s_3)$　x_3　s_3	$s_3+f_4(s_3+x_3-d_3)$	\multicolumn{4}{c|}{$3+2x_3+s_3+f_4(s_3+x_3-d_3)$}	$f_3(s_3)$	x_3^*
	0	1	2	3	4		
0			7+11	9+10	11+9	18	2
1		6+11	8+10	10+9	12+8	17	1
2	2+11	7+10	9+9	11+8	13+4	13	0
3	3+10	8+9	10+8	12+4		13	0

当 $k=2$ 时,计算结果如表 10.11 所示。

表 10.11　第 2 阶段所需要的总费用($k=2$)　　　　　　(单位:万元)

$f_2(s_2)$　x_2　s_2	$s_2+f_3(s_2+x_2-d_2)$	\multicolumn{4}{c|}{$3+2x_2+s_2+f_3(s_2+x_2-d_2)$}	$f_2(s_2)$	x_2^*
	0	1	2	3	4		
0				9+18	11+17	27	3
1			8+18	10+17	12+13	25	4
2		7+18	9+17	11+13	13+13	24	3

当 $k=1$ 时,计算结果如表 10.12 所示。

表 10.12　第 1 阶段所需要的总费用($k=1$)　　　　　　(单位:万元)

$f_1(s_1)$　x_1　s_1	\multicolumn{3}{c|}{$3+2x_1+s_1+f_2(s_1+x_1-d_1)$}	$f_1(s_1)$	x_1^*
	2	3	4		
0	7+27	9+25	11+24	34	2, 3

按照表格的顺序进行反向追踪,得到该问题的最优决策: $x_1^*=3$, $x_2^*=4$, $x_3^*=0$, $x_4^*=4$ 或 $x_1^*=2$, $x_2^*=3$, $x_3^*=2$, $x_4^*=4$,即该制造公司 1 月份生产 3 台设备、2 月份

生产 4 台设备、4 月份生产 4 台设备或者 1 月份生产 2 台设备、2 月份生产 3 台设备、3 月份生产 2 台设备、4 月份生产 4 台设备,可使该公司生产和存储的总费用最低,其总费用为 34 万元。

10.4.5　系统可靠性问题

[例 10.9]　考虑一个电子系统由 4 个部分组成,每个部分都必须为系统运行工作。该系统的可靠性可以通过在一个或更多部件中安装几个并行单元来提高。表 10.13 给出了如果由 1 个、2 个或 3 个并行单元组成时,每个部分运行的概率;系统运行的概率是各部分运行的概率的积。表 10.14 给出了在每一部件分别安装 1 个、2 个或 3 个并行单元的成本(以 100 美元为单位);由于预算的限制,最多可以花费 1 000 美元。使用动态规划决定应该有多少个并行单元被安装在 4 个部件中的每一个中,使系统可靠运行的概率最大。

表 10.13　系统运行概率表

并行单元	系统运行的概率			
	部件 1	部件 2	部件 3	部件 4
1	0.5	0.6	0.7	0.5
2	0.6	0.7	0.8	0.7
3	0.8	0.8	0.9	0.9

表 10.14　并行单元的成本(以 100 美元为单位)

并行单元	成　　本			
	部件 1	部件 2	部件 3	部件 4
1	1	2	1	2
2	2	4	3	3
3	3	5	4	4

解:按部件的个数分为 4 个阶段,$k=1, 2, 3, 4$。

设状态变量 s_k 表示用在第 k 个部件至第 n 个部件的并行单元的总费用。

设决策变量 x_k 表示分配给第 k 个部件的并行单元个数。

阶段指标函数 $v_k(s_k, x_k)$ 表示第 k 个阶段 x_k 个并行单元分配到第 k 个部件所得到的系统运行的概率。

过程指标函数是各阶段指标函数积的形式,即:

$$v_{k, n} = \sum_{j=k}^{4} v_j(s_j, x_j), \quad k=1, 2, 3, 4$$

$f_k(s_k)$ 表示当用在第 k 个部件至第 n 个部件的并行单元的总费用为 s_k 时，从第 k 阶段至第 4 阶段按照最优决策系统所达到的最大运行概率。其基本方程为：

$$\begin{cases} f_k(s_k) = \max_{x_k \in D_k(s_k)} \{v_k(s_k, x_k) \times f_{k+1}(s_{k+1})\}, k = 4, 3, 2, 1 \\ f_5(s_5) = 1 \end{cases}$$

采用逆序解法进行求解：

当 $k = 4$ 时，将 $s_4(s_4 = 2, 3, 4)$ 的费用分配给部件 4 时，系统的最大运行概率为：

$$f_4(s_4) = \max_{1 \leqslant x_4 \leqslant 3} \{v_4(s_4, x_4) \times f_5(s_5)\} = \max_{1 \leqslant x_4 \leqslant 3} v_4(s_4, x_4)$$

其计算结果如表 10.15 所示。

表 10.15　当 $k = 4$ 时系统的运行概率

s_4 / x_4	$v_4(s_4, x_4)$			$f_4(s_4)$	x_4^*
	1	2	3		
2	0.5			0.5	1
3		0.7		0.7	2
4			0.9	0.9	3

当 $k = 3$ 时，将 $s_3(s_3 = 3, 4, 5, 6, 7, 8)$ 的费用分配给部件 3、部件 4 时，系统的最大运行概率为：

$$f_3(s_3) = \max_{1 \leqslant x_3 \leqslant 3} \{v_3(s_3, x_3) \times f_4(s_4)\}$$

其计算结果如表 10.16 所示。

表 10.16　当 $k = 3$ 时系统的运行概率

s_3 / x_3	$v_3(s_3, x_3) \times f_4(x_4)$			$f_3(s_3)$	x_3^*
	1	2	3		
3	0.7×0.5			0.35	1
4	0.7×0.7			0.49	1
5	0.7×0.9	0.8×0.5		0.63	1
6		0.8×0.7	0.9×0.5	0.56	2
7		0.8×0.9	0.9×0.7	0.72	2
8			0.9×0.9	0.81	3

当 $k = 2$ 时，将 $s_2(s_2 = 5, 6, 7, 8, 9, 10)$ 的费用分配给部件 2、部件 3、部件 4 时，系统的最大运行概率为：

$$f_2(s_2) = \max_{1 \leqslant x_2 \leqslant 3} \{v_2(s_2, x_2) \times f_3(s_3)\}$$

其计算结果如表 10.17 所示。

表 10.17　当 $k=2$ 时系统的运行概率

s_2 \ x_2	$v_2(s_2,x_2) \times f_3(x_3)$			$f_2(s_2)$	x_2^*
	1	2	3		
5	0.6×0.35			0.21	1
6	0.6×0.49			0.294	1
7	0.6×0.63	0.7×0.35		0.378	1
8	0.6×0.56	0.7×0.49	0.8×0.35	0.343	2
9	0.6×0.72	0.7×0.63	0.8×0.49	0.441	2
10	0.6×0.81	0.7×0.56	0.8×0.63	0.504	3

当 $k=1$ 时,将 $s_1(s_1=10)$ 的费用分配给部件 1、部件 2、部件 3、部件 4 时,系统的最大运行概率为:

$$f_1(s_1) = \max_{1 \leqslant x_1 \leqslant 3} \{ v_1(s_1,x_1) \times f_2(s_2) \}$$

其计算结果如表 10.18 所示。

表 10.18　当 $k=1$ 时系统的运行概率

s_1 \ x_1	$v_1(s_1,x_1) \times f_2(x_2)$			$f_1(s_1)$	x_1^*
	1	2	3		
10	0.5×0.441	0.6×0.343	0.8×0.378	0.302 4	3

按计算表格的顺序反向推算,可知最优分配方案为 $x_1^* = 3$,$x_2^* = 1$,$x_3^* = 1$,$x_4^{''} = 3$,即在部件 1、部件 2、部件 3、部件 4 中安装并行单元的个数分别是 3、1、1、3,此时系统可靠运行的概率最大,为 0.302 4。

10.4.6　设备更新问题

一种设备(如汽车、机床等)在使用过程中总会变旧,甚至损坏。通常,或对旧设备进行维修,或卖掉旧设备再买新的(更新)。在给定的 n 年内,使用该设备进行生产,设备应使用多少年后再进行更新,以使得 n 年内总的纯收入最大,这就是设备更新问题。

一般来说,一种设备使用时间过长,由于收入减少,维修费用增大,因此从经济上看并不合算。但是,使用时间过短,频繁更换设备也是不合算的,这类问题存在一个最佳的更新周期。这类设备更新问题因为在计划期每年都要作出决策,以决定是否更新设备,所以是多阶段决策问题,可以用动态规划方法求解。

在讨论设备的最佳更新周期问题时,一般要考虑以下几个相关因素:

(1) $p_k(s_k)$:在第 k 年役龄为 s_k 时的一台设备一年的生产收入。

(2) $r_k(s_k)$:在第 k 年役龄为 s_k 时的一台设备所需要的维修费。

(3) $c_k(s_k)$:在第 k 年卖掉役龄为 s_k 的旧设备购买新设备所需要的费用。

用动态规划方法通常这样来处理问题:

按照年份划分为 n 个阶段,$k=1, 2, \cdots, n$。

状态变量 s_k 表示第 k 年初设备已经使用的年数,或称役龄。

决策变量 x_k 表示第 k 年初是继续使用旧设备(K)还是更新设备(R)。

状态转移方程为:

$$s_{k+1} = \begin{cases} s_k + 1, & x_k = K \\ 1, & x_k = R \end{cases}$$

阶段指标函数 $v_k(s_k, x_k)$ 表示第 k 年使用设备的生产总收入:

$$v_k(s_k, x_k) = \begin{cases} K: & p_k(s_k) - r_k(s_k) \\ R: & p_k(0) - r_k(0) - c_k(s_k) \end{cases}$$

过程指标函数是各阶段指标函数和的形式,即:

$$v_{k, n} = \sum_{j=k}^{n} v_j(s_k, x_k), \quad k=1, 2, \cdots, n$$

最优值函数 $f_k(s_k)$ 表示第 k 年初对役龄为 s_k 的设备采取最优策略时的最大总收入,其基本方程为:

$$\begin{cases} f_k(s_k) = \max_{x_k = K \vee R} \{v_k(s_k, x_k) + f_{k+1}(s_{k+1})\} \\ f_{n+1}(s_{n+1}) = 0 \end{cases}, \quad k=1, 2, \cdots, n$$

利用这个基本方程采用逆序解法逐段进行计算,最后求得的 $f_1(0)$ 即为所求问题的最大总收益。

[例 10.10] 某台新设备的年生产收入、年维修费及更新费用如表 10.19 所示。试制定未来 5 年的更新策略,以使总收入最大。

表 10.19　设备收益和费用表　　　　　　　　　　　　　(单位:万元)

役龄 s_k	0	1	2	3	4
收入 $p_k(s_k)$	5	4.5	4	3.75	3
维修费用 $r_k(s_k)$	0.5	1	1.5	2	2.5
更新费用 $c_k(s_k)$	0.5	1.5	2.2	2.5	3

解:采用动态规划方法进行求解。

按照年份划分成 5 个阶段,$k=1, 2, 3, 4, 5$。

状态变量 s_k 表示第 k 年初设备已经使用的年数。

决策变量 x_k 表示第 k 年初是继续使用旧设备(K)还是更新设备(R)。

状态转移方程为:

$$s_{k+1} = \begin{cases} s_k + 1, & x_k = K \\ 1, & x_k = R \end{cases}$$

阶段指标函数 $v_k(s_k, x_k)$ 表示第 k 年使用设备的生产总收入：

$$v_k(s_k, x_k) = \begin{cases} K: p_k(s_k) - r_k(s_k) \\ R: p_k(0) - r_k(0) - c_k(s_k) \end{cases}$$

过程指标函数是各阶段指标函数和的形式，即：

$$v_{k,5} = \sum_{j=k}^{n} v_j(s_k, x_k), \quad k = 1, 2, \cdots, 5$$

最优值函数 $f_k(s_k)$ 表示第 k 年初对役龄为 s_k 的设备采取最优更新策略时的最大总收入，其基本方程为：

$$\begin{cases} f_k(s_k) = \max_{x_k = K \vee R} \{ v_k(s_k, x_k) + f_{k+1}(s_{k+1}) \} \\ f_{n+1}(s_{n+1}) = 0 \end{cases}, \quad k = n, n-1, \cdots, 2, 1$$

当 $k = 5$ 时，$s_5 = 1, 2, 3, 4$，有：

$$f_5(s_5) = \max \begin{cases} K: p_5(s_5) - r_5(s_5) + f_6(s_6) \\ R: p_5(0) - r_5(0) - c_5(s_5) + f_6(1) \end{cases}$$

$$f_5(1) = \max \begin{cases} K: p_5(1) - r_5(1) + f_6(2) \\ R: p_5(0) - r_5(0) - c_5(1) + f_6(1) \end{cases} = \max \begin{cases} K: 4.5 - 1 \\ R: 5 - 0.5 - 1.5 \end{cases} = 3.5$$

$$\therefore x_5^* = K$$

$$f_5(2) = \max \begin{cases} K: p_5(2) - r_5(2) + f_6(3) \\ R: p_5(0) - r_5(0) - c_5(2) + f_6(1) \end{cases} = \max \begin{cases} K: 4 - 1.5 \\ R: 5 - 0.5 - 2.2 \end{cases} = 2.5$$

$$\therefore x_5^* = K$$

$$f_5(3) = \max \begin{cases} K: p_5(3) - r_5(3) + f_6(4) \\ R: p_5(0) - r_5(0) - c_5(3) + f_6(1) \end{cases} = \max \begin{cases} K: 3.75 - 2 \\ R: 5 - 0.5 - 2.5 \end{cases} = 2$$

$$\therefore x_5^* = R$$

$$f_5(4) = \max \begin{cases} K: p_5(4) - r_5(4) + f_6(5) \\ R: p_5(0) - r_5(0) - c_5(4) + f_6(1) \end{cases} = \max \begin{cases} K: 3 - 2.5 \\ R: 5 - 0.5 - 3 \end{cases} = 1.5$$

$$\therefore x_5^* = R$$

当 $k = 4$ 时，$s_4 = 1, 2, 3$，有：

$$f_4(s_4) = \max \begin{cases} K: & p_4(s_4) - r_4(s_4) + f_5(s_4+1) \\ R: & p_4(0) - r_4(0) - c_4(s_4) + f_5(1) \end{cases}$$

$$f_4(1) = \max \begin{cases} K: & p_4(1) - r_4(1) + f_5(2) \\ R: & p_4(0) - r_4(0) - c_4(1) + f_5(1) \end{cases} = \max \begin{cases} K: & 4.5 - 1 + 2.5 \\ R: & 5 - 0.5 - 1.5 + 3.5 \end{cases} = 6.5$$

$$\therefore x_4^* = R$$

$$f_4(2) = \max \begin{cases} K: & p_4(2) - r_4(2) + f_5(3) \\ R: & p_4(0) - r_4(0) - c_4(2) + f_5(1) \end{cases} = \max \begin{cases} K: & 4.5 - 1.5 + 2 \\ R: & 5 - 0.5 - 2.2 + 3.5 \end{cases} = 5.8$$

$$\therefore x_4^* = R$$

$$f_4(3) = \max \begin{cases} K: & p_4(3) - r_4(3) + f_5(4) \\ R: & p_4(0) - r_4(0) - c_4(3) + f_5(1) \end{cases} = \max \begin{cases} K: & 3.75 - 2 + 1.5 \\ R: & 5 - 0.5 - 2.5 + 3.5 \end{cases} = 5.5$$

$$\therefore x_4^* = R$$

当 $k=3$ 时，$s_3 = 1, 2$，有：

$$f_3(s_3) = \max \begin{cases} K: & p_3(s_3) - r_3(s_3) + f_4(s_3+1) \\ R: & p_3(0) - r_3(0) - c_3(s_3) + f_4(1) \end{cases}$$

$$f_3(1) = \max \begin{cases} K: & p_3(1) - r_3(1) + f_4(2) \\ R: & p_3(0) - r_3(0) - c_3(1) + f_4(1) \end{cases} = \max \begin{cases} K: & 4.5 - 1 + 5.8 \\ R: & 5 - 0.5 - 1.5 + 6.5 \end{cases} = 9.5$$

$$\therefore x_3^* = R$$

$$f_3(2) = \max \begin{cases} K: & p_3(2) - r_3(2) + f_4(3) \\ R: & p_3(0) - r_3(0) - c_3(2) + f_4(1) \end{cases} = \max \begin{cases} K: & 4.5 - 1.5 + 5.5 \\ R: & 5 - 0.5 - 2.2 + 6.5 \end{cases} = 8.8$$

$$\therefore x_3^* = R$$

当 $k=2$ 时，$s_2 = 1$，有：

$$f_2(s_2) = \max \begin{cases} K: & p_2(s_2) - r_2(s_2) + f_3(s_2+1) \\ R: & p_2(0) - r_2(0) - c_2(s_2) + f_3(1) \end{cases}$$

$$f_2(1) = \max \begin{cases} K: & p_2(1) - r_2(1) + f_3(2) \\ R: & p_2(0) - r_2(0) - c_2(1) + f_3(1) \end{cases} = \max \begin{cases} K: & 4.5 - 1 + 8.8 \\ R: & 5 - 0.5 - 1.5 + 9.5 \end{cases} = 12.5$$

$$\therefore x_2^* = R$$

当 $k=1$ 时，$s_1 = 0$，有：

$$f_1(s_1) = \max \begin{cases} K: & p_1(s_1) - r_1(s_1) + f_2(s_1+1) \\ R: & p_1(0) - r_1(0) - c_1(s_1) + f_2(1) \end{cases}$$

$$f_1(0) = \max \begin{cases} K: p_1(0) - r_1(0) + f_2(1) \\ R: p_1(0) - r_1(0) - c_1(1) + f_2(1) \end{cases} = \max \begin{cases} K: 5 - 0.5 + 12.5 \\ R: 5 - 0.5 - 0.5 + 12.5 \end{cases} = 17$$

$$\therefore x_1^* = K$$

按照反向追踪的方法可得该问题的最优方案：$s_1 = 0$，$x_1^* = K$；$s_2 = 1$，$x_2^* = R$；$s_3 = 1$，$x_3^* = R$；$s_4 = 1$，$x_4^* = R$；$s_5 = 1$，$x_5^* = K$，即第 1 年继续使用原设备，第 2 至第 4 年每年更新设备，第 5 年继续使用原设备。这样所得的总收入最大，其最大总收入为 17 万元。

10.5 电子表格建模和求解

[**例 10.11**] 再来回顾一下例 10.4。对该问题进行电子表格建模和求解。

解：首先建立该问题的数学模型。

甲、乙、丙三个工厂用 $i = 1, 2, 3$ 表示，设备的套数 0、1、2、3、4 用 $j = 1, 2, 3, 4, 5$ 表示。设总收益为 z，x_{ij} 表示是否向第 i 个工厂投放 j 套设备（"1"表示"是"，"0"表示"否"），根据给出的设置，有如表 10.20 所示的决策变量。

表 10.20 三个工厂投放不同设备的决策变量表

工厂 ＼ 投放套数	0	1	2	3	4
甲	x_{11}	x_{12}	x_{13}	x_{14}	x_{15}
乙	x_{21}	x_{22}	x_{23}	x_{24}	x_{25}
丙	x_{31}	x_{32}	x_{33}	x_{34}	x_{35}

根据题意，该问题的数学模型如下：

$$\max z = (41x_{11} + 44x_{12} + 52x_{13} + 64x_{14} + 70x_{15}) + (42x_{21} + 44x_{22} + 52x_{23}$$
$$+ 62x_{24} + 68x_{25}) + (50x_{31} + 66x_{32} + 70x_{33} + 80x_{34} + 80x_{35})$$

$$\text{s.t.} \begin{cases} x_{11} + x_{12} + x_{13} + x_{14} + x_{15} = 1 \\ x_{21} + x_{22} + x_{23} + x_{24} + x_{25} = 1 \\ x_{31} + x_{32} + x_{33} + x_{34} + x_{35} = 1 \\ (x_{12} + 2x_{13} + 3x_{14} + 4x_{15}) + (x_{22} + 2x_{23} + 3x_{24} + 4x_{25}) \\ + (x_{32} + 2x_{33} + 3x_{34} + 4x_{35}) = 4 \\ x_{ij} = 1 \text{ 或 } 0, \ i = 1, 2, 3; \ j = 1, 2, 3, 4, 5 \end{cases}$$

通过上面的分析，可以建立该问题的电子表格模型，如图 10.3 所示。

▲	A	B	C	D	E	F	G	H
1								
2								
3		收益	甲	乙	丙			
4		0	41	42	50			
5		1	44	44	66			
6		2	52	52	70			
7		3	64	62	80			
8		4	70	68	80			
9								
10		是否分配	甲	乙	丙			
11		0	0	0	0			
12		1	0	0	0			
13		2	0	0	0			
14		3	0	0	0			
15		4	0	0	0			0
16		实际分配情况	0	0	0			
17			≪	≪	≪			
18		限制分配情况	1	1	1			
19						总套数		套数限制
20		实际分配套数	0	0	0	0	=	4

	H
15	=SUMPRODUCT(C4:E8, C11:E15)

	B	C	D	E
16	实际分配情况	=SUM(C11:C15)	=SUM(D11:D15)	=SUM(E11:E15)

	B	C	D	E	F
20	实际分配套数	=SUMPRODUCT(B11:B15,C11:C15)	=SUMPRODUCT(B11:B15,D11:D15)	=SUMPRODUCT(B11:B15,E11:E15)	=SUM(C20:E20)

图 10.3　例 10.11 的电子表格建模

对该电子表格进行求解,其结果如图 10.4 所示。

图 10.4 例 10.11 的电子表格求解

从图 10.4 可以看出,最优方案是甲工厂分配 3 台成套设备,丙工厂分配 2 台成套设备,乙工厂不分配设备,总的收益为 172 万元。这和例 10.4 用动态规划方法求解的结果是一致的。

[**例 10.12**] 再来回顾例 10.8,对该问题进行电子表格建模和求解。

解:设第 i 月的生产量为 $x_i (i=1,2,3,4)$,第 i 月末的存储量为 $s_i (i=1,2,3,4)$,y_i 为第 i 月是否组织生产("0"表示"不生产","1"表示"生产"),第 i 月的生产成本 $c_k(x_k)$ 为:

$$c_k(x_k) = \begin{cases} 0, & x_k = 0 \\ 3 + 2x_k, & x_k = 1, 2, 3, 4 \end{cases}$$

第 i 月的存储成本为 $h_k(s_k) = s_k$,$k = 1, 2, 3, 4$

设 4 个月总的生产和储存成本为 z,根据题意,建立该问题的数学模型如下:

$$\min z = 3(y_1 + y_2 + y_3 + y_4) + 2(x_1 + x_2 + x_3 + x_4) + (s_1 + s_2 + s_3 + s_4)$$

$$\text{s.t.} \begin{cases} s_1 = x_1 - 2 \\ s_2 = s_1 + x_2 - 3 \\ s_3 = s_2 + x_3 - 2 \\ s_4 = s_3 + x_4 - 4 \\ 0 \leqslant x_i \leqslant 4y_i, \ i = 1, 2, 3, 4 \\ s_i \geqslant 0 \text{ 且 } s_4 = 0, \ i = 1, 2, 3, 4 \\ y_i = 0 \text{ 或 } 1, \ i = 1, 2, 3, 4 \end{cases}$$

对该问题建立的电子表格模型如图 10.5 所示。

	A	B	C	D	E	F	G	H	I	J
1										
2		固定费用	3							
3		生产费用	2							
4		保管费用	1							
5		生产能力	4							
6										
7			实际生产量		生产能力	是否生产	需求量	实际剩余		期末库存
8		第1月	0	≪	0	0	2	-2	=	0
9		第2月	0	≪	0	0	3	-3	=	0
10		第3月	0	≪	0	0	2	-2	=	0
11		第4月	0	≪	0	0	4	-4	=	0
12										
13		总固定费用	0							
14		总生产费用	0							
15		总保管费用	0							
16		总费用	0							

	E
7	生产能力
8	=C5*F8
9	=C5*F9
10	=C5*F10
11	=C5*F11

	H
7	实际剩余
8	=C8-G8
9	=J8+C9-G9
10	=J9+C10-G10
11	=J10+C11-G11

	B	C
13	总固定费用	=C2*SUM(F8:F11)
14	总生产费用	=C3*SUM(C8:C11)
15	总保管费用	=C4*SUM(J8:J11)
16	总费用	=SUM(C13:C15)

图 10.5　例 10.12 电子表格建模

对该电子表格进行求解，其结果如图 10.6 所示。

▲	A	B	C	D	E	F	G	H	I	J
1	例10.12									
2		固定费用	3							
3		生产费用	2							
4		保管费用	1							
5		生产能力	4							
6										
7			实际生产量		生产能力	是否生产	需求量	实际剩余		期末库存
8		第1月	3	≪	4	1	2	1	=	1
9		第2月	4	≪	4	1	3	2	=	2
10		第3月	1.3102E-11	≪	0	0	2	0	=	0
11		第4月	4	≪	4	1	4	0	=	0
12										
13		总固定费用	9							
14		总生产费用	22							
15		总保管费用	3							
16		总费用	34							

图 10.6 例 10.12 电子表格的求解

从图 10.6 可以看出，该问题的最优决策：$x_1^* = 3$，$x_2^* = 4$，$x_3^* = 0$，$x_4^* = 4$，即该制造公司 1 月份生产 3 台设备、2 月份生产 4 台设备、4 月份生产 4 台设备。这样可使公司生产和存储的总费用最低，其总费用为 34 万元。这和用动态规划方法得到的一个最优解是一致的。

10.6 案例分析：最优生产流程的选择

一个化学处理品生产厂考虑引入一个新产品。但是，在做出最终决定前，其管理层要求提供与不同生产流程设计相关的利润预测。大致的流程如图 10.7 所示。

图 10.7 生产流程图

原材料以每周 4 500 磅的速率被灌入一个加热器。加热的材料按照惯例被运送到一个反应器中，这时一部分原材料将会被变成纯的产品。接着一个分离器会提取最终产品用于销售，而没有被变成产品的材料会被当作废品丢弃。

利润方面的考虑会基于一个两年的投资回收期。即所有的资本花销必须在两年内（100 周）收回。所有的计算将基于每周的运作。原材料的成本预计会停留在每磅 1 美元。而最终产品的销售预测为每磅 6 美元。

你的责任是决定出最优的流程设计，以便每周产生最大的利润额。你和你的同事一起收集了如下的初期数据。

一个初期投资成本为 12 000 美元的加热器会在阶段 1 时考虑。两个温度值，700°F 和 800°F 都是可行的。而加热器的运行成本直接依赖于获得的温度。这些成本如表 10.21 所示。

表 10.21　阶段 1 的运营成本

输入 x_1	阶段 1 的决策	
	700 ℉	800 ℉
4 500 磅	280 美元/周	380 美元/周

阶段 1 的产出值 x_2 同样是阶段 2 中的输入值。它可被表示为被加热到 700 ℉ 或 800 ℉ 的 4 500 磅原材料。你必须做出的决定是选择一个加热原材料的温度。

一个反应器在阶段 2 中可由两种催化剂来操作：C_1 和 C_2。这个反应器的先期成本是 50 000 美元，而它的运行成本依赖于输入值 x_2 和选择的催化剂。而催化剂的成本被包括在运行成本中。产出值会被表示为已转化的成磅的纯材料。转化的材料的百分比取决于选择的温度和使用的催化剂。表 10.22 和表 10.23 总结了相关的信息。这样，你必须做出的第二次决定是明确说明使用哪种催化剂。

表 10.22　阶段 2 的运营成本

C_1	C_2
450 美元/周	650 美元/周

表 10.23　转化百分比

x_2	阶段 2 的决策	
	C_1	C_2
(4 500 磅, 700 ℉)	20%	40%
(4 500 磅, 800 ℉)	40%	60%

在阶段 3 中两个分离器中的一个，S_1 或 S_2 会被购买。而 S_1 分离器的先期成本是 20 000 美元，其运行成本是每分离 1 磅的纯产品花销 0.1 美元。相较而言，S_2 的先期成本是 5 000 美元，而每周运行成本是 0.2 美元。包含在运行成本中的还有丢弃那些作为废品的未被转化的原材料的开销。

针对这个问题开发一个动态规划模型。你对这个加热器的最优温度的建议是什么？最优的用于反应器的催化剂是什么？最优的需购买的分离器是哪个？最大的周利润是多少？

解：(1) 按 3 个生产流程划分成 3 个阶段，$k = 1, 2, 3$。

(2) 设状态变量 s_k 表示第 k 阶段初期原材料的状态，则 s_1 为未经处理的 4 500 磅原材料。

(3) 设决策变量 x_k 表示第 k 阶段所作出的决策，则有：

$$x_1 \in \{700 \text{ ℉}, 800 \text{ ℉}\}, \ x_2 \in \{C_1, C_2\}, \ x_3 \in \{S_1, S_2\}$$

(4) 设 $T_k(x_k)$ 表示当第 k 阶段决策变量为 x_k 时所引起原材料状态的改变，则状态转移方程为：

$$s_{k+1} = T_k(s_k, x_k)$$

(5) 设 $P_k(x_k)$ 表示第 k 阶段采取决策 x_k 时导致的利润增加量，则阶段指标函数为：

$$v_k(s_k, x_k) = P_k(x_k)$$

（6）设 $f_k(s_k)$ 表示当第 k 阶段原材料状态为 s_k 时，从第 k 阶段到第 3 阶段终止时采取最优决策所获得的最大利润，则该动态规划的基本方程为：

$$\begin{cases} f_k(s_k) = \max\limits_{x_k \in D_k(s_k)} \{P_k(x_k) + f_{k+1}(s_{k+1})\}, k = 3, 2, 1 \\ f_4(s_4) = 0 \end{cases}$$

采用逆序解法进行求解：

当 $k = 3$ 时，$f_3(s_3) = \max\limits_{x_3 \in D_3(s_3)} P_3(x_3)$

列表计算如表 10.24 所示。

表 10.24　$k = 3$ 时的最优值函数

s_3 ＼ x_3	$P_3(x_3)$		$f_3(s_3)$	x_3^*
	S_1	S_2		
$(700\ \text{℉}, C_1)$	5 110	5 170	5 170	S_2
$(700\ \text{℉}, C_2)$	10 420	10 390	10 420	S_1
$(800\ \text{℉}, C_1)$	10 420	10 390	10 420	S_1
$(800\ \text{℉}, C_2)$	15 730	15 610	15 730	S_1

表中各数值的计算过程如下：

$(700\ \text{℉}, C_1)S_1$：$4\ 500 \times 20\% \times 6 - 20\ 000 \div 100 - 4\ 500 \times 20\% \times 0.1 = 5\ 110$

$(700\ \text{℉}, C_1)S_2$：$4\ 500 \times 20\% \times 6 - 5\ 000 \div 100 - 4\ 500 \times 20\% \times 0.2 = 5\ 170$

$(700\ \text{℉}, C_2)S_1$：$4\ 500 \times 40\% \times 6 - 20\ 000 \div 100 - 4\ 500 \times 40\% \times 0.1 = 10\ 420$

$(700\ \text{℉}, C_2)S_2$：$4\ 500 \times 40\% \times 6 - 5\ 000 \div 100 - 4\ 500 \times 40\% \times 0.2 = 10\ 390$

$(800\ \text{℉}, C_1)S_1$：$4\ 500 \times 40\% \times 6 - 20\ 000 \div 100 - 4\ 500 \times 40\% \times 0.1 = 10\ 420$

$(800\ \text{℉}, C_1)S_2$：$4\ 500 \times 40\% \times 6 - 5\ 000 \div 100 - 4\ 500 \times 40\% \times 0.2 = 10\ 390$

$(800\ \text{℉}, C_2)S_1$：$4\ 500 \times 60\% \times 6 - 20\ 000 \div 100 - 4\ 500 \times 60\% \times 0.1 = 15\ 730$

$(800\ \text{℉}, C_2)S_2$：$4\ 500 \times 60\% \times 6 - 5\ 000 \div 100 - 4\ 500 \times 60\% \times 0.2 = 15\ 610$

当 $k = 2$ 时，$f_2(s_2) = \max\limits_{x_2 \in D_2(s_2)} \{P_2(x_2) + f_3(s_3)\}$

列表计算如表 10.25 所示。

表 10.25　$k = 2$ 时的最优值函数

s_2 ＼ x_2	$P_2(x_2) + f_3(s_3)$		$f_2(s_2)$	x_2^*
	C_1	C_2		
$700\ \text{℉}$	4 220	9 270	9 270	C_2
$800\ \text{℉}$	9 470	14 580	14 580	C_2

表中各数值的计算过程如下：

$$（700\ ℉）C_1：-50\ 000÷100-450+5\ 170=4\ 220$$

$$（700\ ℉）C_2：-50\ 000÷100-650+10\ 420=9\ 270$$

$$（800\ ℉）C_1：-50\ 000÷100-450+10\ 420=9\ 470$$

$$（800\ ℉）C_2：-50\ 000÷100-650+15\ 730=14\ 580$$

当 $k=1$ 时，$f_1(s_1)=\max\limits_{x_1\in D1(s_1)}\{P_1(x_1)+f_2(s_2)\}$

列表计算如表 10.26 所示。

表 10.26　$k=1$ 时的最优值函数

s_1 ＼ x_1	$P_1(x_1)+f_2(s_2)$		$f_1(s_1)$	x_1^*
	700 ℉	800 ℉		
未经处理的 4 500 磅原材料	4 370	9 580	9 580	800 ℉

表中各数值的计算过程如下：

（4 500 磅原材料）700 ℉：$-4\ 500-12\ 000÷100-280+9\ 270=4\ 370$

（4 500 磅原材料）800 ℉：$-4\ 500-12\ 000÷100-380+14\ 580=9\ 580$

按表格计算的过程进行反推算，可得到最优方案为 $x_1^*=800\ ℉$，$x_2^*=C_2$，$x_3^*=S_1$，此时 $f_1(s_1)=9\ 580$。即加热器的最优温度是 800 ℉，最优的用于反应器的催化剂是 C_2，购买 S_1 分离器，最大化周利润是 9 580 美元。

习题

一、单项选择题

1. 只将资源合理分配不考虑回收的问题称为（　　）。

A. 平行资源分配问题　　　　　　B. 连续资源分配问题

C. 生产存储问题　　　　　　　　D. 背包问题

2. 动态规划的研究对象是（　　）。

A. 无后效性　　　　　　　　　　B. 多阶段决策问题

C. 基本方程　　　　　　　　　　D. 最优决策序列

3. 对于一个有 4 个变量、2 个约束方程的线性规划问题，如果用动态规划方法进行求解，则可将其化为（　　）加以解决。

A. 2 个阶段，每个阶段的状态变量由一个 4 维向量组成

B. 2 个阶段，每个阶段的状态变量由一个 2 维向量组成

C. 4 个阶段，每个阶段的状态变量由一个 4 维向量组成

D. 4 个阶段，每个阶段的状态变量由一个 2 维向量组成

4. 对于动态规划的描述,下面哪一种说法是正确的?(　　)

A. 最优性原理可以描述为"策略具有的基本性质是:无论初始状态和初始决策如何,对于前面决策所造成的某一状态而言,余下的决策序列必构成最优策略"

B. 对于同一个动态规划问题,应用顺序和逆序两种解法可能会得出不同的最优解

C. 决策变量的允许取值范围称为状态转移方程

D. 静态规划问题不能用动态规划方法求解

5. 关于最短路问题,下面哪一种说法是错误的?(　　)

A. 可以用动态规划方法求解　　　　B. 能用图论的知识加以求解

C. 不能用 Excel 进行求解　　　　　D. 可以用单纯形方法求解

6. 动态规划不适用于解决(　　)。

A. 排队问题　　　B. 背包问题　　　C. 资源分配问题　　　D. 生产与存储问题

7. 若有 n 个工件需要在 A、B 两道工序上进行加工(必须先在 A 工序上进行加工,然后再在 B 工序上进行加工),如何进行排序,使总的加工时间最少?(　　)

A. 随机安排

B. 在 A 工序上加工时间最少的最先进行加工,在 B 工序上加工时间最短的最后进行加工

C. 在 B 工序上加工时间最少的最先进行加工,在 A 工序上加工时间最短的最后进行加工

D. 无法确定

8. 动态规划是解决(　　)决策问题的一种优化理论和方法。

A. 单阶段　　　　B. 多阶段　　　　C. 与阶段无关　　　D. 以上均不是

9. 迭代方法是诸多求解最优化问题的核心思想,除下列哪项之外?(　　)

A. 线性规划　　　B. 动态规划　　　C. 非线性规划　　　D. 排队优化

10. 对于动态规划的描述,下面说法错误的是?(　　)

A. 非线性规划方法比动态规划方法更易获得全局最优解

B. 动态规划的求解过程都可以用列表形式实现

C. 动态规划是指与时间有关的规划问题

D. 子策略是否最优和前面决策有关

二、是非判断题(正确的标"T",错误的标"F")

1. 动态规划的核心是基本方程。　　　　　　　　　　　　　　　　　　(　　)

2. 根据决策过程的时间变量是离散的还是连续的,决策过程分为离散决策过程和连续决策过程。　　　　　　　　　　　　　　　　　　　　　　　　　　　(　　)

3. 若动态规划问题的初始状态变量是已知的,一般采用顺序解法进行求解。

(　　)

4. 动态规划提供的是一种特殊的算法。　　　　　　　　　　　　　　　(　　)

5. 用动态规划求解的多阶段决策问题要求具有可分离性。　　　　　　　(　　)

6. 动态规划的基本方程是将一个多阶段的决策问题转化为一系列具有递推关系的

决策问题。 （　　）

7. 逐步逼近法和粗格子点法(疏密法)虽有缺点,但在实际的二维资源分配问题中,这两种方法的应用还是比较广泛的。 （　　）

8. 策略表示在某一阶段处于某种状态时,决策者在若干种可供选择的方案中做出的决定。 （　　）

9. 动态规划的各个决策阶段不仅要考虑本阶段的决策目标,还要兼顾整个决策过程的整体目标,从而实现整体最优策略。 （　　）

10. 若一个多阶段决策问题,有一个固定的过程始点和一个固定的过程终点,则用顺序解法和逆序解法会得到相同的最优结果。 （　　）

三、计算题(用动态规划方法求解下列非线性规划问题)

1. $\max z = 2x_1^2 + 2x_2 + 4x_3 - x_3^2$

$$\text{s.t.} \begin{cases} 2x_1 + x_2 + x_3 = 4 \\ x_1 \geqslant 0,\ x_2 \geqslant 0,\ x_3 \geqslant 0 \end{cases}$$

2. $\max z = 100x_1 + 140x_2 + 180x_3$

$$\text{s.t.} \begin{cases} 2x_1 + 3x_2 + 4x_3 \leqslant 10 \\ x_1 \geqslant 0,\ x_2 \geqslant 0,\ x_3 \geqslant 0 \end{cases}$$

3. $\max z = 3x_1^2 - x_1^3 + 5x_2^2 - x_2^3$

$$\text{s.t.} \begin{cases} x_1 + 2x_2 \leqslant 4 \\ x_1 \geqslant 0,\ x_2 \geqslant 0, \text{且} x_1, x_2 \text{为整数} \end{cases}$$

4. $\max z = 3x_1 + 7x_2 + 6f(x_3)$

$$\text{s.t.} \begin{cases} x_1 + 3x_2 + 2x_3 \leqslant 6 \\ x_1 + x_2 \leqslant 5 \\ x_1 \geqslant 0,\ x_2 \geqslant 0,\ x_3 \geqslant 0 \end{cases}$$

四、建模与求解

1. 一个大学生在开始她四门课程的期末考试之前还有 7 天,她想尽可能有效地分配她的学习时间。每门课至少需要 1 天,她喜欢 1 天仅集中复习 1 门课,所以她想分配给每门课分别是 1 天、2 天、3 天或 4 天。由于最近学习了运筹学课程,她决定利用动态规划来制定这些分配,以使 4 门课程中得到总的提高分数最大。她估计与每门课程分配天数对应的分数的提高见表 10.27。试用动态规划对这个问题进行求解。

表 10.27　收益矩阵

学习天数	估计提高的分数课程			
	1	2	3	4
1	3	5	2	6
2	5	5	4	7
3	6	6	7	9
4	7	9	8	9

2. 某公司拟将 8 个推销员分配到 4 个地区进行产品推销,各地区月收益(单位:万元)与推销人员的关系如表 10.28 所示。试问该公司应如何分配各地区的销售人员,才能使月收益最大?

表 10.28　收益矩阵　　　　　　　　　　(单位:万元)

地　区	收　　　益							
	1	2	3	4	5	6	7	8
地区 1	24	37	46	59	72	80	82	82
地区 2	15	55	70	75	90	95	95	95
地区 3	15	30	45	55	60	62	63	63
地区 4	15	40	55	65	70	70	70	70

3. 有一架装载 N 种货物的货运飞机,最大载重量为 W,其中第 j 种货物每件重量为 W_j,价值为 $r_j(j=1,2,\cdots,N)$。在不超过该货运飞机最大的载重条件下,拟确定每种货物各装载多少件可使所载货物的总价值最大。

(1) 拟用动态规划方法求解,请写出此问题的阶段变量、状态变量、决策变量、状态转移方程、阶段指标函数、最优值函数及基本方程。

(2) 若飞机的最大载重量 $w=5$,共有 $N=3$ 种货物,第 j 种货物每件重量 W_j 和价值 r_j 如表 10.29 所示。请用动态规划方法求解使总价值最大的装载方案。

表 10.29　飞机的载重信息

货物 j	单位重量 W_j	单位价值 r_j
1	1	30
2	3	80
3	2	65

4. 某人携带背包上山,其可携带的重量限度为 15,最大允许的携带容积为 10。现有 4 种物品可供选择,这 4 种物品的重量、容积以及价值关系如表 10.30 所示。在许可的条件下,每一种物品携带的数量不限。问:如何搭配这 4 种物品,才能使得总价值最大?

表 10.30　物品重量、容积、价值数据表

物品代号	重　　量	容　　积	价　　值
1	2	2	3
2	3	2	4
3	4	2	5
4	5	3	6

5. 某工厂有 200 台机器。拟分 4 个周期使用，在每个周期有两种生产任务，据经验，把机器 x_1 台投入第 1 种生产任务，则在第 1 个生产周期中将有 50% 台机器作废；余下的机器全部投入第 2 种生产任务，则有 40% 的机器作废。如果完成第 1 种生产任务每台机器可收益 8 万元，完成第 2 种生产任务每台机器可收益 5 万元。问：怎样分配机器，使工厂总收益最大？

6. 某制造公司在生产某个零部件时出现一个生产和存货控制问题，在接下来的 3 个月计划中可提供的数据如表 10.31 所示。

表 10.31　零部件的相关数据表

月份	需求（个）	生产能力（个）		单位成本（元）	
		生产	存货	生产	存货
1	20	30	40	2.00	0.30
2	30	20	30	1.50	0.30
3	30	30	20	2.00	0.20

假定第 1 个月的存货为 10 个，第 3 个月的期末库存为 0，而生产流程是以 10 个为一组（也就是说一次性生产 10 个或 20 个或 30 个），使用动态规划为该制造公司确定每个阶段的最优生产量以使生产和存储的总费用最低。

7. 某厂根据订单已经确定其产品在未来 4 个季度的需求量分别为 1 000 台、2 000 台、5 000 台和 3 000 台。该厂每个季度的最大生产能力为 4 000 台，存货能力为 3 000 台。每批的生产准备费用为 80 000 元，每千台的生产费用为 200 000 元，每千台每月的库存费用是 20 000 元。假定第 1 季度初和第 4 季度末的库存为 0。试建立未来 4 个季度的最优生产计划。

五、电子表格建模与求解

1. 某商店在未来的 4 个月里，准备利用它的一个仓库来专门经销某种服装，仓库的最大容量为存贮 600 件。根据预测该种服装在 1—4 月份每件的购买价格和销售价格如表 10.32 所示。假定在 9 月初开始销售时，仓库储有该服装 200 件，并且当月初采购服装当月初即可到货。试问若不计库存费用，该商店应如何制定 1—4 月份的销售计划，才能使总利润最大？

表 10.32　未来 4 个月服装的买卖价格　　　　　　　　（单位：元/件）

月　份	购买价格	销售价格
1	40	45
2	38	42
3	40	39
4	42	44

2. 某工厂根据未来 4 个月的生产计划需要用 100 台机床来加工两种零件。根据以往经验,若用这些机床来加工第 1 种零件,一个月后损坏率为 1/3;若用这些机床来加工第 2 种零件,一个月后损坏率为 1/10。每台机床加工第 1 种零件时每月收入为 100 万元,加工第 2 种零件时每月收入为 70 万元。现在要安排 4 个月的生产计划,问怎样分配机床,才能使该工厂的总收益最大?

3. 对第四题的第 3 题进行电子表格建模和求解。

4. 对第四题的第 4 题进行电子表格建模和求解。

习题答案

第1章 习题答案

一、单项选择题

1. D 2. A 3. C 4. B 5. C 6. A 7. C 8. C 9. D 10. B 11. B 12. A 13. A 14. A 15. B

二、是非判断题(正确的标"T",错误的标"F")

1. F 2. F 3. T 4. T 5. T 6. T 7. F 8. F 9. F 10. F 11. T 12. T 13. F 14. T 15. F

四、计算题

4. (1) $X^* = (3, 4, 0, 0, 1)^T$, $z^* = 29$

  (2) 有无穷多解,其中一个解 $X^* = (2, 1, 0, 0)^T$, $z^* = 8$

  (3) 无界解

  (4) 有无穷多最优解,其中一个解 $X^* = \left(0, 5, \dfrac{15}{2}, 0, 0, \dfrac{65}{2}\right)^T$, $z^* = 25$

5. (1) $X^* = (3, 2, 3, 0, 0, 0, 0)^T$, $z^* = 17$

  (2) 无可行解

  (3) 无界解

  (4) 有无穷多解,其中一个解 $X^* = (3, 3, 0, 0, 0, 0, 0, 0)^T$, $z^* = 12$

6. (1)

c_j		1	2	2	0	0	0	b
C_B	X_B	x_1	x_2	x_3	x_4	x_5	x_6	
0	x_5	0	0	1	2	1	-1	2
2	x_2	0	1	-1	1	0	-2	1
1	x_1	1	0	$2a$	-1	0	$-a+8$	4
σ_j		0	0	$4-2a$	-1	0	$a-4$	-6

  (2) $2 \leqslant a \leqslant 4$ 或 $a \geqslant 8$

  (3) $a = 2$ 或 $a = 4$

  (4) $a \geqslant 8$

  (5) $1 < a < 2$

六、建立下列问题的线性规划模型并用 EXCEL 再进行建模求解

1. $X^* = (0, 0.29, 0.43, 0.29, 0)^T$ 或 $X^* = (0, 0.286, 0.429, 0.286, 0)^T$, $z^* = 6.46$

2. $X^* = (2, 1, 1, 0, 0.31, 0.69)^T$, $z^* = 58.8$

3. $X^* = (48, 31, 39, 43, 15)^T$, $z^* = 30\,610$

4. $X^* = (10, 50, 0, 30, 0, 0, 0, 0, 0)^T$, $z^* = 90$

5. $X^* = (0.5, 0.25, 0, 0.5, 0.2)^T$, $z^* = 83.58$,因此王教授不能竞聘成功。

6. $X^* = (x_{11}, x_{12}, x_{13}, x_{21}, x_{22}, x_{23})^T = (500, 3\,200, 5\,200, 2\,500, 2\,000, 0)^T$;

  $S^* = (s_{11}, s_{12}, s_{13}, s_{21}, s_{22}, s_{23})^T = (0, 200, 400, 1\,700, 3\,200, 200)^T$;

  $Y^* = (I1, I2, I3, D1, D2, D3)^T = (1\,500, 2\,200, 0, 0, 0, 0)^T$;

  $z^* = 225\,295$

第 2 章 习题答案

一、单项选择题

1. A 2. D 3. B 4. C 5. C 6. A 7. B 8. C 9. C 10. D 11. B 12. A 13. B 14. C 15. A

二、是非判断题(正确的标"T",错误的标"F")

1. T 2. F 3. T 4. F 5. T 6. T 7. T 8. F 9. F 10. F 11. T 12. F 13. T 14. T 15. F

四、计算题

1. $X^* = (1, 0, 0)^T, z^* = 4$

2. $X^* = (0, \frac{3}{2}, \frac{1}{2})^T, z^* = 25$

五、应用对偶单纯形法求解下列线性规划问题

1. $X^* = \left(\frac{11}{4}, \frac{3}{4}, 0, 0\right), z^* = 16$

2. $X^* = (7, 0, 0, 13, 0, 18)^T, z^* = 14$

3. $X^* = (6, 2, 0, 0, 0, 0)^T, z^* = 10$

六、建模与求解

1. (1) 最优解为 $X^* = (250, 100, 0)^T$,即安排甲生产 250 件、乙生产 100 件,最大产值为 950 千元。

   (2) 由最终单纯形表可知:设备 A 的影子价格为 $\frac{1}{3}$ 千元/台时,大于 300 元/台时,故该决策合适。

   (3) 由最终单纯形表可知:设备 B 的影子价格为 $\frac{4}{3}$ 千元/台时,即增加一个台时的 B 设备可以带来额外的 $\frac{4}{3}$ 千元收益。

2. (1) 最优解为 $X^* = (52, 4, 0)^T, z^* = 368$。

   (2) 当 $0 \leqslant \theta \leqslant 3$ 时,最优解为 $X^* = (36, 0, 6)^T$;当 $3 \leqslant \theta \leqslant 4$ 时,最优解为 $X^* = (0, 6, 12)^T$。

3. (1) $c_1 \leqslant 5, 0 \leqslant b_1 \leqslant 22.5, a_{22} \leqslant 4.5$

   (2) $X^* = (0, 10, 5, 0, 0)^T, z^* = 115$

   (3) $X^* = (0, 20, 0, 0, 10)^T, z^* = 100$

   (4) $X^* = (10, 0, 0, 0, 20)^T, z^* = 120$

   (5) 原最优解不变。

   (6) $X^* = (0, 5, 5, 0, 20, 0)^T, z^* = 90$

4. (1) 最优解为 $X^* = (100, 200, 0, 0, 0, 200)^T$,最大利润为 800 元。

   (2) 最优解为 $X^* = (60, 320, 0, 60, 0, 0)^T$,最大利润为 880 元,总利润增加 80 元。

   (3) 工厂应选择出售原材料乙,因为乙的影子价格低于市场价格。

   (4) 当 A、B、C 三种产品的单位利润分别在 $[4, 6]$,$[1.4, 2]$,$[3, 6]$ 变化时,最优方案不变。

   (5) 最优解为 $X^* = \left(\frac{100}{3}, \frac{1\,000}{3}, 0, 0, \frac{200}{3}, 0\right)^T$,即 A 生产 34 件,B 生产 334 件,最大利润为 1 138 元。

5. (1) 最优解为 $X^* = (75, 140, 0, 45, 10, 0)^T$,即生产甲产品 75 件,生产乙产品 140 件,可使得总利润最大,为 101 000 元。

   (2) B 原料剩余 45 千克,C 原料剩余 10 千克。

   (3) A、B、C、D 的影子价格分别为 70,0,0,266.67。

   (4) 甲产品的单位利润在 $[320, +\infty)$ 内变化时,最优解不变;乙产品的单位利润在 $[0, 750]$ 内变化时,最优解不变。

   (5) 最优解不变,最大利润为 107 500 元。

七、电子表格建模和求解

1. (1) 最优方案为:制作 $\frac{14}{3}$ 打(56 杯)拿铁咖啡,$\frac{20}{3}$ 打(80 杯)摩卡咖啡,总利润为 236.667 美元。

   (2) 仍制作 $\frac{14}{3}$ 打(56 杯)拿铁咖啡,$\frac{20}{3}$ 打(80 杯)摩卡咖啡,总利润升为 306.667 美元。

(3) 不影响最优解。

2. (1) 最优解为 $X^* = (120, 60, 0, 0, 20, 40)^T$，最优目标函数值 $z^* = 13\,200$，即安装双人座 120 个，单人座 60 个，总利润为 13\,200 元。

(2) 每平方英尺可用空间的影子价格为 8.333 元，其最优可行域为 $[720, 1\,320]$。

(3) 双人普通座位的单位利润在 $(30, 120)$ 范围内变化时，最优解不变。

3. (1) 6.445%，若方案 1、2、3、4、5 分别发生时，投资回报率分别是 21.776%、12.23%、6.445%、6.445%、6.445%。

(2) 若方案 3 或者 5 发生时，投资组合的回报将只是 2%，若方案 1、2 或 4 发生时，回报将非常好，如果方案 1 发生，投资组合回报将是 29.093；若方案 2 发生，投资组合回报将只是 22.149%；若方案 4 发生，投资组合的回报将是 31.417%。

(3) 中等风险的投资组合比保守型客户承受了更多的风险，但也提供了有更高回报的可能性。

4. 接受，接受额外的预订将增加额外收益 376 美元。

5. 答案同第五题的第 4 题。

6. 答案同第五题的第 5 题。

八、参数线性规划计算题

1. $\lambda \leqslant -2$ 时，$z = 0$；$-2 \leqslant \lambda \leqslant -\frac{1}{5}$ 时，$z = 8 + 4\lambda$；$-\frac{1}{5} \leqslant \lambda \leqslant 1$ 时，$z = \frac{17}{2} + \frac{13}{2}\lambda$；$\lambda \geqslant 1$ 时，$z = 7 + 8\lambda$。

2. $\lambda < -24$ 时，无可行解；$-24 \leqslant \lambda \leqslant -18$ 时，$z = 12 + \frac{1}{2}\lambda$；$-18 \leqslant \lambda \leqslant -6$ 时，$z = 9 + \frac{1}{3}\lambda$；$-6 \leqslant \lambda \leqslant 6$ 时，$z = \frac{17}{2} + \frac{1}{4}\lambda$；$\lambda > 6$ 时，$z = 10$。

第 3 章 习题答案

一、单项选择题

1. B 2. D 3. A 4. C 5. D 6. B 7. D 8. C 9. B 10. A 11. C 12. D 13. B 14. B 15. C

二、是非判断题（正确的标"T"，错误的标"F"）

1. F 2. T 3. F 4. T 5. T 6. F 7. T 8. T 9. F 10. T 11. F 12. T 13. F 14. F 15. F

三、计算题

1. 最优调运方案为：

产地＼销地	B_1	B_2	B_3	B_4	产量
A_1			3		3
A_2	4		0	3	7
A_3		4		0	6
销量	4	4	3	3	

2. (1) 最优方案为：

产地＼销地	A	B	C	D	E	F	产量
1		50		20			70
2	30		60	10			100
3		50			70	10	130
销量	30	100	60	30	70	10	

(2) 最优方案为:

产地 \ 销地	A	B	C	D	E	产量
1	0	40		30		70
2	20		60			80
3		60			70	130
4	10					10
销量	30	100	60	30	70	

3.(1) 最优方案为:

产地 \ 销地	A	B	C	D	E	产量
1	10	10			30	50
2		10	30			40
3	20			40		60
销量	30	20	30	40	30	

(2) c_{25} 在 $[4,+\infty)$ 范围内变化时,最优解不变。

4. 最优方案为:

产地 \ 销地	B_1	B_2	B_3
A_1		45	
A_2	5	8	65

5. $10 \leqslant k \leqslant 20$

6. 最优方案为:

产地 \ 销地	甲	乙	丙
A	1 500	500	
B		500	1 500
C		500	

四、建模与求解

1. 一季度正常生产 600 件用于一季度交货,二季度正常生产 700 件、加班生产 200 件全部用于二季度交货,三季度正常生产 700 件、加班生产 100 件全部用于第三季度交货,四季度正常生产 400 件用于四季度交货,最低总成本为 38 000 元。

2. 7 月份正常生产 80 件,其中 56 件用于 7 月份交货,3 件用于 11 月份交货,21 件用于 12 月份交货,加班生产 14 件全部用于 7 月份交货;8 月份正常生产 100 件,其中 63 件用于 8 月份交货,20 件用于 9 月份交货,5 件用于 10 月份交货,12 件用于 11 月份交货,加班生产 40 件全部用于 8 月份交货;9 月份正常生产 100 件、加班生产 40 件,全部用于 9 月份交货;10 月份正常生产 90 件、加班生产 20 件,全部用于当月交货;11 月份正常生产 50 件、加班生产 10 件,全部用于当月交货;12 月份正常生产 60 件全部用于当月交货;6 月份的库存 12 月份交货 23 件,留给 1—2 月份 80 件;总成本为 8 403.7 万元。

3.(1) 最优方案是:由仓库 S_1 往 T_1 运 18 台,往 T_3 运 8 台,往 T_5 运 4 台空调;由仓库 S_2 往 T_2 运 8 台,往 T_4

运 7 台空调,总费用为 890.5 元。

    (2) 最优方案是:由仓库 S_1 往 T_1 运 20 台,往 T_3 运 6 台,往 T_5 运 4 台空调;由仓库 S_2 往 T_2 运 15 台空调,总费用为 921.5 元。

4. F_3 运往 F_1 产地 4 吨;F_1 运往 W_2 仓库 24 吨;F_2 运往 W_1 仓库 21 吨;F_2 运往 W_2 仓库 1 吨;最小总成本为 306 元。

第 4 章 习题答案

一、单项选择题

1. A 2. D 3. A 4. A 5. C 6. B 7. A 8. C 9. D 10. A 11. A 12. A 13. D 14. C 15. C

二、是非判断题(正确的标"T",错误的标"F")

1. F 2. T 3. T 4. F 5. T 6. T 7. T 8. F 9. T 10. F 11. F 12. F 13. T 14. F 15. F

三、计算题

1. (1) $(1.5, 0)$, min $Z=3$

    (2) $(1.5, 0)$ 与 $(3, 0)$ 的连线上的点,min $Z=6$

    (3) $(1.5, 0)$, min $Z=4.5$

    (4) $(3, 0)$, min $Z=6$

2. 满意解为点 $\left(\dfrac{21}{8}, \dfrac{11}{4}\right)$,与点 $\left(\dfrac{61}{13}, \dfrac{25}{13}\right)$ 连接而成的线段上的点。

五、电子表格建模与求解

    A 型号手机本月生产 100 台,B 型号生产 55 台,C 型号生产 80 台。第一、第二、第三优先级目标均已满足。第四级优先目标未达成,距离销售目标,B 型号手机少了 65 台,C 型号手机机少了 20 台。第五级目标未达成,最终加班时间超过正常时间 200 小时,即正好等于加班上限。

第 5 章 习题答案

一、单项选择题

1. A 2. D 3. B 4. A 5. C 6. C 7. A 8. D 9. D 10. B 11. B 12. B 13. D 14. C 15. B

二、是非判断题(正确的标"T",错误的标"F")

1. F 2. T 3. F 4. F 5. T 6. T 7. T 8. T 9. F 10. T 11. T 12. T 13. F 14. F 15. T

三、 (1) $X^* = (5, 4)^{\mathrm{T}}$, $z^* = 16\,600$

    (2) $X^* = (5, 3)^{\mathrm{T}}$, $z^* = 15\,200$

四、求解下列整数规划问题

1. $X^* = (2, 2)^{\mathrm{T}}$, $z^* = 4$

2. $X^* = (2, 1)^{\mathrm{T}}$, $z^* = 5$

3. $X^* = (3, 2)^{\mathrm{T}}$, $z^* = 13$

4. $X^* = (8, 3)^{\mathrm{T}}$, $z^* = 410$

五、求解下列 0—1 型整数规划问题

1. $X^* = (0, 1, 1)^{\mathrm{T}}$, $z^* = 6$

2. $X^* = (1, 0, 1, 0, 0)^{\mathrm{T}}$, $z^* = 3$

六、建模与求解

1. 选聘 B、D、E 三个应聘者,总的身高为 522 cm。

2. $x_{13}^* = 1$, $x_{22}^* = 1$, $x_{34}^* = 1$, $x_{41}^* = 1$, $z^* = 24$

3. (1) $x_{12}^* = 1$, $x_{23}^* = 1$, $x_{35}^* = 1$, $x_{41}^* = 1$, $x_{54}^* = 1$, $z^* = 220$

    (2) $x_{12}^* = 1$, $x_{24}^* = 1$, $x_{35}^* = 1$, $x_{41}^* = 1$, $x_{53}^* = 1$ 或 $x_{12}^* = 1$, $x_{21}^* = 1$, $x_{33}^* = 1$, $x_{45}^* = 1$, $x_{54}^* = 1$, $z^* = 260$

4. (1) $x_{14}^* = 1$, $x_{23}^* = 1$, $x_{35}^* = 1$, $x_{42}^* = 1$, $x_{51}^* = 1$, $z^* = 48$

    (2) $x_{13}^* = 1$, $x_{24}^* = 1$, $x_{35}^* = 1$, $x_{42}^* = 1$, $x_{51}^* = 1$, $z^* = 47$

    (3) 机器 2 生产两个零件,效率最高为 49。

5. $x_{14}^* = 1$, $x_{22}^* = 1$, $x_{35}^* = 1$, $x_{41}^* = 1$, $x_{53}^* = 1$, $z^* = 2\,225$

6. 只在天津和重庆设立库房,最小总成本为 85 万元。

11. $x_1=1$, $x_2=2$, $x_5=1$, $x_6=1$, $x_7=1$, max $z=5.7$

七、电子表格建模与求解

答案同第六题的第 1, 3, 6 和 11 题。

第 6 章 习题答案

一、单项选择题

1. D 2. B 3. C 4. A 5. C 6. D 7. D 8. A 9. C 10. B 11. C 12. D 13. B 14. C 15. C

二、是非判断题(正确的标"T",错误的标"F")

1. T 2. F 3. T 4. T 5. F 6. F 7. F 8. F 9. T 10. T 11. F 12. F 13. T 14. F 15. T

三、计算题

1. 21

2. (1) 最短路为 16,最优路径为 $v_S-v_1-v_2-v_5-v_4-v_t$。

　(2) 最短路为 15,最优路径为 $v_S-v_1-v_2-v_5-v_3-v_t$。

　(3) 最短路为 7,最优路径为 $v_S-v_3-v_5-v_t$。

3. (1) 所有的截集及截量如下表所示:

S	$\bar{S}$	截集 $(S, \bar{S}) = \{(v_i, v_j)\}$	截量 $C(S, \bar{S})$
v_s	v_1, v_2, v_3, v_t	$(v_s, v_1), (v_s, v_2)$	14
v_s, v_1	v_2, v_3, v_t	$(v_s, v_2), (v_1, v_2), (v_1, v_t)$	10
v_s, v_2	v_1, v_3, v_t	$(v_s, v_1), (v_2, v_t), (v_2, v_3)$	18
v_s, v_1, v_2	v_3, v_t	$(v_1, v_t), (v_2, v_t), (v_2, v_3)$	12
v_s, v_2, v_3	v_1, v_t	$(v_s, v_1), (v_2, v_t), (v_3, v_t)$	17
v_s, v_1, v_2, v_3	v_t	$(v_1, v_t), (v_2, v_t), (v_3, v_t)$	11

　　最大流为 10,最小截集为 $\{(v_s, v_2), (v_1, v_2), (v_1, v_t)\}$。

　(2) 最大流为 22,最小截集为 $\{(v_s, v_1), (v_s, v_2), (v_s, v_3)\}$,$\{(v_s, v_3), (v_1, v_t), (v_4, v_t)\}$ 和 $\{(v_1, v_t), (v_3, v_t), (v_4, v_t)\}$。

　　最大流为 22,最小截集为 $\{(v_s, v_1), (v_s, v_2), (v_s, v_3)\}$,$\{(v_s, v_3), (v_1, v_t), (v_4, v_t)\}$ 和 $\{(v_1, v_t), (v_3, v_t), (v_4, v_t)\}$。

　(3) 最大流为 16,最小截集为 $\{(v_1, v_4), (v_3, v_4), (v_3, v_5)\}$。

4. v_s 向 v_1 运送 3 个单位,v_s 向 v_2 运送 8 个单位;v_1 向 v_2 运送 4 个单位,v_1 向 v_t 运送 7 个单位;v_2 向 v_3 运送 4 个单位;v_3 向 v_t 运送 4 个单位。最小总运费为 55。

四、建模与求解

1. 最小树为 205。

2. 期初购买机器 1,第 1 年末卖出机器 1 并买入机器 2,第 3 年末卖出机器 2。该最优方案共花费 17 万元。

3. 最大流为 24。

4. (1) M_s 向 M_1 运送 40 个单位,向 M_2 运送 50 个单位;M_1 向 W_2 运送 40 个单位;M_2 向 W_1 运送 40 个单位,向 W_2 运送 10 个单位;W_1 向 P 运送 40 个单位;W_2 向 P 运送 50 个单位。最小费用为 154 000 元。

　(2) 最大流为 90,最小费用为 132 000 元。

5. (2) 总长度最小的人行道系统是 28 555。

6. (2) 最优运动路径是 1—2—3—5—7 或 1—3—2—4—7,最短路为 17。

7. (2) 最大流为 870。

五、电子表格建模与求解

1. (1) 最短距离为 35。

　(2) 最短距离为 95。

2. 商店可以如期收到 500 件商品进行销售。

3.每小时最多能有 9 辆车从入口进入社区并从出口出去。

第 7 章　习题答案

一、单项选择题

1. D　2. C　3. B　4. B　5. B　6. A　7. D　8. C　9. C　10. A　11. D　12. A　13. B　14. B　15. A

二、是非判断题(正确的标"T",错误的标"F")

1. T　2. F　3. F　4. F　5. T　6. T　7. T　8. F　9. F　10. T　11. T　12. F　13. F　14. F　15. T

三、建模与求解

1.(3)从用六时标注法标注 6 个时间参数的网络图来看,关键线路是 1→2→3→6→7→8,其最短工期为 17 天。

2.(3)从用六时标注法标注 6 个时间参数的网络图来看,关键线路是 1→2→3→4→5,其最短工期为 14 天。

3.(3)从用六时标注法标注 6 个时间参数的网络图来看,关键线路是 1→2→5→6→7,其最短工期为 86 天。

四、电子表格建模与求解

1.(2)(3)各个工作的时间参数如下:

	ES	EF	LS	LF	TF	FF
A	0	10	0	10	0	0
B	10	30	18	38	8	0
C	10	20	10	20	0	0
D	30	42	38	50	8	8
E	20	50	20	50	0	0
F	50	55	50	55	0	0

第 8 章　习题答案

一、单项选择题

1. D　2. C　3. D　4. A　5. B　6. C　7. C　8. B　9. C　10. C　11. A　12. C　13. A　14. D　15. B

二、是非判断题(正确的标"T",错误的标"F")

1. T　2. F　3. T　4. T　5. F　6. T　7. F　8. F　9. T　10. F　11. T　12. T　13. T　14. F　15. T

三、计算题

1.653 件,19 596 元。

2.447 个,447 元。

3.2 946 个,1 697 元。

4.(1) 173 个,4 157 元;(2) 417 个,1 726 个,345 个。

5.(1) 200 件,1 000 元;(2) 216 件,926 元,31 件;(3) 74 元。

6.(1) 1 000 个,20 元;(2) 1 414 个,14 元;(3) 1 118 个,18 元,224 个;(4) 1 581 个,13 元,158 个;(5) 解同(1),当存储将至 1 200 个时订货即可保证需求。

7.(1) 4 472 个;(2) 40 248 元;(3) 66 750 元;(4) 4 次。

8.(1) 353.33 件;(2) 订货周期 2.14 天,订货量 321 件。

9.1 000 千克。

四、电子表格建模和求解

1.354 件,170 元。

2.11 314 台,1.4 月;12 133 台,1.9 月。

3.30 000 盒。

4.答案同第三题的第 6 题。

第9章　习题答案

一、单项选择题

1. C　2. D　3. B　4. A　5. C　6. D　7. A　8. B　9. A　10. D　11. A　12. B　13. B　14. C　15. D

二、是非判断题（正确的标"T"，错误的标"F"）

1. F　2. T　3. F　4. F　5. T　6. F　7. T　8. T　9. F　10. T　11. T　12. F　13. T　14. F　15. T

三、计算题

1. (1) d_3；(2) d_1；(3) d_1；(4) d_3；(5) d_2

2. 悲观主义决策准则：方案一；乐观主义决策准则：方案三；等可能性决策准则：方案二；折中主义决策准则：方案二；后悔值决策准则：方案二。

3. 方案二

4. d_1

5. 应选择投资债券

四、建模与求解

1. 第一阶段参加者如果抽到白球，则应决定继续参加第二阶段活动；如果抽到黑球，则不继续参加第二阶段活动。他的收入期望值为 4 元。

2. 更换空调系统。

3. 施工队不应把施工机械搬走，并且应该修筑护堤。

4. (1) 该公司不值得求助咨询服务；(2) 该公司应将多余资金存入银行，期望收益为 53 000 元。

5. 先请专家鉴定，若鉴定宜挖井则挖井；若鉴定不宜挖井则铺设管道，期望费用为 12 425.5 元。

6. (1) 发行简包装的唱片；(2) 发行精包装的唱片；(3) 发行精包装的唱片。

第10章　习题答案

一、单项选择题

1. A　2. B　3. D　4. A　5. C　6. A　7. B　8. B　9. D　10. D

二、是非判断题（正确的标"T"，错误的标"F"）

1. T　2. T　3. F　4. F　5. T　6. T　7. T　8. F　9. T　10. T

三、计算题

1. $x_1^* = 0$，$x_2^* = 3$，$x_3^* = 1$，$z^* = 9$

2. $x_1^* = 5$，$x_2^* = x_3^* = 0$，$z^* = 500$

3. $x_1^* = 0$，$x_2^* = 2$，$z^* = 12$

4. $x_1^* = \dfrac{9}{2}$，$x_2^* = \dfrac{1}{2}$，$x_3^* = 0$，$z^* = 17$

四、建模与求解

1. $x_1^* = 2$ 天，$x_2^* = 1$ 天，$x_3^* = 3$ 天，$x_4^* = 1$ 天，所能提高的最高分数为 23。

2. $x_1^* = 1$ 人，$x_2^* = 2$ 人，$x_3^* = 2$ 人，$x_4^* = 3$ 人或 $x_1^* = 1$ 人，$x_2^* = 2$ 人，$x_3^* = 3$ 人，$x_4^* = 2$ 人或 $x_1^* = 1$ 人，$x_2^* = 3$ 人，$x_3^* = 1$ 人，$x_4^* = 3$ 人或 $x_1^* = 1$ 人，$x_2^* = 3$ 人，$x_3^* = 2$ 人，$x_4^* = 2$ 人，最大收益为 164 万元。

3. (2) 该货运飞机装载 1 件货物 1，2 件货物 3 时，所得到的总价值最大，为 160。

4. $x_1^* = 0$，$x_2^* = 5$，$x_3^* = 0$，$x_4^* = 0$，最大总价值为 20。

5. $x_1^* = 200$ 台，$x_2^* = 100$ 台，$x_3^* = 50$ 台，$x_4^* = 25$ 台，最大收益为 3 000 万元。

6. $x_1^* = 20$ 个，$x_2^* = 20$ 个，$x_3^* = 30$ 个，最小总成本为 136 元。

7. $x_1^* = 4\,000$ 台，$x_2^* = 0$，$x_3^* = 4\,000$ 台，$x_4^* = 3\,000$ 台，最小总费用为 54 万元。

五、电子表格建模和求解

1. 设 x_i 表示第 $i(i = 1, 2, 3, 4)$ 月采购服装的件数，$x_1^* = 400$ 件，$x_2^* = 600$ 件，$x_3^* = 600$ 件，$x_4^* = 0$ 件，最

大利润为 15 800 元。

2. 设 x_i 表示第 $i(i = 1, 2, 3, 4)$ 月投入第一种零件生产的机器数量，$x_1^* = 0$ 台，$x_2^* = 0$ 台，$x_3^* = 81$ 台，$x_4^* = 54$ 台，总利润为 26 800 万元。

3. 答案同第四题的第 3 题。

4. 答案同第四题的第 4 题。

参考文献

［美］戴维·R.安德森、丹尼斯·J.斯威尼、托马斯·A.威廉斯著,于淼等译:《数据、模型与决策》,机械工业出版社 2003 年版。

［美］弗雷德里克·S.希尔利、马克·S.希尔利、杰拉尔德·J.利伯曼著,任建标译,田澎审:《数据、模型与决策》,中国财政经济出版社 2001 年版。

［美］弗雷德里克·S.希尔利、杰拉尔德·J.利伯曼著,胡运权等译:《运筹学导论》(第 8 版),清华大学出版社 2007 年版。

约翰·A.劳伦斯、巴里·A.帕斯特纳克著,张瑞君、李科译:《管理科学》(第 2 版),中国人民大学出版社 2009 年版。

［美］克里夫·T.拉格斯代尔著,贾俊秀译:《电子表格建模与决策分析》(第 8 版),电子工业出版社 2019 年版。

［美］罗纳德·L.拉丁著,肖勇波、梁湧译:《运筹学》(原书第 2 版),机械工业出版社 2018 年版。

韦恩·温斯顿著,李乃义等译:《运筹学概率模型应用范例与解法》,清华大学出版社 2006 年版。

韦恩·温斯顿著,杨振凯等译:《运筹学应用范例与解法》,清华大学出版社 2006 年版。

《运筹学》教材编写组编:《运筹学》(第 5 版),清华大学出版社 2021 年版。

鲍祥霖编著:《运筹学》,机械工业出版社 2005 年版。

党耀国、李帮义、朱建军等编著:《运筹学》(第 4 版),科学出版社 2021 年版。

刁在筠等编:《运筹学》(第 2 版),高等教育出版社 2001 年版。

韩大卫著:《管理运筹学》,大连理工大学出版社 2006 年版。

韩大卫编著:《管理运筹学通论》(第 2 版),大连理工大学出版社 2007 年版。

韩大卫主编:《管理运筹学习题精解》,大连理工大学出版社 2002 年版。

韩伯棠主编:《管理运筹学》(第 2 版),高等教育出版社 2005 年版。

关文忠、韩宇鑫主编:《管理运筹学》,中国林业出版社 2007 年版。

郭耀煌、李军主编:《管理运筹学》,西南交通大学出版社 2001 年版。

何坚勇编著:《运筹学基础》(第 2 版),清华大学出版社 2008 年版。

胡运权等编著:《运筹学基础及应用》(第 4 版),高等教育出版社 2004 年版。

胡运权主编:《运筹学习题集》(第 5 版),清华大学出版社 2019 年版。

李工农编著:《运筹学基础及其 MATLAB 应用》,清华大学出版社 2016 年版。

刘满凤、傅波、聂高辉编著：《运筹学模型与方法教程例题分析与题解》，清华大学出版社 2001 年版。

卢向南主编：《应用运筹学》，浙江大学出版社 2005 年版。

宁宣熙主编：《管理运筹学教程》，清华大学出版社 2007 年版。

茹少峰、申卯兴编著：《管理运筹学》，清华大学出版社 2008 年版。

施泉生编著：《运筹学》（第 2 版），中国电力出版社 2009 年版。

王文平、侯合银、来向红编著：《运筹学》，科学出版社 2007 年版。

吴清烈等主编：《运筹学》，东南大学出版社 2004 年版。

夏少刚著：《运筹学：经济优化方法与模型》，清华大学出版社 2005 年版。

熊伟编著：《运筹学》，机械工业出版社 2005 年版。

熊义杰编著：《运筹学》，国防工业出版社 2004 年版。

徐玖平、胡知能、王绥编著：《运筹学》，科学出版社 2004 年版。

徐玖平、胡知能编著：《运筹学：数据、模型、决策》（第 2 版），科学出版社 2009 年版。

徐裕生、张海英主编：《运筹学》，北京大学出版社 2006 年版。

徐渝、贾涛编著：《运筹学》，清华大学出版社 2005 年版。

薛毅、耿美英编著：《运筹学与实验》，电子工业出版社 2008 年版。

杨超主编：《运筹学》，科学出版社 2004 年版。

叶向编著：《实用运筹学——上机实验指导及习题解答》，中国人民大学出版社 2007 年版。

叶向编著：《实用运筹学——运用 Excel 建模和求解》，中国人民大学出版社 2007 年版。

于春田、李法朝主编：《运筹学》，科学出版社 2006 年版。

于英川编著：《管理科学：运筹学在管理中的进展》，上海大学出版社 2003 年版。

詹明清主编：《运筹学习题选解与题型归纳》，中山大学出版社 2004 年版。

张宏斌：《运筹学方法及应用》，清华大学出版社 2008 年版。

张伯生主编：《运筹学》，科学出版社 2008 年版。

张宏斌主编：《运筹学方法及其应用》，清华大学出版社 2008 年版。

赵可培主编：《运筹学》（第 2 版），上海财经大学出版社 2008 年版。

朱求长、朱希川编著：《运筹学学习指导及题解》，武汉大学出版社 2008 年版。

图书在版编目(CIP)数据

管理运筹学：基础、技术及 Excel 建模实践 / 刘春
梅编著. — 3 版. — 上海 ：格致出版社 ：上海人民出
版社，2023.11
ISBN 978 - 7 - 5432 - 3484 - 0

Ⅰ.①管…　Ⅱ.①刘…　Ⅲ.①表处理软件-应用-管
理学-运筹学　Ⅳ.①C931.1 - 39

中国国家版本馆 CIP 数据核字(2023)第 117056 号

责任编辑　代小童

装帧设计　路　静

管理运筹学：基础、技术及 Excel 建模实践(第三版)
刘春梅　编著

出　　　版	格致出版社	
	上海人民出版社	
	(201101　上海市闵行区号景路 159 弄 C 座)	
发　　　行	上海人民出版社发行中心	
印　　　刷	浙江临安曙光印务有限公司	
开　　　本	787×1092　1/16	
印　　　张	27.5	
插　　　页	1	
字　　　数	597,000	
版　　　次	2023 年 11 月第 1 版	
印　　　次	2023 年 11 月第 1 次印刷	
	ISBN 978 - 7 - 5432 - 3484 - 0/F · 1523	
定　　　价	98.00 元